回顾与展望:新媒体时代下
信息组织方法的创新与发展
——第五届全国文献编目工作研讨会论文集

2017 年 11 月　洛阳市

中国图书馆学会学术研究委员会
信息组织专业委员会　编

國家圖書館出版社

图书在版编目(CIP)数据

回顾与展望:新媒体时代下信息组织方法的创新与发展:第五届全国文献编目工作研讨
会论文集/中国图书馆学会学术研究委员会信息组织专业委员会编. --北京:国家图书馆出版
社,2017.11

ISBN 978 - 7 - 5013 - 6288 - 2

Ⅰ.①回… Ⅱ.①中… Ⅲ.①文献编目—中国—学术会议—文集 Ⅳ.①G254.3 - 53

中国版本图书馆 CIP 数据核字(2017)第 272865 号

书 名	回顾与展望:新媒体时代下信息组织方法的创新与发展——第五届全国文献编目工作研讨会论文集	
著 者	中国图书馆学会学术研究委员会信息组织专业委员会 编	
责任编辑	金丽萍 高 爽 张 顾 唐 澈	
出 版	国家图书馆出版社(100034 北京市西城区文津街 7 号) (原书目文献出版社 北京图书馆出版社)	
发 行	010 - 66114536 66126153 66151313 66175620 66121706(传真) 66126156(门市部)	
E-mail	nlcpress@ nlc. cn(邮购)	
Website	www. nlcpress. com ——→投稿中心	
经 销	新华书店	
印 装	北京鲁汇荣彩印刷有限公司	
版 次	2017 年 11 月第 1 版 2017 年 11 月第 1 次印刷	
开 本	787×1092(毫米) 1/16	
印 张	27.5	
字 数	650千字	
书 号	ISBN 978 - 7 - 5013 - 6288 - 2	
定 价	120.00 元	

主办
中国图书馆学会

承办
中国图书馆学会学术研究委员会信息组织专业委员会

协办
洛阳市图书馆

会议总协调人
王　洋

论文评审
初评(按姓名拼音排序)：
卜书庆　曹玉强　刘　瑛　王　洋

终评(按姓名拼音排序)：
顾　犇　贺　燕　司　莉　汪东波　喻爽爽

论文编辑
协调人:郝嘉树　刘　伟
编　辑:杜　雪　黄梦洁　李　蜜　李仕超　莫　菲　王依楠

会务
郭万里　朱青青

目　录

RDA 的自我完善及对国家图书馆
RDA 本地政策声明更新机制的启示

李　菡(国家图书馆)

1　引言

编目规则完成编制不意味着结束,而恰恰是成长历程的开始。《资源描述与检索》(Resource Description and Access,简称 RDA)自 2010 年 6 月以工具套件的形式面世起,就一直处于不断更新完善的过程中。时新性及独特的更新机制是 RDA 区别以往编目规则的一大特点。RDA 指导委员会(RDA Steering Committee,简称 RSC,2015 年 11 月正式更为此名,原名为 RDA 发展联合指导委员会,The Joint Steering Committee for Development of RDA,简称 JSC)负责 RDA 内容的更新完善,通过修改(Release)和更新(Update)两种方式建立小改动和大变化的常态化修订机制,并及时发布在 RDA 工具套件(RDA-Toolkit)。小改动快速灵活,一年数次,包含快速通道变化(FastTrack changes),主要涉及印刷错误、增加或删除例子、为词汇表增添术语等方面[1]。与之相反,重大更新必须在 RSC 的主持下,经过公开发布各方修订建议、接受各方对修订建议的回应、开会讨论批准 3 个步骤才能得以实现。自 2012 年 4 月第一次年度更新后,RSC 先后于 2013 年 7 月、2014 年 4 月、2015 年 4 月,2016 年 4 月以及 2017 年 4 月完成了五次年度更新。

当前,世界各国都处于学习、掌握、应用 RDA 的热潮中。无论是学习研究领域的起步者,还是实践中略有经验的应用者,追踪 RDA 更新、把握 RDA 最新动态都是他们无法回避的任务。

国家图书馆作为国内编目业务实践与理论研究的重要阵地,无法在 RDA 浪潮中独善其身,自 2012 年启动 RDA 的中文翻译工作以来,在理论实践与研究和国内相关培训方面已做了大量工作。2015 年,"《国家图书馆外文文献资源 RDA 本地政策声明暨书目记录操作细则》(简称 NLC PS(FLR))编制研究"馆级科研项目立项成功。2017 年 3 月 27 日,国家图书馆编目工作委员会审核并通过了 NLC PS(FLR)的内容及相关实施方案,同意采用 RDA 开展国家图书馆外文文献资源编目工作。随之而来,如何开展对本地政策声明的更新和维护成为一个亟待解决的问题。目前,NLC PS(FLR)与传统编目规则相似,只有纸质版本,与 RDA 工具包相比不具备更新的便捷性。只有借鉴 RDA 的更新经验,与其紧密联合,才能保证 NLC PS(FLR)成为能真正指导国家图书馆外文文献资源 RDA 编目的工具指南。

2 RDA 的内容更新

2.1 概述

2012 年,RDA 工具套件的更新中有一项重要内容,即在 RDA"标签"板块中增加了更新历史栏,反映 RDA 内容的重大更新[1],用户不但可以在工具套件中查阅 RDA 最新规则,还可以把握规则演变脉络。但该栏目仅提供 RDA 年度更新概要,历年快速通道变化仅在正文中体现结果,用户无法通过该栏目获知修改详情。

纵观 RDA 历年更新,其更新可以概括为增加(Added)、删除(Deleted)、修订(Revised)及其他四大类。2013 至 2017 年五年间,仅正文内容的更新就涉及 968 项条款。具体情况如表1 所示。

表 1　RDA 四种更新方式涉及条款项数[2]

时间	增加	删除	修订	其他	合计
2013 年 7 月	100	28	30	86	244
2014 年 4 月	78	41	80	339	538
2015 年 4 月	132	76	249	14	471
2016 年 4 月	26	5	50	18	99
2017 年 4 月	14	5	70	1	90
合计	350	155	479	458	1442

说明:该表最终涉及条款数多于前文所述,一是包含了各附录及术语表修订情况,二是同年会对同一条款进行多种修订,而很多条款也会历经数年多次更新,分年分类统计有重复。

如表1 数据所示,前三年 RDA 更新幅度明显大于后两年,修订的条款数量众多,2014 年 538 项和 2015 年 471 项尤为突出。随后两年更新条款较少,均保持在 100 项以下,逐渐趋于平稳。这说明,作为新生事物的 RDA 在完成编制的初期,还有许多不尽如人意之处,各方各面对其关注度逐步升高,反馈意见也越来越多,而后两年随着 RDA 的逐步完善,修订意见开始大幅下降。此外,2016 至 2017 年,FR 概念模型家族进入到修订期,编目界开始研发 FR 家族的统一版模型。这意味着,RDA 的思想基础发生较大变化必将引发 RDA 的大规模修订。因此,在 IFLA LRM 正式面世之前,RDA 处于抱臂观望时期,许多条款等待着新的概念模型作为修订指导。

更新重点也是追踪 RDA 内容变化的要素,RDA 各个章节历年更新的情况如表 2 所示:

表 2　2013 至 2017 年修订各章涉及条款项一览[2]

时间 ＼ 章节	2013 年 7 月	2014 年 4 月	2015 年 4 月	2016 年 4 月	2017 年 4 月
第 0 章	2	3	27	1	0
第 1 章	1	3	1	2	3

时间 章节	2013 年 7 月	2014 年 4 月	2015 年 4 月	2016 年 4 月	2017 年 4 月
第 2 章	21	204	36	22	2
第 3 章	23	68	75	1	15
第 5 章	0	1	4	0	3
第 6 章	36	123	91	34	40
第 7 章	3	0	33	0	9
第 8 章	1	4	4	0	1
第 9 章	33	13	13	1	2
第 10 章	1	31	0	0	2
第 11 章	65	16	13	5	2
第 16 章	17	1	4	0	0
第 18 章	0	3	1	0	0
第 19 章	2	5	1	1	0
第 20 章	0	2	1	0	0
第 23 章	0	0	19	0	0
第 24 章	0	0	2	0	1
第 25 章	0	0	1	0	0
第 27 章	0	0	1	0	0
第 29 章	0	2	2	0	1
第 30 章	1	0	0	0	0
附录 B	7	2	1	2	0
附录 C	1	0	0	0	0
附录 D	1	2	6	0	0
附录 E	3	3	6	0	2
附录 H	1	0	0	0	0
附录 I	1	2	0	1	0
附录 J	0	0	4	0	0
附录 M	0	0	3	0	4
术语表	13	19	105	25	3

从上表获知,RDA 每年更新的侧重点不尽相同,主要集中在 RDA 的前半部分,即导言和第 1 至 4 部分的 16 章,涉及条款分别是 2013 年 203 项、2014 年 467 项、2015 年 301 项、2016 年 66 项和 2017 年 79 项。第 5 至 10 部分的 17 至 37 章,仅对第 18 至 20 章,第 23 至 25 章,第 27、29、30 共 9 章内容 46 项条款(包含同一条款多次修订)进行更新,其中第 23 章全章是 2015 年年度更新新增章节。究其原因,这与 RDA 的整体结构密不可分。RDA 第 1 至 4 部

分记录资源、责任者和主题三组实体的属性,第 5 至 10 部分记录实体间的关系。属性是每个实体具有的特征,是识别实体的工具,也是记录实体间内在联系的基础。同时,如何记录属性也是编制书目记录和规范记录的要点与重点,是图书馆工作人员在编目实践中经常会遇到的问题。RSC 关注 RDA 关于记录属性的内容,不断根据实际应用、各方反馈更新相关条款,帮助包括图书馆编目人员在内的所有用户更好地利用 RDA 规则。

2.2　RDA 内容变化的主要类型

五年间,数量庞大的 RDA 条款被更新,有的变化小,有的改动大,无法在一篇论文中一一详细阐释。下文将从增加、删除、修订这 3 种具体的更新方式入手,选择每种方式中最具代表性的条款,梳理 2013 至 2017 年更新情况。

2.2.1　增加

"增加"是指在概要中明确采用术语"Added"对条款进行更新的方式,包括但不局限于增加新条款,还包括条款下内容的增加,如新术语、新样例和新参见等。[2]由表 1 可知,五年间共有 350 项条款采用了增加的更新方式,举例如下:

2015 年,增加 RDA 0.2.4"与 FRSAD 一致"。[3] RDA 以《书目记录的功能需求》(Functional Requirements for Bibliographic Records,简称 FRBR)、《规范数据的功能需求》(Functional Requirements for Authority Data,简称 FRAD)、《主题规范数据的功能需求》(Functional Requirements for Subject Authority Data,简称 FRSAD)组成的 FR 概念家族模型为思想基础,RDA 0.2 就是分别详细介绍各概念模型。但是,RDA 面世时,FRSAD 尚未编制完成,因此不仅 RDA 0.2 条款不包含 FRSAD 内容,其他与 FRSAD 相关的章节,如第 12 至 15 章、23 章、33 至 37 章以及附录 L 都是待补充的状态。2011 年,FRSAD 正式出版,其建模方式发生了颠覆性改变,不再采用 FRBR 的第三组实体,即概念、物体、事件和地点,而是创建了两类新实体:Thema 和 Nomen。其中 Thema 是 FRBR 所有实体的超类,Nomen 是 FRAD 名称、标识符、受控检索点的超类。因此,RDA 在 2015 年更新时,增加 0.2.4"与 FRSAD 一致",指出 RDA 中主题关系的元素通常反映了与 FRSAD 定义的实体作品相关的关系。这意味着,有关主题部分的修订将采用 Thema 和 Nomen 两类实体,不再按照原有概念、物体、事件和地点的思路进行补充。

2015 年,RDA 增加了第 23 章"记录作品主题的一般性规则"和附录 M"关系说明语:主题关系",这也是当年更新的亮点之一。第 23 章从范围、术语、功能性目标和原则、核心元素、主题关系、关系说明语五个方面,说明记录作品和主题间关系的一般性规则。主题关系是核心元素,记录作品和其主题间关系时,可以通过标识符、规范检索点和/或描述相关主题中的一种或几种方法至少记录一个主题元素。可以从附录 M 中选择合适的关系说明语,分别记录作品、内容表达、载体表现、单件、个人、家族、团体作为另一部作品的主题时的关系。

RDA 6.2.2.4 是关于如何为 1500 年后创作的作品选择首选题名。原条款只规定了作品以相同语言不同题名同时出版时,应选择首次获得的资源的正题名作为首选题名。但如果作品以不同语言同时出版,并且无法确定哪种语言是原始语言时,应如何选择首选题名。为了给编目人员明确指导,2013 年对该条款增加了一段说明:"如果作品以不同语言同时出版,且原文语言不能确定,则选择首次获得的载体表现的正题名作为首选题名。如果同一载体表现中有不同语言版本(例如,以法语和英语发行相同文本的作品),则选择首选信息源上的正题名作为首选题名。"[3]该做法同样强调"首次""首次获得的载体表现"和"首选信息源"。对比 AACR2 英美至上、优先选择英语题名为首选题名的做法，RDA 再次贯彻了"去英美化"，走国际通用编目规则道路的原则。

2.2.2 删除

"删除"是指在更新概要中明确采用术语"Deleted"对条款进行更新的方式，包括但不局限于删除条款，还包括条款下内容的删除，如删除术语、样例或参见等。2013 至 2014 年更新时，如果有删除条款的需要，一般是将条款号及其内容一起删除。自 2015 年开始，考虑到后期维护或重构 RDA 结构的需要，RSC 只删除条款内容，保留条款号，添加说明文字，如 RDA 3.6.2.1 至 3.6.2.4 条款号下仅有针对删除的说明文字，"[This instruction has been deleted as a revision to RDA. For further information, see 6JSC/BL/16/Sec final.]"[3]。某些元素或条款的删除会对实际应用产生不小的影响，举例如下：

2015 年，从 RDA 0.6.5 核心元素中删除了发行说明、生产说明、版权日期，RDA 2.9、2.10、2.11 元素名称下原有的标签"core element"及其说明也同时被删除。这 3 个元素之前属于条件核心元素中的"等级核心元素"，即当前一项核心元素信息无法识别时，后一个元素自动升级成为核心元素。比如，关于记录出版日期，编目时如果资源上没有出版日期，则须依次识别发行日期、版权日期、生产日期。这一规则，无形中增加了编目员的工作量，加大了编目工作的成本。取消这 3 个元素的核心地位，意味着对于已出版的载体表现，只有出版说明是必备的。如果无法识别出版说明，但发行说明、生产说明或版权日期易获得的情况下，编目员可自行决定是否记录这 3 个元素，RDA 不再做强制要求。

2014 年，对 RDA 中关于条约的相关规则进行了大幅更新，包括删除术语、条款或修订条款说明。例如，RDA 6.22 原元素"条约等的签署方"被删除，其条件核心元素的地位也相应地从 RDA 0.6.6 和 RDA 5.3 中删除，现元素为"条约的参与方"；记录该元素时，依据 RDA 19.3.2.13 的做法，将其作为与法律作品相关的其他代理记录在 700 或 710 字段[3]。这一删除，是与 RDA 6.19.2.7、6.19.2.8、6.29.1.15、6.29.1.16、6.29.1.17 等条款的修订信息相关。在该年的 RDA 更新中，记录条约的首选题名时不再选择惯用总题名(Treaties, etc.)，而是将条约的名称作为首选题名记录。同理，构建代表条约的规范检索点时，不再采用"签署条约的政府/国际组织的规范名称 + 惯用总题名(Treaties, etc.)"的方式，而是采用条约的首选题名，即条约的名称。这一修改，也为中文在构建代表作品的规范检索点如何与 RDA 衔接指明了方向。

2.2.3 修订

"修订"是指在更新概要中明确采用术语"Revised"对条款进行更新的方式，包括但不局限于对条款，还包括条款下内容的修订，如修订术语、样例和参见等。与增加、删除相比，修订的概念更广泛，也包括对内容的增、删、改。在 4 种更新方式中，"修订"的方式采用最多，对 RDA 内容的影响也相对更重要。举例如下：

前文提到，2013 年对 RDA 6.2.2.4 增加了对不同语言同时出版时选择首选题名的说明，2015 年再次对该条款进行了修订："如果题名或题名形式所用的文字不是用创建数据的机构首选的文字书写，应用 6.2.2.7。如果原始版本的正题名不可用或原始版本没有正题名，且参考源中无原文语言的题名，应用 6.2.2.6。"RDA 6.2.2.6 和 6.2.2.7 是本年更新中重新编制的两个条款，"原文语言题名未找到或不适用"和"题名以非首选文字书写"。RDA

6.2.2.7 规定:"如果题名或题名形式所用的文字不是用创建数据的机构首选的文字书写,根据创建数据的机构采用的方案音译题名。同时提供交替规则,如果创建数据的机构首选语言中有固定的题名或题名形式,采用该题名或题名形式作为首选题名。"该条款的修订,有利于各国编目机构为他国语言经典作品的翻译作品构建统一题名。例如,《浮士德》的中文译本,按照原规则必须采用原文题名"利于各国编目作为首选题名",但按照修订后的 RDA 6.2.2.7 的交替规则,可以直接用《浮士德》作为中文译本的首选题名。这也为中文采用 RDA 扫除了一定障碍。

RDA 11.4"与团体相关的日期"及其子条款 RDA 11.4.2"会议等的日期",RDA 11.4.3 "成立日期",RDA 11.4.4"终止日期"之前都是核心元素,2013 年更新时,增加了限定条件:对于会议等来说,与团体相关的日期是核心元素(见 RDA 11.4.2)。对于其他团体,当需要与另一名称相同的团体做区分时,与团体相关的日期是核心元素。元素"成立日期"和"终止日期"也相应更改为条件核心元素。也就是说,在为团体编制规范记录时,只有会议需要记录举办的日期或日期范围,其他元素,包括 2014 年新增的元素 RDA 11.4.5"团体活跃期"仅在需要区分时才需要记录。该修订增强了编目员工作的灵活性,降低了工作成本。

此外,除"增加""删除"和"修订"三种方式之外,RDA 的更新还包括改号(Renumbered)、阐释(Clarified)、更改(Changed)、扩展(Expanded)、参见更新(Updated)等,这些方式被统称为"其他"。比如,2014 年变更原 RDA 2.20"载体表现和单件的附注"及其子条款号,改为 RDA 2.17"载体表现的附注",同时增加了新条款 RDA 2.21"单件的附注"。

2.3 RDA 针对 IFLA LRM 的更新

作为 RDA 思想基础的 FRBR、FRAD、FRSAD 模型存在明显的局限性,例如,三个模型对"用户"这一概念范畴的理解不同,导致所定义的"用户任务"存在明显差异;个人、家族和团体作为责任者时,相似之处重复论述,造成模型冗赘复杂等[4]。

为消除使用障碍,合并统一 3 个模型,2010 年 FRBR 评估组启动编制新模型的工作,2013 年在新加坡成立了 FRBR 统一版编辑组(Consolidation Editorial Group,简称 CEG),负责新模型的草拟工作,统一版暂时命名为 FRBR 图书馆参考模型(FRBR-Library Reference Model,简称 FRBR LRM)。历经初稿编制、全球评审、完善修改等环节,2017 年 5 月 22 日,IFLA 正式发布了《图书馆参考模型》(2017 年 3 月版)(IFLA Library Reference Model,March 2017 version)[5]。该模型仍以"实体—关系(Entity – Relation,简称 E-R)"为构建基础,采用与 FR 家族一致的实体分析法建模,以用户任务作为建模的出发点和归宿点[3]。经过精炼、合并、新增、取消,IFLA LRM 定义了 5 项用户任务、11 个实体、37 项属性和 36 种关系[6]。

IFLA LRM 的建模负责人 Pat Riva 曾在国家图书馆举办的"新的图书馆数据概念模型——IFLA LRM"的讲座中提到,FRBR 评估组与 RSC 一直保持联动的工作机制。IFLA LRM 的编制过程中,也得到了很多来自 RSC 专家的专业化建议。这也为将 IFLA LRM 整合入 RDA 提供了坚实的思想基础。早在 2016 年 11 月,IFLA LRM 正式版尚未推出之际,RSC 已在年度会议上提出将依照 IFLA LRM 更改 RDA[7]。2017 年 2 月,RSC 在其网站上宣布,开始按照 IFLALRM 最终草案对 RDA 进行更新[8]。此次更新也是 RDA 董事会(RDA Board,于 2015 年 11 月正式更名,原名为负责人委员会,Committee of Principals,简称 CoP)进行的 "RDA 工具包重构和重设计(RDA Toolkit Restructure and Redesign Project,简称 3R 项目)"中的一项重要内容[9]。根据实施公告,更新主要体现在两个方面:第一,新增 3 个实体:"集体代理(Collective Agent)""Nomen"和"时间跨度(Time-span)";"代理(Agent)"和"地点(Place)"已在 RDA 中存在,但需要与 IFLA LRM 统一。现有的 RDA 实体个人、家族和团体将被视为代理和集体代理的子类,相关说明将会做出适合的修改。此外,RDA 现有元素将被作为 ILFALRM 高层关系的细化,每个 RDA 实体间的彼此关系构成的关系集合会为识别和开发新的、专门的关系指示符建立框架;第二,IFLA LRM 允许属性和关系互换,支持 RDA 四种识别实体的路径,即非结构化描述、结构化描述、标识符和关联数据 URL。"载体表现说明"这一新的 IFLA LRM 属性,可明确区分以非结构化方式转录的数据和其他来源记录的数据。新实体"Nomen"可以区分检索点结构化描述和实体相关的标识符[7]。这些发展将扩展 RDA 覆盖的元数据抓取场景的范围,从印刷或手写目录卡片,到机器转录、规范控制、关系和关联数据[10]。

2017 年 2 月,RSC 还开始对 RDA 的术语进行修订,统一术语为根据 IFLA LRM 更新 RDA 做好准备。其中,包括用代理(Agent/Agents)代替个人、家族、团体;原统一表述为"资源"的,根据具体条款,具象化为作品、内容表达、载体表现、单件。例如,RDA 2.1 原标题为 "Basis for Identification of the Resource",更改为"Basis for Identification of the Manifestation"; 从 RDA 元素标签中移除英语定冠词和不定冠词;记录一个元素时,用不定冠词"a"或"an"取代定冠词"the"。该变化说明,对 RDA 元素的重复性不再有任何约束条件,编目社区记录任何元素时可选择记录一次或多次;某些说明和元素定义中的术语"和/或(and/or)"被"或(or)"取代;从检索点说明中删去术语"按此顺序(in this order)"[11]。

2017 年 4 月至 2018 年 4 月,3R 项目进行期间将冻结 RDA 内容,暂时停止对 RDA 的修改和更新[12]。这一年冻结期也为广大编目人员掌握 RDA 更新细节提供了良好的时机。NLC PS(FLR)也可借此机会探讨如何建立科学的更新机制。

3   由 RDA 修订引发的对 NLC PS(FLR)更新机制的思考

国家图书馆实现对 RDA 理论研究到实践应用的大跨越历经了五年时间。经过多年的实践探索,国家图书馆于 2017 年完成了 RDA 本地政策声明的编制,并获得国家图书馆编目工作委员会的审核和批准,外文资源编目正式启用 RDA 作为编目标准,这标志着国家图书馆外文编目工作真正意义上实现了 RDA 的本地化。NLC PS(FLR)正式实施之后,其更新完善将是它面临的重要挑战,也是本地政策声明保持生命力的关键所在。如何有效追踪 RDA 的内容更新,如何开辟 NLC PS(FLR)应用的便捷平台,如何建立畅通的沟通反馈渠道等都是 NLC PS(FLR)更新机制需考虑的重要问题。笔者通过对 RDA 更新完善情况的深入研究获得了不少启示,反观国家图书馆本地政策声明的未来发展,对 NLC PS(FLR)的更新机制提出以下几点建议:

3.1   设立负责 NLC PS(FLR)更新和维护的专门机构

RDA 的更新由 RSC 全权负责。专业、专门机构的存在,可以确保从更新建议的征集、评估到工具包的维护等一系列相关工作有序系统地开展。同理,NLC PS(FLR)若想成为稳定、健康、科学生长的有机体,也必须首先设立负责更新和维护的专门机构。NLC PS(FLR)由国家图书馆外文采编部项目组负责编制,国家图书馆编目工作委员会批准,其更新也可由它们共同负责,采取由下至上的信息传递模式。外文采编部负责追踪 RDA 更新动态,收集对 NLC PS(FLR)的意见建议,并将其整理上报国家图书馆编目工作委员会,由编目工作委员会讨论审核通过。

3.2 搭建更新和维护的专业化平台

RDA 工具包的产生是国际编目理论界的一大革新。相较于以往厚重的纸质工具书,电子化的工具包可以最大限度地满足用户随时随地查阅 RDA 规则的需求,极大地提高了用户便利性。有了 RDA 工具套件珠玉在前,NLC PS(FLR)可以上线属于国家图书馆的 NLC PS(FLR)工具包。该工具包可设立 RDA、工具、资源 3 个大类,不仅囊括 RDA 中文翻译、主要外文资源书目记录工作流程、MARC21 为 RDA 所做的修订、NLC PS(FLR)等各方面内容,还可以提供编制 RDA 记录的练习题,提供从学习到实践的完整链条式服务。NLC PS(FLR)在线化极大地节省每次更新的经济成本,与中译本的链接能方便用户直接链接到对应的 RDA 中文条款,简化查询过程,提升用户使用的便利感。

RDA 作为动态的编目规则,在经历不改变原意的重写后,其更新已进入常态化,稳定保持每年一次的更新频率。因此,NLC PS(FLR)也应该保持与 RDA 一致的更新频率,如前文所述,RDA 的更新一般包括增加、删除、修订及其他 4 种类型。NLC PS(FLR)应在每年 4 月 RDA 年度更新发布后,及时追踪当年更新的具体内容,并区分更新类型。对本地操作不会产生重大影响的更新,经由外文采编部整理上报,国家图书馆编目工作委员会审核通过后即可发布,无须召开专门会议讨论,提高更新效率;对 NLC PS(FLR)中错误、疏漏之处的订正,也可采用此更新方式。相反,对于一些会对本地书目记录操作,特别是原始编目做法产生重大影响的条款更新,可以先在外文采编部内就是否更新、更新程度、是否保留本地操作特色等问题讨论形成意见,再报至国家图书馆编目工作委员会讨论确定。

3.3 开辟征集各方意见建议的渠道

NLC PS(FLR)兼具对 RDA 规则的释义和政策声明双重功能,编制人员在编制过程中尽可能考虑与实际工作的衔接,但不可能穷尽所有问题。编目人员势必会在实际应用过程中碰到该政策声明说明不详细或尚未涵盖的问题。因此,可以仿照 RDA 更新模式,在 NLC PS(FLR)工具包开辟编目人员留言渠道,征集馆内、馆外编目人员采用该政策声明指导自身外文文献资源编目的意见,经由国家图书馆编目工作委员会专家讨论批准,对 NLC PS(FLR)中本地做法进行修订。考虑到广大编目人员理论水平参次不齐,对 RDA 的掌握程度不一,需要在相对稳定的时间内领会、理解、掌握 NLC PS(FLR),对 NLC PS(FLR)本地做法的修订不宜过于频繁。初期可保持两年或三年一次的修订频率,待大部分编目人员已熟练掌握 RDA 常用规则,日常工作可不再依赖对工具书及工具套件的查询时,可将更新频率固定为一年一次。

国际编目理论界的革新,新思想的不断涌现,新成果的不断诞生,冲击着现有的编目领域。RDA 作为这一改革大潮中的突出成果,以其广泛性、时新性、动态性吸引着众人的目光。无论是它的伴生产物 NLC PS(FLR),还是每一个编目从业者,都是这个不断生长的有机体中的一分子。只有保持对最新事物的追踪、学习,才能稳稳立足于编目理论改革发展的潮头。

参考文献:

[1]罗翀.RDA 全视角解读[M].北京:国家图书馆出版社,2015.

[2]RDA Update History[OL].[2017 - 06 - 08].http://access. rdatoolkit. org/.

[3]RDA Toolkit[OL].[2017 - 06 - 08].http://access. rdatoolkit. org/.

[4]李菡.IFLA 图书馆参考模型中的关系[J].图书馆论坛,2017(4).

[5]IFLA Library Reference Model(LRM) - March 2017 version - available[OL].[2017 - 06 - 08].https://www. ifla. org/node/11414.

[6]Pat Riva,Patrick Le BŒuf,Maja Žumer. IFLA Library Reference Model[EB/OL].[2017 - 06 - 08].https://www. ifla. org/files/assets/cataloguing/frbr-lrm/ifla_lrm_2017-03. pdf.

[7]RSC Meeting in Frankfurt 7 - 11 November 2016:Update[OL].[2017 - 06 - 08].http://rda-rsc. org/RSC2016meetingupdate.

[8]Implementation of the LRM in RDA[OL].[2017 - 06 - 08].http://rda-rsc. org/ImplementationLRMinRDA.

[9]KickoffAnnouncement[OL].[2017 - 06 - 08].http://www. rdatoolkit. org/3Rproject/announcement.

[10]编目精灵. RDA 实施 IFLA-LRM 公告[OL].[2017 - 06 - 08].http://catwizard. net/posts/20170206164713. html.

[11]Gordon Dunsire. Preparation of RDA for the 3R Project[EB/OL].[2017 - 06 - 08].http://www. rda-rsc. org/sites/all/files/RSC-Chair-18. pdf.

[12]3R Project Status Report #1[EB/OL].[2017 - 06 - 08].http://www. rdatoolkit. org/3Rproject/SR1.

FR 家族模型的整合:FRBR 图书馆参考模型(FRBR-LRM)

莫 菲(国家图书馆)

1 FR 家族模型的缘起与发展

1.1 FRBR 的建立

1961 年 10 月,国际图书馆协会联合会(IFLA)在巴黎举行的国际编目原则会议上,通过了《巴黎原则声明》,极大地促进了图书馆编目工作的发展,取得了一系列重要成果。

随着信息技术的飞速发展,一方面,卡片目录逐渐被数字化的机读目录文档或数据库所取代;另一方面,电子资源、网络资源等大量出现,信息载体呈现多样化趋势。原有的编目原则和标准已经很难满足读者对图书馆的服务需求。1990 年,IFLA 国际书目控制和国际 MARC 项目以及 IFLA 书目控制组在斯德哥尔摩召开了书目记录研讨会议,首次提出了书目记录功能需求(FRBR)概念。

此后,有关于 FRBR 的研究迅速推进:1992 年,在新德里召开的 IFLA 年会批准成立了

FRBR 项目研究组;1995 年,研究组完成了对 FRBR 报告草案的长期审议;1996 年,FRBR 的报告草案在世界范围完成评议;1997 年,FRBR 项目研究小组提交了关于 FRBR 的最终研究报告;1998 年,IFLA 组织编写并出版了《书目记录的功能需求(FRBR)》。

FRBR 以"实体—关系"模型(entity-relationship model)为基础构建概念框架,形成了一个立体的数据模型。FRBR 强调对书目记录的分析与描述,多层面地揭示文献信息,便于编目人员揭示、处理网络环境下多种媒体信息。

1.2　FRBR 的扩展:FRAD 和 FRSAD 的建立

FRBR 关注的重点是书目记录的内容和检索点,而较少涉及书目记录的规范控制,针对这一不足,IFLA 于 1999 年成立了 FRBR 的规范记录的功能需求和编号(FRANAR)工作组。FRANAR 工作组由 IFLA 书目控制部、国际书目控制及国际 MARC 计划共同主持,主要研究书目记录责任者的规范控制,并于 2009 年建立了《规范数据的功能需求》(FRAD)概念模型。

FRAD 模型涉及的范围主要集中在包括个人、家族、团体和商标在内的名称规范记录,以及题名的规范记录。FRAD 在一定程度上为规范记录中的相关数据提供了明确定义的结构框架,但主要表现在对责任关系的规范控制上,并未包括书目数据中的主题词、地理名称、丛书等的规范控制。

对此,2005 年 IFLA 的分类和标引专业组专门成立了主题规范数据的功能需求(FR-SAR)工作组。FRSAR 主要研究书目记录主题的规范控制。2011 年,工作组建立了《主题规范数据的功能需求》(FRSAD)概念模型。

1.3　FR 家族模型的整合:FRBR-LRM 的建立

FRBR、FRAD 和 FRSAD 三个模型均是以"实体—关系"为框架建立,形成了 FR 概念家族模型,较为全面地构建了书目记录、名称规范记录和主题规范记录体系。FR 家族模型并不是某种具体的编目规则,但对规则的制订起着指导作用。例如,国际编目规则《资源描述与检索》(RDA)就是以 FRBR 和 FRAD 为基础建立的。

但上述三个模型之间在许多概念上均存在各种差异,而编目工作中既包含 FRBR 模型中的书目记录,也包含 FRAD 和 FRSAD 模型中的规范数据,这种概念的不一致会造成规则的逻辑混乱。并且 FRAD 和 FRSAD 模型的建立本身就是对 FRBR 的补充,建模方式相同。因此,将 FR 家族的三个模型整合成为统一的概念模型成了必然趋势。

为此,IFLA 于 2010 年成立了 FRBR 评估组,着手推动 FR 家族模型的一体化进程。2013 年,FRBR 评估组在新加坡举行的 IFLA 大会上成立了 FRBR 统一版编辑小组(Consolidation Editorial Group,简称 CEG),负责编制新的模型,并将新模型暂时命名为《FRBR 图书馆参考模型》(FRBR-LRM)。2016 年 2 月,CEG 发布 FRBR-LRM 全球评审草案征集意见,经修改后于 2017 年 3 月推出正式版报告。

2 模型的基本内容

2.1 用户任务

以往 FR 家族模型的建立是以功能需求为出发点,先确定需求,并建立实现需求的"实体—关系"模型,再根据这些实体和关系划定用户范畴,建立用户任务。由于 FR 家族三个模型分别对应不同的功能需求,因此出现了用户群体和用户任务定义的不一致,也给编目规则制定和编员的工作造成了不便。

为了实现 FR 家族模型的整合,新模型选择了与 FR 家族模型不同的构建角度。FRBR-LRM 以用户任务为出发点和落脚点,围绕完成用户任务这一中心建立模型,确定相关的实体、属性和关系,使模型有完整的逻辑,形成前后一致的体系,达到真正的统一。

2.1.1 FRBR 模型的用户任务

FRBR 模型的用户主要为书目记录的使用者,用户群体较为复杂,包括读者、学生、研究人员、图书馆员、出版商、发行商、知识产权所有者及管理者等。

FRBR 模型定义了四大基本用户任务:查找、识别、选择和获取。

查找:利用实体的属性或关系在一个文档或数据库中找到一个或一组实体。

识别:确认所描述的实体对应于所查找的实体,或区分具有相似特征的两个或多个实体。

选择:选取一个在内容、物理形式等方面满足用户需求的实体,或放弃一个不适合用户需求的实体。

获取:通过购买、借阅等方式获得一个实体,或者以电子方式通过联机连接远程计算机检索一个实体。

随着对目录功能研究的深入和信息网络技术的提升,FRBR 模型提出了第五个用户任务"导航",即帮助用户查找资源时从一个实体关联到另一个实体,实现书目数据的关联。

2.1.2 FRAD 模型的用户任务

FRAD 模型的用户主要包括两部分:一部分是建立、维护和使用规范记录的图书馆编目人员,另一部分是直接(通过检索规范文档)或间接(在图书馆目录中使用检索点)获得规范信息的图书馆的使用者。

FRAD 模型定义了四大基本用户任务:查找、识别、阐明关系和提供依据。

查找:使用一个属性、一组属性或实体间关系作为检索条件,查找单一实体或实体集合。

识别:确认描述的实体是否符合目标实体,或区分具有相似特征的两个或更多实体。

阐明关系:将一个个人、团体或作品置于环境中,阐明两个或两个以上个人、团体或作品等之间的关系,或阐明某一个人、团体或作品名称与该个人、团体或作品众所周知的名称之间的关系。

提供依据:提供规范记录创建者选择这个名称或名称形式作为受控检索点基础的依据。

2.1.3 FRSAD 模型的用户任务

在创建 FRSAD 模型初期,FRSAR 工作组特别成立了课题组定义主题规范数据的用户,并将用户划分为:编员和受控词汇创建者,创建和维护主题规范数据的信息从业者,信息检索的终端用户以及为终端用户提供服务的信息检索中介者。

FRSAD 模型定义了四大基本用户任务:查找、识别、选择和探索。

查找:发现符合用户描述的标准、使用的属性和关系的一个或多个主题或它们的名称。

识别:确定所发现的主题或名称符合用户的描述,或区分具有相似特征的两个或更多主题或名称。

选择:基于用户的要求和需要,选取一个合适的主题或名称。

探索:为理解一个主题域的结构及其术语,探究主题和名称间的关系。

2.1.4 FRBR-LRM 模型的用户任务

可以看出,由于对用户定义不同,FRAD、FRSAD 模型与 FRBR 的用户任务上有较大差异。此外,由于 FRBR 的主要对象为书目记录,FRAD 的主要对象是个人、团体和作品名称等的规范,FRSAD 的主要对象则是主题或名称规范,三个模型各自的"查找"和"识别"功能在具体的用户任务定义上也不相同。

FRBR-LRM 在定义用户任务时,广泛考虑各类用户的功能需求,最终把模型的服务范围划定为信息检索的终端用户,即数据的直接使用者,而将图书馆内部管理、运转方面的需求排除在外。具体而言,FRBR-LRM 模型的用户主要包括读者、研究人员等终端用户以及为终端用户提供服务的信息检索中介者,这一范围定义与 FRBR 较为相似。

FRBR-LRM 模型定义了五大基本用户任务:查找(find)、识别(identify)、选择(select)、获取(obtain)和探索(explore)。

查找:通过任何相关条件进行检索,汇集所需有关资源信息。

识别:清晰了解所需资源的性质,并区分具有相似特征的资源。

选择:判断发现的资源是否符合需求,并选择适合的资源(接受或拒绝)。

获取:访问资源内容。

探索:利用资源与资源间的关系,将某资源置于特定情境中。

表1 FRBR-LRM 模型和 FR 家族模型用户任务对照

FRBR	查找	识别	选择	获取	(导航)	
FRAD	查找	识别				阐明关系　提供依据
FRSAD	查找	识别	选择		探索	
FRBR-LRM	查找	识别	选择	获取	探索	

如表1所示,FRBR-LRM 模型中的用户任务定义与 FR 家族三模型相比,前四项用户任务均源自 FRBR,第五项"探索"的实质是数据的关联,需书目记录多角度提供相关资源间内在联系,与 FRBR 中的"导航"和 FRSAD 中的"探索"任务相似。FRBR-LRM 与 FRBR 用户任务的相似是由于用户群体的相似,只是在定义上更加高度抽象和概括,指向的范围也更广。另一方面,FRAD 模型中的"阐明关系"和"提供依据"两大用户任务主要针对的群体是图书馆内部书目记录、规范数据的建立和维护人员,而不是 FRBR-LRM 定义的主要用户群,因此这两个用户任务未被列入 FRBR-LRM 模型。

2.2 实体

2.2.1 FRBR 模型的实体

FRBR 中涉及 10 个实体,分为著作、个人与团体、主题三组:

第一组实体著作,指通过智慧和艺术创作的产品,包括作品(work)、内容表达(expression)、载体表现(manifestation)和单件(item)4个不同层面;

第二组实体包含对智慧和艺术创作产品负责任的个人(person)和团体(corporate body),是第一组实体的责任者,即责任关系;

第三组实体包括概念(concept)、对象(object)、事件(event)、地点(place),揭示了与作品相关的主题集合。

2.2.2　FRAD模型的实体

FRAD模型中共有两部分16个实体,并围绕这两部分FRAD模型构建了较为明晰的实体—关系框架图:

第一部分为11个实体,以FRBR模型的三组核心实体为基础,并在第二组实体责任关系中加入了家族(family)这一新的实体;

第二部分为5个实体,包括名称(name)、标识符(identifier)、受控检索点(controlled access point)、规则(rules)、机构(agency),将这5个概念定义为实体而非属性,能够在模型中更加清晰地表示规范数据所描述的实体间的关系。

2.2.3　FRSAD模型的实体

FRSAD模型包含主题(thema)和主题表述(nomen)两个实体:

主题实体指一件作品主题的任意实体,对应FRBR模型和FRAD模型中的三组核心实体;

主题表述指任何一个已知、被引用、被标记的主题的符号或符号序列。

2.2.4　FRBR-LRM模型的实体

FR家族三模型中原有18个实体,这3个模型实体的都是不分层的,因而结构复杂,且难以对FR家族各模型进行整合。因此,FRBR-LRM模型的实体建立过程中引入了"层级"概念,使模型框架立体化,以便对模型进行统合和扩展。根据FRBR-LRM模型的定义,较高层级实体是下属层级实体的超类(superclass),下属层级实体是其高层级实体的子类(subclass)。如表2,经过保留、新增、合并及取消,FRBR-LRM模型定义了11个实体。

表2　FRBR-LRM模型中的实体

层级	代码	实体名称	来源
顶层	LRM-E1	Res	重新定义自FRSAD
第二级	LRM-E2	作品(work)	保留自FRBR
	LRM-E3	内容表达(expression)	保留自FRBR
	LRM-E4	载体表现(manifestation)	保留自FRBR
	LRM-E5	单件(item)	保留自FRBR
	LRM-E6	代理(agent)	新增
	LRM-E9	Nomen	合并自FRSAD和FRAD
	LRM-E10	地点(place)	新增
	LRM-E11	时间跨度(time-span)	新增
第三级	LRM-E7	个人(person)	保留自FRBR
	LRM-E8	集体代理(collective agent)	新增

"Res"在所有实体中处于顶层,其大意为"任意实体",是全部第二级、第三级实体的超类,主要对应 FRSAD 模型中的"主题"这一实体定义。

作品、内容表达、载体表现和单件保留自 FRBR 模型中的第一组实体,不再细述。

"代理"虽为新增实体,但也能找到其在 FR 家族中的原型。FRBR-LRM 模型中,代理这一实体主要是指责任者,对应 FR 家族三模型中的第二组实体责任关系。代理还可分为第三级实体"个人"和"集体代理"两个子类。个人的定义保留自 FRBR,而集体代理主要对应原有模型中的"团体"和"家族"。

"Nomen"定义为"一个实体为人所熟知的名称",虽然与 FRSAD 中"主题表述"的单词一样,但更为概括,对应 FRAD 中"名称"和 FRSAD 中"主题表述"。

"地点"定义为"人类对一个地理区域或空间范围的识别",虽在名称上与 FRBR 中的"地点"实体相同,但经过重新定义,与过去的地理名称不同,可视为新增概念。

"时间跨度"定义为"开始、结束和持续的时间范围",类似于过去编目中的年代,可通过 Nomen 表述,也是新增实体。

表3 FRBR-LRM 模型和 FR 家族模型实体对照

FR 家族模型实体			FRBR-LRM 模型实体		
FRBR 模型	FRAD 模型	FRSAD 模型			
作品	作品	主题	作品		
内容表达	内容表达		内容表达		
载体表现	载体表现		载体表现		
单件	单件		单件		
个人	个人		代理	个人	
团体	团体			集体代理	
	家族				
概念	概念		Res	—	
对象	对象				
事件	事件				
地点	地点				
—	名称	主题表述	Nomen		
—	标识符	—			
—	受控检索点	—			
—	规则				
—	机构				
—	—		地点		
—	—		时间跨度		

从表3中可以看出,原有 FR 家族模型中的8个实体被取消。其中,概念、物体、事件、地点4个原有实体隐含在新实体 Res 的定义中,标识符、受控检索点2个原有实体隐含在新实

体 Nomen 的定义中,但由于过于重复冗余,没有进入新模型;原有实体规则可与新实体作品相对应,原有实体机构可与新实体集体代理相对应,但这两个实体更多的是与图书馆编目人员相关,与 FRBR-LRM 模型的用户群体终端用户关系甚小,因此没有进入新模型。

2.3 属性

2.3.1 FRBR 模型的属性

FRBR 模型对实体的属性定义集中在书目记录本身,也就是第一组实体作品、内容表达、载体形式和单件。而第二组、第三组实体及其属性主要交由 FRANAR 和 FRSAR 工作组研究。经过统计,FRBR 模型的属性较为繁杂,仅第一组实体就有 84 个属性(如表 4 所示)。首先,同类属性多次出现,如"题名"分别出现在作品、内容表达、载体表现的属性中;其次,模型中定义了大量并不通用的属性,如作品的 12 个属性中,包含 2 个音乐作品特有的属性和 3 个地图作品特有的属性。

表 4　FRBR 模型第一组实体属性的数量

实体	通用属性个数	特殊属性个数	共计
作品	7	5	12
内容表达	12	13	25
载体表现	17	21	38
单件	9	0	9
	45	39	84

2.3.2 FRAD 模型的属性

FRAD 模型共定义了 12 个实体的 76 个属性。

模型将名称和标识符定义为实体,减少了三组核心实体的属性中重复出现同类内容,简化了 FRAD 模型,第一组实体属性的数量减少至 24 个。FRAD 的研究重点是第二组实体,即个人、家族、团体,该组实体属性共 26 个,扩展了 FRBR 模型。第三组实体的属性在本模型中无明确定义,有待 FRSAR 工作组解决。

第二部分实体名称、标识符、受控检索点、规则、机构共定义了 26 个属性。其中,部分实体及其属性不完全适用于模型的全部用户群体,而是针对较为专业的图书馆编目人员。如受控检索点属性中编目的语言、编目的文字、编目的字母译音系统等属性。

2.3.3 FRSAD 模型的属性

与 FRBR 和 FRAD 模型不同,在 FRSAD 模型中的实体具有高度抽象性和广泛性,因此实体的属性也是高度灵活而概括的。

主题的属性:主题的属性与其实际应用的领域高度相关,其中类型(type)和范围标记(scope note)是比较普遍的 2 种属性。

主题表述的属性:共 11 种,包括主题表述的类型、概念表、主题表述的参考源、主题表述的表现、主题表述的语言、主题表述的文字、字符转换、主题表述的形式、主题表述的时效性、受众、主题表述的状态。

2.3.4 FRBR-LRM 模型的属性

与 FRSAD 模型相似,FRBR-LRM 也是一个高度抽象概括的模型,只选取了具有高代表性的属性进行定义。如表5所示,FRBR-LRM定义了37个属性。

表5 FRBR-LRM模型中的实体属性

实体	属性
Res	类别、附注
作品	类别
内容表达	类别、代表性、数量、读者对象、权限、语言、调、表演媒介、比例尺
载体表现	载体类别、数量、读者对象、载体表现说明、检索条件、权限
单件	馆藏地、权限
代理	联系信息、活动领域、语言
个人	职业/工作
Nomen	类别、体系、读者对象、使用环境、参考源、语言、文字、文字转换、状态
地点	类别、位置
时间跨度	开始、结束

如表6所示,FRBR-LRM属性的数量与FR家族三模型相比大幅减少。由于属性与实体相对应,FRBR-LRM实体属性的整合与实体整合相似,经过合并、新增、取消及保留,此外还有部分属性转移成其他实体或关系。例如:新模型中的作品属性只有"类别"一个,一方面是因为该属性具有广泛性和灵活性,可以涵盖原有的多个具体属性,取消了原有的特定种类作品属性;另一方面是因为原有模型的部分属性被纳入新增实体,不再以属性形式出现。

表6 FRBR-LRM模型和FR家族模型属性数量对照

	FR 家族模型属性个数				FRBR-LRM 模型属性个数
	FRBR 模型	FRAD 模型	FRSAD 模型		
作品	12	9	—	作品	1
内容表达	25	6	—	内容表达	9
载体表现	38	6	—	载体表现	6
单件	9	3	—	单件	2
				代理	3
个人	4	14	—	个人	1
家族	—	5	—	集体代理	—
团体	5	7	—		
主题	—	—	2	Res	2
主题表述	—	—	11	Nomen	9
名称	—	7	—		
标识符	—	1	—		
受控检索点	—	13	—		
规则	—	2	—		

	FR 家族模型属性个数				FRBR-LRM 模型属性个数
	FRBR 模型	FRAD 模型	FRSAD 模型		
机构	—	3	—		—
	—	—	—	地点	2
	—	—	—	时间跨度	2
总计	93	76	13	总计	37

2.4 关系

2.4.1 FRBR 模型的关系

FRBR 以作品为基础,从书目记录的功能角度分析书目关系,集中揭示了第一组实体作品、内容表达、载体表现、单件之间的关系。

表 7 FRBR 模型的各类型实体关系数量

关系类型		关系个数
高层实体间的一般关系	第一组实体间的基本关系	3
	第一组实体与第二组实体间	4
	第一组实体与第三组实体间	1
作品、内容表达、载体表现、单件间的其他关系	作品到作品	7
	同一作品内容表达到内容表达	4
	不同作品内容表达到内容表达	7
	内容表达到作品	7
	载体表现到载体表现	2
	载体表现到单件	1
	单件到单件	1
作品、内容表达、载体表现、单件的整体与部分间关系	整体/部分作品到作品	1
	整体/部分内容表达到内容表达	1
	整体/部分载体表现到载体表现	1
	整体/部分单件到单件	1
总计		41

2.4.2 FRAD 模型的关系

FRAD 主要集中研究三组核心实体的责任关系部分,从规范数据的角度揭示实体间的关系。如表 8 所示,模型中主要定义了 46 个实体关系,可分为四大类。

表8　FRAD模型的各类型实体关系数量

关系类型		关系个数
高层实体间的一般关系	第一组实体与第二组实体间	1
	第一部分实体与第二部分实体间	2
	第二部分实体间	4
个人、家族、团体与 作品间的关系	个人到个人	8
	个人到家族	1
	个人到团体	1
	家族到家族	1
	家族到团体	2
	团体到团体	2
	作品到作品	7
个人、家族、团体以及 作品的变异名称之间的关系	个人名称到个人名称	4
	家族名称到家族名称	1
	团体名称到团体名称	4
	作品名称到作品名称	3
总计		46

2.4.3　FRSAD 模型的关系

FRSAD 模型实体比较抽象,其实体的关系也相对概括而灵活,主要定义了六个关系。

主题与主题表述间的关系:称谓关系。

主题与主题间的关系:等级关系、相关关系、语义关系的其他表示方式。

主题表述与主题表述间的关系:等同关系、整体部分关系。

2.4.4　FRBR-LRM 模型的关系

表9　FRBR-LRM 模型属性的实体关系

代码	关联实体	正向关系	反向关系	基点
LRM-R1	Res 到 Res	相关联系	相关联系	多对多
LRM-R2	作品到内容表达	通过……实现	实现	一对多
LRM-R3	内容表达到载体表现	具体化为	具体化	多对多
LRM-R4	载体表现到单件	通过……例证	例证	一对多
LRM-R5	作品到代理	由……创作	创作	多对多
LRM-R6	内容表达到代理	由……创作	创作	多对多
LRM-R7	载体表现到代理	由……创作	创作	多对多
LRM-R8	载体表现到代理	由……发行	发行	多对多
LRM-R9	载体表现到代理	由……制作	制作	多对多
LRM-R10	单件到代理	由……拥有	拥有	多对多

代码	关联实体	正向关系	反向关系	基点
LRM-R11	单件到代理	由……修改	修改	多对多
LRM-R12	作品到 Res	拥有主题	是……的主题	多对多
LRM-R13	Res 到 Nomen	有名称	是……的名称	一对多
LRM-R14	代理到 Nomen	分配	由……分配	一对多
LRM-R15	Nomen 到 Nomen	等同于	等同于	多对多
LRM-R16	Nomen 到 Nomen	是……的一部分	有部分	多对多
LRM-R17	Nomen 到 Nomen	是……的派生	有派生	多对一
LRM-R18	作品到作品	是……的一部分	有部分	多对多
LRM-R19	作品到作品	先于	继承	多对多
LRM-R20	作品到作品	伴随/补充	由……伴随/补充	多对多
LRM-R21	作品到作品	是……的灵感	灵感来自	多对多
LRM-R22	作品到作品	是……的转型	转型成	多对一
LRM-R23	内容表达到内容表达	是……的一部分	有部分	多对多
LRM-R24	内容表达到内容表达	衍生出	由……衍生	一对多
LRM-R25	内容表达到内容表达	被选作……集合	选作集合	多对多
LRM-R26	载体表现到载体表现	是……的一部分	有部分	多对多
LRM-R27	载体表现到载体表现	有复制品	是……的复制品	一对多
LRM-R28	单件到载体表现	有复制品	是……的复制品	一对多
LRM-R29	载体表现到载体表现	有交替	有交替	多对多
LRM-R30	代理到集体代理	是……的成员	有成员	多对多
LRM-R31	集体代理到集体代理	是……的一部分	有部分	多对多
LRM-R32	集体代理到集体代理	关于	继承	多对多
LRM-R33	Res 到地点	相关联系	相关联系	多对多
LRM-R34	地点到地点	是……的一部分	有部分	多对多
LRM-R35	Res 到时间跨度	相关联系	相关联系	多对多
LRM-R36	时间跨度到时间跨度	是……的一部分	有部分	多对多

　　如表 9 所示,FRBR-LRM 模型共定义了 36 种关系,每种关系都包含正向关系和反向关系,并由基点表明其对应关系是否唯一。例如:"作品到内容表达"的关系包含正向关系"作品通过多种内容表达实现",反向关系"内容表达实现唯一的作品"两部分。

　　新模型定义了循环和对称的概念。当一种关系关联的是同一实体时,则这种关系是循环关系,模型中共有 19 种循环关系;当正向关系和反向关系的名称一致时,则这种关系是对称关系,模型中共有 5 种对称关系。

表 10 FRBR-LRM 模型和 FR 家族模型实体关系对照

FRBR-LRM 模型关系		数量	对应 FR 家族模型关系
高层实体关系	作品到内容表达	1	FRBR 中第一组实体间的一般关系
	内容表达到载体表现	1	
	载体表现到单件	1	
责任关系	作品到代理	1	FRBR 中第一组实体与第二组实体间的一般关系
	内容表达到代理	1	
	载体表现到代理	3	
	单件到代理	2	
主题与名称关系	作品到 Res	1	FRSAD 中主题与主题表述间的关系
	Res 到 Nomen	1	
	代理到 Nomen	1	FRAD 中受控检索点间的关系
	Nomen 到 Nomen	3	FRSAD 中主题表述与主题表述间的关系
作品、内容表达、载体表现、单件间其他关系	作品到作品	5	FRBR 中作品、内容表达、载体表现、单件间的其他关系,作品、内容表达、载体表现、单件的整体与部分间关系
	内容表达到内容表达	3	
	载体表现到载体表现	3	
	单件到载体表现	1	
代理间关系	代理到集体代理	1	FRAD 中个人、家族、团体间的关系,个人、家族、团体变异名称之间的关系
	集体代理到集体代理	2	
相关关系	Res 到 Res	1	—
	Res 到地点	1	—
	Res 到时间跨度	1	—
	地点到地点	1	—
	时间跨度到时间跨度	1	—

FRBR-LRM 模型将实体关系分为六大类,包括相关关系,高层实体关系,责任关系,主题与名称关系,作品、内容表达、载体表现、单件间的关系,代理间关系等。

相关关系:实体间的相关关系是相互的、对称的。FRBR-LRM 共有 3 种相关关系,分别为 Res 到 Res、地点和时间跨度的关系。其中,Res 与 Res 间的相关关系也是资源间处于最高层级的关系。

高层实体关系:主要包括作品到内容表达、内容表达到载体表现、载体表现到单件 3 种关系,是模型的核心关系。大致可表述为"一部作品通过内容表达实现,内容表达具体化为载体表现,一种载体表现通过单件例证",基本保留自 FRBR 模型中第一组实体间的一般关系。此外,Res 到 Res 的关系也属于高层实体关系。

责任关系:主要包括新模型中作品、内容表达、载体表现、单件到代理的 7 种关系,即书目实体与责任者实体间的代理关系,基本保留自 FRBR 模型中第一组实体与第二组实体间的一般关系。

主题与名称关系:主要包括作品到 Res、Res 到 Nomen、代理到 Nomen、Nomen 到 Nomen 共 6 种关系,主要来源于 FRAD 受控检索点实体对应的关系和 FRSAD 模型中主题表述实体对应的关系。

作品、内容表达、载体表现、单件间其他关系:包括作品到作品、内容表达到内容表达、载体表现到载体表现、单件到载体表现 12 种实体关系,即书目实体除核心关系之外的其他关系,是 FRBR 模型中高层实体间的一般关系以外的其他关系经过保留、合并、新增和取消,得出的高度概括性关系。

代理间关系:代理到集体代理和集体代理到集体代理 3 种关系,主要体现了责任者实体间的关系,主要重新定义自 FRAD 模型中个人、团体、家族及其变异名称的关系。

通过比较 FRBR-LRM 模型和 FR 家族模型的实体关系可以看出,FRBR-LRM 模型虽然新增了一部分关系,但比 FR 家族模型简化了许多。另一方面,FRBR 模型中的许多关系得以保留、合并或重新定义,得以在新模型中体现,说明 FRBR-LRM 比较注重作品、内容表达、载体表现、单件着组实体的关系研究。

3 FRBR-LRM 的前景展望

FRBR-LRM 模型评审草案一经发布,就引起了学者们的广泛关注。新模型是以往 FR 家族三模型的高度整合,统一了原有模型的用户群体和用户任务,采用结构化、可扩充的图表,高度概括地定义了五大用户任务,11 个实体、39 种属性、36 种关系。但 FRBR-LRM 模型仍有许多需要探讨和完善之处。例如:新模型中"个人"这一实体的定义仅指真实的个人,不包含虚构的人物形象,这引起了较大争议,是否合理还有待商榷。

FRBR-LRM 模型的建立初衷是为了整合 FR 家族模型,但与旧模型不同,新模型并非从"功能需求"角度建立,而是从"用户群体和用户任务"出发。此外,新模型名称中用 FRBR 代表原有的 FR 家族三模型,也不够全面。针对新模型的命名问题,FRBR-LRM 可能会更名为 IFLA-LRM,我们也期待看到模型的新版本。2016 年 11 月召开的 RDA 指导委员会(RSC)年度会议宣布,将实施 IFLA-LRM 模型,采用此新标准需要对 RDA 做某些结构改变,相信经过整合的 FR 统一概念模型对今后的编目规则也会产生积极的影响。

参考文献:

[1]高红.编目思想史[M].北京:北京图书馆出版社,2009.

[2]国际图联书目记录的功能需求研究组.书目记录的功能需求最终报告[EB/OL].[2017 - 05 - 08].https://www.ifla.org/files/assets/cataloguing/frbr/frbr-zh.pdf.

[3]国际图联规范记录的功能需求与编号(FRANAR)工作组.规范数据的功能需求概念模型最终报告[EB/OL].[2017 - 05 - 08].https://www.ifla.org/files/assets/cataloguing/frad/frad_2009-zh.pdf.

[4]曾蕾,Maja Žajas,Athena Salaba.主题规范数据的功能需求(FRSAD)概念模型[EB/OL].[2017 - 05 - 08].https://www.ifla.org/files/assets/cataloguing/frsad/frsad-final-report-zh.pdf.

[5]Pat Riva,Patrick Le Beouf,Maja aumer.IFLA Library Reference Model[EB/OL].[2017 - 05 - 08].https://www.ifla.org/files/assets/cataloguing/frbr-lrm/ifla_lrm_2017-03.pdf.

[6]袁硕.FR 家族概念模型统一版——《FRBR 图书馆参考模型》初探[J].数字图书馆论坛,2017(1).

[7]翁畅平.中文编目规则 FRBR 化发展研究[J].图书馆界,2015(6).

[8]马澄宇.书目记录的功能需求及其影响分析[J].图书馆工作与研究,2010(11).

[9]杜芸.FRAD 及其对我国规范控制工作的影响[J].图书馆理论与实践,2008(3).

[10]刘莎,司莉.主题规范数据的功能需求(FRSAD)进展及其影响[J].图书馆杂志,2012(3).

[11]孙更新,刘莎.FRSAD 对编目理论与实践的影响[J].图书情报工作,2012(10).

[12]杨恩毅.试论 FRBR-LRM 与 FR 家族三模型的区别与联系[EB/OL].[2017 – 05 – 08]. http://kns. cnki. net/kcms/detail/31. 1108. G2. 20170508. 1457. 002. html.

[13]李菡.IFLA 图书馆参考模型中的关系[J].图书馆论坛,2017(4).

[14]王瑞云,贾君枝.基于作品关系扩展的中文同名个人规范记录识别与聚簇研究[J].图书情报工作, 2017,61(5).

[15]Catwizard. RDA 将在 2017 年依照 IFLA-LRM 更新[EB/OL].[2016 – 11 – 21]. http://catwizard. net/ posts/20161121195714. html.

数字时代的资源编目体系

王景侠(国防大学政治学院杨浦教学区图书馆)

自进入 21 世纪以来,国际编目领域发生了全面而深刻的变化,涌现出很多新成果,如《国际编目原则声明》正式取代了 20 世纪 60 年代颁布的巴黎《原则声明》,FR 家族模型陆续发布并新推出了统一版 IFLA-LRM,《国际标准书目著录》(ISBD)统一版取代了 ISBD 专门规则,随后基于《国际编目原则声明》和 FR 家族模型的新一代编目规则 RDA(《资源描述与检索》)已取代了《英美编目条例(第二版)》(AACR2),正式开启了资源编目时期。此外,新的书目框架格式 BIBFRAME 诞生并逐步发展,也将逐步取代传统的机读目录(MARC)格式,这标志着图书馆资源编目体系已初步形成。随着图书馆的馆藏从印本资源为主到数字资源为主的转型与发展,国际编目体系正在从文献编目体系向资源编目体系全面转型与发展[1],新的资源编目体系发展迅速并不断完善,将逐步取代以巴黎《原则声明》、AACR2 和 MARC 格式为代表的传统文献编目体系。本文重点就数字时代图书馆资源编目体系的主要构成、最新进展以及作为构成要素的编目标准之间的关系等问题进行梳理与探讨,以期为我国当前编目理论研究及编目工作的发展提供借鉴。

1 编目原则:国际编目原则声明

1.1 概述

按照《辞海》的解释,原则是指观察问题、处理问题的准绳。国际编目原则是指导国际编目界进行编目工作的指南和指导思想。它是推进编目工作标准化和国际化的前提和基础。

进入 21 世纪以来,国际图联(IFLA)着手对诞生于 1961 年的巴黎《原则声明》进行修订,致力于制定一部能适用于联机图书馆目录并且在其他领域也可以使用的新的原则声明。"国际编目原则声明(草案)"在 2003 年出台,经过 6 年的修改和评估,2009 年最终版正式公布,以《国际编目原则声明》(以下简称 ICP)形式发布。随着 RDA 的正式推出,ICP 开始进行审议和更新,2015 年推出修订版征求意见稿,并于 2016 年正式颁布。目前其官网提供了包括中文在内的 5 种语言文字版本的免费下载[2]。

与诞生于卡片目录时代的巴黎《原则声明》相比,ICP 是在联机合作编目为主的数字时代诞生的全新的编目原则。它引进了 FRBR 中的实体—关系(E - R)模型中的实体、属性和关系概念及其分析方法,成为制定新的书目著录规则的基础。它替代和拓展了巴黎《原则声明》的范围:由仅限于文本资源拓展到包括所有类型的资源,并将款目的选择扩展到了图书馆目录所使用的书目数据和规范数据的各个方面。它不仅包括原则和目标,而且还包括国际编目条例中应包含的指导规则,以及对查找和检索能力的指导。

ICP 2016 版考虑了新型用户、开放获取、数据的互操作和可访问性、发现工具的功能以及用户行为的重大变化,其总体结构包括"范围""总原则""实体、属性和关系""书目著录""检索点""目录的目标和功能""查找功能的基础"七个部分。总原则除了包含"用户的便利性""通用性""表达性""准确性""充分性和必备性""有意义""经济性""一致性与标准化""集成性""合理性"外,新增了"互操作性""开放性""可访问性"原则,目的是使编目机构能够应对数字资源的增加、关联数据化的发展。考虑到未来的数据集成和开放共享,以及目录服务的基本原则,其中"用户的便利性"仍然放在首要位置,并强调了在对著录和名称控制时应从用户的角度考虑,充分体现了以"用户为中心"的思想。此处,"用户"包括了所有查询目录、使用书目数据和/或规范数据的任何人。

编目原则的主要功能在于提纲挈领、共同遵循,这是各国图书馆做好资源编目工作的指导思想和基本遵循[3]。新版 ICP 是指导数字时代国际著录规则、编目规则以及编目格式开发研制的基础,能够满足编目人员和用户使用在线目录和发现系统的客观需求,必将推动编目工作的标准化和国际化发展。

2 概念模型:IFLA-LRM

2.1 FR 家族模型

FR 家族模型目前包括《书目记录的功能需求》(FRBR)、《规范数据的功能需求》(FRAD)和《主题规范数据的功能需求》(FRSAD)3 个独立的概念模型。其中,FRBR 是 3 个模型中最早发布的,率先采用了"实体—关系"模型分析法,提出了三组实体关系模型,从用户的视角出发,提炼出用户在书目记录中感兴趣的关键对象,即实体,总结实体被识别所需要的属性,评估这些数据元素对实现"查找""识别""选择""获取"这 4 个基本用户任务的价值,最后提取具有最高价值的实体、属性和关系,组成国家级基本记录的核心元素。FRBR 的创新之处在于将人们对事物个体和表象的关注引向对事物群体和本质的思考,将书目记录的结构从传统的平面结构转变为立体结构,更为重要的是它为人们提供了一个认识书目世界的新思路[4]。

FRBR 的诞生具有重要的里程碑意义,它不仅成为现代书目控制的理论基础,更是发展为其他概念模型、书目著录、编目规则乃至书目格式的基础。它的诞生不仅促进了 FRAD 和 FRSAD 的诞生,而且对 ICP、《ISBD 统一版》、RDA 以及 BIBFRAME 的诞生都产生了极其深远的影响。在编目规则方面,它是指导编目规则编制(如 RDA)的思想基础;在编目实践方面,世界许多图书馆都对联机公共目录查询系统(OPAC)进行了 FRBR 化改造。

在 FRBR 的基础上,FRAD 和 FRSAD 相继诞生,这两个概念模型采用与 FRBR 相同的建模方法,将对书目领域的思考延伸至规范控制领域,从而形成书目世界的完整模型体系。这标志着 FR 家族正式形成,并全面覆盖了书目记录、名称规范记录以及主题规范记录。

然而,这 3 个分立构建的概念模型存在明显的局限性,具体表现在[5]:①这 3 个模型对共同问题的理解不同,导致解决方法不同,比如对"用户"这一概念范畴的理解不同,导致所定义的"用户任务"不同。②模型中平面结构使模型冗赘复杂,作为高层模型的一般化程度受到了影响。③在编目实践中,一个完整的书目系统同时需要采用三者,需要解决非常复杂的问题,3 个模型本身并没有对此做出指导。基于以上原因,FRBR 评估组于 2013 年成立了 FRBR 统一版编辑组,2016 年 2 月完成了统一版的初稿编制,并在全球范围内广泛征求意见,这意味着一体化的概念模型 IFLA-LRM 即将登上历史的舞台。

2.2 IFLA-LRM

IFLA-LRM 即 IFLA Library Reference Model,翻译为 IFLA 图书馆参考模型,是 IFLA 新推出的概念模型,原名是 FRBR-LRM,是 FR 家族模型的统一版。该概念模型在 2016 年 2 月以《FRBR 图书馆参考模型》(FRBR-LRM)为名发布了全球评审版,在同年 8 月 IFLA 年会期间,FRBR 评估组根据全球评审结果,正式将其命名发布为 IFLA-LRM[6]。之所以更名主要是考虑到 FR 意为功能需求,使人们容易联想到计算机系统的要求而非概念模型,而 BR 指代书目记录,但目前模型应用已经超越了书目范畴,此外,"记录"一词也早被"数据"取代。如果仍保留 FRBR 名称,或有将 FRAD 和 FRSAD 排除在外的片面化之嫌。作为 FR 家族的整合模型,IFLA-LRM 模型是 FR 家族模型的一体化版本,不仅是对 FR 家族模型的深度整合,也是比 FRBRoo(面向对象的 FRBR)更具普遍性与概括性的高层次模型,如图 1 所示。

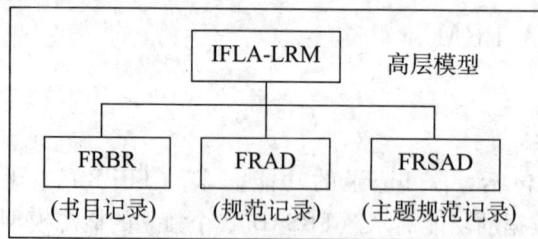

图 1　IFLA LRM 与 FR 家族模型之间的关系图

IFLA-LRM 仍以"E-R"框架为构建基础,建模方法与 FR 家族成员保持一致。与前 3 个模型相同,IFLA-LRM 仍以用户任务作为建模的出发点和归宿点,但它更强调终端用户的需求,不再考虑图书馆等机构的管理需求,从而将前 3 个模型的用户任务提炼为"查找""识别""选择""获取"和"探索"这五项任务。其中,"探索"是新定义的用户任务,该任务是指"利用一个资源"与其他资源之间的关系,将它们放置在特定的情境中。"探索"是所有用户任务中最具有开放性的,它支持了用户通过检索发现新的资源。将 FRAD 中"阐明关系"和

"提供依据"这两个用户任务取消,是因为这两个用户任务更多的是与图书馆管理相关,不属于终端信息用户的需求,这充分体现了该模型严格遵循 ICP 的"用户的便利性"这一最高原则,从抽象的模型层面与之保持内在一致性。

该参考模型并不是 3 个模型形式上的统一版,而是从实质上对 3 个模型中的实体、属性及其关系进行整合。经过了合并、新增和取消,IFLA-LRM 将 FR 家族 3 个模型共计 18 个实体重新定义为 11 个实体、37 项属性以及 36 种关系。IFLA-LRM 更加注重揭示和表达关系,这也是近年来资源组织工作的发展趋势和重点[7]。作为高层模型,IFLA-LRM 为关系上的定义和构建方面带来了理念性的革新,这将对书目世界顺利地应用 FR 家族模型起到积极的推动作用。

需要强调的是,作为概念模型,IFLA-LRM 是 FR 家族模型进一步抽象化的产物,因而更强调统一性、通用性和开放性,同时还具有比 FR 家族模型更高的权威性,是比编目规则更为抽象的层次,也是制定编目规则(编目条例)的思想基础。IFLA-LRM 的推出必将对各国的编目规则的修订及其编目实践的发展产生深远影响。

3 著录标准:ISBD 统一版

3.1 ISBD 标准系列

ISBD 是国际图联(IFLA)主持制定的一套关于供各类信息资源描述著录的国际标准,其根本目的在于实现世界范围的书目控制,促进国际书目的情报交流。ISBD 的产生最早可以追溯到 20 世纪 60 年代,随着 ISBD 标准系列在世界范围内推广,国际著录标准化逐步从构想变成了现实。其中,对 ISBD 统一版的产生起了很大推动作用的大事件就是 1998 年 FRBR 的正式出版。为了使 ISBD 条款与 FRBR 中"基本级国家书目记录"保持一致性,评估组对 ISBD 进行了第二次全面修订,将 ISBD(S)修订为适用于连续性资源的 ISBD(CR),将 ISBD(M)和 ISBD(G)修订后分别于 2002 年和 2004 年重新出版,截至 2007 年,ISBD 第二次全面修订计划的目标已基本完成,IFLA 对所有资源类型著录的要求已经与 FRBR 保持一致并进行了更新,这些工作为 ISBD 统一版的产生奠定了基础。

3.2 《ISBD 统一版》

《ISBD 统一版》的产生基于两大背景:一是 ISBD 的一个总则(即 ISBD(G))和 7 个专门规则虽然都经过多次修订,但在新版本中对所有 ISBD 都有影响的变化无法在旧的版本中体现出来;二是具有一种以上形式特征的出版物需要采用不同的 ISBD 进行著录,而各 ISBD 在某些条款之间存在着不一致,保持 ISBD 生命周期的修订过程落后于出版物类型的发展对新的研究和规则变化的要求。为此,在 2003 年 ISBD 评估组决定成立一个 ISBD 未来方向研究组,致力于将所有 ISBD 统一起来,《ISBD 预备统一版》于 2007 年 8 月正式出版。但由于资料标识研究组的工作尚未完成,为了不影响《ISBD 预备统一版》按时出版,评估组决定保留一般资料标识(GMD)。随后,资料标识研究组起草了一份由内容/载体组成的建议草案,并将它提供给 ISBD 评估组进行讨论。继后续的修订和全球评估后,一个名为"内容类型和媒介类型项"的第 0 项文件终于在 2009 年通过,然后被《ISBD 统一版》完全吸纳,这是《ISBD

统一版》产生的最大背景。2011 年 7 月《ISBD 统一版》正式出版[8]。《ISBD 统一版》与时俱进、不断创新,能够解决当前书目工作中存在的描述著录问题,对未来的编目理论和实践具有开创意义,它是国际编目发展史上的又一个重要里程碑[9]。

需要强调的是,《ISBD 统一版》首次采用第 0 项即内容形式和媒介类型取代 GMD 的做法,是统一版最具有创新性和独立性的内容,不仅可以改变世界范围内 GMD 著录不一致的状况,而且可以为制定基于 FRBR 的编目规则(编目条例)奠定重要基础。此外,《ISBD 统一版》第 0 项中的内容形式和媒介类型分别对应了 FRBR 的内容表达类型和载体表现类型,又与都柏林核心(DC)元数据中的 Type(类型)和 Format(格式)这两个元素存在着紧密的关联,充分表明了《ISBD 统一版》正不断与 FRBR 以及 DC 这样的现代元数据标准靠拢和看齐,这也是我国颁布《信息资源的内容形式和媒介类型标识》国家标准(标准号 GB/T 3469—2013)的根本原因,同时说明了我国编目著录标准正努力与国际标准发展保持一致,积极推进著录标准的标准化和国际化。

4 编目规则:RDA

编目规则是编目所依据的元数据标准,各国图书馆可以因地制宜,具体指导编目的实际工作。随着信息技术的颠覆式发展和数字资源类型的日益丰富,国际编目领域普遍使用了数十年的 AACR2 暴露出了许多新问题和缺陷,于是新一代编目规则 RDA 应运而生。作为全新的编目规则,RDA 是一部专为数字环境所设计并能适用于图书馆和其他信息机构进行资源描述与检索的内容标准[10]。RDA 成为针对所有类型的内容和媒介进行编目的工具,其生成的记录可以通过互联网、Web-OPAC 等形式在数字环境中使用,同时可以在语义网的关联数据中发挥作用,应用 RDA 元素元数据集创建的记录可以适应今后出现的数据结构。这是负责修订 AACR 的联合指导委员会(简称 JSC,2015 年改名为 RSC)参照 ICP 设定的目标。

RDA 基于 AACR2 产生,以 FR 家族模型为理论基础,遵循 ICP,体现了国际编目界的最新进展,目的是成为全球性的资源描述与检索的编目规则。从名称上看,其目标充分显示了它不仅要走出英语世界,而且还要走出图书馆界的雄心。

与 AACR2 以及《中国文献编目规则》结构明显不同的是,RDA 不按文献的类型排列,也不按 ISBD 的著录项目进行细分,而是将特定数据元素的说明集中在一起,识别并记录用于编目的数据元素。其总体结构包括导言、正文和附录,其中,导言简单介绍了 RDA 的目的、范围、主要特点以及它和其他资源著录与检索标准之间的关系,阐明了 RDA 的基本原则并简要介绍了作为 RDA 基本框架的 FR 家族模型。正文包括 10 个部分,分别是:①记录载体表现与单件的属性;②记录作品与内容表达的属性;③记录个人、家族与团体的属性;④记录概念、实物、事件、地点的属性;⑤记录作品、内容表达、载体表现、单件间的基本关系;⑥记录与个人、家族和团体的关系;⑦记录与概念、实物、事件、地点的关系;⑧记录作品、内容表达、载体表现、单件间的关系;⑨记录个人、家族和团体间的关系;⑩记录概念、实物、事件、地点间的关系。附录部分包括 A—L 共计 12 部分以及词汇表和索引。

从上述结构可以看出,RDA 与之前的编目规则(如 AACR2)相比有了颠覆性的变化,它先是区分书目实体和关系,实体下面再分属性(书目特征信息,具体为数据元素),属性之下再分文献类型。所有的著录事项都被安排在相关实体的属性之下,例如页码属于载体表现的属性,就去查阅 Manifestation 相应章节。插图属于内容表达的属性,就去查 Expression 相应章节。此外,RDA 也不分著录与标目。统一题名与作品有关,就去查 Work 相应章节。个人标目(检索点)的选取,就去查 Person 相应章节。换句话说,RDA 不仅包括了描述性编目,也包括主题编目,它将二者有机地融为一体,这种颠覆性结构给编目员的编目习惯带来了巨大挑战,因而需要进行专门的培训和长时间的练习实践才能适应。

需要强调的是,RDA 的内容比 AACR2 更加丰富,而且提供了网络版在线查询,非常便于编目员查询使用。此外,它还克服了传统的编目规则所固有的结构性缺陷,即著录时需要以手边文献的物理形式为依据,而标目(检索点)则以手边文献所反映的作品为依据[4]。

目前,RDA 已经应用于多个国家图书馆的编目实践,其本身还在不断更新和修订,并在网站发布年度更新。自 IFLA-LRM 正式发布以来,RSC 决定根据 IFLA-LRM 对 RDA 进行修订,包括对 RDA 进行内容重构和工具包网站的重新设计。中国国家图书馆对 RDA 的研究和应用正稳步推进,现阶段已对其进行了翻译,并展开了编目人员的培训,2017 年 3 月开始将 RDA 应用于西文编目工作,这标志着 RDA 的国际化进程取得了实质性进展。

5 书目格式:BIBFRAME

编目格式(含编目手册在内)是资源编目体系必不可少的重要组成部分,它是编目员进行计算机编目时所采用的具体元数据方案。自 MARC 格式诞生到广泛应用以来,它经历了半个多世纪的发展,在图书馆编目格式中占据着主导地位。但是随着数字网络及新媒体时代的到来,特别是语义网和关联数据环境的快速发展,这一占统治地位的传统编目格式开始渐渐不能满足编目工作的需要。尤其是经过 RDA 首轮测试后,美国国会图书馆(LC)发布报告指出 MARC 结构阻碍了元素分隔以及在关联数据环境中使用 URL 的能力,影响了 RDA 优势的发挥,建议采用新的书目格式取代 MARC,由此诞生了新一代书目格式——书目框架(Bibliographic Framework,简称 BIBFRAME)。

2011 年 5 月,美国国会图书馆率先推出了"书目框架先导计划",该计划主要是确定 MARC21 交换格式向更多基于 Web 的关联数据标准转换路径。2012 年底 LC 发布了 BIB-FRAME 的关联数据模型草案,正式推出了 BIBFRAME 格式,同时发布了功能需求和用例,展示了 BIBFRAME 为网络而生的初衷和其改造图书馆数据使之适应语义网环境的巨大潜力。在 BIBFRAME 模型 1.0 草案推出后,LC 联合多家机构对它及其词表进行了测试和修改,于 2016 年 4 月正式推出了 BIBFRAME 2.0 本体,包括模型和词汇 2.0,这两部分正是该格式最为关键和核心的部分[11]。

BIBFRAME 2.0 基于 FRBR 和 FRAD 产生,并根据参与测试与实验的多家图书馆的反馈进行了不断的修改和完善。BIBFRAME 2.0 的核心类包括 3 个核心类,即创作性作品(Work)、实例(Instance)和单件(Item)。与之前的 1.0 相比,2.0 版本取消了规范(Authority)和注释(Annotation)核心类,新增了单件(Item)核心类,这样就把编目层次由原来的两个层次调整为 3 个层次,有利于已经使用 RDA 编目的工作人员理解和掌握,也有利于 BIB-FRAME 格式的应用与推广,帮助编目员综合利用 RDA 和 BIFRAME 格式开展在线联合编目。这标志着图书馆主导研发的书目关联数据模型逐步开始实用化[12]。

目前,面向实际编目环境,LC 正在推动 BIBRAME 项目第二阶段的实验,除了对已完成的原有记录转换,更重要的是进行书目数据和规范数据的原始编目[13]。BIBRAME 网站上除了提供模型和词汇 2.0 之外,还提供了从 MARC21 向 BIBRAME2.0 转换的工具。需要指出的是,LC 推出 BIBRAME 格式的目标在于取代 MARC 格式,并希望根据新模型创建出一个新的书目环境,使图书馆融入更广泛的数据网络。众所周知,任何事物的发展都有其客观规律,RDA 从研制测试到转换实施及推广花了十多年的时间,作为新生事物的 BIBFRAME 从诞生到实际应用与推广也需要经历很长的一段路程。从 LC 以及欧美高校图书馆正在开展的 BIBRAME 实验到应用推广看,BIBFRAME 格式实际应用到图书馆编目工作还需要一段时间,但其发展目标和发展趋势决定了这一格式必将逐步取代传统的 MARC 格式,进而发展成为资源编目的主要格式。

6 资源编目体系构成要素之间的关系

笔者认为,数字时代新媒体环境下图书馆资源编目体系主要由国际编目原则(即 ICP)、概念模型(以 IFLA-LRM 为代表)、著录标准(以《ISBD 统一版》为代表)、编目规则(以 RDA 为代表)和编目格式(以 BIBFRAME 格式为代表)5 个要素构成,它们是一个不可分割且不断升级的有机整体(如图 2 所示)。从构成要素看,这一理论体系比传统的文献编目体系更为庞大,内容和层次更为丰富。从该理论体系的发展演变看,这是一个从抽象的编目思想和概念模型到具体的实物、从语义描述揭示到技术实现的不断具化的过程。

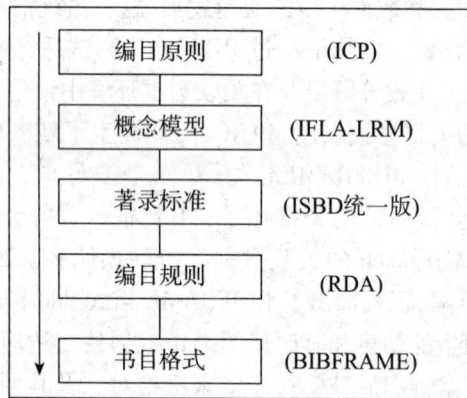

图 2　数字时代的资源编目体系构成图

其中,《国际编目原则声明》(ICP)处于资源编目体系的最高位置,是该体系其他部分的指导思想和共同遵循,可以说是编目工作的"魂"。编目原则声明的目标是为各种书目资源的描述性编目和主题编目提供一种一致的方法。反之,制定 ICP 又是一项顶层设计和规划,也会受到概念模型以及其他编目标准修订的影响,需要不断进行修订以保持该标准体系的上下协调和一致性。

IFLA-LRM 是 IFLA 新推出的图书馆参考模型,是 FRBR 家族模型的统一版,是 3 个概念模型的深度融合,具有通用性和开放性,对编目人员而言更具有抽象性。它是制定编目规则(编目条例)的思想基础,是沟通编目思想与编目实践的中间桥梁,它从模型的角度确保了书目数据、规范数据以及主题规范数据编制的规范和统一。

《ISBD 统一版》是 IFLA 推出的国际著录标准,它基于 ICP,是各国制定和/或修订编目规则的主要依据,其目标是提供数字环境下所有类型资源的统一描述著录,促进不同图书馆机构的数据交换和识别,可以实现不同系统之间数据的互操作。

RDA 基于 ICP、FRBR 和 FRAD,与 ISBD 的描述著录相一致,是编目员对资源提供描述与检索时所依据的内容标准,是为关联数据而生的编目规则。它不仅可以对图书、期刊等传统纸质资源进行编目,也可以对各种数字资源进行编目,更适合数字资源编目。

BIBFRAME 格式是基于关联数据模型的新一代书目格式,具有开放性、可扩展性、描述粒度细、兼容性强等特点,能够克服 MARC 格式无法适应关联数据环境的内在缺陷,不仅可以将图书馆的数据直接生成关联数据,也可以促进语义网环境下不同图书馆数据的交换、集成与共享。

需要强调的是,从上往下看,无论 ICP 还是 IFLA-LRM 都是比较抽象的层次,是制定编目标准如著录标准、编目规则和编目格式所必须遵循的指导思想和概念模型。而《ISBD 统一版》、RDA 和 BIBFRAME 格式这 3 个标准都是具体的可操作性标准,无论是著录标准、编目规则还是格式标准都需要在编目工作时严格执行。此外,还要说明的是,资源编目体系不仅适用于传统的实体资源编目,也适用于各种类型的数字资源(含网络资源)编目,而且它的适用领域已不再局限于图书馆,也可供档案馆、博物馆及其他"人类文化记忆机构"共同使用。

总之,这些标准规范之间的关系非常密切,它们互相影响,互相促进,上下联动发展,不断升级与完善,不仅推动着编目理论创新发展,而且推动着编目实践不断前进,将编目工作带到了以面向实体,揭示关系为基本特征的在线联机编目的新阶段。

综上所述,进入 21 世纪以来,由于受到用户需求的强力牵引和颠覆性技术的有力推动,国际编目领域的研究非常活跃,编目标准不断推陈出新,推动着编目理论体系全面而深刻的变革。编目原则、概念模型、著录标准、编目规则和格式标准都发生了根本性的变革,推动着图书馆资源编目体系的形成和发展,占据着主导地位。新的资源编目体系以用户的便利性为最高原则,始终面向用户、面向实体,面向未来,代表着编目工作的发展趋势和未来,而且随着编目实践的深入而不断完善,正朝着标准化、国际化、一体化以及关联数据化发展。需要强调的是,资源编目体系代表着当前编目理论研究的最新成果,其内容非常丰富,同时它也是一个动态更新的知识体系,其升级换代的速度比以往都要快,因而对编目人员的能力素质提出了更高要求。未来我国编目界要大胆创新,把当前面临的挑战转化为机遇,大力推动国际交流与合作,积极参与国际标准的制定/修订,进一步提高中国在国际编目领域的话语权。

参考文献:

[1]王景侠.书目格式从 MARC 到 BIBFRAME 的发展和转型[C]//编目:核心能力与挑战——第四届全国文献编目工作研讨会论文集.北京:国家图书馆出版社,2015.

[2]国际编目原则声明(ICP)2016[EB/OL].[2017 – 08 – 06]. https://www.ifla.org/files/assets/cataloguing/icp/icp_2016-zh.pdf.

[3]兰艳花.论国际编目理论体系的衍变及未来编目的特征[C]//编目:核心能力与挑战——第四届全国文献编目工作研讨会论文集.国家图书馆出版社,2015.

[4]王松林主编.中文编目与 RDA[M].海洋出版社,2014.

[5]袁硕.FR 家族概念模型统一版——《FRBR 图书馆参考模型》初探[J].数字图书馆论坛,2017(1).

[6]IFLA Library Reference Model(LRM)[EB/OL].[2017 – 08 – 08]. https://www.ifla.org/files/assets/cataloguing/frbr-lrm/ifla-lrm-august-2017.pdf.

[7]李涵.IFLA 图书馆参考模型中的关系[J].图书馆论坛,2017(4).

[8]International Standard Bibliographic Description(2011)[EB/OL].[2017 – 07 – 28]. https://www.ifla.org/files/assets/cataloguing/isbd/isbd-cons_20110321.pdf.

[9]孙更新,张燕飞.《国际标准书目著录(2011 年统一版)》的新变化——纪念 ISBD 发表 40 周年[J].图书情报知识,2013(6).

[10]RDA Toolkit[EB/OL].[2017 – 08 – 08]. http://access.rdatoolkit.org/.

[11]BIBFRAME-Bibliographic Framework Initiative(Library of Congress)[EB/OL].[2017 – 08 – 08]. http://www.loc.gov/bibframe/.

[12]王景侠.书目框架(BIBFRAME)模型演进分析及启示[J].数字图书馆论坛,2016(10).

[13]编目精灵 III[EB/OL].[2017 – 08 – 08]. http://catwizard.net/posts/20170726090908.html.

CNMARC 与 BIBFRAME 映射及其实现
——以上海联编中文普通图书数据为例

许　磊(上海图书馆)

1　背景

1.1　图书馆关联开放数据实践

MARC 书目数据一直是图书馆揭示馆藏、开展服务的主要工具,也是图书馆对知识组织最有价值的贡献。随着开放网络技术的发展,MARC 格式封闭、静态、粗粒度和缺乏语义等缺陷逐渐暴露,已经成为图书馆资源融入网络的最大障碍。

自 2006 年互联网之父 Tim Berners-Lee 第一次提出关联数据概念开始,关联开放数据在政府、生命科学、地理、出版等领域得到了广泛应用。截至 2017 年 6 月,被关联数据云图收录的关联数据集已有 1139 个。

关联书目数据是图书馆关联数据的重要应用领域,最早是瑞典国家图书馆在 2008 年发布的关联书目数据。随后匈牙利、西班牙、英国、法国等国的国家图书馆纷纷将自己的书目数据和规范数据发布为关联数据。2014 年联机计算机图书馆中心(OCLC)对关联数据在图情领域的应用进行了问卷调查,在 96 个机构实施的 172 个关联数据项目中,有 31 个明确描述发布了关联书目数据。关联数据在图情领域的应用,使得封闭私有的 MARC 数据开放融合到网络之中,并为机器所理解,促进图书馆资源的网络可见性,提高图书馆资源在不同领域的共享性和用户服务的无缝性。在 2014 年的调查统计中,项目评估结果为成功或基本成功的有 46 个。其中 Europeana、OCLC Worldcat 等 7 个项目每天的访问量更是超过了 10 万。结合图书馆在信息组织和规范控制方面的专长,关联数据将重新定义图书馆在网络时代权威可靠的信息枢纽地位。

1.2 上海图书馆关联数据实践

上海图书馆(下称"上图")是国内较早开始研究并实施关联数据的机构之一。目前,上图已经开放并对外提供了家谱知识服务平台、盛宣怀档案知识库、名人手稿档案馆、中文古籍联合目录及询证平台等基于关联数据的数字人文服务。同时,上图还发布了人名规范库、地理名词、机构名录和历史纪年表的规范数据库。

2017 年,上图开始探索关联书目数据的发布,计划分阶段实施,第一阶段目标是发布上海联编部分普通中文图书类数据。基于数字人文项目的本体模型应用经验,书目数据本体拟使用书目框架(BIBFRAME),其中 CNMARC 字段与 BIBFRAME 词表映射是关联书目数据发布的重要基础。

2 MARC 与 BIBFRAME 映射策略及其实施

2.1 映射策略

经过 50 年的发展,MARC 已经成为兼容各种类型资源的数据格式。在关联数据实践中,复用已有的成熟词表以增强数据之间的共享便利性是推荐的最佳实践。BIBFRAME 作为图书馆领域一个最新的本体模型,提供了对图书、测绘、音像等各类型文献进行描述的核心的、基础性的词表,保存和细粒度描述则复用专用词表。

自 1966 年美国国会图书馆发布 MARC I 磁带开始,带有磁带技术烙印的 MARC 格式成为图书馆数据的存储交换格式。但某些沿用磁带技术的字段及其取值代码在映射到本体词表后,将不再有意义。这些在非 MARC 环境中无意义或者意义冗余的字段需要排除在映射表之外。另外,MARC 字段的含义冗余或在机构著录细则上的差别,都将影响映射表的编制。因此,首先需要对上海联编中心 CNMARC 数据进行统计分析,了解字段使用情况,分析字段意义,最终对需要映射的字段进行取舍。

2.2 CNMARC 字段的必备性

根据 MARC 字段在不同类型文献中的使用要求,CNMARC 字段大致可以分为必备字段、特定资源必备字段和选择使用字段。必备字段是所有文献记录都应有的字段,有 001、100、200 和 801。特定资源必备字段是只在该种类型文献记录中必须有的字段,如文字类文献的 101,测绘类文献的 120、123 和 206。在日常著录实践中,根据使用频次,选择使用字段又可以分为通用字段、特定资源常用字段和不常用字段。通用字段是指在所有类型文献记录中较多选择使用的字段,如 205、210、215、300、6XX、7XX 等。特定资源常用字段就是在该种类型文献记录中较多选择使用的字段,如专著文字资料的 010 和 105,连续性资源的 011、110 和 207 等。

CNMARC 手册规定的字段必备性,只是格式规则的最低要求。许多的选用字段,如 IS-BN 字段 010、版本字段 205、主题字段 6XX 等对于描述和识别资源是很重要的字段。因此,编目机构在制定本地著录细则时,会根据需要将部分的选用字段重新规定为必备,特定资源必备或有则必备字段。

2.3 CNMARC 字段使用统计

抽取上海联编 2016 年 142793 条 BKAA(中文普通图书)数据作为样本,进行分析显示。

表 1 BKAA 数据字段使用百分比

百分比(%)	字段
99—100	LDR,001,005,010,039,100,101,102,105,106,200,210,215,690,801
60—99	330,606,701,905
10—60	035,205,225,300,461,510,517,702
1—10	049,304,305,306,307,312,314,320,327,462,540,600,601,605,607,610,711,712
0—1①	011,016,091,301,308,423,512,516,692,696,830,910,961
0②	009,020,092,093,094,110,120,135,206,208,230,303,310,311,333,334,337,393,410,500,501,515,518,541,609,639,660,686,693,728,730,856,890,902,978,998,999

表 2 BKAA 占比 0% 的字段分析

字段情况	字段
使用率极低	009,020,092,094,303,310,311,333,334,337,393,410,500,501,515,518,541,609,660,686,730,856,998
字段意义不明	093,639,693,728,890,902,978,999
非书类字段	110,120,135,206,208,230

表 1 中,字段使用占比达到 99%—100% 的即为普通图书类记录的本地必备字段,超过 10% 的即为常用字段,1% 以下的就是不常用字段。为了最大限度地保留 MARC 信息,占比超过 1% 的字段都需要映射到 BIBFRAME 词表。而百分比为 0 的字段就需要对照 CNMARC 标准和《上海联编中心字段汇总表》进行逐个分析。

在表 2 中,第一类使用率极低的字段记录了有意义的信息,同样需要进行映射。第二类意义不明的字段,造成的原因一部分是著录错误,另一部分是历史原因,联编系统中数据来源多样,不同机构不同时间编制的数据会有差别。对于这类字段,我们将直接舍弃,不进行映射。第三类非书类字段的存在,是上海联编中心本地著录细则和系统数据导出方式共同作用的结果。上海联编数据有自定义的 TYP 字段,它规定了文献类型,用于联编系统内部的

---

① 0—1 表示几百条数据使用此类字段。

② 0 表示少于一百条数据使用此类字段。

逻辑分库。上图本地著录细节规定测绘、乐谱等资源按照普通图书处理,即 TYP 的取值是 BKAA。本次用于分析的数据在从系统中导出时的筛选条件即是 TYP$a = BKAA,而非头标区第 6 位的取值。此类字段在现阶段是不进行映射的。因此,对于含有这些字段的数据,还需要再根据头标区取值等条件进行筛选。

2.4 CNMARC 字段映射取舍

根据 CNMARC 字段在上图中文编目中的使用情况,《上海联编中心字段汇总表》将字段分为使用、可能不多、取消、尚未启用、特殊资源字段 5 种类型。通过上述对 CNMARC 数据的分析,以标准 CNMARC 规则为基础,结合《汇总表》的字段分类,最终确定了每个字段的映射优先级。

以下四类字段子字段将不进行映射:①非普通图书字段,如 110、206 等;②仅在 MARC 环境中有意义的字段,如 100$a 第 21、25—35 位等;③占比极低或意义不明的字段,如 093、609 等;④意义重复的字段,如 100$a9—16 位与 210$d、$h 都表示了文献的出版制作日期。前者属于定长字段,取值较规范,因此取值优先级高于 210 的 $d、$h。

除了以上 4 种情况,其他字段都将映射到 BIBFRAME 词表。表 3 罗列了部分不进行映射的字段。其中意义重复字段的选取,是对两个字段的取值规范性和准确性进行权衡之后的结果,每个字段的选取情况都不相同,限于篇幅,本文就不再细述。

表 3 部分不进行映射的 CNMARC 字段

不映射原因	字段
非普通图书字段	011,040,110,115,116,117,120—128,130,131,135,140,141,191—194,206—208,211,230,316,322,323,326,336,430—437,440—448,501,520,530,531,532,802
非 MARC 环境中无意义字段①	LDR0—4,8—18,19—23,100$a21,25—35
占比极低和或无意义字段	886,除 905 之外的其他 9XX
意义重复字段	039$c,049$c,200de,210$dh

3 CNMARC 字段与 BIBFRAME 之间映射

BIBFRAME 将书目数据分为作品—实例—单件(Work-Instance-Item)的核心实体层,它们各自有自己的属性和关系。而一条 CNMARC 记录是按照标识块、编码信息块、著录信息块、附注块、款目连接块、相关题名块、主题分析块、知识责任块、国际使用块等 10 个功能块依次展开的等级层次结构。每个功能块中混杂有作品、实例或单件的属性和关系。虽然映射表是从 MARC 字段逐个映射到 BIBFRAME 词表,但以关联数据实体识别为视角,本文将按照 BIBFRAME 的实体分层结构介绍词表的映射。

---

① 表 3 中没有列出部分字段的在特定取值情况时是舍弃的。

CNMARC 数据中题名著录的复杂性较大,涉及 200、225、5XX、461 和 462 等多个字段,每个字段也有 $a、$e、$h、$i 等多个子字段。另一方面,BIBFRAME 中作品与作品,或实例与实例之间关系的识别即是对作品或实例的识别,而这两个实体识别在 MARC 中就是对题名的识别,因此有必要对 Title 的映射进行单独说明。类似的,虽然 BIBFRAME 没有 Subject 类,但在映射过程中情况较复杂,也需要单独说明。

管理元数据是指在对信息资源采集、加工、利用的生命周期中,关于资源的创建、处理、知识产权、起源等信息的管理。管理元数据的实质是对信息系统管理机制的规范、开放描述。在网络环境下,管理元数据被广泛识别、理解和复用,有助于第三方无障碍地利用数据,促进不同系统之间的互操作。关联书目数据的发布,就是探索书目数据在网络中的共享和互操作。虽然 BIBFRAME2.0 中自定义了管理信息类词汇,但依然有必要对其重新思考,以符合关联数据通行的实践方案。

本体词表是开放可扩展的,对于无法映射到 BIBFRAME 的 CNMARC 字段,可以新增类或属性。例如,690"中图法分类号"字段,可以自定义类 ClassificationClc,并作为 Classification 的子类满足映射要求,481"还装订有"字段,可自定义 bf:relatedTo 的子属性 boundWith。

3.1 作品(Work)

作品是最高层级的抽象的存在,是被编目资源的概念本质。与作品相关的属性或关系包括了责任者、主题、语言、类型、体裁等。MARC 数据是以文献的物质载体为主要对象进行记录。映射作品的相关属性和关系时,需要将其与实例的属性和关系区分开来。因此,第一步是对作品进行识别。MARC 数据中作品的识别依赖于题名信息,具体的情况见 3.4。图 1 是与作品相关的类和属性关系图,椭圆表示类,正方形表示字符串取值,带箭头的有向线表示属性。

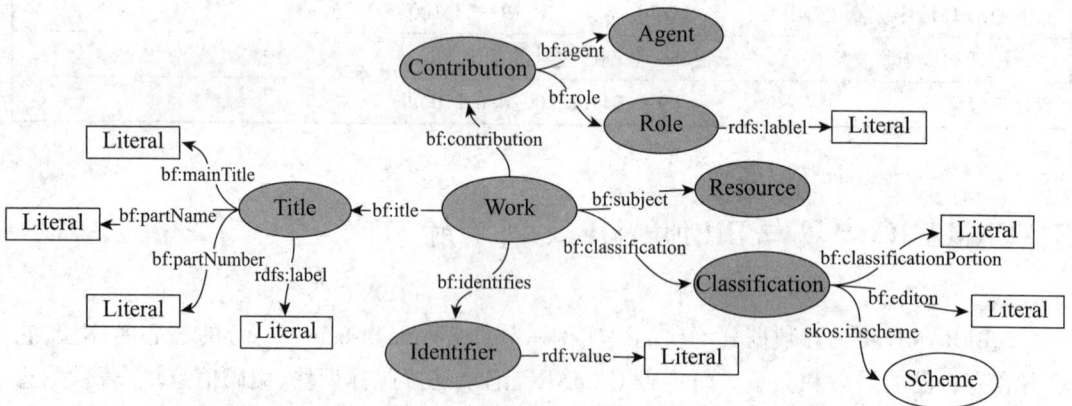

图 1　作品相关的部分类和属性

表 4 是与作品相关的部分 BIBFRAME 词表和 CNMARC 字段间的映射关系。

表 4　作品相关的类、属性与 CNMARC 对照表

BIBFRAME 词汇三元组					CNMARC
subject	predicate	object subject	predicate	object	字段 8
Work	title	Title	rdfs:label	Literal	500,200$c,200$ahi,225$ahi
			mainTitle	Literal	500$a,200$a$c
			partNumber	Literal	500$h,200$h,225$h
			partName	Literal	500$i,200$i,225$i
	language	Language			101,500$m
	natureOfContent	Literal			105$a 第 4—7,500$l
	genreForm	GenreForm			100$a 第 20,105$a 第 8/9/11/12
	intendedAudience	IntendedAudience	note	Note	100$a 第 17—19
					333
	summary	Summary			330
	classification	shl:ClassificationClc	classificationPortion	Literal	690$a
			edition	Literal	690$v
	contribution	Contribution	agent	Agent	7XX
			role	Role	7XX$4
	note	Note	rdfs:label	Literal	101ind2=2,311,313,314,322,323
			noteType	Literal	

3.2　实例(Instance)

实例是作品的具体化表达,反映了作品多样的表现形式和载体形态。基于文献描述的 MARC 数据有大量的字段都是与实例有关的属性或关系,包括标识符、版本、出版发行、载体题名、载体附注等。

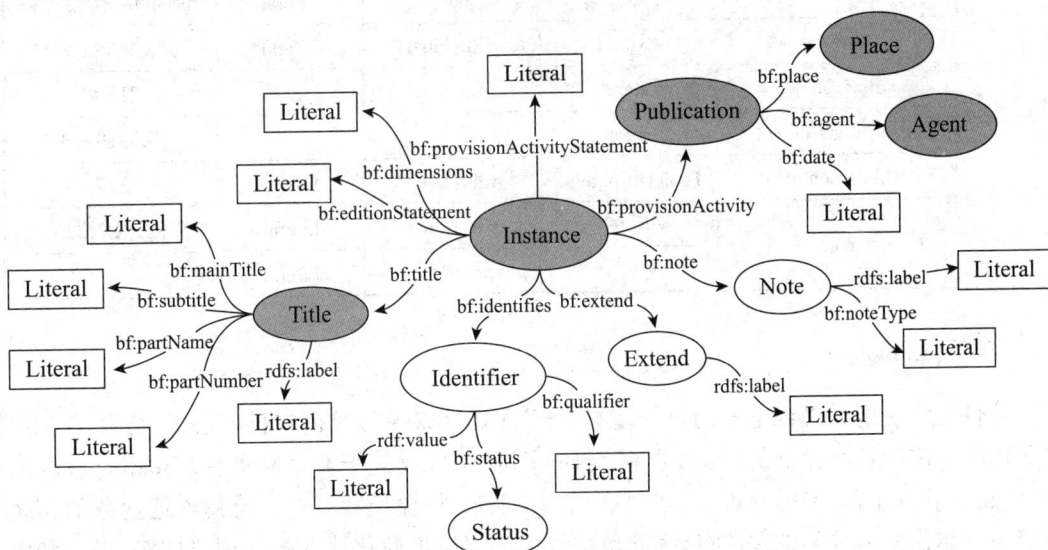

图 2　实例相关部分的类和属性

表5　实例相关的类、属性与 CNMARC 对照表

BIBFRAME 词汇三元组					CNMARC
subject	predicate	object subject	predicate	object	字段8
Instance	title	Title	rdfs：label	Literal	200$acdehinv9，225$adehi
			mainTitle	Literal	200$a,225$a
			partNumber	Literal	200$h,225$h
			partName	Literal	200$i,225$i
		VariantTitle	rdfs：label	Literal	512—518,540,541,545
			variantType	Literal	
			mainTitle	Literal	$a
			subtitle	Literal	$e
	responsibilityStatement	Literal			200$fg,225$f
	identifiedBy	Isbn	rdf：value	Literal	010$a
			qualifier	Literal	010$b
	acquisitionTerms	Literal			010$c
	editionStatement	Literal			205
	provisionActivityStatement	Literal			210
	provisionActivity	ProvisionActivity	place	Place	210$a
			agent	Agent	210$c
			date	Literal	100$a9—16,210$d
	extend	Extend	rdfs：label	Literal	215$a
	dimensions	Literal			215$d
	illustrativeContent	Illustration			105$a0—3
	tableOfContents	TableOfContents	rdfs：label	Literal	327
	note	Note	rdfs：label	Literal	部分3XX,215$c
			noteType	Literal	

3.3 单件(Item)

单件是实例的物理或电子的单一复本。BIBFRAME2.0 新增的单件核心类,合并了 BIB-FRAME1.0 注释核心类下的"馆藏资料"(HeldMaterial)及其子类馆藏单件(HeldItem)的属性,包括了获取条件、借阅政策、访问网址、条码、索书号、流通状态等。支持流通业务的馆藏信息不是本次实验项目的关注点,因此单件级的映射以最简化地方式处理,只对索书号和电子资源访问地址进行映射。

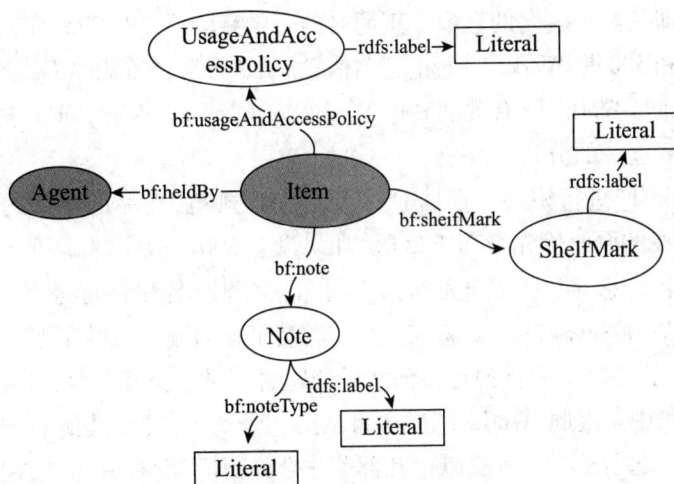

图 3　单件相关的部分类和属性

表 6　单件相关的类、属性与 CNMARC 对照表

BIBFRAME 词汇三元组					CNMARC
subject	predicate	object subject	predicate	object	字段 8
Item	shelfMark	ShelfMark	rdfs：label	Literal	905$s
	electronicLocator				856$u
	note	Note	rdfs：label	Literal	316—318,345
			noteType	Literal	

3.4　题名(Title)

　　题名是用户检索资源的重要途径。题名信息的准确性和完备性直接决定了用户检索的查全率和查准率。CNMARC 的题名信息可以大致分为正题名、并列题名、变异题名和丛编题名。每一类型的题名又可以包含有副题名、分辑号和分辑题名。题名字段映射复杂性的原因,一方面是由于题名著录本身的复杂多样,更重要的一方面是 BIBFRAME 作品的识别依赖于题名信息。图 4 展示了一个完整题名的相关属性。

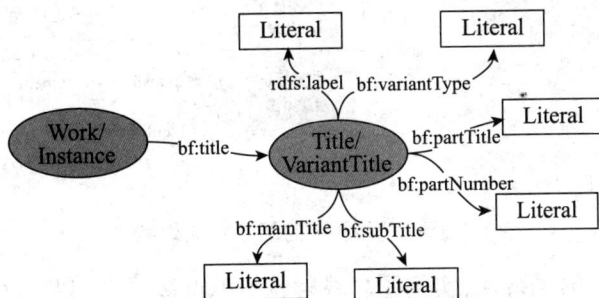

图 4　题名相关的类和属性

作品的题名即是对正题名的选取。正题名的著录字段有 200、225、500、604、605、4XX 等字段。其中 200 和 500 是 Work[1]的正题名信息。225、604、605 和 4XX 字段是同一个载体上不同的 Work,即与 Work[1]有关的其他 Work(Work[n])。因此,同一条 MARC 数据中不同作品的识别需要逐一的分析。

首先,对 Work[1]进行识别。根据 CNMARC 使用规范,作品的首选题名著录于 500 字段。因此,500 字段的取值优先级高于 200。如果没有 500,则从 200 取值。200 字段的正题名根据文献上题名信息,又可以分为单一正题名,交替题名和合订题名。单一正题名时,Work[1]将直接从 200$a、$e、$h、$i 获取。交替题名是指当题名页的正题名由两个或两个以上组成时,其中居于"又名"或其他连接词之后的题名。对于交替题名,有检索意义的题名分别著录在 517 字段中。因此,Work[1]题名将从第一个 517 获取,其他的 517 作为 Work[1]的变异题名。合订题名是指一种文献由几部著作合订而成,没有总题名,在题名页上出现两个或两个以上的题名。合订文献的第一个作品题名著录于 200$a,其他作品题名做 423 链接。因此,Work[1]的题名从 200$a 获取。Work[n]的题名优先从 423 获取,如果没有 423 则从 200$a 或 200$c 获取。同时,合订文献是不同作品的实例之间有合订发行的关系。因此,Instance[1]与 Instance[n]之间有 bf:issuedWith 的关系。

丛编是一组相互关联而又各自独立的文献,每种文献除具有各自的题名外,还有一个整组文献的总题名。丛编本质上也是一个作品,它与 Work[1]之间是 bf:hasSeries 的关系。但由于丛编在出版和著录上的多样和混乱,部分丛编无法提供有意义的检索信息,不能识别为作品。因此,本文在分析上海联编中心 CNMARC 字段的基础上,决定只将有 225$f 丛编责任者子字段的丛编作为作品。没有 $f 子字段的丛编只作为实例的丛编声明属性。当丛编为作品时,461 的丛编正题名的取值优先级高于 225$a。

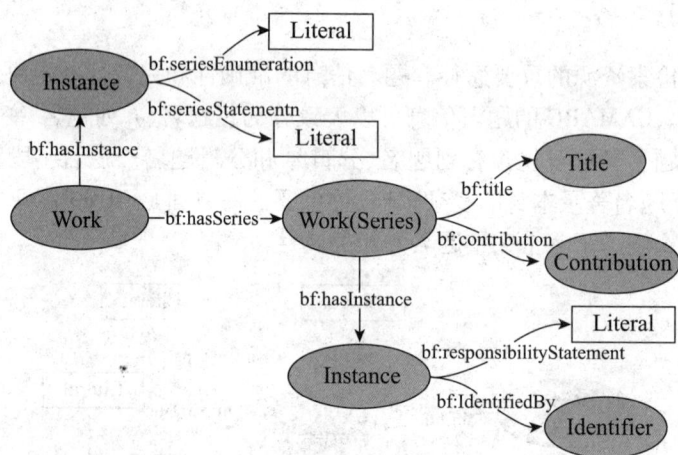

图 5 丛编相关的部分类和属性

相对于作品题名的复杂性,实例题名映射就简单得多。实例题名中的副题名、分辑号和分辑题名都是依赖于主要题名的,在 CNMARC 的著录形式就是 $e 副题名 $h 分辑号 $i 分辑题名,紧跟在 $a 后面。因此,这三部分题名信息取值的优先级高于 517。对于实例并列题名,从映射简易角度,510 的优先级高于 200$d。实例变异题名则可直接从 5XX 字段映射。

同一条 MARC 数据中有不同的作品,说明了作品之间或实例之间有相关关系。作品或实例之间的衍生、整体与部分、伴随、连续等相关关系映射到 CNMARC,即是 4XX 字段。字段 604、605 记录了不同作品之间的主题关系。字段内表示的作品 Work[n]的题名取值同 500、200 字段相似就不再赘述。

3.5 主题(Subject)

CNMARC 中 6XX 字段记录的是主题标引赋予的规范化主题词。主题标引是在主题分析的基础上,将析出的主题概念,依据一定的规范词表和标引规则,转换成规范主题词的过程。当一个主题词无法充分揭示作品主题内容时,就需要选用多个主题词按照主题分面公式进行组配标引。国家标准《文献主题标引规则》规定的主题分面公式概括了 5 种主题要素及其次序:主体要素、方面或限定因素、空间因素、时间因素、文献类型因素。组配标引得到的主题词著录到 MARC 字段中,就是不同的子字段记录对应的主题因素。如此,同一个 MARC 字段保留了分面主题的逻辑关系。而在映射到本体词表后,为避免错误的主题因素组配,本体词表中也需要保留主题分面公式的要素与次序。但 BIBFRAME 本体并没有对应的词汇。因此,在映射 CNMARC 主题类字段时,复用了 MADS/RDF 词表。如图 6 所示,MADS/RDF 定义了类 madsrdf:ComplexSubject,通过属性 madsrdf:componentList 连接完整主题的不同分面因素。

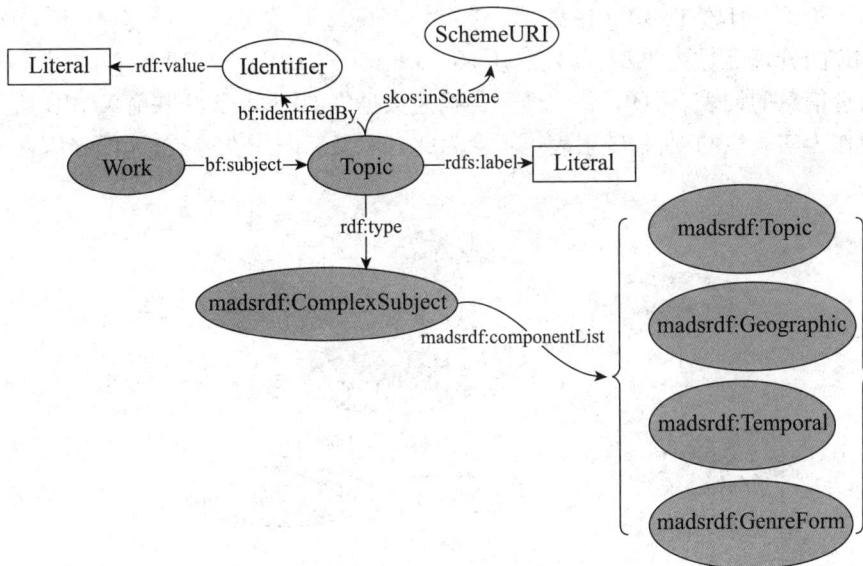

图 6　主题相关的类和属性

表7　主题相关的类、属性与 CNMARC 对照表

BIBFRAME 词汇三元组						CNMARC
subject	predicate	object subject	predicate		object	字段8
Work	subject	Topic (rdf:type madsrdf: ComplexSubject)	rdfs:label		$a ——$x —— $y ——$z ——$j	606$axyzj
			madsrdf: componentList	madsrdf:Topic		606$a
				madsrdf:Topic		606$x
				madsrdf:Geographic		606$y
				madsrdf:Temporal		606$z
				madsrdf:GenreForm		606$j
			skos:inScheme			606$2
			identifiedBy		Identifier	606$3

3.6 管理信息(Administration Information)

MARC 数据发布为关联数据后,本质上有 3 个层次的管理信息。第一,MARC 记录的管理信息,如编目机构、编目规则、编目等级、数据状态等。第二,转换后 RDF 文档的管理信息,如转换时间、转换机构、许可条件等。第三,某个特定实体对象的管理信息,如关于题名或标识符的管理信息。按照 BIBFRAME2.0 的管理元数据(AdminMetadata)模型,第一层次的管理信息将成为第三次层次作品实体的管理信息。虽然,美国国会图书馆的 Ray Denenberg 给出了解释,但鉴于 BIBFRAME 管理元数据模型的歧义和不稳定性,我们将不使用 BIBFRAME 的管理元数据模型,而是复用 VOID 词表。VOID 是 W3C 推荐的用于描述 RDF 数据集管理信息的词表。VOID 作为通用的描述数据集的词表,无法映射 MARC 数据的管理信息。但作为实验性的项目,映射表也不会为此自定义新的属性或类,这部分信息在转换中将被舍弃。

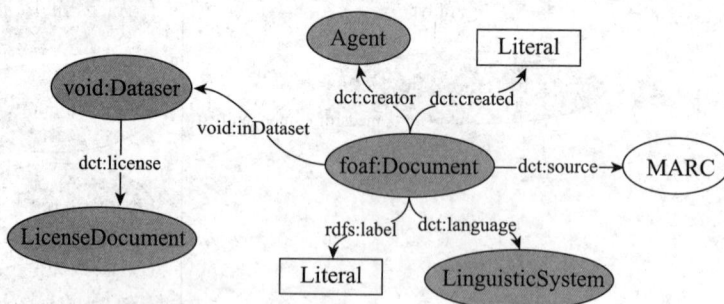

图7　管理信息相关的类和属性

随着数字化和网络化的发展,图书馆的地位受到了极大的冲击。网络开始成为用户获取信息的主要途径,搜索引擎成为最重要的信息入口。在虚拟世界中,资源的网络可见性是满足用户自助信息需求的重要前提。封闭的、私有的 MARC 格式作为图书馆书目数据的储

存交换格式,已不能满足当前的技术趋势。关联数据的应用,可以使图书馆数据走出封闭系统,进入开放共享的网络环境。关联书目数据发布的重要一步就是 MARC 字段与 BIB-FRAME 词表之间的映射。

在普通图书类 CNMARC 字段映射中,大部分字段与 BIBFRAME 词汇之间是一对一映射,即一个字段或子字段只映射一个 RDF 三元组。如 205"版本"字段映射到 BIBFRAME 是 Instance – editionStatement – Literal 这一个三元组。还有一些是一对多的映射,即一个字段或子字段映射到多个 RDF 三元组。如 4.4 所述的题名字段,同一个字段需要映射到 Work 和 Instance 两层不同的三元组。另外,也存在多对一映射的情况,多个字段或子字段可以映射到相同的三元组,即含义重复的字段。在这类映射中,需要进行映射优先级判断,如出版发行时间字段的 210$d、$h 与 100$a 第 9—16 位,作品题名 500 与 200 等。此外,还有特殊的一对多关系。第一,字段在指示符不同的时候,含义不同,同一个字段就会映射到不同的三元组,典型的如团体责任者字段,当第一指示符是 0 时,表示团体,映射后三元组的宾语就是 Organization;当第一指示符是 1 时,则为 Meeting。第二,定长字段同一栏位根据取值需要映射到不同或多个三元组,如 106 字段根据取值不同会有不同的映射三元组。当取值是 d,含义是大型印刷本,映射三元组是 Instance – fontSize – FontSize;当取值是 e,表示文献是报纸形式,三元组就是 Instance – genreForm – GenreForm。

现阶段的映射表只完成了 CNMARC 字段中的一部分。接下来,在第一阶段关联数据发布后,结合转换效果的分析,将继续对现有的映射表进行完善,并扩展到非书类字段的映射,最终实现所有 CNMARC 字段与 BIBFRAME 词表的映射。

参考文献:

[1]刘炜,夏翠娟.书目数据新格式 BIBFRAME 及其应用[J].大学图书馆学报,2014(1).

[2]王景侠.书目格式的关联数据化发展及其启示:从 MARC 到 BIBFRAME[J].图书馆杂志,2016(9).

[3]The Linking Open Data cloud diagram[EB/OL].[2017 – 06 – 25].http://lod-cloud.net/.

[4]Yoshimura K S. Analysis of International Linked Data Survey for Implementers[J]. D-LibMagazine,2016(22).

[5]上图家谱知识服务平台[EB/OL].[2017 – 06 – 25].http://jp.library.sh.cn/jp/home/index.

[6]上图盛宣怀档案知识库[EB/OL].[2017 – 06 – 25].http://sd.library.sh.cn/sd/home/index.

[7]上图名人手稿档案馆[EB/OL].[2017 – 06 – 25].http://names.library.sh.cn/mrgf/service/person/list.

[8]中文古籍联合目录及询证平台[EB/OL].[2017 – 06 – 25].http://gj.library.sh.cn/gjxz/home/index.

[9]上图人名规范库[EB/OL].[2017 – 06 – 25].http://names.library.sh.cn.

[10]上图开放数据平台[EB/OL].[2017 – 06 – 25].http://data.library.sh.cn.

[11]夏翠娟,刘炜,张磊等.基于书目框架(BIBFRAME)的家谱本体设计[J].图书馆论坛,2014(11).

[12]胡小菁.BIBFRAME 核心类演变分析[J].中国图书馆学报,2016(3).

[13]国家图书馆.新版中国机读目录格式使用手册[M].北京:国家图书馆出版社,2004.

[14]马张华.信息组织[M].北京:清华大学出版社,2008.

[15]张晓林,毛军,李广建等.管理元数据的原理与应用[J].图书情报工作,2003(10).

[16]王绍平,汤莉华.OPACvs 搜索引擎——从上海交大看我国高校师生的信息获取行为[J].大学图书情报学刊,2008(1).

[17]邓福泉.对丛编编目中若干问题的认识[J].图书馆论坛,2015(8).

[18]何斌,张立厚.信息管理:原理与方法[M].北京:清华大学出版社,2006.

[19]中华人民共和国国家标准.GB/T 3860—2009,文献主题标引规则[S].

[20] Library of Congress. BIBFRAME 2.0 Administrative Metadata DRAFT October 20,2015[EB/OL]. [2017 – 06 – 18]. https://www. loc. gov/bibframe/docs/pdf/bf2-draftspecadmin-01-14-2016. pdf.

[21] Ray Denenberg. Re:Administrative Metadata proposal[EB/OL]. [2017 – 06 – 18]. https://listserv. loc. gov/cgi-bin/wa? A2 = ind1601&L = BIBFRAME&D = 0&1 = BIBFRAME&9 = A&J = on&d = No + Match% 3BMatch% 3BMatches&z = 4&P = 9902.

[22] Keith Alexander,Richard Cyganiak,Michael Hausenblas,Jun Zhao. Describing Linked Datasets with the VoID Vocabulary[EB/OL]. [2017 – 06 – 18]. https://www. w3. org/TR/void/.

[23] 曹树金等. 网络环境中公共图书馆和高校图书馆用户需求实证研究[M]. 北京:学习出版社,2015.

CNMARC 国家标准新变化及其评述

丁建勤　张　珏(上海图书馆)

2009 年,全国图书馆标准化技术委员会将"图书馆机读目录格式"上报正式立项国家标准制订项目[1]。国标是在文化行业标准《中国机读目录格式》(WH/T 0503—96)的基础上,以 2004 年国家图书馆组织编写的《新版中国机读目录格式使用手册》(以下称为"新版手册")为蓝本,依据《UNIMARC 手册:书目格式(第 3 版)》(UNIMARC manual:bibliographic format,3rd edition),结合我国编目实践和用户需求编制[2][3]。

经过数年努力,国家标准《中国机读书目格式》(China machinE-Readable catalogue format for bibliographic data)(GB/T 33286—2016)于 2016 年 12 月 13 日正式发布,2017 年 4 月 1 日起实施。

1　国家标准《中国机读书目格式》(GB/T 33286—2016)主要变化

与蓝本"新版手册"相比,GB/T 33286—2016 新增了 15 个字段,取消了 1 个字段,此外相当一部分字段无论是名称还是定义或内容也做了修订。

1.1　URI 和永久记录标识

扩大 $u"统一资源标识"子字段使用范围是 GB/T 33286—2016 的重要特点("新版手册"似乎只有 856"电子资源地址与检索"字段有 $u 子字段)。统一资源标识符(Uniform Resource Identifier,或 URI)是一个用于标识某一互联网资源名称的字符串。该种标识允许用户对任何(包本地和互联网)的资源通过特定的协议进行交互操作。URI 包括统一资源定位符(Uniform Resource Locator,URL)和统一资源名称(Uniform Resource Name,URN)两种形式[4]。$u 统一资源标识子字段使用范围的扩大,改变了一味使用 856"电子资源地址与检索"字段而无法细分的遗憾。

表 1　GB/T 33286—2016$u"统一资源标识"子字段一览表

字段标识	字段名称	备注
036	音乐导句	提供数字格式、图像或记号中导句的电子访问数据
316	现有藏本附注	用于网络连接
317	出处附注	可用于书页中标有出处信息的电子版图像
318	操作附注	可用于书页中标有保存或处理信息的电子版图像
320	文献内书目、索引附注	用于对应的电子文献信息
321	被外部文献索引、摘要和引用附注	当外部信息愿有电子文献信息可采用
327	内容附注	获取内容目录的电子版
334	获奖附注	连接所获奖项的地址
337	系统要求附注(电子资源)	用于标示拥有电子资源相关技术信息的网页或网站
345	采访信息附注	可用来连接文献获取源(出版文献的协会、机构等)地址

说明 1:不包括 856 和 4 字段中的 $u 子字段。

说明 2:根据 GB/T 33286—2016 自行整理。

"统一资源标识"子字段,提供了有关网页的链接或将网络资源指向图书馆馆藏对应的文献,实现了实体馆藏与网络资源的有机整合[5]。

003"永久记录标识"字段是 GB/T 33286—2016 新增字段。003 字段是书目记录的永久标识,由创建、使用或发行书目记录的机构分配。003 字段是《UNIMARC 手册》(第 3 版)新增字段中最具有创新意义的字段,"引入这个字段的目的是为了使 UNIMARC 书目记录可以用于万维网的环境,并能被语义网工具所利用"[5]。

1.2　与 ISBD、GB/T 3792 相协调

230"资料特定细节项:电子资源特征"是 GB/T 33286—2016 唯一取消的字段,从而与《国际标准书目著录(2011 年统一版)》(ISBD)、国家标准《文献著录 第 1 部分:总则》(GB/T 3792.1—2009)和《文献著录 第 9 部分:电子资源》(GB/T 3792.9—2009)第 3"资料或资源类型特殊"项(GB/T 3792 称为"文献特殊细节项")不再纳入电子资源[6][7]相协调。

同样,鉴于 ISBD 和 GB/T 3792 已采用连续性资源(包括连续出版物和集成性资源,《中国文献编目规则(第二版)》将"集成性资源"称为"一体化资源")概念,因此 GB/T 33286—2016 也进行了相应协调。如头标区第 7 字符位"书目级别"在保留"s"(连续出版物)代码的基础上增加了"i"(集成性资源)代码。又如 110 字段名称由"编码数据字段:连续出版物"更名为"编码数据字段:连续性资源",其第 0 字符位"连续性资源类型标识"("新版手册"称为"连续出版物类型标志")在保留"a"(期刊)和"c"(报纸)代码的基础上,增加了"e"(更新的活页)、"f"(数据库)、"g"(更新的网页站点)等代码,其中 g 代码明确规定"当其他代码不适用时(如期刊、报纸或数据库),此代码表示更新的网站"。

1.3　其他标识、编码和描述字段变化

094 字段名称由"标准号"更名为"其他编号",新定义了第一指示符"编号类型指示符",同时新增了 $d"获得方式和/或价格"子字段,从而明确了在存在 094 字段的情况下,

"获得方式和/或价格"应如何描述的问题。

100 通用处理数据字段第 8 字符位"时间类型"("新版手册"称为"出版时间类型")新增了"k"(出版年与印刷年不同的专著)代码,同时进一步明确第 9—12 字符位"时间 1"记入出版年,第 13—16 字符位"时间 2"记入印刷年。《中文书目数据制作》要求"跨年度印刷和重印的图书,应著录印刷年和重印年,后加'印'和'重印'"[8],因此"k"代码的设立有利于提高跨年度印刷描述的细粒化程度。

105"编码数据字段:专著性文字资料"第 11 字符位"文学体裁代码"新增了"i"((歌剧)剧本、歌词)代码,明确"歌剧或其他音乐作品的文字材料,包括唱词和说词"可使用 i 代码。

210"出版发行等"字段新定义了指示符,其中"指示符 1"定义为"出版日期顺序",规定了"#""0"和"1"等代码,分别表示"不适用/最早的出版者""中间出版者"和"当前或最后出版者";"指示符 2"定义为"出版发行类型",规定了"#"和"1"两个代码,分别表示"公开出版或发行"和"不公开出版或发行"。

应该说,上述标识、编码和描述字段的变化,填补了某些空白和灰色,对编目操作给予了较为明确的指导。

此外,某些细微修订或许也有利于编目实践的统一。如 105"编码数据字段:专著性文字资料"第 0—3 字符位"c"(肖像)代码说明,修改为"个体或群体的肖像等",删除了"新版手册"的"画像、照片"字样。又如 102"出版或制作国别"字段联合出版示例做法的调整。

例 1:(新版手册)

  102 ##aCNb110000$2GB2260$aCN$b450000$2GB2260

说明:重复 $a 和 $2 子字段。

(GB/T 33286—2016)

  102 ##aCNb110000$b450000$2GB/T 2260

说明:不重复 $a 和 $2 子字段。

1.4 相关题名和国际使用块新增字段

相关题名块出现了两个新增字段,即 511"半题名"字段和 560"人为题名"字段。

所谓半题名是指出现在半题名页上,明显不同于 200 字段的题名,可用于生成附注或检索点。所谓人为题名通常是指文献出版后被赋予的新名称,如重新装订后的装订题名,或者编刻本古籍书衣上的人为毛笔书写的题名等。

511 和 560 字段的设置,解决了以往半题名、人为题名"无处安身"的尴尬,也避免了可能存在的 517"其他题名"字段一味扩大使用的现象。

例 2:(新版手册)

  200 1#$a 数列化唐宋词构型总揽

  517 1#$a 数列词揽

说明:半题名录入 517 字段。

(GB/T 33286—2016)

  200 1#$a 数列化唐宋词构型总揽

  511 1#$a 数列词揽

说明:示例引自 GB/T 33286—2016。

例 3:(新版手册)

　　　　200 1#$a 诗最 $e 二卷

　　　　517 ##$a 翠娱阁诗集

说明:人为题名录入 517 字段。

(GB/T 33286—2016)

　　　　200 1#$a 诗最 $e 二卷

　　　　560 0#$a 翠娱阁诗集

　　说明 1:人为题名是在编刻本古籍书衣上的人为毛笔书写的题名,录入 560 字段。

　　说明 2:示例引自 GB/T 33286—2016。

　　852"馆藏位置和索书号"是 GB/T 33286—2016"国际使用块"的新增字段。852 字段不仅包含了可获取在编文献的机构代码,并且包含如何查找馆藏文献的详细信息,如 $b"馆藏位置标识"子字段可描述收藏馆藏文献的特定部门、分馆或排架位置等;又如 $c"地址"子字段可描述馆藏位置的国家、省市、城市、街道及邮政编码等信息。852 字段还新增了 $d"用代码限定的位置"、$e"无代码限定的位置"子字段,用于馆藏位置不同的多卷册分散出版的文献等,为用户快速检索提供了更为便捷的途径。此外,852 字段还包括 $g"索书号前缀"、$j"索书号"、$k"题名,作者,作者/题名排架形式"、$l"索书号后缀"、$m"馆藏文献标识"、$n"复本标识"等 16 个子字段,与 850"馆藏机构代码"字段相比,揭示内容之详尽,几乎涵盖了馆藏信息的各个方面各项细节。

　　当然,无论 850 还是 852 字段的使用,未必意味着 905 字段的停用。

　　最后应注意的是,手册或许不是 GB/T 33286—2016 的编制定位,如与"新版手册"相比,如附录 A"有关代码"只罗列了代码表名称,缺乏具体内容。又如正文缺乏类似"新版手册"的"字段内容注释"和"相关字段"。因此,GB/T 33286—2016 推广应用时,应注意引用和汇编相关材料,方便编目员工作。

2　国家标准《中国机读书目格式》(GB/T 33286—2016)可能的进一步更新

　　UNIMARC 永久委员会(The Permanent UNIMARC Committee)致力于 UNIMARC 的持续更新,目前已陆续发布了 UNIMARC 书目数据 2012 年和 2016 年更新版(以下称为 UNIMARC 更新版)[9]。现行 UNIMARC 书目数据格式较之 GB/T 33286—2016 依据的 2008 年正式出版的《UNIMARC 手册:书目格式(第 3 版)》有了较多的新变化。

2.1　进一步吸收 UNIMARC FRBR 化改造成果

　　UNIMARC 更新版新增了 FRBR 第一组实体的作品、内容表达题名字段,即 506"首选检索点(作品)"字段、507"首选检索点(内容表达)"字段、576"名称/首选检索点(作品)"字段和 577"名称/首选检索点(内容表达)"字段。

表 2　FRBR 实体属性和 UNIMARC 题名字段一览表

书目数据字段	对应的 FRBR 实体属性
506 首选检索点	作品
507 首选检索点	内容表达
576 名称/首选检索点	作品
577 名称/首选检索点	内容表达

应注意的是,UNIMARC 在进行 FRBR 化改造的同时,依然保留了 500"统一题名"(UNI-MARC 现名"首选检索点")字段,以兼容前 FRBR 和非 FRBR 记录。

还应指出的是,UNIMARC 书目数据格式以 FRBR 实体及其属性为依据,对某些字段进行了评估和重新定位,如书目数据格式 101 字段中的 $a 正文、声道等语种、$b 中间语种、$c 原著语种、$d 提要语种、$j 字幕语种子字段均为内容表达的属性,因此书目数据可以没有 101 字段(在没有 $e、$f、$g、$h、$i 等载体表现的子字段描述的情况下),或者可启用 UNI-MARC 更新版新定义的第一指示符值"8"予以说明[10]。

2.2　引入内容、媒介、载体类型字段

现行 ISBD 已取消了"一般资料标识"(200$b 子字段),代之第 0 项。与之协调,UNIMA-RC 更新版新增了 181"编码数据字段——内容形式"(Coded Data Field—Content Form)、182 "编码数据字段——媒体类型"(Coded Data Field—Media Type)和 203"内容形式和媒体类型"(Content Form and Media Type)字段。此外还增加了 183"编码数据字段——载体类型"(Coded Data Field:Type of Carrier)字段。

应注意的是,GB/T 33286—2016 第二部分"规范性引用文件"中的国家标准《文献类型与文献载体代码》(GB/T 3469—1983)目前已经失效,取而代之的是《信息资源的内容形式和媒体类型标识》(GB/T 3469—2013),GB/T 3469—2013 的编制则参考了 ISBD 第 0"内容形式和媒体类型"项的相关内容[11]。因此有必要引入内容、媒介、载体类型字段,当然依然需要解决 GB/T 3469—2013 扩展的内容形式、内容限定及其扩充词的描述问题。

2.3　016d 子字段存废

一般的,ISRC 不属于载体表现。《中国标准录音制品编码》(China Standard Recording Code,GB/T 13396—2009)最为重大的修订理念是与国际标准保持一致,将 ISRC 从 FRBR 的载体表现提升至内容表达,并相应调整了编码结构、适用范围,增加了编码元数据等[12]。

2008 年正式出版的《UNIMARC 手册:书目格式(第 3 版)》废止了 016"获得方式和/或价格"子字段。因此,GB/T 33286—2016 是否应该考虑 016d 子字段的存废问题。

CNMARC 是目前国内图书馆中文编目的执行标准,因此有必要进一步分析研读 GB/T 33286—2016,深入了解修订变化情况,以期进一步促进编目标准化和规范化,提高书目数据质量。

参考文献:

[1]图书馆机读目录格式[EB/OL].[2017 - 07 - 28]. http://www. nlc. cn/tbw/bzwyh_bzhxd. htm.

[2]中国机读书目格式(GB/T 33286—2016)[M].北京:中国标准出版社,2017.

[3]中国机读书目格式(GB/T 33286—2016)[EB/OL].[2017 – 07 – 28].http://www.gb688.cn/bzgk/gb/newGbInfo？hcno = 82F3F8B2D6F9612D03542ABE2A9AA2BA.

[4]URI——标识、定位任何资源的字符串[EB/OL].[2017 – 07 – 27].http://baike.so.com/doc/1063093-1124656.html.

[5]蒋敏.国际书目数据通信格式(UNIMARC)的维护、创新与发展——兼谈《国际机读目录格式手册:书目格式(第3版)》的修订[J].图书馆建设,2011(5).

[6]国际图联编目组常设委员会通过,ISBD 评估组推荐,顾犇译.国际标准书目著录(2011 年统一版)[M].北京:国家图书馆出版社,2012.

[7]文献著录(GB/T 3792.1—2009)[M].北京:中国标准出版社,2010.

[8]全国图书馆联合编目中心,国家图书馆中文采编部编.中文书目数据制作[M].北京:国家图书馆出版社,2013.

[9]UNIMARC Bibliographic,3rd edition:UPDATES 2012 and UPDATES 2016.[EB/OL].[2017 – 02 – 03].http://www.ifla.org/publications/unimarc-bibliographic-3rd-edition-updates-2012？og = 33.

[10]丁建勤.UNIMARC 的 FRBR 化改造及其记录编制[J].图书馆建设,2014(7).

[11]信息资源的内容形式和媒体类型标识(GB/T 3469—2013)[M].北京:中国标准出版社,2014.

[12]丁建勤.内容表达标识符 ISRC 及其编目实现[C]//地方版文献联合采编协作网编.文献编目工作的继承与变革(地方版文献联合采编协作网成立 10 周年论文集).北京:国家图书馆出版社,2012.

RDA 在国家图书馆的本地化应用研究与实践

杜　鹃(国家图书馆)

资源描述与检索(RDA)是由美国、英国、加拿大和澳大利亚联合编制的元数据内容标准,是《英美编目条例(第 2 版)》(AACR2)的升级产品[1]。RDA 于 2009 年正式编制完成,经过几年的完善,得到世界各国图书馆界的高度重视。目前,RDA 在国外图书馆的应用日趋广泛:美国国会图书馆于 2013 年 3 月 31 日以后所有记录均使用 RDA;英国图书馆于 2013 年 4 月 1 日开始实施 RDA;剑桥大学图书馆于 2013 年 3 月下旬完成 RDA 培训,总馆及部分馆 3 月 31 日开始实施 RDA[2]。RDA 取代 AACR2 成为主流的编目规则已是大势所趋。我国编目界也在关注着 RDA 的发展,上海图书馆在 2013 年 6 月 25 日举行的"资源描述国家标准项目启动会"上最早宣布于 7 月 1 日启动 RDA;2013 年 9 月,CALIS 联合编目中心成立了 RDA 工作组,并于 2014 年发布《CALIS 联合目录 RDA 实施声明》,标志着 CALIS 联合目录正式开始实施 RDA[3]。

国家图书馆作为全国图书馆界的排头兵,随时关注着国际编目理论、方法和技术的发展变化,积极推进 RDA 编目规则的研究和应用。2015 年 3 月,"《国家图书馆外文文献资源 RDA 本地政策声明暨书目记录操作细则》(简称 NLC PS(FLM))编制研究"馆级科研项目立项,项目组在充分分析国情馆情的基础上,确定了国家图书馆制定 RDA 本地政策声明必须遵循"外文先行"的基本原则,也就是先以外文文献资源编目作为政策制定的切入点,因为外文资源与国际标准切合度更高。项目组经过一年多的努力,在 2016 年完成了 NLC PS 的编制,并配套撰写了《外文资源编目 RDA 本地化实施方案》。2016 年年底,在国家图书馆采用的图书馆集成管理系统——管理系统图书馆采系统中进行 RDA 本地化实施工作的测试,改造的功能基本满足 RDA 本地化实施方案的要求。2017 年 3 月 27 日国家图书馆召开编目委员会会议,经讨论决定在正式系统中推进外文库 RDA 本地化实施工作。目前,正在进行 RDA 本地化实施项目的性能测试,在确保 RDA 实施工作不会对 ALEPH 系统及相关系统的访问速度和系统性能产生较大影响的情况下,国家图书馆会尽快在正式机上实施 RDA 本地化改造,到时国家图书馆外文库将率先启用 RDA 编目规则,实现与国际编目规则接轨。

1 RDA 本地化要点

国家图书馆编目工作者在翻译和解读国外 RDA 相关规范标准后,参考国家图书馆外文编目实际情况制定了本馆外文资源 RDA 本地化方案。该方案在遵守 RDA 国际标准的前提下,也要考虑到编目人员是否能负荷未来编目工作量的增加,以及本馆集成管理系统改动量最小。以下是 RDA 本地化实施的功能要点:

1.1 完善校验功能

ALEPH500 系统中,编目完成后保存数据时,系统有自动校验功能。针对字段、子字段、指示符等的合法性、完备性、可重复性可以校验提示。该提示分为红色(禁用错误,不修改不能保存)、绿色(可忽略错误,不修改也能保存)两种。

RDA 新增的字段在 ALEPH500 系统中不能正常识别,会显示错误的提示"Field tag 'XXX' not valid"。需要取消该提示,纳入系统允许字段名中的 23 个字段包括:264、336、337、338、344、345、346、347、348、370、377、380、381、382、383、384、385、386、388、588、882、883、884。对于以上的字段,不但要增加对字段的合法性设置,还要增加对其下的标识符、包含子字段的合法性设置。以上新增字段中必备字段有:264、336、337、338,需要对这 4 个字段增加必备性的校验提示,编目完毕如果缺失某字段,保存时系统提示错误"保存时系统提示错误验提示,字段的合法性设 s missing"。

RDA 新增的子字段在 ALEPH500 系统中也不能正常识别,会显示错误的提示"Field 'XXX' contains sub field"x"which is not allowed"。需要取消该提示,纳入系统允许的 49 个子字段包括:015 $q、020 $q、024 $q、027 $q、028 $q、033 $p/ $0/ $2、041 $j/ $k/ $m/ $n、250 $3、340 $i/ $k/ $m/ $n/ $o/ $0/ $2、502 $b/ $c/ $d/ $g/ $o、518 $d/ $o/ $p/ $0/ $2、700 $i、710 $i、711 $i、730 $i、760 $4、762 $4、765 $4、767 $4、770 $4、772 $4、773 $4、774 $4、775 $4、776 $4、777 $4、780 $4、785 $4、786 $4、787 $4。

1.2 修改检索功能

重新梳理 ALEPH500 系统中 RDA 规则下检索点设置,将元素检索、关系检索、术语检索等新理念纳入检索点的设置,特别需要关注对内容类型、媒体类型、载体类型等新增元素的检索。要在后台对标目索引点(主要用于浏览)和词索引点(主要用于检索)分别进行调整,在 GUI 端(馆内工作人员使用客户端)和 OPAC 页面的检索列表中增加相应的检索项。

修改 4 个词索引点,新增 7 个词索引点。具体变更如表1。

表1　词索引点变更表

序号	词索引名称	状态	说明
1	所有字段	修改	增加 020\$a、024\$a、028\$a 等
2	出版地	修改	增加 264\$a(第 2 指示符为 1)
3	出版者	修改	增加 264\$b(第 2 指示符为 1)
4	出版年	修改	增加 264\$c(第 2 指示符为 1)
5	版权年	增加	264\$c(第 2 指示符为 4)
6	内容类型	增加	336\$a
7	媒介类型	增加	337\$a
8	载体类型	增加	338\$a
9	论文学位类型	增加	502\$a、\$b
10	论文学位授予单位	增加	502\$a、\$c
11	论文学位授予时间	增加	502\$a、\$d

修改 3 个标目索引点,新增 3 个标目索引点。具体变更如表2。

表2　标目索引点变更表

序号	标目索引名称	状态	说明
1	出版地	修改	增加 264\$a(第 2 指示符为 1)
2	出版者	修改	增加 264\$b(第 2 指示符为 1)
3	内容类型	增加	336\$a
4	媒介类型	增加	337\$a
5	载体类型	修改	修改为 338\$a
6	一般资料类型	增加	245\$h

在 GUI 端查找列表中增加显示索引点:内容类型、媒介类型、载体类型、版权年、论文学位类型、论文学位授予单位、论文学位授予时间。浏览列表中增加显示索引点:内容类型、媒介类型、一般资料类型。在 OPAC 首页检索列表增加显示索引点:论文学位类型,修改索引点的索引代码:论文学位授予单位、论文学位授予时间。

1.3　其他功能

以上是国家图书馆实施 RDA 规则后,针对新增字段或子字段,在 ALEPH500 系统中需要变更的校验和检索功能。除此之外,还要考虑增加了新的字段后,系统中各界面新字段的字段名或注释能否正常显示。需要在 GUI 端增加新字段或子字段的字段名和注释,在 OPAC 检索结果界面增加新字段的字段名。

2 RDA 本地化实现方式

以上提到的 RDA 本地化实施方案中的各功能要点,基本可以通过 ALEPH 系统后台的参数表文件和相关文件修改来实现,并不需要修改程序代码,国家图书馆 ALEPH 系统管理小组的工作人员成功完成了方案测试工作,效果达到了编目部门的要求。涉及的修改文件和内容比较多,具体有以下方面:

2.1 校验功能改造方式

关于 MARC 字段合法性的校验。主要通过后台参数表的设置来实现该功能,相关参数表主要有 4 个:nlc09/tab/check_doc_doc、check_doc_line、check_doc. chi、check_doc. eng。具体说明如下:

(1)check_doc_doc 是定义字段的必备性和可重复性的。如下例所示,第 2 列是文献类型及 FMT 字段对应的内容,"BK"代表专著;第 3 列表示提示错误代码;第 4 列表示该字段最少出现的次数,表示该表示非必备;第 5 列表示该字段最多出现的次数,表示该表示不可重复。例如,"OC BK 5010 01 99 264##"这条是定义 264 字段是必备的可重复的,如果不符合该要求,错误代码是"复 0101,在 check_doc. chi 中可以找到 5010 对应的错误提示信息是必须的 264 字段丢失或重复",也就是当 264 字段不符合要求存盘时,系统会提示给编目员错误信息。

check_doc_doc 例子:

```
!   2    3  4  5  6
OC BK 5010 01 99 264##
OC BK 5004 01 99 300##
OC SE 5007 01 01 310##
OC BK 5011 01 99 336##
OC BK 5012 01 99 337##
OC BK 5013 01 99 338##
```

(2)check_doc_line 是定义指示符和子字段的合法性的。如下例所示,第 2 列表示文献类型,对应 FMT 字段内容,"XX"表示不限制文献类型;第 4 列表示字段名;第 5 列表示指示符或子字段名;第 6 列表示该子字段最少出现次数;第 7 列表示该子字段最多出现次数。第 5 列不是子字段字母,而是"-"时,则表示该字段后两位指示符应该按第 6、第 7 列设置,比如,"AL XX 336 -"表示 336 字段的两位指示符为空是合法的。当第 5 列是字母时表示子字段名,例如"AL XX 336 3 0 1"表示 336 字段 $3 子字段不是必备的,但不可重复。

check_doc_line 例子:

```
!  2   -    4  5 6 7
AL XX         336   -
AL XX         336   a 1 -
```

```
AL XX        336   b 0 -
AL XX        336   0 0 -
AL XX        336   2 1 1
AL XX        336   3 0 1
AL XX        336   6 0 1
AL XX        336   8 0 -
```

（3）check_doc. chi、check_doc. eng 是分别定义中文界面和英文界面校验结果的错误提示信息，如下例所示，上文提到的"5010"这个错误代码，对应的校验错误提示是"必须的 264 字段丢失或重复"。也就是说 264 字段是必备的且可重复的，是通过 check_doc_doc 参数表"OC BK 5010 01 99 264##"进行限制，如果不符合要求根据对应的错误代码在 check_doc. chi 和 check_doc. eng 中找到错误信息的内容。

check_doc. chi 例子：

5010 L 必须的 264 字段丢失或重复。

5011 L 必须的 336 字段丢失或重复。

5012 L 必须的 337 字段丢失或重复。

5013 L 必须的 338 字段丢失或重复。

5014 L 不可重复的 882 字段重复。

check_doc. eng 例子：

5010 L Required 264 field is either missing or duplicated.

5011 L Required 336 field is either missing or duplicated.

5012 L Required 337 field is either missing or duplicated.

5013 L Required 338 field is either missing or duplicated.

5014 L 882 is duplicated.

2.2 检索功能改造方式

要实现检索功能，首先要配置好索引点，ALEPH500 系统中包含 3 种索引：直接索引、标目索引和词索引。直接索引适用于记录中唯一的或者几乎唯一的标识号，例如系统号、ISBN 号、索取号等。标目是来自书目记录中的著者、题名、主题等的完整字串。一个完整字段或特定子字段可以用于建标目索引，标目索引用于浏览功能。词索引是来自书目记录特殊字段的词列表。例如著者中的词、题名中的词、主题中的词、记录中任意地方的词，词索引用于查找功能。本次 RDA 实施需求不涉及直接索引的修改，是对标目索引和词索引的变更。

修改词索引和标目索引点涉及的配置文件包括：nlc09/tab/tab00. lng、tab11_acc、tab11_word。

tab00. lng 定义索引点代码和名称，下例中第 2 列是索引代码，可以自行命名；第 3 列是索引类型，IND 表示直接索引，ACC 表示标目索引，W 开头表示词索引；第 5 列表示 filing 例程；11 列表示索引名称。

tab00.lng 例子:

!	2	3	4	5	6	7	8	9	10	11
H	CON	ACC		01	00			00		内容类型
H	MED	ACC		01	00			00		媒介类型
H	CAR	ACC		01	00			00		载体类型
H	GMD	ACC		01	00			00		一般资料类型
H	WCO	W-023			00			07		W-内容类型
H	WME	W-024			00			07		W-媒介类型
H	WCA	W-025			00			07		W-载体类型
H	WAD	W-026			00			07		W-论文学位类型
H	WGI	W-027			00			06		W-论文学位授予单位
H	WGY	W-028			00			06		W-论文学位授予时间

tab11_acc 定义标目索引抽取的字段,如下例所示,第 1 列是书目字段名,第 5 列是索引代码,第 6 列是子字段名。例如"336##   CON a"表示将 336 字段的 $a 子字段内容设为标目索引,索引代码是 CON,从上例中也可以看到 CON 是标目索引(ACC),索引名称是"内容类型"。

tab11_acc 例子:

! 1	2	3	4	5	6	7 8
246##				TIT	ab	
247##				TIT	abnp	
260##				PLA	a	
260##				PUB	b	
264#1				PLA	a	
264#1				PUB	b	
336##				CON	a	
337##				MED	a	
338##				CAR	a	

tab11_word 定义词索引抽取的字段,如下例所示,第 1 列是书目字段名,第 5 列是书目子字段名,第 6 列是切词例程,第 9 列以后是索引代码。

tab11_word 例子:

! 1	2	3	4	5	6	7	8	9	10	11	12
264#1				a				03	WPL		
264#1				b				03	WPU		
264#1				c				03	WYR		
264#4				c				03	WCY		
264##				abc38				03	WRD		
336##				a				03	WCO		
336##				ab0238				03	WRD		
337##				a				03	WME		
337##				ab0238				03	WRD		

在 GUI 端查找列表和浏览列表中增加显示索引点,要修改 nlc09/tab/ pc_tab_sear. chi 和 pc_tab_sear. eng 两个文件,分别对应中英文界面。修改 OPAC 端的检索列表,要修改 alephe/www_f_chi/ find-code-include * 文件,如果中文库和西文库的检索列表有区别,则在文件名后加上库的名称,例如" – nlc01"和" – nlc09"来区分。

2.3 其他功能改造方式

编目用户在 GUI 端编目界面进行编目操作时,点击每个字段名,在"字段信息"框中显示该字段及其标识符、子字段的合法性说明,对于新增和修改的字段、子字段需要补充相应的字段信息说明内容,这个修改在 nlc09/pc_tab/catalog/html 目录下,每个字段有独立的配置文件,中英文界面分别修改。例如 264 字段对应的字段信息内容在 264_xx_chi. html、264_xx_eng. html 中添加。新增字端列表界面会列出所有允许的字段及字段名注释,配置文件是 nlc09/pc_tab/catalog/codes. chi、codes. eng。

在 OPAC 系统中,检索结果界面中也要补充显示新增字段或更新字段注释内容,"标准格式"中增加新字段内容显示配置文件 nlc09/tab/ edit_doc_999. chi、edit_field. chi,"字段名格式"更新新增字段的注释内容,配置文件是 u20_1/nlc09/tab/tab01. chi、tab01. eng。

对以上文件的改造,完成了外文库 RDA 本地化实施的要求,但要让检索点的设置生效,需要对 ALEPH500 系统的外文库进行整库重新抽索引工作,为了保证不出错误,抽索引期间,ALEPH 系统要停止对外服务。

RDA 在国家图书馆 ALEPH500 系统上本地化实施测试成功,标志着国家图书馆 RDA 研究工作从理论到实践的重要突破,为正式实施 RDA 本地化提供了有力的保障。同时,外文库率先实现 RDA,对中文库开展 RDA 编目有重要的借鉴和参考意义。希望国家图书馆的 RDA 本地化实施经验也能为图书馆界同仁带来启发,投入到 RDA 本地化应用的研究和实践中。在大家共同努力下,推动 RDA 编目规则在中国编目工作中的应用,让我国的编目工作与国际接轨,提高标准化、规范化水平,有更长足的发展。

参考文献:

[1]罗翀. RDA 在中国的实施设想[J]. 国家图书馆学刊,2014(1).
[2]李芳. RDA 发展前景及应用[C]//RDA 业务培训交流会. 上海市图书馆学会信息资源组织分委会,2013.
[3]艾雾. CALIS 联合目录中 RDA 编目的实践探讨[J]. 图书馆建设,2015(6).

编目实践中如何描述和记录 RDA 实体间的关系

方　微　杨　阳(吉林大学图书馆)

在后 MARC 时代,书目关系是使书目数据更有意义的关键,因此 RDA 十分重视描述和记录书目实体间的关系。

RDA 全面接受 FRBR 的新理念,采用 FRBR"实体—属性—关系"模型来构建编目规则体系,制定编目条例。这对使用 AACR2 的编目员来说,无疑是个挑战。本文从 RDA 的实体关系描述与记录角度出发,探讨在编目实践中如何准确的描述记录 RDA 实体间的关系(以下简称"关系"),让用 RDA 编制的书目数据能够真正完成用户任务,起到网络化、立体化导航的作用。

1 认识 RDA 的书目关系,使编目员在思想上打上"关系"烙印

书目关系是编目学的概念,它是指两个及其以上的书目实体在目录中发生关联而形成的关系。这种关系从古至今的编目规则都有不同程度的体现,但都没有明确提出,只有 FRBR 将其明确阐释,并构建出关系模型。

FR 家族把用户在查询资源时感兴趣的"对象"(实体)进行分离,找出其共同特征,即属性,分析实体间存在的关系,建立"实体—关系"模型;再将这些属性与用户的需求相对照,确定实现用户任务的核心元素。这之间,实体关系起到了至关重要的作用,它是用户查找所需、获取相关资源的途径。

RDA 将 FRBR 的关系完全融入其规则中。了解 RDA 中的各种关系,才能在书目记录和规范记录中准确记录和表达这些关系。可以说,RDA 书目关系揭示了书目世界的本质,书目实体之间存在着关联关系,这些关系是实现用户任务的核心元素;是用户对资源进行查找、识别、选取、获得和浏览的航标。这是每一个编目员要牢记于心的。

2 了解理顺 RDA 的实体关系,是编目员描述 RDA 关系的基础

RDA 把编目对象称之为"实体"。每个实体都有人们感兴趣的特征,RDA 称这个特征为实体的属性。由于实体的属性,使得实体之间就产生了各种内在联系和相关关系,我们称之为书目关系或书目实体关系。书目关系可总括为内部关系和外部关系。内部关系是书目实体与其自身的属性或特征之间的关系,包括资源的基本关系、资源与责任关系、资源与主题关系。

外部关系是书目实体与其他书目实体之间的关系。包括 FRBR 第一组实体间的其他关系,即相关资源之间的关系;个人、家族和团体与相关个人、家族和团体之间的关系;主题与相关主题之间的关系。

RDA 的实体与 FRBR 相对应,也分为三组,第一组实体包括作品、内容表达、载体表现和单件,RDA 将其称之为资源;第二组实体包括个人、家族和团体;第三组实体包括地点、事件、对象和概念。这三组实体之间有 6 种关系:①FRBR 中第一组实体间的基本关系,又称主要关系;②资源与资源相关的责任者之间的关系;③资源与资源相关的主题之间的关系;④FRBR 第一组实体间的其他关系,即相关资源之间的关系;⑤个人、家族和团体与相关个人、家族和团体之间的关系;⑥主题与相关主题之间的关系。其中前 3 种关系为内部关系,后 3 种关系为外部关系。

在内部关系中,第一组实体的基本关系有 4 个层次的关系:作品和内容表达之间、内容

表达和载体表现之间、载体表现和单件之间以及作品和载体表现之间的关系。这4个层次的关系都是双向的:作品通过内容表达实现,内容表达实现作品;内容表达由载体表现体现,载体表现体现内容表达;载体表现被单件代表,单件代表载体表现;载体表现代表作品,作品被载体表现所表现。

资源与资源相关的责任者之间的关系指第一组4个实体与个人、家族和团体相关的责任者之间的关系。责任者涉及与作品相关的创作者;与内容表达相关的贡献者;与载体表现相关的制作、发行者;与单件相关的保管人或所有人。

资源与资源相关的主题是指与编目对象相关的主题词。

在外部关系中,相关资源之间的关系也有4个层次:相关作品、相关内容表达、相关载体表现和相关单件。

相关个人、家族和团体之间关系主要指个人交替身份、家族谱系、团体等级等之间的关系。主题与相关主题之间的关系 RDA 尚未完成。

RDA 的核心目标是通过对实体属性特征的识别和对实体相互关系的描述来服务用户的。RDA 的书目实体关系对编目员是个崭新的课题。要想在编目实践中准确描述"关系",就需要对它做全面了解和系统理顺。

3 了解 RDA "关系" 规则在 RDA 中的分布,有助于编目工作效率的提高

RDA 中的关系与实体属性是分不开的。要掌握 RDA "关系"的规则,首先要熟悉其属性规则,才能准确灵活运用"关系"规则。其次熟悉关于属性和关系规则在 RDA 中的分布,有助于编目工作中查询规则和工作效率的提高。

除导言外,RDA 分为十部分37章。第1—4部分记录资源、责任者和主题三组实体的属性,第5—10部分记录实体间的关系。

(1)属性部分:第1部分,记录载体表现和单件的属性;第2部分,记录作品和内容表达的属性;第3部分,记录责任者实体的属性;第4部分,记录主题实体的属性。

(2)关系部分:第5部分,记录第一种实体间的基本关系;第6部分,记录第1组和第2组实体间的关系,即资源与名称的关系;第7部分,记录第1组和第3组实体间的关系,即资源与主题间的关系;第8部分,记录第1组实体间的其他关系,即资源与资源的关系;第9部分,记录第2组实体间的关系,即名称与名称的关系;第10部分,记录第3组实体间的关系,即主题与主题的关系;附录 I—K 为关系说明语,是指示关系的术语。它与正文的相关章节配合使用,说明实体间的关系。

4 清楚 RDA 的"关系"在 MARC21 中的表达,才能准确无误地描述记录 RDA 的"关系"

RDA 只是资源与检索的内容标准,目前还需要通过 MARC21 格式标准来表达。MARC21 为了适应"关系",重点补充修订了有关"关系"的字段。弄清楚这些"关系"字段及

其作用,在编制书目记录时才能准确全面的描述记录"关系"。

表 1 MARC21 对 RDA 关系表达

MARC 记录	所用字段	关系字段或子字段	作用	备注
书目记录	1XX	$e	责任说明语	
书目记录	6XX	$e	责任说明语	
书目记录	7XX	$e	责任说明语	
书目记录	8XX	$e	责任说明语	
规范记录	1XX	$e	责任说明语	
规范记录	4XX	$e	责任说明语	
规范记录	5XX	$e	责任说明语	
书目记录	700—75X	$i	关系信息	
书目记录	76X—78X	$i	关系信息——连接款目	
规范记录	4XX	$i	关系信息	
规范记录	5XX	$i	关系信息	
书目记录	111—711	$j	属性限定词	
书目记录	780	00	Contiues	MARC21 编码
书目记录	785	00	Continued by	MARC21 编码
书目记录	264	多个字段	描述出版、生产、发行关系	不用 7xx 字段说明

5 清楚 RDA"关系"的表达方法,便于在编目实践中灵活运用

编目所说的"关系"主要指实体间的关系,即外在关系。这是 RDA 的精神主旨。在 RDA 中"关系"的表达方法主要有 3 种:标识符、规范检索点和描述。标识符是"与实体唯一相关联的一组字符串,用来将一个实体与另一个实体相区别",如 ISBN、ISSN、LCCN(美国国会图书馆控制号)等。规范检索点是指第一组实体和第二组实体的规范检索点,但代表作品的规范检索点一般以"创作者+作品首选题名"形式出现;内容表达的规范检索点则要在代表作品的规范检索点之后附加 RDA 规定的识别元素。描述分结构化描述和非结构化描述。根据被描述关系的类型决定采用哪种方法描述。

表 2 RDA 关系描述方法及使用范围

方法	使用范围	作用	举例	备注
标识符	作品、内容表达,载体表现,单件	1. 记录第一组实体间的基本关系 2. 记录第二组实体间的关系	ISBN、ISSN、LCCN、URN	用来将一个实体与另一个实体相区别
	个人、家族和团体	3. 记录第一组实体间的其他关系		

方法	使用范围	作用	举例	备注
规范检索点	作品和内容表达的规范检索点	1. 记录第一组实体间的关系 2. 第二组实体间的关系	1001#$aJames, A. D. , $eauthor. (规范记录)	规范检索点形式： 作品：创作者 + 作品首先题名 内容表达：代表作品规范检索点 + 内容表达识别元素
	个人、家族和团体的规范检索点			
结构化描述	附注说明：作品、内容表达、载体表现、单件	1. 记录内容表达，载体表现，单件间的基本关系	使用固定字段，如776字段的 $i 字段	
非结构化描述		2. 记录第一组实体间的其他关系	用5XX附注说明	

6 使用 RDA 编目需要明确的几个问题

6.1 实体和资源

（1）实体。"实体可理解为能够在数据库中被识别的事物，或是书目数据用户所关心的核心元素，它不对应于某个具体事物，而是代表某个群体的抽象概念"，如个人、家族、作品等。

（2）资源。"作品、内容表达、载体表现或单件。术语不仅包括单独的实体，还包括此类实体集合和组成部分。它可以指有型实体或无形实体"。据此得知 FRBR 的第一组实体在 RDA 中被称为"资源"，包括作品、内容表达、载体表现和单件。

（3）资源和实体的关系。实体是 FRBR 的概念。它借用计算机术语，主要用于计算机程序处理。FRBR 将实体分为三组：第一组，包括作品、内容表达、载体表现和单件；第二组，包括对智力或艺术产品的创造、物理生产与传播或保管负责的个人、家族和团体；第三组，包括揭示智力或艺术产品内容的主题集合。

资源是 RDA 使用的概念。它将 FRBR 的第一组实体称为资源。从编目意义上讲，资源只是 FRBR 实体中的一类实体（第一组实体），是编目的对象。

6.2 元素

实体的属性和关系在 RDA 中称之为元素。元素分核心元素、条件核心元素和非核心元素 3 个级别。在任何情况下都需要记录的元素叫核心元素，在特定情况下才需要记录的叫条件核心元素，可由编目员自行选择记录的元素叫非核心元素。元素在 RDA 规则中占有重要地位。RDA 靠元素描述实体、记录关系。在 RDA 规则中，对三组实体的元素都设有相应的条款，说明元素的级别和类型。在编目实践中，要善于查找识别这些元素，清楚它们的使用环境。

表 3 是实体属性元素表。由此可清晰识别实体属性、元素级别、元素数量和在 RDA 中章节位置,便于查找。

表 3　实体属性元素

实体元素	RDA 章节号	元素数量	说明
载体表现和单件	第 2 章	18 个元素,N 个子元素	16 个核心,8 个条件核心
描述载体	第 3 章	21 个元素,N 个子元素	仅载体类型和数量为核心
提供获取与检索信息	第 4 章	5 个元素	无核心元素
作品和内容表达	第 6 章	作品:7 个元素,2 个子元素;内容表达:5 个元素,特定类型作品元素若干	作品:核心 2 个,条件核心 4 个;内容表达:核心 3 个,条件核心 3 个
描述内容	第 7 章	28 个元素	1 个核心元素
个人、家族和团体	第 9 章	17 个元素,N 个子元素	7 个核心,3 个条件核心
家族	第 10 章	8 个元素,2 个子元素	4 个核心,2 个条件核心

RDA 中的内容类型、载体类型和媒体类型属于哪个元素,也是编目员容易弄错的。内容类型属于内容表达核心元素,载体类型属于载体表现核心元素,媒体类型属于扩展元素。

6.3　RDA“关系”的组成

RDA 的“关系”由两部分组成,即被关联的实体和关系类型。被关联的实体指 FRBR 的第一组和第二组实体;关系类型指关系说明语。也就是说,RDA 中“关系”需要由“被关联的实体 + 关系说明语”组合起来表达。在 MARC21 中关系类型通过检索点字段 + $e、$i、$j 或字段指示符等方式表达。关系说明语由附录 I—K 提供。表 4 关系说明语类型表提供了关系类型、所使用附录说明语和使用范围。

表 4　关系说明语类型

序号	类型	附录	使用范围	备注
1	资源与资源相关的个人、家族和团体之间的关系	I	书目记录	
2	第一组实体间的关系	J	书目记录和规范记录	
3	第二组实体间的关系	K	规范记录	
4	第三组实体间关系	L	主题规范,书目主题	待完成

6.4　RDA 在哪几个层次上描述资源

AACR2 是按 ISBD 八大项建立起来的著录标准。它分为著录和检索点两块。而 RDA 是以 FRBR 建立“实体—属性—关系”模型序列规则的。我们编目对象主要是第一组实体,因此 RDA 在作品、内容表达、载体表现和单件 4 个层次上分别描述在编资源。因当前仍然使用 MARC21 编目,所以 RDA 对资源的描述也包含了 ISBD 的八大项。AACR2 在资源关系描述和揭示上是隐含、模糊和离散的。在编目实践中,也很少描述和记录资源间的关系。RDA 不同,它十分强调资源本身和资源间的关联,在资源描述和检索中大量反映“关系”。

我们只有明确了 RDA 描述资源的层次结构,才能清楚资源本身和相关资源间的关系,才能恰当准确的描述记录它们。

6.5 改变编目思维方式

按照 AACR2,编目只需记住八大项。根据八大项,将在编文献所有的信息揭示出来就好。但用 RDA 编目,则无法将在编资源的内容和实体间关系揭示出来。我们必须转变编目思维方式。RDA 从 4 个层次上描述记录资源,这是个从抽象到具体的认知过程。为了适应实际操作,RDA 在序列规则上采用了从具体到抽象的顺序。即先从载体表现和单件入手,再到作品和内容表达。先序列属性,再讨论关系。这样,我们在编目实践中,首先要考虑的是实体可以用哪些元素来识别,根据 RDA 条款怎么标识;再考虑实体间是否存在着关系,如何区分和描述记录这些关系。这才是 RDA 编目需要的思维方式。目前我们可以通过两个途径实现这种编目思维模式:其一,将 AACR2 的八大项按照 RDA 4 个层次做映射表,在编目实践中可以对照使用;其二,将 4 个层次所有元素列表作为工具备在案头,按照"实体—属性—关系"思路,将所编资源需要描述记录的实体元素套在 MARC21 中,然后考虑实体间的关系并描述和记录他们。

6.6 如何区分内容表达和载体表现在描述记录 RDA"关系"时十分重要

内容表达和载体表现是比较容易混淆的两个实体。如果不能分清二者的区别,在描述记录"关系"时,就容易将内容表达之间和载体表现之间的关系混为一谈,错误的描述记录"关系"。因此首先要能够正确划分书目记录内容表达和载体表现的元素。其次区别他们的实质。载体表现强调作品的物理形式或载体形式,也就是我们接触到的出版发行实体。内容表达只强调作品的内容,无关物理形式。

6.7 了解书目记录和规范记录分别适用于哪些 RDA"关系"上,是准确描述记录"关系"的关键

了解 RDA 哪些"关系"用于书目记录,哪些用于规范记录,是准确描述记录"关系"的关键。RDA 完全用"关系说明语"揭示实体间的关系,所以 RDA 的"关系"描述和记录时要有关系说明语相配合使用。资源与资源相关的个人、家族和团体之间的关系只能记录在书目记录中,要用附录 I 组合使用;第一组实体间的关系既可以用在书目记录也可以用在规范记录,要与附录 J 组合使用;第二组实体间的关系只用于规范记录,要与附录 K 联合使用;第三组实体间的关系用于主题规范和书目主题,与附录 L 联合使用。

6.8 RDA 内容结构灵活,自主性强,给编目员增加取舍难度

RDA 列出大量实体元素,其中对非核心元素的识别、描述和记录,给了编目机构很强的自主性和灵活性。在关系描述上,是否使用这些元素,是否描述关系,可根据编目员的选择判断。取舍之间,正考验了编目机构 RDA 使用本地政策合理程度,编目员责任心和对 RDA 熟悉理解的程度。一个负有责任心、熟练使用 RDA 的编目员,加上合理的本地政策,才能将 RDA 的"关系"恰当又合理地描述记录下来,也只有这样的书目记录才能让用户任务得到实现。

6.9 套录编目和回溯编目要注意补充实体间的关系

注重 RDA"关系"的描述和揭示应该作为编目机构编制书目数据的重点工作。应该做出相关规定,规定哪些记录需要在编目中做关联。已经使用 RDA 编目的机构,在做套录编目过程中,应该注意本地库中相关实体的关联;回溯时更应将相关实体间关系的揭示放到议事日程。通过回溯,将以前没有关联的书目记录关联起来,为 RDA 的全面实施、为将来的关联数据做好充分准备。

7 作品与内容表达层中几种"关系"的处理

7.1 关于新作品

在新作品中有一种情况,即新的创作者代替了原创作者。这种作品可能是原作品的改编,也可能是原作品的修订。其处理如下:

(1)要做两条记录,一条原著的记录,一条改编或修订的记录。

(2)这两条记录是存在关联的,因此要建立关系。即改编或修订的作品与原作品相关联。

(3)在关联原作品时,采用 7XX 名称/题名字段 + 适当关系说明语(RDA 附录 J.2)或者采用 500 字段附注说明。

7.2 关于新内容表达

新内容表达分两类情况,一类是创作者相同,但正题名不变或变化;一类是正题名相同,创作者发生变化。前一类又分两种情况讨论:一种是正题名和创作者不变,另一种是正题名变化,创作者不变。无论哪种情况,都要为原著和变化的内容表达分别做记录。但问题的关键在后一种情况关系的处理上。

(1)正题名发生变化,创作者不变:原著正常著录,变化的采用 100 + 240 + 245 + 500(附注说明与原著的关系)模式著录。

(2)正题名变化,没有创作者:原著正常著录,变化的采用 130 + 245 + 500 或 7XX(说明与原著关系)模式著录。

7.3 关于汇编

汇编在内容表达层面,也叫作合订,在 RDA 中把同一作品不同语种内容表达的合订称作汇编。有单一创作者汇编、多创作者汇编和多语种汇编。我们讨论后两种情况关系的处理。

(1)多创作者汇编:用首选题名识别(245 字段),或者用为人所知的题名(130 字段)识别。分两种情况:①首次出版的汇编,有总题名,采用 505 + (700 + $t)描述。505 记录汇编的各个具体部分,700 + $t 记录分析规范检索点,但应该是资源的主要部分,其余部分是否记录,可由编目员决定。②无总题名的汇编,要为汇编中每一个作品建立独立的检索点。采用245 + (700 + $t)描述关系。

（2）多语种汇编：由多个不同语种的内容表达汇集起来的汇编。这种情况一般至少做两个分析规范检索点，不做130和240字段。也分两种情况讨论：①包含同一作品的原著和译著时，分别为原著和译著建立记录。在译著记录中，要做两个分析规范检索点，即原著7XX＋一个译著7XX；或者至少为一种译著多个带语种（$l）的分析检索点（原著7XX＋一个译著7XX（$l））。②包含同一作品的多个译著。这种情况可能会没有原著，就要为所有译著做数量超过2个带语种的分析规范检索点。

7.4 需要判断处理的特殊汇编

（1）原著和伴随附加关系处理：伴随附加指要与原著一同使用，并创造者另有其人的资源，如插图、索引等。这种资源要判断是否是汇编，主要看该资源是否能独立存在，有否独立题名，内容是否重要。否则不按汇编著录，只在附注说明。

（2）如果在编资源是原著的评论、注释、插图等，按新作品编制一条新记录，但要给原著做个分析附加款目，即在新记录中做个原著的700$t（第二指示符为2）。

（3）如果在编资源只是为原著做了插图、评论或注释等，还是以原著为主，可以看作是原著的一个新内容表达，记录中1XX字段仍旧是原著的创作者，插图、评论或注释者作为贡献者置于7XX字段。

参考文献：

[1]CALIS联机合作合作编目中心.CALIS外文书刊RDA编目培训教材［M］.北京:CALIS联机合作编目中心,2016.
[2]罗翀.RDA全视角解读［M］.北京:国家图书馆出版社,2015.
[3]周德明.RDA:从理论到实践［M］.北京:海洋出版社,2014.
[4]RDA发展联合指导委员会主编;RDA翻译工作组译.资源描述与检索［M］.北京:国家图书馆出版社,2014.
[5]李蓓,周宇葵.RDA的实体及关系解析［J］.新世纪图书馆,2014(2).

现代中文文献版本关系的界定与揭示
——基于版本学理念与实体—关系模型

孟　修（国家图书馆）

自文献产生并广而传播之后，文献就与"版本"产生了息息相关、密不可分的关系。相关文献之间的"版本关系"成为读者考镜源流、择选文献的重要依据。据国家新闻出版广电总局发布统计数据显示,2016年全国图书的重版重印量增长了10.28%①。可以预见，随着文

---

① 2016年全国新闻出版业基本情况［EB/OL］. http://www.chinaxwcb.com/2017-07/25/content_358637.htm.

献再版量与版本种类的增加,书目数据版本关系的描述与有序化展示将成为机读目录的重要工作之一。

目前学界有关"版本关系"的研究成果多集中在两个方面,一是延续传统版本学的理念,对古籍版本考证辨析;二是针对现代文献的出版情况,钻研"版本项"的著录细节。而对于现代文献版本关系的界定,以及含有版本关系的书目数据的关联和展示等问题,还存有继续讨论的空间。本文借鉴传统版本学的版本辨析方法和"实体—关系"模型的理念,查找编目工作中现代文献版本关系揭示不足的原因,寻求中文文献版本关系描述与揭示的路径①。

1 从版本学角度审视"版本关系"

版本学是在印刷术发明之后,对由于刻印、装帧等原因产生的不同本子之间的差异进行研究而产生的一门学科,其研究对象为各种版本文献以及版本的形成和发展的一般规律。在版本学中,"版本"被概括为"同一种书的各种不同的本子",其研究的"版本关系"即同种书的不同本子之间的关系。其对一个新版本的认定依据,来自文献的内部特征和外部特征,二者不可偏废。

表1 版本学中部分版本种类及划分依据

版本划分依据		版本种类
文献内部	增删、批点、合刻情况	增订本、删节本、足本、非足本、批点本、注本
	语言	满汉合璧本
	版本价值	孤本、善本、珍本、校本、残本、批校本、题跋本
文献外部	刊刻时代	北宋本、南宋本、民国本
	刻书机构	官刻本、私刻本、坊刻本
	刻书地点	蜀本、高丽本、越南本
	刻印情况	精刻本、丛书本、单行本、原刻本、重刻本、后印本、旧版
	字体、订本	大字本、仿宋本、袖珍本、夹带本
	印制颜色	蓝印本、套印本、拱花本
	装帧情况	折装本、蝴蝶装本、包背装本、线本、平装本、精装本
	纸质情况	白纸本、麻纸本、宣纸本、高丽纸本、皮纸本

从上表可见,版本学中的版本信息不是仅指那些带有"版"字的术语,而是能够描述该部文献与原版文献之间差异的一切信息。其对文献版本研究的核心目的是为了辨明各版本文献之间由于语言、增删等内在因素,以及刻印、装帧、材质等外在因素的变化而导致的文献内容上的差异。因此,凡是在原版文献基础上所形成的有着文献内部或外部有着不同特点的文献,都可以被称之为有着"版本关系"的文献。

相对版本学,编目实践中的"版本项"所涵盖的版本信息容量偏少。如中文文献的编目

---

① 本文不涉及连续出版物相关问题。

规则所依据的 ISBD 和 GB 系列,虽然在概念上将版本定义为根据同样的输入信息制作并且由同一个机构或一组机构或一个个人发行的一种资源的所有复本,与版本学中版本的定义差异并不大。但却仅将版本说明、版本责任说明等信息归入版本项,将一部分版本学认同的版本描述信息,如文献内容或体例的修订、文献的载体形态、所属丛编等,分至题名与责任者说明项、载体形态项、丛编项、附注项等项目中著录,拉大了编目规则中"版本项"与版本学中"版本"的差别。

表2 《标准书目著录(统一版)》部分著录项目及著录单元

《标准书目著录(统一版)》部分著录项目及著录单元			
版本项	出版发行项	载体形态项	丛编项
版本说明	出版发行地	文献数量和特定文献类型标识	丛编或分丛编正题名
并列版本说明	出版发行者	其他形态细节	丛编或分丛编并列题名
与本版有关的责任说明	出版发行日期	尺寸	丛编或分丛编其他题名信息
附加版本说明	印制地	附件	丛编或分丛编的责任说明
附加版本说明的责任说明	印制者		
	印制日期		

作为一门研究版本及各种版本文献的学科,版本学对文献版本的界定和鉴定方法,对文献编目中版本关系的描述和揭示有着一定的借鉴意义。以版本学中的版本关系为框架,将分散在各著录项目中的相关版本信息有序聚合,有利于在现代文献数量激增、再版比例增高的环境中,重拾传统目录学"辨章学术,考镜源流"的精髓,更好地完成"查找"和"识别"用户任务,实现目录的指引功能。

2 中文书目数据版本关系揭示的实操困境——以 NLC 为例

在目前的计算机编目环境下,中文文献的版本关系揭示主要基于书目数据中的版本信息。其主要项目包括:版本说明、版本责任说明、出版发行的国别、地点、时间和责任者,版本和书目历史附注、出版发行附注。当上述信息之间缺乏有效关联时,将导致文献版本关系无法充分、有序展示。以 NLC 为例,版本关系揭示的主要难点如下:

2.1 分散的版本信息加大了信息聚合难度

ISBD 中规定,"如果版本说明是另一个著录项(例如正题名或其他题名信息)中一个著录单元的组成部分,而且已经被作为该著录单元的部分,则不重复著录在版本项"。《中国文献编目规则(第二版)》中沿用了此项规定,"若版本信息属于某著录项,如题名、出版发行等,则可著录于相应的字段中"。虽然此项规定保证了题名等检索点的完整性,方便用户实现点对点的关键词检索任务,但却加大了编目员对文献信息理解和判断的难度,也不利于版本信息著录的统一。

以表3国家图书馆 ALEPH 中文书目数据为例:同样是文献版次的"修订本""全新升级

版"和"新作本"被分别著录在 205 字段和 200 字段;而同样表示文献内容创作时间的"康熙续修本"和"清道光十五年版本点校本"被分别著录在 205 和 200 字段。此外,还有同为出版时间的版本信息、内容形式信息著录于不同字段的例子。

表3　同类版本说明语著录字段不同实例表

同类版本说明语著录字段不同实例表(取自 NLC Aleph01 库部分数据)				
题名页显示信息	版权页显示信息	文献类型	版本信息著录情况	划分依据
最新英汉双解辞典	2 版;修订本	电子资源	205$a2 版 $b 修订本	文献版次
英语四六级词汇——全新升级版	5 版	专著	200$e 全新升级版 205$a5 版	
雪花是冬天的偏旁(新作本)	无	专著	200$e 新作本	
[康熙]新修宁乡縣誌	无	善本	205$a 刻本 $b 康熙續修本	制版方式/内容创作时间
新宁县志;清道光十五年版点校本	无	专著	200$e 清道光十五年版点校本	内容创作时间/内容形式
德安府志校注本	无	专著	200$a 校注本	内容形式
陕西通98;春季版	无	电子资源	205$a 春季版	
会计从业资格无纸化考试应试重点突破训练;2015 最新版	无	专著	300$a2015 最新版	出版时间
企业所得税与会计准则差异分析;2015 年版	无	专著	300$a2015 年版	

随着各图书馆馆藏文献类型与书目数据多元异构情况的增多,这种著录情况的差异将更多地存在于不同文献类型之间,加大相关版本文献的解构与关联的难度。

2.2　基于载体层级的书目记录无法对版本信息进行层级化的描述

在实体—关系模型发布后,MACR21 和 UNIMARC 均增加了描述作品层级、内容表达层级的相关字段。如:UNIMARC 的 576(作品层级)、577(内容表达层级)字段,MACR21 也与 RDA 各实体属性相互映射。

表4　UNIMARC576、577 部分子字段

UNIMARC576、577 部分子字段(2012 年更新版)		
576 字段(作品层级)		577 字段(内容表达层级)
$a 作品的责任者	$e 作品的形成地点	$1 内容表达的形式
$t 作品的题名	$f 作品的语种	$m 内容表达的语种
$h 分卷册次	$k 作品的其他可识别特征	$n 内容表达的类型

UNIMARC576、577 部分子字段(2012 年更新版)		
576 字段(作品层级)		577 字段(内容表达层级)
$i 分卷题名	$r 媒介形式(音乐)	$o 内容表达的日期
$c 作品的形式	$s 数字标识(音乐)	$v 内容表达的媒介类型(音乐)
$d 作品的形成时间	$u 音调(音乐)	$w 内容表达的其他特征(音乐)

但目前 CNMARC 的书目记录层级却很单一,建立在载体层面的书目数据无法对各层次的版本信息进行著录,以致影响复杂版本信息的关联和辨别。以表 5 国家图书馆 ALEPH 中文书目数据在 CNMARC 中的著录为例,同一字段所描述的版本信息纷繁复杂,缺乏层次化描述,不利于复杂版本关系的关联和揭示。

表 5　国家图书馆 ALEPH 中文书目数据在 CNMARC 中的著录

同一子字段所描述版本信息不同层面的实例表(取自 NLC Aleph01 库部分数据)			
著录字段	文献题名	版本相关信息	版本信息类型
200$e	速记!英语四六级词汇	全新升级版	版本递进信息
	从零开始学理财	女性版	使用对象
	快乐汉语练习册	英语版	文献内容语言
	新宁县志	清道光十五年版点校本	文献内容形成时间
	淮南子杂家智慧一本通	插图注释眉批版	文献内容的修订
	初级会计实务、经济法基础	合订本	文献的出版方式
	考研数学基础过关 500 题	高教版	文献的出版者
205$a	最新英汉双解辞典	2 版	版本递进信息
	陕西通98	春季版	文献形成时间
	新寧縣誌	抄本	文献的制版方式
	广联达系列软件	学习版	文献的用途
	中国珍贵濒危动物	中英文双语版	文献的内容语言
	新宁县志	发行拷贝片	文献的载体形态
300$a	会计从业资格无纸化考试应试突破训练	2015 最新版	文献的形成时间
	毛泽东诗词赏读	图文版	文献的内容形式

2.3　书目数据之间的后台关联不够、前端展示不足

以国家图书馆 ALEPH 系统中文数据为例,目前文献数据之间的关联主要分为两类:一是规范数据与书目数据、馆藏数据,不同层级之间数据的挂接;二是相同级别书目数据之间的关联,如合订与单册、缩微制品与其复制文献之间、数字化文献与其来源文献之间的挂接等。二者均属单向挂接,难以实现复杂版本关系的全面展示。

此外,规范数据目前难以做到对相关版本目录数据的有效关联,还有如下原因:

首先,题名规范数据量本身十分有限,且多为名著作品的规范,而针对教材、一般性译著所建立的规范数据较少,难以实现版本关系数据的充分关联。

其次,现阶段题名规范数据多建立在载体层级或内容表达层级,缺少从作品层到内容表达层级的多层级建构,不利于实现复杂文献的版本揭示。

再次,对于一部分改版后题名发生变化的数据而言,不适宜使用题名规范关联,以免造成数据混乱。因此,目前规范数据所能够揭示的版本之间的关系十分有限。

另一方面,无论是不同层级之间数据关系,还是同级别之间的数据关系,都需要在 OPAC 检索平台上进行直观有效的展示。但目前 OPAC 检索结果多为两条数据之间点对点的关联展示,缺乏同一作品之下不同版本文献、相关作品之间的版本关系等树状关系展示。

可见,目前中文文献版本关系揭示受到多重限制。对于含有版本关系书目数据的聚合和揭示需要另寻理论支持。

3 实体—关系模型对版本关系的界定与揭示

虽然 E-R 模型在实体区分(如作品与内容表达)以及实践成本上一直被业界诟病,但它以实体属性描述文献,以及对不同实体之间关系进行界定的方法和理念,对版本关系的描述有着重要的启发意义。

E-R 模型对版本关系的描述与揭示主要基于该模型第一组实体之间的关系。当我们将文献的版本关系确定为"同种书与其不同本子之间的关系",则版本关系在实体—关系模型中应被映射为相同作品关系或相关作品关系。

对于相同作品关系的数据,可在提取其相同的实体属性后,判断其不同的实体属性所属层级,并以这些不同的实体属性作为界定其版本的所属层级。相同作品关系下的版本关系包括:同一作品不同内容表达之间的版本关系,如"红楼梦"与"红楼梦英译本";同一内容表达不同载体表现之间的版本关系,如"红楼梦纸本"与"红楼梦电子书";同一载体表现不同单件之间的版本关系,如"巴金捐赠本"与"饮冰室钤印本"。

而相关作品之间的版本关系,主要是指作品与其修改作品之间的衍生关系,如"红楼梦"与"青少版红楼梦"。

在判断版本关系时,以文献的"作品层"实体作为原点,依据书目数据中实体属性所对应的"内容表达、载体表现、单件、相关作品"的层级确定书目数据之间的版本关系。依据实体—关系模型,汇总如下表:

表6 影响文献版本关系的各级别实体属性

版本类别	影响文献版本的实体属性	(仅针对印刷图书/音乐/图形/图像/地图/实物)
原版	作品的题名、形式、日期、读者对象、背景	演出媒体、调名;数字标识;坐标、二分点
基于同一作品不同内容表达的各版本	内容表达的题名、形式、日期、语言、数量、背景、评论性反馈、适用限制、内容的概括	总谱类型、演出媒体;投影、呈现技术;比例尺、地形表现、大地、网格和垂直测量;记录技术

版本类别	影响文献版本的实体属性	（仅针对印刷图书/音乐/图形/图像/地图/实物）
基于同一内容表达不同载体表现的各版本	载体表现的题名、形式、数量、尺寸、责任说明、物理媒介、版本/发行标识、出版/发行地、出版/发行者、出版/发行日期、制作者/生产者、丛编说明、载体表现标识符、采访/访问授权来源、获得方式、访问限制	字体、字号、开本、配页；录制方式、播放速度、纹宽、刻纹类型、磁带结构、声音类型；颜色；缩率、极性、代；呈现格式；系统要求、文件特征；访问方式、访问地址
基于同一载体表现不同单件的各版本	单件标准号（指纹）、出处、标记/题字	
基于相关作品的各版本	作品的题名、形式、日期、读者对象、背景	演出媒体、数字标识、调名、坐标、二分点

利用这种方法判断版本关系的好处有二：一是依据某条数据的实体属性来判断该文献版本的所属层级即可，而不必一定要求原版文献数据的存在；二是可对"内容表达、载体表现、单件、相关作品"每一层级版本数据进行再次细分，有利于极复杂版本关系的展示。以下举例：

（1）基于相同作品不同内容表达的各版本关系——以马克思，恩格斯著《共产党宣言》为例

基于相同作品不同内容表达的版本1：英译本
200#共产党宣言/专著/英文版/（德）马克思（Karl Marx），（德）恩格斯（Frederick Engels）著
210#北京/外语教学与研究出版社/1998
215#15，62 页/20cm
基于相同作品不同内容表达的版本2：民族语言译本
200#共产党宣言/民语文献/［新维吾尔文］/（德）马克思，（德）恩格斯著/民族出版社译
210#北京：民族出版社；1975
215#117 页/20cm
基于相同作品不同内容表达的版本3：双语对照本
200#共产党宣言/专著/俄华对照/（德）马克思（K. Marx），（德）恩格斯（F. Engeis）著
210#哈尔滨/外国语学院/1950
215#111 页/20cm
基于相同作品不同内容表达的版本4：注音本
200#共产党宣言/专著/注音本/马克思，恩格斯著/文字改革出版社注音
210#北京/文字改革出版社/1958
215#148 页/肖像/19cm

（2）基于相同内容不同载体表现形成的各版本关系——以俞平伯所著《红楼梦辨》为例

基于相同内容不同载体表现形成的版本1：1923 年版
200#红楼梦辨/专著/俞平伯著
210#上海/亚东图书馆/民国十二年四月［1923.4］
215#162,178,92 页/19cm

续表

基于相同内容不同载体表现形成的版本2:1929年版
200#红楼梦辨/专著/俞平伯著
205#再版
210#上海/亚东图书馆/民国十八年四月[1929.4]
215#1 册/18cm
基于相同内容不同载体表现形成的版本3:人民文学出版社版
200#红楼梦辨/专著/俞平伯著
210#北京/人民文学出版社/1973
215#213 页/19cm
基于相同内容不同载体表现形成的版本4:岳麓书社版
200#红楼梦辨/专著/俞平伯著
210#长沙/岳麓书社/2010
215#223 页/23cm
基于相同内容不同载体表现形成的版本5:商务印书馆版
200#红楼梦辨/专著/俞平伯著.
210#北京/商务印书馆/2011
215#259 页/21cm

（3）基于同一载体表现形成的其他载体表现的各版本关系——以民国十二年亚东图书馆出版的《红楼梦辨》为例

基于相同内容不同载体表现形成的版本1	基于载体表现相同的载体表现1-1:人民文学出版社重印本	
200#红楼梦辨/专著/俞平伯著 210#上海/亚东图书馆/民国十二年四月[1923.4] 215#162,178,92 页/19cm	200#红楼梦辨/专著/俞平伯著 210#北京/人民文学出版社/1973/2006 印 215#222 页/21cm 305#本书系据1923年亚东图书馆版《红楼梦辨》排印	
	基于载体表现相同的载体表现1-2:缩微版Ⅰ	基于载体表现相同的载体表现1-2-1:缩微版Ⅱ
	200#红楼梦辨/缩微品/俞平伯著 210#北京/全国图书馆文献缩微中心/2009/北京/国家图书馆/2009 215#1 盘卷片(7 米 244 拍)1:16,2B/16mm 455# 　2001 红楼梦辨/专著 　210 上海/亚东图书馆/民国12[1923] 　215[432 页]19cm	200#红楼梦辨/缩微品/俞平伯著 205#发行拷贝片 210#北京全国图书馆文献缩微中心/2009 215#1 盘(7 米 244 拍)正像,1:16/16mm 455# 　2001^红楼梦辨/专著 　210^^上海/亚东图书馆/民国12[1923] 　215^^[432 页]19cm
	基于载体表现相同的载体表现1-3:商务印书馆重印版	
	200#红楼梦辨/专著/俞平伯著 210#北京/商务印书馆/2010 215#259 页/照片/21cm 305#据亚东图书馆1923年版排印	

(4)基于相同载体表现不同单件的各版本关系——以合信/管茂材著《妇婴新说》为例

载体表现:咸丰八年刻本	基于相同载体表现不同单件1:朱笔题赠版	
200#妇婴新说/普通古籍/(英国)合信(Hobson, B.),(清)管茂材撰 205#刻本 210#清咸丰8年[1858] 215#1 册/图 305#10 行24 字白口四周双边单鱼尾 306#上海仁济医馆藏板 701#合信/he xin/英国/撰 701#管茂材/guan maocai/清/撰	200#妇婴新说/普通古籍/二卷/(英国)合信氏,(清)管茂材撰 205#刻本 210#日本/[刻年不詳] 215#2 册/图 300#影刻清咸丰8年(1858)上海仁济医馆本,有朱笔赠书题记 305#10 行24 字小字双行同白口四周双边单鱼尾	
	基于相同载体表现不同单件2:饮冰室朱印版	
	200#妇婴新说/普通古籍/(英国)合信,(清)管茂材撰 205#刻本 210#上海仁济医馆/清咸丰8年[1858] 215#1 册/图 305#10 行24 字白口四周双边单鱼尾 306#江苏上海仁济医馆藏板 317#梁启超藏书,钤"饮冰室藏"朱印/NLC	
	基于相同载体表现不同单件3:松坡图书馆蓝印版	
	200#妇婴新说/普通古籍/(英国)合信(Hobson, B.),(清)管茂材撰 205$刻本 210#清咸丰8年[1858] 215#1 册/图 305#10 行24 字白口四周双边单鱼尾 306#上海仁济医馆藏板 317#钤"松坡图书馆藏书"蓝印/NLC	

(5)基于相关作品的各版本关系——以马克思,恩格斯著《共产党宣言》为例

基于相关作品的版本1:导读版
200#《共产党宣言》导读/专著/唐立春著 210#北京/北京出版社/1992 215#123 页/20cm
基于相关作品的版本2:注释版Ⅰ
200#共产党宣言/专著/马克思(Karl Marx),恩格斯(Friedrich Engels)著/张帆注释 210#上海/上海外语教育出版社/2010 215#11,96 页/19cm
基于相关作品的版本3:注释版Ⅱ
200#《共产党宣言》提要和注释/专著/中央党校编写组编 210#北京/人民出版社/1972 215#83 页/19cm

如上文所述,版本关系难以聚合的原因之一即:基于载体层级的书目数据将文献载体上所体现的所有信息都著录在载体层级数据中,而未对其进行分级著录。因此,本文将各类型文献常见版本术语与实体层级映射如表7:

表7 版本术语与实体层级映射

		古籍		普通书	其他类型文献
内容表达层	文献内容	全本、足本、节本、选本、残本、修订本、校本	内容形式	插图版、双色绘图版、图文版	乐谱:高音版
	内容形式	绣像本			
	内容语言	译本;	内容语言	英文版、日本版、点校本	
载体表现层	出版时间	宋本、明本、清本、嘉靖本、道光本	出版时间	2017 年版	缩微文献:2 代 音像资料:海外引进版; 电子文献:微机网络版; 缩微文献:发行拷贝片; 地图:电子版、绢绘版、缩印本
	出版地	和刻本、朝鲜本、杭本、临安本、	出版者	高教版、武汉大学版	
	出版者	国子监本、内府本、南宋临安陈宅书籍铺	制印方式	影印本、刻本	
	制印方式	抄写本、影印本、刻本、	出版形式	合订本	
	出版形式	合刻本、合订本、单行本	装订形式	经折装、蝴蝶装、线装、精装版	
	装订形式	经折装、蝴蝶装、包背装、线装			
	载体形态	毛边纸本、麻纸本、皮纸本	版式字体	大字版	
	版式字体	双栏本、上图下文本、横排本、搭子本			
	开本大小	32 开本、64 开本、大本、小本			
单件	收藏者	(某人)收藏本、赠阅本			
	文献标记	(某人)钤印本			
新作品	文献内容	圈点本、评本	文献内容	改编版、新编版、注解版、评注本、意译本	电子资料:升级版、Update 6、Release 3; 录音资料:伴奏版、加拿大版; 录像资料:素材版、剪辑版 地图:海外版
			使用对象	女性版、儿童版	学生版
			用途	背诵版、案例版	学习版

随着文献的流通及传播形式的多元化发展,由版本不同引起的文献内涵和外在上的差异将成为用户选择文献的判断依据。编目工作应充分意识到“版本”的重要性,并重新审视

"版本"的内涵,将描述与揭示文献的"版本关系"作为编目工作的重要内容。

版本关系的揭示必须要解决两个难题:一是如何界定一个"新版本",二是采用何种方式揭示版本关系。从版本学的观点来看,版本关系主要存在于那些在作品层上保持一致,却在内容表达、载体表现、单件层级上产生差别的文献,以及在原作品的衍生作品上产生的文献之间。虽然实体—关系模型在实体区分以及实践成本上存在一定的不足之处,但它对界定和揭示书目数据之间的版本关系提供了清晰的理论框架,也为机读目录实现"辨章学术,考镜源流"的目录学传统、更好地为用户提供文献指引服务提供了理论借鉴。

参考文献:

[1]梁美宏,曾建勋.基于书目关联数据的文献版本关系发现研究[J].图书情报工作,2016(9).

[2]富平.按照 FRBR 模型构造书目检索体系的思路[J].数字图书馆论坛,2008(2).

[3]宋登汉,周迪,李明杰.基于 RDA 的中国古籍版本资源描述设计(一)[J].图书馆,2010(4).

[4]宋登汉,周迪,李明杰.基于 RDA 的中国古籍版本资源描述设计(二)[J].图书馆,2010(5).

[5]崔富章.版本释名[J].浙江大学学报(人文社会科学版),2002,32(2).

[6]曹之.中国古籍版本学[M].武汉大学出版社,2002.

RDA 规则下的 ISSN 工作
——协调与发展

宋文燕(国家图书馆)

《资源描述与检索》(RDA)历经波折于 2010 年 6 月最终以工具套件形式面世以来,受到了国际编目界的瞩目和青睐,原因在于它顺应了数字环境的发展,对以电子资源为代表的文献进行描述,最大限度地跨越语言局限,注重数据之间的关联,能更有效地实现书目记录的共建共享,满足资源著录与检索的新要求,整合了现代编目思想,对现代编目实践提供了一种通行的世界标准。作为实现用户任务价值和突显检索功能为目标的、具有创新性特点的 RDA 已被编目界广泛接受为最新的国际编目规则。

国际连续出版物号(ISSN)于 1975 年第一次作为一个 ISO 标准 ISO 3297 建立,是历史最悠久、规模最大的在书目领域广泛使用的标识符系统。ISSN 号码能够可靠地识别全球所有类型的连续性资源,ISSN 识别的连续性资源书目记录由 ISSN 国际中心和各个 ISSN 国家中心创建并维护,根据一定的协议和规定由 ISSN 国际中心向不同用户提供各种产品和服务。连续性资源 ISSN 记录创建、ISSN 分配、数据交换等 ISSN 工作一直受到国际编目规则的影响,ISSN 网络和组织一直致力于使 ISSN 工作既符合国际编目规则也不违背 ISSN 标准的规则和特性,努力在融合、协调中兼容并包,不断发展。面对 RDA 这种新的编目规则,从一开始,ISSN 界就意识到 RDA 对 ISSN 工作必然会产生一定的影响,因此,ISSN 国际中心与AACR2、RDA 和 ISBD 积极沟通、对话,达成了一些协议,ISSN 和 RDA 也采取了有效措施,不断修订各自的内容,以使双方的记录具有互操作性。

1　RDA 对 ISSN 工作的影响

自从 2010 年 7 月 RDA 第一版发布,RDA 就带来与 ISSN 规则协调统一的问题。设立在国家图书馆的 ISSN 国家中心有很多都是使用 AACR2 创建连续性资源记录,其中的一些国家如美国、英国、加拿大、澳大利亚等 ISSN 国家中心在 RDA 经测试于 2013 年 3 月 31 日宣布正式使用后也先后采用 RDA 规则进行 ISSN 编目,而且决定采用 RDA 的国家中心也在增加。这都会对 ISSN 政策和数据交换等 ISSN 工作产生影响。

1.1　RDA 对 ISSN 政策的影响

RDA 规则的某些方面与 ISSN 的政策不一致,尤其是在何时创建新的记录上,采用 RDA 编目会直接影响到 ISSN 的有关政策。这种不一致主要表现在:根据 ISSN 规则分配的 ISSN 数量与根据 RDA 创建的书目数据数量不匹配。出现这种差异,一种情况是 RDA 要求一个新的描述,ISSN 手册中没有这一规定,如当发行方式变化或一个更新的活页中有一套新的基础卷时;另一种情况是当集成性资源的正题名变化或者是主要变化或者没有变化,RDA 不需要一个新的描述,但在 ISSN 实践中,需要新的 ISSN 的分配,而且此规则也适用于连续出版物。如当作为主要款目(RDA 称为规范检索点)的团体变化时,即使识别题名没有变化,RDA 要求新的记录,ISSN 根据资源的本身情况来决定。根据 ISSN 手册(2012)不需要创建新记录,例外的情况是除非团体被用来作为一个通用题名的限定信息。这些 RDA 的规则都对 ISSN 政策产生了影响。

1.2　RDA 影响 ISSN 数据交换[1]

ISSN 国家中心提交的 ISSN 记录既有遵循 RDA 规则的记录,也有"传统的"书目记录。为了保证数据转换工作及 ISSN 注册系统中数据的一致性,ISSN 国际中心修改某些内容以便于使将要实施 RDA 的国家中心提交的记录能够灌入 ISSN 注册系统。目前 ISSN 国际中心采取:①为了兼顾 RDA 的特殊性,新 MARC 元素的添加/删除/转换由 UNIMARC 或 MARC21 创建(例如 MARC21 的 336、337 和 338 字段)。事实上,ISSN 国际中心可以要求灌入的 RDA 记录用特定的"RDA 字段",或者把"RDA 字段"转换成"传统"书目记录一样的字段,或删除这些"RDA 字段",这样做的目的是为了保持注册系统中 ISSN 数据的一致性。②数据转换以不同的方式记录在现有的 MARC 字段标识符中。另外,ISSN 国际中心还建议实施 RDA 的国家中心在第一次提交 RDA 记录前至少 6 个月通知国际中心,以使 ISSN 国际中心有足够的时间在 ISSN 国际中心系统(如 ISSN 数据库和 ISSN 门户网站)做必要的变化,并且对提交的数据进行测试。

2　当前采用 RDA 进行连续性资源 ISSN 编目的突出问题

RDA 对 ISSN 工作的影响除了表现在上述层面外,采用 RDA 规则进行连续性资源 ISSN 编目会使编目员无法或者难以正确按照现有的 ISSN 政策和 ISSN 规则创建 ISSN 记录。主要的原因及问题表现在以下几个方面:

2.1　RDA 思想基础——FR 家族带来的 ISSN 编目问题

RDA 构建的基石和思想基础是 FR 家族概念模型,因此 RDA 的内容不仅有很深的 FR 家族模型烙印,而且明确指出"RDA 所制定的规则是用于形成支持资源发现的数据,这些数据需要满足 FRBR 和 FRAD 提出的所有用户任务"[2]。以 FRBR 为例,FRBR 的目的是以清晰的语言界定书目记录相对于各种载体、各种应用、各种用户需求所发挥的功能。ISSN 记录作为书目记录,一般而言应与 FRBR 模型更能契合,然而从一开始连续性资源记录与 FRBR 模型的适用性之间就存在着矛盾。主要表现为:

(1)对连续性资源来说 FRBR 模型的缺陷。一方面,FRBR 作为一个概念模型,很多方面具有不确定性。如在 FRBR 的研究报告中,明确说明各类文献属性的确认与定义可以通过专家的进一步评议和用户研究来扩展,尤其是"连续性"概念和电子格式所记录的实体的动态本质需要进一步的分析。另一方面,从 ISSN 角度来看,FRBR 模型中关系是缺失的或模糊的。FRBR 模型中缺失关系的描述,或者仅通过例子来表述,或者在说明第 1 组实体间的关系中没有表述或表述模糊。另外,对于某些缺失的关系如两个作品之间的关系、两个不同作品的两个内容表达之间的关系、相同作品的内容表达之间的关系等,FRBR 不能在它们创建的层级间来确定。还有就是 FRBR 对连续性资源间特有的一些关系,如取代(部分)/通过……被取代(部分)、吸收(部分)/通过……被吸收(部分)、语言版本(不同于译本)、地理版本、分成……和/分自、与……合并形成/由……与……合并而成等采取模糊化处理[3]。

(2)对 ISSN 编目来说,两者的矛盾需要面对。首先,ISSN 与 FRBR 对作品的不同定义产生了矛盾。连续性资源使用以题名为基础的定义,对大多数书目数据而言,目前使用基于内容的定义。这两种定义都隐含于 FRBR 中,由于相同的作品在不同的抽象层级会产生不同的界定标准,矛盾因此产生。例如,一个题名变化可以发生在一个内容表达而不能在另一个,或者在一个载体表现而不能在另外一个。虽然我们可以通过使用统一题名来人工解决,即把题名变化强加在从来没发生过的内容表达和载体表现上,但最好的解决方案可能是放弃基于题名的作品的定义。这样的话,就需要解决以题名定义作品的连续性资源的庞大数据库以及海量书目记录的何去何从,甚至 ISSN 记录构建的整个 ISSN 系统的重整甚至推翻,这对任何 ISSN 的利益相关者都是一种灾难。其次,一方面,FRBR 不擅长记录或描述关系,尤其是在内容表达和载体表现层级,连续性资源中涉及的多重关系在 MARC 连接款目字段的排列中集中反映,使得相同载体或近乎相同内容的多重性会严重破坏 FRBR 模型。另一方面,相同的关系在 MARC21 格式和 FRBR 模型中不明确,不能专门被定义或编码,在一个给定的目录中,相关连续性资源不能从其所在的 MARC21 连接款目字段中推导出,更重要的是 FRBR 内容表达和作品层级的关系通常在载体表现层级被记录在 MARC21 记录中,因此,采用 MARC21 编码的连续性资源记录的关系不容易映射到 FRBR 模型中的关系和多个抽象层级[3]。

RDA 的基础之一 FRBR 模型与 ISSN 编目之间的矛盾解决起来并不容易,虽然 RDA 在描述关系上花了很大的精力,占用了大量篇幅描述关系,但是 RDA 与 ISSN 规则之间如何调和与兼容才能把连续性资源实体的关系在各层级间清楚记录下来是 ISSN 网络与 RDA 在未来不断沟通的问题。

2.2　RDA 中一些概念的缺失或规则带来的隐患

第一,RDA 缺失"连续性"概念。1998 年发布的 FRBR 模型对"连续性"的概念没有明确和定义,以 FRBR 模型为支撑的 RDA 在 2010 年出版直到不断更新修订的今天,"连续性"概念的情况并没有发生任何变化——RDA 一直没有使用"连续性资源"(continuing resources)这个术语。2007 年,ISSN 标准把 ISSN 识别的范围从连续出版物扩展为包括连续出版物和集成性资源在内的连续性资源,"连续性资源"的概念被确定下来,而且这个术语已经在 IS-BD(国际标准书目著录)统一版中出现并认可。RDA 在这个概念上的缺失,既与现行标准不一致,也没有与公认的著录规则相统一。RDA 在此点上需要与 ISSN、ISBD 进一步沟通、协调。

第二,RDA 资料类型的划分与 ISSN 的差别。RDA 按发行方式把资料类型分为四类:独立单元发行的资源、多部分专著、连续出版物、集成性资源。固然,大家会认为 ISSN 本来就是针对连续性资源的编号,这与 RDA 有关系吗?事实上,ISO 3297 包括 ISSN 手册认为"连续性资源是一种不论何种载体、没有明确终止日期并公开出版的出版物,这类出版物通常连续性或集成性发行,具有编号和/或年代标识。包括报纸、期刊等连续出版物,还包括网页、博客、数据库等现行集成性资源"[4]。很明显,连续性资源是一个整体概念,包括连续出版物和集成性资源。而 RDA 的这种分类割裂了"连续性"的特征,把本质上属于同一类的资源拆分开来。这为采用 RDA 和遵守 ISSN 规则进行连续性资源编目带来一系列的问题。

第三,RDA 对连续性资源编目实践的使用性有待改进。主要表现在:RDA 有关连续出版物的条款分散在许多部分和章节,跳转很多,使用不方便;RDA 中关于连续性资源的编目内容体现在不同的实体(作品、内容表达、载体表现)中,导致书目数据的混乱;RDA 不仅对资源属性的记录和关系的描述内容繁多,而且在记录和描述中要遵守各种规则、句法,还要使用各种不同的关系说明语来把关系描述清楚,对编目员来说,要熟知这些内容难度有些大。

第四,RDA 中有关 ISSN 的内容没有对 ISSN 注册系统即 ISSN 数据库进行必要的说明,这对于正确反映 ISSN 和识别题名不利,只能让大家认为 ISSN 仅是一个号码,而忽视或不能足够认识到 ISSN 在出版界、书目世界、标准系统、标识符系统的功能、作用以及地位,这也不能够实现 ISSN 国际中心的目标——使连续性资源 ISSN 书目数据能够在全世界范围共享。

第五,ISSN 标准与 RDA 规则的不一致在以下几点表现突出:①RDA 在载体表现层级的编目中没有将识别题名、缩略题名、统一资源标识符等作为核心著录单元,而在 ISSN 数据元素中这些都是必备的著录单元。②RDA 关于连续出版物编号的规定"编号序列首期或第一部分的数字和/或字母标识的首词或首词的缩写需大写"[2],ISSN 手册规定"大写与否由国家中心根据本国的习惯决定。一般来说,每个字段的第一单词的第一个字母必须大写……

其他在记录里的大写应根据语言习惯和书写习惯"[4]。RDA 的做法:3620#@ aVol. 4, no. 1（Jan. 1985）-Vol. 36, no. 4（Dec. 2016）;ISSN 的做法:3620#@ aVol. 4, no. 1（Jan. 1985）-v. 36, no. 4（Dec. 2016）。③RDA 中关于差错不如实转录,要求按信息源显示的形式记录差错,同时为正确的形式提供检索点,即将正确的形式作为变异题名记录。但是对于连续出版物,题名中的差错需订正,同时将错误的题名形式作为变异题名记录[2]。ISSN 手册规定"由于排版和转录出现的连续性资源题名错误被改正,改正情况无需说明"[4]。④信息源的规定和含义有差异。综合著录时,RDA 采用了"首选信息源"这一概念。对于连续出版物,若顺序编号,选择编号最小的卷或部分;若未编号,选择带有最早发行日期的卷期或部分;若不行,选择主要部分的信息源。对于集成性资源,选择可识别的当前更新后的整体的信息源,还要编制附注,说明作为首选信息的更新后的整体,如浏览的日期等[2]。对于 ISSN 来说,信息源的选择是 ISSN 注册的基础。连续性资源包括连续出版物和集成性资源,在信息源的选取上,ISSN 规则略有不同:对于连续出版物,ISSN 注册的基础是刊物的第一期,若没有,就用能够获得的最早一期,一般指的是第一期（或最早的一期）或部分是根据全部刊物或者超过一期或部分的范围而言;对于集成性资源,ISSN 注册的基础是现行的集成性资源的累积,出版物的起始日期除外。除此之外,用于连续性资源 ISSN 注册的信息要按规定的顺序从该资源特定的位置选取[4]。⑤创建新记录的含义不同。RDA 认为在数据库环境中,创建新记录是指为在编资源创建一条新的书目记录,而且并非每种资源都存在判断是否需要创建新记录的问题。RDA 认为按资源发行方式,只有多部分专著、连续出版物、集成性资源涉及此问题。与 RDA 不同,ISSN 创建新记录则意味着某种连续性资源分配了一个新的 ISSN。ISSN 手册（2015）2.2 明确了 ISSN 分配的原则:一种给定媒介的连续性资源只能分配一个 ISSN。这个 ISSN 与由 ISSN 国家中心注册时确定识别题名的标准形式永久链接。当连续性资源题名改变、以不同的载体出版、一种截然不同的连续性资源存在于另外一种连续性资源中且不管其以何种形式存在时,都要确定并分配一个新的 ISSN 和新的识别题名。

2.3 RDA 规则下 ISSN 编目中遇到的问题

2.3.1 作为识别题名的发行机构（团体）名称变化的情况

对于大多数连续性资源来说,除非题名不唯一,否则 RDA 规范检索点（以前称为 AACR2 主要款目）是正题名。如果题名不是唯一的,则通常需要添加由地点和/或日期组成的限定词以使其成为唯一的,这就成为规范检索点。但是,RDA 规定,在某些特定情况下,作为作品创作者的团体是规范检索点。当规范检索点发生变化时,即使正题名本身没有变化,也需要新的描述。对于 ISSN 记录来说,连续性资源的识别题名始终是规范检索点或主要款目。识别题名只有基于正题名加限定词才能使其独一无二。当连续性资源的规范检索点是一个团体时,通常正题名是通用的（例如年度报告）,并且识别题名由该团体来限定。当团体发生变化时,必须为连续性资源分配新的题名和 ISSN,同样,RDA 需要新的描述。

当规范检索点是团体的少数情况下,ISSN 手册规定,正题名本身不是通用的,正题名不需要团体限定词,识别题名仅由正题名组成。因此,当团体名称变化、识别题名不改变时,RDA 描述的数量与 ISSN 数量和 ISSN 记录的数量之间不是一一对应的关系,这样就会导致使用 ISSN 的数据库出现问题,比如国家联合目录中可能会出现同一个 ISSN 识别多条记录的情况。

2.3.2 数字化连续出版物日期的著录问题

关于连续性资源的日期,MARC21 的 008 字段规定:"对于连续性资源,008/07—10 包含发布的开始日期(按时间顺序指定),008/11—14 包含结束日期。对于连续出版物的重印和款目正文中描述的连续出版物的复制,原始的开始和结束日期将输入这些字符位置。"[5] RDA2.8.1.3 规定:"当传真或复制品具有出版声明或与原始载体表现以及传真或复制有关的声明时,应记录出版声明或与传真或复制有关的声明。将有关原件的任何出版声明记录为相关载体表现的出版声明。"[6] ISSN 手册(2015)16.2 规定:开始日期在 008(MARC21)和100(UNIMARC)字段中,如果封面日期不同于出版日期,指出给定题名的连续性资源首次出版年或封面开始年。结束日期的著录也是采取同样的方式。

根据上面的那些规定,当同一题名被几个机构数字化时,如何著录日期?是只在 856 中添加新的访问 URL 吗?如果添加新的发布日期,246 可以重复吗?一系列的问题如何解决?

ISSN 评审组认为[7],资源在线发布之日,"封面日期"(即原始印刷出版物的日期)对用户来说"更方便"。此外,只有一对"封面日期",而如果资源由不同的数字图书馆发布,可能有多个数字出版日期。而且,最初资源可能被部分复制,封面可能随着时间推移而增加,这样"封面日期"不明显并且可能演化。另外,ISSN 评审组成员认为提供数字出版日期不太重要,因为它作为可选信息,可以在 260/264$c 字段、362 字段、534 字段(原始版本注释)中著录。最后 ISSN 评审组决定,维护目前的规则,封面日期应包括在 008 字段中,"数字出版物"日期可能包含在 260/264$c 中,但并不强制。尽管不建议在 008 著录数字出版日期,ISSN 手册也应修改以使这一决定明晰。

3 沟通交流,协调发展

一个新的规则产生必然会对其他标准和规则带来一定的影响,RDA 与 ISSN 之间也是如此。双方为了能够在使用上互相兼容并包,确保数据交换的有效性、广泛性和通用性,不断地进行沟通和交流,为此展开了多次对话,ISSN 领域的专家和组织也在积极行动:

3.1 确定了为协调三项标准做些事的小目标

2000 年 11 月 ISSN 和 ISBD(S)与 AACR/RDA 之间就开始了对话[8],当时三方都在修订标准,理想是在三方面达成一致,但都认为可能不会达到这种效果,这次对话的目的是希望在这次会议之外就如何推进长远战略达成协议。会上讨论了协调的领域,如将集成性资源和连续出版物放在一起的问题,商定了书目资源、连续性和集成性资源、连续出版物、持续更新的活页和编号的定义,同时还指出,ISBD(S)将更改其"多部分单件"和"专著"的定义,罗马化和版本说明/从属题名问题等。达成了"统一协议",以协调对 ISBD 的修订和对国家编目代码(特别是 AACR)和 ISSN 的修订。另外,ISBD 审查小组要建立一个机制,确保协调规则的修订,以便随时了解 AACR 做出的决定,评估对 ISBD 的影响,以及向 JSC 提供反馈。

3.2 确定协调会的目的是使记录间具有互操作性

2011 年 11 月 3 日,RDA、ISBD 评审组和 ISSN 界举办了协调会[9],各方同意,协调目的是让 RDA、ISSN 和 ISBD 记录在功能上具有互操作性,即一个标准内的有效记录应当能够映射到任一其他标准。同时,各方认识到某些问题需要花更长的时间来解决,而一些问题可能是无法调和的,但可以采取措施限制这些差异带来的影响。三方达成了 26 项协调成果,如编目员提供的其他题名信息,ISBD 评审组将向 JSC 提交建议将其扩充到其他资源(目前仅限地图资源和移动图像),ISSN 不记录其他题名信息,但在需要时创建变异题名;关于累积本,ISSN 将联系 FRBR 评审组,讨论作品、内容表达和载体表现的"边界",包括累积和非累积资源,JSC(RDA 发展联合指导委员会,后改为 RSC)将考虑重写 RDA 与边界有关的部分,以支持与 ISSN 的协调等。这次会议对于以后 RDA 内容的更新和 ISSN 标准的修订都具有重要意义,就是双方在各自规则的修订时,都要考虑到对方的需求和适用性,尤其是各自记录功能上的互操作性。

3.3　RSC 与 ISSN 国际中心的协议[10]

2015 年 6 月,RSC 与 ISSN 国际中心达成协议,指明了协议的目的是支持使用 RDA 和 ISSN 指示符和元素集创建的数据之间的功能互操作性的维护和开发。通过使用包含 RDA 和 ISSN 组件之间一致和映射的共享文档来支持该协议,JSC 负责研发此类文档以同意对 RDA 进行重大修改,并由 JSC 和 ISSN 国际中心负责维护。JSC 和 ISSN 国际中心根据各自的政策和程序,要及时通知对方各自可能会影响共享文档和政策或程序的修改,双方都要将提案、讨论文件、提交的共享和背景文件发送给 JSC,JSC 要最大限度地减少发布更新的延迟,以保证与 ISSN 国际中心发布 ISSN 手册同步。

3.4　ISSN 的行动

RDA 与 ISSN 工作之间的问题,除了与 RDA 和 ISBD 进行积极的沟通协调外,ISSN 网络根据发展的需要,及时修订和补充 ISSN 规则。例如,针对文中 2.3.1 提到的发行机构(团体)变化带来的 ISSN 编目问题,ISSN 评审组认为[7],ISSN 手册中没有决定添加一般规则来说明发行机构变化时题名也应变化。由于某些出版物经常会发生发行机构变化,如果"发行机构变化时题名也应变化"成为一般规则,这将导致 ISSN 频繁变化,出版商也无法理解为什么发行机构变了 ISSN 也要变。最终,ISSN 评审组同意,遇到此问题的国家中心只有在必须避免 ISSN 记录与国家/地方记录之间的差异时,即当本地编目规则要求在发行机构发生变化需要创建新记录时,可以将发行机构作为识别题名的限定词,以保证识别题名在注册系统中的唯一性。又如,ISSN 在其规则中增加一条重新定位集成性资源的规定,以与 RDA 和 IS-BD 一致,等等。

总之,多年来,ISSN 国际中心和 ISSN 领域的专家和组织一直在努力解决 RDA 与 ISSN 规则之间协调统一的问题,以使 ISSN 网络在更加广泛的领域被认知,也希望通过 ISSN 这个特定的标识符使连续性资源记录及由此产生的产品和服务在世界各领域更好地交流与共享。相信未来,ISSN 和 RDA 互相在不断地协调中增强适用性、互操作性,使数据资源更好地发挥其作用。

参考文献:

[1]Resource Description and Access(RDA):update on adoption,impact on ISSN Network/ISSN International Cen-

tre[EB/OL]. [2014 - 06 - 19]. http://www. issn. org/wp-content/uploads/2013/10/NC-2011-item-10-RDA. pdf.

[2]罗翀. RDA 全视角解读[M]. 北京:国家图书馆出版社,2015.

[3]Jones. The FRBR Model As Applied to Continuing Resources[EB/OL]. [2015 - 05 - 13]. http://www. ala. org/alcts/sites/ala. alcts/files/content/resources/lrts/archive/49n4. pdf.

[4]ISSN Manual:January 2015. [EB/OL]. [2016 - 03 - 10]. http://www. issn. org/wp-content/uploads/2013/09/ISSNManual_ENG2015_23-01-2015. pdf.

[5]https://www. loc. gov/marc/bibliographic/bd008a. html.

[6]RDA Toolkit[EB/OL]. [2017 - 06 - 02]. http://access. rdatoolkit. org.

[7]http://www. issn. org/wp-content/uploads/2017/06/ISSNRG_meeting_minutes_07_11_2016. pdf.

[8]AACR/ISBD(S)/ISSN Meeting of Experts,2000 November 12 - 14,Library of Congress,Washington,D. C. [EB/OL]. [2016 - 03 - 16]. http://www. ifla. org/files/assets/cataloguing/isbdrg/harmonization-meeting_2000. pdf.

[9]编目精灵 III. 2011 年 RDA 与 ISBD 和 ISSN 协调会成果[EB/OL]. [2016 - 10 - 10]. http://catwizard. net/posts/20120816154609. html.

[10]http://www. rda-rsc. org/sites/all/files/RSC-Chair-13. pdf.

新信息环境下编目员的转型之路

王志君　张　璇(国家图书馆)

1　编目员的"刻板印象"

自泥版、竹简、纸莎草、羊皮纸等文字载体面世后,文献开始了漫长的成长之路。书籍的日益增多使人们必须正视文献的收集整理问题,图书馆应运而生。"目录"作为图书馆最早的"产品"随之产生,"产品"的创造者——"编目员",也在图书馆的长期发展中成为一个独具特色的职业群体。心理学有一个特定概念叫"刻板印象"[1],它是指社会上对于某类群体所产生的一种固定的看法和评价,并对属于该群体的个人也给予这一看法和评价。编目员虽然对于整个社会而言是小众的职业,但却是图书馆行业最具"标签式"的工作,具有鲜明的"刻板印象"。

1.1　手工匠人

传统的手工匠人,保有耐心、专注、坚持的精神属性,他们追求细节,痴迷于传统做法,享受手工操作的优越感。我们从编目员身上仿佛也看到了这些特质。他们每天以工作量为纲,熟练而机械地在编目系统中描述资源的题名、出版说明和数量等各种信息,日复一日,年复一年,循环往复,乐此不疲。他们不关注外面的世界,即使并排而坐的两人,都鲜有交流。

他们关注的只有记录中的字段号、标识号、字符、代码，偶尔站起来数数身边的"成果"就已经产生莫大的成就感。他们一丝不苟，严肃认真，相信"细节决定成败"，不愿轻易改变既有的流程和做法。编目是"良心活"的认知在他们心中根深蒂固。

1.2 规则奴隶

俗话说："没有规矩，不成方圆。"编目更是离不开规则的约束。凡事过犹不及。"唯规则是从"的思维定式使许多编目员做事教条，以规范条文为最高"行动指南"[2]，不自觉成了规则的"奴隶"。然而规则不可能包罗万象，总会遇到无章可循的情况，此时作为规则"奴隶"的编目员就会无所适从，或在传统中找寻答案，或盲从于校对。

历史传统的实践往往受限于特定的时代背景或者本地化管理需求，于今时今日未必适用，因此传统不足为据，一味沿用传统甚至还会造成错误的重复。编目员常常缺乏自信、妄自菲薄，在他们看来，大到国家级编目机构的书目数据，小到图书馆内部的总校对，都是权威的象征，是解惑的最佳方式。1941 年，奥斯本在《编目的危机》一文中指出，"校对处于对编目员'审判'的位置，总校对是他所在图书馆的'最高法院'，这种依靠权威解决争论的方法是武断的"[3]。这一说法形象地批判了编目员的教条主义，时至今日依然发人深省。遇到问题开展讨论无可厚非，但在缺乏主动思考的情况下盲目听信权威则不可取。

1.3 MARC 粉丝

MARC 的出现是图书馆迈入自动化的重要标志。编目员对 MARC 再熟悉不过。MARC 于编目员而言，是工具亦是伙伴。如同取代卡片目录一样，经过五十余年的发展，MARC 也面临着芳华不再、被人取代的命运。编目员作为 MARC 最忠实的用户，曾享受 MARC 带来的极大便利，但在信息技术高速发展的今天，如果仍然固守 MARC 阵地而不放宽视角，也将会被时代所淘汰。

依赖 MARC，离开 MARC 甚至不会编目，是编目员的又一特征。很多编目员掌握的编目技能其实就是对 MARC 字段的死记硬背。在编目世界中，内容规则和格式规则从来都是平行而立，相辅相成的，过度倚重格式势必会轻视内容。很多熟练掌握 MARC21 的编目员却完全不了解 AACR2，有人甚至都没有读过。在最新国际编目规则 RDA 中没有出现任何一种格式规则，一方面说明 RDA 不是为 MARC21 而设计的，其目标是要适应于任何元数据方案，另一方面也说明 RDA 作为一种内容规则，和格式规则是不可相提并论的。RDA 没有 MARC 样例的做法让很多编目员在学习时颇为吃力，这也是 RDA 为编目员所诟病的重要因素。但这恰恰说明编目员对于 MARC 的过分依赖，这种依赖限制了编目员的思维，设想到了 MARC 改弦更张之时，编目员能否开放胸怀，接纳其他元数据方案呢？

1.4 单一技工

"重复"和"单一"就像硬币的两面，总是相伴相随。编目工作的"单一"体现在两方面：一是编目对象的单一。在一些大型图书馆，编目员只承担某种语言或某类资源的编目，例如图书编目、电子资源编目等。这种"单一"造成了编目员掌握的技能十分有限。随着出版业的兴盛，同时具有多种资料类型的复合型资源逐渐涌入馆藏，"单一"技能的编目员将无法应对这种挑战。二是工作环节的单一。"卡片时代"编目与采访、加工和阅览等工作平台分离，各部门之间鲜有交流,绝大多数编目员仅了解编目环节的操作,而对采访、阅览等上下游漠不关心。然而,先进的图书馆系统早已将图书馆业务高度集成,读者随时能通过检索了解资源的处理过程和服务状态。编目员必须了解资源从何而来,要向何处分流,有何服务政策,才能实现对读者的全方位信息服务。

1.5 宅男宅女

"内敛沉稳、少言寡语"是编目员的又一"刻板印象"。长期程式化的工作和封闭的工作环境使编目员不愿与外界交流,久而久之似乎丧失了交流的能力。在业界举行的培训或会议上,编目员往往一言不发,不爱打听动态,不喜宣传自我,静静找一隅而坐,分享感受和经验也成为一件很困难的事儿,更别说积极参与国际合作了。

2 新时期编目员的形象重塑

众所周知,"人"是任何事业发展中最活跃、最重要的因素。编目员代表着编目事业的未来,倘若编目员踟蹰不前,编目事业的发展就无从谈起。新时期,图书馆事业的外延不断扩大,数字图书馆建设风起云涌,展览、社会教育等职能也日益兴起,作为图书馆最传统的业务,编目工作正受到巨大的挑战和冲击。编目工作要想保持长久的生命力,必须适应时代发展,努力转型,而这个转型首先有赖于编目员自身的转型。

2.1 从手工匠人到信息专家

高速发展的互联网和计算机技术正在改造着信息生态圈的各个链条和节点,事业发展对技术的依赖不容小觑。编目员不仅要懂编目,也要懂技术,编目与技术兼备使编目员从"手工匠人"成长为"信息专家"。

1998 年 IFLA 发布的 FRBR 概念模型对编目界的影响可谓是划时代的。此后,FR 家族不断繁衍,FRAD 和 FRSAD 的出现使建模思想扩展到整个书目世界。FR 家族的面世为编目界带来了理论和实践多方面的变革。虽然这些模型不能直接用于编目,但是它们却是指导编目规则制定的"航标"。由此产生了 AACR2 的继承者 RDA。2017 年,IFLA 又推出了 FRBR、FRAD 和 FRSAD 的统一版,命名为 IFLA LRM(图书馆参考模型)。新模型仍以图书馆参考框架为建模基础,以用户任务"查找、识别、选择、获取、探索"为出发点和归宿点,经过合并、新增、删除、修订等方式,定义了 11 个实体、37 项属性和 36 种关系。最为重要的是,新模型的产生意味着 RDA 编制基础发生一系列变化,RDA 即将开展新一轮大规模修订。事实也确实如此。早在新模型正式版尚未面世之时,RSC 就已宣布,要将 IFLALRM 的变化整合进RDA。要想追踪 RDA 的变化,并进一步有效开展实践,掌握作为其基础的概念模型是必不可少的。概念模型是技术的,编目规则是人文的,两者之间的亲密关系已经迫使编目员不能再仅仅盯着编目的元素,而是要洞悉其背后的原理。

此外,新的工作环境也要求编目员成为懂技术的信息专家。例如,RDA 本地化实施过程中的系统改造需要编目员提出合理化的改造建议,包括校验系统的升级和检索点设置的方案。再如,今后要建立跨语种、跨平台的规范控制系统,更离不开技术的支撑。另外,充分利用技术手段实现数据关联,也是编目员未来工作方向。

2.2 从规则的奴隶到规则的主人

随着对编目认识的深入,编目员在工作中所体现的判断力越来越成为编目员素养的重要组成部分,对规则的绝对遵守早已不是优秀编目员的评价标准了。

纵观百年编目思想史,不少巨擘都曾强调规则应为"用户服务"。早在 19 世纪 30 年代,潘尼兹就指出方便用户使用才是编目的出发点[4];20 世纪伊始,卡特首次将这一思想凝练为"用户至上"原则[5];柳别斯基强调了编目原则比具体规则更为重要[6],他鼎力促成了 1961 年国际编目原则会议的召开,会上通过的巴黎《原则声明》对此后半个世纪的编目工作影响深远。进入 21 世纪,《原则声明》作为卡片目录时代的产物亟待更新。ICP 2016 继承了潘尼兹、卡特、柳别斯基等人的思想,对《原则声明》进行了修改与扩充,使之更适应计算机与网络环境下文献编目工作的新形势。其中"用户的便利性"原则依然作为最高原则,居于首位[7]。RDA 的编制以 ICP 为指导纲领,"用户至上"思想可以说贯彻始终。

可是要真正做到"用户至上",编目员灵活发挥的空间不可少,因为规则不可能解决所有问题,人在处理问题时活的"智慧"至关重要。因此编目的好坏不能再仅仅以对错论处,而是看数据是否更科学,是不是能更好地汇集相关作品,是不是提供了更多的检索点,是不是有效地揭示了关系。在这种思想的指导下,RDA 更像一部工作指南,而非规则。生硬的要求在不断减少,"由创建数据的机构自行决定"[8]等富于弹性的语言给了编目员更大的自主性,这些都为编目员成长为"规则的主人"提供了广阔的平台。

2.3 从 MARC 粉丝到元数据专家

MARC 的设计初衷和数据标引冗繁、可扩展度较弱等自身特点,直接决定了它的价值上限。再加之语义网以及关联数据等信息环境的变化,MARC 在很多情况下已经无法满足图书馆的业务需求。未来资源的数量和类型日益增长,仅依靠 MARC 无法完成对所有资源进行有效组织的任务,需要研发和引入更多的元数据方案。因此,编目员需要从传统的 MARC 粉丝迅速转变成掌握 MARCXML、DublinCore(以下简称 DC)、RDF/XML 关联数据、BIB-FRAME 等更多元数据方案的元数据专家。

实际上,很多图书馆都已经意识到编目工作升级的必要性,并将原有的编目部门变更为元数据相关单位,如斯坦福大学称元数据部、耶鲁大学称目录与元数据服务部、加州大学洛杉矶分校称编目与元数据中心,哈佛大学称信息与技术服务部,下设元数据创建组和元数据管理组[9]。编目部门名称的变化也意味着工作范围的拓展。

2011 年开发的 BIBFRAME 书目框架计划被认为是将取代 MARC 的新的元数据方案,现阶段它已经完成了 2.0 版本。该版本将描述对象(资源)分为抽象的作品(Work)、实例(Instance)和单件(Item)3 个核心类,较 1.0 版本增加了单件、删除了规范和注释两个核心类。该模型对图书馆编目数据进行了层次划分,实现了不同主题的资源描述,更为简化和一般化,且具有可扩展性,使其数据相比传统书目数据具有普适性、互操作性和开放性的优势。最重要的是它支持 MARC 数据转换,初始目标在于取代 MARC21,终极目标是超越书目记录[10]。

新的信息组织方案正席卷而来,学习、研究并应用这些方案是编目员新的工作目标。更何况编目只是元数据制作的一个阶段性工作,更多的元数据工作流程如文献数据库的建设和管理也需要编目员的积极参与和支持。将编目技能升级到更广阔的元数据领域是编目员转型的大方向。

2.4 从单一技工到博学杂家

成为博学杂家,首先要多方位认知图书馆的业务功能。以 ALEPH500 为代表的应用系统软件使图书馆所有业务功能实现了集成,包括采访、编目、流通、单册管理、联机检索等诸多子系统,以及基于 Web 的公共查询(OPAC)子系统和系统服务子系统等[11]。知晓编目上下游环节的工作方式与内容已经成为编目员必不可少的知识背景。

成为博学杂家,关键是要驾驭多元化的编目对象。面对载体形态和语言文字日渐多元化的资源,国际编目界的一致观点是实现编目一体化。早在 1999 年,MARC21 就为多种资料类型的编目一体化提供了统一的格式标准;2009 年,《国际编目原则声明》将编目对象从印本文献扩展到了各类信息资源,为编目一体化提供了重要的指导纲领[12];2011 年,《国际标准书目著录(ISBD)》统一版合并了原有 7 种 ISBD 专门规则和 1 个总则,为编目一体化提供了统一的著录标准[13];在此基础上应运而生的 RDA 规则终于充分实现了编目一体化,成为数字世界的通行标准[14]。国际规则的进步与统一昭示着编目不再强调对象的特性,编目员应当走出编目对象所界定的条条框框,在通用规则的指导下,成为能处理各种类型资源的复合型人才。

成为博学杂家,还应深度参与国际合作,拓展编目领域。例如,国家图书馆于 2011 年联合国内文献收藏单位共同策划的全国性文献保护项目"民国时期文献保护计划",该项目是一个包括文献普查、海外文献征集、标准规范制定、整理出版和人才培训等多项工作的系统工程。对于这样的项目,编目员可能自认为与己无关。但是仔细思考,编目工作在项目中是大有可为的。海外文献普查离不开目录的有效检索,海外征集的文献离不开有效的信息组织,标准规范的制定离不开对国际通行规则的了解。当然,这种参与和常规编目工作差异很大,全面提升全局意识,掌握相关知识背景,应对复杂的资源形式都是编目员必备的能力。编目员也由此突破了常规的思维,获得了有益的成长。

2.5 从宅男宅女到社交达人

合作共享是编目的潮流趋势,独处于世外桃源而与世隔绝,根本无法开展编目工作。国际合作、共建共享需要编目员成长为社交达人。目前,我国对国际编目合作项目的参与以共享为主,参与建设的少之又少。例如,NACO(Name Authority Cooperative Program)、SACO(Subject Authority Cooperative Program)项目是国际上规范控制领域最重要的合作项目,其产品是享誉世界的名称规范数据库 NAF 和主题规范数据库 SAF。国家图书馆外文资源编目就享用该项目的两个产品[15]。尽管如此,在外文编目中也常常会遇到没有规范检索点可查考的情况,只能暂时采用文献上的形式,但是如果我们能加入共建的行列,就能将所有遇到的检索点都纳入规范控制的范畴。此外,如果能加入该项目,针对中国名称存在大量重名或发音相同而非同一检索点的情况,我们也将发挥中文信息的优势,对既有中国名称标目进行有效完善,增加若干变异名称形式,以帮助检索点进行区分。要参与共建,编目员就必须走出藩篱,社交能力在推进项目过程中的重要性毋庸置疑。

当前,国际重要编目文件均将网上征求意见作为编制过程的重要一环。传统编目员会认为编目规则的制定是管理者的事,自己遵循即可。但是,在当今环境下,编目规则是否适用于实践与编目员是息息相关的。例如,RDA 已经于 2017 年正式成为国家图书馆外文资源的编目标准。RDA 在 2006—2009 年在线征求意见以及在 2010 年正式发布之后,均提供了便捷的反馈机制,即"票号追踪",每条意见和建议都可以通过票号查询处理过程和结果。但是,中国编目员很少参与,甚至都不知道有这样的渠道。再如,2016 年 2 月底 IFLALRM 组织开展了全球意见征求活动,截至 5 月征求意见结束,共收到来自 PCC 标准指导委员会、德国国家图书馆等组织的 9 条意见讨论[16],其中并没有中国的编目界人士参与反馈的意见。编目员是编目界的一分子,而不是过客或旁观者,共建编目事业需要编目员成长为社交达人,积极分享自己的观点和主张。

社交对于宣传和推广同样重要。图书馆虽说是古今文化荟萃之地,但对于自身的宣传和推广却不及同为文化阵地的博物馆、展览馆等单位,这其中有市场因素、政策因素,但也要意识到图书馆自身的不足。酒香也怕巷子深,编目业务的发展同样离不开面向社会的推广宣传。以国家图书馆对于 RDA 的研究实践为例,近年来,RDA 中译本出版,《RDA 全视角解读》等参考文献面世,RDA 本地政策声明制定完成并用于实践,国家图书馆外文编目即将切换 RDA。国家图书馆实施 RDA 仅是 RDA 在我国落地生根的开始,在国内推广本地政策声明,使各馆也能享用这个研究成果,从而推动国内编目标准的统一才是更远大的目标。在这个过程中,编目员的社交能力将起到关键作用。

3 转型的必由之路

"知耻近乎勇",在认识到不足之后寻求转变才是最终的目标。但是,编目员的形象早已根深蒂固,重塑绝不是一蹴而就的,应该有条不紊地在思想、学习以及工具等方面进行全新的转型尝试。

3.1 思维模式的转型

首先要从思想上改变保守、喜旧的惯性思维,要敢于打破常规,大胆接受新事物。编目员对于规则执行应该遵从严格而不失灵活性的标准。在这一方面,许多编目理论已经为我们提供了思想上的依据。最好的例证就是 RDA 作为最新编目指导原则,其中很多条款诸如"交替规则""可选择的附加""可选择的省略"[8]以及本地化做法等都具有包容性、灵活性的特征。RDA 本地化政策声明的编制同样遵循这一特点,即根据本国本馆的语言、文化、馆藏情况以及人力物力等情况,在保有新标准原则和特色的同时保证各国原有编目传统。在 RDA 全文中没有任何一处元数据方案样例,这种做法恰恰说明了 RDA 并没有把自身完全限定在某一种方案中,打破了以往编目原则对于元数据方案"单一适配"的局限性。编目员应该在规则允许的范围内最大限度地发挥自身选择和判断能力,从思想上将以往习惯的"被动式接受"转变为"主动式判断",从规则的奴隶转变为规则的主人。

3.2 学习方式的转型

业务能力的积累和职业素养的提升都离不开专业知识的学习。学习的重要性不言而喻,但怎样选择更为科学恰当的学习方式,如何让所学的知识更为有效地为我所用则更为重要。

无论从认知角度还是动机角度来看,合作学习都不失为一种优秀的学习方法。比起编目员单打独斗、闷头自学,集体培训、团队学习更能激发成员的竞争意识、创新精神、合作思维,也能培养成员的平等意识和交往能力。从形式上可以把编目学习分为线上和线下两种方式。线上主要是指利用网络的合作学习,线下主要是指本单位或本地区的团队学习。

各种社交媒体、网络平台以及信息媒介为学习提供了极大的便利。过去的业务培训、知识学习往往只能通过培训老师课堂上的耳提面授,但这种学习形式更加适合校园学生群体,对于图书馆的编目员却未必科学有效。编目员遍布全国各地,实地培训学习成本过高,受制于各馆的经费限制,培训的规模和受众面也较为有限。因此,积极利用互联网的便利性,借助腾讯课堂、网易云课堂等网络课堂平台以及一直播等在线直播平台,不失为一种顺应时代潮流的选择。此外,微博、微信公众号等自媒体的出现,也使编目员有了更多学习途径。国家图书馆外文采编部所设立的微信公众号"扁木园儿"就是一次大胆的尝试。"扁木园儿"取自编目员的谐音,有利于提高读者和编目同仁的认知度和亲切感,公众号推送的内容多是编目前沿的资讯以及编目业务的知识,还定期对用户提出的编目问题进行统一解答,不仅促进了行业间的交流学习,对于本馆的行业宣传也不失为一种有效策略。

国家图书馆外文采编部自2013年起组织成立了名为"起组织师资团"的互助学习团队。该团队定期利用业余时间系统学习编目知识,学习范围从编目思想到编目规则,从 MARC 到 BIBFRAME,从 AACR 到 RDA,包罗万象,内容充实;学习方式采用"授课 + 小组讨论 + 论文激励"的模式,成果斐然。截至2016年年底,该团队共发表科研文章30余篇,其中核心期刊20余篇。同时,团队也培养了一批理论水平扎实、实践经验丰富的青年讲师,他们已在国家图书馆开展多次全国范围的编目业务培训,并且走向全国,在南京、四川等地开展 RDA 培训,反响极为热烈。

3.3　交际形式的转型

编目员大多性格内向、不善言辞,加之长期以来从事的是与书籍文献打交道的工作,缺少与外界的接触机会,导致交际能力普遍不高。现代信息技术的发展为编目员交际形式的转型提供了良机。虚拟的网络环境下,内向的人也能够克服心理障碍,敞开心扉,畅所欲言。性格不再是编目员难以弥补的短板。互联网极大缩短了人与人之间的距离,微博、博客、微信、QQ 等许多平台都能实现便捷的通讯与互动。编目员可以利用电子邮件与读者交流,充分了解用户需求;亦可通过博客与业内同行交流,及时跟进编目领域的国内外动态;还能在即时通讯软件上与技术人员交流,探讨更完善的 OPAC 设计等。总之,编目员应当跟上时代的步伐,打破"两耳不闻窗外事,一心只编手中书"的状态,充分利用科技手段和他人沟通。专心致志工作,但不闭门造车,是新时代编目员的努力方向。

参考文献:

[1]McGarty Craig,Yzerbyt Vincent Y,Spears Russel. Stereotypes as explanations:The formation of meaningful beliefs about social groups[M]. Cambridge:Cambridge University Press,2002.

[2]毛凌文.编目员的歧路[J].国家图书馆学刊,2011(3).

[3]Andrew D. Osborn. The crisis in cataloging[J]. Library Quarterly,1941(11).

[4]高红.编目思想史[M].北京:北京图书馆出版社,2008.

[5]Charles Ammi Cutter. Rules for a dictionary catalog. 4ᵗʰ ed. [M]. Washington:Govt. Printing off. ,1904.

[6]Seymour Lubetzky. Cataloging rules and principles:a critique of the A. L. A rules for entry and a propose design fot their revision[M]. Washington:Library of Congress,1953.

[7]IFLA. Statement of International Cataloguing Principles(ICP)[EB/OL]. [2017 - 06 - 29]. https://www. ifla. org/files/assets/cataloguing/icp/icp_2016-en. pdf.

[8]RDA Toolkit[EB/OL]. [2017 - 06 - 29]. http://access. rdatoolkit. org.

[9]胡小菁.图书馆编目的衰落与转型[J].国家图书馆学刊,2015(6).

[10]Coyle K. Bibliographic framework initiative[EB/OL]. [2014 - 03 - 20]. http://www. loc. gov/bibframe/.

[11]罗翀.国家图书馆编目业务格局一体化可行性研究[Z].国家图书馆馆级青年科研项目,2007—2009.

[12]林明.《国际编目原则声明》的几点重要修改[J].大学图书馆学报,2010(4).

[13]罗翀,刘玉绵.《国际标准书目著录》(统一版)的一体化特色分析[J].图书馆建设,2010(8).

[14]赵娜. 编目一体化在 RDA 中的体现[J].山东图书馆学刊,2017(2).

[15]罗翀.国家图书馆外文书目规范控制的实践探索[J].图书馆学研究,2011(16).

[16]《FRBR 图书馆参考模型》评审反馈 [EB/OL]. [2017 - 06 - 30]. http://catwizard. net/posts/20160507104652. html.

音译多文种记录中罗马化规则探讨

张丽娟　王　越(国家图书馆)

音译多文种记录(Vernacular and Transliteration),又称为本国语言和音译模式,是在国际编目实践中,编目员为非拉丁字母(如中文)书写的文字资源编制的书目记录,一般由两部分组成,一部分是按原文语种(非拉丁字母书写的文字)转录的形式,即本国语言部分,另一部分是与之对应的罗马化后的形式,即音译部分,两部分通过连接字段相互连接。[1]

我国目前正实施"文化走出去"战略,而文献是文化交流的重要载体,为中文文献编制音译多文种记录,对于实现中国文化走出去,不仅需要,而且重要。一方面,越来越多的编目机构比过去更加重视中文馆藏资源的组织建设,数据交换和传递日益频繁;另一方面,囿于图形文字输入等原因,对中文资源进行信息组织一直都是国外编目机构的难题。也因此在出版物输出、境外合作编目和国外图书馆中文文献回溯项目等实践中,越来越多的国外编目机构希望中文资源能够配备符合国际编目惯例的音译多文种记录,这样的记录将有利于不同语言背景的用户通过其熟悉的文字或字符形式检索和浏览书目数据,有利于破除语言和数据格式造成的数据传递和信息共享的障碍。

编制音译多文种记录的难点在于将非罗马字母书写的文字罗马化。中文罗马化形式,即音译形式就是汉语拼音。汉语拼音大家都很熟悉,但中文罗马化的过程不是随意将汉字转为拼音的过程,而是必须遵循一定的转写规则。在编目实践中,编目员不能只按照自己的拼音习惯进行音译,更要学习规则,理解规则,运用规则。

1 罗马化规则分析

1.1 美国国会图书馆的《新汉语罗马化准则》

从 20 世纪 80 年代初开始,美国国会图书馆陆续发布了包含非拉丁文字的书目记录和规范记录,始于中文、日文和朝文,后又扩充了基里尔文、希腊文、希伯来文、波斯—阿拉伯文等更多的非拉丁文字[1]。MARC21 多文种记录在进行非拉丁文字转换时遵循由美国国会图书馆和美国图书馆联合会共同维护的《ALA – LC 罗马化表格:非罗马字符音译计划》(ALA – LC Romanization Tables:Transliteration Schemes for Non-Roman Scripts)。截至 2017 年 7 月该计划包含了 75 种语言文字的转换规则或规则草案[2]。

1998 年,美国国会图书馆推出了《美国国会图书馆拼音转换计划:新汉语罗马化准则》,成为其中文文献罗马化所采用的拼音准则。新罗马化拼音也是 IFLA 规定的在中文文献著录时所采用的字符。2000 年 10 月 1 日被美国国会图书馆称为"Pinyin Day 1",美国国会图书馆、联机计算机图书馆中心(OCLC)等从这一天开始了由威氏音标向汉语拼音转换的工作,开始使用《美国国会图书馆拼音转换计划:新汉语罗马化准则》进行中文罗马化转换,目前在 LC 网站上公布的是 2011 年修订版《ALA – LC 罗马化表格:汉语适用规则》(ALA – LC Romanization Tables:Chinese Rules of Application)[3]。

《新汉语罗马化准则》具有以下几个明显的特点:一是以我国 1958 年发布的《汉语拼音方案》为基础,确定汉字音节的拼写规则,用空格区分音节,分为罗马化、单音节、多音节、大写、标点符号、日期、威氏拼音和汉语拼音的对照表 7 个部分,结构简明,表述清晰,最大限度减少歧义。二是该准则在多音节部分,对音节的连写和首字母大写做了较多的规定。三是制定者考虑到用户和记录编制人员很难掌握汉语的音调,所以在准则中没有制定声调的标记规则。

1.2 国际标准 ISO 7098:2015《信息与文献——中文罗马字母拼写法》

ISO 7098:2015 是由我国主导修订的国际标准,于 2015 年 12 月 15 正式出版发布。该项国际标准最早发布于 1982 年,1991 年做了微调。鉴于该标准从 1982 年发布至今时间久远,内容不够细化,不能满足国际相关应用领域的需要,2011 年我国提出修订建议,并通过积极争取翌年获得了由我国主导的标准修订权。该国际标准第 5 条表示,用《汉语拼音方案》对中文进行字符译音。《汉语拼音方案》是中国人名、地名和中文文献罗马字母拼写法的统一规范,其公布推行近 60 年,在我国教育、文化、科技和经济建设等方面发挥了重要作用。以《汉语拼音方案》为基础的 ISO 7098:2015《信息与文献——中文罗马字母拼写法》的修订成功,将进一步提升汉语拼音在国际上的影响和作用,促进中华文化在世界范围的推广传播。

ISO 7098 国际修订工作组组长冯志伟总结了 ISO 7098:2015 四个引人注目的特色:一是将汉语拼音按词连写的规则引入国际标准;二是提出把汉字文本自动译音为拼音的方法;三是进一步完善汉语拼音的音节形式总表;四是给声调和标点符号补充 16 进制 unicode 代码,扩充罗马字母的字符集[4]。

该标准主要应用于世界各国图书馆、博物馆、国际机构中有关中国人名地名的拼写、图书编目、信息与文献的排序检索等,采用后将更好地实现跨语种的信息交换,有力推进中外文化交流与发展。该标准是汉语拼音在国际上得到认可并推广使用的重要依据,是用以规范国际上使用汉语拼音的统一标准。

ISO 7098 标准的发布有力地推动我国编目界编制音译多文种记录,从而有效地促进中外文化的交流。在编目实践中发现,音译中文时各编目机构的标准还是存在差异的,ISO 7098 对于统一国际做法,促进中文音译的规范化和标准化起到了很好的促进作用,使编目工作在音译方面有法可依,有据可循。该标准的修订工作彰显了国人的民族自豪感和责任担当。我国编目工作目前也处于国际化的重要时期,应该从 ISO 7098 标准的修订工作中吸取经验,借鉴做法,努力提升我国在国际编目界的影响力,增加话语权,为国际编目融入更多的中国元素和民族特色而努力。

1.3　二者的比较研究

笔者综合两种罗马化规则条款内容,对比分析发现二者"存大同,求发展",相同之处主要有以下几点:

(1)上述两种罗马化规则的基础和应用范围基本一致,都是以《汉语拼音方案》为基础,按汉字普通话读音进行音译。

(2)除特别规定的连写外,通常每个音译后的汉字代表一个音节,音节之间用空格键进行分割。

(3)考虑到外国人很难掌握汉语的音调,二者都不要求标记声调。

(4)综合两种规则中所提到的 5 种命名实体,将每种实体的音译方法举例比较列于表中,发现二者对人名、地名的音译方法相同,都采用姓和名分写,专名和通名分写,首字母大写的方式,二者都规定将非汉语来源词,亦都按其汉语形式进行罗马化。

两种规则对 5 种命名实体音译比较表

命名实体		汉语名	《新汉语罗马化准则》译音	ISO 7098:2015 译音
人名	复姓	长孙无忌	Zhangsun Wuji	Zhangsun Wuji
	非汉语	白求恩	Baiqiu'en	Baiqiu'en
地名	市名	沈阳市	Shenyang Shi	Shenyang Shi
	非汉语	纽约	Niuyue	Niuyue 或 Niuyue[New York]
语言名		朝鲜语	Chaoxian yu	Chaoxianyu
民族名		土家族	Tujia zu	Tujiaozu
宗教名		基督教	Jidu jiao	Jidujiao

与《新汉语罗马化准则》相比,ISO 7098:2015 更为细化,更为先进,它反映了当前中文罗马化新的发展以及将来的方向,加速了汉语拼音与国际接轨,体现在以下两点:

(1)ISO 7098:2015 将实体从人名和地名 2 种扩大到人名、地名、语言名、民族名和宗教名 5 种命名实体。分析表 1 不难看出 ISO 7098:2015 将新增的 3 种命名实体按汉语"多音节词"的概念转写,将"按词连写"这个重要方法引进国际标准,有效地减少了汉语拼写的歧义。

（2）ISO 7098:2015 对汉语普通话的语音系统进行了详细说明。汉语发音是有声调的，不同的声调代表着不同的汉字，表达着不同的意义。有声调的译音——汉语拼音是国际汉语爱好者的识字工具，将乐于"修行"中国文化的国际友人"领进门"。

对于这两种标准在未来的发展，笔者认为 ISO 7098:2015 可能会成为罗马化规则未来的方向。2011 年《ALA – LC 罗马化表格》修订的总体目标中提到："将来任一个 ALA – LC 罗马化表格都应符合国际认可的标准和/或国内官方认可的标准，现有表格不会为了遵循这些指导方针而被明确地修订，除非其他主要变化被批准[5]"。随着 ISO 7098:2015 国际标准于 2015 年 12 月 15 正式出版发布，下一次美国国会图书馆拼音转换计划的修订将会符合 ISO 7098:2015 或执行这一国际标准也未可知。

2 罗马化过程常遇到的若干问题及其处理方法

《国家图书馆外文文献资源 RDA 本地政策声明暨书目记录操作细则》（简称"NLC PS（FLM）"）在导言中明确汉语拼音形式遵循由我国主导修订的国际标准 ISO 7098:2015《信息与文献——中文罗马字母拼写法》。下面笔者以 ISO 7098:2015 为罗马化标准，探讨在编目实践中，编制 MARC21 格式音译多文种记录的罗马化过程中常遇到的若干问题及处理方法。

2.1 在不同元素中大小写的判定方法

编制音译多文种记录时，相同的"单词"在不同的元素中出现，有时首字母要大写，有时首字母却不需要大写，参考 RDA 附录 A 有关大写的规定，笔者总结了以下几种音译中判定大小写的做法，具体如下：

（1）转写后题名首字母要大写，包括正题名、变异题名、自拟题名、丛编题名、分丛编题名等，例如：

245 10$6880 – 02$a Hong se ying xiong xun zhang.

880 10$6245 – 02/$1$a 红色英勇勋章.

（2）资源包含了另一部作品时，另一部作品名首字母要大写，例如：

245 10$6880 – 02$aXi bi xin wu Hong lou meng.

880 10$6245 – 02/$1$a 细笔新悟红楼梦.

（3）版本说明中版本标识的首字母要大写，例如：

250 ##$6880 – 02$aDi 4 ban.

880 ##$6250 – 02/$1$a 第 4 版.

（4）丛编和分丛编中编号部分首字母不大写，例如：

490 0#$6880 – 03$aLiu Xinwu wen cui;$ndi 21 juan

880 0#$6490 – 03/$1$a 刘心武文粹;$n 第 21 卷

2.2 个人名称的音译方法

个人名称一般在责任说明中出现，比如 245/$c、250/$b 或 500 字段中。

（1）单姓人名的音译方法。单姓人名在编目实践中是最常见的，一般姓和名分写，姓在

前,名在后,姓和名的首字母分别大写,例如:

245 10$6880 – 02$aXian dai yu yan xue liu pai /$c **Feng Zhiwei** zhu.

880 10$6245 – 02/$1a 现代语言学流派 /$c **冯志伟**著.

(2)复姓人名的音译方法。复姓相对较少,常见的有司马、诸葛、长孙等,一般复姓连写,名与姓分写,姓和名的首字母分别大写,例如:

245 10$6880 – 02$aZhi sheng **Zhuge Liang** /$cZhu Zhen.

880 10$6245 – 02/$1a 智圣**诸葛亮** /$c 朱真.

(3)双姓人名的音译方法。结婚后有些女性在名字前冠夫姓,双姓之间分写,名与姓分写,姓和名的首字母分别大写,例如:

245 10$6880 – 02$aWo jiang zai qi /$c **Jiang Song Meiling** zhu.

880 10$6245 – 02/$1a 我将再起 /$c **蒋宋美龄**著.

(4)笔名、别名的音译方法。此类名称通常也按照上面提到姓名写法处理,例如:

245 10$6880 – 02$a **Huang Daopo** chuan qi.

880 10$6245 – 02/$1a **黄道婆**传奇.

(5)非汉语人名的音译方法。外国人名和少数民族人名经常在文献中出现,遇到这类非汉语人名时,编目员经常感到困惑,无法确定是按原名转录,还是对其汉语名字进行音译。无论源自何种语言,对非汉语来源的人名一律按照对应的汉语名字进行罗马化音译,即便是大家熟知的名字,即便这些词本身就来自拉丁文字也要按照其汉语名字音译,例如:

245 10$6880 – 02$aWang ji **Daerwen** /$c(Yi) **Zhusepei Saimengdi** zhu.

880 10$6245 – 02/$1a 忘记**达尔文** /$c(意)**朱瑟佩·赛蒙笛**著.

2.3 地名的音译方法

地名是地方的指称,常反映某些自然或人文地理特征。一般由"专名 + 通名"组成,如黄山、华北平原、贵州省、北京市等。专名是地名中用来区分各个地理实体的部分,通名是地名中表示地理实体类别的部分,同类地名中具有相同的意义。

(1)地名音译时,专名和通名分写,每一分写部分的首字母大写。例如:

245 00$6880 – 01$a **Fujian Sheng** bu fu ce.

880 00$6245 – 01/$1a **福建省**不符册.

245 10$6880 – 02$aShen qi de **Huangguoshu Pubu**.

880 10$6245 – 02/$1a 神奇的**黄果树瀑布**.

(2)约定俗成的或已经通名专名化的地名则首字母大写,各音节连写,例如:

490 0#$6880 – 03$a **Ladingmeizhou** wen xue cong shu

880 0#$6490 – 03/$1a **拉丁美洲**文学丛书

(3)非汉语地名与上面所提到的非汉语人名相同,一律按汉字音译,即使是大家熟知的词也要按照汉语中的读音拼写,例如:

264 #1$6880 – 03$a **Xinjiapo**:$b[publisher not identified],$c1938.

880 #1$6264 – 03/$1a **新加坡**:$b[出版者不明],$c1938.

而不是:

264 #1$6880 – 03$a **Singapore**:$b[publisher not identified],$c1938.

880 #1$6264 –03/$1$a 新加坡:$b［出版者不明］,$c1938.

2.4 语言名、民族名、宗教名的音译方法

如果遇到语言名,国家名,民族名,宗教名,一般各音节连写,首字母要大写,例如:

490 0#$6880 –03$a **Xibanyayu** wen xue yi cong

880 0#$6490 –03$1$a 西班牙语文学译丛

264 #1$6880 –03$a Shanghai:$b **Zhonghua** shu ju,$c1938.

880 #1$6264 –03/$1$a 上海:$b 中华书局,$c1938.("中华"属于民族名,所以需连写。)

245 10$6880 –02$aKang **Ri** ying xiong te xie.

880 10$6245 –02/$1$a 抗日英雄特写.

245 10$6880 –02$aZhongguo **Jidujiao** si xiang de dian ji.

880 10$6245 –02/$1$a 中国基督教思想的奠基.

2.5 用汉字或数字表达的数的音译方法

通常在版本、出版年或卷标识中会出现数,有些是用阿拉伯数字表示的,有些则使用汉字表示,用阿拉伯数字表达的数仍转录为阿拉伯数字形式,例如:

250 00$6880 –02$a **Di 2 ban**.

880 00$6250 –02/$1$a 第2版.

264 #1$6880 –03$a Shanghai:$b［publisher not identified］,$c **Minguo** 17［1928］

880 #1$6264 –03/$1$a 上海:$b［出版者不明］,$c 民国17［1928］

但对于用汉字表达的数则要转将其转为拼音,记录音译形式,例如:

250 00$6880 –02$a **Di er ban**.

880 00$6250 –02/$1$a 第二版.

264 #1$6880 –03$aYan'an:$b［publisher not identified］,$c **yi jiu si liu nian**［1946］

880 #1$6264 –03/$1$a 延安:$b［出版者不明］,$c 一九四六年［1946］

2.6 特殊字母的转写规则

在日常输入法中常用"v"代替"ü"的输入,但在音译时不能用"v"或"u"代替"ü",例如:"绿"音译为"lü",不是"lv",也不是"lu"。同时,在不产生歧义的前提下,为了便于拼写,使用"u"这个形式来代替"ü",例如:"桔"音译为"ju",而不是"jü";"群"音译为"qun";"宣"音译为"xuan"。例如:

245 10$6880 –02$aJi Lu **Yu** mian hua chi **xu** fa zhan zhan **lüe** lun tan.

880 10$6245 –02/$1$a 冀鲁豫棉花持续发展战略研究论坛

其中"lüe(略)"中的"ü"不能用"u"或"v"代替。但是"yu(豫)"和"xu(续)",则为了便于拼写,用"u"代替了"ü"。ISO 7098:2015 在附录 A(规范性附录):汉语普通话音节形式表中详细列出了所有可能存在的音节形式,可供编目员在困惑时参照。按照汉语拼音的规则,韵母"ü"单独出现在声母"n"和"l"后面时,不能省略"ü"上的两点,也许更容易被熟悉汉语拼音的编目员理解和记忆。

2.7 标点符号的转换规则

标点符号是辅助语言表达的重要工具,当汉语里标点符号同拉丁文字符标点相似时,保持原样,汉语中的某些标点符号为英语所没有,则要进行转换。中文间隔符"·"转换为空格;中文省略号"……"转换为"...";中文顿号"、"转换为",";中文句号"。"转换为"."。例如:

245 00$6880 – 01$a **Kaisui Kelehuizhi** zhi hua.

880 00$6245 – 01/$1$a 凯绥·珂勒惠支之画.

245 10$6880 – 02$a Li ba,nü ren he gou.

880 10$6245 – 02/$1$a 篱笆、女人和狗.

汉字本身没有意义,因其所蕴含的丰富的中华文化而有了意义。汉字罗马化过程中遇到的所谓难点,多是不循常例的一些极少数,甚至是个别的现象,这些难点考验的是编目员对罗马化规则的熟悉和理解程度,更考验的是编目员规则之外的知识水平。高质量的音译多文种记录承载的优秀的中国文化,全面、完美地揭示中国文献,方便国际人士索书目数据,阅中文文献,赏中国文化,更好地让世界了解中国文化,让世界看到中国的发展,提高中国在世界范围内更高的地位和更深厚的影响力。

参考文献:

[1]罗翀.电子资源 MARC21 组织法[M].北京:国家图书馆出版社,2013.

[2]ALA – LC Romanization Tables[EB/OL].[2017 – 07 – 07]. http://www. loc. gov/catdir/cpso/roman. html.

[3]Chinese RULES OF APPLICATION[EB/OL].[2017 – 07 – 07]. http://www. loc. gov/catdir/cpso/romanization/chinese. pdf.

[4]冯志伟.国际标准 ISO 7098:2015 的四个特色[J].数字图书馆论坛,2016(12).

[5]Procedural Guidelines for Proposed New or Revised Romanization Tables[J/OL]. Cataloging Service Bulletin, 2010,127:35 – 37[2017 – 07 – 07]. https://www. loc. gov/cds/PDFdownloads/csb/CSB_127. pdf.

PRESSoo 对我国连续性资源编目的影响

赵　敏　宋文燕(国家图书馆)

1985 年《连续出版物著录规则》颁布实施标志着我国连续出版物编目工作的标准化正式启动,之后 1996 年颁布《中国文献编目规则》,2005 年颁布《中国文献编目规则(第二版)》(以下简称:第二版),对推动我国连续性资源编目工作的国际化和适应网络环境的文献发展具有积极的作用。第二版是在"既遵循 ISBD 的原则,参考 AACR2 的体例,又体现中国文献编目特色,不机械照搬"的总修订原则下完成的[1],其中对连续性资源的修订是《国际标准书目著录(连续性资源)》(ISBD(CR)),参考 AACR2R – 02 的第 12 章连续性资源,并结合中文文献编目工作实际而进行的[2]。在第二版中,正式把"连续出版物"改为"连续性资源",扩大了对连续性资源的使用范围[1]。至今,我国的连续性资源编目工作基本以第二版为依据。

在 2011 年由 ISBD、RDA 和 ISSN 的代表参加的协调会议上已经正式声明 FRBR(或者 FRBRER)不能适应连续性资源的特性[3]。面对已认清的问题,ISSN 国际中心和法国国家图书馆组成工作组共同开发针对连续性资源的概念模型 PRESSoo。这对我们现行的连续性资源编目体系造成的冲击不可小觑。那么,PRESSoo 究竟是什么样的概念模型? 它的优势有哪些? 现在的应用情况如何? 对我国的连续性资源编目有怎样的影响? 这些问题值得调查和研究,以便更好地掌握最新的国际编目动态,完善编目理论,指导日常工作。

1 PRESSoo 概述

1.1 PRESSoo 的产生和发展

在 PRESSoo 之前,已有 FRBRoo。FRBRoo 是一个正式的本体,意在抓取与表达书目信息的潜在语义,以便于书目信息与博物馆信息的集成、调解与交换,是 FRBR 家族概念模型的面向对象版[4]。在 FRBRoo 模型中,利用 CIDOC CRM 提供的概念、工具、原理和符号惯例等表达 FRBR 模型。可以说,FRBRoo 是基于 CIDOC CRM(International Committee for Documentation Conceptual Reference Model,国际文献工作委员会概念参考模型)建立的。但是,FRBRoo 对连续性资源的建模只是一个粗略的模型,并没有深入到连续性资源每种特殊类型的所有细节,这对充分揭示连续性资源的特征是不够的[5],便有了 FRBRoo 进一步的扩展 PRESSoo。PRESSoo 是 FRBRoo 的扩展,也是 CIDOC CRM 的扩展,模型中除新定义的类和属性参考 FRBRoo 和 CIDOC CRM 的类和属性外,还大量借用它们的类和属性。

自 2013 年 1 月工作组发布 PRESSoo 初稿(0.1 版)以来,经历了三次评审,几经修订后,于 2017 年 5 月在 ISSN 国际中心的官网上发布了最新的 1.3 版[6]。在这三次评审中,最具有标志意义的是于 2015 年春季发起的对 PRESSoo1.0 版的世界范围内的评审,这次评审收到多方的意见,意见总体上是对 PRESSoo 的肯定,并未对它的模型框架本体提出任何异议。之后在 2015 年 8 月 19 号,IFLA 编目部常务委员会(The Standing Committee ofthe IFLA Cataloguing Section)决定成立一个工作组以专门负责 PRESSoo 概念模型的维护与修订。至此,PRESSoo 不再是"小圈子"里的研究项目,而是正式登上国际舞台,未来发展不可限量。

1.2 PRESSoo 的基本内容

PRESSoo 是一个意在抓取与表达关于连续性资源书目信息的基础语义的正式本体,特别针对定期出版物(期刊、报纸、杂志等)[7]。PRESSoo 的内容主要由五大部分构成:导论、PRESSoo 的类和属性、ISSN 手册中数据元素在 PRESSoo 中的映射、引用自 FRBRoo 的类和属性以及引用自 CIDOC CRM 的类和属性。其中,前两个部分是此概念模型的核心内容,第三部分是用 PRESSoo、FRBRoo 和 CIDOC CRM 的类和属性来表达 ISSN 手册中的数据元素,第四和第五部分是对引用自 FRBRoo 和 CIDOC CRM 的类和属性的详细定义。

PRESSoo 概念模型 1.3 版共定义 14 个新类和 46 个新属性。新定义的类的标识以 Z 开头,比如 Z1 连续出版物转换;新定义的属性的标识以 Y 开头,比如 Y1 继承(由……继承)。这些新定义的类和属性与引用自 FRBRoo 和 CIDOC CRM 的类和属性一起构建 PRESSoo 的概念模型,一共有 13 个模型,分别是:正在出版的连续性资源模型,期刊、单册、文章间的模型(分印刷出版和电子出版两种情况),两种或多种连续性资源间的 6 种转承关系模型(分别是继承、替代、吸收、分自、合并、分成),一种连续性资源由另一种"临时性替代"的模型,(停止出版的)连续性资源和它作为专著的影印版之间的关系模型,(停止出版的)连续性资源和它的网络出版电子资源之间的关系模型,连续性资源和其合辑之间的关系模型。

2　PRESSoo 的优势

2.1　对连续性资源建模的新认识

连续性资源的动态特征主要表现在连续的出版特点,未完结即不能视为一部完整的作品。造成在编目专著和连续性资源时有很大的区别:当编目专著时,是在对过去作出判断;当编目连续性资源时,既对过去做出判断,也对未来进行假设。而对未来进行假设预判,显然不符合编目员对既成事实进行判断的编目逻辑。PRESSoo 概念模型承认对未来的预期"从严格意义上来说不能进行建模"。但是,模型中定义:在一个给定的时间点(例如,描述制作中或更新的时间点),所有已出版的卷册的内容表达总和并不代表完整的连续作品,而是被看作是一个尚不存在虚拟的完整的内容表达"组件"[7]。这样连续作品通过仍在进行的 F30(出版事件)的实例即可被部分实现。

另外,连续性资源的动态特征还表现在内容的变化上,这与专著出版即内容固定不同,连续性资源的未来出版内容是会发生变化的。这一特征对 FRBR 通过内容来定义连续性资源作品造成极大的困难。在 PRESSoo 概念模型中,对连续性资源建立了期刊、单册与文章之间的连接关系。还特别假设了一种复杂而又常见的情况,即一篇长篇文章在某种期刊上连载出版如何处理。PRESSoo 的处理方法是使用 FRBRoo 的属性 R5(有组件)或者 R15(有片段)。从这点来看,PRESSoo 概念模型是考虑周全且灵活的,通过定义新的类和属性,以及借用 FRBRoo 和 CIDOC CRM 的类和属性来充分表达模型,而且这些类和属性应该会随着新情况的出现而不断增加。

2.2　对连续性资源的复杂出版经历进行精细化的建模

连续性资源在内部关系、语种、出版信息等方面具有复杂和动态的性质。从连续资源的实际情况考量,FRBR 模型缺乏动态性和灵活性,不足以描述连续性资源,在实际应用过程中会导致连续性资源数据的不一致。2010 年发布的 FRBRoo 虽涉及连续性资源,但并没有深入到连续性资源每种特殊类型的所有细节。而 PRESSoo 对连续性资源的复杂出版经历进行精细化的建模,在构建的模型中尽可能地涵盖了连续性资源出版历程中的各种情况。除构建 6 种常见的连续性资源间的转承关系模型(继承、替代、吸收、分自、合并、分成)外,还构建了一种连续性资源由另一种"临时性替代"的模型。PRESSoo 通过定义 Z1(连续出版物转换)来说明一种或多种连续性资源停止出版,并以继承、替代、分成和合并等形式开始另一种或多种新连续性资源的出版。另外,连续性资源间吸收、分自、和临时替代的情况分别通过定义 Z2(吸收)、Z3(分自)、和 Z4(临时替代)来说明[8]。

除上述模型之外,还构建了一种连续性资源与其不同出版形式之间的关系模型,包括:连续性资源和它作为专著的影印版之间的关系模型,连续性资源和其网络出版电子资源之间的关系模型,以及连续性资源和其合辑之间的关系模型。

2.3 对数据元素的处理

PRESSoo 根据 CIDOC CRM 模型中定义的类 E29(设计或程序)新定义一个类 Z12(发行规则)。在开发 PRESSoo 模型时,E29 起到核心作用,被视为 Z12 的超类。Z12 是由连续性资源的编辑出版单位建立的出版政策元素,包括规律性、出版频率、序列模式(卷期号)、语种、尺寸、印刷字体和排版规则等[7]。这些数据元素在 MARC 格式中几乎都是必备信息,并且分别记录在不同的字段上,而在 PRESSoo 中统一包含在遵循连续性资源出版过程的 Z12(发行规则)的各种连续实例。并且,由于属于 Z12(发行规则)的不同类型数据元素会记录在 Z12 不同的实例中,当发行规则中仅有一项数据元素发生变化,PRESSoo 在更新数据时不需要重复未变化的数据。

3 PRESSoo 的应用

3.1 ROAD 项目简介

ROAD(the Directory of Open Access scholarly Resources,开放存取学术资源目录)是一项在联合国教科文组织交流和信息部门资助下由 ISSN 国际中心提供的免费服务,起始于 2013 年 12 月。其创立的目的主要有四项:①为以开放存取出版的各类在线学术资源提供单独的访问点;②提供关于 OA 资源质量和声誉的信息;③在世界范围内提供开放存取学术内容的概述;④展示使用 ISSN 收集来自各种资源信息的新方式[9]。目前,ROAD 提供两种格式的数据,一种是 MARC XML,另一种是 RDF/XML。其中,后者是基于 PRESSoo 概念模型建立。

3.2 RDF/XML 简介

RDF(Resource Description Framework,资源描述框架)是一种用于描述 Web 资源的标记语言。它专门用于表达关于 Web 资源的元数据,是一个处理元数据的 XML 应用。RDF 遵循三元组规则,即 <资源,属性,属性值>,用 URI 来标识资源,用简单的属性及属性值来描述资源[10,11]。

当前,书目数据语义化是研究热点之一,其主要目的是实现 MARC 书目数据在互联网上的搜索和获取。2006 年,由 Tim Berners-Lee 提出的关联数据概念为解决这一问题提供方法,其要求采用 RDF 数据模型来组织资源[12,13]。目前,国外已有数家图书馆开展关联书目数据的在线服务,第一个是于 2008 年开始的瑞典国家图书馆[14]。

ISSN 国际中心以 ROAD 项目为依托,根据 PRESSoo 概念模型,利用关联数据技术,将 MARC21 格式转换为 RDF/XML 格式,对实现连续性资源书目数据在互联网上的搜索和获取具有重要意义。

3.3　样例

期刊 *Computational Visual Media* 主办单位为清华大学,分印刷版和网络版两种形式由清华大学出版社出版发行。ISSN 2096—0433(印刷版)和 2096—0662(网络版)均由 ISSN 中国国家中心分配和注册,并于 2016 年 1 月底以 MARC21 的数据格式提交至 ISSN 国际中心。该刊网络版 ISSN 2096—0662 例下:

Tag	In 1	In 2	Data
007			cr
008			160229c20159999cc qr$p$r$$$$$$$$a0eng
022	0		$a 2096 – 0662$z 2364 – 5814$2 22$l 2096 – 0433
044			$c CHN
082	0	4	$a 006.4$2 23
210	1		$a Comput. vis. media$b(Beijing. Online)
222		0	$a Computational visual media$b(Beijing. Online)
245	1	0	$a Computational visual media.
260			$a Beijing: $b Tsinghua University Press; $a Berlin; $a Heidelberg: $b Springer-Verlag,$c 2015 –
362	0		$a Vol. 1 ,no. 1(Mar. 2015) –
720			$a Tsinghua University
776	0		$t Computational visual media(Beijing. Print)$x 2096 – 0433
856	4	0	$u http://link. springer. com/journal/41095a$x OA-J

需要注意该刊曾经注册过 ISSN 2364—5814(后由 ISSN 国际中心注销),ISSN 中国国家中心坚持一刊一号的原则,特地加限定信息"Beijing"以作区分,所以出现"$b(Beijing. On-line)"的描述,而不是"$b(Online)",并不是指所有的数据都需要加出版地的限定信息。该数据除记录期刊的缩略识别题名、识别题名、正题名、出版信息、卷期标识、团体名称等基本信息外,还记录 776 其他载体版本和 856 电子资源定位与访问。

ROAD 项目的 RDF/XML 格式数据遵循 RDF 三元组规则,并采用 XML 的语法。在具体表达上,呈现出 < 资源,属性,属性值 > 的结构和 XML 首尾呼应的形式。如下是出版地的描述:

- < cidoc:E53_Place rdf:about = " http://road. issn. org/Place/Beijing" >

　　< rdfs:label > Beijing </rdfs:label >

　< /cidoc:E53_Place >

由于篇幅有限,这里仅展示记录正题名和 ISSN 的 RDF/XML 格式数据,具体如下:

- < rdf:RDF >

- < frbroo:F18_Serial_Work rdf:about = " http://road. issn. org/issn/2096 – 0662" >

......

- < pressoo:Y37_has_former_or_current_issuing_rule >

- < pressoo:Z12_Issuing_Rule

```
rdf:about = "http://road. issn. org/issn/2096 -0662#formerOrCurrentIssuingRule" >
    < road:physicalMedium_rdf:resource = "http://marc21rdf. info/terms/continuingori#cr"/ >
    < pressoo: Y21_foresees_use_of_languagerdf: resource = " http://id. loc. gov/vocabulary/
languages/eng"/ >
    - < road:titleProper >
    - < cidoc: E35_Title rdf:about = "http://road. issn. org/issn/2096 -0662#titleProper" >
        < rdf:value > Computational visual media. </rdf:value >
    </cidoc:E35_Title >
    </road:titleProper >
    < pressoo:Y26_foresees_other_edition
rdf:resource = "http://road. issn. org/issn -1/2096 -0433#formerOrCurrentIssuingRule"/ >
    </pressoo:Z12_Issuing_Rule >
    </pressoo:Y37_has_former_or_current_issuing_rule >
    ......
    - < cidoc:P1_is_identified_by >
    - < frbroo:F13_Identifier rdf:about = "http://road. issn. org/issn/2096 -0662#issn" >
    < cidoc:P2_has_type rdf:resource = "http://issn. org/IdentifierType/ISSN"/ >
    < rdf:value > 2096 -0662 </rdf:value >
    </frbroo:F13_Identifier >
    </cidoc:P1_is_identified_by >
    ......
    </frbroo:F18_Serial_Work >
    </rdf:RDF >
```

上述展示的是一套部分的 RDF/XML 格式数据,从数据中可以看到即使嵌套的语言再多,也必须遵守 RDF 三元组的结构和首尾呼应的 XML 语法。在"正题名"的描述中,使用的类和属性有:F18(连续作品)、Y37(有先前或当前的发行规则)、Z12(发行规则)、E35(题名)。另外,还有语种的描述 Y21(预计使用语种),其他载体版本款目的描述 Y26(预计的其他版本),它们是嵌入在正题名的描述中。在"ISSN"的描述中,使用的类和属性有:F18(连续作品)、P1(由……识别)、F13(标识符)、P2(有类型)。通过这一实例,可以具体看到 PRESSoo 中的类和属性在实际数据中的应用。

4 PRESSoo 对我国连续性资源编目的影响

4.1 连续性资源编目的国际化和标准化

从 FRBR 和 CIDOC CRM 的发展,到 FRBRoo,再到 PRESSoo,可以发现理论模型的发展不仅越来越国际化,并且在谋求不同领域的标准化。自 2009 年 2 月 IFLA 正式发布《国际编目原则声明》以来,编目工作国际化和标准化已具备了理论上的基础,在计算机和网络技术日益发达的今天,全球编目信息共建共享也已成为可能。PRESSoo 从创立发展到现在,由

IFLA 编目部监管,实践应用到 ROAD 项目,短短 4 年的时间已经逐渐走向成熟,将来不排除 ISSN 国际中心利用 ISSN 成员国网络全面使用 PRESSoo 的可能。如果是这样,对我国连续性资源编目的冲击是巨大的。并且,目前我国各个图书馆的连续性资源编目还没有达成统一,其使用的编目系统、编目软件、目录数据库以及编目规则还存在差异,中西文不同语种的编目仍采用不同的格式,这些因素对迎接这一挑战将造成掣肘。

4.2　为未来连续性资源编目提供新的思路

连续性资源是一种不论何种载体、没有明确终止日期并公开出版的出版物,这类出版物通常经历连续性或集成性改造,具有编号和/或年代标识。包括报纸、期刊等连续出版物,还包括网页等现行集成性资源。随着连续性资源的内容、物理载体和表现形式的多样化,利用 MARC 建立书目数据时,各连续性资源间的关系和其本身的动态特性不能很好地表达和揭示。目前来看,FRBR 模型中关系是缺失的、表述不清的,而且相关缺失的关系在各层级间的确定非常困难,而对连续性资源间特有的一些关系,FRBR 却采取了模糊化处理的方式。FRBR 对连续性资源的描述或表达不利于连续性资源的书目数据在各种结构化、关系化模型或知识库间的无障碍交流[15]。

为了使连续性资源的书目数据得到充分揭示,PRESSoo 模型从技术层面为未来连续性资源编目提供新的思路,并且通过语义 Web 技术使其具体化、细节化。PRESSoo 的主要目标是致力于捕获与描述连续性资源,特别是连续出版物(期刊、报纸、杂志等)书目信息的相关语义的正式本体,是专门为连续性资源而建立的一种模型,能够适应连续性资源的动态特性和描述连续性资源间的各种关系。PRESSoo 使语义更加精确,为数据自动处理和互操作提供了前提条件,为书目数据更广泛地交流和共享奠定了基础,为连续性资源编目新思维的开创提供了一种新的视角。

4.3　更好地揭示连续性资源,保证用户任务的实现

在利用 MARC 对连续性资源进行编目时,虽然连续性资源的书目记录相对简单,但其作品、内容表达和载体表现混合在一起。FRBR 在对连续性资源描述时,其实体间对关系的记录是困难的。连续性资源中涉及的多重关系在 MARC 连续款目字段的排列中集中反映,这样相同载体或近乎相同内容的多重性就严重破坏了 FRBR 模型。并且,采用 MARC21 编码的连续性资源记录的关系与 FRBR 模型中的关系和多个抽象层级间的映射是一个很大的问题。如果用 MARC21 描述 FRBR 模型中的关系,无论是书目记录还是规范记录,唯一的做法只能重新评估现有的 MARC21 书目记录中潜在的庞大的关系数据,这将带来非常巨大的修改数据的成本[16]。

PRESSoo 模型的语义 Web 技术能够解决上述存在的问题,在揭示连续性资源的动态性和描述连续性资源的关系上具有独特的适应性,能够把创建连续性资源记录时与连续性资源有关的各种关系描述清楚,这样就避免巨量数据修改带来的问题。

另外,PRESSoo 模型的建立是为了更好地实现用户任务。连续性资源书目数据的用户包括数据的建立者和直接建立、维护并使用该数据的图书馆员,以及直接或间接使用检索点获得连续性资源信息的用户。PRESSoo 模型建设的目的就是把连续性资源的特点详尽地揭示出来,而这个目的的最终目标就是要保证用户任务——查找、识别、选择、获取、导航等的

实现。因此,在模型建设中注重与实现用户任务的需求相结合,把实现用户任务贯穿始终。这就对连续性资源编目提出了新的要求:创建连续性资源书目数据时要从用户的角度考虑,要从重视编目员的可操作性转变到以用户需要为目标上来,保证用户任务的实现。

4.4 对连续性资源编目员的挑战

PRESSoo 虽然只是为连续性资源建立的模型,但一方面,连续性资源的动态特性和复杂的关系使得任何一个要把它描述清楚的模型比描述其他资源的模型更要复杂;另一方面,FRBRoo 模型和 CIDOC CRM 模型已经很抽象和复杂,作为扩展的 PRESSoo 模型既要解决 FRBR 家族模型应用到连续性资源时遇到的问题,还要保留 FR 家族模型的特征,连续性资源编目员要把 PRESSoo 模型的各种复杂类和属性以及由它们代表或表达的内容及各种关系了解清楚,挑战非常大。

另外,PRESSoo 模型已用于以 RDF/XML 揭示 ROAD 数据。在具体的实施过程中,如何发布 PRESSoo 的类和属性,如何使输出的数据便利于普通用户使用,并且使输出准确反映模型的丰富性等,这些问题最终都要归结于编目员如何建立连续性资源书目数据。

PRESSoo 模型必然对连续性资源编目思想、编目规则、编码格式等编目体系带来新的变革和挑战,从事这项工作的编目人员必然是迎接挑战的受众。相关的编目人员为适应这种变革和挑战,必须自觉转变固有的编目思想,建立新的编目理念,自觉强化和拓展专业能力,提高学习国际编目界的新变化和新技术的能力,具备更高的能力素质。

参考文献:

[1]国家图书馆《中国文献编目规则》修订组. 中国文献编目规则(第二版)[M]. 北京:北京图书馆出版社,2005.

[2]贺燕. 连续性资源著录规则的修订[J]. 国家图书馆学刊,2005(2).

[3]Joint Steering Committee for Development of RDA, IFLA ISBD Review Group, ISSN Network. JSC/ISBDRG/ISSN Outcomes[C/OL]. [2017 – 07 – 12]. http://www. ifla. org/files/assets/cataloguing/isbdrg/JSC_ISBD_ISSN_Outcomesfinal. pdf.

[4]International Working Group on FRBR and CIDOC CRM Harmonisation. FRBR Object-Oriented Definition and Mapping from FRBR$_{ER}$, FRAD and FRSAD(Version 2. 3)[R/OL]. [2016 – 07 – 20]. http://139. 91. 183. 82:8888/FRBR/sites/default/files/FRBRoo_V2. 3_0. pdf.

[5]赵敏. PRESSoo 从 0. 1 到 1. 2 版的发展历程[J]. 图书馆建设,2017(3).

[6]ISSNIC. PRESSoo[EB/OL]. [2017 – 07 – 12]. http://www. issn. org/understanding-the-issn/assignment-rules/pressoo/.

[7]The PRESSoo Review Group. Definition of PRESSoo:A Conceptual Model for Bibliographic Information Pertaining to Serials and Other Continuing Resources(Version 1. 3)[EB/OL]. [2017 – 07 – 12]. http://www. issn. org/wp-content/uploads/2017/05/pressoo_v1-3. pdf.

[8]Le Boeuf P. A Basic Introduction to FRBRoo and PRESSoo[C/OL]. [2016 – 04 – 20]. http://library. ifla. org/1150/1/207-leboeuf-en. pdf.

[9]ISSN International Center. ROAD,the Directory of Open Access scholarly Resources[EB/OL]. [2016 – 08 – 26]. http://www. issn. org/road-the-directory-of-open-access-scholarly-resources/.

[10]刘春艳,曹锦丹,曲万春. 一个基于 RDF/XML 的学位论文元数据解决方案[J]. 情报科学,2006(4).

[11]罗威. RDF(资源描述框架)——Web 数据集成的元数据解决方案[J]. 情报学报,2003(2).

[12] Berners-Lee,T. Linked Data[EB/OL]. [2017 – 07 – 13]. http://linkeddata. org/.

[13] 司莉,李鑫,邢文明. 基于关联数据的书目数据语义化框架设计与实现[J]. 图书馆,2014(2).

[14] 索传军,王新. 书目数据 RDF/XML 序列化方法研究[J]. 国家图书馆学刊,2016(3).

[15] ISSNIC. ISSN Cataloguing and FRBR:Interim Report[EB/OL]. [2014 – 06 – 19]. http://www. issn. org/e-vents/36th-sarajevo-bosnia-herzegovina.

[16] JONES, Ed. The FRBR Model As Applied to Continuing Resources[EB/OL]. [2015 – 05 – 13]. http://www. ala. org/alcts/sites/ala. org. alcts/files/content/resources/lrts/archive/49n4. pdf.

浅议 BIBFRAME2.0 的特征及其在中国的前景

朱美华(中山大学图书馆)

BIBFRAME(Bibliographic Framework,书目框架)是美国国会图书馆联合 Zepheira 公司共同研发的书目数据模型,是基于 RDF(Resource Description Framework,资源描述框架)的关联数据实体—关系模型(Entity-Relationship Model,简称 E-R 模型)。2011 年,国会图书馆与 Zepheira 公司合作,发起"书目框架先导计划(The Bibliographic Framework Initiative)"。此计划的前期目标是支持现有巨量 MARC 数据向 BIBFRAME 格式转换,将来的新数据在 BIB-FRAME 格式中创建,转换数据和新建数据都可在整个万维网上实现交换、发布和共享。计划的最终目的是要形成一套适应万维网的书目信息应用规范,主要包括三方面:模型与实体、术语词表、编码及打包规则,模型与实体提供了书目框架的应用对象和描述深度,术语词表提供了规范控制的基础,编码和打包规则提供了机器理解的手段[1]。2012 年 11 月,BIB-FRAME 草案即 1.0 发布。美国国会图书馆联合美国国立医学图书馆、大英图书馆、德国国家图书馆、OCLC、乔治·华盛顿大学图书馆、普林斯顿大学图书馆等多家机构对 BIBFRAME 的功能进行了大量研究和测试,几次修订,2016 年 4 月正式推出 BIBFRAME2.0。"MARC(MachinE-Readable Cataloging,机读目录)无法满足数字时代资源编目的需求"是催生 BIB-FRAME 的重要历史前提,而语义网和关联技术的进步恰好为 BIBFRAME 提供了技术支持。

1 BIBFRAME 推出的背景

诞生于 20 世纪 60 年代中后期的 MARC,作为与 AACR 牢固绑定的元数据编码格式,在手工编目时代——计算机编目时代——联合目录时代的几十年里,为图书馆编目工作的标准化和规范化做出了无可辩驳的贡献。同时,半个世纪以来,全世界各图书馆依据 MARC 格式建立并保存下来的书目数据、规范数据积累了人类历史的巨大财富。MARC 采用可变长控制字段和可变长数据字段建立书目数据,前者只有字段名和数据元素,后者包含字段名、指示符、子字段代码及数据元素。MARC 采用 ISO 2709 作为数据交换格式,这种交换格式要求每一条书目记录必须遵循标准的记录结构,即记录头标、目次区和可变数据字段三部分。

存放 MARC 数据的服务器不能通过 HTTP 直接访问,图书馆自动化系统集成 OPAC 功能模块要通过自动化系统接口,根据用户的检索条件,从系统中获取 MARC 数据,再采用 HTTP 协议,以网页的形式展示出来。MARC 最初是为纸质文献编目设计,在资源类型日益丰富复杂的互联网时代,MARC 的僵化和封闭性一直饱受诟病,被抨击严重阻碍了图书馆与外部世界的联系和共享。2002 年,Roy Tennant 直言"Marc must die",毫不留情抨击 MARC 格式及其句法、数据元素,连 MARC 遵循的标准 AACR 也不放过[2]。之后又继续发文进一步阐明在之前文章中对 MARC 的质疑,并推荐 XML 作为书目信息的标准打破 MARC 的牢笼,提议了几种保留 MARC 记录的策略,偏向通过自动迁移现存记录到新标准格式[3]。早在 2008 年,美国国会图书馆的"书目控制未来工作组"(Working Group on the Future of Bibliographic Control)在报告中呼吁"发展一种更加灵活的、可扩展的元数据语言适用于整个网络环境"[4]。尤其在 RDA 编目标准实施以来,虽然 MARC 格式为适应 RDA 编目做了一些改变,但是不能从根本上突出 RDA 所强调的 E–R 模型,无法适应数字时代资源编目的需求,必将被一种新的编码格式替代,因此 BIBFRAME 应运而生。BIBFRAME 诞生的技术前提是语义网和关联数据的发展。关于语义网和关联数据,笔者将在 BIBFRAME 特征部分具体阐述。

2 BIBFRAME2.0 的特点

2.1 面向语义网和关联数据

语义网概念是由万维网的发明者蒂姆·伯纳斯–李(Tim Berners-Lee)1998 年提出,意在"以一定的方式定义与链接网上数据,使其能够在各种不同的应用场景中有效地实现数据的发现、自动化处理、集成与复用"[5]。语义网的实现是基于 XML 和 RDF 来完成的。2006 年,蒂姆·伯纳斯–李又提出"关联数据(Linked Data)"概念,强调关联数据的发布应符合四个原则[6]:①使用 URIs 作为事物的标识名称;②使用 HTTP URIs 以便人们可以访问这些标识名称;③当有人访问某个标识名称时,以标准的形式(RDF 及其查询语言 SPARQL)提供有用的信息;④尽可能提供相关的 URIs,使人们可以发现更多的事物。以上原则规定了关联数据发布的基本方式——命名和编码(URI + RDF)。可见,关联数据是实现语义网的关键技术。简言之,关联数据采用 W3C 的语义网标准——网标准模型对数据建模,利用 URIs 作为其标识机制来命名数据实体。它强调数据的相互关联和利于人机理解的语境信息。

随着语义网和关联数据概念的提出,图书馆界也开始积极探索数据的语义化并以关联数据的形式发布,比如美国国会图书馆用 SKOS(Simple Knowledge Organization System,简单知识组织系统)实现了主题标引词表的语义化描述,大英图书馆将国家书目从 MARC21 格式转换为关联数据的 RDF/XML 格式,并通过 Web 提供数据集的下载,瑞典国家图书馆早在 2008 年就尝试将瑞典联合目录(Swedish Union Catalogue)发布为关联数据,OCLC2012 年开始通过 Schema.org 词汇表加以描述,将 WorldCat 的数以亿计书目数据发布为关联数据[7]。关联技术的进步和图书馆界对数据语义化和关联化的探索为 BIBFRAME 项目提供了技术支持和经验参照。美国国会图书馆明确宣布"新的书目框架先导计划聚焦于网络环境、关联数据原则和机制,以 RDF 为基础数据模型"[8]。

BIBFRAME 的目标是将丰富的图书馆元数据与语义网关联,同时使来自其他资源的语义数据可以满足图书馆用户的需求。语义网的关键原则是不仅用关联数据格式曝光数据，而且实现数据与其他语义配置数据的关联，允许图书馆外的网络服务利用图书馆丰富的元数据以提升服务，同样，图书馆也可以重复使用外部机构创建的元数据。可见，BIBFRAME关联性的实现必须以关联数据为基础。

RDF 是关联数据最基本的编码格式。RDF 模型是由 3 个基本元素即"资源（subject）－属性（predicate）－属性值（object）"构成，类似一个句子的主—谓—宾结构，三个元素组成资源的描述单元，在 RDF 术语中叫"三元组（triple）"。以下列的 MARC 记录在 RDF 结构中的描述为例，作品及其创作者、主题、出版等信息都可通过图 1 得以揭示，在三元组结构中对应为"The ethics of democracy（subject）－ has subject（predicate）的元数据以提升服务，同样，图书馆也可"，而资源"The ethics of democracy"的不同属性如 author、translator、publication 等也可通过三元组形式表达，比如，著者属性可陈述为"The ethics of democracysubject）－ has subject（predidicate）— Cortella，Lucio，1954 －（object）"。这种三元组模型是一种抽象的数据模型，须经过序列化（serialization）。序列化后的 BIBFRAME 数据中所包含的资源实体及其关系可被机器读取和理解，能够实现图书馆数据的普遍关联，帮助用户通过网络发现更多有用的图书馆的数据资源。

100 1#\$aCortella，Lucio，\$d1953 –\$eauthor.

240 10\$aEtica della democrazia.\$lEnglish

245 14\$aThe ethics of democracy /\$cLucio Cortella；translated by Giacomo Donis.

264 #1\$aAlbany：\$bState University of New York Press，\$c2015.

300 ##\$axxvi，215 pages；\$c24 cm.

336 ##\$atext\$btxt\$2rdacontent

337 ##\$aunmediated\$bn\$2rdamedia

338 ##\$avolume\$bnc\$2rdacarrier

504 ##\$aIncludes bibliographical references and index.

650 #0\$aDemocracy.

700 1#\$aDonis，Giacomo，\$etranslator.

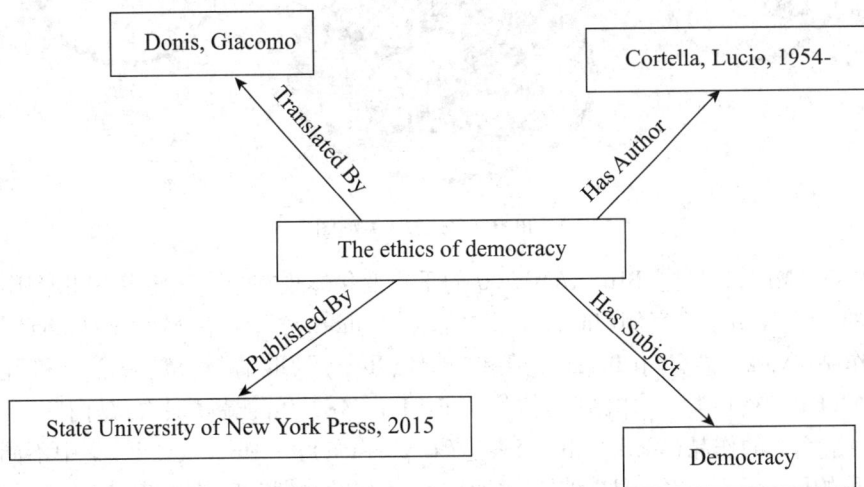

图 1　RDF 三元组结构描述示例

2.2 采纳并简化 FRBR 的 E-R 概念模型

模型与词汇表是 BIBFRAME2.0 的核心内容。有关词汇表的部分将在稍后有涉及。笔者在此将通过对 BIBFRAME2.0 模型的解读分析其在实体、实体属性、实体关系方面对 FRBR 的继承与发展。

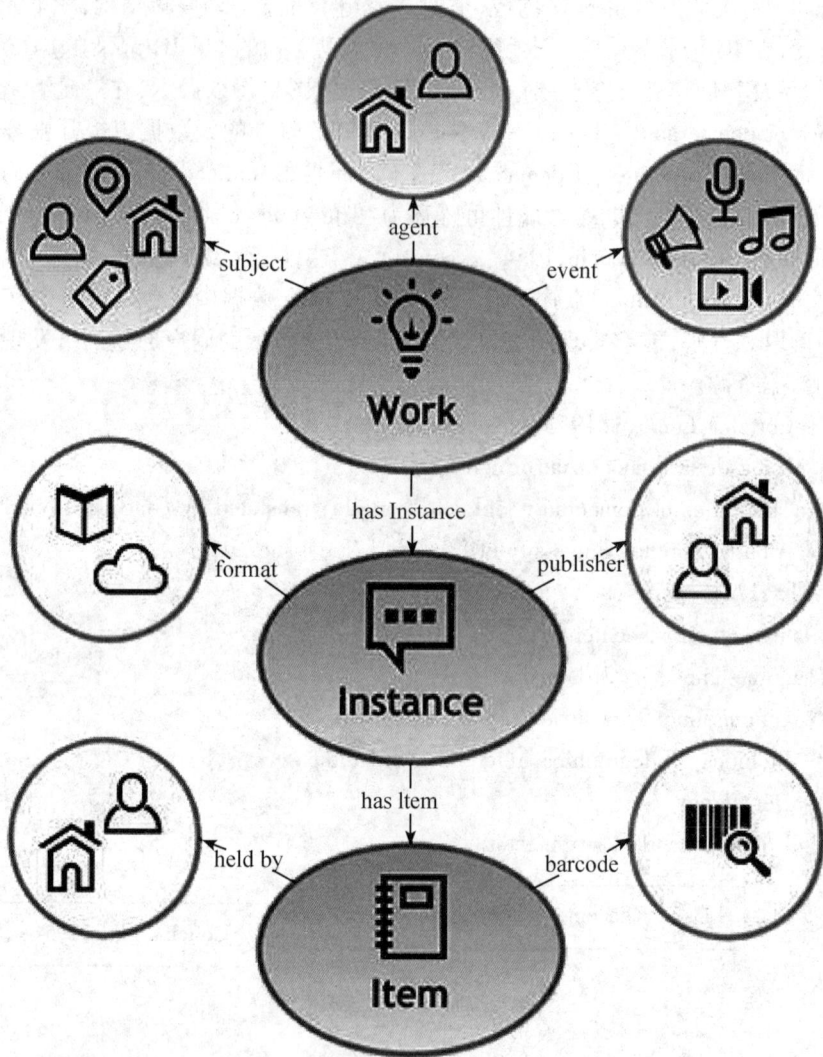

图 2   BIBFRAME2.0 模型图[9]

与 BIBFRAME1.0 相比,BIBFRAME2.0 的重要变化体现在:第一,将 BIBFRAME1.0 的 4 个核心类"作品(Work)""实例(Instance)""规范(Authority)"和"注释(Annotation)"精简为 3 个,即"作品(Work)""实例(Instance)"和"单件(Item)",取消"规范"核心类和"注释"核心类,新增"单件"核心类。"作品"实体位于 BIBFRAME2.0 的最高层次,是内容层次,对应 FRBR 第一组实体的作品(Work)和内容表达(Expression)。"作品"层能够集中不同题名或者不同语种的同一作品。"作品"具有"主题""代理"和"事件"等属性,其中"代理"指个人、家庭或机构通过角色(如作者、编辑、艺术家、摄影师、作曲家、插图者等)与作品或实例相关联;"主题"指表达作品的一个或多个概念,主要包括论题、地点、时间词、作品、代理、事件等;"事件"指发生的事情,可以是作品内容的记录。作品间的关系可通过"主题""代理"和"事件"等属性建立,使作品间形成整体与部分关系、继承与被继承关系、衍生关系等。位于该模型第二层次的"实例"实体是载体层次,对应 FRBR 第一组实体的载体表现(Manifestation),具有"格式"和"出版者"等属性,其中"格式"指的是资源类型,BIBFRAME2.0 规定该格式可以描述文本、地图、数据集、静态图像、动态图像、音频、乐谱、舞谱、物体、多媒体、混合资料11种作品资源类型。"出版者"可以是个人或机构。"单件"实体位于该模型最底层,对应FRBR 第一组实体的"单件",具有"馆藏"和"条码"等属性,记录某一具体单册的物理位置或虚拟地址、架标和条码等馆藏信息。3 个核心类实体间还包含如下关系:作品"有"实例,实例"有"单件,这些关系在模型中通过有向箭头及关系说明语明确标识。

2.3 开放性与兼容性

书目框架先导计划的目标是支持语义网技术的标准和格式向所有的数据和内容供应商开放,因此,开放与兼容是 BIBFRAME 的必备特性。第一,BIBFRAME2.0 取消"规范"核心类是其开放性的重要体现。长期以来,规范控制是图书馆书目控制的重要环节,也是图书馆环境中书目查询准确率的重要保障,尤其在 RDA 编目标准中,规范检索点的概念和创建规则得到进一步强化。但是在关联数据时代,图书馆及各机构要在互联网环境下实现所有个人、团体、会议、主题等描述的一致性是不可能的,也是没有必要的,因为"在关联数据中,身份控制不是经由'名称'形式上的规范,而是通过统一资源标识符(URI)或国际资源标识符(IRI),达到机器可操作的目的。在这个体系中,规范检索点和其他名称一样,只是一个显示标签,不同国家地区、不同机构完全可以有不同的选择名称"[10]。也就是说,BIBFRAME 中的"规范"可能与传统的图书馆规范来源关联,也可能与非图书馆规范来源关联,或者关联的是可作为域名识别资源的非规范来源。所以,取消"规范"类,将规范数据发布关联数据并使之成为广泛网络资源的重要来源,本身就彰显了 BIBFRAME 的开放性。第二,BIBFRAME 词表对其他关联数据词表的拒绝到复用,也体现了它的开放性。BIBFRAME 词表在发布之初,自己定义所有的类和属性,只采用本身的命名空间,"没有复用任何其他词表,也没有标示与现有著名词表中类和属性间的等同或其他关系"[10]。抗拒外来词表的主要原因在于对外部命名空间的稳定性没有足够的自信。关联数据提倡的就是开放、关联、共享,因此 BIB-FRAME 词表的封闭性不符合关联数据的特性,也为实际工作增添不必要的重复劳动。2015年 4 月,Rob Sanderson 向国会图书馆提交报告"Analysis of the BIBFRAME Ontology for Linked Data Best Practices",提出关联数据的最佳实践途径是在建立自己的词表时,复用已有词表中的类和属性[10]。同年 12 月,他又在报告"Linked Data Best Practices and BibFrame"中呼吁"不要忽略巨人的肩膀(Don't ignore giant shoulders)",再次强调复用现有词表的重要性[11]。BIBFRAME2.0 彻底改变了 1.0 的保守做法,直接复用其他成熟的关联数据词表,引入来自外部本体的稳定的类与属性,而不是在本地命名空间重新创建新的类与属性,如与 RDF 密切相关的 OWL 词表(Web Ontology Language)和 FOAF 词表(Friend of a Friend)、已被接纳为W3C 标准的 Web 注释数据模型(Web Annotation Data Model)、音像资源等专门资源领域的已有词表等均已被采纳,未来将有更多的外部词表得到复用。第三,作为 MARC 的替代,

BIBFRAME 虽然采用的是全新的模式,但是其第一要务是必须兼容 MARC 及后 MARC 时代的其他元数据格式如 DC(Dublin Core)、MODS(Metadata Object Description Schema)等,才能保留已有的巨量数据成果。要使 MARC 等元数据的语义得到最大限度的呈现和保留,BIB-FRAME 必须吸纳这些元数据的基本元素。同时,BIBFRAME 还需要兼容其他数据模式,才能保证不同领域的数据在网上的交互性。BIBFRAME 自发布以来,多家机构测试了本机构书目数据与 BIBFRAME 的转换或者本机构数据模型与 BIBFRAME 的映射。比如 Iowa 大学图书馆测试了作品"费加罗的婚礼(The Marriage of Figaro)"的各种资源类型包括图书、录音、乐谱、视频等的书目记录、馆藏记录、单册信息从 MARC21 转换为 BIBFRAME[12];欧洲数字图书馆测试了 EDM(Europeana Data Model,欧洲数据模型)和 BIBFRAME 核心类的映射[13]。

3 BIBFRAME 在中国的前景

3.1 BIBFRAME 尚待完善

由于 BIBFRAME 的目的是取代 MARC,且面向语义网和关联数据,因此在 MARC 日益凋敝的互联网时代,BIBFRAME 适应了时代的需求,加之出身名门,所以一经推出便引起业界广泛关注。在 2015 年美国图书馆学会年会上,来自国会图书馆的代表宣布国会图书馆计划在 2020 年底实施 BIBFRAME[14]。但是 BIBFRAME 发布以来所暴露的问题也不少,比如,国会图书馆承认公布在其官网上的 BIBFRAME 编辑器(BIBFRAME Editor,简称 BFE)还存在明显缺陷如实体查询功能还不健全、在搜索查询中不能处理连字符、不允许用户选择搜索结果排名 10 之后的实体等[15];2015 年 9 月至 2016 年 3 月间的 BIBFRAME 试点项目(BIB-FRAME Pilot Project)也存在诸多问题如搜索 BIBFRAME 记录困难、不能在 BIBFRAME 中创建规范记录,也不能输入 BIBFRAME 记录进编目系统[14];2016 年美国图书馆学会年会分会场,来自加州大学洛杉矶分校图书馆的 Kevin Balster 也汇报该馆测试连续性资源数据转换时出现的问题,包括 BIBFRAME2.0 和 BIBFRAME 编辑器不同步、图书馆不能通过 BIB-FRAME 充分利用关联数据环境提供的资源、BIBFRAME 记录馆藏的方法需要进一步测试等[14]。以上问题从不同角度揭示了 IBFAMRE 本身的不完善,加之 BIBFRAME 的高技术门槛和我国现用元数据格式的特殊性,都预示通往 BIBFRAME 的道路不会太平坦。

3.2 BIBFRAME 的技术支持

为了实现 MARC 向 BIBFRAME 的转换并最终实现用 BIBFRAME 创建新数据,国会图书馆组织了多项与 BIBFRAME 相关的技术开发,如 BIBFRAME 编辑器、MARC21 至 BIB-FRAME2.0 的转换工具、MARCXML 向 BIBFRAME 的转换软件等。同时,许多机构参与 BIB-FRAME 的应用测试和技术研发。在 BIBFRAME 发布后,图书馆系统服务商 VTLS 公司积极投身到 BIBFRAME 的研发中,推出支持 BIBFRAME 的 Open Skies 图书馆服务平台。斯坦福大学图书馆、康奈尔大学图书馆和哈佛大学图书馆等多家机构合作,使用 BIBFRAME 来开发和利用图书馆关联数据,先后开展 LD4L(Linked Data for Libraries)和 LD4Prod(Linked Data for Production)项目,前者旨在建立一个囊括书目数据(Bibliographic Data)、人员数据(Person

Data)和使用数据(Usage Data)的学术资源语义信息存储(SRSIS)模型,后者旨在探讨关联数据环境下如何使用 BIBFRAME 创建元数据以及编目规则如何适用 BIBFRAME 的项目[16]。为了将 WorldCat 里的书目记录转化为 BIBFRAME , OCLC 积极将网络资源描述规范 Schema. orgs 纳入 BIBFRAME 体系并设计了一套用于图书馆的书目扩展,即 Schema BibEX。2014 年 6 月, Zepheira 公司介绍了 Libhub Initiative,宣称其目标是"发布 BIBFRAME 资源,使之在网上可检索,通过资源的交叉关联,提高用户在开放网络发现资源的可能性"[17]。加州大学洛杉矶分校图书馆成立专门工作组,利用 OCLC Connexion、MarcEdit、the W3C RDF Validation Service 和 Notepad + 等平台和工具于 2014—2015 年间探讨了连续性资源书目记录从 MARC 到 BIBFRAME 的转换[18]。

国外图书馆及系统商对 BIBFRAME 相关技术的开发为我们提供了有意义的借鉴。我们可以参考已有技术进行二次开发,如 BIBFRAME 配置文件编辑工具、BIBFRAME 记录检索工具、BIBFRAME 编辑器、MARC 至 BIBFRAME 转换工具等都均可借鉴已有的成功经验。但是,技术开发必须立足本地化,一切技术都要充分考量我国现有的元数据格式、现有的图书馆自动化管理系统、现有的和未来要开发的词表等。另外,BIBFRAME 在国外尚处于实验阶段,在国内,除了个别同行对它的应用进行探讨,对绝大多数业内人士来说,BIBFRAME 还停留在"概念"阶段,如果没有专项资金的支持,无论是图书馆还是系统商,都由于人力和资金的缺乏,很难投入太大的热情进行研发。

3.3 现有元数据格式的影响

目前国际上通用的 MARC 格式是由 USMARC(United States)and CAN/MARC(Canada)整合的 MARC21 和国际图联创建的 UNIMARC。在我国,中文、日文及国内少数民族语言文献编目采用以 UNIMARC 为基础的本地化格式 CNMARC(China MachinE-Readable Catalogue),西文、俄文、韩文采用 MARC21。中文文献著录格式,除了常见的 CNMARC 外,一些机构对古籍、拓片、家谱、地方志、舆图等特殊资源类型的描述采用 DC 等其他元数据格式。多种元数据格式的存在是书目数据 BIBFRAME 化必须要考虑的现实,尤其是大量的珍贵的 CNMARC 格式数据转换,必须慎之又慎。无论是 CNMARC 数据直接转换为 BIBRAME,还是 CNMARC 数据转换为 MARC21 数据后再转换为 BIBFRAME,都不得不考虑将 CNMARC 与 RDA 联系起来。因为 BIBFRAME 继承并提炼了 FRBR 的 E-R 概念模型,而 RDA 则是 FRBR 的忠实实践者。RDA 作为新的编目规则目前在我国只应用于 MARC21,且尚未全面覆盖, CNMARC 何时采纳 RDA 规则,还没提上议程。此外,CNMARC 要走向 BIBFRAME,必须完善现有的通用词汇表并将之纳入 BIBFRAME 体系,必须将中国图书馆分类法、汉语主题词表、中文名称规范文档等属性值词表发布为关联数据。以上工作,都需要时日。

BIBFRAME 一开始就被定位为取代 MARC 的新编码格式,其势不可挡的姿态预示着 MARC 正快速走向生命的终点。MARC 之所以能长期存在,是因为它与编目规则紧密结合导致了二者的强大和难以替代。正因为 MRAC 长期以来对编目规则的坚守,才保证了数据的规范性,保证将来 MARC 数据向 BIBRAME 的顺利转换。所以 MARC 的被替代并不意味 MARC 数据被抛弃。无论哪一种编码格式,终究是要将"用户的便利性"放在首位,BIBFRAME 也必须考虑用户"查找资源"—"识别资源"—"选择资源"—"获取资源"的便利性。

目前,还未见到有关 BIBFRAME 用户体验的调查和报告。如果 BIBRAME 经过测试和评估,自身不断完善,并且有了足够的技术支持,它的实施势在必行,编目员应该积极面对这一挑战,转变观念,全面掌握 BIBFRAME 及相关知识和技术,用专业知识帮助图书馆实现从孤立的发现环境走向关联开放数据的广阔世界。

参考文献:

[1]刘炜,夏翠娟. 书目数据新格式 BIBFRAME 及其应用[J]. 大学图书馆学报,2014(1).

[2]Tennant R. MARC Must Die!﹝J﹞. Library Journal,2002,127(17).

[3]Tennant R. MARC Exit Strategies[J]. Library Journal,127(19).

[4]Library of Congress. Working Group on the Future of Bibliographic Control. On the Record[EB/OL]. [2017 – 07 – 03]. http://www. loc. gov/bibliographic-future/news/lcwg-ontherecord-jan08-final. pdf.

[5]阮光册. 基于 URI + RDF 实现关系数据库数据发布[J]. 图书情报工作,2013(1).

[6]Berners-Lee,T. Linked Data[EB/OL]. [2017 – 07 – 03]. https://www. w3. org/DesignIssues/LinkedData. html.

[7]林泽斐. 语义联合目录:基于 BIBFRAME 2.0 的联合目录建构[J]. 知识管理论坛,2016(6).

[8]Guerrini M. ,Possemato Z. From Record Management to Data Management:RDA and New Application Models BIBFRAME,RIMMF and OliSuite/WeCat[J]. Cataloging & Classification Quarterly. 2016(3).

[9]Library of Congress. BIBFRAME2.0 Model[EB/OL]. [2017 – 06 – 28]. http://www. loc. gov/bibframe/docs/bibframe2-model. html.

[10]胡小菁. BIBFRAME 核心类演变分析[J]. 中国图书馆学报,2016(3).

[11]Sanderson R. Linked Data Best Practices and BibFrame[R/OL]. [2017 – 07 – 02]. http://player. slideplayer. com/27/9189955/#.

[12]Xu A. ,Singh A. ,Ramamurthy A. , Xu C. , Abdelraouf M. M. , Ding Y. Initial BIBFRAME 2.0 Modeling for the Library Information Spotlight Initial BIBFR[J]. Journal of Library Metadata. 16(3 – 4).

[13]Zapounidou S. , Sfakakis M. , Papatheodorou C. Library Data Integration:Towards BIBFRAME Mapping to EDM[J]. Communications in Computer and Information Science. 2014,478.

[14]Kelley S. Continuities:The Smaller Library Staff's Perspective on BIBFRAME[J]. Technicalities,2016,36(6).

[15]Sandberg J. Bibframe Editor[J]. Technical Services Quarterly,2015,32(2).

[16]宋丹辉. 新型书目框架 BIBFRAME 发展及演化研究——兼论对 MARC 及 RDA 的改进[J]. 现代情报,2017(1).

[17]Adamich T. BIBFRAME,Libhub,and Linked Data Catalogs[J]. Technicalities,2015,36(1).

[18]Balster K. BIBFRAME for Serials:Activities of the UCLA Continuing Resources Study Group[J]. Erials Review,2016,41(4).

探索非物质文化遗产文献编目的新思路
——以非正式出版物为例

崔 玥(国家图书馆)

非物质文化遗产文献(以下简称非遗文献)主要是指记载非物质文化遗产相关内容的文

献[1],包含非物质文化遗产项目普查资料、非物质文化遗产文献化后产生的文献、关于非物质文化遗产保护研究的论著、非物质文化遗产活动材料等。这些文献反映了某地区、民族或是某一时代的文化创造[2]。非遗文献具有较强的地域性、历史传承性和艺术性,不仅承载了劳动人民的艺术才华与智慧,更包含了博大精深的历史文化,是中华民族五千年历史文化与艺术的重要组成部分。传统编目手段注重的是文献信息的一般描述,如题名、责任者、出版社等,对文献内容的深层次揭示较少,文献价值不能得到很好的体现。这就需要不断探索非遗文献编目的新思路,对非遗文献进行深层次的开发和加工,多维度、粒度性地揭示文献内容[3],提升书目数据的深度和广度。

1 非遗文献的编目现状

1.1 著录无法体现文献特色

据笔者了解,目前非遗文献跟普通文献一样,严格按照《中国文献编目规则》《中国机读目录格式使用手册》和 ISBD 有关规定著录。按照普通图书的著录方法不能完全揭示非遗文献的特殊性,非遗文献编目需要通过从附注项、主题词、分类号等方面深度挖掘文献意义,更好地体现非遗文献的研究价值。

1.2 主题标引规范不足

主题标引是使用主题检索语言,通过对文献的分析而选用确切的检索标识以反映文献内容的过程[4]。通过梳理非遗文献书目数据发现,非物质文化遗产普查类资料的主题标引存在不统一、标引混乱的现象。如例 1 中两种文献的文献内容都是对非物质文化遗产的介绍,分类号都是 G127"地方文化与文化事业",但主题标引的 $x 学科主题复分一个是介绍,一个是概况。例 2 中的两种均为江苏省不同区县的非物质文化遗产普查资料,而主题标引的 $x 学科主题复分一个是概况,一个是普查。

例 1:200 1#$a 平阴县非物质文化遗产

606 0#$a 非物质文化遗产 $x 介绍 $y 平阴县

690 ##$a G127.524$v5

200 1#$a 金州新区非物质文化遗产

606 0#$a 非物质文化遗产 $x 概况 $y 大连

690 ##$a G127.313$v5

例 2:200 1#$a 江苏省非物质文化遗产普查 $i 灌南县资料汇编

606 0#$a 非物质文化遗产 $x 概况 $y 灌南县

200 1#$a 江苏省非物质文化遗产普查沭阳县资料汇编

606 0#$a 非物质文化遗产 $x 普查 $y 沭阳县

同时在数据检索过程中发现,有些非遗文献单从数据上无法判断文献性质,主题标引中缺乏非遗文献属性,可能会对用户检索和非物质文化遗产研究造成一定的不利影响。

1.3 分类标引标识不充分

非遗文献具有较强的地域性,每个地区的非物质文化遗产以及非遗文献都有有别于其他地区的特性。非遗文献的地域性会在主题标引的地理复分字段有所体现,而分类号有些依中国地区表复分,有些却没有。例3中的三组数据描述的是不同地方的剪纸作品集,主题标引上对所在地区进行了揭示,但分类号都为J528.1(剪纸、刻纸)类,并没有再依中国地区表复分,如果能够在分类标引上做到区域细化,数据就更加细致完整,对非物质文化遗产保护研究也更具指向性。

例3:200 1#$a 托克托剪纸作品选 $b 专著 $f 贾来东主编

606 0#$a 剪纸 $x 作品集 $y 托克托县

690 ##$a J528.1$v5

200 1#$a 涪城剪纸 $b 专著 $e 黄英专集 $f 安忠瑶主编

606 0#$a 剪纸 $x 作品集 $y 中国

690 ##$a J528.1$v5

200 1#$a 曲沃剪纸艺术作品集 $b 专著 $g 曲沃县剪纸艺术家协会,曲沃县工商联
剪纸商会,曲沃残联剪纸培训基地编 $f 鲁艳芳主编

606 0#$a 剪纸 $x 作品集 $y 曲沃县 $z 现代

690 ##$a J528.1$v5

2 非遗文献编目需求分析

非物质文化遗产各类型文献都有自己的特点。从文献内容角度出发,文献特点的不同决定了文献编目需求的不同。以下对各类型非遗文献在著录、标引中的需求进行分析(见表1)。

表1 非遗文献编目需求表

文献类型	内容特点	著录需求	标目需求	分类标识需求
非物质文化遗产普查资料	系统性 连续性 地域性	揭示文献来源,采访信息	规范主题标引; 增加非遗文献统一标引字段	统一分类标识
非物质文化遗产文献化后产生的文献	地域性 传承性 多样性	从摘要、目录等内容中揭示非遗概况、价值、流派,传承人等信息	增加非遗文献统一标引字段	添加专有分类号; 细化区域复分
有关非物质文化遗产保护研究的论著	研究性	著录研究项目简介、会议届次、年份等信息	增加非遗文献统一标引字段; 增加会议检索点	无
非物质文化遗产保护活动材料及其他	多样性	重视内容的揭示 著录活动主办方	增加非遗文献统一标引字段	无

从表1可以看出,非遗文献在客观著录的前提下,需要添加新的编目字段,对文献进行全面、深度的揭示;对标目字段进行规范,使非遗文献数据更具专指性。

3 非遗文献编目的几点思考

3.1 增加一般资料标识词语

在一个反映各类型文献目录的集成系统中,为了便于读者、用户辨别文献和计算机存贮与检索,需要在其书目数据的记录上著录"一般资料标识"。其目的在于用概况性的术语在著录的开始说明出版物所属的资料类别[4]。根据 GB 3469—83 文献类型与文献载体代码显示的术语,可以找到诸如专著、论文集、报纸期刊、期刊文章、学位论文等文献资料类型和标识[5]。不同类型文献的采访方式、文献内容、文献载体等都具有各自不同的特点,在编目过程中文献信息的录入也是基于文献本身的特点设定的。通过一般资料标识项,编目人员和用户都能够一目了然地辨别文献类别,这对于文献的检索、分类、研究都具有一定的帮助。近些年,非物质文化遗产的保护受到人们的重视,非遗文献的数量和质量呈上涨和体系化的趋势,而此类文献的采访、文献内容、载体形式也具有独特性,所以可以通过增加非遗文献的一般资料标识规范此类文献的编目,让非遗文献的编目更具专业性(如例4)。

例4:200 1#$a 长沙花鼓戏 $b 非遗文献

3.2 增添附注项

附注项包含任何没有在著录信息块著录的信息,它是用来补充、阐述由于规则不允许而未能著录于有关项目中的某些必要信息,但这些信息对书目记录的使用者来说又是比较重要的信息[4]。附注项主要在3XX附注块中集中体现。此类字段均以自由行文方式记录,补充或说明其他块的字段内容,对深度揭示文献有一定的帮助。

(1)一般附注 300 字段。本字段可以记录其他附注字段不适于著录的任何附注内容。例如:说明写作缘由、目的、意义、著作性质、用途、读者对象等[6]。根据 300 字段的内容介绍,可以将未能在其他字段揭示的非遗文献的性质、类型、用途等附注信息用概括性的文字入此,便于区分非遗级别、文献种类,为文献开发利用提供有效帮助。一般情况下属于非物质文化遗产的文献,特别是国家级非物质文化遗产的文献,非遗级别信息都会在书中有所体现,但经常出现在主要著录信息源之外,如封面、序言、摘要等,需要编目员在编目过程中通过一般附注 300 字段做明确记录。如例 5 中《长沙花鼓戏》这本书"国家级非物质文化遗产"的信息在基本著录源之外,依据全面揭示的著录原则将此信息作为一般附注信息体现出来。

例5:200 1#$a 长沙花鼓戏 $专著
　　　300 ##$a 国家级非物质文化遗产
　　　606 0#$a 湖南花鼓戏 $x 研究
　　　690 ##$J 825.64$v5

(2)装订及获得方式附注 310 字段。本字段记录有关图书装订和获得方式的说明[6]。由非遗文献编目需求不难看出,非物质文化遗产普查资料具有系统性、连续性的特点,而图书馆藏书同样注重文献的系统性和完整性。据分析,大部分普查资料来源都是各地方非物质文化遗产保护中心、新闻出版局、文化厅等单位,并且多数为捐赠,如果能够在编目数据上体现出文献获得方式,按照获取方式追踪相关文献或者全面收集此类文献,那么就能保证此种文献系统入藏,增强文献利用价值。

(3)知识责任附注 314 字段。本字段记录图书各种责任者的文字说明。当图书上有个人或团体责任者的简介时,应使用本字段详细记录其基本情况,以便为建立名称规范记录提供充分的数据[6]。非物质文化遗产文献化后产生的文献,具有传承性、地域性的特点。非遗传承人或从事非物质文化遗产研究的个人及团体利用文字方式保护和传承非物质文化遗产,所产生的文献具有真实性和可靠性,同时此类人员的背景信息对深入了解非物质文化遗产有很大帮助。所以可以通过揭示书中传承和研究责任者信息来挖掘文献更深层次的含义。如例 6 的《襄垣鼓书精品汇集》一书是国家级非物质文化遗产襄垣鼓书的作品集,此条书目数据只是对文献进行了客观著录,并没有对非物质文化遗产项目(以下简称非遗项目)和责任者做更多阐述,但是此书的序和前言部分介绍了襄垣鼓书和作者,便于读者了解此种非遗项目,所以编目员也应当在编目过程中用概括性的语言将这些信息体现在数据中。如例 7 将书中责任者王德昌的生卒年、籍贯、职称、职业、主要成就和主要著作等信息用知识责任附注 314 字段进行揭示,不仅对研究襄垣鼓书,甚至对作者涉猎的其他领域如襄垣秧歌、襄垣民间音乐的研究都有一定的帮助。

例6:200 1#$a 襄垣鼓书精品汇集 $b 专著 $f 王德昌主编 $g 政协襄垣县委员会文史委,襄垣县文化服务中心编

300 ##$a 内部资料国家级非物质文化遗产

606 0#$a 地方戏剧本 $y 襄垣县

690 ##$a I236.25$v5

例7:200 1#$a 襄垣鼓书精品汇集 $b 专著 $f 王德昌主编 $g 政协襄垣县委员会文史委,襄垣县文化服务中心编

300 ##$a 内部资料国家级非物质文化遗产

314 ##$a 王德昌(1931.11.10—),山西省襄垣县下良镇西故县村人。1948 年参加工作,从 1951 年开始从事文艺工作至今,1992 年离休。离休前在襄垣县文化馆工作,任《襄垣文化》主编,中级职称,县七部艺术集成志办主任、主编,山西地方戏曲汇编襄垣秧歌专辑主编。王德昌从事文艺工作以来,主攻戏曲音乐研究、文艺创作。被《中国曲艺志》《中国曲艺音乐集成·山西卷》编辑部聘为襄垣鼓书撰稿人。主编的《襄垣鼓书志》《襄垣秧歌音乐》《襄垣鼓书音乐》《襄垣民间音乐》在北京和太原展出。

606 0#$a 地方戏剧本 $y 襄垣县

690 ##$a I236.25$v5

(4)提要或文摘 330 字段。本字段自由行文,以简练的文字记录图书的内容提要或不同类型的文摘[6]。非物质文化遗产文献化后的文献通常以非遗项目的名称作为题名,通过题名不能直接体现非遗项目的价值,而书中的简介、摘要部分对非遗项目做了更详尽的阐述,将此部分内容进行筛选,提炼出主要信息放到 330 字段,使用户从目录中可以了解到图书的基本架构,能够更快更准确地定位到所需要的内容,促使文献流通利用,对文献检索和文献

研究有更深入的意义[7]。如例8《花瑶桃花》一书的摘要部分,介绍了花瑶桃花这一非遗项目的起源、背景。通过摘要中的目录还可以了解到了本书通过哪些方面来介绍花瑶桃花技艺,使书目数据更加饱满和立体。

例8:200 1#$a 花瑶桃花 $b 专著 $f 回楚佳编著 $g 隆回县非物质文化遗产保护中心编

330 ##$a 花瑶桃花是极具特色的手工绣品,也是瑶族最具代表性的传统文化之一。这一工艺文化融合了众多民间手工艺技术,所制作的手工艺品大都质地精美、造型独特。该书分为七章,依次介绍了花瑶桃花的概述、制作工艺流程、花瑶桃花的价值等,最后还选刊了若干幅精美的工艺成品图片。

3.3 规范主题标引

标目法在文献标准书目著录基础上,为书目记录确定检索点,提供各类名称标目(包括个人名称、团体/会议名称)、题名标目的规范形式,以产生完整的书目款目,并通过规范控制,实现书目的检索功能与汇集功能,保证书目记录的查全率和查准率[8]。

主题词标引通常以《汉语主题词表》《中国分类主题词表》为依据选取规范主题词,用简洁而具有规范性的词语概括文献内容。主题词检索更加直观、更具代表性和专指性,也是目前检索系统中最为常见的检索方式。

非遗文献在编目过程中出现主题标引不一致、不明确等问题,为避免这一现象,使编目数据整体统一、便于用户检索,就要在主题标引上做进一步的规范。不论是非物质文化遗产普查资料,还是非物质文化遗产文献化后的文献,或是相关研究论著等,都是有关非物质文化遗产概况和介绍的文献,所以非遗文献的标引应统一增加非物质文化遗产介绍的普通主题字段(如例9),然后再按照文献本身特点给予其他主题词。这样既做到编目数据的统一,又凸显文献特点(如例10)。

例9:606 0#$a 非物质文化遗产 $x 介绍 $y 地区

例10:200 1#$a 花瑶桃花 $b 专著 $f 回楚佳编著 $g 隆回县非物质文化遗产保护中心编

606 0#$a 非物质文化遗产 $x 介绍 $y 隆回县

606 0#$a 瑶族 $x 女性 $x 民族服饰 $x 研究 $y 隆回县

690 ##$a G127.644$v5

690 ##$a TS941.742.851$v5

3.4 善用非控主题词

非遗项目种类多样,而一些独具地方特色的主题词暂没有收录在受控主题词内。这一部分内容极具代表性,且在文献中属于高频词汇,可以通过添加非控主题词610字段,将内容揭示出来(如例11)。

例11:200 1#$a 武川爬山歌集 $b 专著 $f 贾喜旺主编 $g 武川县文化馆编

606 0#$a 民间歌谣 $x 作品集 $y 武川县

610 0#$a 爬山调

3.5 扩充分类标识

3.5.1 增强地域性

根据《中国图书馆分类法》(以下简称《中图法》)第五版通用复分表中国地区表中的介绍,对没有依中国地区表复分和有特殊需求的区域复分进行了解释说明。其中第 2 条注明"凡主表中未注明'依中国地区表分',而需用本表复分时,中国地区号码前需先加中国地区号'2',并用国家地区区分标识'( )'"[9]。由此可见,具有地域特点的非遗文献,如遇主表中没有注明依中国地区表复分,可依此法进行地域区分(如例 12)。如依中国地区表复分仍需进一步进行区分的,在《中图法》第五版通用复分表中国地区表中第 5 条也有所说明,即"以下中央直辖市、省、自治区,可依下表分。如有特殊需要,可在类号最后加地名的前两个字的汉语拼音首字母以便同类书排列"[9](如例 13)。当然,在主表分类号码之后直接添加依中国地区表进行下类复分是最直接的方式,建议在下一版《中图法》修订时,适当增加依中国地区表复分的说明。

> 例 12:200 1#$a 平江影戏 $b 专著 $f 余剑鸣编撰 $g 湖南省平江县文化广电新闻出版局编
> 606 0#$a 皮影戏 $x 介绍 $y 平江县
> 690 ##$a J827(261)$v5
> 例 13:200 1#$a 曲沃碗碗腔 $b 专著 $f 邱建屏主编 $g 曲沃县文化体育局,曲沃县碗碗腔剧团编
> 606 0#$a 皮影戏 $x 戏曲音乐 $y 曲沃县
> 690 ##$a J617.523QW$v5

3.5.2 增加新的专类

根据《中图法》第五版常规修订中提出的除对第四版重点类和存在的主要问题进行有针对性的修订外,还全面系统地分析了各大类的设置不足及使用问题并加以修改,包括:修改类名,增强类目的容纳性;增改注释,控制类目划分深度,必要时增加新类[9]。《中图法》修订的目的是为了紧跟社会环境发展变化,满足人力资源学科文献分类的需求。2001 年入选的非遗项目昆曲,在第五版《中图法》中创建了新的类目"昆曲""昆曲艺术""昆曲音乐",并增设了新的分类号(见表 2),以增强此类文献的专指性和特殊性。

表 2　第五版《中图法》昆曲修改对照表

四版主题词	四版分类号	五版主题词	五版分类号
昆剧	I236.53	昆曲	I232.9
地方剧艺术	J825 仿 I236 复分	昆曲艺术	J821.9
地方戏曲音乐	J617.6 仿 I236 复分	昆曲音乐	J617.19

截至目前,中国入选联合国教科文组织世界非物质文化遗产名录项目(包含急需保护的非物质文化遗产名录)总数已达 39 项,所有入选的非遗项目在文化价值和研究价值上具有同等重要的地位。在《中图法》下一次修订中,似应将所有入选联合国教科文组织非物质文化遗产名录的非遗项目参照昆曲的做法增加新的专类,以皮影戏为例(见表 3)。

表 3　新版《中图法》新增类目样例表

五版主题词	五版分类号	六版主题词	六版分类号
其他剧艺术	J827	皮影戏艺术	J821. X
地方戏曲音乐	J617. 523	皮影戏音乐	J617.1X

　　非遗文献价值明显,作为逐渐兴起的新型文献也受到了图书馆界的关注,而现有的编目手段无法将非遗文献的特点完全体现,这就需要在文献编目方法上不断进行探索和发现,才能取得非遗文献在社会历史文化、经济建设等领域的最大效益。图书编目的目的在于满足用户查找、识别、选择、获取、导航的需求,提升数据编目质量,提高文献的查全率和查准率,无疑有利于实现文献利用的最大化。

参考文献:

[1]谭寅汉.非物质文化遗产文献建设模式探讨[J].图书馆建设,2010(3).

[2]周梅玲.非物质文化遗产文献的收集整理[J].浙江档案,2011(11).

[3]朱晓燕.对复合图书馆编目工作重心的思考[J].图书馆建设,2012(8).

[4]万爱雯.中文图书机读编目规则与实践[M].北京:知识出版社,2012.

[5]GB 3469—83.文献类型与文献载体代码[S].北京:标准出版社,2005.

[6]国家图书馆.新版中国机读目录格式使用手册[M].北京:北京图书馆出版社,2004.

[7]骆卫平.谈机读目录的内容提要规范[J].图书馆论坛,2008(1).

[8]富平,黄俊贵.中国文献编目规则[M].2 版.北京:北京图书馆出版社,2005.

[9]国家图书馆中国图书馆分类法委员会.中国图书馆分类法[M].5 版.北京:国家图书馆出版社,2010.

IFLA 图书馆参考模型概述及研究现状

冯　蕾(国家图书馆)

　　图书馆参考模型,简称 IFLA-LRM,是 FR 系列模型 FRBR(书目记录功能需求模型)、FRAD(规范数据的功能需求模型)、FRSAD(主题规范数据的功能需求模型)的统一。由于 FR 系列模型由不同团队在长达十年的时间内陆续完成,对于某些共同问题,三个模型采用不同的观点和解决方法。此外,一个完整的书目系统需要 3 个模型的同时应用,需要解决非常复杂的问题,模型本身没有对此做出指导[1]。因此,将 3 个模型统一,以清除在应用中的障碍,成为编目界的工作目标。

　　统一模型采用与 FR 系列相同的"实体—关系"框架和实体分析方法,其基本原则是一致性和普遍性。IFLA-LRM 考虑与所有类型的资源相关的书目信息,力图揭示书目资源的共性和深层结构,主要内容是用户任务、实体、属性和关系。

1 历史背景

2010 年 FRSAD 模型完成, FRBR 评审组积极致力于 FR 系列的统一, 并于 2013 年在新加坡成立了统一版编辑小组(Consolidation Editorial Group, 简称 CEG), 专注于重新评估统一模型的属性和关系, 并起草模型文件。CEG 成员有主席 Pat Riva(加拿大)、Patrick Le Boeuf (法国) 和 Maja Žumer(斯洛文尼亚)。模型暂时称为 FRBR 图书馆参考模型(FRBR-Library Reference Model, 简称 FRBR-LRM)。

经过三年的努力, 2016 年 2 月 FRBR 图书馆参考模型发布全球评审草案, 至 5 月完成评审。8 月 IFLA 年会期间, FRBR 评审组根据全球评审的结果, 将 FRBR-LRM 改为 IFLA-LRM 并继续进行完善工作。2017 年 5 月, IFLA-LRM 2017 年 3 月版已修改完毕, 等待 IFLA 专业委员会的批准。

2 主要内容

2.1 用户任务

IFLA-LRM 将信息寻求过程分解为 5 个部分, 即用户任务: 查找、识别、选择、获取和探索 (详见表 1)。定义中"资源"的范围很广泛, 既指模型中定义的任何实体, 也指实际的图书馆资源。

用户任务是为用户和用户需求而定, 因此, 图书馆与其他创建和维护数据的机构为满足其内部功能而使用的管理型元数据、权限元数据及其有关的管理任务, 均不属于 IFLA-LRM 的范围。

探索是其中最具开放性的任务。用户在浏览过程中会从一个相关资源到另一个资源, 通过资源间的相互联系, 在信息寻求过程中获得意想不到的收获。为实现这个任务, 信息系统应能清晰地提供资源间的关系, 以及详细的背景信息和导航功能。

表 1　用户任务定义[1]

用户任务	定义
查找	通过任何相关条件进行检索, 以汇集感兴趣的一个或多个资源信息
识别	清楚理解查找到的资源性质, 并能区分相似资源
选择	判断查找到的资源是否合适, (通过接受或拒绝)选择特定资源
获取	获取资源的内容
探索	利用上下文语境中一种资源与其他资源间的关系

2.2 实体

IFLA-LRM 共有 11 个实体:Res、作品、内容表达、载体表现、单件、代理、个人、集体代理、Nomen、地点和时间跨度。实体是图书馆信息系统用户感兴趣的关键事物。

IFLA-LRM 对核心实体:作品、内容表达、载体表现和单件进行重新定义,不再相互参照。另外新增了代理、集体代理、地点(名称不变,目的与范围已与原模型不同)和时间跨度。

(1)如表 2 所示,实体层级展示了实体间的超类和子类关系,可表达为"Is A"。上一级实体是下一级实体的超类,下一级实体是上一级实体的子类。如个人是代理的子类,表达为个人 Is A 代理。实体超类和子类关系中,超类的属性和关系同样适用于子类,不必对子类进行单独定义,反之则不适用。这在一定程度上简化了模型。

表 2　实体层级

顶级	第二级	第三级
LRM-E1 Res		
—	LRM-E2 Work(作品)	
—	LRM-E3 Expression(内容表达)	
—	LRM-E4 Manifestation(载体表现)	
—	LRM-E5 Item(单件)	
—	LRM-E6 Agent(代理)	
—	—	LRM-E7 Person(个人)
—	—	LRM-E8 Collective Agent(集体代理)
—	LRM-E9 Nomen	
—	LRM-E10 Place(地点)	
—	Lrm-E11 Time-span(时间跨度)	

(2)Res(拉丁语,thing)是模型的顶级实体,是其他实体的超类。Res 来源于 FRSAD 模型中的"Thema"(译为主题),包括物质的和抽象的事物。泛指论述领域内所有实体。

(3)Nomen 合并了 FRSAD 模型中"Nomen"和 FRAD 模型中"名称"和"受控检索点",指一个实体为人所熟知的名称。

首先,对于 Nomen 的范围,我们需要做出三点说明:①Nomen 有多种表达方式,可以是一系列字符、书写系统符号等。但只有在语境中,符号串被赋予了名称时,才是 Nomen,任意一串符号不是 Nomen,这一点在书目领域中很重要。②一个 Nomen 对该实体的联系表现为文化和语言习惯。Nomen 没有固定含义,根据使用的语境而定。③Nomen 的属性实际上描绘了 Nomen 与其命名事物(Res)间的关系。简单来讲,Res 是事物本身,Nomen 是事物名称。Nomen 可以由多个部分组成,其组成部分也可以是 Nomen,构成了 Nomen 间的整体与部分关系。

其次,图书馆语境中的 Nomen 可分为三种类型:指代具体实体、标识符、受控检索点。①指代具体实体:对个人、集体代理(如家庭和集合体)或地点指代为名字;对作品、内容表达和载体表现指代为题名;对单件指代为书架号;对 Res 在主题语境中有多种指代,如术语、描述符号、主题标目和分类号。②标识符:标识符在特定应用领域具有持久性和独特性,如URI。标识符一般由授权分派机构分派,如国家政府。③受控检索点:受控检索点为个人、集体代理、作品和内容表达提供搭配,同时附加实体作为主题关系中的客体。在知识组织系统中,受控检索点设计为两个子类型中的一个:首选或规范检索点;变量检索点。其中,规范检索点可以识别特定实体,充当标识符。

2.3 属性

IFLA-LRM 定义了重要的或有用的属性,并没有穷尽所有属性。在实施时,可以通过增加需要属性进行扩展。大部分实体的类别属性,可以创建相关的子类型,为实体添加具体属性,体现了模型的可扩展性。表 3 展示了定义的 37 个实体属性,这些属性为描绘实体特征提供重要信息,如:内容表达的一些属性(语言、阅读对象、调、表演媒介)对识别作品很重要。

表3 实体属性

实体(属性个数)	序号	属性
Res(2)	LRM-A1 至 A2	类别、注释
作品(1)	LRM-A3	类别
内容表达(9)	LRM-A4 至 A12	类别、代表性、范围、阅读对象、权限、语言、调、表演媒介、比例尺
载体表现(6)	LRM-A13 至 A18	载体类别、范围、阅读对象、载体表现说明、使用条件、权限
单件(2)	LRM-A19 至 A20	位置、权限
代理(3)	LRM-A21 至 A23	联系方式、活动领域、语言
个人(1)	LRM-A24	职业
集体代理(0)	无属性	
Nomen(9)	LRM-A25 至 A33	类别、方案、阅读对象、使用情境、参考源、语言、文字、文字转换、状态
地点(2)	LRM-A34 至 A35	类别、位置
时间跨度(2)	LRM-A36 至 A37	开始、结束

另外,集体代理没有定义的属性,但其为代理的子类。因此,代理定义的属性同样适用于集体代理。

新增代表性内容表达和载体表现说明。

(1)代表性内容表达指某作品的内容表达是否为其经典代表。有两个取值"是"和"否",内容表达是作品经典代表取值为"是",不是为"否"。

(2)载体表现说明指载体表现中,对用户理解资源如何代表自身的重要说明。所有转录数据都是一种说明,说明的类型由编目标准定义,如版本说明、发行者说明等。编目实践中需要转录数据,载体表现说明可以在转录数据和其他来源的记录数据之间做出明确区分。

2.4 关系

关系是两实体间的关联。IFLA-LRM 定义了 34 种关系,主要有:Res 相联系 Res 相关关系;书目实体:作品、内容表达、载体表现、单件之间的核心关系(见表4);代理与书目实体间的责任关系;作品与 Res 间的主题关系;Res 有名称 Nomen,代理分派 Nomen 间的名称关系等。其中,Res 相联系 Res 是一般关系,对书目领域的所有实体都有效。

表4 Res 相关关系及核心关系

序号	来源域	正向关系	反向关系	目标域	基数
LRM-R1	Res	与…相联系	与…相联系	Res	M to M
LRM-R2	作品	通过…实现	实现	内容表达	1 to M
LRM-R3	内容表达	具体化在	具体化	载体表现	M to M
LRM-R4	载体表现	通过…例证	例证	单件	1 to M

模型中的关系有两个方向。从左向右(向前)为正向关系,从右向左(向后)为反向关系。由表4可见,表头的顺序为序号、来源域实体、正向关系、反向关系、目标域实体、基数。基数具体指明了来源域和目标域实体的实例数量,由特定关系连接起来。如,LRM-R2 一部作品可以通过多个内容表达实现,一个内容表达只能实现一部作品,基数是一对多。

来源域与目标域的实体相同时,称为循环关系;正向与反向关系的名称一样时称为对称关系。如,Res 相联系 Res 为循环对称关系。

IFLA-LRM 中存在"捷径方式",如:Nomen 与 Nomen 关系(LRM-R17)等值,即循环对称关系,当两个 Nomen(来源域和目标域)是同一个 Res 的名称时,"捷径方式"为两个 Nomen 等值。用公式表述为:Nomen1 是 Res 的名称 + Res 有名称 Nomen2 = Nomen1 与 Nomen2 等值。例如:USA 等值 United States of America。

3 研究现状

IFLA-LRM 是 FR 系列模型的统一,由用户任务、实体、属性和关系构成。由于模型仅以概念、术语描述而成,实体、属性和关系的表述又很抽象。因此,以解读模型,追根溯源对比分析模型决策为主的理论研究占据了相当的分量,并伴有少量应用研究。

3.1 理论研究

3.1.1 国内理论研究

国内关于 IFLA-LRM 的理论研究主要集中在国家图书馆。更多地关注于解读模型内容,分析创新点,尤其是侧重关系部分以及追溯变化渊源,对比 FR 系列模型异同,为深入理解和实施 IFLA-LRM 奠定基础。

袁硕从用户任务、实体、属性和关系四方面详细介绍 IFLA-LRM 的框架结构和主要内容,结合 FR 系列模型相关内容,重点剖析统一模型的创新点。包括 Res 和 Nomen 实体;Is A 关系;内容表达新增重要属性——代表性,载体表现新增一般化属性——载体表现说明;高级关系及核心关系等。他认为 IFLA-LRM 对于编目规则的未来变革乃至编目规则思想发展,都将起到不可忽视的作用[2]。

李菡重点分析模型关系部分的理念和决策,梳理模型中关系的类型,总结出五种独特的关系建模决策,七种关系分类及表述,并辅以 MARC21 著录实例分析说明。①关系建模决策包括:采用格式化的表格和图表组成高度结构化的模型定义文档,关系互逆且体现基数,蕴含关系链和快捷方式的关系构建,循环、对称、循环对称、循环非对称关系,及属性演变为关系。②关系分类及表达包括:高层实体关系,责任关系,主题关系,名称关系,相关关系,作品、内容表达、载体表现、单件间的其他关系,代理间的关系。关系是模型的基础,用户可以借助资源间的关系,在检索过程中由一项资源到另一项资源,形成检索查询式链条,最终找到所搜寻的实体及相关实体。用户任务的实现取决于关系是否正确描述、揭示的基础之上。IFLA-LRM 关系的定义及建模带来了理念性的变化,将对如何在书目世界顺利应用 FR 概念模型揭示关系产生重大影响[3]。

杨恩毅着重分析了 IFLA-LRM 与 FR 家族三模型之间的异同,理解 IFLA-LRM 的来龙去脉。首先,对比模型结构,IFLA-LRM 与 FR 系列模型不同,以用户任务为出发点,围绕完成用户任务这一中心展开。其次,对比用户任务,明确 IFLA-LRM 用户任务的范围。第三,分析 FR 系列模型实体保留、合并、取消的原因及 IFLA-LRM 新增实体创新点。第四,IFLA-LRM 属性数量减少主要是通过取消与合并、转移至其他实体和转换为关系三种方式实现,并剖析新增属性。第五,IFLA-LRM 的关系可总结为七种:高层实体关系、责任关系、名称关系、相关关系、整体部分关系、连续关系和其他关系,IFLA-LRM 关系的类型更加抽象,涵盖面更广,建立关系的实体更具有概括性[4]。

另外,南昌大学贺艳松的硕士毕业论文《书目框架 BIBFRAME 研究及其应用》[5]涉及 IFLA-LRM 的提出,并对模型进行了简单介绍。

3.1.2 国外理论研究

国外对 IFLA-LRM 的研究以 CEG 主席 Pat Riva① 女士为主。2015 年在南非开普勒召开了国际图联年会,Pat Riva 和小组成员 Maja Žumer 做了统一模型的第一份公开报告。这份报告以 CEG 工作情况为基础,较为详细地介绍了统一模型的用户任务、实体、关系和属性[6]。①用户任务(5 项):查找、识别、选择、获取和探索。探索是独立于其他任务的次元。在某些情况下,是未来信息搜索的出发点;在另一些情况下,作为用户的实际目标。②实体(11 个):Res(即 thing,重新命名\重新定义,来自 FRSAD 中的 Thema)、作品、内容表达、载体表现、单件、代理(新产生,是个人和集体代理的超类)、个人、集体代理(新产生,包括类型家庭和集合体)、Nomen(合并 FRSAD 中的 Nomen 和 FRAD 中的:名称、受控检索点,包括类型标识符)、地点(由 FRBR 中的地点改编,定义为一个给定空间范围)、时间跨度(新产生,定义为时间范围)。③关系(5 种关系):核心关系(作品、内容表达、载体表现、单件间的关系)、名称关系(Res 和 Nomen 间的关系)、责任关系(作品、内容表达、载体表现、单件与代理间的关系)、主题关系(作品与 res 间的关系)、地点和时间跨度关系。④属性:用户研究表明,终端用户经常视原件内容表达分离于其他内容表达,是作品的最好代表。因此产生了新的内容表达属性,"代表性内容表达"。

IFLA-LRM 文本呈现了模型的主要内容,但没有涉及建模决策背后的原因。为此,Pat Riva 女士就模型创新方面的几个问题,结合原有 FR 系列模型相关内容进行了讨论。并分析了 CEG 采用何种解决方法时的原因。讨论的问题主要关于实体结构、Nomen、个人、书目实体和代表性内容表达[7]。①实体结构。实体间的概念层级结构,即超类和子类关系。使

---

① Pat Riva 来自加拿大康考迪亚大学图书馆,是国际图联 FRBR 统一版编辑组主席,也是 RDA 指导委员会的成员。

用超类实体描述一般化,可使其属性和关系适用于子类实体。例如,作品与个人、家庭、集合体的创作关系,可直接表达为作品与代理间的创作关系。关系的本质内容没有改变,精简了模型;在检索时,不需要明确说明创作者是个人还是团体,扩大了检索范围;另外,Res 相联系 Res 关系是模型中所有关系的超类,因此可根据实际需要创建任何新的关系。②Nomen作为实体[8]。IFLA-LRM 将 Nomen 定义为实体,指一个实体为人所熟知的名称。将 Nomen作为实体处理有很多好处。首先 Nomen 是一个实体就具有了属性和关系。其次,通过关系可以将 Nomen 与其他实体相关联,也可以相互关联不同的 Nomen。这里将 Nomen 作为实体,有两点思考:第一,IFLA-LRM 没有沿用 FRAD 模型中将 Nomen 表现为多样具体实体的方式,而采纳 FRSAD 模型中将 Nomen 表现为单一实体的方式。第二,Nomen 实体应如何定义,这决定着 Nomen 的属性和关系如何制定。是定义为一个实际字符串(没有意义),还是定义为有意义的符号,选择标准是产生的属性和关系在描述书目重要现象时的作用。Nomen 定义为无意义字符串,其特征是代理"分配"Nomen 关系的一部分;定义为有意义符号,其特征则作为 Nomen 的属性。因此,Nomen 定义为有意义符号。③个人实体的本质。IFLA 图书馆参考模型将 Nomen 定义为实体,解决了个人实体如何定义的困难。个人定义为个体人类。个人实体限制为真实人类。虚构或非人类实体,以及个人的交替名称如责任说明中的笔名,将作为新的 Nomen 实体。④书目实体的继承和改变。书目实体:作品、内容表达、载体表现和单件独立定义,不再相互参照。载体表现复制关系(LRM-R26)定义为只发生在两个载体表现间。不能为两个单件之间或一个单件与一个载体表现间。整体与部分关系中,整体与部分需为同一实体。⑤代表性内容表达。代表性内容表达是内容表达的一个全新属性。这个属性不可重复,产生于用户研究。终端用户很重视原件的内容表达,视其为该抽象作品的代表。首先,原件内容表达的特征对于判断新作品和新内容表达很有益处。其次,原件内容表达的重要性也根植于许多书目实践中。

作为高层概念模型,IFLA-LRM 不能直接应用,但可以作为详细制订编目规则和实施书目系统时的指导或基础。因此,Pat Riva 女士提出了围绕 IFLA-LRM 改编 RDA 编目规则的方法,并列举 RDA 实例进行说明。删除特点属性、关系甚至实体,扩展模型中的元素[9]。①删除。模型中的任何元素都不是必需的。在具体编目规则和实施模型时,不相关、不需要的元素都可以删除。首先,实施模型时不需要使用所有属性,删除属性不会影响模型一致性。其次,书目实体间的结构关系可能会实施。与属性一样,具体实施时不需要的其他关系也可以删除,前提是删除后不影响实体间的关联。第三,在具体例子中某些实体也可以删除。例如,全国总书目不需要实体单件,不提供任何单件层面的信息,当实体被删除了,逻辑性和一致性要求与这些实体有联系的关系也需要删除,实体属性则不实施。②扩展。RDA编目规则包含很多 IFLA-LRM 中所没有的属性。扩展最容易的方法是添加新的属性和关系,正像不需要的属性和关系可以删除。此外,扩展属性、关系和实体分别对应三种方法。a. 属性的子类型。现有属性可以再分为更具体的属性。IFLA-LRM 的很多属性具有普遍性,这意味着在应用中可以再分为子类型。例如:类别属性允许任何实体的再次分类,同样注释属性也可以再次分类,其具体类型可以通过 RDA 进行定义。这种方法的典型例子是载体表现说明。在实施时,载体表现说明可再分为多种子类型。RDA 第 2 章识别载体表现和单件,大部分数据元素都是载体表现说明的子类型。同时,RDA 中的转录数据元素(见 RDA1.4 列表)也是这个属性的子类型。b. 关系的精细化。当模型中的任何关系可以更加具体化时,

IFLA-LRM 包含的某些重要关系非常普遍,放在模型里可用作更加具体化、粒度更加细化关系的连接点。如,IFLA-LRM 中作品和代理的创作关系,在 RDA 中精细化,定义了很多关系说明语。此外,利用实体层级结构也可以创建关系的精细化。来源域或目标域实体,可替换为该实体的子类,如 Res 与地点的关系。个人和集体代理是 Res 的子类,其与地点的关系可以细化为个人与地点的关系,如出生地或居住地等。集体代理与地点的关系,如办公地点等。c.实体和子类。属性的扩展方法可以应用到创建新实体中。新实体为实体层级序列中的下级实体。

3.1.3 对 IFLA-LRM 模型的改进

在国内外学者研究 IFLA-LRM 的同时,有的学者对模型内容提出了质疑。

Philip Hider 分析了 FRBR、FRAD、FRSAD 和 IFLA-LRM 四组用户任务的有效性和充足性,并结合 Elaine Svenonius 的研究,提出了一组修订用户任务:定位、配置、连接、识别、选择和获取。

Hider 在 IFLA-LRM 用户任务定义的基础上进行修改,得到修订用户任务。首先,查找任务分成 3 个子任务,定位、配置和连接。不采用识别任务的定义而重新定义为"确认特点寻求资源"。其次,选择任务定义中的资源改为实体。获取任务增加,获得主题。最后,取消探索任务。具体定义详见表5。

表5   六个普遍化用户任务[10]

用户任务	定义
定位	查找特定寻求实体
配置	通过特定寻求属性或关系查找实体
连接	通过记录中遇到的特定属性值查找其他资源
识别	确认特定寻求资源
选择	判断查找到的实体是否合适,(通过接受或拒绝)选择特定实体
获取	获取资源的内容或获得主题

用户搜索资源可分为两种情况,"已知资源"搜索和"未知资源"搜索。

(1)"已知资源"搜索指用户知道需要寻找的资源,如特定单件、载体表现、内容表达和作品。通过检索图书馆目录,定位相关记录。识别代表所寻资源的记录从而获得资源。

(2)"未知资源"搜索指用户不知道所要寻找的资源。可检索资源拥有的特定属性(如特定主题)或关系(如两个作品间的关系)。配置显示这些具体特征的资源组。也可导航数据库,应用目录的规范文档和书目文档获取主题。资源检索过程中,可能会有意外收获。偶遇到的其他资源记录或超链接可能比"已知资源"搜索到的记录更有价值。

六个普遍化用户任务是文档检索的基本通用构想。在当代信息环境中,文档检索主要有三种方式:专业索引或目录,图书馆目录便是其缩影;社会元数据,以 YouTube 和 Flickr 为例;基于内容的检索,网络搜索引擎是其经典代表。

3.2 应用研究

随着对 IFLA-LRM 理论研究的逐渐深入,有的学者开始把目光投向模型的应用研究。

王端云和贾君枝利用 IFLA-LRM 的超类和子类关系(Is A)及实体间关系,将个人名称规范记录转换为 RDF 表示得到聚簇算法的语义推导公式。并结合 VIAF 记录的作品关系属性设计中文同名个人规范记录识别和聚簇算法,提高记录识别和聚簇的效率[11]。

(1)实体分析

个人名称规范记录包括个人规范名称、变异名称、出生或死亡日期、注释和参考数据源。将每条个人名称规范记录转录为主体—谓词—客体的 RDF 表示。个人名称规范记录作为 Res 实体的子类处理,是新的资源实体,涉及的实体有:Res、名称、时间跨度、代理(含集体代理和个人)、作品、个人名称规范记录。

(2)关系分析

根据 Is A 关系和实体间关系这两类关系,推导得到 6 个具体语义关系。如:Res"有联系"时间跨度 + 代理"Is A"Res + 个人"Is A"代理 = 个人"有联系"时间跨度。个人名称规范记录的聚簇将语义关系取值相同的记录合并在一起,得到 2 个聚簇算法的语义推导公式。根据公式可以判断两条记录中包含的两个个人是否为同一个人以及两条记录是否为一簇,尤其在生卒年缺失的情况下。

Amanda Sprochi 认为 IFLA-LRM、RDA 和 Bibframe 对图书馆书目数据的记录、存储和检索产生了深刻影响[12]。

首先,RDA 不与某个特定格式相捆绑,具有很高的灵活性和兼容性。因此,RDA 可以应用于图书馆及其他文化机构,并发展书目数据新编码系统。此系统对用户更加友好,能够影响网络应用、机器可执行的数据及语义网的新发展。

其次,关联数据是语义网的主干,它以 RDF 来描述相关数据及其相互关系。Bibframe 以 RDF 为基础,使用数据互换格式,允许数据在网上存储和运输。而且 Bibframe 中的资源可以成功映射到 FRBR 实体并与之兼容,MARC 记录的元素也可以有效映射到 Bibframe 环境。Bibframe 可能取代 MARC 成为语义网应用中新的书目数据编码格式。

第三,IFLA-LRM 保留了 FRBR 模型的基本结构,提炼并巩固了实体和用户任务的种类和定义。随着 IFLA-LRM 的应用,RDA 将进一步修订并与统一模型更加协调。

网络时代,面对编目环境的改变,图书馆人要在书目记录方面停止思考,开始在数据方面进行思考。Google 搜索引擎使用量的上升以及图书馆目录和发现工具使用量的减少,很大一部分原因是 MARC 格式在联机网络世界缺乏可操作性。因此,需要书目信息数据为机器可执行,能够在不同的数据库和平台进行操作和共享,且这些数据不要求特定格式。此外,为使图书馆馆藏得以发现和使用,就需要丢弃 MARC 书目记录的"平面文件"思考方式,接受更加三维的数据处理方式。

IFLA-LRM 综合了 FR 系列模型的特点和优势,是新的图书馆概念模型。作为 RDA 编目规则的基础,IFLA-LRM 的发布推动了 RDA 的更新与修订。RDA 指导委员会于 2017 年发布了《RDA 实施 LRM》公告,着手更新 RDA。未来几年,在 RDA 的示范和带领下,IFLA-LRM 将会更多的应用于编目实践,对我国编目工作带来借鉴,并为完整的图书馆书目系统的实现奠定基础。

参考文献:

[1]Pat Riva,Patrick Le Boeuf,Maja Žumer,FRBR-Library Reference Model[EB/OL].[2017-05-11].http://

www. ifla. org-filesassets-cataloguing-frbr-lrm-frbr-lrm_20160225. pdf.

[2]袁硕. FR 家族概念模型统一版——《FRBR 图书馆参考模型》初探[J]. 数字图书馆论坛,2017(1).

[3]李蔼. IFLA 图书馆参考模型中的关系[J]. 图书馆论坛,2017(4).

[4]杨恩毅. 试论 FRBR-LRM 与 FR 家族三模型的区别与联系[J/OL]. 图书馆杂志(2017 – 05 – 08). http://
kns. cnki. net/kcms/detail/31. 1108. G2. 20170508. 1457. 002. html.

[5]贺艳松. 书目框架 BIBFRAME 研究及其应用[D]. 江西:南昌大学,2016.

[6]Pat Riva & Maja Žumer. Introducing the FRBR Library Reference Model[J]. IFLA WLIC,2015.

[7]Pat Riva. On the new conceptual model of the bibliographic universe:the FRBR Library Reference Model[J].
Aib Studi,2016,56(2).

[8]Ted Gemberling. FRSAD,Semiotics,and FRBR-LRM[J]. Cataloging & Classification Quarterly,2016,54(2).

[9]Pat Riva. Building RDA using the FRBR Library Reference Model[J]. IFLA WLIC,2016.

[10]Philip Hider. A Critique of the FRBR User Tasks and Their Modifications[J]. Cataloging & Classification
Quarterly,2017,55(2).

[11]王端云,贾君枝. 基于作品关系扩展的中文同名个人规范记录识别与聚簇研究[J]. 图书情报工作,
2017(3).

[12]Amanda Sprochi. Where Are We Headed? Resource Description and Access,Bibligraphic Framework,and the
Functional Requirements for Bibliographic Records Library Reference Model[J]. International Information &
Library Review,2016,48(2).

民国时期编目学文献之管窥

郝淑红　屈晓晖(东北大学图书馆)

　　文献编目学是图书馆学的分支学科之一。如果概念化,文献编目工作是指按照特定的规则和方法对各类型文献进行著录和标引,并通过字顺组织法和学科系统组织法编制图书馆检索目录的工作[1]。在图书馆所有业务工作中,编目工作是其中一个重要环节,无论是典藏、流通、借阅,还是信息检索、文献传递,甚至当今正值火热的阅读推广,首先都应该依靠对馆藏文献外在形式特征和内容特征进行有目的整理、整序和整合的工作。编目工作可谓图书馆一切工作的基础。时至今日,从图书馆的实际工作来看,编目已不仅仅是图书馆自己的事情,其中编目规则的制定、编目标准化、现代化是该学科中主要的研究课题。

　　清末民初,中国新图书馆事业正处于萌芽时代。尤其民国以来,西学东渐,现代图书馆纷纷在各地建立。五四运动以后,图书馆界也发生了革新运动,同时对目录方面提出改革要求。西方国家,尤其英、美的图书馆理论和技术方法陆续输入中国。在此冲击下,中文编目也产生了极大的改变。文章在简要介绍中西方编目学历史基础上,根据相关资料,对几种民国时期编目学文献的编辑体例、主体内容及其出版背景等方面进行分析,由此探讨近现代编目思想对今天编目工作的影响与启示。

1 编目学简史

1.1 中国编目学简史

1.1.1 《七略》和汉志

《七略》是中国第一部综合性图书分类目录,汉代官府藏书目录。西汉刘向等人校勘政府藏书,将各书叙录汇辑而成《别录》。刘向之子刘歆在《别录》的基础上编成《七略》。全书分为七大类:辑略、六艺略、诸子略、诗赋略、兵书略、数术略和方技略。辑略是写在六略之前的一篇概括性的学术简史,所以《七略》实际上分为六大类[2]。《别录》《七略》对其后的图书分类学、目录学的发展影响深远,对中国古代校书编目活动影响深远,其基本内容借《汉书·艺文志》以传。东汉班固继承《七略》的方法,"删其要,以备篇籍",加以增补改编,收集当时新出现的著述而成《汉书·艺文志》(今称汉志)[3],从中可知《七略》的概貌。《七略》原书唐末佚失,汉志即成为我国现存最早的图书目录。

1.1.2 西晋—唐—宋

至西晋荀勖编著《中经新簿》开创四部分类法的新途径。佛道等新学术发展,乃有刘宋时代王俭《七志》和阮孝绪的《七录》,将图书分为经典录、纪传录、子兵录、文集录、术技录、佛法录、仙道录,于是儒释道三派的典籍,在分类上得到统一。

至唐代魏征等撰的《隋书·经籍志》,为唐代官修的一部目录,是继《汉书·艺文志》后我国现存最古的第二部史志目录。此志为参照阮孝绪的《七录》分类体系而成,并按经、史、子、集四部四十类著录,既反映隋朝一代藏书,又记载六朝时代图书变动情况,并最终确立了四分法在目录学中的地位,也是现存最古的四分法目录书[4]。

至南宋初年尤袤所撰《遂初堂书目》,为中国宋代私家藏书目录。《遂初堂书目》(今传本)共收录图书 3000 余种,分为 44 类,对四部分类体系做了调整,突出本朝著作与新出现的图书,设有"小说""类书""乐曲"等小类。仅著录书名,部分款目著录作者,在经部书和一些史部书名之下简记版本情况[5]。该书开创了中国古代书目著录版本的先例。

南宋郑樵在《通志·校雠略》中,第一次明确了治学、图书、类例三者之间的关系,这是我国第一部目录学论著,系统地论述了我国目录学的原理和规则;《通志·艺文略》另创十二大类的分类法[3],大类下再分小类,小类中再分种。

1.1.3 清《四库全书总目提要》

清代为我国目录学的巅峰时期,所编制的目录无论质和量都超越以前各朝各代。清代目录主要可划分为艺文志类、国家藏书目录、私家藏书目录等。其中的国家藏书目录如《天禄琳琅书目》和《续天禄琳琅书目》专注重版本。

《四库全书总目》为我国古代最大的官修图书目录,也是现有最大的一部传统目录书。完成于清乾隆四十六年(1781),著录图书 3401 种(称"著录书"),79309 卷,以及抄存卷目图书 6793 种(称"存目书"),93551 卷[6]。对誊录入库的著录书和存目书全部写出提要,就是《四库全书总目提要》,另编有《四库全书简明目录》20 卷,不收存目书,提要从简。有清一代目录学之巨著,古典目录学集大成者。

1.2 西方编目学简史

编目条例和编目学的发展,与文献的增长以及人们对它的需求密切相关。西方编目学界公认的第一部完整的编目条例,始于19世纪中叶。帕尼奇(Panizzi)掌管英国博物院图书馆时,曾编订《91条著录规则》(1841年),其后历经删定沿至今日,英国博物院印本图书目录即依此编者。"其编录之准确,内容之丰富,久为图书馆界所推许。"[7]此后,普鲁士于1899年发表其编目规则,即便普鲁士图书馆用一定之条例编目,普鲁士图书总目亦即依此编订。此两种编目条例,一则影响英语国家,一则影响德语国家。

1876年克特《字典式目录规则》诞生,克特以探求编目技术之科学原理为出发点,首次明确阐明目录的功能[8]。此后,美国图书馆学家杜威首先倡导编目条例标准化、国际化。在上述规则影响下,1904年英、美两国图书馆协会决定联合制订编目条例。经过双方努力,1908年"英美编目条例:著者和题名款目"正式出版,波及全世界需用英文图书之图书馆。美国国会图书馆即采用而编印目录卡片。

2 民国编目学文献

20世纪20至30年代,由于西方图书馆学影响,我国中文图书编目近现代条例开始形成。在图书管理上,逐步改用科学方法;在目录编制上,亦改以前考镜源流之说,而注重检索之便利。试以民国时期几种编目学专著为例,分析介绍当时图书馆管理现状,以及图书目录之编制与演化情况。

表1 馆藏民国编目学文献

丛书	题名	责任者	出版者	出版地	出版时间
	中国图书编目法	裘开明/著	商务印书馆	上海	1931.2
图书馆学丛书	现代图书馆编目法	俾沙普/著;金敏甫/译	商务印书馆		1932
	图书编目学	金敏甫/编著	正中书局		1936.12
	国立中央图书馆中文图书编目规则	国立中央图书馆/编订	商务印书馆		1946.9 初版
	中文图书编目法	楼云林/编	中华书局		1947.6 初版

2.1 《中国图书编目法》

2.1.1 关于作者

裘开明(1898—1977),字暗辉,浙江镇海人。裘开明先生是中国图书馆界第一位走出国门、全职服务于美国图书馆事业并功成名就的杰出人士,也是美国东亚图书馆早期发展中的一位启蒙大师和领袖人物[9]。在图书分类学、编目学、目录学、版本学等诸多方面,裘开明先生融中国传统学术成就与西方的近现代学术精华于一体,开创了与中西图书馆学术既迥异又兼容并蓄、具有独特风格的"东亚图书馆学术"体系。这一体系差不多影响了整个20世纪西方东亚图书馆的发展,极大地推动了西方的亚洲区域研究工作。

2.1.2 内容框架

全书共 1 册,226 页,分为三编。第一编为目录片应载事项,主要内容为第一章—第六章,分别是定书名、考著者、审版本、纪图卷、列细目、加附注;第二编为目录片之写法,主要内容为第七章—第十四章,分别是书名目录片,著者目录片,注、译、校……者目录片,标题目录片,分析目录片,丛书目录片,特殊图书目录片,目录片之索引;第三编为目录之种类及其排法,主要内容为第十五章—第十八章,分别是字典式目录、书架目录、分类目录和目录排列法等。另外附录有三,分别为附录一目录之刊印,包括(甲)目录片之印法、(乙)簿式目录之刊印,附录二编目参考书举要,附录三四角号码检字法凡例。

2.1.3 主要特色

本书是在著者多年编目经验基础上,参考我国固有书目学之载籍,诸家书目史志艺文之体例,以及西方编目法著作,将中国旧书籍编目诸难点问题,讲究折中,以求解决,并详示各种目录片编写法。每种附图数幅,表明行款。

2.2 金敏甫的编目学著作

2.2.1 关于作者

金敏甫(1907—1968),名善培,字敏甫,江苏青浦县(现属上海)人,图书馆学家。1930年,金敏甫转入南京铁道部图书馆,担任主任职务。当时我国大小图书馆开始编制新式目录,而国内有关图书馆编目学的专业书籍又十分缺乏。在这种情况下,金敏甫非常重视对图书编目法的研究,先根据美国图书馆学家俾沙普(Bishop)1927 年刊行再版译成《现代图书馆编目法》,并于 1932 年由中华图书馆协会初版,解决了当时图书馆界"如何编目"的燃眉之急[10];后将自己平日从事编目工作所积累的实践经验,加以系统总结和研究[11],编著而成《图书编目学》于 1936 年底由正中书局出版。

2.2.2 《现代图书馆编目法》

全书共分七章,详细介绍包括图书馆编目史略、编目室及其设备、目录设计法、编目部之组织、印刷目录卡之使用、编目方法、主题标题等内容。当时的图书馆,"科学之日有进步,图书之数量,因以激进,故搜集亦不得不广,而图书馆之编目,益觉重要"[12]。此书"系概论编目事业之全体,立论精当,为他书所未及"[12],此书内容"系从图书馆行政方面,指示编目之实施,而非说明各书之编目方法,或讨论款目之原理。盖期以编目之方针问题,与行政问题,为通常编目条例之书中所未曾述及者,在此简短之著作中讨论及之。"[12]书中介绍的主要编目法则,以美国国会图书馆为准绳。

序文可谓此书特色部分。当时的图书馆学大家刘国钧、杜定友,以及时任国民政府教育部普通教育司司长顾树森,都先后应邀为之作序,盛赞此书的出版"可谓切于时要矣"[12]"治图书馆学者,得此而参考之,光大之,其有功于将来之图书馆,可以断言。"[12]"实负有介绍新图书馆学于国人之义务,其贡献尤为可贵。"[12]。

2.2.3 《图书编目学》

全书分为上、下两篇。其中上篇为理论与经营,11 章(正文 77 页加附录 30 页,合 107页),包括编目原理、编目方法、编目部、编目员、编目设备、编目历史等内容,另有附录一编目学术语,附录二编目学书目及编目参考书;下篇为编目条例,36 章(合 169 页),包括总则,著者款目,书名款目,主题款目,编者、纂者、译者及注释者考证者等,绘者、装订者、出版者、报告者,合著者,著作家——著作浩博之著者等内容。

其中上篇第三章编目原理,7 页,内分五节,分别是编目与编目学之意义,编目学之对象,编目之目的,编目之原则,编目与分类。对编目与分类做明确区分,在编目基础理论研究中应属首次。正如金敏甫所言,"我国目录学者,自刘班而后,代有其人,求其能将编目与分类,严为判别者,则未之有也"[7]。金敏甫认为,编目与分类,其区别之点,"简言之,图书分类,所以为内部整理之需,而图书编目,则供阅者检查之用,此其大别也"[7]。编目与分类,既互相独立又互相辅助。读者借阅前,应该先检索知其庋藏之处,"目录之中,必须记载该书之书码,书码者,部居之标记也,藉此可知此书类分之所在,可以一索即得,此即目录之编,须用分类标记,以为检取之引导也"[7]。

2.3 《国立中央图书馆中文图书编目规则》

2.3.1 国立中央图书馆

1933 年初,当时的教育部正式开始筹备成立国立中央图书馆,并委任蒋复璁为筹备处主任。1940 年 8 月 1 日,国立中央图书馆结束筹备,在重庆正式挂牌成立,并于第二年建成重庆分馆;1946 年国立中央图书馆迁返南京。国立中央图书馆更多地被赋予了国家图书馆的性质,其在保存国粹、推动全国图书馆业务发展、管理出版品国际交换业务等方面发挥了重要作用,产生了深远影响[13]。

2.3.2 内容框架

早在民国二十四年(1935),国立中央图书馆因本身工作需要,就开始草拟中文图书编目规则,刊于其馆刊《学觚》月刊,经修订后于民国三十五年(1946)交上海商务印书馆出版。全书分甲乙两编,甲编为普通中文图书编目规则。乙编为善本图书、舆图、金石拓片、期刊等之编目规则。后于民国四十八年(1949)再予修订。全书甲编为中文图书编目规则八章 195条。乙编之一:善本图书编目规则三章 90 条;乙编第二:期刊编目规则八章 62 条;乙编之三:地图编目规则七章 37 条;乙编之四:拓片编目规则八章 75 条。此外,民国二十五年(1936),国立北平图书馆和国立中央图书馆分别发行印刷的新式目录卡片,供应全国各图书馆采用。这种印刷卡片,不仅能有集中编目的作用,也可协助各地方图书馆的编目工作和提高目录的品质,可惜因抗日战争先后停止此项工作。

2.3.3 主要特色

国立中央图书馆图书种类繁杂,数量众多,在馆藏著录上必有成规。在编目规则制订上,对于中、西方著录体例,抉其通例,择善而从。乙编之一"善本图书编目规则"下附录有三,其中,附录一"习用语释要",附录二"宋至清帝王纪元及避讳字简表",附录三"岁阴岁阳表"。此为其他编目学书籍所不具备。

2.4 《中文图书编目法》

2.4.1 内容框架

全书自序,目录 10 页,正文 236 页,共分八章。

表2　楼云林《中文图书编目法》梗概

第一章总论 （七节）	第二章图书分类述略 （九节）	第三章普通图书编目法 （十三节）	第四章卡片目录之写法 （九节）
目录之沿革 目录之定义 目录之功用 目录在图书馆中之地位 目录与各科学之关系 目录之形式 目录之种类	分类与编目之区别 分类之意义 分类之标准 分类之原则 分类之程序 分类之符号 外国图书分类法 中国图书分类法 中外分类综说	编目前应该注意之事项 书名 著者① 出版 稽核 目次 附注 标题目录 参照目录 丛书目录 分析目录 书架目录 分类目录	卡片之方式 书名卡 著者卡 标题卡 参照卡 丛书卡 分析卡 书架卡 分类卡
第五章善本书编目法 （十四节）	第六章方志舆图年鉴等 编目法（八节）	第七章期刊物编目法 （四节）	第八章关于编目之参考 书籍（十三节）
善本书与普通书之区别 善本书编目与普通书编 目之区别 善本书编目之沿革 善本书编目之通例 考订书名与著者 考查版本 稽核篇卷 注明款式 鉴别字体 摘记章句符号 审视标记 辨别纸质及墨色 说明装订 记载藏印与丹黄	方志之种类及其效用 方志编目法 方志之编次 舆图之种类及其效用 舆图编目法 舆图之排列 年鉴编目法 合刻附刻书编目法	杂志编目法 杂志篇名索引法 报章编目法 报章篇名索引法	目录学 校勘学 编目法 查考书籍内容 查考版本 查考禁伪书籍 查考方志 查考丛书 查考著作姓氏 查考别名及室名 查考名人生卒年代 查考时代及大事 查考地名

①附注释者、笺证者、校勘者、绘图者、翻译者、机关著者。

2.4.2　主要特色

第四章"卡片目录之写法"，详细介绍目录卡片之标准尺寸及各部分名称，并对各种方式如书名、著者、标题、参照等卡片，其写法各举实例说明。第六章"方志舆图年鉴等编目法"，著者列举的方志种类包括都会志、省志、道志、府志、厅志、州志、县志等。尤其对方志的编目法"宜如善本书之书本目录与卡片目录相辅而行"[14]，而对方志编次，则依杜定友最近改订之《杜氏图书分类法》中之"中国地方志"详表之规定[14]。至于第五章"记载藏印与丹黄"更为独见于斯。

3 民国编目学小结

3.1 编目学著述增加

受西方图书馆学影响，欧美编目方法翻译著作若干，目的是将西方先进编目思想介绍给国人。除前文译作外，金敏甫亦曾翻译《现代图书馆编目法》，其译作在编目方法之外，兼及编目之行政问题。此外，还有查修发表《编制中文书籍目录的几个方法》(1923年)、《中文书籍编目问题》(1924年)，黄维廉的《中文书籍编目法》，沈祖荣译著《简明图书馆编目法》等。1927年杜定友著《图书目录学》出版，可谓第一部中文的编目法专著。除前文已述，还有何多源的《图书编目学》、黄星辉的《普通图书馆编目法》、于镜宇的《善本图书编目法》、桂质柏编《中文图书编目录规则》等。这些编目学著述的发展，对于编目学的发展有着显著影响。

3.2 卡片目录流行

因为分类原来只有书本目录的图书馆，纷纷改用卡片目录。卡片式目录，就是目录编制于卡片，当时之标准，为5×3英寸，即高三英尺长五英寸。此标准为欧美图书馆多年沿用而不变者，公认为最适用且最便于排列之尺寸。卡上有红绿线，分十一格或九格，以便缮为。目录下面有一圆孔，以便贯穿铜线。其各部分名称，包括著者线、书名线、顶线、项目线等[14]。自1861年美国哈佛大学图书馆首创使用卡片目录，卡片目录至今已有一百多年历史。在我国，计算机可读目录(MARC)普及之前，卡片目录曾为最重要的检索工具。

3.3 目录种类增多

原来只有书本式的分类目录，均增编书名目录，著者目录。目录种类可分为书本式目录与卡片式目录，我国历来目录多属于书本式目录。欧美图书馆学技术方法陆续输入中国后，中文目录产生极大改变。民国时目录种类主要划分如表3[14]。

表3 金敏甫《图书编目学》目录之种类

以形式分	以排列分	以内容分	以格式分	以使用分
书本式目录 卡片式目录	字典式目录 分类目录 字顺分类目录 字顺主题目录 字顺著者目录 字顺书名目录	著者目录 书目目录 主题目录	甲.以全目录论 正卡 副卡 乙.以各种目录卡论 著者之正副卡 书名之正副卡 主题之正副卡 丙.以主旨论 指示图书者 参照款目者	公用目录 自用目录

3.4 编目规则编订

由于目录种类和出版物类型日益增多,因而引起编目法的改进,以适应新的变化。于是采用或模仿英文图书编目规则,民国十八年(1929)金陵大学刘国钧发表了《中文图书编目条例草案》,开始有成文的编目规则。其后,民国二十一年(1932)交通大学图书馆编目规则,分著者、书名、类名、版次、出版篇幅、附注等八章,末附中西文标准卡样及编目参考书。此规则对于中西文图书之编目,均可适用。民国三十五年(1946)国立中央图书馆编订《国立中央图书馆中文图书编目规则》,成为中文编目的准绳。

3.5 图书分类法改进

1910 年,孙毓修首先在《教育杂志》上介绍《杜威十进分类法》,随后出现了一批"仿杜""改杜""补杜"的文献分类法,不下 30 种。其中比较著名的有沈祖荣、胡庆生合编的《仿杜威书目十类法》(1917),杜定友编《世界图书分类法》(1922 年发表、1925 年改名为《图书分类法》、1935 年改名为《杜氏图书分类法》),王云五编《中外图书统一分类法》(1928),刘国钧编《中国图书分类法》(1929),皮高品编《中国十进分类法及索引》(1934)等[15],蒋元卿编《中国图书分类之沿革》(1947)。

参考文献:

[1]秦小燕.中文普通图书分类方法与 CNMARC 书目数据编制技巧[M].北京,国家图书馆出版社,2014.

[2]百度百科.七略[EB/OL].[2017 - 07 - 18].https://baike.baidu.com/item/七略.[4144052? fr = aladdin&fromid = 1079633&fromtitle =《七略》.

[3]黄渊泉著.中文图书分类编目学[M].台北:学生书局,1986.

[4]百度百科.隋书·经籍志[EB/OL].[2017 - 07 - 18].https://baike.baidu.com/item/隋书·经籍志/3255102? fr = aladdin&fromid = 10014626&fromtitle = 隋书经籍志.

[5]百度百科.遂初堂书目[EB/OL].[2017 - 07 - 19].https://baike.baidu.com/item/遂初堂书目/6198629? fr = aladdin.

[6]百度百科.四库全书总目[EB/OL].[2017 - 07 - 31].https://baike.baidu.com/item/% E5% 9B% 9B% E5% BA% 93% E5% 85% A8% E4% B9% A6% E6% 80% BB% E7% 9B% AE/7442565.

[7]金敏甫.图书编目学[M].南京:正中书局,1946.

[8]言思.论西方编目条例及编目理论的发展[J].铁道师院学报,1987(3).

[9]彭靖.裘开明:美国第一位华裔图书馆馆长[N].中华读书报,2014 - 02 - 12(7).

[10]吴稌年.金敏甫对图书馆学术研究的贡献[J].大学图书馆学报,2011(1).

[11]高炳礼.回忆金敏甫先生从事我国图书馆事业的一生[J].江苏图书馆学报,1986(4).

[12]俾沙普.现代图书馆编目法[M].金敏甫译.北京:国立北平图书馆,1932.

[13]张书美,郑永田.国立中央图书馆的创设与历史作用[J].大学图书馆学报,2011(3).

[14]楼云林.中文图书编目法[M].上海:中华书局,1947.

[15]百度百科.文献分类法[EB/OL].[2017 - 07 - 31].https://baike.baidu.com/item/文献分类法/4016277? fr = aladdin.

连续出版物数据的关联与开放

李仕超(国家图书馆)

连续出版物数据是图书馆书目数据的重要组成部分,需要图书馆耗费大量时间和人力去建立和维护。然而,在信息技术飞速发展的时代,这些宝贵的数据由于格式的限制一直封闭在各个图书馆的系统中,并不能被读者有效利用,也无法发挥其价值。因此,一场数据的变革对连续出版物来说在所难免。

近年来,关联数据技术的推出和关联开放数据运动的发起为解决上述问题带来了希望。利用关联数据技术可以将这些高度规范连续出版物数据从封闭的局域网系统中释放出来,使其成为互联网中开放的、富含关联关系的关联开放数据,从而满足读者发现和获取这些数据的需求。

1 连续出版物

连续出版物是指任何载体的连续资源,以独立的部分连续发行并且通常带有编号,没有预先确定终止日期。通常包括期刊、杂志、报纸、电子期刊、指南、年度报告和专著丛编[1]。

1.1 连续出版物的特殊性

资源描述是数据关联与开放的基础,然而当今主流的资源描述框架(如 FRBR、RDA 等),很难对连续出版物进行深入的细节描述,其原因就在于连续出版物有不同于其他资源的特殊性。

(1)出版信息的变化性

连续出版物与其他类型资源最大的区别就是连续出版物会定期或不定期地持续出版,无法确定其停止出版的时间。在实际出版过程中,出版信息往往会发生变化。例如很多连续出版物的出版频率、出版地、出版单位以及卷期等出版发行信息在出版过程中会发生多次变更;更有一些连续出版物在停刊之后还会出现复刊、再次出版等情况。因此,对连续出版物的描述不仅需要依据已有的出版信息,还要考虑到未来有可能发生的种种情况。

(2)关联关系的复杂性

连续出版物的关联关系相较于其他资源更为复杂,这种复杂性主要体现在两个方面:一方面是期刊、单册与其刊载的文章、内容之间的相互关联;另一方面是不同连续出版物之间的关联,这种关联关系不仅包括不同连续出版物依据某种元素产生的关联(例如同一责任者或某一领域的不同连续出版物),也包括连续出版物之间错综复杂的承接关系(如替代、继承、分自等)。这些错综复杂的关联关系也为连续出版物的描述带来了一定困难。

1.2 现阶段连续出版物数据存在的问题

随着信息技术的发展和移动互联时代的到来,传统的出版行业不断受到冲击,各种电子杂志、网络数据库以及有声读物等数字出版物逐渐成为主角。面对这些日新月异的出版方式,现行的编目规则显然已经无法对这些新兴资源进行深入描述。因此,现阶段连续出版物数据不仅不适合大数据时代的网络环境,也很难深入描述资源内容和揭示资源的关联关系。

(1)现有连续出版物数据并不适合开放的网络环境

大数据时代,开放数据的观念已经深入人心,然而现今的连续出版物数据多是以 MARC 格式著录,只能在特定的系统中存在,因而这些海量数据只能被困在这些壁垒中形成信息孤岛,无法融入开放的网络环境,也不能通过互联网提供给读者。

(2)无法深入到内容层面对连续出版物进行描述

MARC 格式下的连续出版物的数据记录是非常简单、粗糙的,只能通过固定的字段对资源进行描述,虽然有关于内容表达的字段,但是其是以某一出版物为单位进行描述而非单册,更无法深入内容中,且内容表达是与作品及载体等信息混合在一起。毫无疑问,这种无法深入内容层面的数据很难真实描述不断发展变化的连续出版物。

(3)无法有效揭示连续出版物的关联关系

目前,连续出版物数据依然是以记录的形式存在,虽然这种记录可以简单描述不同连续出版物之间的承接关系,却无法揭示出版物、单册、内容之间以及连续出版物之间的语义关联。如何使连续出版物从线性关系发展为网状关联,也是目前亟须解决的问题。

2 关联数据技术

随着互联网的普及,各类信息呈爆炸式增长,对这些海量信息进行有效处理以便让用户更加便捷地获取这些信息成为互联网界的迫切需求。因此,关联数据(Linked Data)概念的提出以及关联开放数据(Linked Open Data, LOD)运动的发起都引起了各界人们的广泛关注。

2.1 关联数据的理论及应用

关联数据是 W3C(国际互联网协会)推荐的、用来发布和关联各种数据、信息的格式规范[2]。关联开放数据运动也是由 W3C 发起,目的是号召人们将现有数据发布为关联开放数据,并将不同数据源关联起来[3]。从 2008 年起,国际万维网会议开始举办关联数据的专门研讨会;ISWC(国际语义网会议)等会议也出现了相关的会议主题[4]。在图书情报方面,已有关联开放数据项目提出利用语义网工具(RDF)和 BIBO、FRBR、RDA 等开放本体,将书目数据转换为关联开放数据,以建立不同内容资源之间新的关联。

在应用方面,W3C 专门成立了"图书馆关联数据孵化小组"[5],并于 2011 年发布《图书馆关联数据孵化小组最终报告》。同时,关联数据也已应用在国外图书馆的馆藏资源聚合发现领域,瑞典联合目录(LIBRIS)是全球第一个将书目数据发布成关联数据的联合目录,包含约 650 万条书目记录、20 万条规范文档记录并与 DBpedia 等网络关联数据库建立链接[6];美国国会图书馆除了将国会标题词表 LCSH 发布为关联数据外,还创建了 LCSH 与 LIBRIS 等不同资源之间的关联[7];OCLC 也利用 SRU 服务为 VIAF 虚拟国际规范文档项目提供关联数据[8]。2013 年,基于 FRBR 的编目规则 RDA 在美国、英国、加拿大、德国和澳大利亚五国的国家图书馆正式实施[9]。

2.2 关联数据应用于连续出版物的意义

信息时代,读者对连续出版物的需求越来越多,然而能够被有效利用的馆藏数据却少之又少,这也使得读者不得不转向互联网去获取所需信息,而这些信息往往是不规范、甚至不准确的。图书馆花费大量时间和人力去建立和维护的数据不能被读者有效利用,其原因就是这些高度规范的连续出版物数据一直封闭在各个图书馆的系统中,游离在互联网之外。也正因如此,数据的关联与开放对连续出版物来说意义非凡。

首先,将馆藏的连续出版物数据以关联数据的形式发布出来,可以使外部网络和用户获取和利用这些数据;此外,利用关联数据技术将这些连续出版物数据与互联网上其他关联开放数据相融合,既能够使连续出版物数据及时从互联网上获取连续出版物的最新动态,使其更加完整和丰富,也为读者从中获得更多、更新、更完整的信息提供了便利,从而使这些海量的、珍贵的数据真正发挥它们的价值。

3 连续出版物的关联开放策略

对连续出版物来说,实现数据的关联开放主要包括三个关键部分,即连续出版物数据建模、创建统一资源地址 URI、书目数据 RDF 化(数据的关联发布)。简单来说,连续出版物数据的关联首先要有针对其特点、能够描述其具体细节的语义模型——PRESSoo,根据模型描述书目数据的语义关系,并为类和属性创建 URI,最后形成以 RDF 形式表达的关联数据,并建立其与外部关联开放数据的链接(见连续出版物的关联开放策略图)。

3.1 适用于连续出版物的语义模型

现行的 MARC 格式很难对连续出版物的关联关系进行揭示和呈现,亟须借助新的语义模型,对连续出版物的书目数据进行建模,进而揭示连续出版物的各类实体、属性以及之间的关系。

3.1.1 PRESSoo 的产生

虽然以 FRBR 为代表的描述体系已经涉及连续出版物,但其在一般情况下并没有深入出版物去描述它的具体细节,并不完全适用于连续出版物。在 2012 年年底,ISSN 国际中心联合法国国家图书馆建立了一个工作组,负责开发专门针对连续出版物(期刊、杂志、报纸等)的模型 PRESSoo,作为一种形式化的本体,它的目的是获取和表达关于连续出版物相关的书目信息[10]。目前,ISSN 中国中心已经完成 PRESSoo 的中文化并对其影响进行进一步的研究。

PRESSoo 能够让连续出版物的语义信息和关联关系更加精确,这不仅便于数据的自动处理,还为数据间互操作创造了前提条件,从而使连续出版物数据在互联网的关联、开放和共享变为可能。

3.1.2 PRESSoo 的内容和作用

PRESSoo 目前已经更新至 1.3 版本,阐述了连续出版物在不同的情况下,如何进行 PRESSoo 建模,并详细介绍了 PRESSoo 新定义的类和属性、ISSN 手册中的数据元素在 PRES-Soo 中的映射以及引用自 FRBRoo 和 CIDOC CRM 的类和属性。

PRESSoo 一共新增了 14 个类(如 Z1 连续出版物转换、Z5 发行规则变化等)和 46 个属性(如 Y1 由……继承(通过……得以继承)等),并规定了它们之间的层级结构。通过这些针对连续出版物特性定义的类和属性,来描述出版发行事件和揭示不同事件之间的关系,可以展现连续性出版物整个生命周期动态的关联关系[10]。

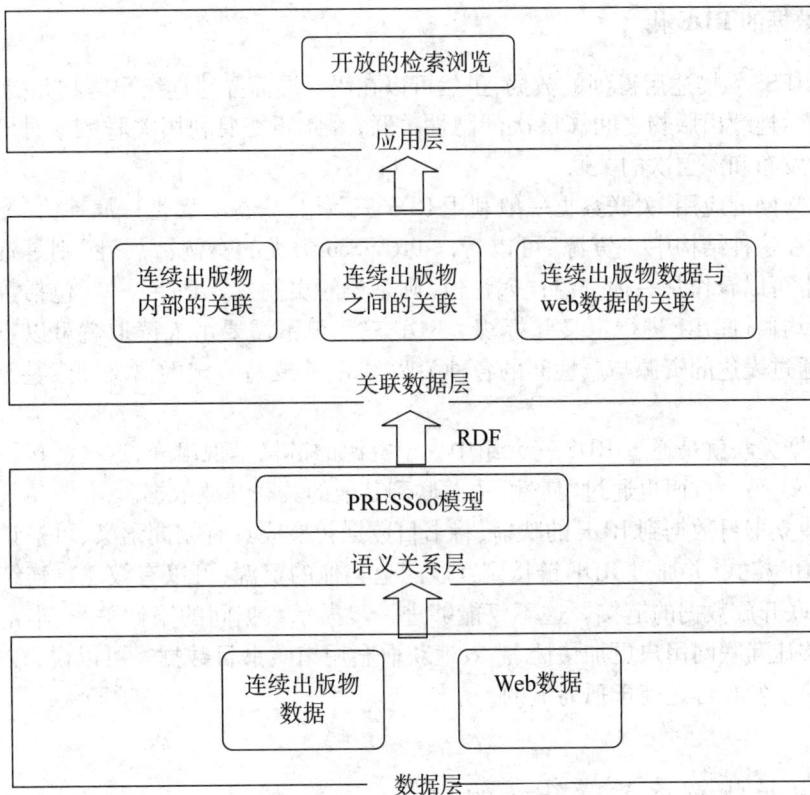

连续出版物的关联开放策略图

3.2 创建 URI

关联开放数据的发布原则要求使用统一资源标识符 URI(Uniform Resource Identifier)作为任何事物标识名称,并尽可能提供相关的 URI 使人们可以发现更多的事物[11]。连续出版物数据只有在 URI 标识的情况下,才能在关联开放的网络环境下使用。为了避免同一实体有多个 URI,资源和标准概念的所有者应该尽早地为其分配 URI,以免其他用户自己制定 URI 标识。因此,连续出版物数据的创建和维护机构也有责任在对连续出版物进行描述时创建 URI。

为了提高效率和保证 URI 的一致性、稳定性,W3C 关联数据孵化小组推荐如下策略[12]:

①使用 URIs 定制模式,最好是基于应用实践指导;

②保证 URIs 的持久性;

③进行词汇和款目的版本控制;

④使用 HTTP URIs 超文本传输协议,支持任何 Web 浏览器,而且可以处理任何网页或者机器可读的描述;

⑤可以扩展其他组织的词汇;

⑥可以将标签或者注释转换成其他语言。

PRESSoo 模型中已通过新建的类和属性对 URL(URI 的子集)进行定义,遵循以上标识原则为连续出版物分配 URI 也势在必行。

3.3 书目数据的 RDF 化

通过 PRESSoo 描述后得到的数据,虽然可以在语义层面描述连续出版物并揭示其关系,但是无法揭示连续出版物之间深层次的隐性关联,因此还需要利用关联数据对语义化的数据内容进行发布和深层次的关联。

作为语义网的应用,关联数据一般利用 RDF 三元组(资源—属性—属性值)来发布关联各种数据。在这种结构中,"资源"可以看作 PRESSoo 中类的实例;"属性"则是资源间的关系,其本身也可以看作是一种资源;"属性值"则是类的实例或者是字符串(包括数值),属性和类的资源均通过 URI 进行定义和标识。RDF 三元组不需要由人读取就可以直接提供计算机操作,通过表达的资源与属性间的各种关联关系,来支持一定的语义搜索甚至初步的判断与推理[13]。

书目数据关联就是通过 RDF 三元组中大量资源的链接呈现出来,这些链接一方面决定了数据的语义,另一方面也通过"属性"去关联到其他的关联开放数据。

因此,建立书目数据到 RDF 的映射,将书目数据转换成具有相同语义、可被计算机理解和处理的 RDF 格式,并通过 RDF 链接到互联网上其他的资源,可以有效建立连续出版物数据与外部关联开放数据的链接。这不仅能够进一步揭示数据间的隐性关系、丰富书目数据网络、也能够让互联网用户更加快捷、高效地获取利用馆藏书目数据。可以说,在 RDF 的海洋中,没有一个发布者是处于孤岛上的。

4 连续出版物数据关联开放的应用

2013 年,ISSN 国际中心开始将关联开放数据应用到连续出版物,并创立了 ROAD(the Directory of Open Access Scholarly Resources,开放存取学术资源目录)项目。在联合国教科文组织交流和信息部门的资助下,ISSN 国际中心提供免费的 ISSN 注册数据集(提供 180 多万条书目记录的订阅服务)。该数据集包括在开放获取(OA)环境下描述学术资源,且已获得 ISSN 网络分配的国际刊号的书目记录,例如期刊、会议记录等。ROAD 记录既可以 MARC XML 格式下载,也可以 RDF 三元组的形式表达。

4.1 ROAD 的目的

ROAD 项目将形成开放存取学术资源的免费查询书目系统,供全球用户使用,其主要目的如下：

①为全世界以 OA 形式出版的各类在线学术资源提供唯一的访问点；

②通过说明 OA 资源涵盖的服务或期刊计量指标,提供 OA 资源质量和重要性的信息；

③ROAD 成功开展后,可以在世界范围内提供开放存取学术成果的概述(例如,用于统计目的)；

④展示利用 ISSN 编辑各类资源信息的新方式。

4.2 如何实现 ROAD

ROAD 的记录本质上是基于 PRESSoo 的书目数据,它们是由 89 个 ISSN 国家中心和国际中心依据相应编目规则手动创建的。实现 ROAD 主要有三个步骤：

首先,在各类资源中鉴别出已由 ISSN 网络分配 ISSN 刊号的 OA 学术资源。2013 年 7月,ISSN 国际中心开始从 130000 的在线资源中鉴别出 20 世纪 90 年代末至今由 ISSN 网络分配过 ISSN 刊号的 OA 学术资源中,并且这项工作已于 2014 年完成。与此同时,自 2013 年10 月以来,ISSN 各个国家中心在分配刊号时,会在书目记录中为 OA 学术资源提供特定的代码。

此外,ISSN 各个国家中心会检查、更新相应的 ISSN 记录。ISSN 的记录数据创建后才会被应用到 ROAD 项目,必要时,ISSN 中心会对 OA 学术资源的 ISSN 记录进行检查和更新(例如 URL,出版商等信息)。

最后,由索引或摘要数据库、注册地和期刊计量指标提供的 OA 资源范围列表与 ISSN 记录相匹配。这项提供出版物列表的服务被会列在标题"数据源"中。

大数据时代,游离于互联网之外的连续出版物数据很难被读者发现和利用。将其以关联数据的形式发布,既是解决上述问题的有效方法,也是互联网发展到语义时代的必然趋势。尽管目前 PRESSoo 模型还在不断更新,ROAD 也处于测试阶段,但是这些模型的应用为国内连续出版物数据的关联开放化提供了的参考。

现阶段,国内图书馆也已开始了书目数据关联开放的进程。以国家图书馆为例,国家图书馆积累了丰富的、高度规范的连续出版物数据,利用 PRESSoo 模型和关联数据技术对数据进行语义建模和关联发布在理论上是具有可行性的。如何针对中文连续性资源制定本地化的关联开放策略是下一步需要解决的问题。

参考文献:

[1]崔明明.连续性资源 ISSN 记录编目实用指南[M].北京:国家图书馆出版社,2013.

[2]刘炜.关联数据:概念、技术及应用展望[J].大学图书馆学报,2011(2).

[3]黄永文.关联数据在图书馆中的应用研究综述[J].现代图书情报技术,2010(5).

[4]沈志宏,张晓林.关联数据及其应用现状综述[J].现代图书情报技术,2010(11).

[5]Martin M. 将图书馆目录纳入语义万维网[J].现代图书情报技术,2009(3).

[6]白林林,贾君枝.关联数据中 CNMARC 到 RDF 的映射实现[J].国家图书馆学刊,2015(4).

[7]Summers E,Redding C. LCSH,SKOS 和关联数据[J].现代图书情报技术,2009(3).

[8]Thomas H. The Virtual International Authority File-Expanding the Concept of Universal Bibliographic Control [EB/OL].[2017 - 07 - 31].http://www.oclc.org/research/publications/all.html.

[9]Library of Congress. Library of Congress Announces Its Long-Range RDA Training Plan[EB/OL].[2017 – 07 – 28]. http://www.loc.gov/catdir/cpso/news_rda_implementation_date.html.

[10]Patrick Le BŒuf. Definition of PRESSoo:A conceptual model for Bibliographic Information Pertaining to Serials and Other Continuing Resources(Version 1.3)[R/OL]. 2017 – 05[2017 – 07 – 31]. http://www.issn.org/understanding-the-issn/assignment-rules/pressoo/.

[11]刘炜,胡小菁,钱国富等. RDA 与关联数据[J]. 中国图书馆学报,2011(12).

[12]Thomas Baker. 图书馆关联数据孵化小组最终报告[EB/OL].[2017 – 07 – 31]. https://www.w3.org/2005/Incubator/lld/XGR-lld-20111025/.

[13]胡小菁. 国外书目 RDF 词表的进展与趋势[J]. 图书馆杂志,2015(5).

中文数字馆藏 CNMARC 元数据著录规范的实践研究与探索
——以国家图书馆为例

秦　静　李凤英(国家图书馆)

20 世纪 90 年代以来,图书馆的馆藏资源和服务模式发生了巨大变化,用户越来越习惯于通过网络使用图书馆的服务,数字资源在馆藏中所占的比例越来越大。面对图书馆数字化信息技术载体形式的变化,图书馆传统的馆藏编目工作及其编目规则已不再适用于数字馆藏和数字图书馆的需要。

国家图书馆中文数字馆藏主要来自于实体馆藏数字化,有一定的数据基础,国家图书馆的"中文图书""博士论文""民国期刊""碑帖精华"等 30 余种数字馆藏元数据,约 80% 以上元数据为 CNMARC 格式。目前数字馆藏可通过"时间轴""地域轴"进行信息发布与可视化展示,利用 CNMARC 元数据中的 100 字段、102 字段提取时间和地域信息,提升用户的应用体验,提高资源利用率。

在这样的情况下,为了适应数字馆藏文献的大量出现,以及编目网络化的需要,国家图书馆制定了《国家图书馆中文数字馆藏元数据著录规范》。该规范在制定过程中参考了《中国文献编目规则》《新版中国机读目录格式使用手册》《信息与文献都柏林核心元数据集》(GB/T 25100—2010)、《国家图书馆元数据应用总则》《信息资源的内容形式和媒体类型标识》(GB/T 3469—2013)等标准规范的相关内容。

1　中文数字馆藏的概况、特点及著录原则

1.1　概况

数字馆藏也被称为"电子馆藏",也有研究论文将其界定为数字资源或电子资源,是图书馆馆藏中的以数字形式发布、存取和利用的所有信息资源,是图书馆开展信息服务的物质基础[1]。本文所讨论的数字馆藏主要指图书馆引进的符合版权保护要求、提供给用户的具有

一定保存功能和使用价值并且能够提供稳定服务的数字信息资源。数字资源为图书馆的馆藏资源提供了有效补充,也对图书馆的馆藏管理提出了新的要求和挑战。

1.2　数字馆藏元数据著录原则

数字馆藏元数据的著录以通用性、统一性、适用性、系统性为原则。

通用性。为使数字馆藏元数据能够与国家图书馆其他元数据实现无缝整合,与国际通用元数据规范在数据结构、格式、语义、句法等方面保持一致性和整体性。

统一性。以统一的原则贯穿于不同文献类型、不同元数据格式的著录,使数字馆藏元数据保持规范统一。

适用性。从各种类型文献的特点、馆藏资源的情况、数字馆藏管理与服务的需求出发,确定元数据著录的规范。

系统性。对元数据字段的设置充分考虑国家数字图书馆的系统框架及元数据生命周期,增加对数字对象进行管理的内容,实现与唯一标识符系统、版权登记系统的信息共享。

1.3　数字馆藏的特点

相对于传统资源,图书馆数字馆藏具有以下特点:

数字馆藏中的所有信息资源都是经过计算机处理的数字化信息,数字化的形式统一了文字、图像、声像等信息的存贮,使信息资源集高密度存贮、高速度处理与远距离传递于一身,极大地方便了用户的存取。

信息存储和获取网络化。数字馆藏依附于网络而存在,数字馆藏不受时间、地点的限制,可以随时随地方便快捷地提供服务。

数字馆藏是图书馆馆藏的组成部分之一,它是图书馆馆藏中必须借助计算机等信息技术或设备进行管理和利用的信息资源的总和。数字资源具有高度共享性,可以依赖计算机进行自动管理,开放时间不受图书馆作息时间限制,服务范围不受地域限制,对设备的依赖性强,对环境的要求高,易受损害,且管理难度大[2]。

2　中文实体馆藏和数字馆藏 CNMARC 元数据著录规范的关联与区别

国家图书馆自建馆藏 CNMARC 元数据一般来源于实体馆藏元数据。在实体馆藏数字化过程中,其描述对象已发生变化,需对实体馆藏元数据进行改造,才能更好地满足数字馆藏描述的需要。自 2015 年起,国家图书馆开始启动数字馆藏元数据改造工作,现已完成包括中文图书、博士论文、征集资源、方正电子书在内的 120 万条元数据的改造。其中 80 万条左右是中文数字馆藏,按照 CNMARC 格式著录。征集资源按照 DC 格式著录,本文不做讨论。2017 年,我们预计对 26 个资源库的 65 万条元数据进行改造,其中部分为自建资源,以CNMARC 格式进行著录。

《国家图书馆中文数字馆藏元数据著录规范》是在"实体馆藏元数据著录规范"的基础上进行的扩展,两种规范面向的著录对象不同。"实体馆藏元数据著录规范"主要面向实体馆藏资源,而《国家图书馆中文数字馆藏元数据著录规范》主要面向数字馆藏,为了提升数字馆藏元数据的准确性、深度及内在关联性,在实体馆藏元数据著录项基础上,增加了内容形式、媒体类型、文件格式、分辨率、唯一标识符及发布地址等信息,详情如下:

为实现按"内容形式"和"媒体类型"的分类体系,根据国家标准《信息资源的内容形式和媒体类型标识》(GB/T 3469—2013),对数字馆藏元数据增加 281 字段(内容形式、内容限定)及 282 字段(媒体类型)。

为实现数字馆藏"时间轴"的发布,将完善 100$a 子字段的 9—12 位,用于著录出版时间;

为实现数字馆藏"地域轴"的发布,将完善 102$b 子字段,用于著录出版地区代码;

为方便获取数字对象,实现数字馆藏的揭示与发布,将增加 856 字段,著录唯一标识符 CDOI 和发布链接 URL 信息。

为增加数字馆藏的描述信息,将增加 135 字段(编码数据字段:电子资源)、307 字段(载体形态附注)、337 字段(系统需求附注),用于著录数字馆藏的电子资源类型、色别、声音、文件格式、扫描分辨率等信息。

为实现数字馆藏的标识,将新生成的记录标识号赋予 001 字段,并将原实体馆藏的 001 字段赋予 452 字段,以便实现数字馆藏与实体馆藏的关联。

由于元数据描述对象已由实体馆藏转变为数字馆藏,将批量删除描述实体馆藏形态特征的字段,如:所有数字馆藏 MARC 格式元数据统一不著录 106、110、116、121、126、130、141、191、194 等字段。

为保证元数据的规范性,005 字段(记录处理时间标识)将著录为元数据改造的具体时间;增加 324 字段(原作版本附注)著录数字馆藏的原版本信息,如:复制自馆藏实体文献或复制自馆藏缩微文献;801 字段(编制数据机构)著录为 801#0aCNbNLC。增加 830 字段,记录数据发布的数据库[3]。

例:

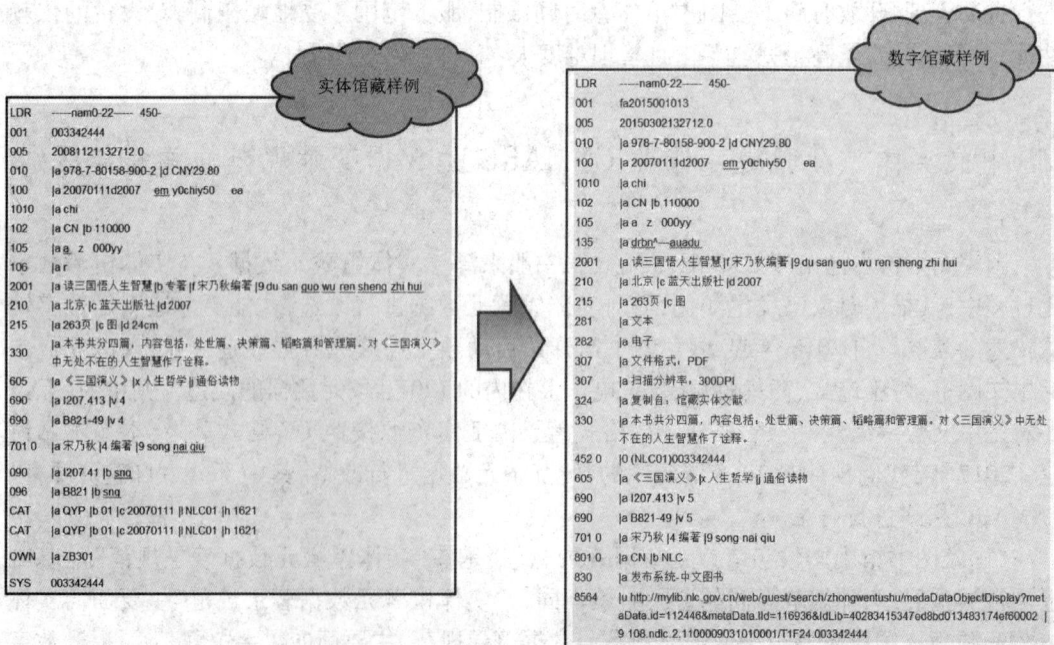

实体馆藏样例

数字馆藏样例

其中:

中文实体馆藏:005字段(记录处理时间标识),记录的最后处理日期和时间。

中文数字馆藏:005字段记录自动生成的中文数字馆藏元数据改造的具体时间。100、101、102字段,除100字段入档时间有变化,其他可套用实体馆藏资源记录。

205、215、225字段,套用实体馆藏资源记录,著录规则同中文实体馆藏元数据。其中215字段,数字馆藏不使用215$d子字段著录载体形态项的尺寸,因此,改造数据时删除;225字段,不再做丛书总记录,要求225字段著录为:2251#,相应删除与225有关联的410、461字段;3--、5--、6--、7--全部套用实体馆藏资源著录格式。3--字段,使用324字段著录数字化资源与原文献的关系;使用337字段著录数字对象使用的系统需求,其他套用实体资源记录。著录规则依据《中国文献编目规则》《新版中国机读目录格式使用手册》等。

3 数字馆藏主要字段著录方式的探索研究

结合数字资源特点,中文数字馆藏元数据以《新版中国机读目录格式使用手册》为基础,增加描述数字资源特征的信息,减少描述实体文献物理特征的信息。下面就中文实体馆藏和数字馆藏 CNMARC 元数据著录格式的某些问题进行分析。

3.1 关于元数据001字段取值的问题

中文实体馆藏对于001字段规定:本字段包含与记录唯一相关的标识符号,即编制本书目记录机构分配给本记录的系统控制号(由全国图书馆联合编目中心分配)。例如:005084133(注:中国国家图书馆编制的一种中文普通图书书目记录的记录标识号)[4]。

中文数字馆藏001字段:著录数字馆藏元数据记录标识号。为规范国家图书馆中文数字馆藏元数据001字段(记录标识号)的标识办法,《国家图书馆中文数字馆藏元数据著录规范》中规定了元数据001字段的取值细则。有关记录标识号位数长度的规定是,中文数字馆藏元数据001字段统一定长为12位。关于12位长度的具体划分为:项目承担部门(1位,0字符位,小写英文字母表示)、项目类型(1位,1字符位,小写英文字母表示)、编目年(4位,2—5字符位)、流水号(6位,6—11字符位)。原则上001字段各部分编码长度固定不变。本子段出现情况:必备,不可重复。其中项目承担部门根据部门承担项目情况依据字母顺序依次编码。

3.2 编码数据字段(135字段)

135字段适用于电子资源,著录有关数字资源的编码数据。如色别、声音、文件格式等。使用135字段(编码数据字段:电子资源),不使用106字段(编码数据字段:文字资料—形态特征)、121字段(编码数据字段:测绘制图资料—形态特征)、126字段(编码数据字段:录音制品—形态特征)、130字段(编码数据字段:缩微制品—形态特征)、141字段(编码数据字段:外国古籍—藏本形态特征)、194字段(编码数据字段:中国古籍—藏本形态特征)描述各种类型实体文献的形态特征等[4]。

3.3　200 题名与责任说明字段,不著录 $b(一般资料类型标识)

200 字段除去 $b 内容,其他套用实体资源记录。$b 子字段是一般资料类型标识,根据中文数字馆藏需要,我们在制作元数据时,按照《信息资源的内容形式和媒体类型标识》(GB/T 3469—2013)著录数字馆藏的内容形式,增加了 281 字段,也可进一步补充内容限定。

3.4　载体形态附注(307 字段)

中文实体馆藏可著录 307 字段(载体形态附注),包含有关文献载体形态的附注。未计入 215 字段的有关载体形态的附注内容,中文实体馆藏一般在 307 字段著录,如附光盘信息、页数的印刷错误、尺寸和附件说明等。

中文数字馆藏 307 字段著录数字馆藏资源的文件格式等形态特征,包括形态不规则的唱片尺寸、电子资源载体形态等。参考《信息资源的内容形式和媒体类型标识》(GB/T 3469—2013),在本字段中著录文件格式、扫描分辨率等数字资源的特征。著录内容须前置规范导语。如有多条附注,则每条附注应分别计入一个重复的 307 字段。

3.5　另一载体的其他版本(452)字段

使用 452 字段著录馆藏实体资源记录标识号,将数字资源与相关的实体资源建立连接。其他套用实体资源记录。著录馆藏实体资源记录标识号,并在记录标识号之前增加(NLC01)。

在数字馆藏改造中,对于 452 字段有几种情况:

直接连接。例如,003750777,这是国家图书馆编制的一种中文普通图书书目记录的记录标识号,452 字段直接著录为:452#0$0(NLC01)03750777。

不用连接 001 字段。例如,实体馆藏民国期刊数据,001 号为 1988J,一批数据几乎都是相同的,因此不构成记录控制号 001 字段定义标准,452 字段连接实体馆藏资源没有实际意义。

不增加 452 字段,原 452 字段保留。甲骨实物馆藏实体资源 001 字段是没有实际意义的记录控制号,无法使用 452 字段将数字资源与实体馆藏建立连接,改造时不增加 452 字段;但原实体馆藏 452 字段连接的北图出版的拓片,在改造时,针对甲骨实物数据库,根据规则不增加数字馆藏与实体馆藏连接的 452 字段,保留原有 452 字段。

馆藏音像资源。对于二次加工的音频资源析出对象数据,在改造综合记录和分析记录时,综合记录 452 字段连接的是馆藏实体资源的 001 字段数据,分析记录 452 字段就不再和原记录有任何连接,因此在析出的分析记录数据中,不增加 452 字段连接实体馆藏。

为方便获取数字对象,增加元数据的管理信息,实现数字馆藏的揭示与发布,增加 856 字段(电子资源)地址与检索,著录唯一标识符 CDOI 和发布链接 URL 信息。856 字段 $u 著录统一资源标识发布地址。$9 子字段中著录 CDOI 信息。

LDR	——nam2-22—— 450-
001	12jh000254
035	|a 0199266227（国家馆）
100	|a 20110831f19121949em y0chiy50 ea
1010	|a chi
102	|a CN
130	|a dbdb017aaaa
2001	|a 财政学 |A cai zheng xue |f[黄教悻编]
210	|a [出版地不详] |c政法学社 |d [19—?]
215	|a 166页 |d 21cm
2252	|a 政法述义 |v 第9种
300	|a 据日本高野岩三郎所讲笔述而成
4611	|a 2001 |a 政法述义
6060	|a 财政学
690	|a F810 |v 5
7010	|a黄教悻 |A huang dun yi |4编
8010	|a CN |b 全国图书馆文献缩微中心 |c 20110831
905	|a 国家图书馆 |d MG |e F810 |z 45
906	|a 1 |b 全书 |c 封面&封底 |f 2B
907	|a 201111 |b 16mm银盐 |c1 |d 4 |e 99 |f 2011 |g 1
908	|a 全国图书馆文献缩微中心 |b 国家图书馆 |c 程积安 |d e 王富生 |f g 陈萍 |h 朱立伟

LDR	——nam0-22—— 450-
001	ha2016000027
005	20160221137212.0
035	|a 0199266227（国家馆）
100	|a 20110831f19121949em y0chiy50 ea
1010	|a chi
102	|a CN
135	|a drbn#—aubdu
2001	|a 财政学 |f[黄教悻编] |9 cai zheng xue
210	|a [出版地不详] |c政法学社 |d [19—?]
215	|a 166页
2251	|a 政法述义 |v 第9种
281	|a 文本 |b 专著
282	|a 电子
300	|a 据日本高野岩三郎所讲笔述而成
307	|a 文件格式：PDF
307	|a 扫描分辨率：300DPI
324	|a 复制自：馆藏缩微文献
330	|a 本书内容包括私人经济的收入、公共经济的收入、准公共经济的收入以及联合国家计地方自治团体之财政等。
337	|a 通过Internet检索
452 0	|0 12jh000254
6060	|a 财政学
690	|a F810 |v 5
7010	|a黄教悻 |4编 |9 huang dun yi
8010	|a CN |b NLC
830	|a 发布系统——民国图书
8564	|u http://mylib.nlc.gov.cn/system/application/search/display/metaDisplayRedirectPage.jsp?metaData.id=1777882&metaData.lId=1779556&IdLib=40283415347ed8bd013483174ef1500108&sysid=wenjin |9 108.ndlc.2.1100009031010001/T1F24.12jh000254

例：这是多卷册的数字馆藏资源，重复的 $9 子字段著录在最后，然后有多个 CDOI。

8564　$u http://mylib.nlc.gov.cn/web/guest/search/zhongwentushu/medaDataObjectDisplay？metaData.id=324444&metaData.lId=328939&IdLib=40283415347ed8bd013483174ef60002

8564　$9 108.ndlc.2.1100009031010001/T1F24.004283142m1

8564　$9 108.ndlc.2.1100009031010001/T1F24.004283142m2

8564　$9 108.ndlc.2.1100009031010001/T1F24.004283142m3

以读者需求为导向，是现代图书馆发展的新理念、新方式。为广大读者提供文献信息，提供数字化服务是我们数字图书馆发展的方向。国家图书馆文献资源整合工作，重点完成对古籍、民国文献以及1949年之后中外文文献资源各类元数据的全面整合，为加强元数据统一检索力度，实现资源多平台统一展示与发布服务，数字资源部将持续针对数字馆藏资源进行梳理和整合，从而实现数字图书馆服务效能的最大化，为国家图书馆数字馆藏元数据整合工作及馆内相关业务工作的开展提供依据和保障。

参考文献：

[1]刘乐,张骞.图书馆数字馆藏管理研究[J].科技信息,2014(15).

[2]庄丽化,孙伟宏.网络环境下数字馆藏的建设[J].中国医疗前沿,2007(8).

[3]冯红娟,张炜.数字馆藏元数据的应用与研究[J].新世纪图书馆,2017(4).

[4]国家图书馆.新版中国机读目录格式使用手册[M].北京:国家图书馆出版社,2004.

《中国图书馆分类法》(第五版)分类实践与思考

邱　轶(沈阳市图书馆)

　　《中国图书馆分类法(第五版)》(以下简称为:《中图法》(五版))于 2010 年 9 月由国家图书馆出版社出版,与《中国图书馆分类法》(第四版)(以下简称为:《中图法》(四版))相比,它更强调实用性和工具性。笔者结合多年图书分类工作,从图书分类错误例析和商榷问题两个方面,对《中国图书馆分类法》(第五版)的分类实践及其部分类目的设置进行了研究和探讨,具体如下。

1　图书分类错误例析

1.1　商业服务业

《中图法》五版相关类目:

F719 商业服务业

F719.3 餐饮业

……

F726.9 服务业(中国)

　　如有必要,可仿 F719 分。

……

F733/737 各国

　　依世界地区表分,如有必要,再仿 F72 分。

例 1:200 1#\$a 小肥羊成功之道 \$f"中国企业成功之道"小肥羊案例研究组编著

　　330 ##\$a 本书从学术及餐饮行业发展趋势角度,对小肥羊进行全景式扫描,总结归纳小肥羊管理模式的特点,并指出其中国式管理特色,为小肥羊将来的发展及其他企业提供借鉴参考。

　　606 0#\$a 餐馆 \$x 商业经营 \$x 经验 \$y 中国

　　690 ##\$a F719.3\$v5

注:分类错误,F719.3 应为 F726.93。

例 2:200 1#\$a 星巴克领先之道 \$e 联结顾客、产品、员工的五大原则 \$f(美)约瑟夫·米歇利著 \$g 周芳芳译

　　330 ##\$a 本书讲述星巴克的领导者如何在经济低迷时期,坚持以顾客为中心、关心尊重员工的原则,不断提供高品质的咖啡并研发新产品,带领星巴克伙伴摆脱经济困境并东山再起。

606 0#$a 咖啡馆 $x 商业经营 $x 经验 $y 美国

690 ##$a F719.3$v5

注:分类错误,F719.3 应为 F737.126.93。

解析:《中图法》(四版)商业服务业的分类,均集中归入 F719 相关各类,如:《小肥羊成功之道》《星巴克领先之道》两书,依据《中图法》(四版)均归入 F719.3。但《中图法》(五版)在 F72 及 F733/737"各国国内贸易经济"下增设了"服务业"类目,因此,涉及不同国家的商业服务业类图书要归入相应各国。采用《中图法》五版,《小肥羊成功之道》一书,应归入 F726.93;《星巴克领先之道》一书应归入 F737.126.93。

1.2　蔬菜设施园艺

《中图法》(五版)相关类目:

S626 蔬菜设施园艺

S626.1 风障

……

S626.5 温室

S626.9 其他

例1:200 1#$a 日光温室蔬菜栽培理论与实践 $f 李天来著

330 ##$a 本书重点阐述日光温室的发展历程、设计理论与方法、设计与建造、环境与调控、环境与蔬菜生理生态、蔬菜栽培基础、集约化育苗、主要栽培模式和栽培技术规程等。

606 0#$a 蔬菜 $x 温室栽培

690 ##$a S626.5$v5

注:分类正确。

例2:200 1#$a 日光温室辣椒、茄子种植技术 $f 甘肃省农牧厅编

330 ##$a 本书介绍了日光温室茄子、辣椒的栽培和特性、育苗技术、冬春茬栽培、春到秋栽培、周年栽培、病虫害防治及主要生理病害防治等。

606 0#$a 辣椒 $x 温室栽培 $x 栽培技术

606 0#$a 茄子 $x 温室栽培 $x 栽培技术

690 ##$a S626.5$v5

注:分类错误。

正确类号为:

690 ##$aS641.3$v5

690 ##$aS641.1$v5

注:S641.3 类目为"辣椒",S641.1 类目为"茄子"。

解析:泛指"蔬菜园艺温室栽培"的图书归入 S626.5,如上例1《日光温室蔬菜栽培理论与实践》,但有专类的应该归入各专类,如上例2《日光温室辣椒、茄子种植技术》一书,则归入"S641.3""S641.1"两类。

1.3 饮食文化

《中图法》(五版)相关类目：

TS971.2 饮食文化

依世界地区表分,中国再依中国民族表分,均以地区区分符号( )、民族区分符号" "加以标识。

例:200 1#$a 陕西饮食文化谈薮 $f 李曦著

330 ##$a 本书以《周礼》《仪礼》《礼记》为依据,在分析其中所记载的西周烹饪原料、技艺、味型口感、产品、消费以及食养、食疗理论等基础上,论证了西周王宫菜系是中国最早形成的菜系,从而说明了陕西是中国菜系的始发地。

606 0#$a 饮食 $x 文化 $y 陕西

690 ##$a TS971.2(2)$v5

注:分类不完全,未一分到底,正确类号:TS971.2(241)。

解析:《中图法》(五版)"TS971.2"类目注释"依世界地区表分,中国再依中国民族表分",容易让人产生误解,不易一分到底。实际上,世界地区表"2 中国"类目注释为:"如有必要,可再依中国地区表分。"依据此类目注释,中国各地方饮食文化应一分到底。

1.4 工业部门经济

《中图法》(五版)相关类目：

F401 工业经济结构与体制

　　工业改革、工业所有制等入此。

　　……

F407 工业部门经济

　　如有必要,可仿 F401/F406 分。

　　……

F407.9 建筑、水利工程

F407.91 建材工业

　　……

F426 工业部门经济(中国)

　　仿 F407 分。

例:200 1#$a 中国建筑业的改革 $f 杨慎著

330 ##$a 本书所收的 40 多篇文章,大多是作者适应当时改革需要而写的。阐述了中国建筑业八十年代的变革,提出了一系列促进建筑业发展的方针、政策。

606 0#$a 建筑业 $x 经济体制改革 $y 中国 $j 文集

690 ##$a F426.91$v5

注:分类错误,F426.91 应为 F426.901。

解析:在利用《中图法》进行分类标引时,某些类目转换分类标准后,为保证类目的逻辑性和避免重号需要先加"0"再进行复分。上例《中国建筑业的改革》一书进行分类标引时,首先将其归入"F426 工业部门经济",然后仿 F407 分,归入 F426.9,再仿"F401/406"中的

"F401 工业经济结构与体制"进行复分。如果复分时上位类"F426.9"不加"0",归入 F407.91,则与"建材工业"方面的文献重号。因此,此书正确类号应为:F426.901。

1.5　医学执业资格考试

笔者从全国联机编目网上调取了以下两条数据:

例1:200 1#$a 2016 全国护士执业资格考试轻巧夺冠·押题密卷 $f 冯楠,夏桂新主编

　　330 ##$a 本套试卷分为专业实务和实践能力两科,每科120 道题,按照全国护士执业资格考试题型进行题量设计,并附有参考答案和解析。

　　606 0#$a 护士 $x 资格考试 $j 习题集

　　690 ##$a R192.6 – 44$v5

注:R192.6 类目为"护士"。

例2:200 1#$a 2016 年护士执业资格考试习题集 $f 崔景晶,徐红,侯芳主编

　　330 ##$a 本书根据最新初级护师资格考试大纲编写,习题类型与考试题型相同,共计 2800 余道习题,对重点难点习题进行解析并给出相关考点。

　　606 0#$a 护理学 $x 资格考试 $j 习题集

　　690 ##$a R47 – 44$v5

注:R47 类目为"护理学"。

解析:图书分类是以图书内容的学科或专业属性为主要标准进行的,只有按图书的学科内容分类不适用时,才按照图书的其他特征进行分类。因此,上例 1 分类不够准确,应将类号修改为:R47 – 44

1.6　多卷书

例:200 1#$a 中国动物志 $i 无脊椎动物 $h 第二十九卷 $i 软体动物门 $i 腹足纲 $i 原始腹足目 $i 马蹄螺总科 $f 中国科学院中国动物志编辑委员会主编

　　330 ##$a 本书详细记录了动物界各类群的系统发育、分类系统、动物地理学、形态学、生物学、生态学、经济意义等研究成果。本卷分为总论和各论两部分,总论包括研究简史、形态概述、分类系统、地理分布、生物学、经济意义;各论包括马蹄螺科、丽口螺科、海豚螺科、口螺科、圆孔螺科、篷螺科、蜙螺科、雉螺科等 8 科、11 亚科、45 属。

　　606 0#$a 动物志 $y 中国

　　606 0#$a 无脊椎动物门 $x 动物志 $y 中国

　　606 0#$a 软体动物 $x 动物志 $y 中国

　　606 0#$a 腹足纲 $x 动物志 $y 中国

　　606 0#$a 古腹足目 $x 动物志 $y 中国

　　606 0#$a 马蹄螺科 $x 动物志 $y 中国

　　690 ##$a Q958.52$v5

　　690 ##$a Q959.1$v5

　　690 ##$a Q959.21$v5

　　690 ##$a Q959.212$v5

注:存在的问题:606、690 字段过多。

分类、主题标引修改如下:

606 0#$a 动物志 $y 中国

606 0#$a 古腹足目 $x 动物志 $y 中国

606 0#$a 马蹄螺科 $x 动物志 $y 中国

690 ##$a Q958.52$v5

690 ##$a Q959.212$v5

解析:三层以上的多卷书,除综合标引外,主题标引可以只进行最下两层,省略其他中间层。分类标引除综合标引外,只对最下层进行分析标引。

2 商榷问题

2.1 专业论文写作

《中图法》(五版)相关类目:

H152.2 辩论文

H152.3 应用文

总论入此。专论入有关各类。

笔者从全国联机编目网上调取了"专业论文写作"方面的书目数据,发现涉及"专业论文写作"方面的图书分类比较混乱,举例如下:

例1:200 1#$a 科技论文写作 $f 郭倩玲主编

    330 ##$a 本书内容包括科技论文各组成部分的撰写要求和编排格式、科技论文写作中的各种规范表达、科技论文中的英文写作、学位论文的写作规范、科技论文的撰写过程及有效投稿等。

    606 0#$a 科学技术 $x 论文 $x 写作

    690 ##$a H152.2$v5

例2:200 1#$a 科技论文写作技巧 $f 于雷,洪瑞编著

    330 ##$a 本书分为三章,第一章主要介绍科技论文写作的意义、概念、特点及分类,科技论文写作与发表中的常见问题等;第二章是科技论文的投稿与发表;第三章是 SCI 论文的撰写规范等。

    606 0#$a 科学技术 $x 论文 $x 写作

    690 ##$a G301$v5

例3:200 1#$a 电力科技论文写作 $e 学位论文及英文科技论文写作指南 $f 赵玉闪,李丽君编著

    330 ##$a 本书共分两大部分,第一部分为电力类硕士、博士学位论文的写作方法。重点介绍了选题与选题报告的撰写、文献综述的撰写、论文主体的撰写等。第二部分为电力类英文期刊论文的写作方法。介绍了英文电力科技论文概述、标题的撰写、导论部分的撰写等。

    606 0#$a 电力工业 $x 科学技术 $x 论文 $x 写作

690 ##$a H152.2$v5

例4:200 1#$a 石油化工科技论文写作快速入门 $f 龚望欣著

330 ##$a 本书以笔者在石化企业和高校工作中真实的案例为基础总结了多种论文的写作方式,并以"模块式"的写作方法引导读者进行写作,以指导广大石化技术人员和操作人员写作快速入门。

606 0#$a 石油化工 $x 科学技术 $x 论文 $x 写作

690 ##$a TE65$v5

解析:针对上述"专业论文写作"方面的图书分类混乱情况,我们首先看一下《中图法》(五版)类目:

G312 工作方法

总论科学实验方法等的著作入此。

科学论文、专业应用文的写作入 H152.3。

笔者认为,参照《中图法》(五版)G312 的类目注释,科学论文、专业应用文的写作应该归入 H152.3,而非归入 H152.2;同时再依据《中图法》(五版)H152.3 的类目注释,专论应各入其类。因此上例 1、例 3 归类是不正确的。例 1 正确类号应为:G301,例 3 正确类号应为:TM。

商榷 1:

笔者认为,G312 类目注释不够严谨,与 H152.3 类目注释有出入,不一致。G312 类目注释为:"科学论文、专业应用文的写作入 H152.3",而"H152.3 应用文"类目注释则为:"总论入此。专论入有关各类。"因此,建议将"G312"类目注释修改为:"科学论文、专业应用文的写作总论入 H152.3,专论入有关各类。"

商榷 2:

针对专业论文写作方面图书分类混乱情况,笔者建议,下次《中图法》修订时:将"H152.3 应用文"类目注释修改为:"普通应用文、专业应用文、说明文等入此。"如愿细分,可用组配编号法。例:《电力科技论文写作》为:H152.3:TM,这样更科学。

2.2 专业英语

《中图法》(五版)相关类目:

H31 英语

专业英语入有关各类。如《国际商务英语》(高等院校国际贸易类教材)为 F7-43。

例:200 1#$a 中医英语问诊 900 句 $f 谢竹藩,谢方著

330 ##$a 本书采用汉英对照的方式,详细介绍不同病症的问诊方式。包括主诉的问诊、现在症的问诊、既往病史的问诊、家族病史的问诊、个人生活史的问诊、告别用语等 6 大版块内容。

606 0#$a 中国医药学 $x 问诊 $x 英语 $x 口语

690 ##$a R241$v5

690 ##$H 319.9$v5

注:H319.9 为附加分类。

商榷:

专业英语的分类为《中图法》(五版)改动较大之处。笔者认为,专业英语方面的图书各入其类较为科学,但不利于从语言角度检索文献,因此建议在相应语言处做附加分类。见上例。

此外,对于 H31 类目注释"《国际商务英语》(高等院校国际贸易类教材)为 F7 - 43。"笔者认为不够准确。《国际商务英语》(高等院校国际贸易类教材)准确分类应为"F74 - 43",建议《中图法》(五版)进行修改。

2.3 地方政治

《中图法》(五版)相关类目:

D67 地方政治

依中国地区表分,但不再依省、自治区、直辖市下的复分表细分。

例:200 1#$a 井冈论坛 $h2014$f 梅黎明主编

  330 ##$a 本书分为领导讲话篇、精神领会篇、专题研讨篇、规律探索篇、经验交流篇
    五部分,收录了《以整风精神严格党内生活》《做良好从政环境的营造者》等
    文章。

  606 0#$a 社会主义建设 $x 经验 $y 井冈山市 $z2014

  690 ##$a D675.6$v5

注:《中图法》(四版)类号:D675.64。

商榷:D67 地方政治的类目注释"但不再依省、自治区、直辖市下的复分表细分"为《中图法》(五版)新增注释,这样修改不知出于什么考虑,感觉不够专指。建议恢复《中图法》(四版)类目注释:"依中国地区表分"。

2.4 传播事业

《中图法》(五版)相关类目:

G209 传播事业

  总论入此,专论入有关各类。

例:200 1#$a 新媒体时代下的湖南传媒产业发展研究 $f 周娟主编

  330 ##$a 本书内容包括:湖南传媒产业的发展现状、相关理论与概念梳理、新媒体对
    湖南传媒业的影响研究、湖南传媒产业的发展思路与措施等。

  606 0#$a 传播事业 $x 研究 $y 湖南

  690 ##$a G209$v5

或

  690 ##$a G209(264)$v5

商榷:"G209 传播事业"为《中图法》(五版)新增类目。依据《中图法》(五版),上例类号归入"G209"。而《〈中国图书馆分类法〉第五版使用手册》举例:《台湾地区大众传播事业概况》一书,分类号为 G209(258),因此,参见《〈中国图书馆分类法〉第五版使用手册》,上例类号可归入"G209(264)"。为保证图书分类的专指性和一致性,笔者建议,"G209 传播事业"应增加类目注释:依世界地区表分,中国再依中国地区表分。

2.5　中老年卫生

《中图法》(五版)相关类目：

R161.5 青年卫生　　　　Z228.1 少年儿童读物

R161.6 中年卫生　　　　Z228.2 青年读物

　　　　　　　　　　　　青少年读物入此

R161.7 老年卫生　　　　Z228.3 中老年读物

例:200 1#$a 老有所养 $e 中老年人日常生活保健 $f 柴瑞震主编

　　330 ##$a 本书从中老年朋友的身体、心理、老年人常见疾病三个方面讲述了中老年

　　　　　人日常生活保健问题。

　　606 0#$a 中年人 $x 保健 $x 基本知识

　　606 0#$a 老年人 $x 保健 $x 基本知识

　　690 ##$a R161.6$v5

　　690 ##$a R161.7$v5

商榷:论述中老年卫生保健类的图书很多,而且中、老年人年龄段不太好界定,因此建议
参照《中图法》(五版)"Z228.3 中老年读物",将"中老年卫生"合并为一个类目,或者参照
"Z228.2 青年读物"的类目注释"青少年读物入此",R161.7 可以增加类目注释"中老年卫生
入此"。将"中老年卫生"集中归入 R161.7,这样就保证了中老年卫生保健类图书分类的一
致性,而且不用再进行附加分类,使分类更加简单、明了。

2.6　食养、食疗

《中图法》(五版)相关类目：

R247.1 食养、食疗

　　　总论入此。

　　　专论某种疾病的食养、食疗入有关各类。例:消渴的食疗法入 R255.405

商榷:此处类目注释所举之例,"消渴的食疗法入 R255.405",类号不够准确,应为:
"R255.4 + 05";"R255.405"为资料分类时所用类号。

参考文献:

[1]国家图书馆《中国图书馆分类法》编辑委员会. 中国图书馆分类法(第五版)[M].北京:国家图书馆出版
　　社,2010.

[2]中国图书馆分类法编辑委员会. 中国图书馆分类法(第四版)[M].北京:北京图书馆出版社,1999.

[3]国家图书馆《中国图书馆分类法》编辑委员会. 中国图书馆分类法(第五版)使用手册[M].北京:国家图
　　书馆出版社,2012.

新型书目框架下我国编目员的挑战和机遇
——从 FRBR 到 BIBFRAME

裴　葛(福建省图书馆)

从人类最初在纸张、兽皮上的图书记录到 21 世纪的虚拟书目数据,编目活动已经发生了翻天覆地的变化。FRBR(Functional Requirements for Bibliographic Records)带给编目新的模式,基于 FRBR 提出的新规则 RDA 正在进行本土化试点,而后新型书目框架 BIBFRAME 提出,未来编目的发展也初见端倪。互联网让知识和信息的传播与获取十分便捷,我国编目员能及时感知国际编目界的变化,这些变化对我国编目员提出了更高的编目理论和实践操作要求。本文旨在以 FRBR 向 BIBFRAME 过渡为背景,从以下几个方面明确我国编目员所面临的挑战和机遇,并试图从中寻求应对方法:①理清 FRBR 和 BIBFRAME 的概念,熟知新型书目框架规范,加强编目理论研究;②从 FRBR 到 BIBFRAME 的更替时期,我国编目员面临多重任务,既要熟悉中西规则,又要适应新旧模式更替,还需提高个人素质;③提高危机意识,完善知识结构,扎实实践经验,寻求编目新思路。

1 我国编目员所处的境况——从 FRBR 到 BIBFRAME

图书馆处于知识生产链的下游,图书馆事业的重大变革很大程度上源于知识生产链上游的变化,在图书馆事业中的编目亦是如此。互联网时代电子文献的比例大幅上升,传统纸质文献的编目方式不再适用于网络环境,从 FRBR 开始编目的理念和模式的转变进入新阶段。

1.1 什么是 FRBR(IFLA – LRM)

1990 年,IFLA 国际书目控制和国际 MARC 项目以及 IFLA 书目控制组在斯德哥尔摩召开书目记录会议,其中一项决议就是要求研究书目记录的功能需求,即 FRBR。1997 年,第 63 届 IFLA 大会通过 FRBR 的最终报告。FRBR 模型以"实体—关系"模型(E – R 模型)为概念框架,采用映射的方法,形成层次分明、关系清晰的情报网络,这是一种新的编目理念,提供了研究书目记录的新视角。随着规范数据的功能需求(Functional Requirements for Authority Data,FRAD)、主题规范数据的功能需求(Functional Requirements for Subject Authority Data,FRSAD)相继问世,FR 概念家族模型正式形成,全面涵盖书目记录、名称规范记录以及主题规范记录。由于 FRBR、FRAD、FRSAD 三个模型分别构建存在明显的局限性,后将三者统一为 FRBR 图书馆参考模型(FRBR – Library Reference Model,FRBR – LRM)。2016 年 8 月 IFLA 的 FRBR 评估组根据全球评审,将 FRBR – LRM 更名为 IFLA – LRM。和 FRBR 相同,IFLA - LRM 模型以 E - R 模型为框架,用于指导建立编目框架或编目规则。在 IFLA - LRM 模式下,编目员考虑更多的是如何调整 MARC 格式,使其更加适应新模式。

1.2 什么是新型书目框架 BIBFRAME

2011 年美国国会图书馆(LC)发布书目框架转变声明,继而开发新型书目框架(BIB-FRAME),可以说 BIBFRAME 是为取代机读目录(MARC)而开发的关联数据项目,旨在为图书馆重新设想和完成一个新的书目框架,从而使图书馆成为真正意义上的书目数据中心和互联场所。2012 年年底,BIBFRAME 模型草案发布,提出四个核心类:即创作作品、实例、规范和注释。LC 随后建立了关于新型书目框架 BIBFRAME 的官方网站,该站点提供常用信息,包括演示文稿、常见问题解答,以及指向其他工作文档的链接。同时,以替代 MARC 为目标,BIBFRAME 被定义为表达和连接书目数据的通用模型。BIBFRAME 框架计划聚焦于 MARC21 的转换路径,同时保证强大的数据交换能力以实现资源共享,并减少编目成本。2015 年 10 月 29 日之后,BIBFRAME2.0 草案规范陆续发布,包括 BIBFRAME 题名、机构、条目、事件、标识符和注释、管理性元数据、目录等,其中 BIBFRAME 管理性元数据规范于 2016 年 1 月发布了修订版本。BIBFRAME 的初衷即是替代 MARC,编目员需要思考的关键词不再是"调整",而是全面的"更新换代"。

1.3 从 FRBR 到 BIBFRAME

IFLA - LRM 继承了 FRBR 的"E - R"模型,但是更强调开放性,比如 IFLA - LRM 在 FRBR 四个基本用户任务查找、识别、选择、获取的基础上,增加了"探索"这一新的用户任务。这就意味着资源的关联增多,用户任务也更具开放性。BIBFRAME 作为最新的书目框架,也采用了 E - R 模型,但是简化了描述对象,调整了某些元素,比如单独定义了规范实体和注释实体。新型书目框架更大的变化是能融入互联网环境,资源可以实现全网共享,适用于多类文献,编目员从新型书目框架可以看出未来编目发展的趋势是越来越灵活和开放,也更能适应后期技术变化的需要。

2 挑战与机遇

2.1 我国编目员面临的挑战

从历史角度看,中西编目思想源流不同,中国目录学的目的在于辨章学术,考镜源流,西方目录学的目的在于方便地获取图书。编目方法上,中国重分类、重小序、重提要,而西方目录学重编目、重索引、重排序法、重书目控制。这些历史源流问题直接导致中西编目规则不易统一,也导致我国编目员在工作中处理数据的方式和西方编目员不同,加上语言差异甚大使得基于 FRBR 提出的 RDA 在我国推广遇到很多困难。我国西文文献转换较为容易,中文文献则有很多规则需要做更多本土化的调整,这也意味着我国编目员需要花更多的时间去适应新规则。在西方思维模式下的 BIBFRAME 还处于理论阶段,没有具体的规则和格式,我国编目员要理解新型书目框架是比较困难的。

从发展过程看,相对于以美国为代表的西方国家,我国的现代文献编目发展起步晚,基础也比较薄弱,中国近现代文献编目思想发展的过程就是对西方编目思想吸收和本土化的过程。相应地,我国的编目员也是跟随现代西方编目的思想和规则来研究和工作。此外,编目发展的进程加快,MARC 标准于 1968 年提出,至今发展了半个世纪,1990 年斯德哥尔摩会议提出研究 FRBR 到 2016 年更名为 IFLA-LRM 历经不过 26 年,基于 FRBR 提出 RDA 在中国尚未推广,2015 年新型书目框架 BIBFRAME2.0 的草案规范已经陆续发布,可以看出编目理念和技术更新换代速度加快,如果编目员不能更新知识框架、吸收新技术、运用新技术,我国的文献编目不能及时和新技术、新规范接轨,会直接影响我国图书馆事业的整体发展。在新旧模型框架重叠的时期,编目员在短时期内既要熟悉旧模型,又要认识新框架,这样的双重任务无疑具有挑战性。

从个人素质看,语言障碍、计算机知识匮乏和危机意识缺失成为我国编目员面临的挑战。由于最前沿的编目动态和成果基本是用英语发表,很多专业术语都由英文的缩写字母组成,而目前我国编目员的整体英语水平不足以支持深入阅读和交流,语言障碍成为一个问题。要研究编目理论需要相关的计算机知识,而广大编目员的计算机知识匮乏也成为理解、应用新型编目模式的又一问题。另外,很多编目员没有危机意识,安于现状,工作状态比较被动,基本满足于完成工作任务,没有专研的精神,这些问题在 BIBFRAME 时代即将来临的背景下显得格外突出。如何唤起编目员的危机意识,并化危机意识为行动,走出认知的舒适区,主动迎接挑战,这也是编目员要考虑的。

2.2 我国编目员的机遇

身处网络时代是我们可利用的重要机遇之一。互联网时代缩小了信息鸿沟,编目员能及时得到最新信息,与国际接轨。IFLA、LC 的官方网页、e 线图情、CNKI 的文献资源、MOOC 的网络课程等,都可以便捷获取关于全球各地图书馆以及文献编目的最新资讯和研究成果。从 FRBR 到 BIBFRAME 时期,也是数据交换越来越便捷,数字资源通过互联网与全社会共享程度越来越高的过程,这也启发我们编目员要利用好网络资源。

不同年龄、不同经验的编目员处于同一时期是可利用的机遇之一。随着时代推进,编目员也一直在更新换代。80、90 后的编目员逐渐增多,年轻编目员的思维比较活跃,容易接受新事物,对新型书目框架也更易理解,而编目员前辈有扎实的编目实践经验,对 MARC 的操作更熟悉,两者在业务上的沟通和交流可以实现优势互补。新入行业的编目员受规则条款的影响较小,在编目理念上提出新观点的机会较大,入行久的编目员易形成思维定式,但是经验丰富,处理问题考虑比较周全,两者工作体验不同,取长补短,是提升自我的难得机会。

在已有基础上进行我国编目的创新创造,这也是可利用的机遇之一。西方编目的理论研究较为超前,将理论转换为技术也比较顺利,我们可以直接借鉴其成果,与最新的思想技术接轨,尽快吸收。IFLA-LRM 的模型已经较为完备,RDA 在我国的试点也正在进行,而 BIBFRAME 是更能适应国际环境的书目框架,借鉴已经搭建好的整体框架,对比我国与其他国家的编目规则,使 IFLA-LRM、BIBFRAME 等本土化,更能缩短适应期,使新技术的应用更快推广。

3 如何应对机遇与挑战

3.1 提高危机意识

在基础的编目业务外包、电子文献的比例逐渐上升、传统编目方法变革等大环境下，我们的编目员还需要做些什么，编目员这个职位存在的意义是什么，这些都是值得每一个编目员思考的问题。每一个编目员都应利用各种资源多关注编目界、图书馆事业的动态，每一阶段能总结出自己的进步和不足，把个人置身大环境下考虑问题，增强对变化的警觉意识。

3.2 完善知识结构

现代编目和其他学科的交叉面越来越广，比如必要的计算机和互联网知识，能够阅读外语等。这就要求编目员的知识储备必须扩容，知识结构必须越来越完善，而且这种知识的补充、调整、完善必须是持续性的。例如，勤做笔记，积累陌生术语和英文词汇，多向不同岗位的同行请教，多与不同行业的人交流等。专研编目业务更是重中之重，相当一部分编目员重实践操作、轻理论研究，而一个合格的编目员，要做到知其然亦知其所以然，特别随着新型书目框架等模型和理论的提出，提高编目理论素养成为必备要素。

3.3 扎实实践经验

编目是一门以实用为主的技术，编目工作的实践经验尤为重要。广大编目员都有日常工作比较枯燥的认识，但也只有认真工作，耐心对待业务中的每一个细节，才能在实践中发现问题、解决问题。进一步讲，要寻求未来的出路，只有不断地提升自我，改变固有的思维方式，做更多有价值有创造性的工作。利用新方法揭示特有文献资源，拓宽文献载体，从纸质图书到册页、图画、光盘、电子文献等，创造更多有价值的元数据，研究更灵活有效的编目规则和方法。编目理论和实践操作相比，除了趣味性不高以外，更存在理解难度较大的问题，那么就需要编目员有积极的心态，克服畏难情绪，提高成就感。

3.4 寻求编目新思路

目前我国的编目主要还是跟进和吸收美国等西方国家的编目成果，除了对编目规则的本土化，少有创造性的成果或意见。我们的编目员要在工作中培养看问题的前瞻性，发挥思维的创造性，才能扭转目前只能"引入"而没有"输出"的境况。从 BIBFRAME 的草案来看，未来编目数据的处理会越来越简洁灵活，MARC 格式数据堆积、封闭的情况将会改变，编目员不能满足于使用 MARC 的现状，需要紧跟前沿动态，争取参与其中，未来才有话语权。同时 BIBFRAME 有优点也有缺陷，如何改进新型书目框架，我国编目员可以尝试思考这个问题。

BIBFRAME 给编目界带来的震动和即将带来的影响无疑是巨大的，虽然 BIBFRAME 目前只是书目框架模型，但是从 BIBFRAME 的草案中可以窥见编目未来发展的方向。从 FR-

BR 到 IFLA - LRM 再到 BIBFRAME,我国编目员作为我国编目发展的能动中心,应该抓住新型书目框架仍在完善的机遇,走出认知的舒适区,从基础性、重复性的数据处理工作中解放出来,跳出 MARC 时代相对封闭的思维模式,适应新型的开放式编目模式。编目员只有理清编目发展的历史过程,努力掌握最新的业务技术,培养超前的编目意识、全局观念和创造性的思维,才能从容应对编目未来发展的挑战。

参考文献:

[1]王义翠.“互联网+”时代的编目工作[J].图书情报论坛,2016(6).

[2]李菡.IFLA 图书馆参考模型中的关系[J].图书馆论坛,2017(4).

[3]王景侠.书目格式的关联数据化发展及其启示:从 MARC 到 BIBFRAME[J].图书馆杂志,2016(9).

[4]李勇文.书目框架(BIBFRAME)在中文书目数据中的应用范式探讨[J].图书情报工作,2016(1).

[5]高红.编目思想史[M].北京:北京图书馆出版社,2008.

非古籍类佛学文献编目工作的实践与分析

释贤才　释贤昌(龙泉图书馆)

进入 21 世纪后,随着以儒释道为核心的中国传统文化的复兴,佛教文化亦不断深入大众主流文化中。佛学图书馆作为佛教文献收藏与流通以及佛教文化弘扬的主力军,也日益受到佛教界内外的重视,如雨后春笋般在各地涌出,例如广州的大佛寺图书馆、上海的弘一图书馆、扬州的鉴真图书馆、北京的龙泉图书馆等,都是在这一时期发展建设起来的。虽然各地的佛学图书馆在建馆之初就获得当地公共图书馆或高校图书馆的指导与帮助,但由于文献编目工作的专业性所限,佛学类图书的编目、分类标引等缺乏统一和规范,一些相关的问题便不断凸显出来[1]。目前,针对佛学类图书机读目录格式(MARC)的规范问题鲜有涉及,笔者基于本馆在非古籍类佛学中文文献编目工作的实践,对此类文献编目的现状及工作实践进行探讨。

1　佛学类文献编目的现状

对于非古籍类佛学中文文献,各图书馆普遍依据《中国文献编目规则(第二版)》[2]中的规则进行著录。佛学类文献的来源广泛,除了各出版社出版发行的图书外,许多寺院的流通处、佛教团体乃至信众个人印行了大量包括佛教经典在内的非正式出版文献。这类文献往往没有或很少被公共图书馆及高校图书馆所收藏,一般只由寺院附属的佛学类图书馆进行收藏,其编目的规范问题未被重视。

佛学类非正式出版文献多为内部出版或自行印刷,出版信息不像正式出版文献那样遵循国家标准,没有 ISBN 号,没有统一的出版格式,一些文献出版信息不齐全,或者缺乏题名页、版权页等,国内也缺乏此类文献的著录规范。因而,在著录佛学类非正式出版文献时,需要在《中国文献编目规则(第二版)》的框架下进行综合分析与考虑,并适当增加补充说明的字段,以便能全面、准确地揭示该文献。

目前,国内图书馆普遍使用的是《中国图书馆分类法》(简称《中图法》)对各类文献进行分类。这是一部大型综合性分类法,将佛学文献归入三级类目“B94 佛教”下,并设有简单的下分四级类目。但这些类目远远不能满足佛学文献的分类需求。台湾地区的香光尼众佛学院编辑出版了《佛教图书分类法》(简称《香光法》)以便能适合现代佛教图书的编目要求[1]。为符合内地的现实情况,北京大学的白化文和杭州灵隐寺云林图书馆的周子荣以《香光法》为基础,结合《中图法》,分别制定了一套佛教文献分类法,即《佛教图书分类法(改定本)》(简称《白化文版》)和《云林佛教图书分类法》(简称《云林版》)[3-4]。据笔者了解,内地各公共图书馆和高校图书馆未区分佛学与非佛学类图书,所有非古籍类文献的分类均按照《中图法》给出图书的类号,而佛学类图书馆因需要凸显其佛教专业性的特点,通常将与佛学相关的文献按照《云林版》《白化文版》或《香光法》的分类法来给出相应的类号。佛学文献分类体系的不统一,也就阻碍了此类文献 MARC 数据的馆际间交流与共享,导致目前无法形成佛学图书馆的联合编目平台。

本馆自建馆之初就定位于佛学专业性图书馆,馆藏的80%以上均为佛学文献。多年来,馆内的编目工作也得到了图书馆领域同行的专业指导,以下就本馆在佛学类图书编目工作中的一些具体实践进行分析和探讨。

2 佛学类文献的编目实践

2.1 010 字段的著录问题

普通正式出版的佛学图书,以书上标注的实际价格著录。对于非正式出版的佛学文献,有标注工本费的,将实际价格著录于 $d 子字段,其后加括号注明“工本费”。但佛教团体、寺院及信众个人出资印行的图书,一般都是免费赠阅(佛教中称为结缘)给大众,此类图书在 $d 子字段著录为“结缘品”或“非卖品”。

本馆平时也陆续采购许多 20 世纪 80 和 90 年代出版,甚至更早的佛学文献以扩充馆藏,其采购价往往远高于文献本身的定价。本着客观著录的原则,此类文献在 $d 子字段下著录原书的定价,采购价著录于 310 字段,并注明采购的年份。

2.2 题名和责任者著录的问题

2.2.1 著录信息源的选取问题

按照《中国文献编目规则(第二版)》的规定,文献著录的规定信息源一般为题名页和版权页;如果在非题名页和版权页的著录信息将分别在各附注说明项进行说明[5]。对于正式出版的图书均按此原则著录,而对于非正式出版的佛学类图书,常常缺少题名页和版权页,这就需要在编目时扩大选取信息源的范围,以便能准确地揭示该文献。实际工作中,此类文献的信息源选取优先次序为:封面—书脊—序言(前言)—后记。对于责任方式,编目员根据多方面的信息进行灵活处理,常用的责任方式有著、编著、译、主编、汇编、注释、校对、口述、整理、开示等。

诸如经、律、论等佛教经典文献,若是由佛教团体、寺院或佛教居士个人印行时,常会遇到整部文献只能找到题名信息(例如佛经的名称)的情况,无法从文献本身获取责任者的信息。一般可以根据该部经典通常默认的责任信息予以著录,或者从库藏该经典的其他版本获得原作者信息。例如,《金刚经》的流通版本原译者为姚秦三藏法师鸠摩罗什;《俱舍论》为世亲菩萨所造。

2.2.2 题名项的著录问题

佛教的传统经典文献常会遇到合集、合刊的情况,比如几本佛经的合刊。一般在200字段的 $a 子字段下著录该文献的正题名,并著录多个517字段,将该文献所含经书的题名逐一著录,以便全面、深入地揭示该文献的主题,同时增加检索点,方便文献的查阅。

例1:苏州弘化社印行的《般若九经合刊》,著录如下:

200 1#$a 般若九经合刊 $f 丁小平选编标点

517 1#$a 大乘理趣六波罗蜜多经

517 1#$a 胜天王般若波罗蜜经

517 1#$a 文殊师利所说摩诃般若波罗蜜经

517 1#$a 仁王护国般若波罗蜜多经

517 1#$a 佛说开觉自性般若波罗蜜多经

517 1#$a 实相般若波罗蜜经

517 1#$a 佛说了义般若波罗蜜多经

517 1#$a 佛说儒首菩萨无上清净分卫经

517 1#$a 佛说佛母宝德藏般若波罗蜜经

佛教经、律、论的名称涉及全称、简称的情况,人们常用的名称一般为其简称。例如《般若波罗蜜多心经》简称为《心经》,《金刚般若波罗蜜经》简称为《金刚经》,《药师琉璃光如来本愿功德经》简称为《药师经》,《阿毗达摩俱舍论》简称为《俱舍论》。著录此类文献时,可启用540字段,该字段是编目员补充的附加题名字段,包含文献上未出现的、又非同一题名的关键词题名和通俗题名。它可以为正题名衍生出来的附加题名提供检索点。因而,实际编目过程中,编目员可遵循“见书照录”的原则,在200字段的 $a 子字段下著录题名页或版权页上显示的内容,同时启用540字段,著录该文献的全称或简称(原书名为全称,则540字段下著录简称,原书名为简称,则540字段下著录全称),形成检索点。

例2:三秦出版社2002年出版的《白话金刚经》,著录如下:

200 1#$a 白话金刚经 $f 李利安注译

540 1#$a 金刚般若波罗蜜经

例3:宗教文化出版社2014年出版的《金刚般若波罗蜜经注解》,著录如下:

200 1#$a 金刚般若波罗蜜经注解 $f 释觉修著

540 1#$a 金刚经

例4:宗教文化出版社1997年出版的《禅宗七经》,其题名页与版权页上的题名信息均为“禅宗七经”,封面及书脊处有该七部佛经的简称,目录中为该七部佛经的全称,著录如下:

200 1#$a 禅宗七经 $f 河北禅学研究所编

517 1#$a 维摩诘经

517 1#$a 楞严经

517 1#$a 六祖坛经

517 1#$a 楞伽经

517 1#$a 心经

517 1#$a 金刚经

517 1#$a 圆觉经

540 1#$a 般若波罗蜜多心经

540 1#$a 金刚般若波罗蜜经

540 1#$a 大方广圆觉修多罗了义经

540 1#$a 楞伽阿跋多罗宝经

540 1#$a 大佛顶首楞严经

540 1#$a 维摩诘所说经

540 1#$a 六祖大师法宝坛经

2.2.3　责任项的著录问题

佛教人物除了有本名,还有法名、法号等多种名称,此外,汉传佛教的佛家弟子均以"释"字作为其出家后的姓氏。佛学文献的责任项中时常会出现佛教人物,而且形式不一,有的直接以法名出现,有的法名前带有"释"姓,有的还带有称谓,如法师、和尚、比丘、长老、上师、喇嘛、活佛、仁波切等。在遵循著录原则以及佛教称谓惯例的基础上,本馆的著录规范如下:200 字段的 $f 或 $g 子字段下若为出家人,依文献标示的原文著录,同时在 701 或 702 字段下,启用 $c 名称附加子字段;若责任者带有"释"字,将其放入 $c 子字段,法名、法号等标目的主体放入 $a 子字段,称谓及其责任方式均放入 $4 关系词代码子字段。

例 1:中国文联出版社 2011 年出版的《归程》,著录如下:

200 1#$a 归程 $f 圣严法师著

701 #0$a 圣严 $f(1930－2009)$4 法师著

例 2:东初出版社 1992 年出版的《从东洋到西洋》,著录如下:

200 1#$a 从东洋到西洋 $f 释圣严著

701 #0$c（释）$a 圣严 $f(1930－2009)$4 著

有的佛教人物出家前的俗名与出家后的法名均为大众所知,如弘一大师的俗名为李叔同;有的出家人法名与后人对其的称谓并不一致,如隋朝的高僧智顗,世称智者大师。遇到此类特殊情况时,可启用题名与责任说明附注 304 字段,对文献责任者的情况进行附加说明,同时增加一个 701 或 702 字段,著录文献中未标示的另一个名称,方便读者的检索。

例 3:宗教文化出版社 2005 年出版的《释禅波罗蜜次第法门译释》,著录如下:

200 1#$a 释禅波罗蜜次第法门译释 $f(隋)智者大师原著 $g 苏树华译释

304 ##$a 智者大师,法名智顗,中国佛教天台宗四祖,又被称为天台大师。

701 #0$a 智者大师 $f(538－597)$4 原著

701 #0$a 智顗 $f(538－597)$4 原著

702 #0$a 苏树华 $4 译释

例4:译林出版社2016年出版的《李叔同的禅语与修身》,著录如下:

200 1#$a 李叔同的禅语与修身 $f 李叔同著

304 ##$a 李叔同,出家后法名演音,号弘一,被后人尊称为弘一大师。

701 #0$a 李叔同 $f(1880 – 1942)$4 著

701 #0$a 弘一大师 $f(1880 – 1942)$4 著

2.3　出版发行项的著录问题

非正式出版的佛学文献一般没有出版者的信息,应根据文献信息源推断出版者的相关信息,确实无法推断出来的,可著录"[出版地不详]""[出版者不详]""[出版时间不详]"。对于佛教团体、寺院等印行的出版物,其出版地著录为该团体或寺院所在的城市,出版者著录为该文献的印行者或倡印者。

例1:中国藏学研究中心编辑出版的《建立健全藏传佛教寺庙管理长效机制专题研究》为内部出版物,没有版权页,出版地推断为中国藏学研究中心所在地北京,出版时间从后记中推断为2010年。著录如下:

200 1#$a 建立健全藏传佛教寺庙管理长效机制专题研究 $f 朱晓明主编 $g 郑堆,

豆格才让副主编

210 ##$a[北京]$c 中国藏学研究中心 $d[2010]

例2:安徽含山县褒禅寺倡印的《绍云法师褒禅寺开示录》没有出版者的信息,无法推断出版时间,著录如下:

200 1#$a 绍云法师褒禅寺开示录 $f 绍云法师开示

210 ##$a 马鞍山 $c 含山县褒禅寺 $d[出版时间不详]

有些佛学文献的出版或发行日期为非公元纪年,是以佛历纪年的方式标示,在录入时应原样照录,并在其后注明相应的公元纪年,置于方括号内。其换算方式为:佛历年 – 544 = 公元纪年。

例3:北京法源寺印行的《净土宗诸经汇编》,发行的年份为佛历2544年,著录如下:

200 1#$a 净土宗诸经汇编 $f 法源寺汇编

210 ##$a 北京 $c 法源寺 $d 佛历 2544 年[2000]

2.4　多语种文献的著录问题

如果佛学文献中含有双语种或多语种,除了在101字段下标示出语种信息,还应在200字段的 $d 子字段下著录对应的非汉文题名,并启用510字段。200字段的 $b 子字段著录的信息是一般文献类型标识,本馆在实践中,启用该子字段著录编目人员备注的文献语种信息,方便读者查阅。

例1:山西经济出版社2004年出版的中英文对照《资寿寺》,著录如下:

101 0#$achi$aeng

200 1#$a 资寿寺 $b[中英对照]$e18 罗汉头像海外回归故里 $dZishou Temple$e

Head Sculptures of 18 Buddhist Saints Returned to Hometown from Abroad$f 侯

廷亮主编 $zeng

510 1#$aZishou Temple$eHead Sculptures of 18 Buddhist Saints Returned to Hometown

from Abroad$zeng

517 1#$a18 罗汉头像海外回归故里

例 2:西藏人民出版社 2012 年出版的汉藏文对照《佛子行及诠释》,著录如下:

101 2#$achi$atib$ctib

200 1#$a 佛子行及诠释 $b[汉藏对照]$drgyal sras lag len rtsa vgrel bzhugs so$f 佛
子陀美著 $g 土登曲吉扎巴释 $g 达瓦次仁译 $ztib

510 1#$argyal sras lag len rtsa vgrel bzhugs so$ztib

2.5 启用 300 字段的问题

300 字段为一般性附注项,用于客观描述其他字段下不便著录但对文献标示又较为
重要的信息,以便更好地全面揭示文献。300 字段可重复使用,无特定格式,行文自由,易
于掌握,可以满足记录多项附注信息的需要。在一些非正式出版文献的编目中常常需要
用到[5]。

同一种佛学文献题名与责任者相同,只是出版或发行者不同,有时是同一个出版或发行
者在不同年份印行的,除了封面有差别其余均无异。本馆在编目实践中,启用 300 字段将文
献的封面特征进行补充说明,以示区分,方便编目员对副本的比对和辨识,以及读者和书库
管理员的查阅。

例 1:复旦大学出版社出版的《如何修证佛法》,2002 年第 3 次印刷和 2006 年第 6 次印
刷均为第 1 版,内容、页码等信息均相同,但封面图案完全不同。著录如下:

(1)200 1#$a 如何修证佛法 $f 南怀瑾著述

210 ##$a 上海 $c 复旦大学出版社 $d2001$h2006 第 6 次印刷

300 ##$a 封面左下角有树木、群山图案。

(2)200 1#$a 如何修证佛法 $f 南怀瑾著

210 ##$a 上海 $c 复旦大学出版社 $d2001$h2002 第 3 次印刷

300 ##$a 封面为南怀瑾坐在椅子上的图片,背景为群山图。

例 2:上海佛学书局 1993 年印行的《命自我立》,于 2009 年又由五台山普化禅寺助印结
缘,两者的版本、内容、页码等信息均相同,但封面颜色完全不同。著录如下:

(1)200 1#$a 命自我立 $e 原名《了凡四训》$f 学袁译

210 ##$a 上海 $c 上海佛学书局 $d1993

300 ##$a 封面为红色。

(2)200 1#$a 命自我立 $e 原名《了凡四训》$f 学袁译

210 ##$a 上海 $c 上海佛学书局 $d2009

300 ##$a 封面为黄色。

306 ##$a 由五台山普化禅寺助印结缘。

非正式出版的佛学文献通常没有 ISBN 号,而有内部准印号或是宗教部门同意印行的批
号(准印号)等。在 MARC 字段中,091 字段著录统一书号,010 字段著录 ISBN 号,011 字段
著录 ISSN 号,但没有专门著录内部准印号或宗教类准印号的字段,可将其著录于 300 字段,
利于对文献的全面揭示。

2.6 主题与分类的标引问题

普通图书的主题标引选词依据《中国分类主题词表》,分类标引依据《中图法》,两者互为结合,相互关联。《中国分类主题词表》中关于佛教类的专属性用词远远不能满足实际需要,而且佛学类文献的分类法也没有形成统一的标准。目前,大陆佛学图书馆常用的《白化文版》和《云林版》分类法均没有编制对应的主题词表;台湾地区的香光尼众佛学院图书馆正在编制《佛教主题词表》,但还未正式出版[1]。这就造成实际编目工作中佛学类文献的主题与分类标引不能有效关联的问题。

对于佛学类文献,本馆在主题标引中除了依据《中国分类主题词表》并参考国家图书馆的数据外,还适当启用 610 非控主题词字段,充分揭示文献的主题内容。此外,对于一些常用的佛学专业性词汇,虽然未被收录到《中国分类主题词表》中,但本馆在实践中也将其著录到 606 字段。

考虑到佛学图书馆的特色性,应突出佛学文献的特征。在分类标引方面,对涉及佛教内容的文献以《云林版》为首要分类标准,其次参考《中图法》。在佛教的经律论等经典文献以外,许多佛学普及读物乃至非佛教领域但含有佛教内容的图书,在公共图书馆系统中按照《中图法》分类是无法分入“B94 佛教”的类目下。比如涉及佛法运用到处世生活、人际交往中的图书,按《中图法》一般给到“B821 人生哲学”的类目下,而《云林版》则可标引为“B945.39 处世法”。旅游、地理类的涉及名山大川的内容,许多时候也都与宗教场所有关,《中图法》分入到“K9 地理”大类中,而《云林版》可归入“B947 佛教组织及寺院”的类目下。中国古代的优秀建筑往往是寺院的殿堂或者佛塔、楼阁等,涉及此内容的文献《中图法》通常给到“TU 建筑科学”的类目下,而《云林版》则标引为“B948.383 佛教建筑艺术”。

为了增加文献标引的广度以及为读者提供更多的检索途径,有时也采用增加分类标引即增加互见分类号的方式。《云林版》的类号著录到第一个 690 字段下(即排架号),《中图法》给出的类号著录到第二个 690 字段下,作为其互见分类号。

文献编目工作具有较强的专业性,佛学文献也具有一定的特殊性。目前国内缺乏针对佛学文献的编目规范以及统一的分类法和主题词表,各佛学图书馆之间还缺少交流共享的平台,这些都是制约佛学文献编目标准化、规范化、专业化的主要因素。

本文对非古籍类佛学文献编目的现状及实践中遇到的相关问题进行了探讨,希望能抛砖引玉,对业内同行有参考价值,引起大家对佛学文献编目规范化的重视。

参考文献:

[1]潘泰华. 对佛教图书编目工作的思考[J]. 图书馆工作与研究,2012(8).

[2]国家图书馆《中国文献编目规则》修订组. 中国文献编目规则(第 2 版)[M]. 北京:北京图书馆出版社,2005.

[3]白化文. 汉文佛教图书的分类编目问题[J]. 北京大学学报(哲学社会科学版),2008(1).

[4]周子荣. 佛教图书馆使用《中国图书馆分类法》的尝试——《云林佛教图书分类法》的编制[J]. 中国索引,2005(3).

[5]国家图书馆中文采编部. 编目:新的变化与应对之策——第三届全国文献编目工作研讨会论文集[C]. 北京:国家图书馆出版社,2013.

OLCC 联合目录数据库质量控制的实践与思考

孙保珍（国家图书馆）

1997 年 10 月,国家图书馆成立全国图书馆联合编目中心(简称联编中心,OLCC),标志着我国联合编目工作的开端。20 年来,全国图书馆联合编目中心获得了巨大的发展,取得了可喜的成就。诸如,推出了中国国家书目门户网站,开发了馆藏信息采集平台,用户数量飞速增长,截至目前,成员馆数量达 2500 余家,数据用户总量约 3100 余个。在 20 年的发展过程中,联合目录数据库的建设一直是联编中心的重点建设项目,截至 2017 年 6 月,数据库书目数据总量约 1200 余万条,规范数据总量近 170 万条,馆藏数据总量 3100 余万条。如此数据量庞大的联合目录数据库,不仅极大地方便了各成员馆的编目工作,而且还以实用性与时效性强、数据质量高著称于国内的图书情报界。联编中心为确保数据质量采取了多种方式方法,也取得了较好的成果,但是还存在一些问题。本文在联编中心数据质量控制实践的基础上,分析存在的问题,探讨原因并提出建设性的对策。

1 当前质量控制的举措

数据库的质量无疑是联编工作的灵魂,统一的、规范的、高质量的联合目录数据库是联编工作赖以生存的基础。为确保联合目录数据库的质量,联编中心采用了辐射性的、多线条、全方位的数据质量控制举措,具体如下:

1.1 中心审校

联编中心自成立之日起,一直以数据为核心,高度重视数据质量工作,为此,除了设有数据审校员外,还专设数据总审校,形成"审校员—总审校"两级审校机制,对于数据库数据进行质量监控。

1.2 全国范围的数据质量专业审校队伍

除了联编中心的审校人员外,从 2011 始,联编中心面向全国范围内的图书馆聘请了一批实践经验丰富的审校人员作为联编中心的数据质量监控员,负责维护数据质量及实施数据质量评估。截至目前聘请的质量监控员共计 39 名,覆盖了全国 27 个省、市级图书馆。联编中心定期给质量监控员分发待审校数据,质量监控员每审校完一批数据及时反馈数据情况,并通过 QQ 群等方式讨论沟通数据审校过程中的各种问题。这种审校、反馈、总结、及时沟通的方式,既确保了数据的质量,也为审校人员提供了交流的平台,有助于数据标准的统一与规范。

1.3 统一文献著录细则

文献著录细则,是文献编目工作的核心业务规则。为使各成员馆在编目工作中有本可依,有章可循,联编中心在《国际标准书目著录》《中国文献编目规则》等基础上,于2013年推出了《中文书目数据制作》,即全国图书馆联合编目中心使用手册。从编目规则到著录实践,文献类型涵盖了普通图书、连续性资源、音像电子资源和学位论文。每一个著录要点都提供数据样例,以加深编目员对规则的理解,便于操作掌握,为数据制作的规范、统一提供了理论基础。

1.4 业务培训

为了提高数据质量,在全国范围内推广数据著录的统一标准,联编中心每年开展业务培训工作,面向全国的成员单位及数据用户,详细讲解书目著录的细则及常见问题分析,从理论和实际操作层面上强化编目工作从业者的职业水平,以确保数据制作的质量。

1.5 广泛的业界监督

联编中心目前在全国范围内成立了31家分中心,成员馆数量达2500余家,用户总量达3100余家。分中心、成员馆及数据用户既是联编中心的服务对象,同时也是其数据的质量监督者。联编中心一直大力提倡广大成员馆及用户对中心的数据进行监督,为此,中心设立了"数据质量监督奖",即每年根据各成员馆对数据的监督、反馈情况进行测评,评选出几家表现突出的单位,在工作会议上进行表彰。

2 联合目录数据库存在的问题

2.1 横向上,信息资源类型有待扩展

在现有的联合目录数据库内,数据的对象还局限于传统文献,虽然也有音像制品、缩微文献、电子资源等类型的数字资源,但总体范畴还限于实体资源。而那些随着信息技术的发展而迅猛出现且类型不断扩大的新型信息资源,如数据库、互联网资源、多媒体资源等,还没有纳入联编中心的工作范围内。此外,在现有的传统文献的范畴内,也有一些欠缺,如少儿类文献的书目数据量相对较少,这使得面对全国少年儿童图书馆及类似机构的服务能力相对较弱。

2.2 纵向上,数据质量有待进一步提升

联编中心的数据质量在业界是得到广泛认可的,但是还存在一些问题,尤其是随着联编工作的飞速发展,参与联合编目工作的成员馆数量及联合目录数据库数据量的不断增长,一些数据问题也日渐突显,其中最突出的一点就是重复数据。同一种文献,由于各种原因,各成员馆分别上传了书目数据,造成同一文献两条或多条书目数据的现象,给书目数据的检索和共享带来不便。重复数据的类型主要有:

（1）题名中的错别字造成的重复数据

如 ISBN 978 – 7 – 5501 – 2681 – 7《偷吃人参果》一书，两条上传数据分别是 2001#\$a 偷吃人参果；2001#\$a 偷吃人生果。核查原书后删除错误的第二条数据。

（2）题名著录形式差异导致的重复数据

题名著录形式差异可分三种情况，一种是对题名组成部分的理解不同，有的作为正题名的一部分，有的则给成副题名的形式，即著录在 \$e 子字段，如 ISBN 978 – 7 – 5377 – 5391 – 3《中国古典擂台搏击术——少摩拳》一书，两条上传数据分别著录为 2001#\$a 中国古典擂台搏击术——少摩拳；2001#\$a 中国古典擂台搏击术 \$e 少摩拳。经核查原书，应保留 2001#\$a 中国古典擂台搏击术——少摩拳。

第二种是对丛书、多卷书的著录形式不一致，如 ISBN 978 – 7 – 5547 – 0519 – 3《国画初学技法彩墨藤蔓》一书，两条上传数据分别著录为 2001#\$a 国画初学技法 \$i 彩墨藤蔓；2001#\$a 彩墨藤蔓，300\$a 国画初学技法。经核查原书及数据库中数据情况，该书属于多卷书，是从 2004 年已经开始出版，根据图书著录原则，及数据库中数据著录的统一性，应保留第一条数据。

第三种是对交替题名著录不统一，如《凯歌归，原名，胜利号》一书，两条上传数据分别著录为 2001#\$a 凯歌归，原名，胜利号；2001#\$a 凯歌归，300\$a 本书原名：胜利号。经核查原书，得知"凯歌归，原名，胜利号"是一个完整的题名，所以保留第一条数据。

（3）出版者名称不统一，信息源选取不同，形成的重复数据

如 ISBN 978 – 7 – 5327 – 6950 – 6《后窗》一书，题名页上出版者是"上海译文出版社"，版权页上则是"上海世纪出版股份有限公司译文出版社"。有的图书馆编目员 210 字段信息源取自题名页，著录为 210##\$c 上海译文出版社；有的则取自版权页，著录为 210##\$c 上海世纪出版股份有限公司译文出版社。按照 210 字段信息源的选取顺序，应保留著录为"上海世纪出版股份有限公司译文出版社"的数据。

2.3 动态上，数据审校过程中"强著录，弱标引"

对于联编中心的大多审校人员来说，在日常的数据审校过程中，对于文献著录方面的审校相对较强，而对文献标引方面的审校相对较弱。这主要是因为联编中心作为一个服务性机构，没有实体文献的流通，审校员看不到实体文献，虽然所有的审校工作人员都曾经从事文献的编目工作，有着扎实的实际编目工作经验，但是要做好每一条数据的质量审校，还是要核对原始文献，以文献的实际信息源为准。尤其是对文献内容的深层次揭示方面，必须要看文献的实际内容。而联编的数据审校工作基本上是看不到或很少能看到实体文献的，审校员通过各种途径查到的文献信息，大多是封面、题名页及版权页的信息，这样的信息只能核对数据的著录层面的错误，无法精确判断文献的标引层面是否准确、全面。

虽然标引工作本身就有见仁见智的特点，受编目员、审校员本身学科背景、知识结构和综合素质的影响比较大，不同的编目人员对文献内容的理解不同，对文献标引的深度也不同，因此标引工作存在少许差异也是合理的。但正像人们所说，事实的真相只有一个，可以有差异，但不能有差错。对文献的标引要尽可能地接近文献的真实内容，才能全面、准确地对文献内容进行揭示。

3 对联合目录数据库质量控制与发展的建议

数据库的质量直接影响着用户服务的效果,新的时代环境下,人们获取信息资源的途径、习惯发生了较大的变化,同时对信息的时效性、精准性也要求得更高,这要求以用户服务为导向的联合目录数据库的建设,既要随着时代的发展不断地吸纳新的信息资源类型,又要严格控制数据质量,提升用户检索的查全率与查准率。

3.1 拓展信息资源范围与类型,优化信息资源结构

随着信息技术迅猛发展,数字资源呈海量级出现且类型不断扩大,如数据库、互联网资源、多媒体资源等,这些新型的资源内容丰富,传播快捷及时。将这些虚拟的信息资源进行有效的组织,纳入联合目录数据库中,这是联编中心在数字时代下发展的必然。联编中心应将新型的虚拟信息资源进行有序化的整理并予以揭示,形成传统的实体信息资源与现代虚拟信息资源有效融合、互为补充的资源结构体系,为用户提供高质量的服务。

3.2 解放思想,积极扩展联合共建的成员范畴

联编中心的服务是面向全国的图书馆、情报机构、出版社及其相应的单位,可以说服务对象是不设限的,有需要的单位均可以使用联合目录的数据。联合目录数据库的建设是以国家图书馆的书目数据为基础,同时接收符合条件的成员馆上传书目数据。截至目前,为联编中心上传数据的单位40余家,是全国范围的省级馆、市级馆或少儿馆等。由于历史原因,目前为联编中心上传数据的单位都是公共图书馆。在当前编目工作社会化程度不断提高的新形势下,联编中心应该进一步解放思想,积极扩展数据联合共建的成员范畴,应主动、积极地吸纳那些数据制作及时性高、质量有保证的图书供应商、数据制作公司的书目数据,以保证联合目录数据库的时效性和文献类型的多样化。

3.3 强化标准、细则的执行力度

联合目录数据库数据量大且来源广泛,如果数据制作的标准、细则不统一,数据库的质量是难以想象的。严格执行统一的著录标准,是从根源上解决数据质量问题的关键所在。联编中心应进一步强化各分中心、成员馆严格执行联编中心制定的数据细则,同时借助计算机程序定期对上传数据中一些典型问题进行批量检查,如101字与200字段、102字段与210字段、105字段与215字段相应的关联性问题等。检查出的问题数据,及时返回上传馆或告知上传馆进行修改,以此强化数据的统一性与规范性。

3.4 进一步加强培训,且要走出新思路,提升编目人员的业务水平和职业素养

编目人员是编目工作的实践者,是编目标准、规则的理解与实际执行者,是每一种待编文献的具体判断者,所以在编目工作中最重要的是对文献内容的正确理解。如果对文献的主题理解不正确,即使对标准、规则再熟悉也是没用。所以编目人员的业务水平和职业素养直接决定着数据库的质量。因此,加强对编目人员的业务培训,提升编目人员的业务水平与

职业素养,是确保数据质量的前提与关键所在。面向全国提供服务的联合目录数据库,由于数据来源多样化,更需要加强对编目人员的培训工作,而且培训工作要走出新思路。一方面,要定期开展编目基础性业务知识的培训,在全国范围内推广数据制作的统一标准,促进数据的标准化、规范化。另一方面,要有针对性地开展不同层次、不同级别、不同业务内容的培训工作,做到内容丰富,形式多样,尤其是要不定期的举办小而精的、灵活而又有针对性的培训班,如针对联合目录数据常见的问题集中培训、在标引工作方面加强培训等,加大培训的频次,强化效果。

参考文献:

[1]全国图书馆联合编目中心,国家图书馆中文采编部.中文书目数据制作[M].北京:国家图书馆出版社,2013.

[2]孙保珍.数字时代我国联合编目工作面临的挑战与对策[C]//编目:核心能力与挑战——第四届全国文献编目工作研讨会论文集.北京:国家图书馆出版社,2015.

[3]肖乃菲.CALIS联合目录数据库的质量控制——以贵州省地方文献书目数据为例[J].大学图书馆情报学刊,2016(3).

[4]张元芸.关于联合编目环境中重复数据上传问题的思考——以OLCC上传数据为例[J].图书馆工作与研究,2014(4).

[5]李萌.联合编目数据质量问题探析——以四川省图书馆为例[J].四川图书馆学报,2015(5).

[6]全根先.仅有编目规则与原则是不够的[C]//编目:新的变化与应对之策——第三届全国文献编目工作研讨会论文集.北京:国家图书馆出版社,2013.

[7]周小敏.全国图书馆联合编目中心书目数据质量控制[J].图书馆建设,2011(2).

解读图书馆用户理念的发展与应用

孙凤玲(国家图书馆)

在图书馆漫长的发展史中,从以"藏"为主到以"用"为主的不同发展阶段,产生过各种图书馆理念。所谓图书馆理念是图书馆在理论研究和实践探索的基础上形成的关于图书馆如何实现其自身价值的基本观念和基本准则[1]。"用户理念"虽然是近些年才被明确提出,但事实上这种思想是源远流长的,一直在图书馆的发展长河中暗流涌动,并受到图书馆学界的广泛关注,中外著名学者也都在不同时期对图书馆的用户理念进行过阐释。而纵观图书馆文献编目规则的发展历程,也始终以"目录功能"为出发点,以"用户至上"为最高纲领,以强调"检索功能"为目标,这其中无不体现着用户理念的精髓[2]。

1 中外学者对图书馆用户理念的解读

1.1 国外学者对图书馆用户理念的阐释

早在 14 世纪的英国,著名藏书家理查德·伯里(Richard de Bury,1287—1345 年)就在其著作《爱书》中这样描写图书馆:"向你祈求的人,皆有所获……有勇气叩阅者,皆遂所愿。"表达了作者对图书馆应该满足读者需要的认识[3]。这可以认为是图书馆用户理念的一种最初的朴素表达。

美国著名图书馆学家卡特(Charles Ammi Cutter,1837—1903 年)1876 年在其编制的《印刷本字典式目录条例》(*Rules for a Printed Dictionary Catalogue*)中明确提出"用户至上"的编目原则[3]。这应该是图书馆用户理念的萌芽。"用户至上"原则,即读者(用户)的方便要永远在编目员的方便之上。一个世纪以来,卡特提出的原则一直保持着旺盛生命力,并在之后的巴黎原则和国际编目原则中得到了体现。

印度图书馆学家阮冈纳赞(Shiyali Ramamrita Ranganathan,1892—1972 年)1931 年在其撰写的《图书馆学五定律》(*The Five Laws of Library Science*)中,提出了五个定律:①书是为了用的;②每位读者有其书;③每本书有其读者;④节省读者的时间;⑤图书馆是一个生长着的有机体。用户为本是阮冈纳赞图书馆学术思想的核心,其强调了以用户为根本,充分利用馆藏,主动为用户服务,建立了图书馆书与人的理念,强调了用户理论的应用。

1.2 国内学者对图书馆用户理念的解读

我国目录工作萌芽于先秦,形成于汉代,历代学者运用目录整理校勘古籍,辨章学术,考镜源流,反映学术兴衰,杜定友、刘国钧等人先后将英美等国的编目思想和方法引入国内,西学东渐开拓了中国图书馆人的视野[4]。这些学人提出的先进的学术思想中也无不蕴含着用户理念的精华。

刘国钧(1899—1980 年)于 1921 年即撰文指出,中国"藏书之事渊源至古",但是注重于保存而不问其内容的价值,其特性"可一言以蔽之曰藏",而"藏书之所以可贵者,在人能得书籍之益,故用书尤贵于藏书。今日之图书馆即使人人得利用其所藏之书为目的者也"[5]。也就是说,古代藏书楼与近代图书馆的最大区别,就在于侧重点一个是"藏",一个是"用"。当时正值我国图书馆事业发生巨变之时,新式图书馆纷纷兴建,公共图书馆开始向公众开放,但在工作方法和服务方针上旧式藏书楼观念根深蒂固,刘国钧此时提出古代藏书楼与近代图书馆两者之区别,对于人们认识近代图书馆有很大的指导意义。刘国钧先生的这些思想,与印度图书馆学家阮冈纳赞的《图书馆学五定律》一脉相通,颇多相同相似之处,通过两者的对比研究,周文骏先生曾撰文得出结论:"假如我们把阮冈纳赞公开宣讲图书馆学五法则定在 1928 年,那么刘国钧的公开表述要早于阮冈纳赞 6 到 7 年。"可见刘国钧先生对图书馆学理论研究起点高,并且站在了当时图书馆学研究的前列。

杜定友(1898—1967 年)于 1932 年对新式图书馆之基本概念进行了阐述,他说:"图书馆乃一新名词也,为藏书楼、书院之脱胎,其实现于中国者已数千年矣,但以其用意之不同,管理之各异,遂有新旧之分……故藏书之家,颇不乏人,但多个人私藏……少有为公用者。

今之图书馆的设立,有三大要素:(一)要能够积极地保存;(二)要有科学的方法,以处理之;(三)要能够活用图书馆,以增进人民的知识与修养。此则图书馆新旧之不同也。"杜定友着重指出近代图书馆与古代藏书楼的"公共"与"私有"、"开放"与"封闭"的本质区别,比刘国钧"藏用"说更进了一步[6]。杜定友先生一直提倡尊重读者、爱护读者、争取读者,认为为读者服务是至高无上的。他曾在《研究图书馆之心得》中指出:"阅书人就是我们的主人",提出了"一切为了读者""读者至上"的口号[7]。

1.3 当代图书馆学者对用户理念的创新与发展

用户理念自产生之日起,就引起了广大图书馆界学者的关注,无论是国际还是国内,都越来越把用户因素提高到一个关键位置上来加以研究。引入工商企业界"顾客至上"的理念进而形成"用户永远都是正确的"图书馆理念,这一切都说明用户是现代图书馆永远的追求,以用户为主导是图书馆发展不可逆转的趋势[2]。专家学者的思想经过不断的提炼与创新,逐渐形成递进的用户理论体系,其中比较有代表性的有以下几种观点:

(1)程焕文的用户正确论

程焕文于 2004 年在其撰写的《信息资源共享》中,提出了图书馆四定理,其中第四定理就是:用户永远都是正确的。这一定理体现了用户理论的最基本性质,也是用户理论中最为核心的部分。尽管这一理论也有人持反对意见,但在中图图书馆学界开展的理论大讨论中,大部分人还是达成了共识。

(2)吴晞的用户自主论

吴晞在深圳试行的自助图书馆集数字化、人性化、智能化为一体,实现了传统图书馆与数字图书馆的完美结合,在服务理念、服务模式、服务手段上均属国内首创,引领了图书馆发展的潮流。纵观图书馆从封闭走向开放的发展历史,从古代藏书楼到近现代图书馆盛行的开架服务方式,藏、借、阅一体的模式,以及网络化存取方式,再到自助图书馆的出现,都在呼唤用户实现图书馆主体角色的回归,这是对用户理念的创新,更是图书馆发展新时代的革命。

(3)刘兹恒的用户体验论

刘兹恒于 2009 年在其撰写的《不断提升用户体验,创新 CASHL 持续发展机制》中提出,以用户需求为中心建立服务体系,更新服务管理机制,促进图书馆持续发展。其主旨思想就是回归以用户为中心,实现符合用户实际需求的个性化服务。这顺应了当下时代发展的潮流,是用户理论在服务体系的普及与创新,更是对图书馆运行管理的革命。

2 用户理念在图书馆编目规则中的体现

2.1 巴黎原则

1961 年巴黎国际编目原则会议通过了著名的《巴黎原则》(又称《原则声明》)。《巴黎原则》对文献机构的目录职能是这样规定的:目录必须有效地确定:①文献机构是否藏有以下特定的图书;②文献机构藏有某一特定著者的哪些著作,以及某一特定著作的哪些版本。因此,可以说巴黎原则强调的目录职能包含两个方面:一是揭示图书馆藏有特定著者或特定书名的著作,即检索的功能;二是集中反映图书馆藏有的特定著者的全部著作和同一著作的各种版本,即集中的功能。可以说,图书馆目录的这两大功能都以用户的需求为出发点,在相当长的时间内成为世界各国制订编目条例时所奉行的基本原则之一,也成为人们评价图书馆目录的重要依据[8]。

2.2 ICP——国际编目原则

2003 年月 12 月,在德国法兰克福召开的 IFLA 国际编目规则第一次专家会议通过了一份文件——《国际编目原则声明(草案)》(*Statement of International Cataloguing Principles*, *Draft*)。

《国际编目原则声明(草案)》在其第二部分总原则中,首次提出了用户的便利性、通用性、表达性、准确性、充分性与必备性、有意义、经济性、一致性与标准化以及集成化等九大原则,其中用户的便利性为其首要原则。用户的便利性是指:在对著录以及用以检索的名称的受控形式做出抉择时应该考虑到用户的便利。再如在第4部分"目录的目标和功能"中,《国际编目原则声明》认为目录应具备查找、识别、选择、获取以及浏览等五大功能,这比《巴黎原则》提出的目录两大职能——查检职能和集中职能大为扩展。另外 ICP 将 FRBR 和 FRAD 所定义的实体、属性和关系纳入原则声明的内容,不仅使 ICP 吸收了编目理论最新的研究成果,而且极大地扩展了用户检索条件的范围。尤其是"获取功能"强调提供获取原文的信息,并且不局限于使用图书馆服务,使用户能通过购买、借阅等方式获得文献单元,或者通过联机以电子方式访问文献单元的远程资源,这都充分体现了国际编目原则以"方便目录用户"为编目规则的最高目标[8]。

2.3 FR 家族

1997 年国际图联(IFLA)发布了重要文件 FRBR(《书目记录的功能需求》),之后又陆续发布了 FRAD(《规范数据的功能需求》)、FRSAD(《主题规范的功能需求》)等,以下统称 FR 家族。

FRBR:FRBR 借鉴开发关系型数据库所常用的 E - R(Entity - Relationship)模型,从探讨编目的实体及其属性与关系的角度来揭示书目记录的功能需求,FRBR 研究的出发点和归宿点就是用户基本任务,FRBR 提炼出了四个最基本的用户任务,即发现实体、识别实体、选择实体和获取实体。

FRAD:FRAD 也定义了四个用户任务:查找,即通过单一属性、属性组合或实体间关系查找符合检索要求的单一实体或实体集合;识别,即确认描述实体是否为目标实体,以区分具有相似特征的两个或更多实体;阐明关系,即将各实体置于特定的环境中,阐明两个或多个实体间的关系;提供依据,即提供规范记录创建者选择该名称或名称形式作为受控检索点基础的依据。

FR 家族的出现带来了编目思维的颠覆与革命,它使得书目关系得以重新定位与架构,由之前编目思想或规则中的隐含的、扁平的"关系",经重新定位后变得更为清晰、结构和立体,而这些"关系"的确立都是为了更好地实现用户任务。

2.4 RDA

RDA(Resource Description and Access,资源描述与检索)是应数字环境的发展而制定的最新国际编目规则。2004年开始研发,2010年正式发布。RDA的首要目标表述为"响应用户需求",这与ICP的最高原则"用户的便利性"是一脉相承的。RDA在第0章中明确指出RDA编制的目的,就是要实现FR家族中所归纳的用户任务。RDA的整体结构采纳FRBR的多层次书目框架作为描述与检索资源的基础,以FRBR的用户任务为出发点,依照FRBR的用户任务定义"核心元素",使书目记录更好地符合经济性、合理性的原则。RDA的目的与范围也是完全依据FRBR的用户任务来确定的。所以说,RDA就是一部以"用户至上"为最高纲领、以强调"检索功能"为目标、适合于国际化发展道路的编目规则。

3 用户理念在编目实践中的应用

3.1 RDA著录规则的改变

RDA作为国际上最新的资源描述和编目标准,自发布以来一直是国内外编目领域学者的研究热点和研究方向,其全新的资源描述架构中处处体现着"用户至上"的编目理念。

3.1.1 概念术语与时俱进

RDA目标与原则声明中明确指出RDA应用于所有资源类型,覆盖资源著录与检索基本方面的通用说明将采用清楚、简练和简单的术语加以阐明[9]。RDA准则和指南以通用词语介绍,做到内容清晰、概念明确、通俗易懂,杜绝模糊、减少术语和行话,这不论对于编目人员还是一般的目录用户,都易于理解,从而提高规则使用的便利性和简易度。RDA将通过提供词汇之间转换和相互参照的渠道,加强用户查找的便利。举例来说,通过建立专业性主题词汇与普通名词术语的匹配和连接,为用户提供直观的入口词选择,使用户在查询条目时,不会因自身的知识匮乏,无法输入正确的检索词,而找不到需要的信息资源[10]。

3.1.2 取消缩写

RDA取消缩写原则不仅是因为书目已不受制于卡片篇幅,同时也因为普通用户不一定了解缩写后的字义,如出版地、出版者无法辨识或不详时,AACR2以[s.1.]、[s.n.]代表,而有些用户根本不了解其代表的含义,所以RDA改用用户直接能读懂的[Place of publication not identified][Publisher not identified]等信息,则更加一目了然。这些改变虽然造成编目人员键入时的困扰,既费时又易错误,但方便了用户查检,体现了RDA"一切为了用户"的最高宗旨。

3.1.3 主要信息源

RDA改变了信息源的范围,不受限于过去强调的主要信息源,使资料著录的内容更为丰富多元,可为用户提供更多的信息。这一点尤其对于非正式出版资源更为关键,因为非正式出版资源的不规范性决定了其信息往往出现在不同的地方,如果严格按照取自主要信息源的做法,很可能会遗漏很多有用的信息,对用户检索造成不利的影响。

3.2 图书馆工作人员应树立"用户至上"的编目意识

20世纪末以来,最有影响的理念莫过于"以人为本",即以充满人文关怀、以用户为中心的理念来开展图书馆活动。读者至上理念是现代图书馆经营的一种理念,也是图书馆发展的客观需求和潜在趋势。作为编目工作人员也要在心中牢记"读者第一"的服务宗旨,从方便读者的角度出发去揭示文献。

虽然编目规则几经修订,日臻完善,但是任何一个理论框架或编目规则也代替不了编目员的主观理解与判断。在实践工作中,还要注重与编目员的编目意识相结合。比如在规范工作的实际操作中,个人名称的属性有自然属性和社会属性两方面,其中自然属性包括生卒年、性别、国别、朝代、民族等,自然属性的附加成分相对简单与客观,也有利于保持标目的稳定性,但欠缺对标目内涵的揭示;社会属性包括学科领域、职业、职称等,社会属性的附加成分可以起到揭示标目内涵的作用,能够更加贴近规范数据的用户需求。但在实践工作中,我们一直认为,在对个人名称标目附加成分的选取方面,自然属性信息要优先于社会属性信息,这是因为自然属性相对精确、固定,而社会属性往往含混、易变。实际上这种认识主要是从编目员的可操作性角度来考虑的,忽视了 FRAD 所倡导的用户任务的实现问题。比如当我们谈到"李白"时,绝大多数人的第一反应会是:唐代著名诗人,"诗仙",然后才会是字太白,号青莲居士,701—762 年在世等,也就是说,作为一般用户在识别个人名称时,在习惯上往往会优先选择个人名称的某种社会属性。

对这个问题,FR 家族也并未提供明确的解决思路。正如 FRAD 所说:定义属性并不是具体定义规范数据单元。因为在某些情况下,给定实体的属性会不时地发生变化,例如某人所从事的活动领域。FRAD 没有对随时改变的属性与不改变的属性之间做出严格的区分。因此,针对自然属性还是社会属性的附加成分选择上,依然是仁者见仁,各有优劣。所以,在编目员所追求的标目附加成分的准确性、稳定性和用户所希望的标目通俗性、便捷性之间,我们确实需要做进一步的权衡,需要编目员做更多的判断,进一步树立"用户至上"的编目意识。

3.3　图书馆 OPAC 系统的改进

在 RDA 时代,编目工作将以资源内容为基础,从注重资源物理形式到注重作品的创作内容,编目对象上升为以资源主题为核心的内容表达甚至作品层次,若要尝试将 FR 家族概念模型深层次地、系统性地应用于规范控制实践,不仅有赖于对编目规则的重新修订,还有赖于图书馆系统能否提供各种实体关系的连接与显示功能,实现书目控制领域的各种实体信息以结构化方式显示在书目或规范记录中,注重与实现用户任务的需求相结合。因此目录更重要的是如何揭示书目之间的关系,如何为用户提供一种易于查找、浏览的聚合检索方式,用户希望在图书馆的检索系统中可以像使用搜索引擎一样快捷找到所需资源,甚至是原本没想到却对自己有帮助的资源,这就需要 OPAC 提供一种更具有深度和广度的多层次显示方式。

参考文献:

[1]周旖.解读"用户永远都是正确的"[J].图书·情报·知识,2007(1).

[2]黄宗忠.图书馆学导论[M].武汉:武汉大学出版社,1988.

[3]王松林.现代文献编目[M].北京:北京图书馆出版社,1996.

[4]罗翀.RDA 全视角解读[M].北京:国家图书馆出版社,2015.

[5]张琪玉.情报检索语言[M].武汉:武汉大学出版社,1983.

[6]张琪玉.情报语言学基础[M].武汉:武汉大学出版社,1987.

[7]黄晓斌.论杜定友先生的图书馆精神及其现实意义[J].图书馆学研究,1998(12).

[8]王松林.编目原则声明与编目条例之关系[J].山东图书馆学刊,2013(2).

[9]陈家翠.RDA:资源著录与检索内容说明书[EB/OL].[2010 - 09 - 28]. http://www.docin.com/p-16212975.html.

[10]周德明.RDA:从理论到实践[M],北京:海洋出版社,2014.

国家图书馆普通民国图书书目规范控制研究

唐宏伟(国家图书馆)

1 引言

"规范控制"这一概念最早出现于 1904 年出版、由美国编目专家卡特(Charles Ammi Cutter)著作的《印刷本字典式目录规则》(*Rules for Dictionary Catalog*)一书中。国家图书馆(以下简称"国图")的编目规范工作始于 20 世纪 80 年代。1982 年,国图就开始尝试对西文编目实施规范控制。1986 年,国图对古籍著者进行规范名称的研究与实践工作。1997 年,《中文图书名称规范数据款目著录规则》和《中文图书主题规范数据款目著录规则》修订完成。2000 年年底,国图在《中国分类主题词表》的基础上建立了中国主题规范数据库。2003 年,国图引进了 ALEPH500 图书馆集成系统,实现了中文普通图书书目记录和规范记录的连接。

规范控制(Authority Control)历来是书目控制的重要内容,是文献编目的重要组成部分[1]。规范控制可分为名称规范控制(Name Authority Control)和主题规范控制(Subject Authority Control),国家图书馆名称与主题规范控制的原理是通过规范标目对书目数据检索点控制。人名规范控制需要编目员人为判断同名异人、同人异名等情况,而后人工连接著者的名称规范标目。而主题规范控制只要书目库主题标引数据与主题规范标目形式一致便与主题规范标目连接,是自动的规范控制[2]。

民国时期普通图书是中文普通图书中的一类,又是其中十分特殊、研究价值极高的一部分。民国时期是我国历史上一个非常重要的转折时期,也是一个新旧理念交汇贯通的特殊时期。这一时期的中国,经历了新文化运动、五四运动、抗日战争,中西文明相互冲击,国情错综复杂。在各种社会思潮汇聚碰撞下,出版业也大放异彩。因此,民国时期的图书是反应民国社会的最重要的载体,具有非常高的研究价值和历史价值。国图名誉馆长周和平就对民国时期文献的保护和利用十分关注:"民国时期的文献全面记载了马克思主义在中国的传播,记载了中国共产党领导全国各族人民争取民族独立和人民解放的伟大历史,也记载了中国近代社会的巨大变化,具有珍贵的史料价值和巨大的现实意义。"

一般来说,民国时期普通图书指 1911 年辛亥革命以后至 1949 年 9 月我国出版的中文图书。它们的特点是:①兼具原创性和创新性;②种类繁多但印数有限;③新旧思想交汇,图书内容涉及广泛,主题难界定。由此可以看出,对民国文献的书目规范控难度大,却尤为必要。

2 规范标目工作

2.1 人名规范

目前,在 CNMARC 格式中 7 字段是记录规范或不规范责任者的名称标目。701、702 字段分别记录对文献内容负有主要和次要责任的个人名称。711、712 字段分别记录对文献内容负有主要和次要责任的团体名称。

2.1.1 个人名规范

2.1.1.1 外国人名问题

民国时期对外国人名的翻译还没有统一规范,这导致同一人名往往译出多个中文译名,这不仅增加了标目难度,还使错误率增加。

例1:200$a 近代教育史 200$f(美)格累甫兹(F. P. Graves)著

210$a 上海 $c 商务印书馆[发行者]$d 民国十一年九月[1922.9]

701$c (美)$a 格雷夫斯 $4 著

例2:200$a 国际纷争与和平 200$af(美)卑尔(R. L. Buell)著

210$a 上海 $c 光华书局[发行者]$d 民国二十一年九月[1932.9]

701$c (美)a 比尔 $4 著

ALEPH 规范数据库中,著者的规范名称为:布渥尔

正确的人名规范应标引为:

701$c (美)$a 布渥尔 $4 著

2.1.1.2 繁(异)体字问题

民国时期,繁(异)体字与简体字共同使用,在人名中繁(异)体字出现情况尤多,在标引工作中也应注意。

例1:200$a 回教继承法与其他继承法之比较 200$f 林与智译

210$a 上海 $c 商务印书馆[发行者]$d 民国三十五年十一月[1946.11]

701$a 林与智 $4 译

书中印有:林興智译

编目员把興("兴"字繁体)和與("与"字繁体)混淆,正确著录方式应为:

701$a 林兴智 $4 译

例2:200$a 松理茂懋靖汶边务鸟瞰 $f 康舆璧编

210$a [成都]$c[出版者不详]$d 民国二十九年十二月[1940.12]

701$a 康舆璧 $4 编

书中印有:康興璧编

编目员把舆(yú,形声)和興("兴"字繁体)混淆,正确著录方式应为:

701$a 康兴璧 $4 编

2.1.2　团体名称规范

团体名称是特定的一种名称标目。名称标目选取的正确与否,是给读者提供团体名称检索的唯一途径,也是名称规范化控制的一个重要内容[3]。

民国时期,因社会动荡,机构或团体名称经常变化。如民国16年(1927年),南京国民政府对地方建置实行改革,以浙江省为例,市政府奉令改组,将总务科改称秘书处,工商科改为社会科,财政科扩充为局[4]。这些变化导致编目员在实际标目过程中,由于对相关团体或机构缺乏背景认识,导致错误标引。

在ALEPH规范数据库中,有的机构没有标明时代,民国时期恰好是团体名称或性质多变的时期,缺少时代标识会导致机构重名或者错误标引。如"教育部"在民国和汪伪政权时都有团体责任者出现,这需要编目员通过历史背景对文献内容做出判断。

同时,在ALEPH规范数据库中,民国机构通常会有重复建立规范数据的情况。如:

例1:国民政府主计处统计局的规范名称有:

　　　a 国民政府主计处 b 统计局 c(民国)

　　　a 国民政府 b 主计处 b 统计局 c(民国)

例2:南京市政府的规范名称有:

　　　a 南京特别市政府 c(民国)

　　　a 南京市政府 c(民国)

2.2　主题规范控制

由于历史原因,许多民国时期使用率很高的词,在1949年后便少有论及。因此在民国书标引过程中会遇到专有名词的问题,一般出现频率2次的专有名词可增为正式主题词[5]。

2.2.1　出版年换算

在民国书实际的标目工作中,不仅仅只有1911—1949年之间出版的文献,还会遇到清末时期或者以康德、昭和、大正、大同等年号作为纪年的文献。公元纪年的准确换算是文献标引质量最基本的保证,如下表。

公元纪年换算表

年号	初始纪年	换算方法	例子
清同治	1862年	公元纪年＋1861	清同治二年[1863]
清光绪	1875年	公元纪年＋1874	清光绪二年[1876]
清宣统	1909年	公元纪年＋1908	清宣统二年[1910]
民国	1912年	公元纪年＋1911	民国二年[1913]
大正	1912年	公元纪年＋1911	大正二年[1913]
昭和	1926年	公元纪年＋1925	昭和二年[1927]
大同	1932年	公元纪年＋1931	大同二年[1933]

例:200$a 齐如山全集

　　210$a 台北 $c 重光文艺出版社 $d1935

本书编印了齐如山的遗著。齐如山1962年去世。根据书中序后所写内容可判断这本书应是 1964 年后出版的,而数据中把出版年错误著录为 1935 年。事实上这本书根本不应归属于民国书,这显然是由于编目员对公元纪年错误的换算,导致数据出现的错误。

2.2.2 正确全面揭示文献主题

民国时期图书,内容涉及广泛,标引工作中应当将近代史知识与工作实践结合,注重分析标引,保证书目数据的有效利用。

例 1:200$a 甲申传信录 $f 中国历史研究社编

210$a 上海 $c 神州国光社 $d1940

606$a 李自成起义 $x 史料

606$a 野史 $y 中国 $z 明清时代

本书记述李自成攻破北京始末,因此主题标引为 606$a 李自成起义 $x 史料,又因本书从属于《中国内乱外祸历史丛书》,因此主题标引为 606$a 野史 $y 中国 $z 明清时代。

例 2:200$a 中国四大家族 $f 陈伯达著

606$a 四大家族 $x 研究

606$a 四大家族官僚资本 $x 研究

本书评述蒋介石、宋子文、孔祥熙、陈立夫、陈果夫四大家族的发家史及其对中国经济的垄断和对中国政治的统治。由书中内容可看出,标引时仅仅标引"四大家族"是不全面的,根据书中四大家族对中国经济垄断等内容应增加标引词"四大家族官僚资本"。

例 3:200$a 中国民族解放运动史 $f 华岗著

210$a 胶东 $c 新华书店 $d1945

606$a 民族民主革命 $x 历史 $y 中国

606$a 资产阶级民主革命 $x 历史 $y 中国

606$a 新民主主义革命 $x 历史 $y 中国

2.2.3 判别日伪出版物

"伪"专指汪伪政权和伪满洲国,标引工作中,编目员应从责任者、出版者、书中内容等方面确定其政治立场,正确判断是否为日伪出版物。

例 1:200$a 东亚解放新国民运动之理论与实践

210$a[天津]$c 新民会天津特别市总会 $d[1942]

601$a 日伪新民会 $x 投降主义 $x 理论

例 2:200$a 建国周年纪念 $f(伪)中央委员会编

210$a[出版地不详]$c(伪)中央委员会 $d1933

601$a 伪满洲国(1932)$x 史料

2.2.4 民国时期的词义变化

民国时期产生了大量新词。同时外来词输入、旧词隐退,词语过渡的情况复杂,因此在标引工作中要十分注意把握词义变化。

例 1:200$a 日人眼中之东北经济 $f(日)小岛精一等著 $g 张其春,夏禹勋译

210$a 南京 $c 钟山书局 $d1933

601$a 伪满洲国(1932)$x 区域经济 $j 文集

"日人"一词在民国时期泛指日本人。

例 2:200$a 唐克车之使用及防御 $f 军事委员会军令部第一厅第四处编

210$a［出版地不详］$c军事委员会军令部第一厅第四处 $d1938

606$a坦克

"唐克车"是民国时期对坦克的旧称。

例3:200$a人类的起原和分布 $f周其昌著

210$a上海 $c大东书局 $d1927

606$a人类起源

民国时期"起原"同"起源"。

2.2.5 对历史争议人物的标引

例1:200$a吴佩孚政书 $f吴佩孚著

210$a上海 $c世界书局 $d1922

600$a吴佩孚 $f(1873 – 1939)$x文集

606$a直系军阀 $x史料

例2:200$a蒋介石伟大 $f（日）石丸藤太原著

210$a上海 $c汗血书店 $d1937.4

600$a蒋介石 $f(1887 – 1975)$x生平事迹

目前,国家图书馆的书目规范工作已日趋成熟。在互联网不断发展的时代背景下,民国时期文献的相关数据库也已经建立。如:①由国家图书馆出版社开发的民国图书数据库,收录1911—1949年间出版的各类中文图书,民国图书数据库以《民国总书目》为依据,在全国范围内进行查漏补缺,最终确定了15万种民国图书。这一数字超出了民国总书目的25%,收录图书占民国全部图书的95%以上。②由北京瀚文典藏文化有限公司推出的中国近代(民国)电子图书全文数据库——瀚文民国书库,收集了自1900年至1949年之间出版的图书,共约八万余种十二万余册。③由中国出版社集团公司旗下典海集团数字传媒有限公司推出的典海民国图书资源平台,收录民国年间出版的各类图书10万余种。

然而民国文献数据库仍存在许多问题,如没有统一规划的开发,重复现象频发。这主要是因为对民国文献信息源的控制缺乏统一的标准和宏观的把控,导致各个数据库各自为政,分散无序。而且民国文献出版内容尤为复杂,若没有统一的规范控制,势必在书目数据检索中给读者带来困扰,影响文献的准确、有效的利用。因此网络化的发展还要和书目控制结合发挥整体的效益。

综上所述,不管是在传统的书目数据制作中,还是在网络背景下对书目数据的开发利用中,规范控制始终应是图书馆工作的关键。尤其是在民国图书的规范控制工作中,规范控制的影响越大,对书目数据的深层整合才会越深入,读者服务价值才能实现最大化。

参考文献：

[1]富平,刘小玲.中文书目规范控制的理论与实践[M].北京:北京图书馆出版社,2007.

[2]卜书庆,郝嘉树.国家图书馆中文书目规范控制现状及研究[J].图书馆论坛,2010(6).

[3]胡谦.中文图书团体名称规范标目控制探析[J].农业网络信息,2013(3).

[4]杨洪庆.杭州城市早期现代化(1896—1927)[D].杭州:浙江大学人文学院,2009.

[5]马晓菊,侯薇.民国时期图书主题词标引应注意的问题[J].科技情报开发与经济,2015(3).

BIBFRAME 研究概述

徐新邦(国家图书馆)

1 BIBFRAME 的产生

书目数据是图书馆界开展书目控制工作的关键,是实现图书馆信息化建设和应用的主体,是揭示图书馆馆藏、开展业务工作、服务读者的主要工具,也是图书馆把知识进行组织、整序的最有价值的贡献。虽然书目数据只是图书馆众多元数据中的一种,但它在纸媒进入数字时代的过程中发挥了重要作用,同时又是传播和利用出版物的重要工具,因此其重要性是不言而喻的[1]。

1966 年,美国国会图书馆(Library of Congress,简称 LC)研发了 MARC(MachinE-Readable Catalog,即机读目录)格式,完成了从基于卡片的人工编目方式向以 MARC 为基础的计算机辅助自动编码方式的转变。MARC 也成为目前图书馆领域中最常用的编目方式,它在图书馆数据的记录、存储、管理、交换等方面起着不可代替的作用。但 MARC 存在天然的缺陷,如在多处重复标引数据、重复编码、受制于卡片目录思维、指示符不够、只在图书馆范围内流动等[2]。随着时间的推移,传统图书馆的存储内容日益丰富、存储形式日趋多样化,信息的存储和传递方式也发生了日新月异的变化,加之语义网、关联数据技术的迅猛发展,被定义为不定长字段的紧凑格式且只能提供联机公共目录查询系统服务(Online Public Access Catalogue,简称 OPAC)的 MARC 格式,已经严重阻碍了元素的分隔,以及在关联数据环境中使用 URL 的能力,无法适应信息网络时代和图书馆 2.0 的要求[3]。

2002 年,联机计算机图书馆中心(Online Computer Library Center,简称 OCLC)技术专家 Roy Tennant 在其专栏文章中公开提出"MARC 必须死",他认为 MARC 在粒度、语言和可扩展性三个方面都存在问题,其数据结构过于平面化,且局限于图书馆内使用,成为网络信息时代的"孤岛",越来越多的人逐渐认为 MARC 的价值已经衰退[4]。

2008 年,美国国会图书馆的"书目控制未来工作组"经过调查后认为 MARC 格式已经无法跟上时代发展的步伐,需要开发全新的编目格式。这种新的数据格式不仅需要容纳、调节和区分不同的元数据形式(如专家生成、自动生成或用户生成),还可以包括注释信息(例如评论、综述)以及数据使用信息[5]。

2011 年,美国国会图书馆官方正式发布了 BIBFRAME(Bibliographic Framework,又称书目框架)计划。该计划旨在为图书馆重新设计和完成一个新的书目数据格式,使其既能取代 MARC 格式,同时又能够兼容现有的元数据标准(例如 RDA、DC 和 VRA 等),从而使图书馆成为真正意义上的书目数据中心和互联场所。

2012 年年底,BIBFRAME(即 BIBFRAME1.0)模型草案发布,提出了由作品、规范、实例、注释四个核心类构成的框架模型,展示了 BIBFRAME 词汇模型视图、清单视图、分类视图三种方式。BIBFRAME 主要基于语义网和关联数据技术,可以对书目数据进行结构化的描述和关联,让其能够跳出图书馆的藩篱,摆脱图书馆 OPAC 的限制,真正成为 Web 数据。同时,BIBFRAME 的发布,引起国内外图书馆界广泛的讨论和关注。

2016 年 4 月,美国国会图书馆发布了 BIBFRAME2.0 模型,核心类由以前的 4 个变成 3 个,分别为作品、实例和单件,而规范和注释不再视为核心类,模型结构由原来的 2 层 4 个核心类变为最新的 3 层 3 个核心类。

2 BIBFRAME 的模型架构及发展

BIBFRAME 采用了 E－R(实体—关系)模型,对所涉及的实体、实体属性、实体关系等进行了分析和标识,使得机器能够理解和处理这些实体及其关系。1976 年,陈平山首次提出了 E－R 模型,E－R 模型主要包括实体、属性和关系三个基本元素。其中实体可以被清楚地识别出来,代表了生活中客观存在的实物,如人、物体、部门、项目等。关系指的是实体与实体之间的关联。属性是关于实体的特性,如人的属性可以包括名字、姓氏、出生日期等[6]。

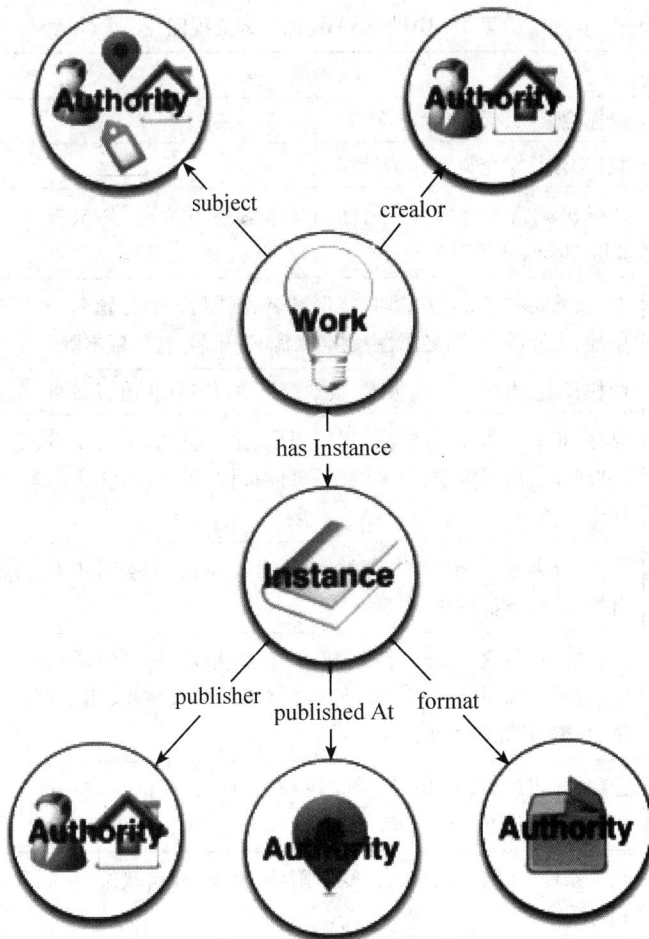

图 1　BIBFRAME 的核心模型[7]

2012 年,美国国会图书馆正式发布了 BIBFRAME 模型草案,共设计了四个核心类,分别为:创作性作品(Creative Work)、实例(Instance)、规范(Authority)、注释(Annotation),如图 1 所示。其中,创作性作品是一个抽象的概念,与 FRBR/RDA 中的作品(Work)和内容表达(Expression)类似,主要反映了被编目资源的核心本质,与作者对资源的创作有关;实例是作品的具体表现,与 FRBR/RDA 中的载体表现(Manifestation)差不多,主要反映了作品的物理载体表现;规范是反映作品与实例之间关系的关键概念的表现,包括人、地点、组织、机构、主题等;注释则提供了更多有关 BIBFRAME 上述三核心类(作品、规范、实例)的描述信息,包括目录、摘要、书评、馆藏、封面等[7]。

BIBFRAME 已经形成了一系列成果,发布了由创造性作品、实例、规范、注释组成的框架模型。BIBFRAME 的词汇主要由 RDF 类、属性及其关系组成,可以按分类视图、模型视图、清单视图三种方式进行展示。其中,分类视图主要从不同的角度,按照较广泛的目录如题名、实例、附注、关系、注释等总结所有属性,共包括11 个类目266 个属性(详见表1);模型视图主要按照 BIBFRAME 模型四大核心类(作品、实例、规范和注释)及其子类列出各自对应的属性(详见表2);清单视图则直接列出所有的类及属性,共包括 52 个类目273 个属性,详见表 1 和表 2[8]。

表 1　BIBFRAME 词汇分类视图

类别	属　性	属性数
通用信息	受控检索点、标签、标识符	3
类别信息	载体类别、媒介类别、内容类别	3
标识符信息	代码、doi、指印、标识符值、标识符体系、音乐发行号、报告号、出版号、ISBN、Iccn、视频记录号等	44
题名信息	题名、缩略题名、立法日期、实例题名、副题名、部分题名、原版日期、原版地、变异题名、题名属性、题名来源、音乐号、音乐版本等	26
实例信息	版权日期、出版、尺寸、版本、版本责任、责任说明、出版周期、首末期等	20
附注信息	排序、获奖注释、读者对象、规格说明、论文机构、论文年份、论文标识、持续时间、出版频率、图表说明、事件机构、媒介、语言注释等内容和载体细节描述	53
通用资源关系信息	分类、分类号、分类版本、分类体系、分类条目、分类号 URI、分类系统、分类表、分类状态、主题等	17
与作品或实例相关的关系信息	包含顺序、包含、配套、伴随、翻译、衍生、继承、部分继承、创作者、贡献者、数据来源、其他版本、其他物理格式、复印、替代、相关作品、相关代理、丛编、补充等关系	57
注释信息	注释、插入注释者、注释日期、注释体、封面、评论、摘要、目录、摘要开头、评论开头、内容列表等	17
馆藏注释信息	获取条件、条码、流通状态、复本附注、架位、外借政策、复制政策、馆藏地等	19
管理信息	创建日期、修改日期、描述语言、描述规则、描述源、生成处理	7

表 2 BIBFRAME 词汇模型视图

类别	属 性	属性数
作品	修改日期、索引、分类、题名、事件、语种、实例、主题、丛编、版本、目标读者、音乐媒体、具有的描述、具有的内容表达、附注、翻译等	100
作品子类	音频、动态图像、地图、数据集、混合资料、静态图像、文本、多媒体、舞谱、乐谱、三维物品	11
实例	发行、出版、出版频率、尺寸、注释、描述、版本、缩略题名、主要题名、语种、ISBN、uri 等	116
实例子类	档案、集成性、专著、资源集合、多部分专著、连续出版物、电子的、印刷品、手稿、触摸	10
规范	规范源、规范分配者、有规范	3
规范子类	代理、时间、地点、论题	4
注释	注释、注释由谁插入、注释源、注释体、插入日期	5
注释子类	拥有资料、封面、评论、摘要、目次	5
资源子类	排列、目录、事件、标识、分类、管理信息描述、目标读者、语言、提供者、相关性、题名	15

表 2 中,BIBFRAME 增加了手稿类型,而这是在 RDA 中所缺少的。同时,在 LC 的官方网站上,BIBFRAME 开发了用于数据校验、互操作测试、显示的辅助工具,并且开放了一些应用平台信息和最佳实践成果,还包括一些研究机构实施注册的项目,以及会议讨论的资料等。

2016 年 4 月,BIBFRAME2.0 模型发布,核心类数目由之前的 4 个(创造性作品、实例、规范、注释)变为目前的 3 个(作品、实例、单件),如图 2 所示。从图 1 和图 2 的变化可以看出,BIBFRAME 由原来的 2 层 4 核心类变成目前的 3 层 3 核心类。其中单件(item)是实例的实际副本(物理或电子),反映了位置(物理或虚拟)、馆藏资料、条形码等信息。胡小菁在其文章中指出,核心类演变的原因主要表现在以下三个方面:①关联数据可以通过资源的 URI 来确认其身份的唯一性,因此并不需要规范检索点;②关联数据的词表如果重新定义所有类和属性,则需要投入大量的精力,是对已有资源的极大浪费,因而可以直接使用以前的词表,包括 Web 注释数据模型,以及其他的词表或本体;③关联数据采用三元组的形式来揭示资源,可以跨越 MARC 书目格式与馆藏格式的界限[9]。

BIBFRAME 取消了规范、注释类,增加了单件类,对题名、标识符、附注等重新建模,同时支持向其他规范数据服务(如 VIAF)的链接,这表明了 BIBFRAME 正在向 RDA 靠拢(例如作品对应 RDA 中作品和内容表达,实例对应 RDA 的载体表现,单件对应 RDA 的单件),极大缓和了 BIBFRAME 与 RDA 最初的竞争关系。这推进了 MARC 向 BIBFRAME 的转换进程,同时也可以促进开展 BIBFRAME 编目的实践运用。

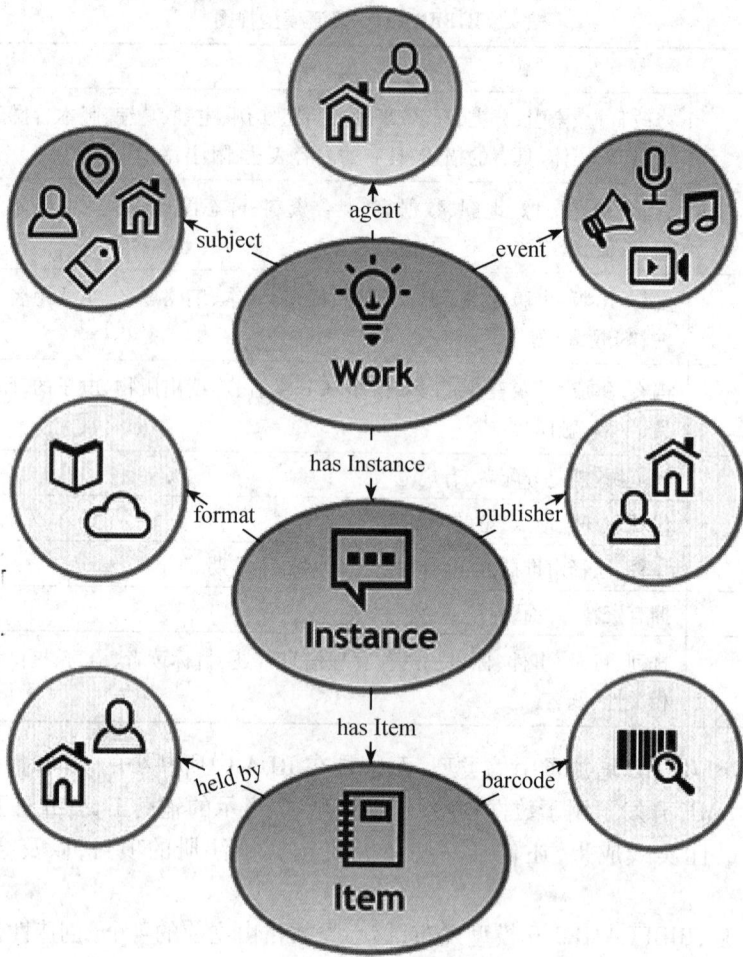

图 2　BIBFRAME2.0 的核心模型[10]

3　BIBFRAME 实例

BIBFRAME 是基于语义网技术和关联数据应用的全新的书目数据编目格式,采用 HTTP URI 标识所有事物的方式。无论对作品、人物、地点、机构等数据,还是具体的实例,甚至包含与"作品"相关的封面、描述、书评等信息,都能够用 URI 来唯一标识。实际上,HTTP URI 最主要的功能不只在于其唯一标识功能,还在于其全球定位功能,以及从一个命名空间到另一个命名空间的跨网域链接,可以实现"一次编目,全球共享"[1]。

关联数据主要采用 RDF 数据模型,使用 URI 来命名数据实体,是通过互联网发布"资源"的方式之一[4]。RDF 三元组主要由主语、谓语、宾语构成。在"Charles Dickens is the author of Bleak House"这个例子中,"Charles Dickens"(查尔斯·狄更斯)是主语,"is the author of"是谓语,"Bleak House"(荒凉山庄)则是宾语。如果使用 HTTP URI 来标识,则:

http://id. loc. gov/authorities/names/n78087607 表示 Charles Dickens;

http://id. loc. gov/vocabulary/relators/aut 表示 is the author of；

http://id. loc. gov/authorities/names/no2012013691 表示 Bleak House。

HTTP URI 的形式虽然让人类很难理解，但却可以让计算机更好地识别、读取、理解这些数据。关联数据自身不会给信息增加任何额外的语义含义，只是为了更好地传递语义数据，供用户使用。

通过 LC 官网的比较查看器，可以查看 MARC 和 BIBFRAME 的编目完整示例，且提供 Turtle（RDF 语言的龟标家族）和 RDF XML 两种格式。以下为分别用 MARC 和 BIBFRAME 编目的同一示例：

MARC 格式：

```
00584nam a22002175a 4500
001 ## 4226
005 ##00000000000000. 0
008 ##810811$1981$$$              000 0 spa
010 ##$a81171252
020 ##$a8435003191：$c225ptas
035 ##$9（DLC）   81171252
040 ##$aDLC$cDLC$dDLC
050 00$aIN PROCESS
100 1#$aSantos，Domingo.
245 10$aFuturo imperfecto /$cDomingo Santos.
260 ##$aBarcelona：$bEdhasa，D. L. 1981.
300 ##$a245 p. ；18 cm.
440 #0$aColección Nebulae；50
500 ##$aSp
906 ##$a0$bibc$corignew$d4$encip$f19$gy-gencatlg
922 ##$aap
```

BIBFRAME（Turtle）格式：

```
@ prefix bf：< http://id. loc. gov/ontologies/bibframe/ >.
@ prefix bflc：< http://id. loc. gov/ontologies/bflc/ >.
@ prefix madsrdf：< http://www. loc. gov/mads/rdf/v1# >.
@ prefix rdf：< http://www. w3. org/1999/02/22-rdf-syntax-ns# >.
@ prefix rdfs：< http://www. w3. org/2000/01/rdf-schema# >.
@ prefix xml：< http://www. w3. org/XML/1998/namespace >.
@ prefix xsd：< http://www. w3. org/2001/XMLSchema# >.
@ prefix zs：< http://docs. oasis-open. org/ns/search-ws/sruResponse >.
 < http://bibframe. example. org/4226#Item050 – 10 > a bf：Item；
     bf：itemOf  < http://bibframe. example. org/4226#Instance >；
     bf：shelfMark[ a bf：ShelfMark；
         rdfs：label " IN PROCESS"；
```

```
        bf:source  < http://id. loc. gov/vocabulary/organizations/dlc > ].
< http://bibframe. example. org/4226#Work > a bf:Text,
        bf:Work;
    rdfs:label "Futuro imperfecto /";
    bf:adminMetadata[ a bf:AdminMetadata;
        bflc:encodingLevel[ a bflc:EncodingLevel;
            bf:code "5" ];
        bf:changeDate "0000 - 00 - 00T00 :00 :00" ^^xsd:dateTime;
        bf:creationDate "1981 - 08 - 11" ^^xsd:date;
        bf:descriptionConventions[ a bf:DescriptionConventions;
            bf:code "aacr" ];
        bf:descriptionModifier[ a bf:Agent;
            rdfs:label "DLC" ];
        bf:identifiedBy[ a bf:Local;
            bf:source < http://id. loc. gov/vocabulary/organizations/dlc > ;
            rdf:value "4226" ];
        bf:source[ a bf:Agent,
                bf:Source;
            rdfs:label "DLC" ],
            [ a bf:Agent,
                bf:Source;
            rdfs:label "DLC" ];
        bf:status[ a bf:Status;
            bf:code "n" ] ];
bf:contribution[ a bflc:PrimaryContribution,
                bf:Contribution;
        bf:agent < http://id. loc. gov/authorities/names/n81149638 > ;
        bf:role < http://id. loc. gov/vocabulary/relators/ctb > ];
bf:hasInstance < http://bibframe. example. org/4226#Instance > ;
bf:language < http://id. loc. gov/vocabulary/languages/spa > ;
bf:title[ a bf:Title;
        rdfs:label "Futuro imperfecto /";
        bflc:titleSortKey "Futuro imperfecto /";
        bf:mainTitle "Futuro imperfecto" ].
< http://bibframe. example. org/4226#Work440 - 15 > a bf:Work;
    rdfs:label "Colección Nebulae;50";
    bf:title[ a bf:Title;
        rdfs:label "Colección Nebulae;50";
        bflc:title40MarcKey "440 0$aColección Nebulae;50";
```

```
            bflc:title40MatchKey "Colección Nebulae;50" ;
            bflc:titleSortKey "Colección Nebulae;50" ;
            bf:mainTitle "Colección Nebulae;50" ].
< http://id. loc. gov/authorities/names/n81149638 >  a bf:Agent,
        bf:Person;
    rdfs:label "Santos,Domingo. " ;
    bflc:name00MarcKey "1001$aSantos,Domingo. " ;
    bflc:name00MatchKey "Santos,Domingo. " ;
    bflc:primaryContributorName00MatchKey "Santos,Domingo. ".
< http://id. loc. gov/vocabulary/issuance/mono >  a bf:Issuance.
< http://id. loc. gov/vocabulary/languages/spa >  a bf:Language.
< http://id. loc. gov/vocabulary/relators/ctb >  a bf:Role.
< http://bibframe. example. org/4226#Instance >  a bf:Instance;
    rdfs:label "Futuro imperfecto /" ;
    bf:extent[ a bf:Extent;
            rdfs:label "245 p. ;18 cm. " ] ;
bf:hasItem  < http://bibframe. example. org/4226#Item050 – 10 > ;
bf:hasSeries[ a bf:Instance;
            rdfs:label "Colección Nebulae;50" ;
            bf:instanceOf  < http://bibframe. example. org/4226#Work440 – 15 > ;
            bf:seriesStatement "Colección Nebulae;50" ] ;
bf:identifiedBy[ a bf:Lccn;
            rdf:value "   81171252 " ],
    [ a bf:Isbn;
            bf:acquisitionTerms "225ptas" ;
            rdf:value "8435003191" ] ;
bf:instanceOf  < http://bibframe. example. org/4226#Work > ;
bf:issuance  < http://id. loc. gov/vocabulary/issuance/mono > ;
bf:note[ a bf:Note;
            rdfs:label "Sp" ] ;
bf:provisionActivity[ a bf:ProvisionActivity,
                bf:Publication;
        bf:agent[ a bf:Agent;
                rdfs:label "Edhasa,D. L. 1981. " ] ;
        bf:place[ a bf:Place;
                rdfs:label "Barcelona" ] ],
    [ a bf:ProvisionActivity,
            bf:Publication;
        bf:date "1981"^^ < http://id. loc. gov/datatypes/edtf > ] ;
```

```
bf:provisionActivityStatement "Barcelona:Edhasa,D. L. 1981. ";
bf:responsibilityStatement "Domingo Santos";
bf:title[ a bf:Title;
        rdfs:label "Futuro imperfecto /";
        bflc:titleSortKey "Futuro imperfecto /";
        bf:mainTitle "Futuro imperfecto" ].
< http://id. loc. gov/vocabulary/organizations/dlc > a bf:Source.
```

BIBFRAME 主要分为作品、实例、馆藏、主题、责任者、各类代码值六部分。要掌握 BIB-FRAME,必须对语义网、关联数据、RDF 等技术有一定的了解,对编目员的素质水平提出了较高的要求,因此减少了部分编目员对 BIBFRAME 的关注,这对 BIBFRAME 的研究发展极其不利。因此,和 ALEPH500 图书馆集成管理系统一样,BIBFRAME 编辑软件的发展尤为重要,需要让编目员通过掌握编目规则就可以顺利地进行编目。值得注意的是,ALEPH500 开发商以色列艾利贝斯有限公司将与哈佛图书馆合作开启"BIBFRAME 路线图",让使用其产品的图书馆和机构能够逐步实施 BIBFRAME,并尽量降低对现有的工作流程的干扰。

4　国内 BIBFRAME 研究进展

目前国内关于 BIBFRAME 的研究多集中于理论介绍与实践探讨,而上海图书馆走在前列,已经进行了基于 BIBFRAME 的家谱本体设计实践研究,并取得了一系列成果,而将 CNMARC 格式数据转化为 BIBFRAME 格式数据的研究活动,还没有得到实质性的进展[11]。中国知网的主题指数统计(图 3)显示,2013 年仅有一篇相关文章与 BIBFRAME 相关,为美国雪城大学信息学院李恺的《RDA、FRBR 和 BIBFRAME 的最新进展:2013 年 ALA 年会参会笔记》。该作者参加了关于 RDA、FRBR 和 BIBFRAME 的相关会场的讨论,并依据会议所提到的研究进展,对 RDA、FRBR 和 BIBFRAME 在最近一段时间的发展动态进行了详细介绍[12];2014 年则有 4 篇论文,其中 3 篇为上海图书馆的夏翠娟、刘炜所著,不仅指出"BIB-FRAME 不只是 MARC 的替代品,它还将为图书馆数据融入更广阔的互联网环境带来巨大的潜力和可能性",同时介绍了上海图书馆基于书目框架模型来设计家谱本体的起因、过程、方法和成果,利用本体建模方法设计了上海图书馆家谱本体,并得出了基于书目框架设计的家谱本体既能揭示家谱资源的文献特征和内容属性,又能增强内容之间语义关联的结论[13];2015 年共包括五篇论文和一篇硕士论文——东北师范大学王雪静的《基于 BIBFRAME 的图书馆书目数据社会化关联研究》;2016 年包括 11 篇学术论文和 2 篇硕士论文,分别为南昌大学贺艳松的《书目框架 BIBFRAME 研究及其应用》和郑州大学常桢的《基于 BIBFRAME 的书目信息关联数据化研究》,论文数目相比去年增加了一倍。总体上,国内对 BIBFRAME 研究的兴趣和热情越来越高,论文数目也呈现快速增长的趋势,但普遍上参与的程度和研究的深度都不够,在 BIBFRAME1.0 和 BIBFRAME2.0 的实施注册项目中未见国内研究机构的参与,在 BIBFRAME 的国际研究中没有话语权。

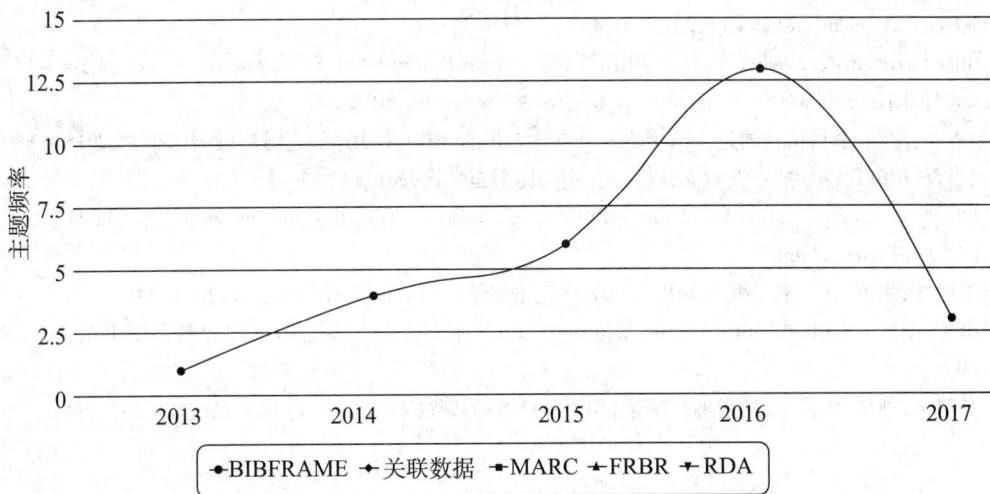

图 3　中国知网 BIBFRAME 主题频率(截至 2017 年 3 月)

5　展望

LC 和 OCLC 都已经宣布于 2016 年停止对 MARC 的支持,这表明 RDA 取代 AACR2、BIBFRAME 编码全面取代 MARC 是编目转型发展的必然要求。而作为受此影响最大的图书馆界,应该如何面对这种趋势?

笔者认为,首先要加快对 BIBFRAME 及其相关知识的学习,了解 RDF/XML、数据关联、BIBFRAME 的模型、词表等基础知识。其次学习国外学习小组的经验,采取定期培训、集中学习、集体讨论、转换实验、研究调研等方式,培养一批高素质、技术全面的图书馆 BIBFRAME 编目人才。再次,仿效艾利贝斯公司,联系相关软件开发企业,对 BIBFRAME 系统操作软件进行开发,尤其是 BIBFRAME 编目的关键模块,还包括新建、转换、添加、修改、维护等基本操作,届时图书馆的采访、编目、加工、馆藏等工作流程,以及读者的使用界面都将发生很大的改变。最后,国内图书馆界要积极参与到 BIBFRAME2.0 的实践研究中,提高国内业界的影响力。

参考文献:

[1]刘炜,夏翠娟. 书目数据新格式 BIBFRAME 及其应用[J]. 大学图书馆学报,2014,32(1).

[2]Beyond MARC:MARC,linked data,and Bibframe[EB/OL]. http://www. slideshare. net/orangeaurochs/marcld2013.

[3]俞小怡,罗双玲. 书目数据新格式——"书目框架计划"BIBFRAME[J]. 中华医学图书情报杂志,2015(3).

[4]吴贝贝,宋文. 从 MARC 走向 Bibframe——后 MARC 时代的书目记录[J]. 图书情报工作,2014,58(9).

[5]On the Record:Report of The Library of Congress Working Group on the Future of Bibliographic Control[EB/OL]. http://www. loc. gov/bibliographic-future/news/lcwg-ontherecord-jan08-final. pdf.

[6]Qiang Jin,Jim Hahn,Gretchen Croll. BIBFRAME Transformation for Enhanced Discovery[J]. Library Re-

sources and Technical Services,2016,60(4).

[7] Miller E,Ogbuji U,Mueller V,et al. BIBFRAME Primer-Bibliographic Framework as a Web of Data:Linked Data Model and Supporting Services[J]. Tax Breaks Newsletter,2012.

[8] 娄秀明,危红.书目格式的过去与未来——从 MARC 到 BIBFRAME 研究[J].图书馆杂志,2015(5).

[9] 胡小菁.BIBFRAME 核心类演变分析[J].中国图书馆学报,2016(3).

[10] Library of Congress. Overview of the BIBFRAME 2.0 Model[EB/OL]. http:www. loc. gov/bibframe/docs/bibframe2-model. html.

[11] 李勇文,张容.新型书目框架 BIBFRAME 研究进展综述[J].四川图书馆学报,2015(3).

[12] 李恺.RDA、FRBR 和 BIBFRAME 的最新进展:2013 年 ALA 年会参会笔记[J].数字图书馆论坛,2013(9).

[13] 夏翠娟,刘炜,张磊等.基于书目框架(BIBFRAME)的家谱本体设计[J].图书馆论坛,2014(11).

印刷类乐谱文献资源的编目模式分析

杨　熙(国家图书馆)

1　乐谱的定义及印刷类乐谱文献的出版特点

乐谱是一种以印刷或手写制作,用符号来记录的音乐形式,有文字谱和符号谱之分。大众常见的有五线谱、简谱,民间戏曲中常用的工尺谱,以及古乐器常用的减字谱等。乐谱具有国际通用的音乐语言、多文种的信息表现和大量隐含信息等特点,因此成为文献编目与标引、规范控制以及信息检索实践中的一种特殊文献。

印刷类乐谱文献出版形式主要指的是乐谱资源呈现的物理特点,可以用于区别同一作品的另一形式,主要包括散页曲谱、总分谱、声乐缩编谱、袖珍谱、乐曲集、歌曲集等,其中前四者主要是为了满足剧院管弦乐团和合唱团专业演出的使用需求,例如《路德维希·凡·贝多芬 A 大调第七交响曲 Op. 92》《钟信明第二交响曲》;合集类乐谱则更多以大众普及读物为主,通常包括几首至几百首作品,如《江南民歌曲集》《流行古筝》。

2　图书馆乐谱资源的编目现状及问题

目前,国内各类图书馆由于自身定位或收藏结构的不同,对乐谱资源的编目方式并不完全一致。音乐院校图书馆和音乐专类图书馆为突出音乐方面的专业性和全面性,除了正规出版的乐谱文献,还收藏大量地方性乐谱资料和创作手稿。编目规则上,基本都一定程度描述了音乐作品的内容细节,并启用了针对乐谱资源的特定字段。例如武汉音乐图书馆制定了内部的《专业书谱编目条例》,启用 CNMARC 的 125 字段(录音制品与乐谱)、128 字段(音乐演出与总谱),并在 001 记录号前两位使用不同数字区分乐谱和一般专著。沈阳音乐学院图书馆启用了 208 字段(印刷乐谱特殊细节项),并将 200$b 一般资料标识著录为"乐谱";总谱及分谱信息在 215$e 附件子字段进行揭示。中央音乐学院图书馆自 2010 年起启用 MARC21,但分类法采用《中国图书馆分类法》(以下简称《中图法》)。同时音乐专类图书馆的编目人员普遍认为《中图法》J6 类有进一步细化的需要,以适应形式更为多样的现代音乐作品,天津音乐学院图书馆和沈阳音乐学院图书馆均做了此方面的尝试。

与音乐性图书馆不同,我国大部分公共图书馆由于音乐专业背景人才的缺失,收藏的乐谱资料基本局限于正式出版物且藏量较小,都将其视为一般图书进行编目,通常只是在内容特征代码上标示特定字符以示区别。涉及音乐内容相关的细节,如作品形式、调性、乐器种类等均没有启用或无法精确定位用于描述相关信息的编目字段。以国家图书馆收藏的国内所出版乐谱专著为例,截至 2017 年 6 月底,其 ALEPH 系统中纯音乐作品图书(《中图法》分类号主要集中在 J64—J659 区段)约有 23800 种。近五年每年入藏量约 800 种,相对于每年 20 余万种的中文图书新增量,乐谱的比例不足 0.5%。其内容特点是合集较多,分类多样化,有演奏乐器、乐曲形式、音乐人物等多种聚合方式。以图书形式出版的乐谱,仍按传统 ISBD 资源分类标准归属于专著,本地编目策略 CNMARC 的 200$b 一般资料标识未做改变(部分公共图书馆标识为"乐谱"),在头标中将记录类型代码设为"乐谱印刷品",仅用于识别线性乐谱记谱法,而对于简谱等其他类型的乐谱,用"仅用于专著性文字资料"中的图表代码"乐谱"来识别。

总的来说,音乐性图书馆虽然启用了特定的描述字段,但由于缺乏统一的执行规则,导致存在字段的选取和使用有差异、描述内容不规范的现象。涉及合集类乐谱中的单首曲目及责任者(包括词曲作者、演奏者、表演者、指挥等),只有极少数图书馆进行了简易揭示,如沈阳音乐学院图书馆选择建立单册分析记录,但这些分析记录并没有启用 4XX 字段连接,而是使用 225 丛编字段来著录对应的书目题名,虽然实现了聚合,但字段使用不符合定义,相关曲目之间也未赋予连接的实际意义。大部分图书馆则因曲目众多而未进行单独揭示,只能用主题词从宽泛层面进行内容描述,如"钢琴曲 - 作品集""器乐曲 - 作品集",缺乏根据乐谱实情多维标引方法的指导,也不能准确分类[1]。编目强度和人员素养因素决定了大多数图书馆对每一条书目中的每一首音乐作品进行分析著录不具备可操作性,从而影响用户对信息的获取。

3 乐谱文献资源的特定描述项

对音乐作品进行描述与揭示的深度取决于编目机构,CNMARC 相关字段及子字段(根据最新中国机读书目格式标准[2])和 MARC21 对比,乐谱的描述项主要有:

表 1　CNMARC 与 MARC21 乐谱描述字段对比

CNMARC	MARC21
头标区 记录类型(字符位置 6) c = 乐谱印刷品 d = 乐谱手稿	头标区 记录类型(字符位置 6) c = 乐谱(包括印刷型、缩微型、数字化乐谱) d = 手稿型乐谱
013 国际标准乐谱号/音乐出版物号(ISMN)	024 其他标准标识符: 第 1 指示符 = 2,表示该字段 $a 记录的是 ISMN 号
036 音乐导句	无
071 出版编号: 第 1 指示符 = 3,表示印刷乐谱的出版编号	028 音乐资料出版者编号
125 编码数据字段:录音制品与印刷乐谱 $a 印刷型乐谱类型,2 个字符表示总谱类型和分谱标识	007 资料类型: 字符位置 0 = q,表示为乐谱 008 定长通用信息字段: 乐曲形式(字符位置 18—19) 乐谱格式(字符位置 20) 分谱(字符位置 21)
127 编码数据字段:印刷乐谱演出时间	
128 编码数据字段:音乐演出与总谱 $a 作品形式 $b 合奏、合唱的乐器或人声 $c 独奏、独唱的乐器或人声	047 音乐作品形式代码 $a 乐曲形式代码 048 乐器或人声数代码 $a 表演者或合奏(唱)者 $b 独奏(唱)者
192 编码数据字段:中国民族音乐 $a 中国民族音乐作品形式 $b 合奏、合唱的民族乐器或人声 $c 独奏、独唱的民族乐器或人声	
200$b 一般资料标识	
208 乐谱特殊细节项: 用于描述所编乐谱资料与同一音乐作品的其他版本不同的形式。参考 125$a 子字段取值	254 音乐表现形式说明: 参考 125$a 子字段取值

其中,071 出版编号对于正式出版的乐谱图书来讲,可对应 010 著录的 ISBN 号,ISBN 号和印刷乐谱演出时间通常从图书中无法获取,因此 071、013、127 字段可选择性启用或不启用;音乐导句中作品号、调号、拍号;音乐演出和总谱中作品形式(如协奏曲、交响曲、舞曲、小夜曲、流行音乐、摇滚乐)、演奏乐器等信息相对易于从图书中获取或识别,且对音乐作品比较重要,036、128 属于有则必备描述项;而 125 乐谱类型的判断,除总分谱外,缩写谱、图示谱、缩编谱(如赞美诗)、符号谱等类型则需要具备音乐专业知识的人员确认,并在 208 字段

给出相应的文字说明。

一般资料标识(General Material Designations,GMD)字段要求依据国家标准《文献类型与文献载体代码》(GB/T 3469—1983)著录,即定义为"乐谱"一类。《信息资源的内容形式和媒体类型标识》(GB/T 3469—2013)已摒弃了 GMD 的分类,根据 ISBD(2009 年统一版)的内容形式和媒体类型概念,重新规定了资源分类标准,印刷型乐谱可归入内容形式为"文本"、内容限定为"记谱型"种类,这也与 RDA(Resource Description and Access,资源描述与检索)规则如出一辙。国家图书馆已在数字资源著录中启用了 UNIMARC 委员会建议更新的 281、282 字段,来分别记录信息资源的内容类型和媒体类型[3]。

4 两类常见乐谱编目模式的限制性

4.1 用 327 内容附注著录曲目信息

327 字段一般用于记录图书所包含内容的说明文字,目前部分图书馆选择以此方式记录曲目信息,每个子字段简单揭示曲目的题名和责任者,如图 1 所示。该模式的主要问题在于对于用户来说,因 327 字段不支持结构化检索,曲目信息仅能通过书目记录进行随机浏览,无法被有针对性的获取,且浏览体验随着曲目的增多愈加不友好;对于编目机构来说,将所有曲目信息著录在一条记录中,容易造成数据冗余,且因附注字段行文不受规范控制,各机构间如采用不同的著录格式,不便于数据共享。

```
327 1_ a 1.青春佛山 /
          袁新荣,郭宏波,李东凯作曲;
          周鹏[等]演唱.
      a 2.情系皂幕山 / 李文清,柯伟华作曲;
          李思音演唱.
      a 3.山水情缘 / 蒋陆安作曲;苏文德演唱.
      a 4.飞翔吧梦想 /
          郭美青,李文清,柯伟华作曲;|
      a 5.月下情歌 / 刘佳作曲;
      a 6.绝佳绝美并蒂莲 / 刘佳作曲;
      a 7.春光留你歌歌脚 / 陈忠民作曲;
```

图 1　327 曲目信息描述格式样例

4.2 建立单册分析记录揭示曲目信息

为合集中的曲目建立分析记录,可以充分利用乐谱相关字段深度揭示每首曲目的信息,从而为用户提供更加精准的检索途径,用户可以检索到具体曲名、演奏乐器、在书中的具体页码等。除前面提到的乐谱相关字段外,分析记录还应具备以下著录项:

表 2　单册分析记录著录字段

CNMARC 字段	备注
头标区 记录类型(字符位置 6 7 8 9)	必备,取值 nca2 或 nda2
001 记录标识号/005 记录处理时间标识	必备,系统生成

CNMARC 字段	备注
100 通用处理数据	必备
101 文献语种	有则必备,著录 $h 歌词语种
200 题名与责任说明	必备,$b 可取消,改用 281、282 字段
300 一般性附注	可用于描述 128、129 相关字段内容
463 单册链接	必备,上连图书记录
606 名称主题	必备,可用 610 进行扩展描述
690 中图分类号	必备
7XX 责任描述	必备,挂接已有规范记录

然而部分专业乐谱分析记录的题名选取难度很高,因没有中文名称,只出现一个作品号,需要专业人员将音乐符号转化为文字再进行著录;其次,音乐作品的责任方式复杂,主要有作曲、作词、演唱、演奏、指挥,此外还有改编、校订,有时还包括订指法和弓法、配伴奏、释谱、作华彩等,需尽可能选择全面;大多数乐谱包含有数十上百条乐曲,若全部制作分析记录,编目效率很低,为了尽可能多地提供检索点,还要考虑成本和收益。

5 引入 FRBR 模型理念的多层极结构化编目模式

相对于文学作品,音乐作品的改编和演绎更为普遍,诠释方式更为多样化,乐谱集不仅需要通过建立分析记录实现其中不同作品的检索,还有必要进一步实现同一作品不同内容表达的聚合。因此,将 FRBR 编目理念引入到乐谱文献的编目中,对经典曲目在作品、内容表达两个层级合理建立题名规范,有效控制书目结构。

音乐作品的诠释与乐谱版本有着密切的关系。印刷乐谱中不但有常见的 Revised edition、New Adapted edition 等版本说明,还有乐谱特有的版本说明,如净版/Urtest——剔除了后人的诠释与标记的原始版本。净版可作为作品层题名规范建立的最好依据,反映作曲家创作时的原始意愿,改编版或其他乐器版则可在内容表达层或书目记录中进行描述。另一方面,相对于其他印刷文献,乐谱的一个显著特征,便是它最终可通过乐器或人物演绎为可供大众收听到的音乐作品。乐谱可视为音乐作品的一种内容表达,不同乐器和人物的演绎又都是乐谱的不同内容表达,而视听资源通常又是图书馆收藏的重要组成部分,因此乐谱编目结合视听资源的收藏结构和特征来进行也是一种有效的选择方式。在条件限制下不能对乐谱集建立完全的单册分析记录时,可对比视听资源中的曲目信息,以可提供服务的视听曲目为建立依据之一。抑或以某类选题(如歌剧选曲、影视歌曲、乡村乐、民歌等)为标准,建立有特色的乐谱库,提供针对性的服务。

由于我国规范格式国家标准尚未出台,UNIMARC 规范格式中与乐谱相关的描述字段主要有"128 音乐作品的形式以及调或调式"以及题名检索点的子字段 $r($v)表演介质、$s 数字标识、$u 调[4],相对于书目格式中的诸多音乐细节描述项,音乐作品的题名规范仅规定了几个重要元素。通常原始出版即为纯乐器曲可建立作品层面的规范,而需要由人物演绎的歌曲、歌剧、说唱作品可建立内容表达层面的规范。图 2 显示了《黄河大合唱》作品和内容表达两层规范的简易对比。$v 是内容表达特定子字段,在音乐作品中常用于非原始的演绎乐器或人物。在内容表达规范中用"531 题名(作品)相关检索点"实现与作品规范的关系连接。图 3 为该乐谱分析记录的细节描述,《黄河大合唱》原曲为交响乐,该记录编配后去掉了弦乐,仅保留了管乐,CNMARC 格式的"500 统一题名字段"规定了专门适用于音乐改编作品的 $w 子字段。图 4 为电子资源 CD 光盘书目记录,通过 500 连接内容表达规范。因规范层面已经实现了关联,图 3 乐谱记录与图 4 光盘记录虽然没有直接用 452 字段(不同媒介的其他版本)进行链接,但通过系统自动控制,可以实现检索结果互为关联的目标。更为理想的 500 使用方式是使用 $3 规范记录号字段,但目前 ALEPH 系统只支持题名形式保持一致的挂接方式。

```
152 __ a BDM
231 __ a 黄河大合唱
       d 1939
       r 管弦乐队
       r 混声合唱
231 __ 7 ba
       a huang he da he chang
431 __ a The Yellow River Cantata
       n eng
501 _0 a 冼星海
       f (1905~1945)
       4 曲
501 _0 a 光未然
       f (1913~2002.1)
       4 词
690 __ a J647.611
690 __ a J642.53
```

```
152 __ a BDM
232 __ a 黄河大合唱
       o 1975
       r 管弦乐队
       r 混声合唱
       v 中央乐团
232 __ 7 ba
       a huang he da he chang
531 __ 6 a01
       a 黄河大合唱
       d 1939
501 _0 a 冼星海
       f (1905~1945)
       4 曲
501 _0 a 光未然
       f (1913~2002.1)
       4 词
512 02 a 中国国家交响乐团
       4 演出
690 __ a J647.611
690 __ a J642.53
```

图 2　音乐作品与内容表达题名规范对照

```
LDR __ _ -----nca2^22-----^^^450^
036 __ a 01
       b 01
       c 01
       d C
       o 2/4
101 0_ a chi
102 __ a CN
       b 310000
105 __ a a^^^z^^^000yy
125 __ a bb
128 __ a sy
       b bb02
       b be01
       b we02
       b wc03
200 1_ a 黄河大合唱
       f 谢怀恩编配
       9 huang he da he chang
208 __ a 总分谱
281 __ a 文本
282 __ a 记谱型
```

```
330 __ a 本曲选取原交响曲中的管乐器重新编配而成。
463 _1 1 2001#
       a 革命歌曲管弦乐合奏曲谱
       v p.34-42
500 10 a 黄河大合唱
       w 管乐改编
606 0_ a 管乐
       x 合奏曲
       y 中国
       z 现代
690 __ a J647.65
       v 5
701 _0 a 冼星海
       f (1905~1945)
       4 曲
       9 xian xing hai
702 _0 a 谢怀恩
       4 编配
       9 xie huai en
```

图 3　《黄河大合唱》乐谱单册分析记录示例

```
LDR  __ _  -----nlm0-22--------450-
001  __ _  002401644
005  __ _  20030701142823.0
016  __ a  CN-F39-02-349-00
        d  CNY[不详]
100  __ a  20030701d2002----em-y0chiy5
           ^----ea
101  0 _ a  chi
102  __ _ a  CN
         b  450000
135  __ _ a  hongannnauudn
200  1 _ a  黄河大合唱
         b  电子资源.CD
         f  光未然词
         g  洗星海曲
         g  huang he da he chang
210  __ _ a  南宁
         c  广西民族音像出版社
         d  2002
215  __ _ a  1 光盘（CD）（54 分）
         c  有声
         d  12cm
230  __ _ a  音频数据

327  1 _ a  1.黄河船夫曲（合唱）
         a  2.黄河颂（男声独唱）
         a  3.黄水谣（合唱）
         a  4.河边对口曲（男女对唱+合唱）
         a  5.黄河怨（女声独唱）
         a  6.保卫黄河（合唱）
500  10  a  黄河大合唱
         g  1975
610  0 _ a  合唱
         a  歌曲
         a  中国
690  __ _ a  J642.53
         v  4
701  _ 0 a  光未然
         4  词
         g  guang wei ran
702  _ 0 a  洗星海
         f  (1905~1945)
         g  xian xing hai
         4  曲
```

图4 《黄河大合唱》电子资源记录示例

需要注意的是,对于古典音乐,规范题名使用 24X 字段"名称 + 题名"的形式是较好的方式,大多古典音乐仅以作品号命名,如果去掉了作曲家,会出现题名重复率高的问题,如下图。如果采用 23X 纯题名,则需要添加附加成分区分。即使可以附加作品号或调号,在浏览体验上仍没有前者一目了然。

题名与责任者	出版地	出版年
第五交响曲 [专著] ：作品40号(2001-2006)：为22件弦乐器而作 ：/ 王西麟[作曲]	长沙	2014
第五交响曲 [专著] ：c小调 Op.67 总谱 / [(德)贝多芬(Ludwig Van Beethoven)曲]	长沙	2002
第五交响曲 [专著] ：e小调 Op.64 总谱 / (俄)柴科夫斯基(Peter Ilyich Tchaikovsky)[曲]	长沙	2001
第五交响曲 [专著] = Symphony No.5 / 古斯塔夫·马勒(Gustav Mahler)[作曲]	长沙	2011

图5 古典音乐命名重复示例

乐谱是一类极其特殊的文献资源,在细节特征著录上对音乐专业知识要求较高,在编目模式上,又需要熟悉图书馆信息资源的各类描述规则,以求针对馆藏选择制定最适合的本地策略,为进一步实现与视听数字资源无缝隙链接打下坚实的基础。本文虽提供了引入 FRBR 的编目方法,但在题名规范选取范围、作品与内容表达的精细界定、分析记录的建立标准方面还有待深入探讨,而且随着 RDA 规则的逐步应用,乐谱著录款项也将发生一系列变化[5],例如在乐谱题名规范语种选取上,RDA 与现行编目规则并不一致,规定采用作曲者原本所用的语言题名等。如何适应新规则,推进乐谱编目工作创新实践,值得进一步研究。

参考文献：

[1]王利民.西文乐谱数据库分类标引若干问题分析及对策[J].全国新书目,2006(22).

[2]GB/T 33286—2016:中国机读目录格式[S].北京:中国标准出版社,2017.

[3]GB/T 3469—2013:信息资源的内容类型和媒体类型[S].中国国家标准汇编(2013年修订).北京:中国标准出版社,2014.

[4]米尔娜·维勒.UNIMARC手册:规范格式(第三版)[M].北京:国家图书馆出版社,2013.

[5]胡小菁.《中国文献编目规则》与RDA乐谱规则的对比分析[J].上海高校图书馆情报工作研究,2013(4).

新媒体时代图书编目员职业心理成熟度分析

衣　芳(国家图书馆)

　　源自技术术语的新媒体正悄悄地以一种技术的现存感影响着人们的社会生活和价值观念。所谓的新媒体是新的技术支撑体系下出现的媒体形态,如数字化的杂志、报纸、广播、电视、电影、触摸媒体、手机网络等。相对于书刊报、广播、电视等传统意义上的媒体,新媒体被形象地称为"第五媒体"。对于传统媒体而言,新媒体更多地利用了数字技术、网络技术、移动技术,通过互联网、无线通信网、有线网络等渠道以及电脑、手机、数字电视机等终端,向用户提供信息和娱乐的传播形态和媒体形态。这一新时代的特征同时具备交互性与即时性、海量性与共享性、多媒体与超文本、个性化与社群化。在具有如此特质的新媒体时代,图书编目员心理适应能力值得关注。本文将在引入心理成熟度概念的基础上,提出图书编目员心理成熟度发展阶段论,以作为对新时代图书编目员心理成熟度的评估依据。

1　心理成熟度的概念及对图书编目员的意义

1.1　心理成熟度概念

　　心理成熟度并不是心理学的专业名词,作为一个心理概念,最先由美国心理学家、组织心理学与行为科学的先驱克里斯·阿吉里斯提出。他认为,人的成熟度实际上就是个体愿意对自身行为所承担责任的大小,包含工作成熟度和心理成熟度两个核心要素。其中,心理成熟度就是个体做出某种行为的意愿及动机,如果个体不能自觉地完成某个行为,说明其心理成熟度较低,反之则较高。概括地讲,这是社会中的每个个体从被动到主动、从依赖到独立、从目光短浅到目光远大的一个转变过程。美国神经病学家、发展心理学家和精神分析学家爱利克·埃里克森在其社会心理发展理论中提出:个体的一生要经历八个阶段,在不同的阶段中需要完成相应的发展任务,这些任务都是以"危机"形式出现,若个体能够战胜危机,会顺利步入下一个阶段。此外,心理健康模式中的成熟模式也指出个体在不同阶段具有不同的发展任务。因此,个体心理成熟能够很好地促进人的心理健康发展,从而促进其职业稳定与专业提升。国内学者也通过多方面研究总结编制了《心理成熟度量表》。这一研究将成年人心理成熟度概括为6个因子,分别表现为自我洞察、社会认知、情绪管理、社交风格、适应能力、爱的能力。

本文所指的职业心理成熟度是指编目人员在从事图书编目工作时有意识或无意识表现出的个体的意愿和动机。心理成熟度高的图书编目员在工作中必然自信心强,工作积极主动,不需要太多的外部激励,主要靠内部动机的激励。反之,则需要外部干预,比如依靠上级规定个体的工作任务和角色职责等。

1.2 心理成熟度对于图书编目员的意义

心理成熟度对于图书编目员具有显著的意义。首先,心理成熟度对于新媒体时代和环境变化至关重要。心理成熟度高的图书编目员,面对新媒体时代社会和环境的变化较易适应,比较容易根据外界的变化调节自己的行为,他们的自控能力、承受能力都比较好,可以通过自我调节使自己保持心理上的相对平衡,从而促进其职业发展。心理成熟度差的图书编目员,不太容易适应新媒体时代不断变化的环境,也不太容易形成良好的自我控制,这样,在职业关系和心理健康中很容易出现问题。其次,心理成熟度对于形成良好的思维方式意义明显。心理成熟度高的图书编目员会帮助个体培养批判性思维,能抓住事物的要领,表现出善于质疑辨析的思维模式,促进专业成长。而心理成熟度低的图书编目员则无法形成良好的思维模式,不容易抓住事物的本质,难以实现个人专业能力的提升。

2 图书编目员心理成熟度的发展阶段分析

心理成熟度对于图书编目员职业发展的重要意义,使得了解其发展阶段和路径很有必要。下面将对图书编目员心理成熟度的发展阶段进行分析。

2.1 图书编目员职业心理的碎片期

初次进入图书编目这一领域,每一个图书编目员都有一个自身专业背景与编目职业要求融合的职业心理过程,笔者称其为职业心理碎片期。图书编目这一岗位比较特殊,需要庞杂的知识背景做支撑,无论多么边缘的学科背景在图书编目工作中都有其可以渗透的知识碎片。图书编目员队伍可以分为两大类,即有图书情报学专业背景的人员和非图书情报学专业背景的人员,其中非图情专业背景的人员又分为文史、理工、政法等不同的专业背景。虽然来自图情专业背景的编目员在职业心理碎片期停留的时间相对较短,因为专业背景给了他们足够的心理接纳空间。但是从职业心理上来讲,无论哪一类人员,进入一个新的职业领域,都会经历茫然、观望、游离、困惑、尝试等心理过程。正如图书编目员在进入职业初期,可能会因为他人的口耳相传和社会群体对图书编目员的非专业评价而产生一种先验假定的"偏见",也可以说是一种心理学上的"刻板印象"①,进而产生对图书编目员自身职业的质

---

① 专指人类对于某些特定类型人、事或物的一种概括的看法,看法可能来自由同一类型的人、事、物之中的某一个体给旁人的观感。

疑。一旦明白个体在群体生活中产生偏见正常但是不一定正确,就会顺利的渡过危险的职业质疑阶段。

2.2 图书编目员职业心理预接期

从心理学的角度看,每一个体都有心理预期,也可以称为自我实现的预期——当人们对后果有期望时,就会引发某种行为,预期可以通过自我暗示或他人暗示形成自我激励或他人激励,对激发与调动潜在的能力起到一定的作用。积极的预期会产生积极的结果,消极的预期则产生消极的结果。心理预期是一种心理资源,我们熟知的心理学中的"皮格马利翁"效应,即"心理预期的自我实现"。它会形成心理力量而影响人们的社会生活。积极或消极的预期,影响着一个人是否满意现在,影响着其当下的努力程度,影响着职业人的未来。利用好这一心理资源,将会帮助图书编目员在其职业发展过程中健康的发展和稳步的提升。

当图书编目员顺利渡过职业心理的碎片期之后,已经对图书编目这一职业有了一定的了解和新的定位,对职业环境也产生了熟知的安稳感,那么就进入了其职业心理成熟的第二个阶段,即已经接受图书编目员在自己职业生涯中的稳定地位,进入职业心理预接期,开始期待自己在图书编目领域能够逐步地熟悉工作,提升专业技能。在这一过程中,图书编目员的个性心理和人格类型也在无意识地发生着各种变化。瑞士心理学家荣格创立了人格分析心理学理论,将人格分为内倾和外倾两种。由于图书编目员的工作环境相对封闭,与外界交流沟通的途径较少,图书编目员大多数都是在安静的空间内进行工作,人机交流多于人际交流等因素造成图书编目员在进入职业状态一段时间后,难免会无意识地进入一种内倾人格的自我认同中,可能会表现为沉默、被动、安静、适应力差等状态。这一时期又恰好处在其职业心理预接期,顺利的渡过这一时期,也就意味着图书编目员有意识的接纳了编目员的职业状态和路径,从而不会影响其真实的人格倾向,其职业心理成熟度也会顺应的继续发展。如果没有顺利渡过这一时期,则有可能会放弃图书编目工作,或者带着郁结无奈的情绪继续从事图书编目工作,从而使自己的内倾人格倾向从无意识转变为消极的有意识,那么其职业心理的成熟进程也就会停滞不前。停滞的结果导致视野的回缩,而视野的狭隘是思维固化最主要原因之一,图书编目员一旦在心理上已经退出编目领域,就将偏离因为专业技能的增长和投入有效的精力而可能取得的专业进步。

2.3 图书编目员职业心理的螺旋上升期

事物发展过程具有螺旋上升的特征,在图书编目员的职业心理发展中也不例外。当图书编目员顺利的渡过职业心理预接期,很多人会产生职业倦怠或者进入专业上升的瓶颈期,也许还会产生心理学上所讲的心理防御状态①。由于图书编目工作的特点,当编目员进入职业稳定状态后,如果不进行专业的继续探索与边缘学科的继续学习,非常容易陷入机械

---

① 心理防御状态是指个体面临挫折或冲突的紧张情境时,在其内部心理活动中具有的自觉或不自觉地解脱烦恼,减轻内心不安,以恢复心理平衡与稳定的一种适应性倾向。心理防卫积极的意义在于能够使主体在遭受困难与挫折后减轻或免除精神压力,恢复心理平衡,甚至激发主体的主观能动性,激励主体以顽强的毅力克服困难,战胜挫折。消极的意义在于使主体可能因压力的缓解而自足,或出现退缩甚至恐惧而导致心理疾病。

化、单一化重复劳动,进而导致思维僵化。这时无论是管理者还是个体都应该积极寻找新的专业关注点,拓展职业思维路径,帮助图书编目员努力从传统的编目工作思想中破茧前行,突破瓶颈,把握住职业螺旋式上升期的积极因素,合理利用,提升自我。

2.4 图书编目员职业心理的成熟期

爱利克·埃里克森把个体的一生经历分为八个主要阶段,其中第七个阶段被其称为获得创造力感的阶段,对个体而言,一般指的是中年期与壮年期,正是成家立业的阶段。这是获得创造力感,避免"自我专注"阶段。这一阶段有两种发展的可能性,一种可能是向积极方面发展,作为图书编目员,他们在工作上会勇于创造,追求事业的成功,而不仅是满足个人需要;另一种可能性是向消极方面发展,进入所谓"自我专注",即图书编目员刻意剥离开自身职业与生活的关联,只顾自己及其家庭的幸福,而无视职业发展中的困难,即使有创造,其目的也完全是为了个体自身的利益。我们的社会一般认同,个体能对自己的未来有把握,清楚自己的定位,对自己的职业规划很详尽,并且真正了解在什么情况下什么样的工作会让其快乐并拥有满足感,这就是个体成熟的标志,也是职业心理成熟的表现。进入职业心理成熟期的图书编目员,就更容易在编目工作中进入到芝加哥大学心理学教授、心理学家米哈里·契克森米哈所定义的心流状态。这里所说的心流是一种将个人精神力完全投注在某种活动上的感觉,心流产生时会有高度的兴奋及充实感。根据米哈里·契克森米哈的理论,如果图书编目员的职业心理已经能够自如地进入到心流状态,那么他就会更加倾向于从事图书编目工作,更加专注的进行专业研究,对图书编目工作的职业路径也会有更加清晰的目标。但是,许多图书编目员在工作到达一定阶段后,依然没有达到这样的状态,不管其实际生理年龄有多大,其职业心理成熟度还是处于中下的位置。职场中这种心理年龄和生理年龄的错位现象,直接影响了图书编目员职业的发展和专业的提升。

3 不同发展阶段图书编目员改进心理成熟度的途径

通过考察图书编目员在不同职业成长阶段的心理特质和发展任务可以为其改进心理成熟度提供方向。

3.1 确立不同发展阶段职业心理成熟度提升的核心目标

图书编目员职业心理成熟度在不同发展阶段面临的主要矛盾是处于变化之中的。因此,必须针对每一阶段职业心理成熟度提升的核心目标来确定相应的具体措施。在职业心理的碎片期其核心目标主要是接受编目员这一职业,打消对这一职业的质疑;在职业心理的预接期其核心目标主要是形成对编目工作的积极预期,接纳自身的职业状态和路径;在职业心理的螺旋上升期其核心目标主要是避免职业成长进入倦怠和停滞状态,寻求新的成长领域;在职业心理的成熟期其核心目标主要是实现生理和心理年龄的匹配,拥有清晰的职业规划以及具体的实现路径。

3.2　不同发展阶段职业心理成熟度的具体措施

针对不同发展阶段图书编目员职业心理发展的目标差异,需要通过采取不同的措施来应对不同阶段的心理成熟度发展需要。

3.2.1　碎片期

在这一时期,新进入的图书编目员目标是接纳自己的职业。在具体实现路径上可以采取内外力相互作用的方式来寻求成长途径。在内力方面,新进入的图书编目员可以多跟前辈进行交流沟通,了解他们的职业成长经历以及应对措施,建立正确的职业认知状态。在外力方面,需要管理人员在专业上给予指引和帮扶,在个人情感上给予接纳和关怀,在图书编目员的学术背景中寻找能够与图书编目工作契合的关键点,重新聚合原有的碎片化知识和心理状态,帮助图书编目员顺利地度过职业心理的碎片期。

3.2.2　预接期

预接期的发展目标在于接纳图书编目员在职业生涯中的稳定位置,形成积极的自我预期。在具体实现措施上,图书编目员首先全面认知编目员的职业特征,真实评估其职业优势和不足,进而在心理层面接纳其作为自身稳定的职业位置。在此基础上,编目员需要通过各种路径不断学习业务知识,建立系统的编目工作知识和技能体系。通过持续的职业技能提升来强化自身的积极预期,巩固将图书编目员作为职业稳定地位的心理状态。

3.2.3　螺旋上升期

螺旋上升期职业心理发展的核心目标在于寻找新的职业成长方向。实现这一目标在于提升自我高度,寻求更多的兴趣方向。在经过预接期的洗礼之后,图书编目员一般都具备了比较系统的专业技能和知识,能够适应图书馆的工作环境和氛围。而在螺旋上升期为了进一步实现自我提升,需要站在一个更高的层次和角度来看待编目工作存在的问题,提出改善当前编目工作的一些对策。比如关注编目前沿资讯,主动学习新的编目规则和属性元素,研究新的专业术语如何实现与传统编目字段和子字段的融合与衔接。

3.2.4　成熟期

成熟期的职业心理发展目标在于实现生理和心理年龄的匹配,拥有清晰的职业规划以及具体的实现路径。这一阶段的图书编目员就要强化自我,放弃被动,寻求专业独立、职业高远,努力使自己进入图书编目工作的"沉浸"状态,加快自我职业心理成熟度的进程。具体而言,编目员需要根据自我情况来确定发展路径是向偏管理型还是偏业务型的方向进行职业发展,了解自己的职业欢喜来自于何处。在确定发展路径之后可以有明确的实现条件,并为此而展开具体行动。

基于职业心理成熟度发展阶段分析可知,针对新媒体时代图书编目员的心理建设需要基于不同阶段的发展目标来构建相应的对策和措施:在碎片期需要通过内外力的帮助,形成对图书编目员职业的正确评价,防止出现职业偏见;在预接期需要全面评估图书编目员的职业特征优劣并接纳其作为长期职业的定位,并通过具体行为强化这一认知;在螺旋上升期需要通过新的领域探索,从更高层次理解编目活动,提出改进当前工作的改进途径;在成熟期需要通过定位自身的成长类型并确定具体的实现路径来实现个人心理更高层次的满足。

参考文献：

[1] 荣格. 心理类型[M]. 北京：民主与建设出版社，2016.

[2] 尼古拉斯·韦德. 天生的烦恼：基因、种族与人类历史[M]. 北京：电子工业出版社，2015.

[3] 刘未鹏. 暗时间[M]. 北京：电子工业出版社，2011.

[4] 赵友，郭恩金. 简论馆员职业心理成熟过程[J]. 图书馆学研究，1996(2).

[5] 罗翀. RDA 在中国的实施设想[J]. 国家图书馆学刊，2014(1).

[6] 唐绪军. 中国新媒体发展报告 No.7(2016)[M]. 北京：社会科学文献出版社，2016.

国家图书馆东文小语种编目实施 RDA "喜" 与 "忧"

张　皎　王新娜　吴蓓蓓(国家图书馆)

1　国家图书馆东文小语种编目实施 RDA 时不我待

RDA 自 2010 年诞生以来，各国对其的研究已逐步从理论推进到实践环节。国家图书馆对 RDA 的研究始于 2012 年中译本的翻译工作，近几年，有关 RDA 的研究成果层出不穷，特别是经过多年的实践探索，于 2017 年完成了《国家图书馆外文文献资源 RDA 本地政策声明暨书目记录操作细则》(简称 NLC PS)的编制，并获得馆编目工作委员会的审核和批准，迈出了 RDA 本地化实施最关键的一步。NLC PS 的面世标志着国家图书馆外文资源编目将正式踏上 RDA 化的征程。

东文小语种资源是指除日文以外用东方语言文字出版的资源。东文小语种资源是国家图书馆馆藏的重要组成部分，截至 2016 年年底，东文小语种资源的馆藏量已近 12 万种。该部分资源除数量可观之外，语种也极其丰富，涵盖了韩文、印地文、阿拉伯文、波斯文、越南文、泰文、蒙文、乌尔都文、孟加拉文、马拉提文、印尼文、马来文等 30 多个东方语种。因此，东方小语种资源的信息组织工作是外文资源建设不可或缺的重要组成部分。国家图书馆外文资源编目全面实施 RDA，意味着馆藏中所有 115 个语种的外文资源都将纳入 RDA 的管理体系，采用同样的标准创建书目记录，东文小语种编目工作毫无疑问也将涵盖其中。

然而，要把东文小语种编目纳入 RDA 轨道也不是一蹴而就的事，面临着许多实际问题。东文小语种编目是国家图书馆采编工作中最具传统，最具特色的。虽然从理论上看，这些语种的编目一直遵循 AACR2 编目条例，但是由于数据源匮乏、语言障碍明显、专业人才不足、计算机化发展滞后等现实原因，这部分资源的编目可以说与同样执行 AACR2 标准的西文编目在标准化和国际化方面均存在较大差异。编目员在实践环节本地化特色突出，与其他语种编目缺乏横向联系，对国际规则追踪较慢，数据质量参差不齐。因此要完全打破这些语种的编目传统，使其与本地政策有机融合，让编目员完全适应 RDA 的新思想和新做法绝非易事。

但是,尽管不易,东文小语种编目实施 RDA 不可逆转。首先,RDA 在实践领域的发展已形成全球之势,越来越多的国家开始认同并采用 RDA 开展编目工作,编目工作国际化是大势所趋;其次,国家图书馆外文资源编目长期以来一直要求采用相同的标准,包括内容标准和格式标准,RDA 的本地化实施也必须是整体推进的;再次,传统的东文小语种书目记录过于简单,不利于实现 ICP 所总结的"查找、识别、选择、获取和浏览"的用户任务。此外,东文小语种编目员的自身素质也需要借助 RDA 的平台得到全面提升。但是,东文小语种编目的特殊性是 RDA 实施过程必须考虑的问题。鉴于此,RDA 在国家图书馆东文小语种编目中实施一方面会为该项工作的发展带来了前所未有的机遇,另一方面,我们在实施过程中也应清醒地认识到各种现实问题,以审慎的态度逐步推进。

2 国家图书馆东文小语种编目实施 RDA"喜忧参半"

实施 RDA 对国家图书馆东文小语种编目工作来说可谓是一场"变革"。RDA 对数字环境极大的适应性、对用户数据体验的提升,特别是它的包容性使其国际化道路越走越宽。因此,RDA 在国家图书馆的本地化实施必将给编目工作带来种种"惊喜"。但同时,由于东文小语种编目的特殊性和传统性,RDA 的本地化过程也不可能一帆风顺,对东文编目员以及编目管理者均提出了巨大挑战,带来种种"忧患"。因此,我们在 RDA 本地化的过程中,首先要明晰 RDA 的优势,坚持本地化的道路,同时也必须正视本地化所面临的实际问题,提出切实可行的解决方案。

2.1 实施 RDA 的积极影响

2.1.1 促进各语种编目的统一与融合

在卡片目录时代,国家图书馆各语种的编目工作是各自为政,自成体系的。ALEPH500 系统启用之后,虽然已经将所有语种的编目集成到了一个平台和框架之下,但是各语种编目的统一徒有其"形",而无其"神"。例如,西文编目的主要款目概念在日文编目中并不采用,日文反而与中文编目一样,采用了交替款目的做法,即书目记录中没有 1XX 字段,责任者检索点全部记录在 7XX 字段。又如,在描述数量时,日文编目又开始采用与西文编目一样的规则,用"p."表示页数,没有采用本国术语。总的来看,ALEPH500 系统启用之后,国家图书馆所有外语语种虽然理论上都表示遵循国际上较为普遍的 AACR2 编目条例,但是在实际操作中,做法是比较随意的,并未严格遵循统一的条款。

论及原因,一方面是由于 AACR2 自身的局限性。AACR2 是针对英美国家而制定的规则,"英美偏向"突出,尤其对东文小语种这样非拉丁化语言文字的资源来说适用性不强,规则弹性空间小。而另一方面,国家图书馆东文小语种编目计算机化程度比较滞后,编目员往往囿于语言障碍,对国际规则关注低,编目基础薄弱,视野比较窄,相关对象国在编目方面发展也比较缓慢,与国际接轨不好,数据源参考价值比较低。

RDA 的实施使各语种的编目工作重新站在同一起跑线上。RDA 的包容性和弹性大大提升了规则对非拉丁文字资源的适用性,国家图书馆 RDA 本地政策声明又对这种弹性给予了一定的限定,从而使新规则能够很好地在弹性和规范性之间找到平衡。这使得国家图书馆各语种编目实现真正意义的统一和融合成为可能。

2.1.2　促进小语种数据质量的全面提升

由于计算机化发展滞后、与国际接轨较少、人才队伍不稳定、传统观念束缚、对象国编目事业发展缓慢、语言壁垒等因素,东文小语种编目存在内容简略,逻辑关联性不强以及著录准确性有待商榷等一系列问题。然而实施 RDA 以后,这些问题都有望得到改善。

首先,RDA 是为了适应数字环境下资料类型多样化的趋势,本着便利用户的原则而产生,著录信息要求尽量全面、详细。因此,RDA 的著录鼓励全面记录重要检索点,并大大减少缩写和不易为读者所理解的符号。同时,添加了 336、337、338 字段以便更清晰地表达和界定各种类型的资源。国家图书馆还依据 RDA 制定了一些符合馆情、国情的本地政策,规定了一些必须著录的检索点,比如对中国经典作品都要求记录翻译题名等,这样就更能体现出图书馆的一些馆藏特色。

其次,依据 RDA 编制的数据之间的逻辑关联大大增强,因而提升了数据的可读性。在传统的编目实践中,各字段相对独立,缺少逻辑联系。在 RDA 编目实践中,在附录 3 和附录 4 中提供了大量资源和名称之间以及资源与资源之间的关系说明语,通过关系说明语把资源内部和资源之间的各实体联系起来,揭示了各实体之间的关系,逻辑上更清晰,表达上更完善,数据的整体性更强。同时,通过这种对作品、内容表达、载体表现、单件各个层面的关系的揭示,为读者快速找到相关资源提供了可能性。如通过关系说明语对相关作品和内容表达之间衍生、整体与部分、连续等关系的揭示,可以方便读者快速找到与作品相关的翻译作品、包含作品等。

最后,依据 RDA 编制的数据准确性更高。AACR2 对于数据中出现的错误选择直接订正,而 RDA 编目则遵循"所见即所得"的原则,如实转录信息。如果信息源有误,则添加适当的字段说明订正,例如:图书的题名出现错误时,正题名中的差错不必订正,如实转录,并为正确的题名提供变异检索点,如:

245 ##\$a हिंदीअजीकोश.

246 1#\$iCorrected title\$a हिंदीअजीकोश

这样著录既能如实反映文献真实面貌,减少编目员的主观判断,同时又能提供正确信息,避免误导读者。

总之,遵循 RDA 的编目规则著录的数据质量将会从完整性、逻辑关联性和准确性方面得到全面的提升,对编目员而言,逻辑更为清楚;对读者而言,数据更为准确、完整,易于理解,关联性更强,检索更便捷。

2.1.3　促进规范控制在小语种编目中的开启

由于东文小语种的编目对象国大都没有实施规范控制,因此东文小语种编目想要实施规范控制一直缺少有力的参照。RDA 第一次将规范控制的内容纳入编目的内容规则,对于规范控制和规范记录的创建都做出了明确规定,这就促进了国际范围内规范控制的统一化和标准化,为在东文小语种编目中实施规范控制提供了契机。对东文小语种而言,实施规范控制在理论上有了更具体的指导,在实践上也具有更广泛可以参考的数据源。此外,东文小语种种类繁多,各语种差异性大,因此,各语种实施规范控制也必然需要解决统一规范下的个性化问题,RDA 强调统一性和灵活性相结合的原则使得东文小语种分别编制规范数据更具有可操作性,为把东文小语种纳入国家图书馆外文编目现有的集成式规范控制系统,建立多语种统一规范平台提供了可能。同时,RDA 对于规范控制的持续开发,对编目规则的不断改进和创新也为我们东文小语种未来加入国际规范控制合作编目的项目提供了广泛的前景。

2.1.4 促进小语种编目员职业素养的修行

RDA 的实施除了业务上带来的可喜变化之外,也会对"人"产生"影响"。RDA 作为国际最新编目规则,其内容涵盖了书目描述、规范控制和主题标引等编目的诸多环节,掌握 RDA 的过程就是全面了解编目知识的过程。RDA 本地化实施对于只懂实操、不懂理论的东文小语种编目员来说无疑是系统学习编目理论的重要契机,其过程不仅是在编目规则方面的"授之以鱼",更是在编目原则上的"授之以渔"。此外,RDA 的实施也打破了语言文字以及载体类型的壁垒,为外文编目搭建了一个相互交流、相互借鉴的平台,无形之中加强了各语种、各资源编目员之间的横向交流与合作,东文编目员也要尝试去了解以前从未接触的语种和资源类型,这对于拓宽视野、成长为复合型人才大有裨益。

2.2 东文小语种编目实施 RDA 的实际问题

2.2.1 小语种编目员仍受某些传统编目理念的窠臼所困

2007 年以来,国家图书馆东文小语种的编目工作经历了从卡片到计算机的嬗变,如今面对 RDA 的到来将再次面临着重大改变。尽管 RDA 具有自主选择性、便利性等诸多优点,但现实情况中我们对它的接受需要一个过程。尤其当传统编目规则已经根深蒂固,无形中影响着对新生事物的接受。因此,小语种编目员不可能一下子就转换成 RDA 思维,必然会受某些传统观念所困,这是 RDA 实施中必须考虑的实际情况。

例如,传统编目员在工作时更关注工作的便捷性,考虑的是工作效率,以保证工作量的完成。这个过程是以编目员本身为导向的。但 RDA 的首要原则就是"用户便利性",即一切以服务用户为宗旨。取消缩写、增强表达性、增加检索点等都是出于用户角度的考虑。这些对于传统编目员无疑将增加一定的工作量,完全树立"用户至上"的观念恐怕需要假以时日。

再如,传统编目理念注重恪守规则,却忽视了这些条条框框限定了信息表达,久而久之,从业者的思维逐渐被固化了。但 RDA 并非一一罗列问题、并给出相应的解决办法,相反,它是一部宏观的、科学的编目规则,它赋予编目员一定的弹性空间去挖掘最有价值、最全面的信息资源,一旦掌握了它的精髓,编目将是一件充满可能性与创造性的工作。比如其"可选择的附加/省略"原则规定,只要不损失基本信息,可省略责任说明中的头衔、责任者所隶属的单位等信息;再如当信息源题名出现错误时,编目员可以保留其原有的错误形式,并将正确形式著录在 246 字段。但值得注意的是,恰恰因为它给予了编目员自主选择的权利,反而会使业已习惯旧规则的编目员无典可循、无据可依、无所适从,为短期内转换工作思路造成了一定影响。

此外,传统东文小语种编目从来不会去参考或利用英美国家的数据源,因为这些国家虽然已经 RDA 化,但是东文小语种数据大多采用的是音译多文种记录的编制方法,这与国家图书馆东文小语种编目所采用的原始多文种记录的方法存在较大差异。而相关对象国由于没有实施 RDA,同时编目工作发展的不平衡也使这些国家的数据源难以利用。这种数据源的尴尬境地大大降低了套录编目的效率。所以,转换 RDA 编目,还需要东文小语种编目员改变目前对英美等数据源的排斥心态,对音译多文种记录可选择性应用。但是,这种观念的转变也不是一日之功。

最后,传统编目工作忽视了对国际规则的追踪,造成小语种编目理论、实践及研究水平整体相对滞后。而 RDA 作为一部动态的编目规则,其工具套件(Toolkit)提供了一个可拓展的、可更新的技术平台,编目员能实时关注 RDA 的更新内容。这对相对保守的东文小语种编目员来说,熟练掌握数字化的编目规则也需要改变传统习惯。

2.2.2 各语种相关国家实施 RDA 的程度参差不齐

相较于欧美等领军国家,与东文小语种相关的亚洲国家虽然也普遍关注 RDA,但是研究与实践程度却比较落后。韩国虽然于 2010 年完成了 RDA 韩语版的翻译工作,但是在实践方面却一直没有实质性的成果。印度和阿拉伯国家的图书馆界目前也处在积极研究 RDA 的阶段,但尚未发布 RDA 相关语种版本。

相关国家实施 RDA 的进程直接影响了其在东文小语种编目中的启用。首先是数据源的问题。由于这些国家没有实施 RDA,所以即使套录到目标数据,也不符合国家图书馆 RDA 应用的要求,需要按本地政策大幅修改,造成工作效率的下降。其次是编目术语的问题。套录不到有效的 RDA 数据,如果能有相关语言的 RDA 版本,至少可以在术语上得到信息支持。例如,NLC PS 规定,除 336、337、338 字段及关系说明语统一使用英语之外,其他术语全部使用相关语言。这就需要各语种都能配置与 RDA 英语术语一致的本国术语,这对于一个外语学习者来说并非易事。如果能参考到相关国家的 RDA 翻译本就能较好解决这类问题,但是,除日、韩之外,亚洲大部分国家都未对 RDA 进行翻译,即使翻译,有些术语也未必能找到对应的等同词。

2.2.3 跨语种规范控制系统亟待建立

国家图书馆在外文数据的规范控制上一直在探索前行,西文率先实现了规范控制和实时更新,日文和俄文也在尽力追赶,然而,东文图书编目的规范控制却迟迟未能实行。这一方面是由于东文小语种图书藏书量相对较少,因而对规范控制的需求不如西文等其他文献总量较大的语种迫切。然而这并不意味着东文小语种就可以游离在规范控制系统之外,实施规范控制是确保文献信息检索点的唯一性和一致性的重要手段,当西文等数据的规范控制逐渐完善以后,各东方小语种也有必要迎头赶上。这种规范是很有必要的,以著者为"毛泽东"为例:在朝鲜语中被写成:마오쩌둥(音译写法)、모택동(汉字词对应写法)、毛澤東(汉字写法),在印地语中被写成माओत्सेतुङ、माओत्सेतुडग、माओत्सेतुंग、माओतुन、माओत्सेतुं等多种形式,这显然不利于资源的整合及读者检索。因此,实施规范控制势在必行。

然而,要在各东文小语种全面展开规范控制确实也面临很大挑战。首先,由于各东文小语种的语言差异大,文字系统完全不同,因此需要各自编制规范数据。其次,各对象国缺少小语种规范数据的参照,各小语种的规范控制可能要从零开始。再次,东方小文种文献的编目人员稀缺,完成各语种现有采编任务已经占用大量精力,再要以一己之力编著各语种的规范数据难度较大。

3 国家图书馆东文小语种编目 RDA 本地化实施策略

3.1 建设适应 RDA 要求的复合型人才队伍

解决东文小语种编目实施 RDA 所面对的现实问题,建立相应的人才队伍是根本。现有的东文小语种人才队伍必须按照 RDA 化的要求快速完成转型。首先,要求传统编目员敞开心扉,在继承传统的基础上大胆革新,接受新生事物。其次,要提升学习兴趣,摒弃对 RDA 的惶恐之情。这方面,外文采编部"RDA 师资团"是个很好的范例。成立伊始,师资团各位成员对 RDA 相关知识也不是成竹在胸的,但通过持续的关注与了解,他们逐步掌握了相关知识点和技巧,承担起 RDA 介绍与培训的重任。小语种编目员也要向师资团成员学习,抛开抱臂观望的态度,早日进入学习状态。再次,要丰富培训手段,提升培训效果。过去的培训手段主要以现场授课为主,形式比较单一。随着互联网科技不断渗透社会生活,RDA 相关培训也要与现代信息技术相结合,充分利用社交平台和网络手段,辅助线下培训、开展线上培训。可采用交流式、个性化、创新型的培训方式,如微信公众号、H5 页面或手机 APP、网络公开课等,以提升培训效果。最后,要加大实践力度,注重复合型人才的培养。"千里之行,始于足下",对 RDA 的认识与了解再多、再深,最终还是要落在实践这个基本点上。小语种编目员可在操作本语种资源著录的同时,尝试多语种、多载体资源的编目。这样不仅能够更快地适应 RDA 规则,也能更全面地领略各种类型的资源描述,有助于个人成长为复合型编目人才。

3.2 创建小语种规范术语表

在国家图书馆 RDA 本地政策声明的附录中,日语及俄语编目人员从对象国目录规则中将术语提取出来自行编制了日语及俄语 RDA 术语对照表,这对东文小语种开展术语表编写工作具有启示作用。我们可以参考对象国目录规则、国家馆数据、相关研究著作等内容,定期检索其 OPAC 系统,从中提取出常用术语,自行构建相应语种的术语表。自建术语表的过程必然不会是一蹴而就、一劳永逸的,需要编目人员付出诸多努力。为保证术语表的质量,在编写过程中需要加强国家图书馆与国内外各个图书馆之间的交流,必要时还可以派编目人员前往对象国,向当地的编目专家请教。编目员应时刻关注对象国 RDA 的进展,从对象国发布的相关语言版本中提取出关键术语。术语表编写完成之后,还应随情况变化不断进行更新及修改工作。

3.3 分层次、有重点开展规范控制

在国家图书馆目前人力、物力、知识、技术等各方面都受到限制的情况下,要逐步开展东文小语种的规范控制,我们的工作应当是分层次、有步骤、有规划、有重点的。比如可以先从国内的名家名作的翻译作品开始,进而扩展到对象国的名家名作的规范控制,逐步展开工作。这就要求我们编目人员要广泛调研,不能闭门造车,对数据库中国内和对象国的重要人物、重要作品要做到心中有数,以便在规范控制中能够抓住重点。同时,在编制规范记录的过程中,对于各语种的名称规范不能擅做主张,而要多与各语种专家进行探讨,以便确立准

确的规范形式。此外,借助 RDA 对规范控制进行统一的优势,可以多多参考外部数据源来开展东文小语种的规范控制。虽然实施的难度比较大,但是如果能够抓住引入 RDA 的契机,利用好内外部资源,顺利开展东文小语种规范控制工作,将大大提高馆藏外文文献数据质量和组织水平,促进书目数据库的标准化和规范化建设,最终达到提高读者的检索效能的目的。

参考文献:

[1]朱晓兰.浅谈北京图书馆东方语文图书采访工作[J].北京图书馆馆刊,1996(2).

[2]罗翀.RDA 在中国的实施设想[J].国家图书馆学刊,2014(1).

[3]胡小菁.RDA 的国际化设计与本地化实施[J].大学图书馆学报,2013(1).

[4]郭学娟.韩文文献编目探讨[J].图书情报工,2007(9).

[5]罗翀.国家图书馆外文图书规范控制的实践探索[J].图书馆学研究,2001(8).

[6]罗翀,蔡丹.试论国家图书馆外文文献资源 RDA 本地政策声明设计思路[J].国家图书馆学刊,2015(3).

《云林佛教图书分类法》修订记

张新宇(国家图书馆)

1 《云林佛教图书分类法》的编制及修订

图书分类法既可以用于馆藏组织、文献揭示与文献检索,又可借此"辨章学术,考镜源流",展现人类知识体系的整体架构。佛教图书分类法所要展现的是佛教两千余年的历史演进脉络,以及在这一过程中所逐渐建立起来的思想架构,并且要为未来发展的可能性呈现留下空间[1]。

中国佛教的知识组织传统深植于浩如烟海的三藏典籍中,其实践成果体现为历代编纂的经录文献,这是古典目录学的重要组成部分和思想源薮之一,"不仅为中国开创了目录学之先河,亦为中国佛教带来了立根万事的基础"[2]。1926 年,梁启超发表《佛家经录在中国目录学之位置》,为古典目录学和佛教研究同时开辟出一个新领域——佛教目录学。以此为发轫,数十年来,学者大德先后继起,佛教目录学的研究渐成规模[3]。

佛教图书分类法的编制延续了历代经录的编纂传统,也是佛教目录学研究与图书馆实践相结合的产物。在佛教图书分类法的编制上,有陈鸿飞等学者奠基在前[4]。1962 年,台湾学者李世杰创制《佛教图书分类法》,这是第一部具有现代意义的专业佛教图书分类法。在此基础上,台湾香光尼众佛学院图书馆于 1996 年编辑出《佛教图书分类法》(以下简称《香光法》)。2001 年,白化文先生将《香光法》引进大陆,改编后以《佛教图书分类法(改定本)》为名,由北京图书馆出版社出版。

2003 年,灵隐寺经过多年筹备建立了云林图书馆,为解决藏书组织的实际问题,在浙江大学周子荣教授的主持下,以《中国图书馆分类法(第四版)》(以下简称《中图法》)B94 的整体架构为基础,参考《香光法》的类目名称和类目设置,开始编制《云林佛教图书分类法》(以下简称《云林法》)。

《云林法》在 2005 年出版并推广使用后,用户的类型和数量不断增加,在使用过程中也积累了越来越多的问题和修改建议。2010 年,《中图法》(第五版)出版,2011 年,台湾香光尼众佛学院图书馆发布了《香光法》第一个修订版的中、英文本,同时出版了《佛教图书分类法使用手册》,作为《香光法》的配套参考资料,以解决佛教文献分类标引中的疑难问题。面对佛教知识组织领域的新进展,无论从使用者的角度,还是从编制者的角度,《云林法》的修订工作都势在必行。

2014 年年中,灵隐寺云林图书馆以论文征文的形式面向相关领域人士征集《云林法》修订的意见和建议,并将其中 24 篇论文结集。在此基础上,2015 年 3 月 26 至 27 日,云林图书馆举办"《云林图书分类法》修订暨中国佛教图书馆管理研讨会"。本次研讨会共有来自全国的高校图书馆、公共图书馆和佛教图书馆等 60 余位专家同人参会,经过两天的研究和探讨,与会者对《云林法》的修订提出了许多建设性的意见和建议。会后,由公共馆、高校馆、佛教图书馆等各界代表组成的修订委员会正式着手《云林法》的修订工作。

《云林法》修订委员会在研讨会工作成果的基础上,广泛收集汇总用户的反馈意见,根据修订者各自的专业领域分类修订,形成专家意见后,提交修订委员会审议。修订委员会根据专家提交的修订意见稿汇总了修订初稿,经过一年多的不断讨论、研究和修订,"《云林佛教图书分类法》修订版定稿会"于 2016 年 7 月 9 至 10 日举行,就修订初稿进行第一次定稿,并重新编制了类目索引。12 月 30 至 31 日举行第二次定稿会,最终完成修订。2017 年初,《云林法》修订版交付国家图书馆出版社,正式进入出版流程。

2 《云林法》的编制原则与分类体系

《云林法》的编制原则是:不改变《中图法》原有的体系结构和标记符号制度;修改《香光法》某些不恰当的类名和编号体系,并把《香光法》类目做必要的分拆或重组,然后充实到《中图法》B94 相关类目中去;同时,学习和借鉴《香光法》的长处,将有关做法用于《中图法》[5]。

《云林法》保持了《中图法》B94 原有的体系结构,仅将"B948 对佛教的分析与研究"变更为"B948 佛教语文、佛教文艺",原本按照《中图法》归入 B948 类目下的文献,分入 B94 各类,其他类目设置一仍其旧。同时将原有 33 类扩充至 500 多类,较好地适应了佛教图书馆类分内典图书的需要。同时,与使用《中图法》类分外典图书不发生体系结构上的矛盾[6]。

3 《云林法》修订原则

《云林法》的修订,兼顾了科学性与实用性,充分考虑佛教图书分类法的使用环境,以及作为专业分类法的使用范围。在实践上借鉴利用了各种修订分类法的技术与方法,尤其是充分参照了《中图法》和《香光法》修订的标准和流程。

3.1　以佛教研究的发展水平和佛教文献出版的实际情况为基础

兼顾科学性与实用性,强调分类法的工具属性,充分考虑文献出版的实际情况。对于类目划分难度较大的主题内容,通过修订类目注释以说明类目含义及相互关系;对正处于发展变化中,外延边缘模糊的新主题,通过增改类目注释、控制类目细分和增类,同时为其未来发展预留空间;对内涵、外延清晰,文献数量较多的新主题,适当增设新类。

3.2　充分结合分类法的使用环境及用户需求

为了适应网络环境下知识组织工具的发展趋势,《云林法》修订版的基本功能力求与编制分类检索工具的目标相匹配,同时兼顾用户实体文献分类排架的现实需求。因此在本次修订中,类名变更以通用性为原则,类目变更以最小改编为原则,对于科学性与实用性不能兼顾的类目,在进行馆藏分析的基础上,优先考虑同类文献排架的现实需求。

3.3　明确佛教图书分类法的专业图书分类法属性和应用范围,以及与《中图法》《香光法》的兼容性问题

以类分佛教类印刷本图书文献为主,考虑集中、分散排架的关系,兼顾类分其他主题内容相关的图书文献的需要,适当为网络信息组织的需要预留发展空间。考虑佛教图书馆的发展现状及编目人员的知识结构,重视类目注释的改订,力求体现分类法的简明性和易用性。完善标记系统,使用户在编目实践中易学易懂。吸收《香光法》所体现的佛教分类法研究中的最新成果,同时考虑与《中图法》相关类目的兼容性问题,避免类分同一主题内容文献时发生结构体系上的矛盾。

总体来说,《云林法》修订版遵照了以上原则,在系统性、类目名称和注释、文字和知识内容等方面进行了广泛而审慎的修订。

4　修订内容举例

4.1　系统性修订

4.1.1　《云林法》修订版将《中图法》B94 以外的佛教类交替类目集中,并在原有类目基础上进行扩充

在《中图法》(第五版)B94 之外,还有一些与佛教属于相关关系主题的类目,比如 D635 宗教工作,D691.73 宗教问题,D922.15 华侨、民族、宗教事务管理法,I299 宗教文学,J196.2 佛教艺术,J608.2 佛教音乐研究,其他像 K877 古书契、K878.6 宗教建筑遗址、K879 美术考古绝大多数也都属于佛教文物考古的范畴。如何合理地安置佛教文学、艺术、音乐、地理、建筑等交替类目,也成为《云林法》编制的一大特点。为了便于同类文献集中排架,《云林法》在修订过程中保留了原有体系里通过总论复分、借号等方式安置相关交替类目的方式,此外,还通过扩充类目内涵范围的方式容纳交替类目,例如对《云林法》B947 的修订。《云林法》B947

原类名为"佛教组织与寺院",承袭《中图法》B947 类名,但其类目设置的考虑源自《香光法》佛教地志类目。修订版在原有类目基础上进行了扩充,并将类名改为"B947 佛教地理、佛教文物考古",既容纳现代佛教组织和寺院,同时涵盖佛教特有的山志、佛寺志等地理专志。

4.1.2　类目设置上遵照《中图法》"世界、中国、各国"的序列,使类目结构趋于统一

　　在《云林法》的使用过程中,B97 宗派类问题最为集中。究其原因在于《云林法》遵循《中图法》以宗派列类,未做出修改,却又采取了多重列类的方式,设置"世界各国佛教宗派",用来类分以国别立论的佛教宗派著作,导致了编目实践中的矛盾[7]。而《中图法》的 B946 宗派类目,不分地区和国家,自第三版之后将宗派门类固定为大乘八宗,将小乘宗派归到"其他"类目,"南传佛教"直到第五版才出现在"B946 宗派"类目的注释说明文字中[8]。大乘八宗对于中国佛教的重要性不容置疑,这种类目设置对于大型综合性分类法也无可厚非。但一方面在处理藏传佛教的问题上,"B946.6 密宗(秘密教、真言乘、金刚乘)"几乎成为藏传佛教专类,背离了该类目设置的初衷,另一方面,这样的类目设置不能满足佛教图书馆类分日韩等国佛教宗派文献的使用需要。有鉴于此,本次修订重新调整了《云林法》B946 宗派类目的分类体系,使之从整体结构上与其他类目趋于统一。修订后的类目如下:

B946 宗派

B946.1 世界佛教宗派

B946.2 中国佛教宗派

B946.3/.7 各国佛教宗派

　　论述某个国家的佛教宗派总论性著作入此,依世界地区表分。

B946.312.6 韩国佛教宗派

B946.313 日本佛教宗派

B946.313.18 南都六宗

B946.313.181 俱舍宗

B946.313.182 成实宗

B946.313.183 三论宗

B946.313.184 法相宗

B946.313.185 华严宗

B946.313.186 律宗

B946.313.2 天台宗

B946.313.3 真言宗

　　东密入此。

B946.313.4 禅宗

B946.313.48 禅宗派别

B946.313.481 临济宗

B946.313.482 曹洞宗

B946.313.483 黄檗宗

B946.313.5 净土教

B946.313.58 净土教派别

B946.313.581 净土宗

B946.313.582 真宗(净土真宗)

B946.313.583 融通念佛宗

B946.313.584 时宗

B946.313.6 日莲宗

B946.313.9 日本其他佛教宗派

　　　　创价学会入此。

4.1.3 "密宗(秘密教、真言宗、金刚乘)"类目体系的调整

　　对于佛教宗派下诟病颇多的"密宗(秘密教、真言宗、金刚乘)"类,本次修订进行了系统性的调整:取消了多重列类,将此类置于"中国佛教宗派"下,专收中国密宗著述;真言宗分入日本佛教宗派,将原类名括号中的附加成分删除,规范类名为"密宗";增设了"汉地密宗"与"藏地密宗"两个下位类,汉地密宗用于类分唐密及近代以来回传国内的密宗文献,藏地密宗则集中了藏传佛教相关文献。因为"汉地密宗"与"藏地密宗"两部分内容得以区分,许多问题迎刃而解。例如"密宗(秘密教、真言宗、金刚乘)"下原注释"喇嘛教(藏传佛教)入此"已无存在的必要,一并进行了删除;再如原"B946.65 藏密祖师著述"已无必要单独立类,改为按专类复分表复分。除此之外,"密宗派别"下增设"其他",用来安置藏传佛教其他主要教派以及苯教的内容。

　　原类目如下:

B946.6 密宗(秘密教、真言宗、金刚乘)

　　　　喇嘛教(藏传佛教)入此。西藏(藏传)佛教史入 B949.297.5。

B946.65 藏密祖师著述

B946.68 密宗派别

B946.681 宁玛派

B946.682 噶举派

B946.683 萨迦派

B946.684 格鲁派

　　　　噶当派入此。

　　修订后的类目如下:

B946.2 中国佛教宗派

B946.26 密宗

B946.261 汉地密宗

　　　　唐密入此。

B946.262 藏地密宗

　　　　藏传佛教入此。

B946.262.8 密宗派别

B946.262.81 宁玛派

B946.262.82 噶举派

B946.262.83 萨迦派

B946.262.84 格鲁派

　　　　噶当派入此。

B946.262.89 其他

> 包括夏鲁派、希解派、觉囊派等。苯教入此。

4.2 类目的修订

4.2.1 类目名称的修改

例如《云林法》原"B945 布教、仪注"承袭自《中图法》,修订时参照《香光法》改为"B945 仪制、修持、布教、护法",明确了类目含义,有助于类目的理解和使用。

又如更改了《云林法》原"B940.21 原始佛教思想(根本佛教思想)"的表述方式,将根本佛教思想作为标准类名,使"原始佛教"这种有歧义的表述在类目注释中体现,修订为:

B940.21 根本佛教思想(初期佛教思想)

> 原始佛教思想入此。

4.2.2 对成熟、稳定、有一定文献保障的学科主题增设新类

人间佛教思想最早由太虚法师提出,经印顺法师阐扬,成为近代以来最重要的佛教思潮。相关研究著作数量众多,上版《云林法》并无专类容纳相关文献,本次修订增设新类:

B940.49 其他佛教思想

B940.491 人间佛教思想

又如原类目 B940.1 教理各论下 B941.3 因缘论,上版《云林法》类目为:

B940.13 因缘论

> 业论、缘起论、无我论、因果论等入此。

由于原类目下集中的文献过多,且注释文字逻辑关系不清,针对此问题增设下位类,修订为:

B940.13 因缘论

B940.131 业论

B940.132 缘起论

> 无我论入此。

B940.133 因果论

4.3 类目注释的修订

4.3.1 通过增加和修改类目注释说明分类方法,增强对类目的理解

如:

B942.211 长阿含经

> 佛说善生经入此。

《佛说善生经》在南传经典体系中属于"长部经典",其对应的北传经典,在《大正藏》中分别分入"长阿含经""中阿含经"等类,《云林法》同时设有"长阿含经""中阿含经""长部经典"类目,为统一分类原则,本次修订在"长阿含经"类目下增加了参照。

4.3.2 删除、改正了设置不当或没必要标示的内容

如:

B940 -02 佛教哲学

> 各国佛教哲学(史)入 B940.9。

B940 – 09 教理史

　　佛教思想史、佛教哲学史入此。

　　各国佛教思想(史)入 B940.9。

修订为：

B940 – 02 佛教哲学

　　各国佛教哲学入 B940.9。

B940 – 09 教理史

　　佛教思想史、佛教哲学史入此。

　　各国佛教思想史入 B940.9。

4.3.3　修订了部分上下文矛盾的类目注释

B942.178"经集部其他经典"下注释原为"大通方广忏悔灭罪庄严成佛经入此"。《云林法》对经律论的分类参照《大正藏》，但在《大正藏》的分类体系中，此经归入"古逸部、疑似部"。而 B942.99"古逸部、疑似部"下注释原为"佛说长寿灭罪护诸童子陀罗尼经入此"，与B942.39"各种咒经"的类目注释"陀罗尼经入此"相互矛盾，修订后删除了 B942.99 原有注释，将 B942.178 的类目注释移入 B942.99，如下：

B942.178 其他经集部经典

B942.99 古逸部、疑似部

　　疑经无类可归者如《大通方广忏悔灭罪庄严成佛经》等入此。

4.4　完善复分表体系，增加专类复分表

《云林法》B942/B944 类分佛教经律论三藏，并在 B942 类目注释中说明分类原则：注疏、经典专书研究、别行本随原书分类。但随着佛教文献学的发展，这种分类方式难以容纳大量研究著作，本次修订通过增加专类复分表的形式控制类级深度，如下：

B942/944 均可依下表分。

1 节本、分篇

2 注释(评注、批注)、音义、图说、科判

3 校勘、考证

4 语译(古文今译)

5 研究、评论、导读

4.5　其他问题的修订

4.5.1　文字错误

如将 B940.36 唯识思想类目注释"瑜迦思想入此"修订为"瑜伽思想入此"。

4.5.2　知识性错误

上版《云林法》禅宗派别类目之下将临济宗与黄龙宗、杨岐宗并立，征求专家意见后，修订为：

B946.258.2 临济宗

　　黄龙派、杨岐派入此。

5 《云林法》修订的意义及启示

5.1 促进图书馆学与佛教文献学的学科交流

《云林法》的修订,不仅受到了《中图法》《香光法》修订的外在驱动,也顺应了佛教文献学、佛教目录学自身发展的内在需要。佛教文献学作为一个独立的学科门类,其发展有赖于各领域专家学者的通力合作。由于国内学科设置的客观原因,很多在知识结构上看来是完整的学科,在行政化的学院体系中被人为地割裂了,这就导致在学生阶段很难通过专业学术训练获得从事独立研究所需要的全部背景知识,佛教文献学的研究正是其中的一个例子。国内佛教研究普遍设于哲学系之下,这样,宗教研究就成了形而上的思想研究。对于具有哲学、宗教学背景的佛教文献学者,文献学的研究往往成了无本之木,而文献学往往设置于历史系和中文系,这两个领域的学者又相对缺少宗教研究方法论的训练,从宗教研究这个很大的学科分布来看是远远不够的。这给了作为工具学科的图书馆学以空间。佛教目录学是佛教文献学登堂入室的钥匙,从目录学与知识组织的角度切入佛教研究,正是图书馆学者的优势所在,也是佛教研究历久弥新的魅力所在。历来以图书馆学的学术背景治佛教目录,或以佛教背景在图书馆领域成就卓越的学者大德比比皆是,前者如姚名达,后者如自衍法师。可见知识组织这个视角是弥合割裂的佛教文献学研究的黏合剂。

5.2 促进佛教文献收藏机构之间的交流与合作

海内外佛教文化研究的领域不断扩展,新的主题和研究成果不断呈现,佛教文献学、佛教目录学的发展只是其中一隅,由此促进了佛教图书文献出版事业的长足进步,也催生了国内佛教图书馆事业的蓬勃发展[1]。

《云林法》的修订正是建立在佛教图书馆之间交流合作的良好基础上,拓宽了各佛教图书馆在日常运营、基础业务、人才培养等方面的交流渠道,为进一步深化合作,建立佛教图书馆联盟,实现书目数据和馆藏数据的共建共享提供了条件。

《云林法》的修订也增进了佛教图书馆与其他类型图书馆的交流合作。佛教图书馆是专业图书馆的一种类型,但大部分佛教图书馆并非由图书馆专业人员负责运营。从佛教寺院的角度看,图书馆在满足寺院弘法利生、获得社会关注的需要方面,也并不是投入产出最高的合作单位。因此双方的合作基础比较薄弱,不具有必然性。目前较为常见的合作方式有参观交流、业务指导、合作办馆、作为文献普查单位、以成员馆的身份参与联机联合编目等。上述方式一般仅限于具体业务层面,缺少了学术研究领域方面的深度合作。希望通过《云林法》的修订,使图书馆界认识到佛教图书馆参与知识组织的意愿与能力,促成双方更加广泛而紧密的合作。

5.3 对《中图法》相关类目修订的启示

《云林法》的修订根植于编目实践,修订动机源自于编目实践中产生和积累的各种问题,修订方式博采众家之长,吸收了使用者、编制者、佛教界内外人士的多方意见。《云林法》虽依托于《中图法》,但本次修订在个别类目上并未完全遵循《中图法》B94 既定的类目体系,而是选择与《中图法》大的分类原则相一致,自身分类体系上臻于统一,在确保排架文献最小改编的同时,有效解决了文献杂糅的问题。类目设置上,通过类名的增加、删除与修改,厘清了既有内容主题之间的界限和逻辑关系,为新兴主题预留了发展空间,对类目注释和标记体系的修订使分类法在使用上趋向简单明了。《云林法》的修订不仅为佛教图书馆适时提供了一部可资使用的新版专业图书分类法,也为其他类型图书馆在类分佛教图书文献的实践中提供了比较权威的参照。希望以此作为一个契机,使本次修订的成果能够在未来《中图法》相关类目的修订中有所体现,更希望借此增进双方在知识组织领域的交流与合作,互相砥砺,为相关类目的完善做出各自的贡献。

随着新版《云林法》进入出版流程,《云林法》的修订暂且告一段落。但是对于佛教分类法编制的尝试和佛教知识组织的研究而言,一切才刚刚开始。《云林法》修订版的价值,尚有赖于学科发展和编目实践的最终检验。在此之前,《云林法》的修订工作不会止步。在新版《云林法》的使用过程中,我们希望各单位继续发现问题,同时根据各自的编目经验编制使用说明,打通自下而上的反馈渠道,为《云林法》的再一次修订积蓄力量。我们也期盼图书馆界同人能从专业角度提出意见,更多地关注佛教分类法的编制和佛教知识组织的研究,让《云林法》成为一部不断成长的分类法。

参考文献:

[1]修订组.后记[J].云林佛教图书分类法(修订版),2017,未刊.

[2]张曼涛.编辑旨趣[G].佛教目录学述要.台北:大乘文化出版社,1981.

[3]冯国栋.佛教目录研究八十年(1926—2006)述评——以中国大陆地区为中心[J].文献,2008(1).

[4]陈鸿飞.佛教典籍分类之研究[G].佛教目录学述要.台北:大乘文化出版社,1981.

[5][6]周子荣.云林佛教图书分类法[M].香港:云林出版社,2005.

[7]周子荣.关于《云林佛教图书分类法》修订的一些思考[J].图书馆研究与工作,2015(4).

[8]刘美春.《中国图书馆图书分类法》佛教类目研究[C].2015年灵隐寺《云林图书分类法》修订暨中国佛教图书馆管理研讨会论文集,2015.

从全球音乐市场发展看馆藏音乐资源揭示的现状及未来

郑佳盈(上海图书馆)

全球音乐市场正在发生以数字音乐为代表的第二次革命,从原先借由CD、DVD等载体存储音乐,通过特定音乐播放器进行播放的形式,跨越到以手机播放软件为代表的流媒体(在线听歌)时代。在此次变革中,公共图书馆作为为公众提供信息服务的重要场所,在做好音乐资源建设、揭示、保存各方面工作的同时,应进一步与国内知名流媒体平台合作,为公众提供贴合时代的信息资源服务。

1 全球音乐市场发展现状

受到全球经济波动及电影等热门文化娱乐消费产业的影响,全球音乐市场总收入下降。虽然数字音乐增长迅速,但难以弥补传统唱片市场的衰退。

根据国际唱片业协会(IFPI)发布的《2017 全球音乐市场报告》,实体音乐资源收入下降了 7.6%。但实体销售仍占全球市场的 34%。数字收入增长了 17.7%,其中流媒体(在线播放)激增了 60.4%,为八年来的最高涨幅。流媒体占数字收入比重的 59%,而数字收入首次占到所有录制音乐总收入的 50%。可见发达国家及主要发展中国家越来越青睐唾手可得的数字音乐资源。图1、图2 分别为 2014—2016 年全球音乐产业实体音乐资源、数字音乐资源、音乐资源版权的收入情况及占比分析。

单位:十亿美元
数据来源:IFPI

■实体音乐资料 ■数字音乐资料 ■音乐资料版权

	1.9	2	2.2
	6.6	6.6	7.8
	6.1	5.8	5.4
	2014	2015	2016

图 1　全球音乐产业分类收入(2014—2016)

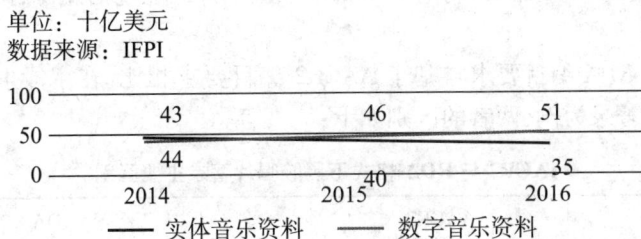

单位:十亿美元
数据来源:IFPI

	2014	2015	2016
实体音乐资料	43	46	51
数字音乐资料	44	40	35

——— 实体音乐资料　　——— 数字音乐资料

图 2　全球音乐产业收入占比分析(2014—2016)

由此可以看出,数字音乐市场正在发生第二次革命,音乐播放器被无所不能的智能手机淘汰,音乐流媒体(在线听歌)模式逐步淘汰了单曲下载、运用载体的播放模式。根据国际唱片业协会的最新统计,2016 年音乐流媒体市场的收入已经超过了 CD,同时单曲下载模式的收入也持续下滑。令人吃惊的是,受全球"复古怀旧文化"的影响,黑胶唱片收入出现了不可思议的反弹。不过黑胶唱片并不能改变实体音乐产品销量继续下滑的总体趋势。音乐行业正在经历令人震惊的转型,音乐公司如今已经是数字音乐公司,三分之二的收入来自各种形式的数字音乐产品。

伴随着智能手机的高度普及,音乐流媒体成为音乐市场的一颗明星。音乐流媒体的爆发,也开始重构音乐产业链,并重新启动利益分配。

公共图书馆作为大众获取文献信息的重要场所,不仅要有选择的收藏实体音乐资源,也要提供数字化音乐资源的在线播放。如何在第二次数字音乐革命中做好公共图书馆的音乐资源揭示工作,成为图书馆人迫在眉睫需要解决的问题。为了更好地顺应全球音乐产业的变化,音乐资源的揭示应在与国内各大流媒体音乐平台积极合作的基础上,既考虑到现有的RDA 编目方法又适用于 FRBR 化编目的未来。

2 音乐资源揭示的现状——以上海图书馆黑胶唱片为例

目前公共图书馆现有的音乐资源是以黑胶唱片、CD、DVD 等传统载体为代表的实体音乐资源。随着图书馆信息资源建设步伐的加快,实体音乐资源载体数量越来越庞大、样式也更多样、内容更广泛。这些资源本身就构成了一个庞大的数据集。原来 AACR2 的编目方式已经不适用于数字信息时代,取而代之的 RDA(Resource Description and Access,资源描述与检索)则结合了 FRBR(Functional Requirements for Bibliographic Records,书目记录的功能需求)与 FRAD(Functional Requirements for Authority Data,规范记录的功能需求)的特点,更加适用于网络环境。利用 RDA 编目方式,在现阶段可以解决 AACR2 编目所缺失的载体描述问题。长远来看,也可以奠定 FRBR 化的基础,更好地推动整体资源揭示工作。

2.1 AACR2 与 RDA 编目特征比较——以上海图书馆黑胶唱片著录为例

作为此次数字音乐革命的"异类",黑胶唱片——这一首次出现于 20 世纪的载体形态,如今成为实体音乐资源的"救命稻草"。对于黑胶唱片的揭示,不论是从保留历史资源的角度,还是顺应"怀旧""复古"文化的趋势,必然成为图书馆实体音乐资源揭示的重要一环。从 AACR2 编目转变到 RDA 编目,将更好地揭示黑胶唱片的完整信息源,同时将黑胶唱片的载体特征充分描述。

黑胶唱片基于 RDA 编目要求与基于 AACR2 编目要求相比,在字段上改变较多。以上海图书馆黑胶唱片著录为例,两者的区别如下:

AACR2 与 RDA 格式下黑胶唱片著录主要区别

类型	AACR2	RDA
头标区记录类型代码	LDR/18 a	LDR/18 i
编目源	040	040 $e rda
主要款目 – 个人名称	100/600/700	100/600/700 $e composer 标明身份
版本项	250 以缩写版本项为主	250 照实著录
出版发行项	260	260 转入 264 264 4　Ⓟ表示视听资源版权信息
载体形态描述	245 $ h〔sound record-ing〕	336　performed music b prm 2 rdacontent 337　audio b s 2 rdamedia 338　audio disc b sd 2 rdacarrier
视听资源格式描述	—	340　vinyl 2 rda
视听资源声音特点	—	344　analog c 33 1/3 rpm g stereo 2 rda
数字文件特征	—	347　audio file b audio disc 2 rda

类型	AACR2	RDA
数字文件表现形式、作品号、音调	著录于 240、245 字段	382 piano 383 0 no. 14, b op. 27, no. 2 384 C# minor
附加信息	—	852 80 b SL h Columbia 14517/14521 x Box 135

从上表可以看出,在 RDA 编目格式的描述下,音乐资源的描述更加全面,同时具备了较为完善的内容特征和形式特征,更有利于机器解读,为将来编目 FRBR 化奠定了基础。

2.2　编目格式与编目规则的兼容性——以上海图书馆黑胶唱片编目为例

实体音乐资源数字化揭示,不仅要做好特征载体的揭示工作,更要尽可能完整的著录所有信息源。外文黑胶唱片作为较为特殊的实体音乐资源,其著录虽有不同于其他资源的特征,但也必须结合自身特征遵循 MARC21 标准格式进行著录。

以上海图书馆黑胶唱片编目细则制定为例,外文黑胶唱片的揭示不仅要考虑到 RDA 的编目特征,更要将其原本多而杂的信息源规范著录。上海图书馆的编目细则不仅融合了国际通行规则,符合 RDA 及 ISBD 著录规则的要求,更结合了本馆特色,与上海图书馆其他编目规则保持一致性、连贯性和协调性。通过对必要的题名著录、责任者著录及涉及曲名检索的字段进一步规范,实现了国际化与本地化相结合的要求。

以上海图书馆外文黑胶唱片题名著录为例,外文黑胶唱片的著录项目与音像资源基本相同,但黑胶唱片由于出版年代较早具有题名信息多样化、出版信息不规范的特点,因此在题名项、责任者项、规格项的著录方式均有不同。本着编目数据标准化原则,尽量使资源描述和检索更为简洁化。上海图书馆的细则特别针对题名著录提出规范要求。例如:题名信息源存在多种语言的情况,根据 ISBD 著录要求,同一题名有不同的翻译语言应将同一语种信息放在一起,同时根据 RDA 著录要求,对于没有翻译的单个题名元素应按排版顺序著录。

实体音乐资源的编目工作是一项承前启后的工作,受到诸多标准、规范和业务规章制度的制约,因此要重视相关规则的连贯性。同时,更应紧跟编目规则、格式及音乐资源发展的变化,提出严谨、理论联系实际的揭示方法,进一步规范现有的实体音乐资源数据。

RDA 的编目方式使现有的音乐资源不仅满足读者检索的基本需求,更能快速实现基于现有音乐资源的立体化编目方式,使其成为未来"轻编目,重内容"资源揭示的基础,顺应音乐资源整体的发展。

3　音乐资源揭示的未来——音乐资源 FRBR 化

RDA 对于关联作品间的描述缺乏链接,检索点上的描述和表现力不强,而 FRBR 作为资源描述、定位的完整模型框架,可以规避这些缺点。FRBR 形成了基于实体、属性、关系三元素的概念模型。基于现有馆藏实体音乐资源的庞大数据集,以及 RDA 的编目方式,将同一资源、不同载体形态的数据整合起来,建立 FRBR 化的立体数字音乐资源揭示网络,更有利于流媒体时代的数字音乐资源揭示工作的发展。

3.1　从单一到全面,将流媒体资源纳入音乐资源揭示体系

公共图书馆已有较为丰富的实体音乐资源,但在移动音乐蓬勃发展的今天,对于网络化的音乐资源收藏仍然极为有限,基于实体音乐资源的流媒体资源更是少之又少。纵观流媒体音乐市场,大多数平台已与相关上下游行业进行了深入的战略合作,推出了差异化的功能。例如酷狗音乐针对移动用户的使用习惯,与联通沃音乐开展合作,打造专属流量包,方便用户在线随身听;天天动听通过与目前热播的综艺节目"中国好声音"合作,网络同步获得独家音乐资源,推进用户增长;QQ 音乐推出手机与 PC 端同步的功能;酷我音乐与雷石合作,上线了 KTV 点歌系统。公共图书馆也可与相关流媒体平台合作,基于现有的实体音乐资源增加相对应的流媒体资源,将更多馆藏音乐资源网络化。

公共图书馆作为公共信息服务平台,应该更加重视版权问题。实体音乐资源作为正式出版物在进入公共图书馆采购环节时已完全明确了版权所有。在流媒体音乐时代,公共图书馆的音乐资源建设更需要遵守《著作权法》,积极与各流媒体平台签订资源版权运用的相关协议,避免引起法律纠纷。

3.2　从详尽到关联,更加关注音乐资源的艺术本质

FRBR 模型使得对资源的组织编目工作从传统的注重物理形式转移到注重知识和艺术创作的过程上,更好地体现了资源的本质。例如现行的音乐资源编目一直停留于载体形态和内容表示环节,并没有深入到音乐资源本体的信息中去。仅仅从一张光盘的具体内容出发,难以反映音乐资源的生产过程以及形成和发展过程中的影响因素,利用 FRBR 模型则可以深化组织资源到所呈现的音乐作品上。

对于不断产生的实体及数字音乐资源,由于其物理形式的多样化和不确定性,传统的记录组织方法难以体现其内容本质。如对于同一音乐作品,可能因为演绎的音乐家不同带来不同的听觉感受,也可能因为载体介质的不同,或是处理技术的差异导致存在不同的版本。按照传统的资源描述方式,这些版本的差异全都无差别的反应在描述记录中。而通过 FRBR模型,利用作品这一抽象概念为统领,在载体表现上对同一作品的不同内容表达进行抽离,相比传统方式更加清晰,也能更好地让资源使用者关注作品的艺术本质。

例如:作品:《巴赫无伴奏大提琴组曲》

内容表达:傅尼叶演奏/1960 年录制

载体表现 1:1997 年由 Archiv Produktion 发行的 CD 光盘

　单件 1:实体馆藏信息

　单件 2:链接到知名流媒体平台在线播放

载体表现 2:2006 年由 philips 发行的 CD 光盘

　单件 1:实体馆藏信息

　单件 2:链接到知名流媒体平台在线播放

通过 FRBR 模型建立的音乐资源框架,能够清晰地定义用户所关心的实体、每个实体的属性、实体间发生的各种关系,并以此概念模型为基础,把记录中以离散数据单元反映的特定属性和关系与用户查询具体记录时所履行的各项任务链接起来。通过 FRBR 模型可以组

织有层次的结构化资源显示,方便读者对资源的检索与获取。

3.3 化繁为简,充分利用音乐资源的规范控制

由于 FRBR 模型将单一资源所对应的作品、内容、载体分层次记录,在一定的数据积累基础上,将减少重复的新资源作品等信息的录入,也可以简化编目流程,提高工作效率。更重要的是,可以减少不同资源因为翻译、表述习惯等差异造成描述的不一致,简化对资源的规范控制。

FRBR 模型对知识和艺术创作、责任者、主题三组关系若干个实体进行组织后,可以在各个层次上对相应的实体及其属性有更好的统一。在 FRBR 模型下,可以从题名规范和责任者规范,以及主题和名称两方面入手,这样除了已有的资源实体外,人、机构、地点、事件等描述也当作"资源"进行描述并编制索引,更有利于资源的检索和管理。

3.4 了解读者需求,推进音乐资源建设

目前国外 FRBR 化进程日益加速,部分国家已经初步实现了 FRBR 化的目标。例如,西班牙国家图书馆创建的 data. bne. es 是最接近 FRBR 核心理念的扩展性应用。该网站是一个以 FRBR 作为参考模型的关联数据服务网站,提供了一个不同于传统 OPAC 查找和显示数据的方法。网站能够以 FRBR 框架自上而下地展开数据,充分整合西班牙国家图书馆的资源,利用外部资源丰富本地数据,从而提供一个全新的书目导航体验。

借鉴国外 FRBR 书目框架的经验,基于现有实体音乐资源的庞大数据集,音乐资源的揭示将突破现有的扁平式记录模式,更多的展现资源特点。通过 FRBR 化的立体资源揭示模式,读者可以清晰地看到音乐资源的整体框架。引入流媒体平台在线播放,跨越了播放设备的限制,音乐资源的优势与利用率也将大幅提升,读者将会有更多机会接触馆藏音乐资源,真正做到"所见即所得"。

图书馆丰富的馆藏实体音乐资源与市场上数字流媒体平台所承载的音乐资源互相补充,更能激发音乐资源的使用需求。同时,借由读者在线播放的情况及喜好,也将有利于推动高利用率的音乐资源建设。打造类似图书订购的"纸本与电子书结合"模式,形成音乐资源的"实体与数字化结合"模式。

从每年实体音乐资源销量的逐步下降与数字音乐资源销量稳步上升的行业现状及音乐公司争做"数字音乐公司"的变化,可以清晰地感受到数字音乐的第二次革命已经到来。公共图书馆作为公众文化娱乐的场所,不应将馆藏音乐资源封锁于音乐播放器上,而应将现有的资源数据结合网络化的流媒体平台呈献给更多的读者。基于 RDA 的单个音乐资源揭示方法与基于 FRBR 概念模型的整体音乐资源与部分派生关系资源的揭示方法,将会更加促进音乐作品相关信息的关联和整合,帮助图书馆员更深入地了解读者喜好,进一步推动音乐资源的建设和揭示工作。

参考文献:

[1]国际唱片业协会(IFPI)发布《Global Music Record 2017》[EB/OL].[2017 - 07 - 25]. http://www.ifpi. org/recording-industry-in-numbers. php.

[2]RDA 工具包[EB/OL].[2017 - 07 - 25].http://access.rdatoolkit.org/.

[3]张秀兰.RDA 对其它国际编目标准的继承与发展[J].图书馆论坛,2011(6).

[4]朱青青.FRBR 化的应用现状及编目环节的应对策略[J].图书馆杂志,2017(2).

[5]郑陈律.基于 FRBR 的多媒体资源元数据规范研究[D].天津:南开大学,2010.

[6]洪颖.基于 FRBR 的音乐资源描述[J].图书馆工作与研究,2009(1).

[7]高红.文献编目规则兼容化探索[J].中国图书馆学报(双月刊),2008(4).

[8]赵琨.大数据环境下图书馆实体音视频资源建设探讨[J].图书馆工作与研究,2015(2).

[9]孟兆平.我国网络音乐产业发展的现状、问题与解决对策[J].兰州学刊,2016(3).

现状与思考:国内 FRBR 研究评述

陈传媚(国家图书馆)

1 引言

FRBR(《书目记录功能需求》)是 *Functional Requirements for Bibliograph Records* 的简称,是国际图书馆协会联合会(IFLA)1998 年发布的一项研究报告。该报告借鉴开发关系型数据库常用的"实体—关系"模型(E - R 模型),通过对实体、属性、关系的研究,揭示了书目记录的功能需求。FRBR 为文献编目带来了全新的视角,改变了传统书目记录的扁平化结构,使沿袭了 100 多年的编目理论和实践被重新检视,让编目工作从注重文献的物理形式到注重著作的创作内容和创作过程[1]。

十多年来,FRBR 引起了国际编目界的高度重视和极大兴趣,就国内而言,2001 年,王绍平老师率先在《图书馆杂志》上发表文章介绍 FRBR,打开了中国图书馆界对于 FRBR 研究的大门。随后,一批学者相继展开了许多有益的探索。至今,FRBR 诞生即将 20 周年,20 年来,国内的研究成果究竟几何?目前的问题还有哪些?本文综合采用文献计量法和内容分析法,利用客观的数据和规范的方法开展研究,多视角解析我国 FRBR 的研究现状,并提出FRBR 未来在国内发展的建议,为 FRBR 在我国图书馆界进一步发光发热提供有益的参考。

2 数据统计与分析

本文以"FRBR""书目记录功能需求"及"书目记录的功能需求"作为检索题名,以中国期刊全文数据库(CNKI)、维普期刊资源整合服务平台、万方数据知识平台等国内几大主要文献收录平台为文献来源,统计年限不设限制,分别检索到相关论文 116 篇、123 篇、99 篇(截至 2017 年 7 月 30 日)。通过人工方法筛除重复及一稿多投文献,共获得有效文献 118篇(见图 1)。

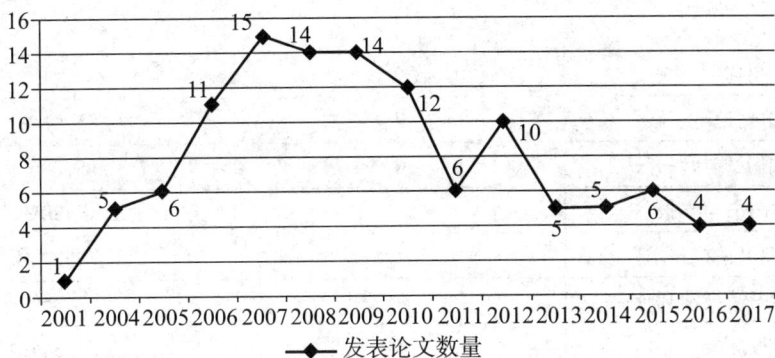

图 1　国内关于 FRBR 论文年代分布

2.1　文献数量

FRBR 1998 年被正式公布,2001 年才被专门撰文介绍到国内[2],随后的 2002 年至 2003 年没有出现专门的 FRBR 研究文献,说明它在编目原则和编目思维上的重大价值一度没有被国内的图书馆界所意识到。随着国际上对 FRBR 的推广和传播,2004 年开始,越来越多学者把目光转向这一领域,研究成果日渐增多,迎来了一个相对快速发展时期。但是 2010 年后,这样的关注又迅速降温,基本维持在每年 5 篇上下的研究成果。20 年来,我国的研究总量不足 120 篇。文献计量学的奠基人之一普赖斯(D. S. Price)提出科技文献增长四个阶段的理论。第一阶段:学科刚诞生,绝对论文数量少,增长不稳定,很难通过统计的方法求得相应的数学表达式;第二阶段:学科进入大发展时期,专业理论迅速发展,论文数量急剧增加,较严格地服从指数增长;第三阶段:学科理论日趋成熟,论文数量增长减缓,演变为线性增长,仅维持固定的文献增长量;第四阶段:随着理论的完备,学科文献日趋减少,曲线逐渐平行于横坐标,或出现不规则各类振荡[3]。结合表 1,从数量上不难判断,我国 FRBR 研究目前尚出于第一阶段,绝对论文数量少,增长不稳定。但从诞生时间看,已经将近 20 年,说明 FR-BR 在我国的传播和发展是低于正常水平的。

2.2　期刊分布

118 篇论文共发表于 45 种期刊。其中,有 64 篇发表于核心期刊,占比 54%。载文频次较多的期刊有 11 种(见表 1),共发文 72 篇,占所有文献的 61%。11 种主要刊物中,7 种为核心期刊(带 * 号标记)。说明国内 FRBR 研究虽然总量不大,但是相对集中,且多发表于比较专业而高质的期刊,研究文献整体质量较高。

表 1　国内关于 FRBR 论文期刊分布

刊物	载文数	占比
*图书馆杂志	14	11.86%
*图书情报工作	9	7.63%
国家图书馆学刊	7	5.93%
数字图书馆论坛	7	5.93%

续表

刊物	载文数	占比
*图书馆理论与实践	7	5.93%
*图书馆工作与研究	6	5.08%
*大学图书馆学报	5	4.20%
*现代图书情报技术	5	4.20%
农业图书情报学刊	4	3.34%
情报探索	4	3.34%
*图书馆建设	4	3.34%

2.3 文献作者分布

研究者是推动学科发展的重要力量,通过对某一研究领域作者的发文规律及其数量关系进行分析,可以确定该领域的核心作者群与重要作者,从而方便学术交流,促进学术发展[4]。以第一作者来看,118 篇论文共涉及 89 位不同作者。其中有 15 位作者发表 2 篇(含 2 篇)以上论文,即对 FRBR 问题进行过反复研究,占近 17%,该比例不算少(见表 2)。但是,相对于全国图书馆及相关学科设置的总量及其背后庞大的从业人员和教师学生来说,涉足该领域的研究人员实在是九牛一毛。发表论文最多的是广东肇庆学院图书馆的詹丽华,共计发表 9 篇,其次是上海交通大学图书馆的王绍平和广州大学图书馆胡晓鹰,分别发表 4 篇。结合发文时间,从作者们对 FRBR 的关注时间来看,十多年来持续对 FRBR 进行关注的作者基本没有,即使发表 9 篇文章的詹丽华,也是在 2011 年至 2016 年期间连续取得了所有研究成果。高产作者间缺乏合作,研究比较分散,还没有形成核心作者群。

表2 发表多篇 FRBR 论文作者

作者	詹丽华	胡晓鹰	王绍平	逯仰章	曾伟忠	陈丽萍	董桂存	刘素清
发文数(篇)	9	4	4	3	2	2	2	2
作者	庞丽川	孙凌云	王松林	吴有梅	闫婷	张学梅	朱青青	
发文数(篇)	2	2	2	2	2	2	2	

作者机构分析可以从侧面反映社会机构或团体对 FRBR 研究的关注程度以及相关研究队伍的人员构成情况。FRBR 作者来源大致可以分为五类:高校图书馆、公共图书馆、高校相关学科、科研机构图书馆以及科研机构(见表 3)。从作者来源来看,来自高校图书馆的作者占比最多,占 43%;其次是高校相关学科和公共图书馆,分别占近 26%(见图 2)。高校图书馆和高校相关图书情报学科对 FRBR 给予了极大的关注,是有效推动 FRBR 理论在国内发展的中坚力量。23 位来自公共图书馆的作者中,有 10 位来自国家图书馆,说明国家图书馆是公共图书馆中主要推动 FRBR 研究的核心力量。专业科研机构对此关注度非常低下,这可能与我国图书馆专门研究机构较少有关。

表3　FRBR 论文作者来源

作者来源	高校图书馆	高校相关学科	公共图书馆	研究机构	科研机构图书馆	其他①
人数	38	23	23	2	1	2

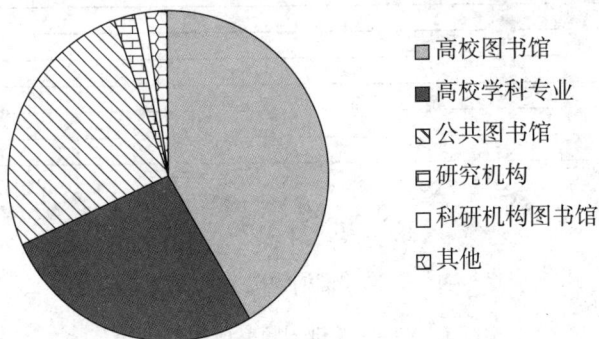

図例：
- 高校图书馆
- 高校学科专业
- 公共图书馆
- 研究机构
- 科研机构图书馆
- 其他

图2　论文作者分布

2.4　论文主题分布

本文从论文标题及所用关键词两个角度综合考察了文献主题分布。因为这些研究成果均为围绕"FRBR"和"书目记录(的)功能需求"所写,所以,其实这两个关键词本身不具有考察意义,因此,以下的统计中笔者均去掉了这两个词,以期得到这些论文所围绕 FRBR 研究的主要方面。

首先,从论文标题来看。出现频次较多的词语是"编目"(32 次)、"FRBR 化"(11 次)、"OPAC"(11 次)、"元数据"(6 次)、"RDA"(6 次)、"规范"(6 次)、"信息(资源)组织"(6 次)7 个(见图3)。

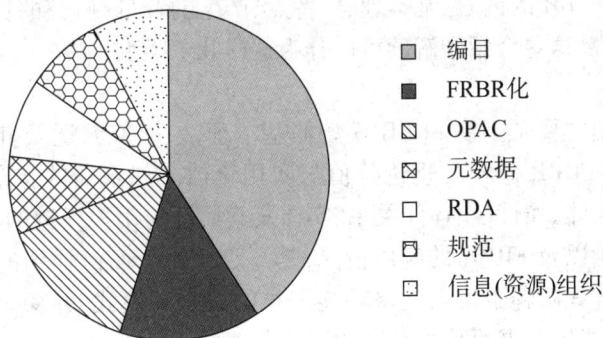

图例：
- 编目
- FRBR化
- OPAC
- 元数据
- RDA
- 规范
- 信息(资源)组织

图3　论文标题高频词统计

其次,从关键词所显示的研究主题来看,经查重处理,118 篇文章共使用 440 个关键词,其中 204 个不同关键词,重复关键词为 236 个,占整体的约 53.6%,其中,出现 5 次以上的关键词 11 个,分别是"书目记录""编目""OPAC""FRBR 化""编目规则""文献编目""信息组

---

① 有两篇论文作者来源特殊,《Variations 获得项目资助对 FRBR 概念模型测试》未标明作者李书宁信息;《IFLA FRBR 评论组和 OCLC 将举办专题讨论会》作者为《图书情报工作动态》通讯员李丹。

织""FRBR 模型""MARC""RDA""图书馆"11 个(见图4)。

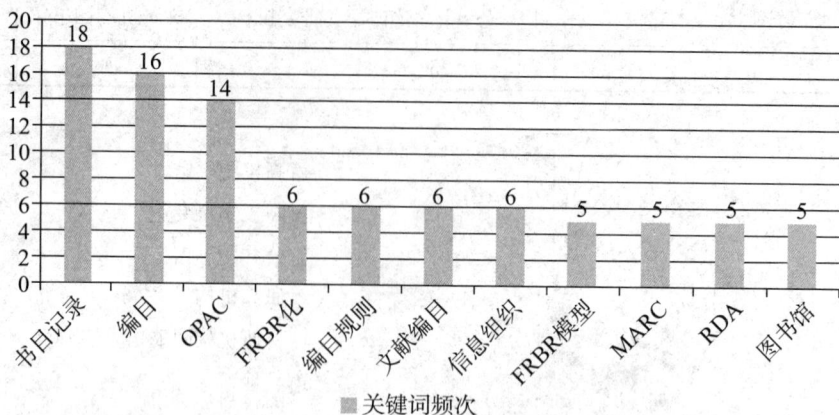

图4　关键词频率统计

对论文研究主题的统计分析,有助于看清我国 FRBR 的研究现状和发展水平,从而认清现有研究的优势和不足。通过关键词统计及分析,并结合文献具体内容,国内对 FRBR 的研究大体可以概括为三个方面,即理论介绍、影响研究、实践应用(见表4)。当然,这三个方面在具体文章中的呈现不是孤立的,往往是综合的,因此,笔者的分类是相对的。三方面内容的大体占比是:理论介绍约占40%,影响研究约占36%,实践应用约占24%。

表4　论文主题分布

内容	理论介绍	影响研究	实践应用
篇数	47	43	28

2.4.1　理论介绍

理论介绍涉及 FRBR 的内容、基本理念、特点、产生的背景、研究的目标、范围、研究方法与发展等。总体来说,这些介绍和解读可以分为这样几个类型。

(1)纯理论介绍

一般性理论介绍主要是围绕 FRBR 模型的基本理论、研究状况及其在编目界的应用现状等进行介绍,指出 FRBR 研究的理论价值与实用价值。刘素清的文章详细介绍了 FRBR 书目模型所包括的实体、属性、实体间关系、实体及其属性与用户任务的映射关系,对现行编目理论和实践的影响以及 FRBR 的应用情况,是一篇比较全面而详细的介绍文章[5]。王忠红则用比较通俗的方式解释了书目记录功能需求的由来和模式,并探讨它对新的西文编目规则、计算机编目格式以及书目检索系统的影响[6]。

(2)相关性介绍

将 FRBR 和相关概念进行系统介绍的文章也不在少数。胡晓鹰从比较 FRBR 与 CNMARC 在编目对象及书目结构上的异同点出发,列表比对了 FRBR 的实体属性与 CNMARC 的描述元素,得出了两者匹配率为90%,具有基本一致性的结论[7]。詹丽华对基于 DC、CDLS、FRBR 的地图元数据规范进行对比分析,发现三者在著录对象、著录对象的关系揭示、元素组成等方面存在异同,对地图的描述与揭示各有侧重。

2.4.2 带来的影响研究

FRBR 是国际编目原则和编目思维模型上的重大突破,也是编目史上的一个里程碑。国内学者对 FRBR 可能带来的影响也极为关注,主要集中在以下几个方面。

（1）对编目工作的影响

无论是从文献标题来看,还是从关键词出现频率看,"编目"都是学者们偏爱的研究角度。张霞具体谈了 FRBR 对编目理念的变革:① FRBR 涵盖的信息资源类型更广,可以对所有信息资源进行有效组织和管理;② FRBR 面对的用户范围更广,包括读者、图书馆职员等;③提出了"基础"或"核心"记录的观念,FRBR 筛选出最核心和基本的数据元素;④密切结合用户需求,FRBR 非常注意用户的需求对书目记录的指导意义[8]。王松林讨论了 FRBR 对编目条例及机读目录格式的影响:E－R 模型用于书目记录的功能需求,认识编目对象将从注重文献的物理形式到注重著作的创作内容,这是掌握编目变革路向的重要依据;制定以表现方式以及著作实体为编目对象的编目条例是机读目录格式的变革路向;借用或采用 CCF 或 CCFC 格式,可以为机读目录格式的变革提供一种借鉴[9]。

（2）对 OPAC 的影响

高冉从四个方面来概括 FRBR 对 OPAC 带来的影响:①使书目架构立体化从而改变记录格式;②改善了 OPAC 根据与检索词的匹配程度的对单独条目进行罗列的显示模式,基于 FR-BR 的 OPAC 显示的树形结构记录将属性和关系与用户任务建立映射关系,可以改善 OPAC 的排序能力和显示形式;③FRBR 转向以作品为基础来创建书目记录,使相关记录以"作品"为核心聚合在一起,执行一次检索就可以获取所有相关资源;④有利于 OPAC 向 Web－OPAC 发展[10]。刘素清认为基于 FRBR 结构的 OPAC 将属性和关系与用户任务建立了映射关系,改善了 OPAC 的索引、排序和显示,使资源之间的关系显得更加清晰,能更好地为用户提供信息服务,OPAC 的新理念即增强图书馆资源在 Web 中的可见度[11]。

（3）对规范控制的影响

研究者阐述了 FRBR 对规范控制的影响,并积极探讨 FRBR 在我国规范控制工作中的应用方法及实施的难点和障碍,尝试用 FRBR 模型来加强规范数据库的建设。付蔚、王海兰从三个方面论述了 FRBR、FRAR 思想对规范控制工作的促进与要求:①规范控制工作要以实现 FRBR 所倡导的用户任务为目标;②规范控制工作要适应 FRBR 化目录的层次变化;③规范记录的建立要符合国际分享与利用的原则[12]。寿建琪从 FRBR 的用户任务出发分析了并列题名著录的必要性,比较了《中国文献编目规则》(第 2 版)和《CALIS 联机合作编目手册》中并列题名著录规则的差异,归纳并给出了并列题名统一化、规范化的著录原则及结构形式,介绍了常见问题的解决方法[13]。王绍平[14]、詹丽华[15]两位作者从具体文献资源的规范问题角度分别研究了音频资料元数据、图像资料和地图的元数据规范问题。

2.4.3 应用研究

相对于对 FRBR 理论及其带来影响的研究,国内对 FRBR 模型的应用研究较少。从已有的研究成果来看,大体可以分为"FRBR 化"和"案例研究"两类。

（1）FRBR 化

FRBR 化简而言之就是转换现有书目记录集以符合 FRBR 需求的过程。这是实现 FRBR 的关键。但从研究现状来看,对 FRBR 化进行研究的成果并不多。原因是多方面的,其中,经济因素是不能回避的。FRBR 研究成本较高,一般的研究机构或者个人难以单独开展这样大型的研究。这在某种程度上不得不说造成了目前 FRBR 实现化过少,影响了 FRBR 的发展。朱青青比较全面地对国内外 FRBR 化的应用现状和问题进行了分析,认为该项实践在作品与内容表达识别、关系揭示和呈现、书目数据结构化和规范化方面仍存在问题,并提出推进 FRBR 化的四点建议:第一,基于关联理念进行编目;第二,在记录中适当体现作品和内容表达的分层;第三,重视规范文档的建立;第四,建立可用于计算机提取的实体关系[16]。韩宁对当时已有的三种 FRBR 化项目进行了比较,分别是国家图书馆曹宁主持的前组聚类、OCLC 的 FRBR 实现及 LibraryThing 的 FRBR 化实验。作者的结论是:前组聚类的方法只适用于小型图书馆,而后两种方法适用于超大型图书馆,三种方法中,LibraryThing 又结合了其他两种方法的优势,因此,其实现方法具有优势,但是同时,其实现难度是三种中最大的[17]。

(2)FRBR 应用案例

目前国内对 FRBR 进行应用的案例可谓很少。曹宁的研究成果是影响较大的一篇,他以《德伯家的苔丝》为例,再现了采用数据标记方法重新构造书目数据体系的过程,探讨了根据 FRBR 所述的著作、内容表达和载体表现的实体层次重新构造书目数据体系的可能方式;论述了实现这种方式的基本原则,在信息资源组织中可能出现的各种情况以及基于 CNMARC 进行数据标记的具体方法[18]。吴有梅、赵乃萱是首次尝试从编目子系统界面和检索系统的设计两方面探索 FRBR 模型在编目界的实现[19]。其他应用案例研究基本是将国外对 FRBR 进行应用的实例进行介绍,以期对国内的应用提供参照。如王松林所译 Patrick Le Boeuf 在第四次 IFLA 国际编目规则专家会议上的文章,着重介绍了几个 FRBR 实现的实例及其进展情况[20]。朱青青、毛雅君从聚合类型和技术路径两个角度介绍了英国国家书目 FRBR 化展示服务情况,发现英国国家书目采取以作品层为主的策略实现多种类型的书目聚合,其较为完善的数据字段保证了聚合技术路径的可行性。在此基础上,得出对我国国家书目 FRBR 化的几点启示[21]。张俊娥具体介绍了 OCLC 的 FRBR 作品聚集算法。认为作品聚集的算法就是对每一个书目记录生成一个"著者/题名信息键"(author/title key),然后利用这些信息键把作品集中到一起,通常来说一个作品集就是一组有相同的"著者/题名信息键"的书目记录,它由这个算法而生成。她还对建立"作品集信息键"的算法流程做了详细的分析:第一步:利用 LC 名称规范建立原始的规范信息键,做规范映射,构建规范信息键。第二步:抽取书目记录中的"著者"和"著者/题名"与规范信息键进行匹配[22]。

3　结论与思考

通过以上四个维度的分析,比较直观地反映出二十年来我国 FRBR 的研究现状:从发文数量上来看,总量不大,增长缓慢,属于 FRBR 研究的初级阶段。未来几年国内 FRBR 文献研究数量可能继续保持平稳。从发文期刊来看,主要集中在图书馆界主流期刊,核心期刊较多,质量较高。从发文作者来看,作者主要集中于高校,公共图书馆相对较少,社会机构的关注度几乎为零。高产作者间缺乏合作,研究比较分散,还没有形成核心作者群。从研究主题来看,集中在基本理论、影响研究和应用研究三个方面,前两个方面为主,应用研究稀缺。

针对以上结论分析,对我国 FRBR 未来发展提出以下建议,供学界参考。

3.1 加大深度理论研究和实际应用研究

理论方面来看,就目前研究成果来看,核心期刊文章较多,FRBR 本体研究的文章质量尚可,为其在国内的引介与发展奠定了坚实基础。但重复研究多,创新研究和观点少,深度的理论研究少,如 FRBR 实体概念的充实、模型的扩展、与我国编目理论及实践的融合等,都有待深化。应用研究上更是捉襟见肘。国际上已经出现了许多实践 FRBR 的实例,启动了许多有益的研究项目。但我国一直处于探索阶段,更别提对 FRBR 具体实现的检验与评价了。因此,我们需要更多的深层次的理论研究和应用探索。

3.2 加强合作研究,形成核心研究队伍

研究成果匮乏背后的原因在于研究队伍的弱小。FRBR 研究的作者来源并不广泛,持续研究作者少,核心作者群尚未形成,且高产作者间缺乏合作,跨机构跨领域交流合作研究更少。笔者在此提出三个建议:第一,建议加强高校理论研究者与一线图书馆编目人员之间的合作,将高校理论研究者关于 FRBR 先进的理念与一线编目工作者的实践经验有机结合,形成研究合力。第二,目前而言,国内能够有条件开展 FRBR 试验项目的机构不多,积极实现资源共享,研究人员交流,将 FRBR 从理论引向实践。第三,积极追踪国际研究进展,加强国际交流,学习国外先进理念和实践经验。

3.3 立足国内图书馆编目实践,克服应用障碍

要实现 FRBR 倡导的以项目或者课题来组织馆藏,按照认知心理学的规律来组织读者的认知活动,从而使智能活动渗透到图书馆每一个工作环境,发挥社会智能机构的功能,并不是轻松的事情,是对图书馆传统工作组织方式的彻底变革,要真正实现,还面临着巨大的挑战[23]。比如:我国制定的中文资源的著录规则,似乎仅适用于采用 MARC 格式的那些元数据的内容描述标准,而基于 DC 的各类元数据各立内容描述标准。以上种种,造成在我国范围内还无法真正做到书目记录著录一致、标识符号使用统一[24]。此外,还存在题名和责任者著录问题、数据合并与转换问题等多重 FRBR 应用障碍。在进一步研究并打算将 FRBR 本土化时,务必要立足国情,做好衔接的基础工作,如做到编目的统一规范、馆际馆藏书目数据源的整合等,要多开展专门问题的研究,如以用户任务为目标,用 FRBR 概念模型重新审视中国文献编目规则等。

1950 年,联合国教科文组织和美国国会图书馆对书目控制的定义是:从书目的目的出发,控制人类已出版的全部文献[25]。图书馆一直致力于人类所有知识的管理,但过去没有文献组织的保障机制,可行性几乎为零。FRBR 概念的出现,倡导编目以作品内容划分,馆藏组织以主题和项目来组织,使这一宏伟目标的实现变得可能。我们满怀信心期待着有 FRBR 的明天更美好!

参考文献:

[1]王松林.从 FRBR 看编目条例及机读目录格式的变革路向[J].中国图书馆学报,2004(6).

[2]王绍平.《国际编目原则声明》中的 FRBR/FRANAR 模型[J].国家图书馆学刊,2007(1).

[3]庞景安.科学计量研究方法论[M].北京:科学技术文献出版社,1999.

[4]邱均平.改革开放30年来我国情报学研究的回顾与展望(二)[J].图书情报研究,2009(2).

[5]刘素清.IFLA书目记录功能需求(FRBR)初探[J].大学图书馆学报,2004(6).

[6]王忠红.FRBR俗解[J].图书馆杂志,2012(11).

[7]胡晓鹰.FRBR概念模型与CNMARC之比较研究[J].图书馆论坛,2007(10).

[8]张霞.从FRBR看书目记录的变化趋势[J].图书馆理论与实践,2006(2).

[9]王松林.从FRBR看编目条例及机读目录格式的变革路向[J].中国图书馆学报,2004(6).

[10]高冉,叶玫,符绍宏.FRBR模型对OPAC检索功能的影响[J].国家图书馆学刊,2006(4).

[11]刘素清.OPAC最新发展态势——论IFLA书目功能需求FRBR对OPAC的影响[J].图书情报工作,2005(4).

[12]付蔚,王海兰.从FRBR到FRAR——兼述中文文献资源的规范控制工作[J].大学图书馆学报,2007(2).

[13]寿建琪.从FRBR原则看并列题名著录及其规范化[J].科技情报开发与经济,2008(13).

[14]王绍平.音频资料元数据规范与FRBR的应用[J].现代图书情报技术,2004(9).

[15]詹丽华,钟倩.FRBR与图像资料的元数据规范[J].情报科学,2015(2).

[16]朱青青.FRBR化的应用现状及编目环节的应对策略[J].图书馆杂志,2017(2).

[17]韩宁.FRBR化实现方法比较研究[J].图书馆论坛,2012(4).

[18]曹宁.根据FRBR模型重新构造书目数据体系的探索[J].数字图书馆论坛,2008(5).

[19]吴有梅,赵乃萱.FRBR及其在中国编目界的实践[J].图书馆理论与实践,2005(5).

[20]Patrick Le Boeuf,王松林.美好的FRBR新世界[J].国家图书馆学刊,2006(4).

[21]朱青青,毛雅君.英国国家书目FRBR化研究及启示[J].国家图书馆学刊,2014(6).

[22]张俊娥.浅析OCLC的FRBR作品聚集算法[J].大学图书馆学报,2006(6).

[23]刘玉仙,郑钟芳,徐文一.FRBR与图书馆工作的重新组织[J].大学图书馆学报,2006(5).

[24]陈琦.FRBR及其在国内应用的障碍[J].图书馆杂志,2006(10).

[25]吴冰,王浩,陆彩云.现代书目控制理论与实践[M].北京:知识产权出版社,2014.

加拿大国家图书档案馆资源共建共享概况

丁　政(国家图书馆)

　　加拿大国家图书档案馆的历史最早可溯源至1606年由学者马克·莱斯卡波特建立的图书馆。1953年,加拿大原国家图书馆根据《加拿大国家图书馆法案》在渥太华正式落成。此后,加拿大国家档案馆与国家图书馆在魁北克省的加蒂诺市合署办公。2003年,将加拿大国家图书馆与加拿大国家档案馆合并为加拿大国家图书档案馆(LAC)的议案在议会获得通过,合并后的加拿大国家图书档案馆行政级别被确立为联邦政府部长级单位,具有很高的规格。作为创新型的知识机构,加拿大国家图书档案馆收藏有图书、杂志、报纸、缩微胶片、文学手稿以及政府档案记录作为永久性记忆。其致力于搜集和保存加拿大各种形式的文化遗产,用于传播知识,以此促进加拿大文化、社会和经济的发展。除具备档案馆和图书馆的功能以外,该馆已经成为一个新型的国家学术机构。近年来,加拿大国家图书档案馆致力于推动数字资源共建与共享体系的发展,在此领域取得了一些显著成果。

1 加拿大国家图书档案馆的信息资源共享服务

1.1 加拿大国家图书馆目录(AMICUS)

加拿大国家图书馆目录(AMICUS)是一个对用户免费开放地涵盖了加拿大国家图书馆及加拿大境内 1300 余家图书馆馆藏的国家目录。其中收录了超过 3000 万条图书、杂志、报纸、政府公报、论文、音像资料、地图、电子文档及盲文等各类资料。AMICUS 由下列数据库组成:加拿大国家联合目录、加拿大联邦服务记录、加拿大国家档案馆目录、加拿大国家规范数据库、OCLC 期刊目录、美国国会图书馆目录。

对于个人用户,使用 AMICUS 可以方便地查找到诸如政府公报等本地图书馆较难以收录的文献资源。用户可以免费或以低廉地价格浏览、下载各类电子资源,快捷地建立参考文献记录并通过电子邮件发送给自己或他人以备参考等。对于编目员而言,使用 AMICUS 可便捷地查找名称规范或加拿大主题标目,也可复制、下载加拿大国家图书档案馆编制完成的书目记录等。

用户可根据自身需求选择检索范围,可选择仅在加拿大国家图书档案馆的自身馆藏内,或在整个 AMICUS 数据库内进行检索。检索关键字可选取题名、著者、主题、AMICUS 数据库编号、ISBN/ISSN 等。在检索结果页面,用户可根据自身情况选择打印、下载文件或 E-mail 传递等三种方式获取所需记录。

1.2 加拿大国家联合目录(National Union Catalogue)

加拿大国家联合目录是 AMICUS 中一个独立板块,收录了加拿大境内 1300 余所图书馆所藏的各学科领域的书目信息、馆藏信息资源等。其涵盖的文献类型包括:计算机文件、地图、缩微胶卷、报纸以及为残障人士专门提供的盲文、大字印刷本、有声读物、字幕视频等特殊文献。

加拿大国家联合目录的一个显著特征是书目记录的多样性,该目录囊括海量来自加拿大各个图书馆的书目记录,不受语言、学科或格式限制,从而促进了馆际间的资源共享。另一个特点是书目记录良好的兼容性,成员馆所上传的 MARC 记录需要进行严格的审核、确保其格式的一致性。由于以上两大特征,极大地推动了加拿大各图书馆联合编目与馆际互借的发展。

1.2.1 向加拿大国家联合目录提供元数据的方式

向加拿大国家联合目录提供元数据的方式有:通过 MARA 策略(将在后文说明);通过 AMICUS 库在线更新。

对于那些无法以 MARC 格式上传记录的成员图书馆而言,应选择加拿大国家联合目录提供的"在线更新"服务。这种模式允许成员馆在 AMICUS 数据库中对自身的馆藏数据进行添加、修改或删除等操作。在此种模式下,成员馆仅可维护馆藏数据,而无法对书目数据进行添加或编辑等操作。若需添加一条新的书目记录或对现有书目数据进行维护,则必须经由加拿大国家联合目录进行操作。

1.2.2　加拿大国家联合目录对残障人士提供的服务

加拿大国家图书档案馆为方便视力障碍人士、听力障碍人士或因外伤而导致无法手持传统纸质书籍的残疾人士获取服务,提供了诸如盲文印刷本、大字印刷本、音频及影像资料等替代格式的出版物。这些面向残障人士的特殊载体类型文献均可在加拿大国家联合目录库中进行定位并申请馆际互借。由于原始特殊载体文献数量较为稀少,此项服务对残障人士而言意义尤为重大。

另外,特殊载体文献制作者可向 AMICUS 上传其正在生产中产品的书目数据,AMICUS将此类信息存储于"制作中的加拿大特殊载体文献库"(CANWIP)中。其他特殊载体文献制作者可搜索此子数据库,以便了解哪些特殊载体文献已经在制作中,避免重复。此项举措自开展以来,已累计节省约数百万美元。

1.3　加拿大国家书目库(Canadiana)

1950 年起,加拿大国家图书档案馆推出了加拿大国家书目项目。这是一个全面的综合参考书目,旨在记录加拿大出版的各类出版物,为了当代和后代的利益保存加拿大的文献遗产。该书目库列举并描述了加拿大本地的出版物,或在其他地区出版的对加拿大有特殊意义的出版物,包括图书、期刊、录音、缩微文献、政府文件、论文、视频录像与电子文档等。加拿大国家书目库为每个单册(件)提供了标准编目信息,可用于参考或研究、验证书目信息或编目记录等,所有加拿大国家书目库中的单册(件)均包含 ISBN 或 ISSN 信息。

1.3.1　加拿大国家书目库与加拿大国家图书馆在线检索引擎的交互

加拿大国家书目库由 AMICUS 目录中的机读格式记录组建而成,每当其中的任意一条单册被创建或修改时,都会立即在 AMICUS 用户检索界面中得以显现。同时在整个加拿大图书档案馆的在线检索结果页面中,都有加拿大国家书目库筛选器,可筛选仅存在于加拿大国家书目库中的检索结果。

1.3.2　文件传输订阅服务

所有加拿大国家书目库中的记录均可通过 MARC 记录分配服务(MRDS)进行文件传输。此项订阅服务提供的记录为 MARC21 格式。

1.4　加拿大主题词表(CSH)

加拿大主题词表是以英语为使用语言的一组主题词表。该项服务对用户免费开放,内含 6000 个主题规范记录,内容涵盖了加拿大文化、经济、历史、文学、政治与社会等诸多方面。用户可选择以主题词表视图或 MARC21 格式浏览记录。该数据库每月进行一次更新,并能与美国国会图书馆主题词表兼容。支持精确检索和关键字检索。

1.5　加拿大国家规范数据库(Canadiana Authorities)

加拿大国家规范数据库收录了由加拿大国家图书档案馆编制的若干名称规范与主题规范,用户可根据需要进行检索、浏览和下载等操作。

在检索页面中,系统提供了规范名称/题名标目、任意名称/题名标目或加拿大国家规范数据库系统号等关键词供用户按需检索。检索结果页面可选择以 MARC 视图或常规视图呈现。当选择常规视图时,从上至下依次按标目名称、Canadiana 系统号、AMICUS 编号、标目类型、来源信息、单纯参照的顺序排列,编目员可以直观地获取所需信息。若需下载到本地,加拿大国家规范数据库提供 MARC21 文本文档格式,MARC XML 格式或 MADS XML 格式等三种常用格式,用户可根据自身需求选取匹配的格式进行下载。

1.6 MARC 记录分配服务(MRDS)

MARC 记录分配服务为年度订阅用户提供加拿大国家图书档案馆编制的书目数据和规范数据。其内容包括:

Canadiana 专著(每周更新):涵盖了加拿大国家图书档案馆编制的所有专著数据(图书、CD-ROM、影像资料、电子资源等)。

Canadiana 音像(每月更新):收录了加拿大国家图书档案馆编制的所有音像数据(CD、DVD、印刷乐谱等)。

Canadiana 规范(每两周更新):收录了加拿大国家图书档案馆编制的所有个人名称规范与团体名称规范。

2 加拿大国家图书档案馆的信息资源管理策略:机读目录格式数据准入标准策略(MARA)

2.1 成员馆数据编目标准

由于 AMICUS 库中收录了诸如美国国会图书馆目录、加拿大联邦服务记录等多种来源的记录,因此库中的记录并不遵循一个特定的统一标准。但其中大多数记录遵循英美编目规则第一版和第二版(AACR)。通过 MARA 方式上传的新纪录必须符合英美编目规则第二版,而在第二版发布前上传的数据则不必符合此规则。此外,图书馆或其他科研机构可通过 MARA 提交以英语或法语编目的书目记录,无论其出版物的原始语种为何种语言。由于加拿大拥有英语及法语两种官方语言,因此全面推行最新编目规则 RDA(资源描述与检索)需要英语及法语版 RDA 手册作为基础。2011 年,加拿大国家图书档案馆完成了 RDA 法语版手册的制作并发布了 RDA 本地政策声明,该声明最近一次的修订日期为 2017 年 2 月 14 日。

2.2 数据传输媒介规范

成员馆若通过网络向加拿大国家图书档案馆上传记录,需具备 FTP(文件传输协议)和 TCP/IP(传输控制协议/因特网互联协议)。

2.2.1 登录步骤

下列步骤说明了成员馆如何向加拿大国家图书档案馆上传记录:

①接入因特网,登录"MARA-FTP"服务器;

②输入在加拿大国家图书档案馆注册的 MARA 用户名;

③输入该用户名对应的密码;

④发送文件。

2.2.2 文件命名规则

文件名中可以包含任意英文字母、阿拉伯数字、标点符号及下划线,不限大小写,但推荐使用不超过 15 字的文件名。为区分同名文件,可在文件名后缀加入批处理编号,例如"MARA-batch1"字、"ARA-batch1 字"等。

2.2.3 其他传输媒介

若成员馆不使用 FTP 协议,而是使用其他类型的传输渠道,首先需要咨询加拿大国家图书档案馆,以确定通过此种方式传达的文件是否与国家联合目录兼容且可读,得到确认后方可使用其他媒介进行传输。

2.3 测试文件与回溯文件

2.3.1 测试文件

当成员馆确认准备上传的数据已达到 MARA 标准时,应向加拿大国家图书档案馆发送测试文件以便进行分析和转换。测试文件是每个新成员馆在加入 MARA 项目后,向加拿大国家图书档案馆发送的首个文件,需要引起足够的重视。另外当成员馆变更其管理系统时,也应再次发送测试文件,确保系统与文件的匹配性。

测试文件应包含成员馆预备上传的多种记录的样本。关于连续出版物记录的测试文件原则上应当包含该连续出版物的创立及截止日期,以及多种载体形态的连续出版物样本(例如:缩微胶卷、数字资源等);关于专著的测试文件则应包含多卷册专著、系列专著,及多种载体形态的专著(如影视资料、音频资料等)。测试文件中的记录应选取能够按时间顺序反映成员馆编目规则变革的样例(例如,选取多个年份的不同记录以反映由 AACR1 编目规则至 AACR2 的转变)。这对于有意向加拿大国家联合目录上传"回溯文件"的成员馆而言尤为重要。

测试文件的格式为在常规文件名前添加单字节下划线"_",例如"_Mybatch_001""_Mon_970901_001"等。测试文件必须严格执行此命名规则,以便加拿大国家图书档案馆的系统对其进行特殊处理。

2.3.2 回溯文件

回溯文件包含成员馆馆藏数据库中的全部内容。在符合以下两种情况时,成员馆应向加拿大国家联合目录发送回溯文件以便备案:

①成员馆首次加入加拿大国家联合目录,此前从未向加拿大国家图书档案馆上传任何数据;

②成员馆希望清空其之前向加拿大国家联合目录上传的所有旧数据,代以全新的数据回溯文件的格式为在常规文件名前添加两个单字节下划线,例如"__Mybatch_001""__Mon_970901_001"等。

2.4 加拿大国家图书档案馆对数据的转换操作

所有提交至加拿大国家联合目录的记录,在被载入 AMICUS 数据库前,需要进行两种不同的转换,即通用转换和特殊转换

2.4.1 通用转换

通用转换是所有提交至 AMICUS 的记录所必经的一道工序,其目的是修改或删除可能导致系统故障的记录(如非 MARC 21 格式的数据)。

2.4.2 特殊转换

鉴于各成员馆所使用自动化管理系统具有多样性,以及各馆编目流程不尽相同,各馆提交至加拿大国家联合目录的数据在特定情况下需经过一道名为"特殊转换"的流程。当一个有意加入加拿大国家联合目录的新图书馆向加拿大国家图书档案馆发送测试文件时,该文件将被解析并按照特定规则进行格式转化。另外,当一个加拿大国家联合目录老成员馆的自动化管理系统变更时,也需对其已上传的数据进行特殊转换操作。

加拿大国家联合目录推行特殊转换程序,主要有两个目的。一是为了细化筛选可能导致 AMICUS 系统出现问题的数据,在"通用转换"流程的下游环节增加一重防火墙,形成双保险;二是为了解决部分成员馆无法在本地系统通过 850 字段上传其馆藏及位置信息的问题。对于存在上述问题的成员馆,特殊转换可创建一条新的转化记录,并将成员馆上传的记录中其他字段的信息"移动"至新记录的 850 字段内(例如,将原记录 9XX 字段中的馆藏信息"移动"至新记录 850 字段中)。需要指出的是,850 字段并不是 MARC21 格式中的标准字段,它仅为加拿大国家图书馆档案馆管理 AMICUS 中的馆藏信息提供支持。

加拿大国家图书档案馆作为一个创新型的国家级知识型组织机构,在构建资源共享体系方面有其独到的经验。该馆通过构建严格的数据审核及管理机制,确保了数据的质量与一致性,从而提升了 AMICUS 数据库的稳定性,为资源共享打下坚实的基础。在此基础上,加拿大国家图书档案馆还注重创建简明易用、功能强大的用户检索界面,使用户得以根据自身需求便捷地通过多种方式获取所需资讯,确保了资源共享的流畅度。为适应图书馆服务的全球化进程,自 2017 年 3 月起,加拿大国家图书档案馆还将引入 OCLC(联机计算机图书馆中心)的资源共享相关服务,并在接下来的两年内逐步完成与现有 AMICUS 系统的对接、转换与升级。在此期间,用户依然可以使用 AMICUS 的全部服务,直到 OCLC 系统于 2019 年正式上线运营为止。升级后的系统将具备更加丰富的资源与强大的功能,为用户提供更为完善的服务。随着大数据时代的来临,我国图书馆事业的发展可谓机遇与挑战并存,加拿大国家图书档案馆在资源共建共享方面的先进经验,值得我国图书馆借鉴与学习。

参考文献:

[1]加拿大国家图书档案馆[EB/OL].[2017 – 07 – 01]. http://www.bac-lac.gc.ca/eng/Pages/home.aspx.

[2]加拿大国家图书馆目录[EB/OL].[2017 – 07 – 01]. http://amicus.collectionscanada.ca/aaweb/aalogine.htm.

[3]加拿大国家规范数据库[EB/OL].[2017 – 07 – 01]. http://www.collectionscanada.gc.ca/canadiana-authorities/index/index? lang = eng.

[4]MachinE-Readable Accessions(MARA)Guidelines for Contribution to the National Union Catalogue[EB/OL].[2017 – 07 – 01]. http://www.bac-lac.gc.ca/eng/services/national-union-catalogue/Pages/mara-guidelines.aspx.

[5]余波,姚明. 加拿大国家图书档案馆发展模式研究[J]. 兰台世界,2014(5).

[6]Library and Archives Canada Policy Statements(LAC PS)[EB/OL].[2017 – 07 – 01]. http://access.rda-toolkit.org/.

[7]黄如花,周伟. 资源描述与检索(RDA)的实施进展[J]. 现代情报,2012(9).

全国图书馆联合编目中心数据采集方法探讨

胡　砚(国家图书馆)

图书馆是搜集、整理、收藏图书资料以供人阅览、参考的机构,因此服务读者一直是图书馆的一项重要工作。同时,随着经济的发展,各级政府对文化事业也越来越重视。统计数据显示,1984 年我国县级以上的图书馆有 2217 个[1],而截至 2014 年年底,《国务院关于公共文化服务体系建设工作情况的报告》显示,全国已建成县级以上公共图书馆 3117 个。除此之外,高校图书馆、少数民族图书馆、基层图书馆等也日益蓬勃发展,图书馆数量的增加,藏书量的增加,固然满足了人们阅读的需求,但也为读者带来了一定的不便。一方面体现在文献量持续增加,各个图书馆受到经费和场地的制约,只能根据本馆的发展需要有针对性的购置一些图书和电子资源,这就导致读者在寻找某本专业性较强的图书时,出现检索数个图书馆均找不到该资源的情况发生;另一方面,由于阅读日益普及,对于从事传播学或统计学专业的研究人员来讲,无疑加重了数据采集的难度。为解决上述问题,2011 年 1 月,新联合编目系统正式上线。该系统在满足以往的成员馆共享联合编目功能外,还提供了联合目录功能,可以为读者提供更全面的服务。

1　全国图书馆联合编目中心概述

全国图书馆联合编目中心(以下简称"联编中心")成立于 1997 年 10 月。成立之初,其目的是为了实现书目数据资源的共建共享,降低成员馆的编目成本,提高编目工作的质量,但随着联编中心的日益发展壮大,提供的服务类型和面向的服务对象越来越多样化。截至 2016 年年底,联编中心拥有分中心 28 个,成员馆大约 2600 家,已经基本形成了一个覆盖全国图书馆的信息网。从 2011 年开始,联编中心启动了对全国各主要省级馆和部分副省级骨干馆的书目馆藏数据征集工作。至此,联编中心正式将馆藏的采集工作纳入了主业务流程中。

2　信息采集方法

联编中心对书目数据信息和馆藏数据信息的采集大约有三种途径,即人工逐条挂接,批处理挂接和自动采集。三种方法虽然原理不同,但目的都是一致的,即最大限度地收集成员馆的馆藏信息,更好地为读者服务。

2.1 人工逐条挂接

在几种方式中,人工逐条挂接无疑是准确率最高的一种方式。编目员通过数据比对查重,将手头编辑好的书目数据通过数据逐条导入的方式直接上传到联合目录平台,也可以直接在联合目录的平台上进行编目,对于联编中心已有的书目数据,则可以直接将本馆馆藏信息挂接在该书目数据下,由于是人工判断,这种方式几乎不会出现错误。编目员通过联编中心的客户端进行处理后,无论是书目信息还是馆藏信息,都可以立刻更新到联编中心的公共查询系统,以便读者进行查阅。因此对于新数据而言,该方法具有很强的时效性。但是这种方式也存在一定的弊端,即效率相对较低。排除掉人工查重的时间,仅编辑记录就需要编目员花费一定的时间和精力。即便是一个只有十万馆藏的图书馆,假设上传一条数据需要额外花费 1 分钟,上传全部数据也大约需要 1680 个小时,对于拥有上百万馆藏的省级馆来讲,这种时间上的消耗无疑是难以承受的。同时在数据维护方面,这种方式也有着不可避免的劣势。如果本馆对该书进行了倒架或者剔藏,则需要在联编中心的客户端上修改或者删除本馆的馆藏信息,这些都在无形中加重了编目员的工作量,也阻碍了联合编目发展的脚步。

基于此,联编中心于 2012 年开始了对异构接口上载的探索,并于次年正式投入使用。目前很多成员馆已经采用异构上载的方式进行数据挂接。与通过联编中心客户端进行数据挂接相比,异构上载不需要使用联编中心的客户端,而是直接在本馆系统内向中心上传本馆的书目数据和馆藏数据,即使是不同的系统,只要软件商方面配置成功,就可以直接进行数据上传。对于编目员来讲,查重之后,无非是多点几次鼠标就可以将书目信息和馆藏信息挂接到联编中心的书目数据下。并且联编中心的系统会自动为该馆的这条书目数据分配两个字段,同时将这条数据在联编中心数据库中的系统号反写回该条数据中,当这条数据的书目信息或馆藏信息发生变化时,系统可以自动对数据信息进行更新,此举大大提高了工作效率。

尽管如此,人工逐条挂接依然存在最大的不足,即过多的人工干预。面对海量的文献资源,过多的人工干预会导致效率低下,虽然对于新书可以实现实时更新,但对于以往的馆藏资源则很难进行揭示。并且异构接口与成员馆本地系统的链接,需要软件开发商的配合和支持。目前成员馆使用的编目系统五花八门,要每一个软件开发商都在短期内做好两种系统的接口,也是不现实的。基于此,批处理挂接不可避免地成为一种补充形式。

2.2 批处理挂接

与人工逐条挂接不同,批处理挂接不是由成员馆的编目员将数据逐条人工核对上传,而是由成员馆的编目员或者其他工作人员将指定批次数据以 ISO 格式或其他指定格式一次性导出,经过一定处理后,通过指定的端口上传至服务器由后台进行比对查重和上载。与联机上载相比,对于新数据而言,该方式时效性较差,但对以往馆藏的揭示,却有着得天独厚的优势,并且该方法节省了编目员逐条人工核对以及逐条上载的时间,因此效率相对提高。

为了保证进库数据的规范性和准确性,数据提交到联编中心后,首先要进行格式检查,这些检查包括数据"量"上的检查也包括数据"质"上的检查,即对数据必备字段以及指示符的检查。检查的同时要对数据进行格式规范,包括中文标点符号的全角半角,以及英文字母的大小写和罗马字符的统一化,此举旨在尽量弱化不同编目软件带来的数据差异以及不同字符集导致的数据异常。格式检查之后再进行数据的查重和比对,这样可以尽量降低由于格式或其他原因导致的数据比对失误,达到较高的处理准确率。

但是,批处理挂接的弊端也是显而易见的,首先,无法保证信息揭示的时效性。批量数据导出,一般都是按年进行的,这就导致新书的相关信息无法被及时揭示出来。其次,无法保证信息揭示的准确性。成员馆的文献已经下架,而在联合编目中心并未剔除相应的馆藏。再次,联编中心在收到成员馆的书目数据后,完全是人工进行批量检查、查重和灌装工作的,在工作效率上虽然较人工逐条挂接高,但对于 2600 家成员馆的书目数据,还是显得力不从心。为了更好地揭示成员馆的信息,联编中心又探索出了新的方式。

2.3 调度平台采集

无论是人工逐条挂接还是批处理挂接,上载数据的任务都是由成员馆发起的,这就需要成员馆在提交数据的过程中扮演主动的角色,但是一方面,成员馆尤其是一些小型馆,受到经费以及人员配置的限制,可能无法抽出更多的时间和精力主动配合;另一方面,在数据提交的过程中,可能会出现各种各样的问题,需要联编中心和成员馆共同解决,当成员馆数量较多时,联编中心可能也没有那么多精力用来随时应对各种突发情况,因此有必要探索一种自动采集的方式,可以不用成员馆花费额外的精力进行数据上传,同时中心也不必每日花费大量人力解决上传过程中出现的问题,而只需要一两个人对系统进行定期的维护即可。这种采集数据的方式便是自动采集。

自动采集有不同的实现手段,但大体思路都是建立一个类似搜索引擎一样的采集系统,像读者一样在成员馆的 OPAC 上获取书目数据信息和馆藏信息,然后将这些收集来的信息加以汇总整理,得到书目数据记录和相应的馆藏记录,并将这些结果在采集平台的客户端上发布出来,供读者进行浏览和检索。

自动采集不需要成员馆的编目员付出额外劳动,但对于联编中心来讲,难度是巨大的。首先,即使 OPAC 页面相似度非常高,但不同的软件商其后台运行的机制是完全不同,因此自动采集必须针对不同的系统进行不同的配置,而我国目前较大的图书馆系统有图创、ALEPH、汇文、力博等十几家[2],另外还有些图书馆自建了特色数据库,这些都为自动采集增加了难度。其次,自动采集是基于 OPAC 页面的,这与读者的访问相似,如果为了采集数据而短时间连续点击页面,会增加成员馆服务器的压力,严重的会导致服务器瘫痪,从而影响成员馆日常工作的正常进行。再次,成员馆受到空间的限制,每年都要剔藏数据,但剔藏数据通常没有统一的标准,全部改为计算机采集数据后,编目员如果不在联编中心平台上进行人工删除,联编中心也不会及时知道哪些数据被剔藏了,这就导致读者在查阅一本书的时候,明明平台上显示该馆有这本书,而事实上该书已经被剔藏了。最后,网址是具有有效期的,图书馆域名变更,合作软件商的变更都会导致检索平台的网址出现变化,此时还按原地址进行数据采集的话,就会出现采集数据失败的情况,因此成员馆检索平台出现变更时,需要通知联编中心,便于及时调整。

虽然有这些不足,但自动采集的优势也是显而易见的,首先,它不需要成员馆花费额外的精力,成员馆只需建设好自己的读者检索平台,然后将检索平台的网址告知中心即可,这种方式为一些中小型图书馆提供了极大的便利,也使得对某些技术能力薄弱的图书馆的数据采集成为可能。其次,它不需要联编中心人员持续的高强度精力投入。一旦配置成功,服务器会自动进行数据抓取工作,联编中心人员只需定期进行维护即可。

全国图书馆联合编目中心馆藏采集系统调度平台(以下简称"采集平台")便是数据自动采集的一种实现形式,该平台可以通过自动化的手段,完成成员馆书目信息和馆藏信息的采集操作以及管理、书目匹配、馆藏匹配、增加馆藏等方面的工作,最大限度提供及时地、自动化地控制和处理,以及时便捷地补充和维护联编系统馆藏信息。采集平台于 2015 年开始试运行,截至 2016 年年底,已成功采集全国 200 家图书馆将近 2600 万条数据数据信息和 7800 万条馆藏数据信息。

采集平台原则上以不遗漏地采集成员馆的书目数据为目标。通过预先的配置,采集平台可以自动运行和管理从成员馆读者检索平台上采集的书目数据和馆藏数据,以达到预设的馆藏时效性和准确性;同时,采集平台还可以将数据导入馆藏处理平台,通过处理平台对采集来的书目馆藏数据与联编系统内的数据进行查重匹配,辅助进行联编系统馆藏挂接工作,处理平台可以通过多种途径从成员馆的系统获取书目数据,尽可能地补充联合目录的馆藏信息;同时也能对非采集来的书目数据进行处理,完成馆藏的灌装工作。馆藏处理平台可以将数据实时对外公布,读者可以通过这一平台进行馆藏检索,这不仅可以为读者揭示更多更全的图书资源馆藏地,也可以为信息学、传播学领域的专家学者们提供了一个便捷的查询平台。

3 展望

不可否认的是,各种采集方式有的注重准确率,有的注重时效性,的确是各有所长、平分秋色,并且由于数据的多样性和文化发展的多元化,我们很难说某一种采集方式较其他方式更好,因此在实际工作中,联编中心也力求寻找最佳的组合方式。

然而多种采集方式并行,也为数据的查重增加了困难。自动采集时,有些成员馆为了页面美观简洁,只在页面显示部分字段的内容,对于 3、4、5 甚至 6 字段的部分内容都进行了删减,这些不完整的信息资源势必对查重比对规则提出更大的挑战,而错误的查重结果又会导致在批处理挂接时出现大量"一条新数据对应多条已有数据"的情况,这些又在客观上增加了人工查重比对的工作量,同时也降低了读者的检索效率。因此如何制定出一套更加完善的查重规则,是联编中心亟待解决的一个难题。

如今上传馆数量不断壮大,仅 2016 年下半年,就有 30 余家具有上传资格的图书馆通过逐条上载或异构上载的方式上传了总计将近 30 万的书目数据。同时,第六次全国图书馆评估定级工作也于年内展开,按照 2017 年地市级图书馆评估标准,"参加全国性联合编目工作,上传馆藏目录并及时更新"是评估定级的指标之一,针对这些书目数据的校对完善以及馆藏信息的聚合更新自然成了联编中心一项越来越繁重的工作。毕竟数据的采集仅仅是建设联合目录的第一步,如何确保采集的数据兼具准确性和时效性,采集到的数据要如何更大限度地发挥作用,这些问题都需要我们在今后的工作中不断地开拓和探索。

参考文献:

[1]汀鸿.我国公共图书馆蓬勃发展[J].图书馆理论与实践,1986(2).

[2]张文珍.图书馆 OPAC 现状及发展研究[D].福州:福建师范大学,2009.

国外图书馆随刊光盘管理利用方式分析及启示

刘　俊(国家图书馆)

随着计算机技术、多媒体技术在出版行业的广泛应用以及出版物营销的需要,连续出版物(期刊)附带电子附件(俗称随刊光盘)的情况屡见不鲜,给图书馆期刊方面的具体业务工作造成不小的困扰。对于随刊光盘的管理利用,业界关注较少,国外也鲜有专文论述。为了了解国外图书馆如何处理此问题,笔者通过电子邮件向美国国会图书馆(Library of Congress)、英国国家图书馆(British Library)、澳大利亚国家图书馆(National Library of Australia)、加拿大国家图书馆与档案馆(Library and Archives Canada)、法国国家图书馆(National Library of France)、新加坡国家图书馆(National Library Singapore)、日本国立国会图书馆(National Diet Library)、波士顿公共图书馆(Boston Public Library)8家大型图书馆发送了开放性提问,就随刊光盘的入藏标准、揭示方式、服务利用等情况进行了调研,获取了第一手资料。同时选取典型刊物,在上述图书馆的联机公共查询目录(Open Public Access Catalogue,简称OPAC)上进行检索,对检索结果进行比对研究,分析了国外图书馆随刊光盘的编目加工入藏及服务情况。

1　国外图书馆随刊光盘管理与利用的具体情况

根据各图书馆对调研邮件的答复,汇总各馆情况如下表:

八家大型图书馆随刊光盘管理利用情况汇总表

图书馆	编目	入藏	服务
英国国家图书馆	与期刊内容有关的光盘,在书目记录中通过300$e或500字段表述;若与内容无关(如附赠游戏、电影光盘),不在书目记录中体现,转到相关部门甄别入藏	入藏方式多样化,一些独立区域可供随刊媒体的贮存和使用	阅览或出借
美国国会图书馆	一般的随刊光盘在书目记录中通过500字段表述;有规律的附件音乐CD则创建单独的记录	随刊光盘与期刊一起入藏	阅览

图书馆	编目	入藏	服务
澳大利亚国家图书馆	在书目记录中通过 300$e 字段表述	光盘内容为数据库、索引,或是纸质期刊的补充时则入藏;纯粹的广告或与纸质期刊内容完全一致时则不入藏	闭架借阅。通过 OPAC 分别预约期刊和光盘。选择光盘内容为研究性质的(多为学术性和政府出版物)予以永久保存,并通过特定软件指向纸质期刊目录。目前尚未对读者开放这部分复制内容
加拿大国家图书馆与档案馆	在书目记录中通过 500 字段表述(无论光盘是刊物的电子版还是类似活页更新);如果光盘为另外一种独立的出版物,则另建一条书目记录	随刊光盘与期刊一起入藏	在专门的多媒体阅览室浏览
法国国家图书馆	分别建立书目记录,并创建链接	—	—
新加坡国家图书馆	新到馆的刊第一期若有随刊光盘使用 300$e 表述;已编目刊物后来有光盘,则使用 500 字段表述	与期刊分开入藏	
日本国立国会图书馆	有规律到馆的光盘用 300$e 表述;无规律到馆的光盘用 500 字段表述	与期刊分开入藏。由于是法定缴存馆,缴送来的都予以接受	在专门的阅览室提供阅览(除非读者提出要求,一般只提供纸质阅览)
波士顿公共图书馆	在书目记录中用 500 字段表述	分开入藏,若是广告等无关的东西则不收入	提供阅览

1.1 随刊光盘的收藏选取

随刊光盘的种类多样,按照与期刊相配的连续性来看,有些是规律的,有些有一定的规律,有的则无规律可循。按照光盘内容区分,常见的有索引型、全文型、工具型、辅助欣赏型、娱乐广告型等。总体而言,大部分随刊光盘还是有一定的文献价值,值得选取入藏。

本研究中调研的 8 家国外图书馆对随刊光盘的选取入藏没有制定具体的成文的条例。在实际操作中,各个图书馆的标准不一,做法不尽相同。英国国家图书馆入藏了与期刊内容有关的光盘,与期刊内容无关的光盘则转到相关部门甄别入藏;澳大利亚国家图书馆收录了与期刊内容有关(索引类、目录类)或完全是纸质文献的电子版的光盘;日本国立国会图书馆由于其法定存缴馆的性质,只要是缴送来的一律予以收藏;波士顿公共图书馆明确规定,纯粹广告性的光盘不予收录。总体看来,随刊光盘的内容和其中所体现的文献价值是决定是否收藏入馆的主要因素。

1.2 随刊光盘的编目揭示

英国国家图书馆、美国国会图书馆等 8 家图书馆都采用 MARC21 或 UNIMARC 格式创制书目记录,遵循通用的西文文献编目规则,对随刊光盘的著录主要有两种情况。

1.2.1 完全按照附件处理

随刊光盘不单独进行著录,在期刊的书目记录中使用相关字段说明。大多数随刊光盘采用此种著录方式,又分别视不同的情况采用不同的字段。

①在 MARC21 中使用 500 字段(一般性附注,General Note):这是各馆普遍采用的字段,只要是确定入藏的随刊光盘均可使用此字段。

例 1:IEEE vehicular technology magazine 的书目数据主要著录字段(英国国家图书馆)

```
LDR nas a22      7a 4500
001 ## 013508603
003 ## UK
005 ## 20130211123358.0
008 ## 050627c20069999nyuqr p        0    0eng c
010 ##$a 2005212381
035 ##$a(OCoLC)ocm60749515
037 ##$b Institute of Electrical and Electronics Engineers,Inc. ,3 Park Ave. ,17th Floor,
        New York,NY10016 - 5997
040 ##$a NSDP$c NSDP$d CU - S$d MdU$d Uk
050 14$a TA1235$b. I344
245 00$a IEEE vehicular technology magazine
246 3#$a Institute of Electrical and Electronics Engineers vehicular technology magazine
246 30$a Vehicular technology magazine.
246 13$a IEEE VT magazine
260 ##$a New York,NY:$b IEEE,$c c2006 -
300 ##$a v. :$b ill. ;$c 28 cm.
310 ##$a Quarterly
336 ##$a text$2 rdacontent
337 ##$a unmediated$2 rdamedia
338 ##$a volume$2 rdacarrier
362 0#$a Vol. 1,no. 1(Mar. 2006) -
500 ##$a Title from cover.
500 ##$a Some issues accompanied by DVDs.
530 ##$a Also issued online.
……
```

②在 MARC21 中使用 300 字段 $e(载体形态,Physical Description) $e(附件):300 字段在随刊光盘的著录中应用也较为普遍。

例2：BBC music magazine 的书目数据主要著录字段（英国国家图书馆）

LDR aas a2200265 a 4500

001 ##012483627

003 ##UK

005 ##20170308155119.0

006 ##aac

007 ##ta

008 ##930518c19929999enkmr p   0   a0eng

015 ##$a GB9321239$2 bnb

022 0#$a 0966 – 7180$2 02

040 ##$a Uk$b eng$c Uk$d Uk

042 ##$a issnuk$a ukblsr

082 04$a 781.68$2 20

210 0#$a BBC music mag.

222 #0$a BBC music magazine.

245 00$a BBC music magazine.

246 3#$a British Broadcasting Corporation music magazine

246 18$a BBC music

246 10$a Music

260 ##$a London：$b BBC Magazines，$c 1992 –

264 31$a Bristol：$b Published by Immediate Media Company Bristol Limited under licence from BBC Worldwide

300 ##$a v. ：$b ill. (some col.) ，ports. (some col.) ；$c 30 cm. + $e compact discs.

310 ##$a Monthly

336 ##$a text$2 rdacontent

337 ##$a unmediated$2 rdamedia

338 ##$a volume$2 rdacarrier

362 0#$a Vol. 1，no. 1（Sept. 1992）–

588 ##$a Latest issue consulted：volume 22，number 4（January 2014）.$a SEE ALSO CARD INDEX.

595 ##$a SEE ALSO CARD INDEX.

……

例3：Australian personal computer 的书目数据主要著录字段（澳大利亚国家图书馆）

000 ##02517cas a2200577 a 4500

001 ##2547302

005 ##20170213170912. 0

008 ##811105c19809999vramr p   0   0eng d

019 1#$a 2153127

022 ##$a 0725 – 4415

022 0#$a 0725 – 4415 $y 0725 – 4115 $y 0728 – 4415

022 1#$a1445 – 0909

035 ##$9(AuCNLDY)2338884

040 ##$a ANB $b eng$c ANB$d ANB$d VSL

042 ##$a anuc

050 00 $aQA75. 5$b. A96

082 14 $a004. 16/05

082 14 $a001. 64/04/05

222 #0$a Australian personal computer

245 00 $a Australian personal computer.

246 34 $a APC

260 ##$a Carlton , Vic. $b Australian Microcomputer Journal Pty. Ltd. ,$c 1980 –

300 ##$a v. ;$c 30 cm. + $e1 computer optical disk(4 3/4 in.)

362 0#$a Issue no. 1 – = Vol. 1 , no. 1(May 1980) –

500 ##$a Selected magazine articles of some issues and original online content available
via the Internet at:http://apcmag. com

500 ##$a Cover title.

500 ##$a Some nos. accompanied by special issues or inserts.

500 ##$a From issue 393(Sept. 2013)published by Future Publishing Australia(North
Sydney ,N. S. W.)

500 ##$a ISSN 1445 – 0909 is for the electronic version.

510 2#$a APAIS. This database is available on the Informit Online Internet Service:ht-
tp://www. informit. com. au

510 2#$a Australian Public Affairs – Full Text until December 2013

515 ##$a Issue numbering changed with October 2001 issue no. 274.

530 ##$a Electronic version also available on the Internet

546 ##$a From August 1992 includes PC super market(PCSM)

580 ##$a From Sept. 1996 includes CD-ROM supplement:apcmag. cd.

……

856 4#$u http://apcmag. com

856 4#$u http://apcmag. com/apcmag. nsf/home$z Full text

……

在 300 字段和 500 字段的选用方面,各国图书馆的选择略有不同。英国国家图书馆、日本国立国会图书馆对无规律的随刊光盘采用 500 字段表述,对有规律的随刊光盘采用 300 字段表述;新加坡国家图书馆对新到馆的刊第一期即有随刊光盘采用 300$e 表述,已编目刊物后来有光盘,则用 500 字段;波士顿公共图书馆只采用 500 字段;澳大利亚国家图书馆似乎只使用 300 字段。

1.2.2 随刊光盘单独创建一条书目记录

为随刊光盘单独创建一条书目记录的情况相对较少。美国国会图书馆为有规律的且有独立内容的随刊光盘(如附赠的音乐 CD)单独创建书目记录,并与纸质文献的书目记录链接;加拿大国家图书馆与档案馆为可作为独立出版物的光盘创建单独的书目记录;法国国家图书馆为期刊和随刊光盘分别创建书目记录,并在两条记录间创建链接。

例4:BBC music magazine 书目数据主要著录字段(美国国会图书馆)

```
000##02289cas a2200565 a 4500
001##11482000
005##20170214080654.0
008##930901c19929999enkzn p 0 0eng c
010##$a 97641990$z sn 96017959
0167#$a 012483627$2 Uk
022##$a 0966 – 7180$l 0966 – 7180
035##$a(OCoLC)ocm28734968
040##$a EEM$b eng$c EEM$d CLU$d DLC$$d EYM$d IUL$d NSD$d OCLCQ
     $d UKMGB$d OCLCQ$d COD$d OCLCF$d OCL$d OCLCQ$d LVT
042##$a pcc
05000$a ML5$b. B349
08200$a 780/.5$2 21
24500$a BBC music magazine.
2463#$a British Broadcasting Corporation music magazine
24618$a BBC music
260##$a London,England:$b BBC Magazines
300##$a volumes:$b illustrations(some color);$c 28 cm
310##$a Thirteen issues a year,$b 2004 –
321##$a Monthly,$b 1992 – 2004
336##$a text$b txt$2 rdacontent
337##$a unmediated$b n$2 rdamedia
338##$a volume$b nc$2 rdacarrier
3621#$a Began with Sept.1992.
500##$a "The exclusive CD supplied every month with BBC music magazine
     contains a complete work or works by one or more composers."
515##$a Issues for ＜ – February 2010 ＞ called also ＜ – Issue 215 ＞.Continuous
     numbering dropped with Vol.18,Number 7(March 2010).
515##$a Issues for June-July 2010 both called Vol.18,Number 10.Vol.18,
     Number 13 not published.
588##$a Description based on:Vol.2,no.8(Apr.1994);title from cover.
588##$a Latest issue consulted:Vol.19,Number 13(October 2011).
590##$a SERBIB/SERLOC merged record
```

592##$a ACQN:aq 96010495

592##$a KP1;NOT Each issue accompanied by a CD－ROM;

……

例 5:*BBC music magazine*1994 年 3 月随刊光盘书目数据主要著录字段(国会图书馆)

00001506cjm a2200421 a 4500

001##14847041

005##20070522150528.0

007##sd fsngnnmmned

008##940331p19941977enksnn i zxx d

906##$a 7$b cbc$c copycat$d 4$e ncip$f 20$g y-soundrec

9250#$a acquire$b 2 shelf copies$x policy default

955##$a qu71 2007－05－11;qu63 2007－05－22

010##$a 2007650050

035##$a(OCoLC)ocm30061121

040##$a TQL$c TQL$d OCLCQ$d DLC

02802$a BBC MM119 $b BBC Music Magazine

03300$a 1977 － － － －

03300$a 1985 － － － －$b 5754$c L7

0410#$g eng

042##$a lccopycat

0451#$b d1818$b d1822

048##$a ka01

05000$a SDB 36522

1001#$a Beethoven,Ludwig van,$d 1770－1827.

24010$a Sonatas,$m piano,$n no.29,op.106,$r B b major

24500$a Piano sonatas in B flat,op.106(Hammerklavier)& in C minor,op.111
    $h[sound recording]/$c Beethoven.

260##$a[London]:$b BBC Music Magazine,$c p1994.

300##$a 1 sound disc:$b digital,stereo. ;$c 4 3/4 in.

5110#$a Edith Vogel,piano.

518##$a Recorded in 1977(1st work)and live in London in 1985(2nd work).

500##$a Issued with BBC music magazine,Mar.1994.

500##$a Compact disc.

500##$a Program notes by Misha Donat inserted in container

……

7300#$a BBC music magazine.

……

在 *BBC music magazine* 的随刊光盘编目中,启用了 730 字段(附加款目,统一题名),统一题名为 *BBC music magazine*,使随刊光盘与期刊建立直接联系。

1.2.3 随刊光盘的加工入藏与服务

由于光盘的阅读需要计算机等专门设备,随刊光盘与期刊即使一起入藏,上架时也一般分别放置,光盘放于光盘盒内,放置于专区或专室。光盘的单册信息和馆藏信息挂接在相关的书目记录上,读者在 OPAC 上检索到所需光盘时,可以方便地找到光盘的索取号或直接发送请求。而被判定为独立出版物的随刊光盘,则与期刊分开入藏,大多与多媒体载体形式的文献放置在一起。

调研发现,随刊光盘的服务利用仍以读者到馆阅览为主,服务方式相对保守。值得注意的是,澳大利亚国家图书馆有选择地使用网络保存部分光盘内容,一般选择的是学术性较高或政府出版物等内容的光盘,但目前已选择存储的内容并没有对读者进行网上开放。

2 对我们工作的启示

对于随刊光盘的收藏标准、揭示方式与服务模式,图书馆应根据各自的馆藏政策、服务定位等来进行选择。随刊光盘中不乏大量有价值的文献信息,理应善加保存与利用,了解国外图书馆的做法也会带给我们一些思考和启示。

2.1 收藏标准

随刊光盘种类多样,内容庞杂,一般图书馆都选择性入藏。选择的标准应主要视光盘与期刊内容的相关性和随刊光盘自身的文献价值而定,如期刊内容的电子版或有辅助作用的光盘均应收藏,与内容无关的但有文献资料价值的可以转交音像电子出版物收藏部门甄别入藏,纯粹的商业广告等则不入藏。

2.2 揭示方式

从国外图书馆的做法来看,随刊光盘的著录方式的选取明显受连续性资源著录规则的影响,特别重视随刊光盘的规律性。规律性的随刊光盘,一般在载体形态项直接著录;无规律的随刊光盘,则一般使用附注字段说明。此外编目方式的选择与随刊光盘和期刊内容的相关性、光盘自身内容的特点都有关系。有独立内容的随刊光盘可考虑单独创建一条书目记录。

随着 RDA 的问世和日趋成熟,英美等国图书馆已经开始采用 RDA 编目,如上文的例1、例2 和例4,都已经根据 RDA 对原来的书目数据进行了修正。RDA 没有对附件描述做出规定,根据美国国会图书馆政策声明(LCPS),RDA 对于由多种载体类型组成的资源,将一种载体类型作为主要组成部分,其他的作为附件,著录方法与主要载体类型的方法相同。当附件不入载体形态项时,如认为重要,可为附件的数量和附件的内容做附注。而《中国文献编目规则(第二版)》规定:"附件是分离于文献主体部分,并与其结合使用的附加材料……附件可根据不同情况选择不同的著录方式……除著录于尺寸之后的一般附件外,凡有独立名称或可单独使用的附件,均可单独著录或著录于附注项"。因此可以看出,附件的编目揭示实际上自由度是比较大的。

作为连续性出版物的附件,随刊光盘的编目受到连续性资源出版特点的影响,而且理应遵循连续性资源的编目规则。使用附注字段说明,是最简单实用的方式,在附件载体形态项著录则需具备一定条件,这两种方式对随刊光盘本身内容无力揭示。为随刊光盘单独创建记录,对随刊光盘的内容揭示最为有力,管理利用也更为有效,但投入成本相对较大。这三种方式并无对错,但各有利弊。著录规则的编目方式的选择具体到各个图书馆,可以根据自身具体情况来选择。

2.3　服务模式

期刊和随刊光盘由于保存、阅览条件不同,通常分开入藏,独立阅览。无论是作为附件处理的随刊光盘还是作为独立出版物的编制目录的随刊光盘,读者都可以很方便地在 OPAC 上检索并获取,在有专门读取设备的阅览区域内阅览。外借服务的开展则对图书馆的管理服务水平有一定挑战,对随刊光盘的保存也有影响,所以调研中的几个国外图书馆都采取了相对保守的服务方式。现如今数字资源发展得如火如荼,作为一种有价值的数字资源,光盘网络化也不失为随刊光盘利用的一种有效途径,但其投入产出比以及潜在的版权风险需要各图书馆进行调研评估。

数字文献资源的出现,给图书馆带来了一次深刻的革命,期刊电子化的趋势也越来越明显。电子期刊有着庞大的信息量、强大的检索能力、不受时空限制的阅览条件,尤其在信息的深层次揭示和重组等方面独具优势。开放存取这种全新的文献共享与获取机制给期刊传统的出版模式带来冲击,纸本期刊的发展前景并不乐观。而随刊光盘随着光盘媒介的盛行在 21 世纪初间有出现,到 2010 年左右开始流行,而今又随着纸本期刊的发展低迷和网络存储、新媒体手段(期刊的补充辅助信息可通过网络、微信获取等)的出现而逐渐减少。随刊光盘的管理编目问题虽然具体而微,但就编目员而言,如何准确全面地揭示在编文献,把更多更有价值的文献信息传递给读者,是我们应不断思考的问题。

参考文献:

[1]国家图书馆《中国文献编目规则》修订组.中国文献编目规则[M].2 版.北京:北京图书馆出版社,2005.

[2]胡小菁,张期民,高红等.《资源描述与检索》的中文化[M].北京:国家图书馆出版社,2015.

[3]杨静,孟梦.浅谈随刊光盘书目数据的揭示问题[C]//编目:新的变化与应对之策——第三届全国文献编目工作研讨会论文集.北京:国家图书馆出版社,2013.

我国图情领域名称规范文献计量研究

刘　琨　李春利　白福春(大连工业大学图书馆)

随着网络及信息技术的不断发展,文献编目的方式也发生了巨大变化,联机编目已成为当前最流行的编目方式。在联机编目中,为保证信息资源组织的整体性、有效性和查询的一致性,最重要的环节就是进行规范控制。高质量的规范控制通过对同名异形进行归一,对异名同形进行区分,并对词间关系进行导引指示,从而为高质量的书目系统提供了必要的保障,可以说是图书馆学对知识组织最为独特的贡献。规范控制包括对名称、主题、题名等标引信息进行规范控制。在当前名称规范的研究中,图情领域发表的相关论文数占整体研究论文数近一半,与其他学科相比有绝对的研究优势。因此,对图情领域名称规范进行深入研究,对把握我国名称规范整体发展有十分重要的现实意义。

我国图情领域名称规范研究(以下简称"名称规范研究")最早始于 20 世纪 80 年代中期。近年来,随着名称规范工作的不断深入,名称规范的相关研究无论从深度还是广度方面都呈现出延伸与拓展之势,但该领域的发展仍面临着一些亟待研究的新课题,如名称规范研究发展的规律性如何、有哪些重要的核心期刊、研究力量的地区分布状况如何、有哪些卓越的研究群体、研究热点有哪些等,这些问题都需要应用学科评价工具——文献计量学的多种方法进行解答。然而截止到当前,尚未有利用文献计量方法对名称规范的相关研究。鉴于此,本文拟采用布拉德福、普赖斯等文献计量学定律,对我国名称规范研究文献进行深度分析,以揭示名称规范工作的研究现状和发展趋势,进一步推动我国名称规范工作更好更快地发展。

1 数据搜集与研究方法

1.1 数据搜集与筛选

文献计量学是一门实用性和定量性都很强的学科,必须要有一定规模的数据支持。①数据搜集。本研究以中国学术期刊网(CNKI)数据库、维普全文期刊数据库、读秀学术搜索为数据源,以"名称规范"作为检索词,检索范围限定为"题名"或"关键词",对初始年代不设限,截至 2016 年年底,共检索到 1984—2016 年我国名称规范相关论文 214 篇。②数据筛选。对上述文献进行学科甄别,剔除消息、会议通知及重复文献,筛选出图情领域名称规范研究的相关文献 95 篇,作为本研究的数据样本。

1.2 研究方法

本文研究方法有:①TopN 统计,主要包括对载文期刊、作者、研究地区等进行统计,再结合布拉德福定律、普赖斯定律等分析核心期刊、核心作者和主要地区分布等;②年度分布统计,主要是对论文的年度分布进行统计,考察论文数量随时间变化的规律;③内容统计,主要依据表征文献内容的关键词实现对内容的有效推断。本文通过对样本文献关键词进行统计,利用共词聚类分析提示研究热点及未来发展趋势。

2 结果分析与探讨

2.1 文献年度分布统计

我国图情领域有关名称规范的研究自研究初始至今已有 30 多年,其论文发表数量随年代变化的规律如图 1 所示。从图中不难发现,以 1984、1994、2005、2011 年为临界点,名称规范研究经历了萌芽期、成长期、高速期和稳定期四个阶段。

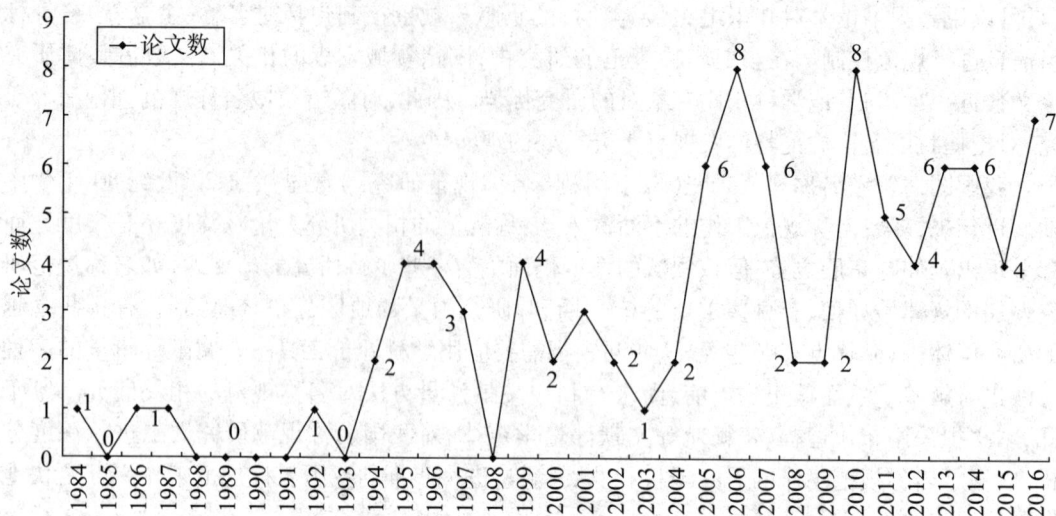

图 1　文献年度增长趋势分析图

2.1.1　萌芽期(1984—1993 年)

该阶段的名称规范研究历经 10 年时间,共发表论文 4 篇,年平均发文量为 0.4 篇。1984 年,韦思·E·戴维森在《现代图书情报技术》上发表了《WLN/RLG/LC 链路计划》一文,介绍了规范文档共享系统(LSP)建设情况[1],成为图情领域名称规范研究的开端。1986年,韩坤范作为我国名称规范研究第一人在《中国图书馆学报》发表了《浅谈〈西文文献著录条例〉中有关参照片的编制》一文,详细介绍了 AACR2 中参照的内容及参照编制的类型[2]。这一阶段发文量少,多年都出现空白状况,表明该领域尚未引起学术界重视。

2.1.2　成长期(1994—2004 年)

从 1994 年开始,名称规范研究进入成长期,11 年间共发文 27 篇,年平均发文量为 2.45篇。从图 1 中可以看到,该阶段发文数量总体上呈上升的趋势。这一阶段研究主要集中在名称规范档的建立及名称规范检索点的选取方面。

2.1.3　高速期(2005—2010 年)

在这一阶段,名称规范研究进入快速发展。从图 2 中不难发现,除 2008 和 2009 两年发文仅有 2 篇外,其他年代发文数量都在 5 篇以上,2006 年和 2010 年甚至达到峰值 8 篇。在短短的 6 年中,一举超越前期发表论文总数,共发表论文 32 篇,年平均发文量为 5.33 篇。该阶段研究除了延续上个阶段名称规范检索点选取方面外,还涉及 MARC 规范著录、名称规范控制等方面,研究范围有所扩大。

2.1.4　平稳期(2011—2016 年)

进入 2011 年后,名称规范研究不再像高速期那样有较大的波动,而是进入平稳期。从图中可以看出,这段阶段曲线起伏不大,6 年共发表论文 32 篇,年平均发文量为 5.33 篇。该阶段研究可谓百花齐放,涉及名称规范控制、名称规范项目建设与利用、名称规范维护、名称规范在多个领域的应用等。研究者群体范围也进一步扩大,从最初的高校图书馆、公共图书馆扩展到科技情报研究所。

2.2 名称规范研究的核心期刊

布拉德福分散定律的区域描述中指出:如果将一定时间内的按某学科载文量多少递减顺序排列的期刊划分为三个区,使每个区所包含的相关论文数量相等,即恰好等于全部期刊发表的该学科论文总数的1/3,则可发现,第一区涉及的论文来自数量不多但效率最高的n1种期刊(核心区);第二区包括数量较大、效率中等的n2种期刊(相关区);第三区包括数量最大而效率很低的n3种期刊(外围区)。那么,三个区中的期刊种数成下列关系——n1:n2:n3 = 1:a:a2。

经统计,95篇论文分布于38种期刊上,刊均载文2.5篇。其中有54篇论文发表在图情专业核心期刊上,占论文总数的56.84%,表现出极高的论文质量和水平。利用区域分析法将95篇论文分为数量大致相等的3个区,3个区的期刊数分别为4种、10种、24种,期刊数比约为:1:2:22,构成等比关系。本领域论文的期刊分布符合布拉德福定律,第1区的4种期刊即为名称规范研究的核心期刊(见图2),分别为:《国家图书馆学刊》《图书情报工作》《图书馆建设》《图书馆论坛》。上述期刊因其载文量大、载文质量高而在名称规范研究中占有重要的位置,成为名称规范研究成果发表的最主要园地。

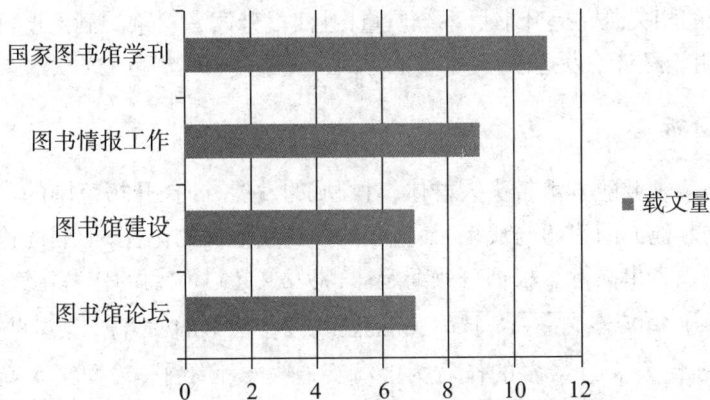

图2　名称规范研究核心期刊

2.3 研究作者地区分布统计分析

科技论文的地区分布是反映文献来源地域特征和考察区域学术实力的重要指标。通常情况下,某个地区发表的论文数量越多,该地区的研究实力就越强。笔者统计了全国不同地区的研究论文数量,并参照相关标准,将名称规范研究划分为如下五个层次[3]。

第一层次,绝对优势地区(比率≥10%),包括北京和上海。二者发文数量占论文总数一半以上,表现出这两个地区在名称规范研究中具有绝对优势。尤其是北京,其发文量占论文总数比例高达43.16%,中国国家图书馆及北京各高校图书馆为名称规范研究做出了巨大贡献。上海的研究规模仅次于北京,占比为14.74%,上海交通大学王绍平是名称规范早期研究者之一,在名称规范文档创建及检索点选取方面发表多篇论文,为名称规范研究的深入发展提供了强大的推动力。

第二层次,相对优势地区(5%≤比率<10%)。包括湖北和广东(各7篇,占比7.37%),以及山西(5篇,占比5.26%)3个省份。这3个省份论文累加比重占论文总数的

20%,处于名称规范研究的第二层次,具有相对的研究优势,在名称规范著录、控制及国际名称规范资源利用等方面成果颇丰。

第三层次,潜力地区(3%≤比率<5%)。包括辽宁与天津(各4篇,占比4.21%)、甘肃(3篇,占比3.16%)3个地区。以上3个省份发文总量占论文总数的11.58%,位于研究第三层次。尽管该层次没有前两个层次研究优势那么明显,但在研究深度及广度方面具有进一步提升的潜力,具有向更高层次发展的学科空间。

第四层次,相对劣势地区(1%≤比率<3%)。包括吉林、浙江、安徽(各2篇,占比2.11%)及陕西、四川、香港(各1篇,占比1.05%)6个地区。这个层次包含的地区虽多,但论文累加比重仅有9.47%,各地区研究零零散散,闪光点较少,在名称规范研究方面处于相对劣势。

第五层次,绝对劣势地区(空白)。包括重庆、河北、海南、内蒙古、澳门等20个省区。在统计时间内,这些省区没有名称规范研究者发表过相关论文,尚处于学术空白状态,处在绝对劣势的地位。

从上述统计可以看出,名称规范的研究呈现出明显的层次性和不均衡性。研究力量较强的区域集中在中部及东部沿海地区,这些地区学术资源丰富、文化发展水平高,研究人员更乐于通过名称规范的相关研究提升书目系统质量,进而提升读者检索的满意度,而其他地区(尤其是西部地区)由于经济不发达、研究水平低等因素无法为名称规范的研究提供滋生的土壤。

2.4 核心作者分析

核心作者是某领域的学术带头人群体,对领域的发展方向、开拓范围的广狭和程度的深浅都有重大影响。他们的建树与成果,最直接的形式是他们的论文,他们的论文无论是质量还是数量都要明显高出同行。根据普赖斯定律,将发文超过 N 篇的作者定义为核心作者,其计算公式为:$N \approx 0.749\sqrt{n(\max)}$,其中 $n(\max)$ 为发文最多的作者所发表的论文总数。

据本研究统计,发文量最多的作者为上海交通大学王绍平,共发文6篇。依上面的公式,得出核心作者论文数为:$0.749 \times \sqrt{6} \approx 2$ 篇,即2篇或2篇以上的发文作者入选为核心作者,共计15人。因篇幅有限,本文仅列举发文数3篇以上的6位作者(见图3)。这些作者均为名称规范研究中的佼佼者,其研究引人瞩目。

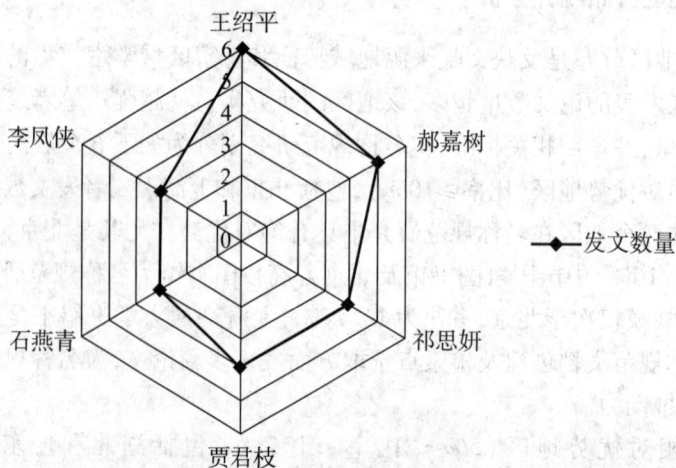

图3 核心著者及论文分布雷达图

从区域分布看,6 位核心作者中有 3 名来自北京(占 50%),2 名来自山西,1 名来自上海。这也从核心作者的角度,印证了北京在名称规范研究中的主导地位。

从作者机构分布看,高校图书馆有 3 人(占 50%),高校教育机构有 2 人(占 33.3%),公共图书馆有 1 人(占 16.7%)。高校图书馆因其资源丰富及较强的专业实践性,占据名称规范研究的主导地位,高校教育机构及公共图书馆辅助研究向更深更广发展。

从主题研究来看,上海交通大学王绍平早在 20 世纪 90 年代就开始从事名称规范相关研究,在名称规范文档建立、个人及团体名称规范化等方面成果卓著,是名称规范研究的代表人物;中国国家图书馆郝嘉树致力于名称规范记录维护方面研究,为名称规范研究开辟了新思路;北京师范大学图书馆祁思妍在宗教人名及外国人名名称规范化上有独特建树;山西经济管理学院贾君枝和石燕青利用国际名称规范资源进行名称规范控制,并创建关联数据;清华大学图书馆李凤侠则对名称规范的 MARC 著录方面进行了深入研究。

2.5 名称规范研究热点及未来趋向

文献是由着不同功能的不同词汇经过科学组织构成的一个整体,从文献正文抽出的能反映文献内容性质的词(如关键词或主题词)有规律地出现,表达了作者的完整思想。通过对任一学科各文献关键词或主题词特征的统计分析,尽可能将语言中隐含的意义揭示出来,对该学科热点及发展趋向研究具有十分重要的意义。

本研究针对最近五年(2012—2016 年)有关名称规范研究的相关文献进行全文关键词词频统计。统计结果表明:在作为统计对象的 27 篇文献中,共有关键词 81 个,累计频次 112 次,每篇文献平均有 4.15 个关键词。将相同(或相似)关键词进行累加,按累加频次由高到低的顺序进行统计,因篇幅有限,只统计累加频次≥2 的关键词,如表 1 所示。从表中可以看出,关键词"规范控制""规范文档"和"关联数据"排在前三位,是当前名称规范研究的热点所在。

表 1　全文关键词词频累加统计表

关键词	累加频次	关键词	累加频次
规范控制	9	中文名称	3
规范文档	7	FOAF	2
关联数据	5	FRBR	2
编目	4	RDF	2
ORCID	3	数据整合	2
名称规范维护	3	自规范	2

以排在首位的"规范控制"为例,对其进行更深入的全文关键词链引著者群分析。什么是全文关键词链引著者群呢?如果各论文全文中至少有一个相同关键词,那么,这几篇论文的著者形成一个群体,即全文关键词链引著者群。一般情况下,如果该群体中最多有 P 个相同的关键词,则称这个著者群是强度为 P 级的全文关键词链引著者群。其中可能有 n 篇相关(有相同关键词)的论文的著者是同一个人(设这个著者为 A),这时则用一个权数 n 来表示他,记作 A^n。关键词"规范控制"的全文关键词链引著者群统计结果见表 2。

表2 "规范控制"的全文关键词链引著者群

链引著者群		著者项			
相同关键词	强度	论文篇名	姓名	权数	单位
		境外名称规范项目及发展趋势研究	郝嘉树	1	国家图书馆
		中文机构名称规范库建设的实践与分析	李慧佳　马建玲 张秀秀　杨丽娜	1	中国科学院兰州文献情报中心
		地方文献名称规范控制研究	任国华	1	北京大学信息管理系
		中文团体责任者名称规范控制的实践与思考	王彦侨　王艳萍	1	国家图书馆
规范控制	1	我国图书馆中文名称规范控制现状调查与分析	张兰	2	湖北工业大学图书馆
		图书馆中文名称规范控制的现状评析	张兰	2	湖北工业大学图书馆
		中日韩个人名称规范比较及共享初探	贾延霞　魏成光	1	清华大学图书馆 清华大学美术图书馆
		FRAD与中文名称规范控制之研究	朱青青　孙凤玲	1	国家图书馆
		中文名称规范数据库的维护与整合	秦静　樊京君	1	国家图书馆

从上表中不难看出：

①"规范控制"为关键词,强度为1的链引著者群有15位著者。这15位著者由于研究主题相似,所以他们可以联成一个以"规范控制"为主题的通讯协作网络,以便加强会议上或平时的学术交流。

②在这15人联成的链引著者群中张兰的权数为2,这表明她在"规范控制"方面连续发表了2篇文章,说明她在这方面有较系统的研究,是在这个"链引著者群"中较活跃的著者。

③从15位著者所在单位中可以看出,链引著者群15位著者中有7位在中国国家图书馆,说明中国国家图书馆在"规范控制"研究中有较强的科研力量,可以成为该课题研究的中心部门。

④从上表中列出的著者单位所在地可看出,"规范控制"研究主要集中于北京、兰州、武汉这三个大城市,其中来自北京地区的研究者有10位(占66.7%),表明北京在"规范控制"研究中占主导地位。

排在关键词词频统计第二位的"规范文档"也受到广大研究者的重点关注。湖北工业大学图书馆张兰针对当前规范文档(或规范数据库)存在的不同数据库之间数据差别大、数据库规模有待拓展、规范数据中参照不足等问题进行了系统的总结[4]。贾君枝、石燕青、毕春等学者则倡导在认真整合规范文档数据的基础上,积极加入虚拟国际规范文档(VIAF),并利用其改善我国规范工作,并实现中文名称规范文档在国际范围内的数据共享[5-7],这也是我国名称规范研究未来发展方向之一。

同样,随着互联网和大数据的蓬勃发展,词频累加表中的关键词"关联数据"也成为名称规范的研究热点之一。名称规范的 MARC 格式和交换协议使其封闭在图书馆内,限制了数据开放、交换和使用。将名称规范发布为开放关联数据,可弥补图书馆规范数据的封闭性、无语义、粗粒度、关系揭示少和扩展性差的不足,打破规范数据维护与利用的困境,也为转变资源组织的模式提供了全新的思路[8]。关联数据的应用将成为名称规范研究中的重要趋势,未来会得到更多学者的关注和研究。

综合本文的分析研究,已可以基本展现出我国图情领域名称规范研究的基本脉络。笔者希望借以此文呼吁更多地区、更多领域的学者能够参与到名称规范的研究和探讨中,充分利用互联网、云平台、大数据等信息技术,不断改善我国名称规范工作的质量和水平,并进一步加强国际的交流和合作,积极汲取国外优秀的案例与经验,使我国名称规范从理论和实践两方面都能实现质的飞跃,向更高层次发展。

参考文献:

[1]韦思·E·戴维森.WLN/RLG/LC 链路系统计划[J].现代图书情报技术,1984(2).

[2]韩坤范.浅谈《西文文献著录条例》中有关参照片的编制[J].中国图书馆学报,1986(2).

[3]郑刚,朱凌,陈悦.中国创新地图——基于文献计量学的我国创新管理研究力量分布研究[J].科学学研究,2008(2).

[4]张兰.图书馆中文名称规范控制的现状评析[J].图书馆论坛,2014(10).

[5]贾君枝,石燕青.中文名称规范文档与 VIAF 的关联[J].国家图书馆学刊,2014(6).

[6]贾君枝,石燕青.中文名称规范文档与虚拟国际规范文档的共享问题研究[J].中国图书馆学报,2014(11).

[7]崔春,毕强.虚拟国际规范文档(VIAF)项目进展[J].图书情报工作,2014(3).

[8]郝嘉树.境外名称规范项目及发展趋势研究[J].图书与情报,2016(2).

台湾地区联合目录发展概述

刘 伟(国家图书馆)

联合目录是揭示和报道若干文献收藏单位全部或部分藏书的目录,它的特征是指明文献收藏处所,具有馆藏目录的性质。联合目录的发展经历了书式、卡片式、缩微式、光盘式的发展阶段,随着图书馆自动化以及计算机网络技术的发展,迎来了联机联合目录和虚拟联合目录的时代。如今联合目录在资源共享、馆际互借、合作编目及合作馆藏发展中均发挥着十分重要的作用。

我国联机联合目录的发展于 20 世纪 90 年代开始起步。1997 年 10 月,中国国家图书馆建立了联机编目中心,并于 1998 年推出联机公共检索目录,其他省市地方性的图书馆可以下载书目数据、提交馆藏。中国高等教育文献保障系统(China Academic Library & Information System,简称 CALIS)联合目录数据库建设始于 1997 年。2000 年 3 月,CALIS 联机合作编目系统正式启动,以联合目录数据库为基础,以高校为主要服务对象,开展了联机合作编目、编目数据批量提供、编目咨询与系统培训等业务。台湾地区的联机联合编目也是在 20 世纪 90年代开始发展。台湾地区图书书目资讯网联合目录系统于 1998 年 4 月正式启用,主要功能是提供台湾地区各图书馆合作编目之用,并可供一般用户查询利用联合目录数据库。

1 台湾地区图书书目资讯网发展概况

1.1 组织结构与发展目标

台湾地区图书书目资讯网 1991 年启动相关业务,1997 年正式成为一级单位,1999 年制定"书目网路合作办法"推动各项工作。2014 年书目资讯中心调整为任务编组,延续原有任务职掌。其主要业务内容包括:网络系统规划、网络系统测试改进及使用、合作馆的联系与问题咨询、合作办法的制定与执行、举办书目网络研习会、编印操作手册、定期召开合作馆馆长会议、解决书目网络营运的各项问题、推广书目网络的利用。

发展目标如下:
①建立完整的台湾地区书目资料库;
②建立台湾地区中外文图书资料联合目录资料库;
③提供新书资讯;
④提供学术研究及一般参考查询利用;
⑤提供馆际合作与互借;
⑥促进书目资讯著录之标准化;
⑦提供各图书馆发展之全文影像及索引摘要服务;
⑧进行国际书目资料库之联系与利用。

1.2 合作馆构成

目前台湾地区图书书目资讯网合作馆共计 95 所。据统计,2013 年台湾地区各类型图书馆共计 5502 所,与之相比,合作馆的数量并不算多。从图书馆类型来看,高等院校图书馆是合作馆的主力,其次是公共图书馆和专门图书馆。从地区分布来看,台北市最多,有 32 家。

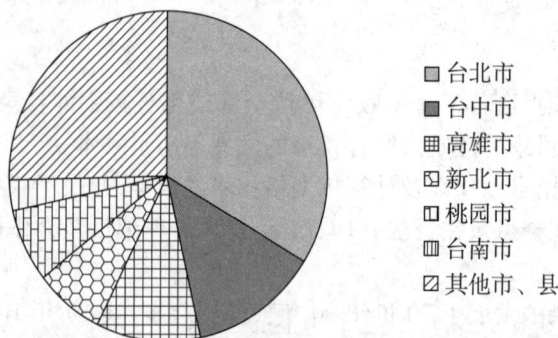

图例:
■ 台北市
■ 台中市
■ 高雄市
▨ 新北市
▨ 桃园市
▨ 台南市
▨ 其他市、县

图 1　合作馆地区分布图

1.3 资料库统计

资料库采用集中式结构,收录的数据包括汉学研究中心及 94 所各类型合作单位陆续提供之书目及馆藏数据、国际标准书号中心新书书目、汉学研究中心藏书目录、民国 1—38 年参考书目、港澳地区参考书目。截至 2017 年 7 月底,资料库的书目记录达到 12833221 笔,其中图书 11805476 笔,视听资料 1011577 笔,其他 16168 笔;馆藏记录达到 22430182 笔。

资料库目前采用 Unicode 内码储存,可查询及显示中、日、韩文等多种语文资料。联合目录系统功能除提供合作馆进行在线合作编目之外,一般使用者可使用浏览器联机查询并下载或转录多种格式数据,并提供符合 Z39.50 协议之跨系统查询功能,链接其他具有相同功能的数据库进行查询。表 1 和表 2 统计的截止时间为 2017 年 7 月底。

表 1　资料文种统计

文种	历年累计(笔)
中文	7380792
英文	3988495
日文	736681
其他	727253

表 2　资料库使用统计

项目	历年累计(笔)
资料库查询总次数	341976265
进入 WebPAC 人次	11372116
转出记录总笔数	11386478

2　合作编目书目资料处理原则

书目资料品质的良莠直接影响着合作馆的合作意向与一般使用者的利用。有鉴于此,合作馆与汉学研究中心书目资讯中心共同制定了"目资讯中心共合作编目书目资料处理原则"(以下简称"原则"),这有助于提高书目资料著录的一致性,减少重复记录,从而保证书目资料品质。该原则最初于 2000 年编制完成,合作编目推动小组于 2008 年完成了二版的修订与编制。"原则"分为五部分:一般著录原则、书目分级原则、各类型核心书目记录——书目记录目记录录原则、书栏位总览、各类型核心书目记录——型核心书目记录栏位总览、各类型书目记录简篇栏位。还有两个附录,分别为全国图书资讯网络系统合作编目要点、同义异体字字码表。限于篇幅,本文选择其中的一般著录原则、书目分级原则和附录部分的合作编目要点予以介绍,以期对我国大陆地区的联合编目工作有所启发和借鉴。

2.1　一般著录原则

"一般著录原则"分为六部分,包括:各著录项目依其指定著录来源著录;文字、数字与空格夹杂之著录方式;标点符号使用原则;中文数字〇、一、二、三……之著录方式;繁体字、简体字、异体字、罕用字、日文字依资料所载照录;缺字处理原则。其体例为,首先对各项原则进行简要说明,然后列举实例进行更具体的说明。

以第三部分"标点符号使用原则"为例,说明部分的内容为:各合作馆对于标点符号之著录方式不一,影响程式比对结果。建议以下列原则著录标点符号:

①标点符号原则上优先选用键盘上的半形标点符号;键盘上若无所需符号,则选用视窗之中文"荧幕小键盘"所列之全形符号;

②若键盘及"荧幕小键盘"皆无所需符号,则查询 Big5、CCCII、Unicode 所对应之内码;

③西式标点符号依据 CCR 或 AACR2R 规定之方式著录。

说明著录原则之后列举了四个著录实例,对于题名中带有圆点、书名号、破折号和英文字缩写符号的四种情况,分别列出了正确与错误的两种著录方式。比如:

题名为:1~3岁婴幼儿智能开发训练。

键入时书名中之标点符号依键盘键入。

故应为 C   200 1#$a1~3岁婴幼儿智能开发训练
        M21   245 10$a1~3岁婴幼儿智能开发训练.

而非是 C   200 1#$a1~3岁婴幼儿智能开发训练
        M21   245 10$a1~3岁婴幼儿智能开发训练.

由此例可见,"一般著录原则"规定的非常清楚,有效解决了困扰编目员的虽是"细枝末节"但却影响数据一致性和查重的关键问题。

2.2　书目分级原则

相关研究表明,国外的联合目录均采用各等级的 MARC 标准,使参加馆能根据各馆自身要求及被编文献的特点,依不同的编目等级标准化地揭示文献。然而,我国图书馆界对书目记录的功能、编目成本等问题较为淡漠,对简化编目、编目等级等问题很少关注。台湾地区是个例外。为节省人力,同时有效促进书目资源的共建共享,合作编目推动小组于2007年制定了"书目分级原则",将各馆书目区分为以下4级:

①国家级书目,符合完整级书目且经权威控制者;

②完整级书目,具备各类型核心书目记录栏位且含标题、类号者;

③核心级书目,具备各类型核心书目记录栏位者;

④简略级书目,较核心级书目简略,但符合"中国机读编目格式"附录简篇(MINIMARC)者。

通过制定书目分级原则,台湾地区图书书目资讯网建立了各类型书目记录不同层级的著录标准,收录符合简略记录以上的书目记录,减少了各合作馆书目资料著录详简的差距,有效提升了书目资料库的整体品质。

2.3　合作编目要点

合作馆馆长会议依据相关单位核定的"书目网路合作办法"制定了合作编目要点,对合作馆的加入条件及程序、合作编目的范围、合作馆应遵循的规则、合作馆建档的优先顺序等做出了规定。

2.3.1 合作馆的加入条件及程序

①新图书馆加入由现有合作馆或书目资讯中心先行推荐,经书目资讯中心评估其合作可行性后,再进行后项事宜。

②新图书馆加入必须具备如下条件:

第一,该馆提供的书目资料须符合 ISO2709 规定的书目资料交换格式为原则,提供其他一般交换格式如 Excel、XML 等,需与汉学研究中心另行商定;

第二,必须具备提供一般使用者 Web 线上公用目录查询功能,若有特殊情况,须经决策委员会同意;

第三,至少需有 50000 种资料的馆藏量,或者具有特色馆藏,且其主要馆藏须属目前资料库较为欠缺的资料类别;

第四,须配合下列合作编目相关事宜:定期或不定期提供书目档案以转入资料库;使用机读格式建档的合作馆须依据"合作编目书目资料处理原则"著录各类型资料;依循决策委员会共同决议的合作编目相关事项;派员参加合作编目相关研习会议。

③新图书馆申请加入时,须提供该馆现有中西文书目记录至少各 500 笔供书目资讯中心测试,书目资讯中心依据上述条件及测试资料内容进行资格审核,并经决策委员会同意后,与汉学研究中心正式签订合作协议书。

④新图书馆于签订协议书之后三个月内,开始进行馆藏书目的批次传送作业。

前项合作馆不接受个人名义参加。

2.3.2 合作编目的范围

各合作馆收藏的中、西文图书及各形式的媒体资料,皆为合作编目的范围。各合作馆可于资料库上进行己馆馆藏记录的新增、修改或删除,书目记录的新增、修改、删除由汉学研究中心或授权的合作馆馆员办理。

2.3.3 合作馆应遵循的规则

台湾地区图书书目资讯网为统一合作编目的建档工作,要求各合作馆遵守下列规则:

(1)建档格式

书目资料须符合台湾地区机读编目格式及美国机读编目格式(USMARC)或 MARC21。权威资料须符合 MARC21 Format for Authority Data 等。

(2)编目规则

中日韩文图书资料依《中国编目规则》,采第二层次著录;西文图书资料依《英美编目规则(第二版)2002 修正版》,采第二层次著录。

(3)分类法

中日韩文图书资料采用《中国图书分类法》《中文图书分类法》《何日章中国图书十进分类法》《日本十进分类法》或决策委员会同意采纳的其他分类法;西文图书资料采用《美国国会图书馆分类法》《杜威十进分类法》《美国医学图书馆分类法》或决策委员会同意采纳的其他分类法。

(4)标题/主题词

中日韩文图书资料采用《中文图书标题表》《中文主题词表》或决策委员会同意采纳的其他主题词;西文图书资料采用《美国国会图书馆标题》。

前述各项,各合作馆可依各自条件选择使用。合作馆或联合目录资料库建档格式倘有变动,应与汉学研究中心相互知会。

2.3.4 合作馆建档的优先顺序
①合作馆新到的出版物;

②具有各合作馆馆藏特色的专业性出版物;

③各合作馆回溯性资料。

2.3.5 汉学研究中心服务范围
①不定期举办训练课程,各合作馆应选派编目或业务相关人员参加;

②编制系统操作手册与指南,提供各馆参考使用;

③提供有关联合目录系统使用的咨询服务;

④中文权威参考档的提供及维护;

⑤配合合作馆的变动,维护各馆工作定义档;

⑥将各馆寄来符合常用标准或其他可解析格式之档案,转入联合目录系统资料库;

⑦合作编目成效检讨与未来合作事宜的研究。

尽管台湾地区联合编目事业的发展规模有限,台湾地区图书书目资讯网出台的合作编目书目资料处理原则却很值得借鉴,体现出台湾编目界同人高度的专业水准以及严谨、务实的工作作风。我国大陆地区的文献出版数量庞大,编目压力不断增加,各个图书馆的编目水平又参差不齐,实有必要借鉴台湾地区的书目分级,开展基于 CNMARC 格式的书目记录等级的研究和实践。对于联合编目而言,数据著录的一致性至关重要,相关机构也应适时推出若干务实、具体的原则或规定,使编目员不再纠结于空格、标点符号等著录问题,把注意力集中到更重要的地方。

参考文献:

[1]胡小菁.书目记录等级与核心记录标准的发展[J].中国图书馆学报,2003(2).

[2]卢共平,汪善建.欧美国家联合目录的进展与我国虚拟联合目录的发展思路[J].图书情报工作,2002(10).

[3]董红霞.论我国高校图书馆联合目录的发展[J].图书馆工作研究,2009(15).

西文编目中字母大小写规则与专有名词的识别

罗 晨(国家图书馆)

国家图书馆入藏有大量的国际组织与外国政府出版物,其语言以英文为主,兼有西班牙文、法文、德文等。其内容常常涉及国际政治、军事、国际关系、世界经济等方面,因此其文献信息中出现国际组织名称、各国政府机构名称等各种各样的团体名称,及世界地名、人名及法律文献题名等单词或词组非常多,专有名词出现的比例大大高于普通西文文献。编目员在处理这些西文文献信息时,不可避免地要遇到字母大小写的问题。

英语的大写规则基本上按照《芝加哥格式手册》(*Chicago Manual of Style*),AACR2 对其中某些规则做了修改以适应书目记录的特殊要求[1]。这些专门的、严格的规则十分复杂、晦涩,历来就是西文编目的难点之一。

专有名词无论怎样使用,第一个字母都要大写[2](本文中的"大写",除特殊说明外,单词均指首字母应大写,词组和短语均指除冠词、介词和连词以外的每一个分开的词首字母应大写)。这个规则每一个编目员都知道,但关键在于专有名词的识别。由于编目实践中的标目部分(包括字母大小写形式)是完全依照美国国会图书馆的规范档,因此本文主要讨论著录部分(重点是题名与责任说明项和附注项)专有名词的识别。

也许有的编目员会说,中国的西文编目界将来迟早要采用国际上新的编目规则《资源描述与检索》,其中规定"完全按照信息源上呈现的情况记录信息"[3],我们现在没有必要煞费苦心地去区分字母的大小写了。笔者并不这样认为,首先,对于尚未实施 RDA 的图书馆仍须遵循 AACR2;其次,国家图书馆的《RDA 本地政策声明》中规定:国家图书馆"遵循 RDA 附录 A 有关大写的规定,不采用如实转录大小写的做法"[4]。再次,即使采用了 RDA"如实转录"的原则,也要识别专有名词,以便正确地建立个人名称、团体名称或统一题名检索点。我们必须树立这样的观念:编目员不同于打字员、录入员,不能"见什么录什么",而是要审读文献信息、理解信息,并且按照编目规则筛选和处理信息。

笔者从事西文编目工作二十余年来,在编目和审校工作中处处留心,识别、收集、分类归纳和整理各种专有名词千余条,积累了丰富的经验,也知道书目数据中什么地方比较容易出错。现总结这些经验教训,和大家一起分享。以下分门别类介绍各类专有名词。

1 与人有关的专有名词

1.1 个人姓名以及与之相连的尊称、职称和头衔

1.1.1 个人姓名

个人姓名(包括首字母缩写)应当大写[5],如 D. J. Trump(特朗普);个人外号或代替姓名的称号应当大写。

为了做好人名的著录,编目员应熟知国际政治中的著名人物:如,Antonio Guterres(安东尼奥·古特雷斯,现任联合国秘书长)、Kofi Annan、Ban Ki-moon、Assad,、Rabin(Labin)、Arafat、Gorbachev、Yeltsin、Gadhafi、Mubarak、Putin、Obama、Martin Luther King、Fidel Castro、Osama bin Laden(奥萨马·本·拉登,bin 小写)、Saddam Hussein、Khamenei(霍梅尼)①等。对著名人物的外号应熟知,如 Aunt May(梅姨,现任英国首相 Theresa May)。此外还有代指国家或人群的拟人化绰号,如 Uncle Sam 和 John Bull 等。

1.1.2 表示荣誉称谓或尊称的术语

荣誉称谓和(姓名前的)尊称应当大写[1]。例如,His(Her,Your)Majesty(陛下)、His(Her,Your)Excellency(阁下)、Right Hono(u)rable(阁下,英国对某些官员的敬称)、Hono

---

① 本文原对所有英文都配上了汉译,由于篇幅的限制,仅对少量疑难的英文加注了中文。

（u）rable（缩写为 Hon.）、Sovereign（至高无上的）等。

如，Hon. Michael Chertoff 和 His Excellency Jorge Castañda。

1.1.3　职业和学术头衔

有名称的教授职位应当大写，如 W. Bennett，Professor of Physics。

学位、荣誉的名称和其缩写应大写。常见的学位有：Ph. D（哲学博士）、D. S（理学博士）、M. D.（医学博士）、Eng. D（工学博士）和 Ed. D.（教育学博士）等。

1.1.4　姓名后的某些其他术语

姓名后的 esquire（绅士/先生，缩写 Esq.）、junior（缩写 Jr.，年少的）、senior（缩写 Sr.，年长的）应大写。

如，Richard Steele，Esq.，Martin Neil Baily，Ph. D. 和 John D. Hawke，Jr.。

1.2　由人名衍生的专有名词

由英国著名经济学家 Keynes 衍生出的词就有 Keynesianism 和 Keynesian。由 Confucius（孔子）衍生出 Confucian。此外 Braille 的含义由布莱叶（人名）演化为盲文。

还有一种情况是由"人名＋普通名词"组成一个新的词组：如，Bayesian model、Engel coefficient、Keynesian economics、Pareto Optimality 和 Gallup Poll 等。这种词组中的后一个单词（普通名词）大小写两种写法都可，但其中的前一个单词（人名）一定要大写。

1.3　民族等的名称

民族、种族、部落或人种的名称应当大写[1]。

如，African、Arabian、European、Hispanic、Jew、Diaspora（离散的犹太人）、Latinos、Palestinian、German、Dutch、Nordic、Blacks、Negroes（含有歧视含义）、Filipino、Asian Americans、Alaska Natives 和 Mongolian 等。

1.4　语言名称

语言集团的名称应大写[1]。

Arabic、Dutch、English、French、German、Russian、Spanish 和 Thai 等。

2　地名

2.1　行政区

行政区的名称（如国家、州、省、郡、县、城镇）应当大写。专用名词之后的 empire、kingdom、republic、state、country 和 city，如果普遍公认是其名称一部分的应当大写[1]。如 United Kingdom、Republic of Korea、Macau Special Administrative Region（Macau 是澳门的葡萄牙文名称，而 Macao 则是英文名）、New York City、Ontario Province 等。此外还有大区、学区、联邦储备区等。

世界上共有 250 多个国家和地区，其中国家不到 200 个，地区为几十个。国际组织文献编目中几乎会遇到世界上所有国家和地区的名称。因此编目员应具备国际政治、世界地理的基本知识,熟记(至少认识)这些国家和地区及其首都、首府、重要地区、主要城市的名称。

美国在行政区划上由 50 个州、1 个直辖特区(Washington, D. C.)和一些海外领地等组成。美国本土划分为 New England、Mid-Atlantic、Southeast、South、Mid-West、Upper Mississippi-Great Lakes、Rocky Mountains、Pacific 和 Southwest 九大区域。美国的州称为 State,如 Alabama State、State of North Dakota。但肯塔基、马萨诸塞、宾夕法尼亚、弗吉尼亚 4 个州也称为 Commonwealth。如,Virginia Commonwealth。州下设县(County)。海外属地有 Puerto Rico、Virgin Islands 和 Guam 等。英国分为 England、Wales、Scotland 和 Northern Ireland 四部分。加拿大由 10 个省(Province)和 3 个地区(Territories)组成,省有 Alberta、Saskatchewan 等,3 个地区是 Northwest Territories、Nunavut 和 Yukon。

在地名的著录中,较容易出错的有这样几种情况:①英文印刷体中的大写"I"与小写"l"外观很相似,初学编目者容易混淆。如将 Cote d'Ivoire(科特迪瓦)误为 Cote D'lvoire、将 Iowa 误为 lowa;②较生僻的国家名,如 Lesotho、Vanuatu、Liechtenstein 和 Belau 等;③较奇特的国名,如前面提到的 Cote d'Ivoire,以及 Timor-Leste 等;④由两个词以上或两部分联合组成的国家名称,如 Brunei Darussalam(文莱达鲁萨兰国)、Libyan Arab Jamahiriya(阿拉伯利比亚民众国)、Saint Vincent and the Grenadines(圣文森特与格林那丁斯)与 Saint Kitts-Nevis(圣基茨和尼维斯)等。

编目员应具备国际政治方面的基本知识,关注、了解国际风云之变幻。20 世纪 90 年代前后,东欧剧变、苏联解体,苏联解体后共分裂出 15 个独联体国家,如 Belarus、Azerbaijan 和 Lithuania(立陶宛)等。前南斯拉夫(Yugoslavia)解体后形成了 6 个国家:Serbia、Montenegro、Croatia、Slovenia、Macedonia 和 Bosnia and Herz[c]egovina(波斯尼亚和黑塞哥维纳[波黑])。另外的 Kosovo 只得到了部分国家的承认[6]。苏联和南斯拉夫的解体,也催生了 3 个新的词组:Commonwealth of Independent States,former Soviet Union 和 former Yugoslavia。

编目员还应认识新出现的国家名称。近十几年来独立的国家有:the State of Palestine、Eritrea(厄立特里亚),Democratic Republic of Timor-Leste 和 South Sudan 等。

对于 Congo(Kinshasa)刚果[金]和 Congo(Brazzaville)刚果[布],一些编目员感到疑惑。其实这是两个国家。The Republic of Congo 首都为 Brazzaville。原扎伊尔于 1997 年恢复国名为 Democratic Republic of Congo,首都为 Kinshasa。由于两国都简称为 Congo,国际上一般在两个国名后括注首都名称加以区别。Congo(Kinshasa)即 Democratic Congo。

书目信息中常见的世界热点地区还有:Serbia and Montenegro(塞尔维亚和黑山[塞黑])、Israel、Palestine、Jerusalem、West Bank、Gaza Strip、Chechen、South Ossetian(南奥塞梯)、Guantanamo(美国占用的古巴)关塔那摩基地、Syria 和 Crimea 等。一般说来专有名词中的冠词首字母不大写,但地名应遵从地名规则。如 The Hague(海牙)一词中的 The 须大写[5]。

2.2　地理特征

2.2.1　地形、自然

地理特征(特定的海洋、山脉、河流、湖泊、岛屿等名称)和地区名称应该大写[7]。

重要的地理名称有四大洋 Pacific、Atlantic、India Ocean、Arctic Ocean,七大洲 Asia、Europe(the Continent)、Africa、North America、South America、Oceania 和 Antarctica。美国以南的美洲地区又称为 Latin America。用于政治实体时 Southeast Asia、Eastern Europe 等大写。其他重

要地名有：Eurasia、the Orient、Middle East、Northern Hemisphere、Pacific Rim、Continental United States（美国大陆，美国本土）、East China Sea（中国的东海）、Mediterranean、Persian Gulf、Golden Triangle、Golden Crescent、Sahel（［常作：the ~］萨赫勒地区）、Great Lakes、Greater Mekong Subregion、Antillean Archipelago（安地列斯群岛）、Alps、Caucasus、Nile、Tibet、Caribbean Region、Horn of Africa 和 Capitol Hill 等。

一般情况下对特定的、专指的 XX Mountain、River、Lake、Sea、Island 等编目员都能正确大写，而对 Peninsula（半岛）、Dam（水坝）、Lock（水闸）等词相对陌生，因此有一部分含这些词的专有名词名称未大写。如，Balkan Peninsula、Clark Canyon Dam、IroquoisLock 等。

2.2.2 建筑物、街道等名称

大楼、纪念馆或其他建筑物的名称以及俗名、街名应当大写[2]。

The Capitol（美国国会大厦）、Fifth Avenue、Pentagon、White House、Lincoln Memorial、Pyramid、Red Square、Eiffel Tower、Green Mountain Lookout（绿山观景台）、Fleet Street（佛里特街，伦敦新闻界）、Buckingham Palace、Scotland Yard（苏格兰场，伦敦警察厅）和 United Nations Headquarters 等。

2.2.3 公共场所、历史遗迹

公共场所、遗迹或其他构筑物的名称应大写。

Yellowstone National Park、National Cemetery、Arctic National Wildlife Refuge、Ninety Six National Historic Site 等。

3 团体名称

3.1 组织机构名称

3.1.1 国际组织和联合体

国际组织或联合体的名称应当大写[1]。

世界上最大的国际组织是 United Nations。联合国及其下属机构、专门机构的名称均应大写。联合国设有 General Assembly、Security Council、Economic and Social Council、Trustee Council、International Court of Justice 和 Secretariat 等主要机构[8]。联合国系统则是包括专门机构、附属机构和相关机构的比联合国更大的组织体系。联合国共有 15 个专门机构，如大家所熟知的 Food and Agriculture Organization of the United Nations 和 World Bank 等。大众不太熟悉的有：World Meteorological Organization、International Maritime Organization 和 Universal Post Union。联合国下属机构主要由一些项目和基金组成，包括 United Nations Conference on Trade and Development、United Nations Children's Fund 等 11 个机构。相关机构包括 International Atomic Energy Agency 和 World Trade Organization 等 4 个[9]。

这对一般编目员来说不成问题，较难掌握的是一些联合国小机构。如，①United Nations Angola Verification Mission（UNAVEM，联合国安哥拉核查团）；②United Nations Confidence Restoration Operation in Croatia（克罗地亚信心重建行动）；③United Nations Disengagement Observer Force（UNDOF，脱离接触观察员部队）；④United Nations Military Liaison Team in Cambodia（驻柬埔寨军事联络小组）；⑤United Nations Mission for the Referendum in Western Sahara(MINURSO,西撒哈拉全民公决特派团);⑥United Nations Voluntary Fund for Victims of Tor-ture(救援遭受酷刑者自愿基金)[10]等。最初几年我们对这类机构未予重视,书目著录中大都只大写 United Nations 一词,好一点儿的大写国名,识别出整个机构名称的较少。

其他国际组织有:European Union、Organization for Economic Cooperation and Development、Association of Southeast Asian Nations、League of Arab States、Group 20、Economic Assistance(CMEA)、Warsaw Pact Organization、Gulf Cooperation Council、British Commonwealth 和 World Food Programme 等。

有的团体名称中所含通用术语是 Area、Facility(设施)、Initiative(首创项目)、Partnership(合伙)和 Authority(当局)等,而在中国的机构名称中很少见。而且像 Initiative 这样的词,在中文中很难找到与之完全对应的词。这类团体名称有:North American Free Trade Area(NAFTA)、Global Environment Facility(全球环境基金)、European Stability Initiative(欧洲稳定计划:110 2#$a European Stability Initiative)、Eastern Partnership(European Commission 下属的东欧伙伴关系:110 2#$a Eastern Partnership)、European Commission Directorate-General for Agriculture(欧盟委员会农业理事会)和 United Nations Human Settlements Programme(UN-HABI-TAT)联合国人类住区规划署等。对"AfDB Chief Economist Complex"这个机构,笔者始终未找到一个较为确切的汉译,姑且译为"非洲开发银行首席经济学家联合体"。对"Court"编目员一般都知道其含义是法庭,但认识"Tribunal"是"法庭"的就比较少。如,United Nations Administrative Tribunal,International Criminal Tribunal for Rwanda 等。

一般来讲专有名词通常没有复数形式,但也有例外。如,Permanent Members of United Nations,Contracting Parties to General Agreement on Tariffs and Trade(GATT 签约方)。在美国国会图书馆名称规范中就可以查到类似的复数团体的规范记录,如,110 20$a District of Co-lumbia Courts,110 20$a Wildlife Services(U.S.)等。

3.1.2 世界极端组织

目前国际上活动频繁的恐怖组织或极端组织主要是宗教激进主义运动暴力或准暴力团体。前几年影响最大是由拉登领导的 al-Qaeda(基地组织)。目前最为活跃、常见诸我国媒体的则是 IS,全称为 Islamic State,亦称 Islamic State of Iraq and al Shams(ISIS)、Islamic State of Iraq and the Levant(ISIL)等。其次是巴勒斯坦的 Hamas Movement。影响较大的还有巴基斯坦的 Taliban、黎巴嫩的 Hezbollah guerrillas(真主党游击队)与 Boko Haram(博科圣地)、Ji-had(吉哈德)等。

此外还有一些反政府武装,如斯里兰卡的 Liberation Tigers of Tamil Eelam(LTTE,泰米尔伊拉姆猛虎解放组织),又称 Tamil Tigers,菲律宾的 Abu Sayyaf(阿布萨耶夫)等。

3.2 政府团体

立法或司法团体,管理部门、局或办公室,武装部队(或武装部队的一部分)的全称,或一个得到公认的名称的简称形式应当大写[1]。

3.2.1 立法机构

美国的立法机构称为 Congress,由 Senate 和 House of Representatives 组成。众参两院又下设若干委员会(Committee)、分委员会(Subcommittee)。英国、加拿大等国的立法机构称为 Parliament,由 House of Lords(贵族院或上议院)和 House of Commons(平民院或下议院)组

成。也有的国家的立法机构称为 Legislative Assembly。

3.2.2 行政机构

美国政府(即总统及其内阁)称为"the Administration"。总统的姓氏 + Administration(A 常大写)表示 XX 政府,如 Trump(或 Trump's)Administration。Federal 大写时表示美国联邦政府,如 the Federal budget。英国、加拿大的最高国家行政机关称为 Cabinet(内阁)、美国则称为 Department of State(国务院),也有称为 State Council 的(如中国)。美国政府行政部门的部叫作"Department",如 Dept. of Interior。美国政府共有 13 个部,部下设管理局、司局、处、科、办公室和中心(Administration、Service、Agency、Bureau、Office、Division、Center)等。其他政府机构还有 General Accountability Office、Arms Control and Disarmament Agency 与 Peace Corps(和平队,注意不是"联合国维和部队")等。英国政府行政部门的部多称为"Ministry",如 Ministry of Defence、Ministry of Posts and Telecommunications 等。其他政府机构有 Privy Council(枢密院)、Her Majesty's Stationery Office 等。

3.2.3 武装力量

武装部队(或武装部队的一个部分)的全称,或一个得到公认的名称的简称形式应当大写。

美国的陆、海、空军分别称为 Army、Navy、Air Forces,合称三军(the Three Services),也总称为 United States Armed Forces。此外还有 Air Force Reserve、Army Air Forces、Army Corps of Engineers 和 Marine Corps 等。英联邦国家的军队一般冠以"Royal",如英国、加拿大的 Royal Navy、Royal Air Force 和加拿大的 Royal Canadian Mounted Police 等。另外英国陆军步兵团称为 Great Britain Army Infantry。

3.3 政党与政治团体

政党(政治团体)名称及其成员应大写,如 Conservative Party、Democratic Party、Labour Party、Republican Party、Tea Party、Khmer Rouge(红色高棉)、Solidarity(团结工会)等。民主党人、民主党员称为 Democrats,共和党员、共和党人则称为 Republicans。

3.4 官员与公职

君主(皇帝、女皇)、总统、首相、州长等官员代表公职身份时大写,如 President、Chairman、Governor(州长、总督)、Commissioner(专员)等。此时,它们所表示的是官职,而不是担任官职的人。官员在西方被视为团体而非个人,这一点和中国的习惯非常不同[11]。

联合国各专门机构的首席负责人称为 Director General(总干事);各国政府总理称为 Prime Minister(英国等)或 Premier(中国等);政府各部部长称为 Secretary(美国)或 Minister(英国、中国等);美国国务卿叫作 Secretary of State。常见的官职还有 Ambassador(大使)、Special Envoy(特使)、Attorney General((英)总检察长,(美)司法部长)、Chief Justice(首席法官)和 Inspector General(监察长)等。这些官职的前面加上表示副的(Deputy、Vice、Under、Lieutenant)、助理(Assistance)、执行的(Executive)等词语就成为新的官职,如,Alternate Executive Director、Under Secretary of Defense(Comptroller)。联合国设有 United Nations High Commissioner for Refugee,美国设有 Permanent Representative of the United States of America to the United Nations 等。

书目数据中应该为代表公职的官员责任者建立团体名称标目（启用 110 或 710 字段），而非个人名称标目（100 或 700 字段）①。我们可以看到套录源数据中都是这样做的。美国国会图书馆名称规范档提供了各类官员团体名称标目的规范形式。如，联合国秘书长：110 2#$a United Nations.$b Secretary-General；联合国教科文组织总干事：110 2#$a Unesco.$b Director-General；欧洲监察专员：110 2#$a European Ombudsman；英国掌玺大臣：110 1#$a Great Britain.$b Lord Privy Seal[12]。编目员拿不准时可以查找规范记录加以印证。

3.5 其他团体

学术机构、协会、公司、宗教派别，或一个部门或分支的名称应当大写[1]。

一般以 Inc.（Incorporated）、Ltd.（Limited）、LLC（Limited Liability Company）和 Corp.（Corporation）等缩写字结尾的机构名，书目著录中都不会弄错。需要特别指出的是以 Associates（联营、联合公司）结尾的团体识别度最低。如，Dunlap and Associates, Inc.、F. B. Scriven & Associates、Walter R. McDonald & Associates, Inc. 等，因为"为 ltand Associates"这种表达完全不符合中国的习惯，常被误认为个人名称。例，245 00 $a Human factors in automatic checkout equipment ／$c Walter R. McDonald & Associates.

700 1#$a McDonald, Walter R.（误）

宗教派别：Catholic、Christian、Muslim、Islam ／ Islamism、Islamist、Shiah（什叶派）、Sunnite（逊尼派）

3.6 不含机构通用术语的团体名称

一般的团体名称都含有表示单位属性的词语，如，Organization、Union、Department、Administration、Agency 等。与中国的习惯不同，国际组织和外国政府中有一些机构名称中并不含通用术语，没有经验的编目员很难看出它是一个团体。如，UN Women（联合国妇女署：110 2#$a UN Women）和 Education for All（全纳教育工程：110 2#$a Education for ALL（Project））等。在加拿大政府机构中，这类团体名称尤其多，如 Finance Canada（加拿大财政部：110 10$a Canada.$b Finance Canada）和 Statistics Canada（加拿大统计局：110 2#$a Statistics Canada）等。机构后面的括号里是该机构的团体名称标目的规范形式，以证明它确实是一个团体名称。下面这几个词组就较难分辨，Millennium Development Goals、Geological Survey、Kids Count 和 Race to the Top 分别是千年发展目标工作组（110 2#$a Millennium Development Goals），美国地理调查局（110 2#$a Geological Survey（U. S.））、孩子重要项目（110 2#$a Kids Count（Project））和力争上游项目（110 2#$a Race to the Top（Program：U. S.））[12]。

3.7 会议名称

会议可看作一种特殊的团体，相应的名称应大写。常见的表示"会议"的通用术语有：Meeting、Conference、Assembly（集会）、Congress、Party（聚会）、Seminar（讲座）、Symposium（讨论会）、Workshop（研讨会）、Convention（大会）、Forum（论坛）等。如 International Labour Conference、World Health Assembly、Belt and Road Forum for International Cooperation 和 Workshop

---

① 某些情况下应同时建立官员的个人名称标目。

on Pesticides 等。

不常见的表示"会议"的通用术语还有：Colloquium（专题座谈会）、Course（课程、培训班）、Panel（专题小组，小组讨论）等。还有普通西文文献中不太常见的 Round Table（圆桌会议）、Summit（峰会、最高级会议）、Conversation（对话）、Negotiation（谈判）和 Consultation（磋商）等。如 Gulf Cooperation Council Camp David Summit、关于种族隔离的圆桌会议（111 2#$a Round Table on Apartheid）、区域发展规划国际培训班（111 2#$a International Training Course in Regional Development Planning）等。特别是 Consultation 一词，很多书目著录中未识别出是会议名称，如世卫组织狂犬病专家咨询会（111 2#$a WHO Expert Consultation on Rabies）。

与中国的习惯不同，国外各类竞赛、比赛、展览、交易会、各类纪念和庆祝仪式，以至于节日都被视作会议。如国家仪仗队和管乐队展示（111 2#$a National Honor Guard and Pipe Band Exhibition D.C.）。

4 各种法律文件（文书）

文件，诸如宪章、宪法、法案、协定，计划、政策声明或条约的正式或临时名称应当大写[5]。

法律、法案、修正案、政府间条约与协定、国际政府间组织签订的协定；一项条约的备忘录、草约、议定书、修正案、延长有效期的协议及其他与该条约有关的附属文件均属法律文件。国际组织和外国政府出版物中遇到的法律文件名称中一般含有 Accord（协议）、Act、Agreement、Article（条款）、Agenda、Amendment、Charter、Code（法典）、Constitution、Convention、Covenant（契约）、Declaration、Law、Pact（条约，契约）、Plan、Principles、Proclamation（公告）、Protocol（草约，议定书）、Resolution、Rule、Statute（条例）、Statement 和 Treaty 等。

例如，Charter of the United Nations、Constitution for Europe、Declaration of Independence、Thirteenth Five-year Plan、Agenda for Development、International Covenant on Civil and Political Rights、Anti-Corruption Convention、Principles and Guidelines for International Negotiations、United Nations Model Rules for the Conciliation of Disputes between States（联合国国家间争端和解示范规则）和 Comprehensive Nuclear Test Ban Treaty 等。

在编目实践中，含有 Agreement、Code、Law、Plan 和 Treaty 等比较简单的、为编目员所熟悉的通用术语一般都大写了，而含不容易辨识的通用术语出错就较多。美国国会每年通过的法案无计其数，因此美国政府出版物中涉及的"Act"非常多。如，Affordable Care *Act*。由于一些编目员只知道 Act 是"行动"的意思，而不知道其"法案"的含义，因此书目数据中有相当数量的法案名称未大写。还有对 Amendment（修正案）和法案名称中又套法案名称的文件名更要注意。如，Victims' Rights Amendment、Clean Air Act Amendments 等。不能只大写最早的法案，不大写修正部分。相对出错更多的是 Protocol（议定书），该词较为生僻，因此不少编目员不知道其含义。正确的写法是 Madrid Protocol、Protocol for the Testing of Earth Augers。有时 Protocol 前面还有修饰词，如 Additional Protocol（附加议定书）、Optional Protocol（任择议定书）等，如 Optional Protocol to the Convention on the Rights of the Child。Protocol 以联合国与国际民航组织出版物中最为多见。出错最多的要数 Memorandum（备忘录）和 Memorandum of

Understanding(谅解备忘录)了。国际组织与外国政府出版物书目数据库中约90%的这类文件名都未大写。如,European Commission's Memorandum on Lifelong Learning,欧洲空间局与美国航空航天局关于外火星使团的谅解备忘(130 0#$a Memorandum of Understanding between the European Space Agency and the National Aeronautics and Space Administration of the United States of America Concerning the 2016 ExoMars Mission)等。

5 其他专有名词

未能归入以上类别的常见专有名词还有:

Medicare([美]老年保健医疗制度)、Medicaid([美]医疗补助制度)。

经济类:Dow-Jones Index、Hang Seng Index、Uruguay Round。

节日、纪念日:国际组织出版物中更多的是纪念日、纪念年。如 Memorial Day、World Refugee Day、Super Tuesday(超级星期二,美国总统竞选初选日),ADB Water Week 2004 和 International Peace Year 等。

事件:Arab Spring、Malaysia Airlines Flight 370 Incident(2014)、World Anti-Fascist War、Holocaust(大屠杀),World War II 和 Iran-Iraq War 等。

武器:Tomahawk cruise missile、Apache helicopter、Patriot(爱国者导弹)。

首字母缩写词:一般来说,首字母缩写词的每一个字母都应大写。如 BRIC(金砖四国:Brazil、Russia、India 和 China)、BRICS(金砖国家:Brazil、Russia、India、China 和 South Africa)、APEC(Asia Pacific Economic Cooperation)、AIIB(Asian Infrastructure Investment Bank)等。

气象、天文:Hurricane Sandy、El Niño、La Niña、Mars、Typhoon Yolanda/Haiyan。

近几年新出现的词语:Obamacare(奥巴马医改)由 Obama 和 Medicare 两个词合成,Brexit(英国脱欧)由 Britain 和 exit 合成等。

6 应注意的几个问题

①四季名称不大写:spring、summer、autumn(fall)、winter[5]。货币单位不大写,如 euro(欧元)。

②有一些单词大小写意思完全不同,小写时为普通名词,大写时为专有名词。书目著录时应结合上下文正确判断它的含义。如 turkey vs. Turkey(火鸡/土耳其)、acre vs. Acre(英亩/阿克拉[地名])、march vs. March(行军/三月)、reunion vs. Reunion(重聚/留尼汪[岛])等。

③全称复数名词,位于两个或多个不同的专有名称之前时大写,位于其后时则小写[1]。复数通用术语在名词前:Secretaries of Defense and State、Departments of Labor, Commerce, and Education。复数通用术语在名词之后:[By the] Monetary and Capital Markets and European departments.

④大小写皆可时尊重作者[2]。如巴勒斯坦被占领土是 occupied Palestinian territory 还是

Occupied Palestinian Territory,参看作者在正文中的写法进行转录。

由于篇幅的限制,还有一些应大写的,如德语的名词,大量存在的首字母缩写词和"不应大写的"这两部分也没能展开写。笔者颇有意犹未尽之感,以后有机会再总结。

要做好西文编目工作,编目员不仅要熟练掌握各种编目技术,还要克服语言的障碍和翻越文化的樊篱。欢迎大家批评指正。

参考文献:

[1]吴龙涛,叶奋生,吴晓静.最新详解《英美编目规则,第二版,2002 修订本》[M].北京:北京图书馆出版社,2006.

[2]吴波.《芝加哥手册——写作、编辑和出版指南》第 16 版[M].北京:高等教育出版社,2014.

[3]RDA 发展联合指导委员会主编,RDA 翻译工作组译.资源描述与检索(RDA)[M].北京:国家图书馆出版社,2014.

[4]国家图书馆外文采编部.RDA 本地政策声明暨书目记录操作细则[M].未正式出版,2016.

[5]The Chicago manual of style,16th ed. [M].Chicago and London:the University of Chicago Press,2010.

[6]钟道隆.听遍全世界[M].北京:清华大学出版社,2009.

[7]刁维汉.现代文献编目教程[M].上海:华东师范大学出版社,1994.

[8]United Nations. Main Organs[OL]. [2017 - 07 - 22]. http://www. un. org/en/sections/about-un/main-organs/.

[9]United Nations. Funds,Programmes,Specialized Agencies and Others[EB/OL]. [2017 - 07 - 22]. http://www. un. org/en/sections/about-un/funds-programmes-specialized-agencies-and-others/.

[10]联合国及有关国际组织译名手册[M].北京:中国对外翻译出版公司,1993.

[11]吴龙涛,叶奋生.最新详解《英美编目规则,第二版,1988 修订本》[M].上海:上海科学技术文献出版社,1998.

[12]Library of Congress. Library of Congress Authorities[EB/OL]. [2017 - 07 - 28]. http://authorities. loc. gov/.

中文编目中隐性不同版本的辨识方法及著录要点

齐晓晨(中国海洋大学图书馆)

版本一直是图书馆学中必不可少的研究内容,版本的定义各有千秋,最简洁的说法就是一部书的不同的本子。而版本学是研究图书的各种版本型式、源流演变以及如何鉴别其差异优劣的学科[1]。本文研究的隐性不同版本限定为同一载体同一语种,即中文纸质图书,重点在于鉴别。

版本既是一部书的不同的本子,不同之处可存在于内容、版次、书写、印刷、装帧等多方面。只要有一点不同都可以说是不同版本,但是各馆习惯不同,对于某些情况视作复本处理,本馆将仅有载体形态和/或价格不同的视为复本,或是仅因装帧不同而有不同 ISBN 号的图书当作复本处理。有些图书的版本标识明确,一看便知,或者虽略有差异但极易辨别——

譬如正题名仅改动年份的考试辅导书;而还有相当一部分版本隐藏颇深,未在显而易见的位置注明,难以发现是已有图书的不同版本。在此借用已有研究文章中"隐性复本"的提法,姑且将此类图书称为"隐性版本"。

隐性版本成因复杂,难以一言概之。新时期的图书出版市场一片繁荣,却也泥沙俱下,而且由于出版社层次不同,对所出版图书信息的揭示程度会有很大区别——有的会在书中详细说明版本沿革,有的约略一提,有的不仅连提都未提,甚至前后序皆无。因此更要仔细辨识。当今各馆都存在编目工作量的压力,使得分编人员无暇细究,或是经验不足直接忽略,直接当作另一种图书分编,可能与先前版本不能归入一类。现试将近年来常见隐形版本的各种情况归纳如下:

1 正题名相同

(1)正题名、责任者均相同

通常一种书的不同版本的正题名与责任者是相同的,但是反之,正题名与责任者皆相同却不一定是不同版本,首先要剔除正题名相同实则内容不同的书,即同名异书。同名异书在古籍中便有很多,历来为版本学研究所重视,当代出版的中文图书同名异书者数量更为巨大,更需编目员留意甄别。这种情况在教材中尤为常见,即便同时用正题名与责任者查重,也会查出十数条记录,这时就要综合副题名、丛编、出版社等,并比对目录来判定。

例1:《饮食营养与卫生》

| 饮食营养与卫生 | 靳国章编著 | 中国旅游出版社 | 2004 |
| 饮食营养与卫生 | 靳国章编著 | 重庆大学出版社 | 2015 |

前者为教育部高等职业教育教学改革试点专业:旅游服务与管理专业推荐教材,后者为高等学校酒店管理专业本科系列规划教材,并且内容差别极大,可以判定非不同版本。

例2:本馆所藏吕思勉所著正题名同为《中国通史》的4种书

中国通史.精装插图本	吕思勉著	中国画报出版社	2012
中国通史	吕思勉著	译林出版社	2015
中国通史:插图珍藏本	吕思勉著	新世界出版社	2008
中国通史	吕思勉著	中国华侨出版社	2011

虽然正题名与责任者完全相同,但例2的4种书中的前两种才为不同版本,即吕思勉在上海光华大学所授中国通史及文化史课的讲义的汇编——《中国通史》(上册为文化史,下册为政治史)。而新世界版在出版说明中提到"《中国通史》全名《自修适用白话本国史》",中国华侨版亦在前言中说"本书原名《白话本国史》",最后这两种实为初版于1923年商务印书馆《自修适用白话本国史》的不同版本。

(2)正题名相同、责任者不同

多出现在责任方式为主编的图书中,丛编相同或略有不同,再版修订时第一责任者退居幕后或是离世,第一责任者次序调整,有时变更为第二责任者或次要责任者,有时甚至变为为前一版本数据中没有著录的编委。此类情况若非细看前后序页,极易被当作两种不同图书而分散。

例 3:《全国中草药汇编》

全国中草药汇编	《全国中草药汇编》编写组编	人民卫生出版社	1975—1978
全国中草药汇编. 第 2 版	谢宗万主编	人民卫生出版社	1996
全国中草药汇编. 第 3 版	王国强主编	人民卫生出版社	2014

例 4:《药物分析实验与指导》

药物分析实验与指导	杭太俊主编	中国医药科技出版社	2003
药物分析实验与指导. 第 2 版	狄斌主编	中国医药科技出版社	2010
药物分析实验与指导. 第 3 版	宋敏主编	中国医药科技出版社	2015

例 3 与例 4 皆为三个版本更换了三个主要责任者。

2 正题名不同(即同书异名)

不同版本题名不同者,可能是译名差别,可能是再版或重印时作者本人更名,亦可能出版社为着某种目的而有意为之。

2.1 正题名不同、责任者相同

①古代典籍,《同书异名汇录》等工具书已有总结,在此不赘述。

②题名略有差别或意思相近,或正副题名互换的,有可能为不同版本。

例 5:

八位大学校长:蒋梦麟 胡适 梅贻琦 张伯苓 竺可桢 罗家伦 任鸿隽 胡先骕	智效民著	长江文艺出版社	2006
大学之魂:民国老校长	智效民著	中国华侨出版社	2012

2012 年版作者在自序中详细叙述了写作此书的始末,说明了前一版本就是《八位大学校长》。

③最常见的是译著,以文学作品居多,同一著作分别被不同出版社翻译出版,译者相同,有的译者不同;同一著作的不同版次分别翻译出版。若是常见的名著,自然易发现,但还有众多不那么广为人知的书,因而必须用 500 字段查重;有年代稍久的记录可能没有将原文题名做到 500 或 510 字段,仍需用作者查重。

例 6:Real Chinaman 的四种译名

中国人本色	何天爵	中国言实出版社	2006
真正的中国佬	何天爵	中华书局	2006
中国人的德性:西方学者眼中的中国镜像	何天爵	陕西师范大学出版社	2007
本色中国人	何天爵	译林出版社	2014

例7:德龄的6种题名近似的著作

紫禁城的黄昏:德龄公主回忆录	德龄	中央编译出版社	2004
我在慈禧身边的两年. 中英双语版	德龄	中国书籍出版社	2006
太后与我:德龄公主清宫回忆录	德龄	长江文艺出版社	2012
德龄公主回忆录	德龄	团结出版社	2007
我和慈禧太后	德龄	译林出版社	2014

《太后与我》同《我和慈禧太后》实为两种不同著作《清宫二年记》(*Two years in the for-bidden city*)和《御香缥缈录》(*Imperial incense*);《紫禁城的黄昏:德龄公主回忆录》、《太后与我:德龄公主清宫回忆录》、《德龄公主回忆录》,看起来都是回忆录,但是前两种书连同《我在慈禧身边的两年》都是不同版本的《清宫二年记》,后一种才是是德龄本人真正的人生回忆录。

④自传,多数情况下,一人一生只会写一部自传,遇同一责任者所著正题名不同的自传时,应当判断是否为不同版本。

例8:本馆所藏齐白石自述,有四种正题名,通过比对正文内容,都是齐白石自传的不同版本。

齐白石自述:从穷孩子到艺术大师	齐白石	中国广播电视出版社	2009
齐白石谈艺录	齐白石	湖南大学出版社	2009
齐白石回忆录	齐白石	东方出版社	2012
白石老人自述	齐白石	广西美术出版社	2014

⑤他传,同一责任者写的相同被传人的传记,存在不同版本的可能。

例9:三种题名的宋子文传记

宋子文大传	陈廷一	团结出版社	2004
民国财长:宋子文	陈廷一	东方出版社	2008
宋子文新传:"两朝"国舅 中国的汉密尔顿	陈廷一	东方出版社	2013

后两者书中并未提及在其他出版社已出版过的情况,经比对内容完全相同,因此三者仍为不同版本。

⑥随着两岸交流频繁,台版图书授权大陆出版,或大陆图书引进台湾出版,因各自习惯不同或出于宣传的考虑会更名。

例10:《鱼病诊断图谱》在台湾地区出版时更名为《鱼类的疾病与诊断图谱》[2]

鱼病诊断图谱	唐家汉	上海科学普及出版社	2001
魚類的疾病與診斷圖譜	唐家汉	合記圖書出版社	2004

2.2 正题名与责任者皆不同

①再版更换正题名的同时,责任者的形式虽不同,但实际并未改变,只是责任者名称变了,如机构或院校更名,或者个人责任者分别使用了原名和笔名,或者是国外责任者使用了不同的汉译姓而造成。

例 11:《Chinese characteristics》本馆所藏各版本译名就有"中国人的德行""中国人的国民性""中国人的脸谱:第三只眼睛看中国""中国人的气质""中国人的素质""中国人的文明与陋习""中国人的性格"七种。该书著者美国传教士明恩溥（Arthur Henderson Smith 1845—1932），在本馆记录中有明恩溥和早期的非规范记录史密斯两种形式，且其著作其中陕西师范大学出版社 2010 年出版的《中国人的性格》，所有规定信息源都没有出现原文题名，在没有统一题名的情况下，仅从正题名和汉译姓"史密斯"入手，无法查得与汉译姓为"明恩溥"的一种其他版本的关系。

中国人的性格	史密斯	学苑出版社	1998
中国人的德行	史密斯	金城出版社	2005
中国人的素质.2 版	明恩溥	学林出版社	2001
中国人的脸谱:第三只眼睛看中国	明恩溥	陕西师范大学出版社	2007
中国人的气质	明恩溥	译林出版社	2011
中国人的性格	史密斯	陕西师范大学出版社	2010
中国人的文明与陋习	明恩溥	陕西人民出版社	2014
中国人的性情	明恩溥	中国法制出版社	2014
中国人的国民性,又名,中国人气质	史密斯	中国长安出版社	2014

②再版时同时变更正题名和第一责任者。

例 12:

2000 年西方看中国	周宁编著	团结出版社	1999
西方的中国形象	王寅生编订	团结出版社	2015
2000 年中国看西方	周宁编著	团结出版社	1999
中国的西方形象	王寅生编订	团结出版社	2015

这两部著作时隔 16 年重新修订，不仅改换了正题名和责任者，目录和内容也都有了相当大的变动，但是在 2015 年版的前言里有"周宁原作，王寅生修订……这是师生两代人的成果;同一套书原版与修订版，相隔 15 年"的说法，所以二者还是不同版本关系。

3 辨识方法总结

①首先要在已下载的书目记录中使用多条件与本馆已有数据分别查重，必要的话可用题名的一部分与责任者组合查重，以发现疑似不同版本，正题名、责任者、译著的统一题名字段皆为必查条件。

②书中出现"第 X 版"、"修订版"等字样是要特别留意，查本馆是否已有先前版本，若新版未更名，在联合目录中用题名检索必然会查到同名的先前版本，若检索不到，则需考证是否已更名，更为何名。

③按照《中国文献著录规则》《CALIS 中文图书编目业务培训教材》规定的信息源题名页、其他序页(题名页对面或反面、题名页前的各页和封面/封底/封里/里封底)和书末出版说明，查找可能找到的一切有关版本信息，其中最可信或最无疑义的是前后序页责任者自己关于版本的说明。

④利用"对校法":古籍版本学的对校法在今天依然适用,通过对校找出差异,根据差异综合判断版本。如找不到版本沿革的,对照本馆已有疑似不同版本的图书实物,无图书实物或不便找的可利用本馆已有电子图书或数据库(如读秀、看目录、各种序页和部分正文),兼利用各种OPAC(国家图书馆、CALIS联合目录)。

● 比对目录,一些图书再版时会重新编排目次,打乱顺序,或有增删,需细心分析。

● 比对内容,一般来说内容大同小异基本可判定为不同版本(某些教材例外);有时两版本中间隔了多个版次,渐次变得与初始版本面目全非,导致难以判断,这时便要分别与其相邻版本对比,若能发现逐渐修订的证据,则可判断为不同版本。

⑤要特别重视书中出现的版本沿革,若两种书之间明显指出的继承关系,那么即便内容经修订后变动极大,也应作为不同版本处理;反之,无确切依据的情况下,则不能擅自将两种书当作不同版本。如例12,在1999和2015年的两个版本之间,尚有两种同为周宁著的极其相似著作:《永远的乌托邦 西方的中国形象》(湖北教育出版社,2000)和《天朝遥远:西方的中国形象研究》北京大学出版社,2006)但2015年的前言明确说只是1999年的修订版,因此1999年版与2000和2006版的并非不同版本。

例13:《医学免疫学》3种

医学免疫学. 第2版	何维主编	人民卫生出版社	2010
医学免疫学. 第3版	曹雪涛,何维主编	人民卫生出版社	2015
医学免疫学	曹雪涛,主编	人民卫生出版社	2015

后两种图书,正题名、第一责任者、出版社、出版年完全相同,连丛编项也同为"国家卫生和计划生育委员会'十二五'规划教材,全国高等医药教材建设研究会'十二五'规划教材",但是却不是不同版本,因为第二种《医学免疫学. 第3版》在书末的致谢中,清楚地列出了第1、2版的主编何维和出版信息,故而例13的前两种图书才是真正的不同版本关系。

4 隐形不同版本的著录要点

①对于译著,统一题名500字段一定要做,规定信息源没有要尽量通过其他途径找到,扩大搜索范围,利用搜索引擎、各馆OPAC、数据库等,如可搜索原著出版国的国家图书馆目录;汉译姓一定要规范,原文姓名能查到的也要著录,方便以后编目查重能检到。

②451字段:451字段是著录正题名不同的隐性版本时的必备字段。用来"连接相同载体文献的其他版本","若某一文献同时有两种或多种不同版本,可以重复本字段,即可以同时连接多种不同版本的相关文献。"[3]如例10的451字段著录:

200 1#$a 魚類的疾病與診斷圖譜 $f 編繪唐家漢,唐浩

311 ##$a 本书原名《鱼病诊断图谱》,由上海科学普及出版社出版。

451 #0$1 200 1#$a 鱼病诊断图谱 $1 210 ##$a 上海$c 上海科学普及出版社

③与排架号配合揭示,本馆的不同版本图书的索书号在前一版本的索书号依次加=2、=3等,既方便分编人员的目录组织,开架浏览时也使读者容易查找。

5 辨识隐性版本的意义

①分编工作:可以提高分编工作的准确度和效率,避免同类书异号的现象发生,将不同版本图书集中排架,还有利于目录组织和管理,查重能直接查出。

②采访工作:利于采访工作时参考,有的不同版本没有实质上的区别,比如同一出版社更换 ISBN 号重新出版一次,与重印无异,在编目查出时可考虑退书。

③读者检索:隐形版本的辨识发挥了目录学"考镜源流"的功用,揭示图书源流所自,供读者参考,使读者从想检索的图书可搜到其他所有不同版本,给读者更多选择余地,通过比较后选取最需要的版本,既满足了读者全方位多层次需求,也提高了相关版本图书的利用率,达到"为读者找书,为书找读者"的目的。

隐性版本的情况纷繁复杂,笔者所总结不能一一穷举,亦无法全部概括。分编工作实践中具体遇到的不同版本会混迹于庞大的数据库当中,工作人员要在日常工作中不断丰富知识、多看多思多总结,积累经验,还要有责任心、有耐心,唯有如此,方能对疑似不同版本有着敏锐的嗅觉,将其筛选出来结合已有各项信息进行综合判断。

参考文献:

[1]马文熙等.古汉语知识辞典[M].北京:中华书局,2004.

[2]齐晓晨.利用台湾"中国机读编目格式"数据的编目实践及注意事项[J].图书馆建设,2011(1).

[3]张明东.CALIS 联机合作编目手册例解·中文部分[M].北京:北京大学出版社,2004.

《中图法》(第五版)U 类修订分析及问题探讨

田鹭璐(国家图书馆)

《中国图书馆分类法》(以下简称《中图法》)是类分文献、组织文献分类排架、编制分类检索系统的工具。为与知识发展保持同步,及时解决实际应用问题,《中图法》在不断的修订和完善。经过十多年的修订,《中图法》(第五版)于 2010 年 8 月在广大用户热烈的期盼中,终于揭开它神秘的面纱。此次修订在保持分类法稳定性的前提下,新增类目 1631 个,停用或直接删除类目约 2500 多个,修改类目约 5200 多个。通过新增类目,调整完善类目体系,修改类名、扩大类目外延,增加使用注释等修订方法,补充了新主题、新概念,增强了类目主题的容纳性,明确了类目含义和使用方法,将类表的科学性、实用性有机地统一起来,更好地满足了文献标引和检索的需求,体现了《中图法》与知识发展同步的理念。本文从分类法使用者的角度,阐述了《中图法》(第五版)U 类的修订情况并对有待解决的问题提出几点建议。

1 《中图法》(第五版)交通运输类类目修订概况

U 类的类目名称是"交通运输",交通运输类目与民众生活息息相关。近十年来交通运输事业不断发展,新的交通工具、设备出现,与之相关的文献也大幅增加。因此,交通运输 U 类作为《中图法》(第五版)重点修订的大类之一,其类目修订和删除的幅度较大,分别在 4% 和 5% 以上。修订后的 U 类,增加新类目 8 个,增加交替类目 3 个,修改类目名称 39 处,类目注释变化 216 处,停用或删除类目 160 多个,总共涉及类目 400 余条。

2 《中图法》(第五版)交通运输类类目修订分析

2.1 增加类目

2.1.1 增加新类目

为保证知识发展的与时俱进,《中图法》(第五版)U 类增加新类目 8 个,以容纳日益增长的新学科、新事物、新主题等方面的文献。如,新增"U463.67 +5 汽车导航、雷达系统""U671.97 船舶制造检验"等类目。

2.1.2 增加交替类目

《中图法》(第五版)U 类增加交替类目 3 个,分别为:"U260.8 +3 生产组织与技术管理",并增注释"宜入 F407.472";"[U471.21]汽车运输企业组织机构与管理",并增注释"宜入 F540.5 有关各类";"[U673.2]生产组织及管理",并增注释"宜入 F407.474"。四版中这3 个类目均为正式类,五版改为交替类,很好地解决交叉学科的主题归类问题,使标引人员更能准确归类。

2.2 修改类名

对于一些类名陈旧、限定过窄、通俗性内容容纳性差的类目,《中图法》(第五版)通过修改类名使其更规范、更合理,以增强类目的科学性、容纳性。交通运输类类目此次修订共修改类名 39 个,其中有的类目仅对类名进行修改,如,四版类名"U463.32 +4 付车架",五版修改为"U463.32 +4 副车架";有的类目既修改类名又修改分类号,同时还增补类目注释,如,四版类名"U231 +.96 地铁防火",五版修改为"U231.96 防火、防灾",并增加注释"防震、防水、减噪等入此",四版的类名比较专指,五版的类名则较为概括。

2.3 删除停用无使用频率类目

随着科学技术的发展变化,删除或停用那些使用频率低甚至已不再使用的类目,不仅可以节约类号,精简类目,而且还增强了《中图法》的实用性,使其紧跟时代步伐,贴近人们生活。此次修订 U 类删除停用使用率不高的类目有 160 多个。停用类目大多是某一类的下位类。

如:U228.3　对无线电设备的干扰及防护

对机场通信、机场导航、广播、电视接收及其他无线电设备的干扰及防护入此。

⌐U228.3＋1⌐对机场通信、导航的干扰及防护

　　　　　＜停用；五版改入 U228.3＞

⌐U228.3＋2⌐对广播的干扰及防护

　　　　　＜停用；五版改入 U228.3＞

⌐U228.3＋3⌐对电视接收的干扰及防护

　　　　　＜停用；五版改入 U228.3＞

⌐U228.3＋4⌐对其他无线电设备的干扰及防护

　　　　　＜停用；五版改入 U228.3＞

此次修订还在停用类目注释中增加推荐使用类目，对一些归属模糊或不易归类的文献做出明确界定。如："⌐U231＋.92⌐地铁运营、管理及运营管理自动化停用；地铁旅客运输，五版入 U293.6；地铁运输管理自动化，五版入 U29－39；地铁运营管理，五版入 F530.7"。

2.4　增、删、改类目注释

《中图法》(第五版)交通运输类通过增删类目注释、改进类目注释来容纳新主题、疑难或常见主题，说明类目含义或类目之间的关系，以增强类目理解和使用说明。此次修订共增删改注释216处，现分别说明如下：①增加类目注释，如："U674.7 军用舰艇(战舰)"四版没有注释，五版新增注释为"参见 E925.6"，并新增反向参见注释。②删除类目注释，如："U263.6 制动装置"，四版注释为"仿 U260.35 分"，五版无注释。③修改类目注释，如："U12 城市交通运输"，四版注释为"总论城市交通运输技术的著作入此"，五版修改为"总论城市轨道交通运输、城市新交通系统'入此'。专论入有关各类。如：城市铁路旅客运输入 U293.5，城市地铁旅客运输入 U293.6；城市轻轨电车旅客运输入 U492.4＋33"。

2.5　增加复分标记

为增强类目复分助记性、降低复分难度，《中图法》(第五版)在一些类下无复分注释而又需要复分的类目的类名后增加了相应的复分标记，以提醒标引人员依据标记符号进行复分。如：U214.1/.9 有关各类增加复分标记符号"⑨"。

3　几点修订建议

3.1　更改类目

类目的划分是否具有逻辑性是衡量一部分类法编制质量的标准之一，类目设置标准要保持一致性。然而 U 类部分类目编排却缺乏逻辑性、一致性。如：在铁路和水路运输管理"U298 安全技术""U698 安全技术"类目下分别设置"U298.5 事故分析及处理""U698.6 事故分析及处理"类目，但"U492.8 公路运输安全技术"类目下却没有设置"事故分析及处理"类目，而是被放置在"U491 交通工程与交通管理"的下位类"U491.31 交通事故处理、分析与统计"类目里。U491 共设置九个下位类，其中有七个是关于"交通设施和设备"的类目，而

U491.31 被并列放置在这七个类目之中,显得很不合理,缺乏逻辑性。故建议把 U491.31 修改纳入"U492.8 公路运输安全技术"类目下,与铁路、水路运输的安全技术类目设置保持一致。

3.2 规范类名

在《中图法》中,类名通常承接上位类概念的内涵,下位类的类名只表达它区别于其他同位类的最本质特征,下位类的含义受上位类的限定。下位类类名重复上位类内容的部分应适当省略,以保持类名的简洁。如:U65 的下位类存在类名重复问题,建议修改为:

> U65 港口工程
>> U651 港口总体规划
>> U652 港口勘测与设计
>> U653 港口构造与设备
>> U654 港口工程材料
>> U655 港口工程施工

3.3 增添类目

随着信息技术的不断发展,交通运输技术和管理创新层出不穷,交通运输设备和管理手段更新加快,出现许多新技术、新理念、新设备,而这些概念将是未来一段时间内交通运输发展的重要内容。但《中图法》(第五版)此次修订对交通运输某些新领域关注度不够,导致存在有书无类的情况。如船舶自动识别系统(简称 AIS 系统),目前已经被广泛应用于船舶上,大多数图书馆在分编此类图书时归入"U644.8 助航设备使用管理",但 AIS 由岸基(基站)设施和船载设备共同组成,是一种新型的集网络技术、现代通信技术、计算机技术、电子信息显示技术为一体的数字助航系统和设备,与类目所含内容不符,但目前《中图法》(第五版)没有合适的类号与之对应。因此,笔者建议在 U644 类目下增加一个下位类,其类号类名为"U644.6 数字助航设备与系统",以便标引人员归类。

3.4 暂停类目

有些类目的下位类存在有类无书现象。如,"U643 通航附属建筑物",在国家图书馆 OPAC 检索系统中按照分类号查询,仅有一篇 1989 年出版的文献。究其原因,其下属类目"U643.1 过木建筑物"和"U643.2 过鱼建筑物"等内容已经过时,不再被关注和研究;再如,"U664.11 蒸汽动力装置",蒸汽机作为曾经的船舶动力装置与现在水路运输发展不相适应。因此,笔者建议《中图法》(第五版)暂停使用"U643 通航附属建筑物""U664.11 蒸汽动力装置"类目,以节省类号资源。

《中图法》(第五版)交通运输类的修订,新增许多新概念、新主题、新技术,使日益增长的新文献有合理的归类。但随着交通运输事业的不断发展,新的交通工具、设备的出现,交通运输类的类目设置还需不断完善,以增强《中图法》的实用性,增强《中图法》作为分类工具的权威性,使其更好地适应图书馆类分文献的需要,更有利于分类人员工作和读者检索。

参考文献:

[1]《中图法》编委会.中国图书馆分类法[M].第五版.北京:国家图书馆出版社,2010.

[2]卜书庆.网络环境下《中图法》发展及第五版述要[J].中国图书馆学报,2011(5).

[3]张淼.《中图法》第五版的修订特色[J].情报探索,2011(8).

[4]王梦雅,司莉.关于《中图法》第五版三大重点修订大类的若干问题[J].图书馆界,2012(2).

[5]曾德良.关于《中图法》第四版类名规范化研究[J].中国图书馆学报,2006(5).

[6]朱晓燕.《中图法》(第五版)TP的修订特色探析[J].高校图书情报论坛,2012(6).

大数据时代联合目录的质量控制

王彦侨(国家图书馆)

伴随互联网、物联网、云计算和智能阅读终端的不断发展与普及,图书馆界已进入大数据时代[1]。联合目录汇集图书馆和其他文献机构的书目信息、名称规范信息、主题规范信息、馆藏信息等,是图书馆非常重要的数据资源。在大数据时代,联合目录的建设不再单纯依靠成员馆单条上传数据,而是包含批量提交、数据收割、自动采集等多种方式,对质量控制提出更高要求。

1 联合目录的数据质量

数据质量具有四大要素:完整性、一致性、准确性和及时性[2]。联合目录的数据质量主要从这几方面进行评价。

1.1 完整性

完整性是评价联合目录数据质量最基本的指标。既包括整体数据的完整性,也包括单条数据的完整性。主要看记录是否缺失,记录的内容、字段、子字段信息是否缺失。例如,提交的数据是否全部上传至服务器、是否存在未抽索引而影响到用户检索的情况;书目数据采取简要级次、基本级次还是详细级次的著录层级;是否包含主题词、分类号等揭示文献内容的项目;是否进行名称规范控制等。

1.2 一致性

一致性主要体现在数据记录的规范性和数据逻辑的一致性。例如,数据集合是否保持统一的格式;每条记录字段、子字段顺序的是否一致;书目数据中具有固定逻辑关系的字段内容是否一致;一套图书是否全部选择集中著录或分散著录;同一作品的主题、分类是否一致;某一项目的著录是否遵循一致的规则等。

1.3　准确性

准确性主要是指数据信息是否准确,是否存在异常或错误。不准确可能存在于个别记录,也可能存在于整个数据集中。例如,数据中是否存在乱码或非法字符,编目规则要求的各项目著录是否准确,出版日期是否符合常理,作者年龄是否符合常理(从生卒年之差体现)等。从大数据的角度看,数据准确性评估技术涉及多个研究领域,比如人工智能、统计分析、机器学习、模式识别等[3]。

1.4　及时性

及时性是指数据从生产到可以查看的时间间隔以及数据修改、刷新和提取方面的快速性,在图书馆领域更习惯称为时效性。用户非常关心联合目录数据的时效性,主要基于书目数据共享、节约社会资源方面的原因。当发现联编目录中不存在所需的书目数据时,编目力量薄弱的图书馆可能不会原始编目,而是等待其他机构上传数据后直接下载使用。在联合目录发展到联机阶段后,能够从技术上实现数据的实时更新与维护。总的来说,数据的及时性取决于数据采集的方式、上传馆的积极性和编目流程、联合编目中心上传数据管理办法等。

2　联合目录的质量管理

联合目录的质量管理是为提高联合目录质量而进行的计划、组织、领导、协调、控制等一系列过程。通常包括质量方针和质量目标、质量策划、质量控制、质量保证和质量改进等[4]。

2.1　标准规范

为实现信息资源共建共享的目标,联合目录的建设应遵循统一的标准规范和信息交换协议,具体包括:①基础标准。包括字符集、文字编码和句法标准等。如汉字编码采用 GBK 还是 UTF-8、语种代码标准、中国历史朝代规范简称、我国主要少数民族语言代码、中国行政区划代码、国家和地区名称简称标准等。②内容标准。用于揭示文献内容特征和形式特征的标准,包括《国际标准书目著录》(ISBD)、《英美编目规则》(AACR)、《资源描述与检索》(RDA)、《中国文献编目》、GB 3792 系列国家标准、《中国分类主题词表》、《美国国会图书馆标题表》(LCSH)、《杜威十进制分类法》(DDC)、《美国国会图书馆分类法》(LC)、《馆藏说明》(GB/T 24424—2009)等。③数据格式标准。包括 MARC、DC 元数据(都柏林核心元数据)、XML、RDF(资源描述框架)等。图书馆主要采用 MARC 进行编目,书目数据交换格式为 ISO 2709;出版社、书商、网上书店则还可能采用 EXCEL、ACCESS、WORD 等格式;通过图书馆 OPAC(联机公共查询目录)页面采集而来的书目数据,部分有 MARC 格式,部分无 MARC 格式。即使有 MARC 格式,其表达方式也可能存在区别。这些数据需要进行格式转换和清洗,才能在联合目录中使用。④信息交换协议。图书馆信息交换协议主要采用 Z39.50。

Z39.50协议只是对数据下载、数据查询以及馆际互借功能提供明确的接口规范;数据上传只能通过Z39.50的扩充服务定义,由各软件开发商自行定义上传接口。

2.2　数据质量管理制度

借鉴全面质量管理、六西格玛质量管理等先进的管理理念和思想,建立联合目录的数据质量管理制度。首先,推行执证编目员制度。只有取得上传资格认证的编目员才可以上传书目数据,其他成员只具有使用书目数据、添加馆藏信息等权限。通过业务培训、资格认证考试、上载权限分配、数据提交和评估等流程后,才能确定某编目员是否具有数据上传资格。第二,规范数据处理流程。例如,成员馆上传数据前必须进行查重;新上传的数据需要经过系统校验、人工审校才能成为正式数据;批量提交、数据收割等方式采集的数据需要进行查重、匹配和数据整理;发现数据错误,有权限者可直接修改,无修改权限者则提交至中心处理等。第三,重视数据质量的调研分析。通过发放质量调查表、征求用户意见、质量监控员评分、意见库整理等方式,对数据质量进行评比,提高用户对数据质量的满意度。第四,保持沟通渠道畅通。设置意见库、E-mail、QQ群、微信群、论坛、电话等多种途径,便于用户选择合适的方式反馈问题。第五,加强培训,提高联合目录建设者的业务水平。培训方式包括集中授课、个别指导、在线交流、网络论坛等;培训内容包括文献编目、联合目录的数据操作和质量控制体系等。

3　联合目录的数据清洗

高质量的联合目录,不仅是用户服务的基础,也是数据挖掘的前提。要提高数据的质量,不仅要在事前对数据进行严格定义与约束,而且还要在事后使用特定算法对数据进行检测与处理[5]。联合目录的数据清洗的方法包括人工检查、应用专门程序、针对特定项目的处理、查重匹配等。

3.1　人工检查

人工检查即由专人对联合目录的数据进行检查和修改,这是保证联合目录质量的重要一环。根据联合编目中心对新数据的处理流程,或逐条人工审核,或只审核系统无法通过的数据。审校的内容包括:合并重复记录、规范书目著录、完善著录项目、解决标引一致性、确保多卷书和丛书著录一致性、修改数据错误等。"通过这项工作,联合编目中心一方面可以检查文献分类质量,减少文献分类差错,解决多人分类造成的分类标引不一致的问题;另一方面可以考查不同编目机构上传数据的质量,并能够及时发现问题并反馈给相应的编目机构,敦促这些机构及时纠正,进而提高整体编目水平。"[6]虽然这种方式效率较低,需要投入大量的人力、物力、财力,但仍处于重要地位。即使用其他方法进行数据清洗,仍然需要由人工进行数据分析和错误修改。程序不能替代人工解决所有的数据质量问题。

3.2　应用专门程序

目前,图书馆实体馆藏的编目主要采用MARC格式。每条记录都包括记录头标、地址目次区、数据字段区、记录结束符四部分结构,每部分结构都有标准。联合编目系统和图书馆集成管理系统都具备数据检查的功能。"系统控制主要从查重、数据格式、文献类型、语种和数据级别等数据合法性的自动检测功能方面,实现系统对数据质量的监控。Z39.50 客户端会自动对提交的数据进行查重检测,过滤重复数据。"[7] 根据 MARC 的定义,可以检查数据是否缺少必备字段、是否存在非法字段或子字段、字段或子字段的顺序有无错误等。另外一种应用较多的是格式转化程序,包括 MARC 与其他格式的转化、CNMARC 与 MARC21 的转化、馆藏格式与其他格式的转化等。这种转化通过专门的程序即可进行。例如,EXCEL 格式的在版编目数据包含 ISBN、装帧、定价、书名、责任者、版次、出版地、出版社、出版年月、重印年月、书名原文、内容提要、主题词、分类号等项目,可直接对应到 MARC 的相应字段、子字段。程序也可将书目数据中的 910 字段(包含上传馆代码、索取号、上传馆库代码、收藏卷期、馆际互借方式、缺藏卷期、上传馆系统号等信息)转化为对应的馆藏记录。

大多数编目系统将数据检查程序作为软件功能的一部分。但是,不同类型文献的数据标准不同,不同来源的数据著录方式不同,数据清洗往往需要多次反复进行。专门应用程序一般针对共性的、普遍性的问题进行检查。单纯使用这种方式达到理想的数据质量,需要不断修改程序代码,成本较高。

3.3　针对特定项目的处理

联合目录中的书目数据、规范数据、馆藏数据等每种数据均由不同项目组成。针对特定项目的数据清洗能够根据各项目的特点编制程序并随时调整,非常具有灵活性。首先,根据字段的定义、属性、域值、关联关系等对数据进行分析,发现异常数据。第二,按照一定的规则,对"脏数据"进行清洗。清洗过程中要清洗日志,记录数据处理历史,这些信息包括清洗时间、原始数据、清洗操作、清洗后数据、操作员等。第三,数据质量分析。分析数据较差的原因,尽量从数据采集源头避免噪声数据的产生。

例如,以 2007 年 1 月 1 日为分界线,ISBN 有十位和十三位之分。具有一定规律、不同位数的 ISBN 能够通过特定的算法校验和相互推导。十位 ISBN 的第二段、十三位 ISBN 的第三段为出版社代码,可通过该代码与出版社之间的对应关系对出版社进行清洗。需要注意的是,一个出版社可能对应不止一个代码,出版社名称也可能发生变更。通过对出版地、出版社的统计,挑选出现频次较少的记录,对其进行人工分析和处理。鉴于出版地一般著录到"城市",可将中国城市名称与出版地、出版地区代码等进行对比,筛选可能错误的数据。文献的出版日期和个人生卒日期一般都包含阿拉伯数字,否则很可能是著录错误。为实现主题规范控制,可以将书目数据的主题字段与主题规范库的主题词进行比较,筛选其中的非规范词。

3.4　查重匹配

对同一实体,联合目录中一般只有一条记录与之对应。但由于规则差异、格式差异、数据错误等原因,同一实体可能对应多条记录。通过查重,可以最大限度地保证数据的唯一性;通过匹配,能够丰富馆藏信息,也可以实现规范控制。除人工查重外,还包括联合目录系统强制查重和系统外程序的查重。

由于出版不规范、数据来源分散、著录规则不统一等原因,书目记录匹配是一个复杂的过程。记录匹配主要分为"对重复数据或者异常的检测"和"对重复数据及异常数据的清除"两步。首先,字段匹配是记录匹配的基础。书目数据的相关字段至少包括 ISBN、ISSN、ISRC、统一书刊号、题名、责任者、版本、出版地(发行地、印刷地)、出版者(发行者、印刷地)、出版时间(发行时间、印刷时间、重印时间)、页码、丛编等。查重条件由多个项目组合而成,需要根据数据的实际情况和处理目的选择项目和规则。其次,数据规范化处理。在数据比对前需要对相关项目做去除标点符号和空格、忽略大小写、去除特定字样等处理。例如,ISBN 号的处理包括去除短横、忽略结尾"X"的大小写、10 位和 13 位 ISBN 的校验和转化等;题名的处理包括去除标点符号和空格、忽略大小写等;出版项的处理包括去除标点符号和空格、去除"发行地""发行者""发行所""有限责任公司"等特定文字;出版年的处理是将其统一为公元纪年,包括直接取公元年、根据年代对应表转换为公元年、忽略月份著录等;页码的处理主要是去除小页码等。第三,查重结果分为一对一匹配、一对多匹配、不匹配等情况。一对一匹配的可以直接添加该机构的馆藏,其他情况需要对数据分析后确定继续处理的方式。应当最大限度地利用程序,减少不必要的人工干预,提高工作效率。

对于名称规范数据来说,检索点必须唯一。这种唯一可以通过编目系统的校验实现。在实践中,名称规范记录的重复更多的是为同一实体编制检索点不同的多条数据,而且这种做法不是编目规则所允许的。例如,规范检索点为"马海燕(医学)"和"马海燕(女,1955—)"的两条规范记录都是指"青岛大学医学院附属青岛市立医院小儿内科主任医师";检索点为"吴艺(1970—)"和"麦冬(作家)"的两条规范记录都是指"浙江省作家协会会员",是本名和笔名的关系。这种重复记录的检查可参考"学术论文检测系统"的方法,得出不同规范记录的相似度。相似度越高,重复概率越大。由于不同的责任者可能具有相同的名称形式,名称规范控制的实现不能单纯比对书目记录和规范记录的相关字段,而是需要对比书目数据。

目前,联合目录数据的查重主要是采取精确匹配的方式,未完全匹配的数据由人工干预后再进行处理。联合目录的大多数数据是结构化的,可借鉴数据清洗领域的聚类重复算法对记录进行匹配。在现有的重复记录匹配算法的基础上进行改进和研究,提高匹配效率和精度[8]。此外,数据质量的判定方法、记录缺失项目的自动填充、异常数据的清除等是我们需要重点思考和实践的。

只有高质量的数据,才能提供更优质的服务。在大数据时代,联合目录的质量管理可以借鉴大数据的思维和方法,多途径检查,多方位控制,将人工审核与数据清洗有机结合起来。我们需要不断探索书目共享模式,研究数据采集和处理方法,提高系统的工作效率、准确度和通用性,最大限度地提高数据质量,为用户服务奠定基础。

参考文献:

[1]陈臣.基于云计算的图书馆大数据分析和决策支持平台构建[J].图书馆理论与实践,2016(5).

[2]马小东.大数据分析及应用实践[M].北京:高等教育出版社,2016.

[3]贾小彦,王帅,邢延等.云计算环境下的数据准确性评估[J].工业控制计算机,2014(10).

[4]质量管理的内容[EB/OL].[2017 – 07 – 06].http://www.jianshe99.com/zhiliangzhuanyezige/fuxi/ch201411181612405853 8696.shtml.

[5]Dasu T,Johnson T.Exploratory data mining and data cleaning[M].New Jersey:John wiley & Sens,Inc.,2003.

[6]肖燕.也谈公共图书馆联合编目质量控制[J].图书馆界,2007(1).

[7]喻爽爽.CALIS联机合作编目服务体系[J].数字图书馆论坛,2013(1).

[8]叶鸥,张璟,李军怀.中文数据清洗研究综述[J].计算机工程与应用,2012(14).

转变·重塑·再造
——互联网+时代图书馆编目工作走向探析

杨前进　　高丽娜(重庆图书馆)

2015年3月,在全国"两会"上,李克强总理在政府工作报告中首次提出"互联网+"行动计划。同年7月,国务院出台《关于积极推进"互联网+"行动的指导意见》,从此"互联网+"正式成为国家发展大战略。于是以"互联网+各种传统行业"的发展思维要求各种传统行业要利用互联网技术及互联网平台并与之实现融合发展和关联发展,并催生出新的业态发展态势。这对图书馆发展来说是机遇也是挑战。国家图书馆就率先抓住这个机遇以"互联网+图书馆"为平台推出国图公开课、中国国家数字图书馆、掌上图书馆等"三大法宝",不仅赢得广大读者的赞许和支持,也获得发展空间。

可从编目工作来看,处在图书馆读者服务和文献传递前沿的编目工作因"互联网+"技术的应用而带来了不小的挑战。在这种情况下,传统的编目工作如果仍然按照固有的模式和固定的流程运作,不仅不能与"互联网+"技术实现融合发展和关联发展,也不能催生出编目工作新的业态发展态势,而且还存在被时代所淘汰的风险。对此笔者结合日常工作实际,浅显地从转变、重塑和再造三个角度来探析"互联网+"时代下图书馆编目工作的走向,并把图书馆编目工作的这种转变、重塑和再造归纳为以下几个方面:①编目工作需重新思索与定位;②编目技术的革新与应用;③编目模式变革和业务流程再设计;④编目馆员转型与重塑。本文将对这4个方面逐一进行介绍和分析,以此借用全国文献编目工作研讨会这个难得的机会和各位同行交流讨论,为"互联网+"时代下图书馆编目工作发展走向提供参考。

1　编目工作需重新思索与定位

长期以来,目录一直是图书馆读者检索文献资源信息的重要手段,不管是卡片目录时代还是机打目录时代,编目馆员都一直致力于为读者提供详尽、规范的书目数据信息。如今,
图书馆编目环境已经发生深刻变化,未来还会发生哪些变化我们无法预知。但可以肯定的是,未来图书馆文献工作必然会随着时代背景、技术条件、用户行为习惯的变化而改变,因此要重新审视当下文献编目面临的环境,重新定位文献编目职能,让"互联网+"时代背景下的编目工作通过转变、革新来适应新的变化。

1.1　重新审视当下文献编目面临的社会环境

当前,图书馆编目工作面临的现实环境是文献种类越来越多,文献载体形态越来越繁杂

化,文献数量越来越庞大。面对这样的现实环境,如果增加相应的人力物力,或者通过引入外包机构会很快解决编目工作中遇到的工作压力问题。但从编目所处的社会环境来看,因为网络技术的日新月异,网络阅读、移动阅读、自媒体阅读成为人们的主要阅读方式,广大读者可以不通过图书馆书目数据检索就能在网络随心所欲地找到自己想要的文献信息,在这种情况下,如果编目工作仍然按照固有的模式和固定的业务流程来描述、揭示和组织文献信息,那么一定会不适应用户喜欢网络搜索行为习惯变化带来的挑战。另外,随着编目业务的大量外包,出版社、图书供应商、书店等单位纷纷加入图书馆编目队伍,不仅动摇编目工作在图书馆业务工作中的主导地位,也直接导致不少编目岗位面临被“淘汰”的危险。图书馆真的不要文献编目工作了吗? 读者真的不需要通过书目数据查到信息资料了吗? 中科院文献情报中心研究员张晓琳指出:“图书馆并没有被读者遗弃,只是故态图书馆不能满足读者的信需求。”我想文献编目也是如此,读者并没有完全遗弃利用书目数据查找文献信息,需要的是重新审视在“互联网＋”时代背景下下文献编目面临的社会环境,以此来调整编目工作的重心。

1.2 从读者需求角度重新定位文献编目职能

在中国文献编目 2000 多年的历史发展长河中,文献编目承担过诠释馆藏职能、指引馆藏职能和“财产清单”职能,这些职能的安排都是在特定历史背景和特定时代背景下,基于编目工作自身的属性而设计,都是以文献编目对象为中心。编目馆员在编目工作过程中常常把所编文献书目数据是否准确、规范、完备作为工作重点,而忽略对书目数据能为读者查找文献起到什么样的作用,提供什么样的信息的认识。这样长此以往下去,在“读者就是上帝”“以用户为中心”的年代,文献编目工作就会失去读者的支持,并有可能走向边缘化的危险。因此要从读者需求角度重新定位文献编目职能。当前强大的网络搜索引擎虽然能为读者准确快速地提供所需的信息,但读者所获得的信息往往杂乱无章。另外读者更需要的是从所获取的信息中获得知识,而网络提供的信息一般都是通过单纯的问题制式向用户提供所需的信息,它无法有针对性和系统性对信息进行智慧组织。而“整序知识、书目控制”这种智慧性的信息组织不仅是社会职能赋予图书馆文献编目的“制度安排”,也是图书馆与互联网搜索引擎的最大区别,而且也是图书馆文献编目的强项,具有不可代替的特性。所以要从读者需求角度重新定位文献编目职能,在继承传统编目工作职能的同时从整序知识角度开展编目工作。根据不同读者的不同需求进行差异性、人性化的组织资源导航,通过文献编目工作的“整序知识、书目控制”来向广大读者提供智能性、智慧化的知识传递服务。

2 编目技术的革新与应用

自“互联网＋”发展理念提出后,以互联网为标志的信息通信技术无所不在,层出不穷的新技术及其衍生品在信息传递过程中发挥了重要作用,不仅使图书馆不同形态的文献资源发生翻天覆地的变化,而且也进一步改变图书馆读者的行为习惯。但图书馆文献信息资源由于受到馆藏性质、馆藏类别和地域结构的限制,传统的编目技术已经无法适应与满足信息时代读者对图书馆文献信息资源的需求,需要编目人员对编目技术进行革新,将传统的编目技术格式转化为 Web 可以识别并处理的格式;依托相关技术条件对现有 MARC 格式下的元数据进行升级换代;将二维码的编码方式引入书目数据中。

2.1 将传统的编目技术格式转化为 Web 可以识别并处理的格式

"互联网＋"打破了传统文化结构、地缘结构,构建了更加和谐统一的新型社会结构,在这种环境下人们的思想和行为都发生了重大转变。互联网技术也从原有的信息单项发布的 Web1.0 发展成鼓励用户互动的 Web2.0,而且 Web2.0 也被成功运用到图书馆领域。OCLC 就利用 Web2.0 技术实施了 WorldCat Wiki 项目,并让联机联合编目在公共图书馆界顺利运作起来。这时原有的信息组织方式就明显体现出较强的滞后性,特别是从"互联网＋"要求融合发展角度来看,目前公共图书馆界的联机联合编目系统并没有与互联网搜索引擎融合对接。因此要积极响应行业内专家学者指出的:"要将传统的图书馆分类组织、主题组织、分类—主题等编目技术格式转化为 Web 可以识别并处理的格式。"这是适应图书馆发展外部环境和读者需求变化的必然选择。但就图书馆而言,虽然技术革新不是图书馆的优势,将传统的编目技术格式转化为 Web 可以识别并处理的格式也只是停留在理论层面,还没有转化成可供编目实践使用的科研成果。但需要相关的人员持续关注并参与这些先进技术研发。

2.2 依托相关技术条件对现有 MARC 格式下的元数据进行升级换代

从业务编目系统使用的书目数据格式来看,日常的文献目录格式不管是深圳图书馆的 ILAS 系统软件、深圳大学图书馆的 SULCMIS 系统软件、江苏汇文公司的 LIBSYS 2000 系统软件、还是 ALEPH500 集成图书馆系统软件以及重庆图书馆正在使用的 InDigLib 系统都无一例外地使用美国国会图书馆 1969 年发行的 MARC 作为书目记录格式,而用 MARC 格式做出来以后,书目数据又要通过 OPAC 提供的检索途径才能显示具体的书目信息。在单机保存的技术背景下,从卡片目录到计算机能识别的机读目录,MARC 书目记录格式为图书馆的文献信息传递发挥了极具时代里程碑的作用。可是在"互联网＋"信息技术的带动下,用户日益增长的信息需求是对信息获取的便捷化、个性化、智能化、简单化。在这种情况下,MARC 的字段结构复杂,编码格式只能使用专门系统软件才能识别和读取。目录检索只能通过专门的客户端在图书馆内查询检索。MARC 数据甚至不能通过 Web 来检索。针对这些缺陷要依托相关技术条件对现有 MARC 格式下的元数据进行升级换代。特别是 Web3.0 也有望上线运行,未来将会呈现一个人工智能、语义网、本地化等描述元数据的网络时代。因此,要依托相关技术条件对现有 MARC 格式下的元数据进行升级换代,改变 MARC 数据转换格式,使 MARC 格式下的书目记录读者通过 Google、百度等搜索引擎就能检索读取。

2.3 将二维码的编码方式引入书目数据中

二维码作为一种全新的信息存储、传递和识别技术得到广泛关注和应用。我国早在 1993 年就由中国物品编码中心对二维码技术进行了规范和研究。目前,在车站、码头、餐厅、商场甚至街边的卖菜的都在使用二维码。二维码巧妙地利用构成计算机内部逻辑基础的"0""1"比特流的概念,使用若干个与二进制相对应的几何形体来表示文字数值信息,通过图像输入设备或光电扫描设备自动识读以实现信息自动处理,只要用智能手机轻松一扫,丰富的信息便跃然眼前。那在编目书目数据过程中是否可以在某一固定区域将图书的题名、责任者、出版者、出版时间、内容提要等信息转换成能识别的二维码,让读者或者工作人员用手机或者扫码器扫描就将各项著录信息自动显示出来。如今,中国二维码注册认证中心已经成立并开展工作,图书馆可以安排有关人员来进行二维码的编码方式引入书目数据中的有关政策支持、技术可行性等咨询培训,并申请认证二维码应用于图书馆编目数据。当然,目前或许受到二维码技术、行业标准化规范等因素的影响,还没有图书馆将二维码编码方式引入书目数据中,但我相信由于二维码具有信息容量大、编码范围广、容错能力强,成本低,易制作,持久耐用等优势一定可以实现通过二维码制作书目数据。

3　编目模式变革和业务流程再设计

3.1　编目模式变革

当前,图书馆编目模式主要有独立编目、联合编目、编目外包等几种模式。独立编目主要限于网络技术非常有限的中小型图书馆,他们几乎忽视《中图法》及其他编目规则的相关规定,采取书名页汉语拼音顺序或者其他方式来分类排架、取索书号等。联合编目主要是由于计算机和网络技术的应用,许多图书馆通过签订协议加入全国图书馆联合编目中心、地方版文献联合采编协作网(CRLNet)、上海市文献资源共建共享协作网等联合编目机构,从这些编目机构上传或下载书目数据的一种编目模式。编目外包的图书馆主要是随着采购文献数量的逐年增长而又限于人力、物力而难以满足读者的需求,则采取编目外包形式,由外包公司完成对书目数据的制作。

以上几种主要编目模式在特定时代背景下确实对文献资源的有效组织发挥重要作用,特别是联合编目,不仅大大提高编目工作效率,而且更大限度地实现书目信息资源的共建共享。可是无论联合编目模式还是独立编目模乃至编目外包,由于编目方法不统一、编目系统软件不统一、遵循的编目标准不统一等因素的影响,直接导致书目数据规范性不够,误差率远远高于规定的标准。有些图书馆编目即时性意识不强,常常不能在规定的时间将分编好的图书送到读者手中。可见,变革编目模式势在必行。

如今在"互联网+"时代背景下,"互联网+"思维倡导用户参与、用户互动,在这种以用户为中心的时代,编目业务就应该重视用户的参与及与用户协作,鼓励用户贡献书目数据。如全国联合编目中心的上传书目数据资格是否可以向广大用户开放。联合编目机构是否可以与"社会编目"网站合作,如与豆瓣网(www.douban.com)合作,网站通过从网上获取现有书目信息让用户只需要输入少量信息就可方便地获取自己想要的书目信息。另外现有的编目环境已经不仅仅局限于图书馆,要利用互联网平台让图书馆与博物馆、档案馆、出版社、图书在版编目中心(CIP)等相关信息单位融合发展。特别是要和图书在版编目中心(CIP)深度融合,根据国家相关行业标准,调用相关技术和人员对在版图书的书目数据进行制作、存储、发布与维护,努力将书目专业规范数据信息渗透到出版源头,让这种跨行业的编目模式真正运作起来。

3.2　业务流程再设计

文献编目工作通常情况下都是由图书馆采编部门负责。在分编工作中,一般是按照《中国图书馆分类法》(第五版)和《普通图书著录规则》的规定开展工作。工作的主要内容一般是书目查重、套录数据或原始编目、取索书号、分配馆藏、审核交送等。在具体流程上,以重庆图书馆的编目工作流程为例,图书经过登到验收后交给书商工作人员进行贴防盗磁条、条形码等粗加工,之后进入编目环节。编目馆员通过检索查重后是复本的话直接分配馆藏。如果不是复本,有套录数据就直接套录后保存在本馆书目数据库,没有套录数据就由编目馆员进行原始编目,最后经过交送典藏后,文献进入流通部门,整个编目工作流程就完成了。这种流水式的工作流程在完成一定时间范围内规定的图书编目任务量发挥了重要作用。但由于在流程环节中没有将原始编目或者套录编目工作落实到具体责任人,全凭工作人员的自觉性和主动性开展工作,当无法按时完成工作任务量时,对于责任考核就没有相应的标准来执行,因为在流程开始之前就没有一个相应的评判标准。从企业管理角度来看,就需要流程再设计,具体来说就是要遵循一定的编目团队管理规范,以单位时间范围内的任务量为目标,根据图书馆文献编目时效性、共享性、读者需求导向性等特点将具体的编目工作在编目馆员之间再细化,明确执行人的责任,以便提高工作效率。

4 编目馆员的技能强化与重新塑造

就编目馆员而言,广东中山图书馆毛凌文老师早在 2011 年就发文指出:"编目员在编目工作中不同程度存在以下问题:依赖条例、依赖权威观点,重描述轻主题,受编目传统习惯束缚较多,缺乏组织空间和主观能动性。"[4]读过之后,感同身受。在日常具体编目工作中,更多的是重视对文献本身的描述,过分注重书目数据是否规范、准确,是否详尽和符合馆藏规定,几乎完全忽略书目应有的功能和编目工作本身与读者服务工作的关系。在"互联网 +"创新驱动思维引导下,以用户为中心的时代背景对编目馆员的素质和技能提出更高的要求。

4.1 强化编目馆员的专业技能

强化编目馆员的专业技能就是要将编目馆员以编目对象为中心转变成以读者服务为中心。具体说来就是要强化编目馆员在对信息资源从无序到有序转化过程中对信息的分析、整理、揭示等方面的专业技能培养。除此之外要努力调查研究,从读者行为角度分析读者的检索心理和检索习惯。一般读者到图书馆进行文献资源检索都希望既准确又快速,所以要满足读者这种心理需求,就必须跨越从文献载体信息到 MARC 书目数据,从 MARC 书目数据到知识服务的转变。例如下表是《艰难岁月中的人们》一书的简编数据,根据相关编目规则和文献本身的 ISBN 号、题名与责任、主题词等简单信息特征来组织数据。

《艰难岁月中的人们》简编数据表

信息	字段	内容
ISBN 号	010	\$a 978 - 7 - 5072 - 2042 - 1
通用数据	100	\$a 20150519d2015^^^em^y0chiy50^^^^ea
语种	101	\$a chi
出版国别	102	\$a CN\$b310000

续表

信息	字段	内容
题名与责任	200	$a 艰难岁月中的人们 $b 专著 $f 本社编
出版发行	210	$a 上海 $c 中国中福会出版社 $d2015
载体形态	215	$a 91 页 $c 照片 $d17 态 5 出版社
丛编	225	$a 纪念中国人民抗日战争胜利 70 周年丛书
内容提要	330	$a 本书收录了关于中国抗战时期的艰苦、感人的事情,具体有《一碗饭运动》《新四军的密使》《"皖南事变"中的宋庆龄》等文。
普通主题	606	$a 革命故事 $x 作品集 $y 中国 $z 当代
分类号	690	$a I247.81$v5

读者只要根据该书提供的任一检索条件就可以检索到该书,如果读者想以类号"I247.81"或"抗战"为主题检索,肯定会检索出成百上千条数据,筛选的时候就会费时费力。这时读者也许非常期望在图书馆能够像百度、搜狗、谷歌等搜索引擎一样通过一定的隶属关系、包含关系、属性关系等语义网络关系就能随心所欲地查找到自己想要的任何信息,这就要求编目馆员具备一定的知识组织技能。

4.2 塑造新型编目馆员

当下"互联网 +"技术已让互联网平台从传统的信息浏览、传递平台转变成诸如共享单车、网络购物等有价值的交易平台。人们通过互联网平台也不仅仅是为了浏览浅显的信息,而是需要有价值的信息服务。这时编目馆员要跳出对传统文献 ISBN 号、题名与责任、出版项、载体形态等有限信息的认识。把所编文献的主要内容与挖掘读者信息需求,理解读者信息需求紧密连接起来,这时编目馆员虽然岗位不变,但角色已经发生变化,变成读者的心理顾问、咨询顾问,为读者提供公共服务。换句话说就是要在原有专业技能的基础上为读者提供包括文献二次加工、信息推送、挖掘读者隐性信息需求在内的能满足用户需要的知识性产品。例如,是否利用现有的大数据技术开发一套涵盖全部书目信息和目次信息的书目推送系统,然后由编目馆员在原有编目专业知识基础上,用一定方法把传统的文献资源信息单元中的知识因子和知识关联揭示出来供读者查询检索,而读者也可以根据自己需要进行定制和退订,这时传统的编目馆员将会变成专业的信息专家。

综上所述,未来图书馆的编目工作环境还会因为网络技术、新媒体技术及读者需求结构的变化而面临更加复杂多变。在这样的变革时代,编目工作连同图书馆其他业务工作一样,不能只靠更换几个新系统、引进几个新技术就能跟上时代的变革步伐。而要从根本上需重新思索与定位文献编目工作,变革编目业务模式,再造编目业务流程,塑造新型角色编目馆员。特别要在了解社会需求、读者需求、文献信息外延和内涵的基础上重新对编目工作价值再认识,让图书馆丰富的馆藏文献信息资源通过分类与整序后逐步变成一张强大的、包罗万象的知识网络。

参考文献:

[1]李克强.2015年政府工作报告(全文实录)[EB/OL].[2017-06-23].http://lianghui.people.com.cn/2015npc/n/2015/0305/c394298-26642056-7.html.

[2]中国共产党新闻网.国务院关于积极推进"互联网+"行动的指导意见(全文)[EB/OL].[2017-06-23].http://cpc.people.com.cn/n/2015/0705/c64387-27255409-2.html.

[3]人民网."互联网+"时代国家图书馆推出"三大法宝"[EB/OL].[2017-06-23].http://culture.people.com.cn/n/2015/0420/c87423-26874382.html.

[4]毛凌文.编目员的歧路[J].国家图书馆学刊,2011(3).

[5]高伟,吴师泽.二维码在图书编目数据中的应用探索[C]//第三届全国文献编目工作研讨会论文集.北京:国家图书馆出版社,2013.

[6]吴丽坤,殷洁.文献编目理论研究[M].北京:中央编译出版社,2013.

高校图书馆馆藏书目标准化建设实践研究
——以武汉理工大学图书馆为例

杨　琼(武汉理工大学图书馆)

　　馆藏书目数据是图书馆开展业务工作和读者服务工作的基础,其质量高低直接关系到读者的检准率和馆际资源共享,同时也关系到图书采购员的查重采购工作,有效避免馆藏文献资源重复建设。笔者在武汉理工大学图书馆(以下简称"本馆")从事编目数据审校工作数年,经历了传统手工编目、计算机联合编目、回溯建库和编目业务外包等编目方式的转型。在当今新媒体、大数据环境下,图书馆各项业务工作面临着新的挑战。近几年出现的编目业务外包,让图书馆在文献处理时间与编目成本上获得很好的效益,但同时又给编目工作带生新的困扰。外包公司数据制作人员水平参差不一,片面追赶书目数量,其质量要求很难保证,馆藏书目数据质量的标准化面临冲击。本文从本馆馆藏书目数据标准化建设的实践出发,结合文献编目中一些影响书目数据质量的问题及编目外包后书目数据质量控制上的盲点,通过认真归纳和总结分析,提出一些有助于馆藏书目数据标准化建设发展的参考意见。

1　武汉理工大学图书馆编目工作环境与现状

　　武汉理工大学是由原武汉工业大学、武汉交通科技大学和武汉汽车工业大学于2000年合并组建而成。学校合并后三校区图书馆进行物理馆藏合并和资源整合,目前由4个综合分馆、24个学院(部、所)分馆(资料室)共同组成图书馆系统,形成覆盖全校的文献资源保障网络[1]。武汉理工大学图书馆从"十三五"规划开始,将对各校区学科分布进行大规模整合,图书馆将建设"1 个中心馆、3 个行业特色综合分馆、24 个学科特色分馆"的多分馆体系。2001 年图书馆合并后,新书统一采用深圳图书馆 ILAS 集成系统进行联机编目,依据《中国图书馆分类法》(简称《中图法》)进行分类标引,合并前武汉工业大学图书馆采用的是《中国科学院图书馆图书分类法》(简称《科图法》)。2003—2005 年本馆成立专门的回溯建库工作组,采用 MARC 标准著录格式,完成 200 余万册中文图书回溯建库,统一了《中图法》分类标准和业务管理平台。但当时由于技术、专业力量较薄弱,加之时间紧、工作量大,导致书目著录存在一些不规范情况,在进行数据转换合并时,无法确认图书的异同,造成部分复本无法合并、书目数据重复冗余等现象。2007 年,为将全校 24 个学院(部、所)分馆(资料室)纳入图书馆系统建设,本馆更换 ILAS 系统,采用广东图创计算机软件开发有限公司 Interlib 系统,每位编目员独立完成馆藏书目著录、分类标引、数据维护、验收等工作,参照 CALIS 联机合作编目规则,结合本馆实际情况,采用《中图法》分类标引,以计算机自动生成的流水号为种次号,组成排架索书号。2007—2009 年,由于系统更换和编目人员大幅变动,书目数据质量出现不稳定现象。2009—2012 年,编目人员相对固定,编目员业务水平不断提高,书目数据质量稳步提高,书目数据维护逐步开展,能及时解决各分馆反馈的问题图书,定期给各分馆反馈信息。2013 年,中文图书编目业务外包,编目员分流,外包公司人员进馆,书目数据质量控制再次面临考验。2016 年 6 月,本校新馆正式开馆,图书馆的藏书体系和规模发生诸多变化,为了建立结构合理的藏书体系,保障各分馆专业特色资源建设,需要定期对各分馆馆藏图书进行清理、复选和剔旧。馆藏书目数据库需要及时调整和维护,以便充分揭示各分馆的藏书特色和藏书内容,为读者提供个性化特色服务。

2 馆藏书目标准化建设中存在的问题和原因

2.1 编目系统存在缺陷

先进的编目系统是书目数据高质量的前提和保障,编目系统如果不能及时根据用户需求改进更新,会在一定程度上影响书目数据质量。本馆使用的 Interlib 系统,在编目系统上存在着一些缺陷,如在处理多卷书、年鉴、连续出版物时,该系统只考虑方便采访人员进行催缺图书的统计,却给编目验收带来不便。在对多卷图书进行编目验收时,大多数需要做集中著录,但对在同一订购批次的不同分卷册,不能进行合并,这样造成多卷书等在书目数据库中既有一条合记录的 MARC(有馆藏条码信息),也有几条单记录(简编 MARC,无馆藏条码信息)。如果涉及 5 卷以上,编目员用共同题名查重,就会出现很多条该连续出版物的书目,给编目员造成视觉混乱和查重判断失误。书目数据库中冗余数据不能得到清理或合并,也会影响读者在 OPAC 上的检索结果,误导读者对馆藏信息的判断。

2.2 书目著录不规范、分类不准确

由于编目规则和各馆拟定的编目细则都在不断修订变化,不同的编目员或同一人在不同时间对各个编目规则中的著录条款会产生不同的理解和认知[2],另外有些编目员对书目

数据的重要性认识不足,责任心不强,加上近几年图书出版形式的多样性或一些图书出版发行的不规范,编目员们在主要款目的选取原则、著录形式、分类标引上出现争议,造成著录前后不一致、不准确。以下问题是在编目工作中经常遇到的:

实例1:《瑞典社会工作》 分入 D753.23

分析:分编人员照搬下载数据,没有认真查阅工具书,跟错号。正确号为 D753.28。

实例2:《化工园区安全风险评价理论及技术研究》 分入 T407.7

分析:分编人员粗心,打错字母键盘。正确号为 F407.7。

实例3:《Fundamentals of Electric Circuit Theory 电路基础》吴士宏编著,CALIS 中西文库中都书目

分析:CALIS 对双语教材的入库原则没有明确规定,导致入中西文书目数据库混乱。

实例4:《Premiere Pro CS5》 分类混乱

分析:分编人员对软件的开发研制与使用,理解不一致,《中图法》第五版新增了类目,导致入 TP317.53 和 TP391.41 混乱。

实例5:《中国轻工业标准汇编 化妆品卷》 出版不规范

分析:出版社不一样,但内容相似,版次混乱。2011 年第 4 版,2012 年第 2 版,编目员很难判断是否跟版本号,如果重新取号,则造成同一种书不能排在一起。

实例6:《中国农户融资制度变迁与征信体系建设研究》 不完整书目数据

分析:CALIS 联合目录里该书目数据在 215、320 字段存在非法空格,下载到本地库显示为完整书目,但再次打开记录时为乱码。

实例7:《工业水处理技术》 记录重复

分析:书目数据库中有合记录、单记录,编目员对分散与集中著录理解不一,或没有认真进行查重,导致记录重复。

2.3 索书号存在同书异号、异书同号

2007 年,本校院系(部、所)资料室纳入图书馆系统,在业务上接受图书馆统一领导,为实现图书馆、学院分馆(资料室)日常办公、文献信息资源建设、管理与服务全面自动化与网络化,图书馆将原来的 ILAS2 系统全面更换 Interlib 集成管理系统,搭建本校图书馆系统统一的内部业务平台。但在系统更换期间,图书馆采用的 ILAS 系统,索书号是采用计算机自动生成流水号为种次号;院系资料图书采用的 Interlib 系统,也是自动生成种次号。2007 年 4 月,图书馆正式启用 Interlib 系统,将院系资料室数据进行合并,2006—2007 年分编的书目数据不可避免存在大量同书异号、异书同号情形,导致书目数据库索书号混乱。异书同号将导致同一种文献在数据库中同时存在多条书目数据,而同书异号则在书目数据库中造成书目数据的混乱,这些问题都给读者的检索造成很大不便。

实例9:《政策科学研究》《社会转型时期的合法性研究》《海峡两岸往来须知》 D0/140

分析:用索书号 D0/140 在本馆 OPAC 上检索到 3 条书目,也就是说这一号对应三种不同图书和不同馆藏地点,原因是 2006—2007 年图书馆系统更换时遗留下的问题没及时处理。

实例 10:《知识产权研究》D923.44/10　D913/30

分析:图书馆与院系资料室合并,保留各自的索书号,每个条码都有一个对应的索书号,这样便出现了同书异号。

实例 11:《GMDSS 综合业务》　索书号与图书上的书标不一致

分析:书目记录中有两个 905 字段

905 ##$aWHUTL$fU676.8/17

905 ##$aDDD$fU676.82/Z252

馆藏合并时,由于 905$a 格式不规范,导致馆藏书上索书号与记录不一致,发现此类图书需在回溯编目中逐个修改。

3　馆藏书目标准化建设的有效途径和方法

3.1　及时更新系统管理软件

图书馆计算机集成管理系统是图书馆自动化管理和各项业务工作运行的技术基础。图书馆文献信息资源共享,对系统管理软件的集成性、实用性和安全性有较高要求。Interlib 区域图书馆群自动化管理系统构建的联合目录,是一个动态的整体,升级后的 Interlib2.0 虽然引入多种手段进行编目质量控制,但在实际工作中还是存在一些弊端[3]。为了更好地改善编目业务系统,提高工作效率,有效控制馆藏书目数据质量,目前武汉理工大学图书馆正在和图创公司人员协商将系统升级为 Interlib3.0。升级后的系统新增大数据分析功能和书目数据质量反馈平台等。系统软件功能完善、流程合理,书目数据的翔实、全面和完整性就能得到有效保证[4]。

3.2　制定本馆分编细则

针对因编目员不稳定、编目规则理解不到位等原因造成的书目数据质量问题,各馆都制定了相应分编细则,确保书目数据著录的完整、准确和规范。本馆遵循《文献著录总则》(GB/T 3792.1—2009)、《国际标准书目著录》(ISBD)、《CALIS 联机合作编目手册》等标准,制定本馆《图书著录分编细则》。文献分类依据《中国图书馆分类法》,同时考虑本馆的馆藏特点、服务对象、学校专业设置、特色学科等,对集中与分散著录原则、中西文入库原则、《中国图书馆分类法》第五版有关修订类目的使用说明等进行统一规定。根据本馆制订的分编细则,审校人员定期分析编目质量,对图书分类、主题标引、著录等方面出现的共性问题召开业务研讨会,及时解决有争议的问题,对分编中的疑难问题达成共识,不断修改和完善编目细则,保证图书馆书目数据质量的稳定性。

3.3　加强编目员业务培训

新媒体环境下文献资源建设与组织正在发生日新月异的变化,各种新技术、新方法、新理念的出现,无疑给采编人员带来了很大的压力。人才是关键,一名优秀的编目员需要经过长时间的经验累积和知识沉淀才能培养出来。编目员应当具有较全面的图书馆学、情报学、目录学等专业知识和交叉学科知识,还要熟练掌握分类标引工具的使用、规范著录的各种规则和格式[5]。本馆作为 CALIS 成员馆,严格遵循联合目录质控组的数据标准,对编目员业务素质有严格要求,要求所有编目员加强业务学习,上岗两年内必须通过 CALIS 三级编目员资格认证考试,取得原始编目数据上载权限。近几年,本馆连续获"CALIS 联合目录编目员队伍建设优秀奖"和"CALIS 三期联合目录项目建设新锐奖(贡献奖)"等,这些荣誉是对武汉理工大学图书馆编目员业务水平及在文献资源共建共享中所做工作的肯定。

编目业务外包的出现,使很多人认为编目工作的内容已经形式化,编目员只是在机械地做套录工作,编目工作没有任何技术要求和成就感。无论外人如何评价新媒体环境下的编目工作,本馆现有编目员始终保持着良好的心理素质,热爱本职工作,重新定位自身职能,逐步培养对新环境、新技术的兴趣,在现有的工作中求创新求发展,如拓宽书目标引范围与深度、建立特色书目数据库、关注编目新规则 RDA 等。本馆编目业务外包后,编目员经过两次大调整,事实证明,兼备分编专业知识和现代信息技术的编目员,走出编目岗位,完全可以从容胜任新工作,开辟新的工作领域。

3.4 严格控制外包数据质量

近几年来,各馆都不同程度地采用编目业务外包,解决编目积压问题,改变传统的编目模式。但由于外包人员的变动性比较大,业务水平参差不一,编目业务外包后争议最大的就是如何加强编目外包后的书目数据质量控制和管理。许多学者发表论文探讨这个问题,但实际工作中它仍然困扰着编目同人。2013 年,本馆正式实行中文图书编目业务外包,每年到馆新书 10 万多册。外包公司 1.5 人驻馆分编,本馆 2 名工作人员跟进初审。外包前本馆采用"分编→总审"形式控制书目数据质量,外包后本馆采用"分编→初审→总审"形式,加强对外包书目数据的质量控制。总审人员对外包人员和本馆初审编目员培训,初审人员对照图书实物及验收清单,逐条逐字段审校编目数据和验收信息。编目数据审校主要包括著录信息块、附注块、连接款目块、相关题名块、主题分析块、知识责任者块等字段;验收信息审校包括条码、附件、卷册、版本等信息。初审人员将外包编目数据和验收信息存在的问题如实记录在《审校情况记录表》上,并提出修改意见,反馈给外包人员进行修改。外包人员修改后,将编目验收清单、原编数据及有疑问的图书送总审校再次审核。总审人员将分编数据质量中存在的问题进行归纳总结,一方面便于统计工作量和考核外包人员数据质量,另一方面便于规范本馆《图书著录分编细则》。通过二次审校,保证编目业务外包前后书目数据质量的一致性。

3.5 定期维护馆藏书目数据库

针对书目数据著录存在的问题,本馆每位编目员都有责任对照实物及时修改错误。若涉及书目数据库中馆藏地点变化和分类错误,报总审校人员审核记载,以一年为周期进行一次集中馆藏改号。总审校人员将需改号的馆藏图书条码、馆藏地点、需改动的索书号,打印并分发给相应的分馆协助修改书标。日常借阅时各分馆发现图书著录分类有误,通过电话或网络及时反馈给编目质控人员,经查证后及时修改。

3.6 科学整合馆藏书目数据库

本馆的书目数据自合并后已运行数年,虽存在着一些问题,但总的来说,书目数据质量通过前文所述的维护途径,正在日益完善和提高,能保证图书馆基本业务的需要。2016 年 6 月图书馆新馆正式开放。新馆搬迁前,各分馆藏书体系和馆藏布局进行了大幅调整,大量的馆藏转库等工作需要采编和技术人员参与完成。为此采编部成立许多专项工作小组,如馆藏布局工作小组、二线书库改号工作小组、剔旧工作小组、特色资源建设小组等,通过对馆藏书目数据的整理和分析,优化馆藏结构,突出馆藏特色,避免文献资源的严重重复采访,使文献资源的建设由分散行为转为规范集合行为。

新馆搬迁之际,对回溯建库、系统原因等遗留的一些问题,进行统一规范管理。如通过数据分析,需将合馆之前按《科图法》分类的 30 万余册图书调拨到新馆。那么如何对这些旧书进行改号排架,以避免旧书排在新书后面,影响读者入库查找?二线书库改号工作小组经过充分讨论,采用按《中图法》第五版统一进行改号,重设种次序号,在种次号阿拉伯数字前加"0"。如原《科图法》分类的《计算机科学技术》按《中图法》改号为 TP3/099,而新进馆图书《计算机基础实用教程》索书号由计算机自动生成为 TP3/66,这样在架位排列上改号后的旧书《计算机科学技术》排在前面,新书《计算机基础实用教程》排在后面,符合同类图书按到馆时间排架的模式,方便读者查阅。

新馆搬迁之后,馆藏布局工作小组完成对全校印本过刊馆藏数据的分析、对比、整合、抽取、调拨等工作,逐步建立全校印本期刊按学科"分散使用、集中收藏"的机制。有效缓解图书馆实体馆、各学院分馆(资料室)藏书空间的不足和管理的烦琐,又能集中有限经费保证特色核心期刊的完整性、连续性。剔旧工作小组通过对各分馆逐年增多的老化、低利用率图书数据进行分析、清理、复选和剔旧,为各分馆腾出足够空间,进行有效的馆藏布局和特色馆藏建设,让本馆特色资源服务于全校,并能走出去,服务于社会,树立理工图书馆服务品牌。

总之,馆藏书目数据库建设和维护是一项繁杂而长期的工作。在日常工作中应建立一整套书目数据库的维护机制,将错误控制在最小的范围内[6]。只有这样才能保障图书馆自动化服务系统标准化,才能为馆藏布局、资源共享、读者检索提供优质保障。

参考文献:

[1]武汉理工大学图书馆本馆概况[EB/OL].[2017 – 07.20].http://lib.whut.edu.cn/tsggk.jhtml.

[2]万丽蓉.高校图书馆书目数据的质量控制[J].青海民族大学学报,2013(7).

[3]王利.Interlib 系统下书目数据的质量控制[J].图书馆学刊,2011(7).

[4]吴蔚群.高校图书馆编目工作及前景展望[J].图书馆学刊,2012(5).

[5]缪婷,宗良.中文图书联机编目质量控制及探讨[J].内蒙古科技与经济,2012(9).

[6]吴玉珍.合并高校馆藏书目数据维护中对重复数据的处理[J].图书馆工作与研究,2009(2).

读者获取文献失败的成因与对策
——以国家图书馆中文图书为例

张　涛(国家图书馆)

1　检索失败无法获取有价值信息

1.1　资源缺藏或失位

1.1.1　资源缺藏

实体文献从出版发行到图书馆上架,经历了图书缴送/购买、编目、加工、归架借阅四个关键的流程,每个环节所用时间的长短均决定读者找书的效果。单册状态显示"初订"与"订购中"表示图书还未到馆,目前无馆藏状态,"记到处理中""编目中""文献加工中"表示图书已经到馆,但暂时不能提供阅览与外借,按照相关流程和时间规定,读者可以预判借阅时间。近五年,国家图书馆中文图书全品种缴送率维持在75%左右,仍有少量文献缺藏,无法满足所有用户需求。

1.1.2　资源失位

中文图书按照《中国图书馆分类法》进行分类标引,每册图书均分配独立的索书号,工作人员按照不同分类号、种次号/著者号将图书归架整理,读者可通过馆藏查询索书号,精确定位至图书架位区,以便获取所需资源。当索书号错误或图书书标粘贴有误时,图书将上错架位,致使读者或工作人员找不到书,提供不了服务,读者也无法进行预约或借阅。如:用户预约《仓颉造字》,基藏本索书号为 2015/I287.8/1682,获取到的文献实为《田螺姑娘》。

1.2　检索系统本身不足

OPAC 系统是图书馆集成系统直接面向读者的窗口,其检索功能是否强大,内容显示是否全面,备选服务是否多样化,很大程度上影响着用户对馆藏资源的利用效果[1]。国家图书馆文津搜索系统是整合国家图书馆自建或其他方式获取的数字资源,建立和维护高性能分布式索引,并结合基于互联网的信息收集和数据分析挖掘技术,向用户提供一个统一、实时高效、精准权威的数字图书馆数字资源元数据搜索服务平台[2]。但两个检索入口,或多或少依然存在不足之处。如下案例:

案例一:第十二届文津奖图书《中国文化的根本精神》(楼宇烈著),经 ALEPH 编目系统查询显示,2016—2017 年国家图书馆已经提供阅览及外借服务。而通过文津搜索系统,按照题名《中国文化的根本精神》检索,并设置出版日期(最近的排在前面),呈现检索结果 3 条,检索界面第一条显示为 2013 年出版的《新教育实验年鉴 2011—2012》,其余检索结果均不符合题名要求。将检索入口设置为 ISBN，输入 ISBN 号 978 - 7 - 101 - 11838 - 4，界面显示相关结果为 0。检索失败的原因在于系统问题，文津搜索系统数据未与 ALEPH 编目系统同步。

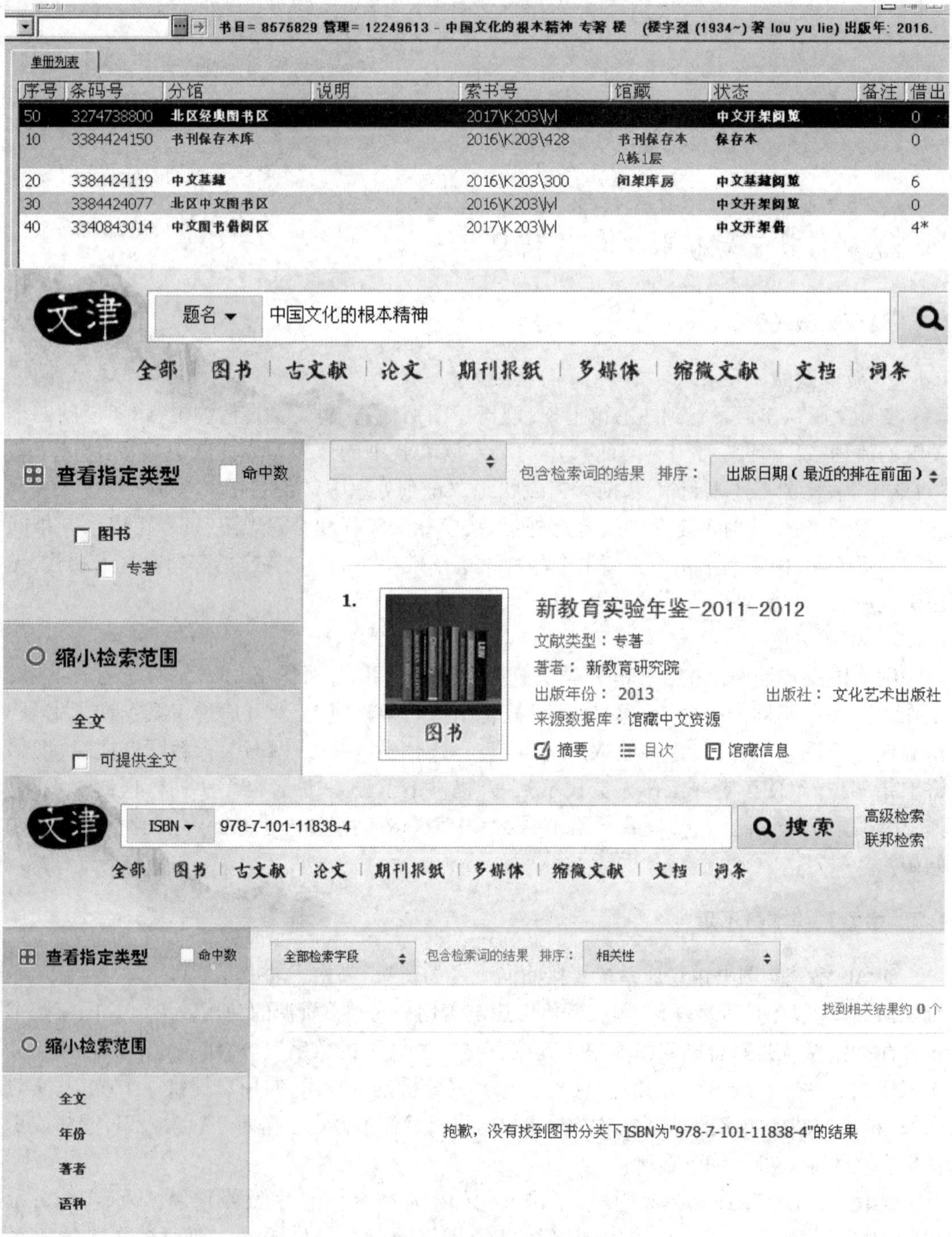

图 1　ALEPH 与文津检索结果

案例二:用户通过国家图书馆官网查询《"3＋X"的智慧创造——中国县域国土资源管理"金坛模式"纪实》,通过文津搜索与OPAC两个入口查询的结果迥然不同,同样题名入口设置检索词:"'3＋X'的",显示的结果是文津搜索失败,OPAC检索成功。

图2　OPAC与文津检索结果

1.3　检索方式及路径错误

目前,国家图书馆主要检索路径有文津搜索和馆藏目录查询系统。检索词的构成、检索入口的选取、检索字段是否为检索点均影响检索结果。入口词的构成决定检索的成功率,如笔者在OPAC中查找《编目:核心能力与挑战》,输入关键词"核心能力",并未检索到所需文献,改变关键词"编目核心",即呈现出目标文献。

| 正题名 | ✓ | 核心能力 | 中文文献库 ✓ |

排序: 年(降序)/著者 ✓ 格式: 封面视图 ✓ 选中记录 整合集合 重新3

记录 1 - 10 of 374 (最大显示记录 1000 条)　　　　　　**1** 2 3 4 5 6 7 8 9 10

1 ☐　　石油工程项目经理核心能力 [专著] / 李英庆著 图 文献索取
作者:　李英庆 著　　　　　　出版社:　中国石化出版社
年份:　2017　　　　　　　　格式:　◆ 图书
　　　　　　　　　　　　　　馆藏复本: 5, 已出借复本: 0

2 ☐　　世界城市建设背景下旅游类高职学生核心能力培养研究 [专著] / 王美萍 图 文献索取
作者:　王美萍 (女, 1961~) 主编　　出版社:　电子工业出版社
年份:　2017　　　　　　　　格式:　◆ 图书
　　　　　　　　　　　　　　馆藏复本: 3, 已出借复本: 0

3 ☐　　高职学前教育专业学生职业核心能力培养研究 [专著] / 苏卫涛著 图 文献索取
作者:　　　　　　　　　　　　出版社:　东北师范大学出版社
年份:　2017　　　　　　　　格式:　◆ 图书
　　　　　　　　　　　　　　馆藏复本: 3, 已出借复本: 0

| 正题名 ✓ | 编目核心 | 中文文献库 ✓ | 搜 索　二次搜索 |

返回结果列表 │ 添加到电子书架 │ 保存/邮寄 │ 重新查询

第 1 条记录(共 2 条) < 上一条记录　下一条记录 >

标准格式　图 文献索取

头标区	----nam0 22----- 450
ID 号	008099529
通用数据	20151119d2015 em y0chiy50 ea
题名与责任	●编目:核心能力与挑战 [专著]:第四届全国文献编目工作研讨会论文集 / 国家图书馆中文采编部编
出版项	●北京:国家图书馆出版社, 2015
载体形态项	347页;26cm
语言	chi
一般附注	国家图书馆,中国图书馆学会信息组织专业委员会主办
内容提要	本书收录了第四届全国文献编目工作研讨会的获奖和交流论文,对文献编目领域的重点、热点问题,如FRBR、RDA、《中图法》的使用、CNMARC格式等进行了深入的探讨和研究。
题名	●第四届全国文献编目工作研讨会论文集
主题	●文献编目 -- 文集
中图分类号	●G254.3-53

图 3　关键词的选取决定检索结果

　　检索路径决定了检索是否顺利,是否成功。在 OPAC 检索界面,用户将检索入口设置为"所有字段",输入 ISBN 号"978 - 7 - 5182 - 0560 - 8",检索结果显示为"0",未检索到目标

文献。将检索入口设置为"ISBN"时,输入"978 – 7 – 5182 – 0560 – 8",即显示为《邓小平治国论》,获取到目标文献。上述说明系统反馈为 0,并不能真正说明馆藏无目标文献,调整检索路径可以成功获取相关文献,如图 4。

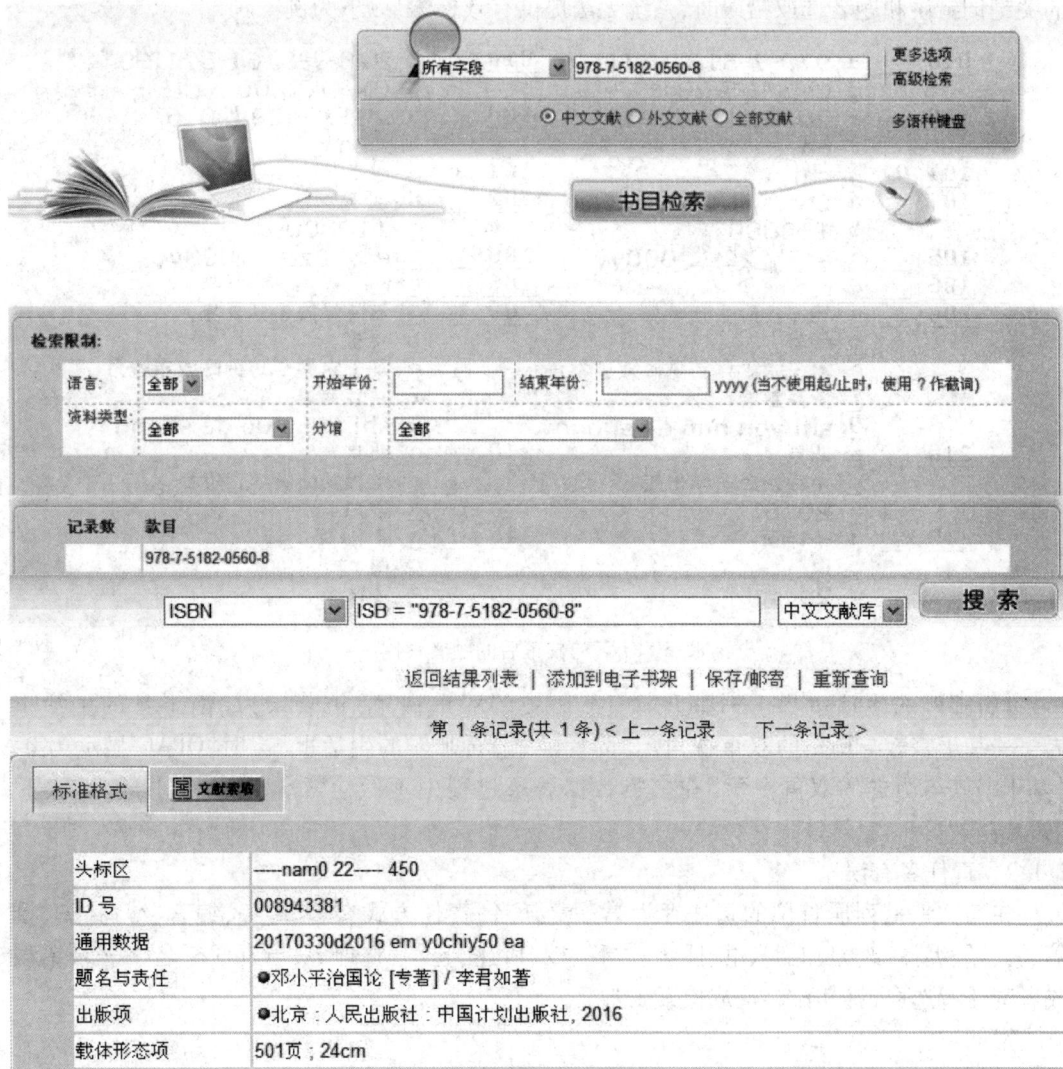

图 4　OPAC 不同的检索入口

2　书目数据编制错误

2.1　题名或责任者错误

2.1.1　文献的题名有误

文献的正题名,是读者的第一检索点,正题名即文献的主要题名,包括交替题名,但不包括其他题名信息(如副题名)和并列题名[3]。正题名是整条书目数据的核心,也是读者常用的检索入口,直接影响到检索的质量。正题名的错误主要包括题名文字错误、题名选取错误、标点符号错误。其中标点符号错误和非检索点文字错误,OPAC 系统和文津搜索系统,可以通过相似度处理来推荐书目,成功输送检索目标,但需要读者自我辨识和判断。当正题名的关键词错误和题名选取错误时,系统无法提供有效检索,以下为例:

010	__	a	978-7-5161-6712-0		010	__	a	978-7-5161-6712-0
		d	CNY105.00				d	CNY105.00
100	__	a	20170420d2016^^^ ea		100	__	a	20170420d2016^^^ ^ea
101	0	a	chi		101	0	a	chi
102		a	CN		102		a	CN
		b	110000				b	110000
105		a	^^^z^^^000yy		105		a	^^^z^^^000yy
106		a	r		106		a	r
200	1	a	南丰县的生活世界		200	1	a	石邮傩的生活世界
		b	专著				b	专著
		e	基于宗族与历史的双重视角				e	基于宗族与历史的双重视角
		f	黄清喜著				f	黄清喜著
		g	shi you nuo de sheng I				g	shi you nuo de sheng I
210		a	北京		210		a	北京
		c	中国社会科学出版社				c	中国社会科学出版社
		d	2016				d	2016
215		a	449页		215		a	449页
		c	图				c	图
		d	24cm				d	24cm

图 5 始著与校正后的题名对比

《石邮傩的生活世界——基于宗族与历史的双重视角》被著录为《南丰县的生活世界——基于宗教与历史的双重视角》。读者检索"石邮傩的生活世界"时,OPAC 显示为 0,"基于宗族与历史的双重视角"在书目数据著录过程中不做检索点,导致此书成为"僵尸书"。

2.1.2 责任者有误

在编文献上列居首位的责任者为第一责任者,责任方式有著、主编、编著、编写、编、撰稿、纂、译、编译、改编、汇编、书、插图、注释、校、口述、起草、整理等,当责任者名字著录错误或者责任者选取错误时,会造成检索困难。

案例:

200	1	a	' 婆婆不是妈
		b	专著
		f	罗浩著

图 6 责任者著录错误

《婆婆不是妈》的作者应为罗洁,而非罗浩,用户通过检索罗洁,未检索到目标文献。

2.2 图书分类错误

2.2.1 编排架分类与采排架分类差异大

保存本和基藏本在经历编目和加工流程后,进入相关库房,保存本是履行建设国家总书库职责而永久保存的馆藏文献,基藏本是为长期提供读者利用而设立的基本藏书,保存本和基藏本一起构成正式馆藏。借阅本是为提供阅览、满足外借需求而设立的临时馆藏,不需要经过全字段编目,在著录完成 ISBN 号、题名与责任者、出版信息、载体形态、采排架分类号等基本字段后,及时将书分流至中文阅览室及外借室,供读者第一时间借阅,当保存本和基藏本书目数据补充完整后,同一种书各个单册数据共享。当采排架分类和编排架分类不一致的情况下,会出现其中一种书上架错误,造成读者找书困难。

案例一:

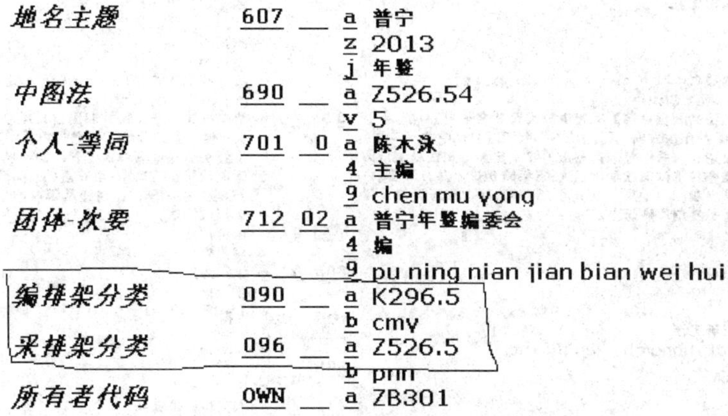

地名主题	607	__	a	普宁
			z	2013
			j	年鉴
中图法	690	__	a	Z526.54
			v	5
个人-等同	701	0	a	陈木泳
			4	主编
			9	chen mu yong
团体-次要	712	02	a	普宁年鉴编委会
			4	编
			9	pu ning nian jian bian wei hui
编排架分类	090	__	a	K296.5
			b	cmy
采排架分类	096	__	a	Z526.5
			b	pnn
所有者代码	OWN	__	a	ZB301

图 7　编排与采排分类号不一致

《普宁年鉴 2013》在编目过程中,中图法分类号标引为 Z526.54,编排架分类为 K296.5,采排架分类为 Z526.5,入藏至保存本库和基藏本库的文献分类号均错误,导致应该排架到 Z 类的文献,错误地归架至 K 类。

案例二:

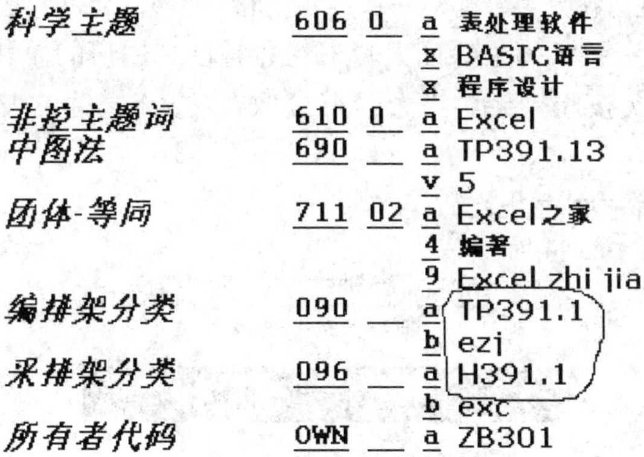

科学主题	606	0	a	表处理软件
			x	BASIC语言
			x	程序设计
非控主题词	610	0	a	Excel
中图法	690	__	a	TP391.13
			v	5
团体-等同	711	02	a	Excel之家
			4	编著
			9	Excel zhi jia
编排架分类	090	__	a	TP391.1
			b	ezj
采排架分类	096	__	a	H391.1
			b	exc
所有者代码	OWN	__	a	ZB301

图 8　采排架分类号错误

《别怕,Excel VBA 其实很简单》编排架分类标引为 TP391.1,保存本和基藏本归架至计算机技术架位区,采排架分类号为 H391.1,借阅本归架于常用外语架位区。实际上分类号 H391.1 在《中国图书馆分类法》中不存在,是编目员在著录过程中的操作失误,导致读者无法在 TP 架位区找到此书。

2.2.2 相同文献及连续出版物分类号不同

(1)相同著作不同装帧分类号不一致。

案例:《中华人民共和国史稿》精装本与普通本对比

左:

```
200 1  a 中华人民共和国史稿
       h 第一卷
       b 专著
       e 1949-1956
       f 当代中国研究所著
       9 zhong hua ren min gong he guo shi gao
210 __ a 北京
       c 人民出版社
       c 当代中国出版社
       d 2012
215 __ a 338页
       d 24cm
304 __ a 英文共同题名：The history of the people's
         republic of China
330 __ a 《中华人民共和国史稿》概述中华人民共和国自1949年1
         0月1日举行开国大典，到1984年10月20日中共十二届
         三中全会通过《关于经济体制改革的决定》、加快以城市为
         重点的整个经济体制改革步伐这35年的历史。
         本卷为第一卷(1949—1956)，讲述从新中国开国奠基到
         确立社会主义制度的历史。
606 0  a 中国历史
       x 现代史
       z 1949-1956
690 __ a K271
       5
711 02 a 当代中国研究所
       9 dang dai zhong guo yan jiu suo
       4
090 __ a K271
       b ddz
096 __ a K271
       b ddz
```

右:

```
200 1  a 中华人民共和国史稿
       h 第一卷
       b 专著
       e 1949-1956
       f 当代中国研究所著
       9 zhong hua ren min gong he guo shi gao
210 __ a 北京
       c 人民出版社
       c 当代中国出版社
       d 2012
215 __ a 338页
       d 24cm
304 __ a 英文共同题名：The history of the people's
         republic of China
330 __ a 全书概述中华人民共和国自1949年10月1日举行开国大
         典，到1984年10月20日中共十二届三中全会通过《关
         于经济体制改革的决定》、加快以城市为重点的整个经济
         体制改革步伐这35年的历史，共分五卷。本卷为第一卷(
         1949—1956)，讲述从新中国开国奠基到确立社会主
         义制度的历史。
606 0  a 中国历史
       x 现代史
       z 1949-1956
606 0  a 中国历史
       x 现代史
       z 1949-1956
690 __ a K27
       v 5
690 __ a K271
       v 5
711 02 a 当代中国研究所
       4
       9 dang dai zhong guo yan jiu suo
090 __ a K27
       b ddz
```

图9 同一著作不同排架号

《中华人民共和国史稿·第一卷》分精装本和普通本,前者数据为精装本,编排架分类号为K271,后者数据为普通本,编排架分类号为K27。按照编目规则,两者分类号应一致,排在同一架位。精装本共计5卷,且每卷分类号都不一致,5册分散在各架,导致大套书分类不一致问题。

(2)大套书分类不一致。为了保证大套书的完整性和用户的便利性,该类型图书在编目加工过程中,需集中同类按序排架。当大套书分散在各处时,将失去套书的意义,会给读者造成较大的麻烦。

案例:《崔玉涛图解家庭育儿》

编目员	主题词	分类号
ZB301	婴幼儿 -- 哺育 -- 图解	R174-64
ZB301	婴幼儿 -- 哺育 -- 图解	R174-64
ZB301	婴幼儿 -- 哺育 -- 图解	TS976.31-64
ZB301	婴幼儿 -- 哺育 -- 图解	TS976.31-64

图10 同一系列著作不同分类号

该书为系列大套书,正题名为崔玉涛图解家庭育儿,分辑题名包括《直面小儿发热》《母乳与配方粉喂养》《直面小儿肠道健康》《直面小儿过敏》等共计10册,编目员将该套书标引为两种分类,导致该套书,一部分分布在 R174 的架位区,一部分分布在 TS976 的架位区,读

者无法全部获取文献。

（3）连续出版物分类号不一致。连续出版物是具有统一题名、按年月顺序定期或不定期连续出版、发行的出版物，最突出的特征是历史传承及资料的延续性，编目员在著录标引的过程中，需要注意主题词以及分类标引的一致性。连续出版物在阅览室架位区集中排放，既实现连续出版物的求全，又便于读者快速查找资料。而连续出版物分类的不一致，会导致文献错架，连续出版物分布不一。

案例：《中国钧瓷年鉴》

题名与责任者	出版地	出版年	编目员	主题词	分类号
中国钧瓷年鉴. 2013、2014 [专著] / 孙彦春、张冠军主编；中国钧瓷年鉴编纂委员会编	郑州	2015	ZB301	均瓷 -- 陶瓷工业 -- 中国 -- 2013-2014 -- 年鉴	F426.71-54
中国钧瓷年鉴. 2011、2012（第3卷）[专著] / 孙彦春主编；中国钧瓷年鉴编纂委员会编	郑州	2013	ZB301	均瓷 -- 陶瓷工业 -- 中国 -- 2011-2012 -- 年鉴	F426.71-54
中国钧瓷年鉴. 2009、2010(第2卷) [专著] / 孙彦春主编；《中国钧瓷年鉴》编纂委员会，禹州市地方史志编纂委员会编	郑州	2011	ZB301	均瓷 -- 陶瓷工业 -- 中国 -- 2009-2010 -- 年鉴	TQ174-54
中国钧瓷年鉴. 2000~2008 [专著] / 唐群喜主纂；孙彦春主编；《中国钧瓷年鉴》编纂委员会，禹州市地方史志编纂委员会编	郑州	2009	ZB301	均瓷 -- 陶瓷工业 -- 中国 -- 2000-2008 -- 年鉴	TQ174-54

图 11　连续出版物不同分类号

该年鉴共计四册，2009 年和 2011 年出版的年鉴分类号为 TQ 174—54，而 2013 年和 2015 年出版的年鉴分类号为 F4 26.71—54，四册文献的分开，导致读者只能找到其中两册。

3　馆藏数据存在问题

3.1　馆藏单册信息错误

3.1.1　索书号错误

国家图书馆的保存本和基藏本称为永久性馆藏，索书号由加工年、分类号、种次号组成；中文图书阅览区、中文外借等阅览室文献称为临时馆藏，索书号由加工年、分类号、著者号组成。当同一种文献，分类号不同时，会造成文献错误上架，读者找书困难。

案例：《泰戈尔儿童诗》

泰戈尔儿童诗 [专著] = Tagore's children's poems :	
馆藏	2016\K351\tge\中文图书借阅区
馆藏	2017\I351.8\4\中文基藏\闭架库房

图 12　同一著作两个不同排架号

《泰戈尔儿童诗》索书号中正确分类号为 I351.8,而外借本分类号为 K351,导致中文图书借阅区分流至 K 类书架,读者在外国文学架位区无法找到此书。

3.1.2 单册状态错误

单册状态显示"初订""订购中""记到处理中""编目中""文献加工中"等状态时,表示该文献不能提供阅览与外借。中文图书在进入国家图书馆后,流经记到处理、文献编目、文献加工中、在架等各道工作流程后顺利提供借阅。在图书交接的过程中,由于工作人员未按相关流程处理单册状态,致使图书一直处于中间环节,不能提供服务,给读者造成时间的延误及检索的困扰,也极易引起投诉并降低读者的文化体验。

3.1.3 分流地错误

中文图书分流顺序为保存本、基藏本、借阅本。借阅本根据文献特征分流至中文图书阅览区、中文外借、法律阅览室、年鉴方志阅览室、工具书区、图书资料室、经典图书阅览区、盲文文献阅览区、少儿阅览室等不同区域。当分流地错误时,受限于不同阅读对象,无法找到目标文献。如将少儿文献分流至中文图书阅览区,受制于成人阅览室的年龄限制,少年儿童将无法获取到文献。

3.2 馆藏信息揭示不详

国家图书馆馆藏信息包括单册状态、索取号、应还日期、子库、架位导航、条码号、描述项等数据。其中,资源描述项是对文献载体形式、内容的揭示,如:描述为字母"P"表示该文献为书刊所附的光盘、软盘等,描述为字母"F"表示为主体书的附件,描述为数字"1"表示该文献的卷期号等。当资源描述错误或馆藏描述不清时,容易造成读者无法获取预约文献或预约成功的载体不是读者所需文献。以下案例为资源描述错误常见类型。

(1)资源描述不详。如:《康熙起居注》共计 8 册为一条书目数据,内容附注项进行了整体介绍,未对每册文献进行详细揭示;馆藏信息描述项按著录规则,简单描述为":1、:2、……:8"。通过 OPAC 检索发现,虽然可以检索到目标文献,但无法区分每册文献所记录的内容,而馆内基藏本库规定每人每次限预约中文书刊 3 册,因此,读者无法确定所需文献,会产生很大的困扰。

```
200  1  a  康熙起居注
        9  kang xi qi ju zhu
        b  专著
        e  标点全本
        f  徐尚定标点
210  __ a  北京
        c  东方出版社
        d  2014
215  __ a  8 册
        c  图
        d  28cm
330  __ a  本书以 2009 年中华书局和台湾联经出版公司同时出版的《
            清代起居注册·康熙朝》为底本,将原著正文由繁体转化为
            简体,增加句读,划分段落,并按照时间顺序重新编排,是
            两个版本的合璧之作。对康熙一朝政治变迁的学术研究,特
            别是对大众读者的学术普及非常有益。
```

图 13 原始数据

条码号	分馆	说明	索书号	馆藏	状态	备注	借出
3278349083	书刊保存本库	:1	2016\K249.06\6	书刊保存本 A栋1层	保存本		0
3278348846	中文基藏	:1	2016\K249.06\8	闭架库房	中文基藏阅览		8
3278349125	书刊保存本库	:2	2016\K249.06\6	书刊保存本 A栋1层	保存本		0
3278348887	中文基藏	:2	2016\K249.06\8	闭架库房	中文基藏阅览		3
3278349166	书刊保存本库	:3	2016\K249.06\6	书刊保存本 A栋1层	保存本		0
3278348929	中文基藏	:3	2016\K249.06\8	闭架库房	中文基藏阅览		3
3278348960	书刊保存本库	:4	2016\K249.06\6	书刊保存本 A栋1层	保存本		0
3278348721	中文基藏	:4	2016\K249.06\8	闭架库房	中文基藏阅览		7
3278349000	书刊保存本库	:5	2016\K249.06\6	书刊保存本 A栋1层	保存本		0
3278348762	中文基藏	:5	2016\K249.06\8	闭架库房	中文基藏阅览		2
3278349042	书刊保存本库	:6	2016\K249.06\6	书刊保存本 A栋1层	保存本		0
3278348804	中文基藏	:6	2016\K249.06\8	闭架库房	中文基藏阅览		2
3278349117	书刊保存本库	:7	2016\K249.06\6	书刊保存本 A栋1层	保存本		0
3278348648	中文基藏	:7	2016\K249.06\8	闭架库房	中文基藏阅览		3
3278349158	书刊保存本库	:8	2016\K249.06\6	书刊保存本 A栋1层	保存本		0
3278348689	中文基藏	:8	2016\K249.06\8	闭架库房	中文基藏阅览		3

笔者修改过后的描述项：

预约	单册状态	索取号	应还日期	应还时间	子库	架位导航	请求数	条码	描述
	中文基藏阅览	2016\K249.06\8	在架上		中文基藏			3278348689	8/康熙五十二年正月——五十七年三月
	中文基藏阅览	2016\K249.06\8	在架上		中文基藏			3278348648	7/康熙四十一年正月——五十一年十二月
	中文基藏阅览	2016\K249.06\8	在架上		中文基藏			3278348804	6/康熙三十六年六月——四十年十二月
	中文基藏阅览	2016\K249.06\8	在架上		中文基藏			3278348762	5/康熙三十三年正月——三十六年五月
	中文基藏阅览	2016\K249.06\8	在架上		中文基藏			3278348721	4/康熙二十七年正月——三十二年十二月
	中文基藏阅览	2016\K249.06\8	在架上		中文基藏			3278348929	3/康熙二十三年正月——二十六年十二月
	中文基藏阅览	2016\K249.06\8	在架上		中文基藏			3278348887	2/康熙十九年八月——二十二年十二月
	中文基藏阅览	2016\K249.06\8	在架上		中文基藏			3278348846	1/康熙十年九月——十九年七月

图14　系列著作描述说明

修改后,读者可以根据每册文献涉及的年代记载,对《康熙起居注》进行精确定位,便于借阅。

（2）主体文献所属附件揭示不当。如:《戏剧女神》馆藏信息显示有附件,读者预约附件时发现所属文献为《林深深,鹿萌萌》的试读本,江苏凤凰文艺出版社为后期出版做的广告策划与宣传,不能简单描述为《戏剧女神》的附件。根据入藏规则,含宣传意义的广告册、玩具、化学试管/试剂、空白笔记本等不具备阅读意义的载体,不做附件处理。

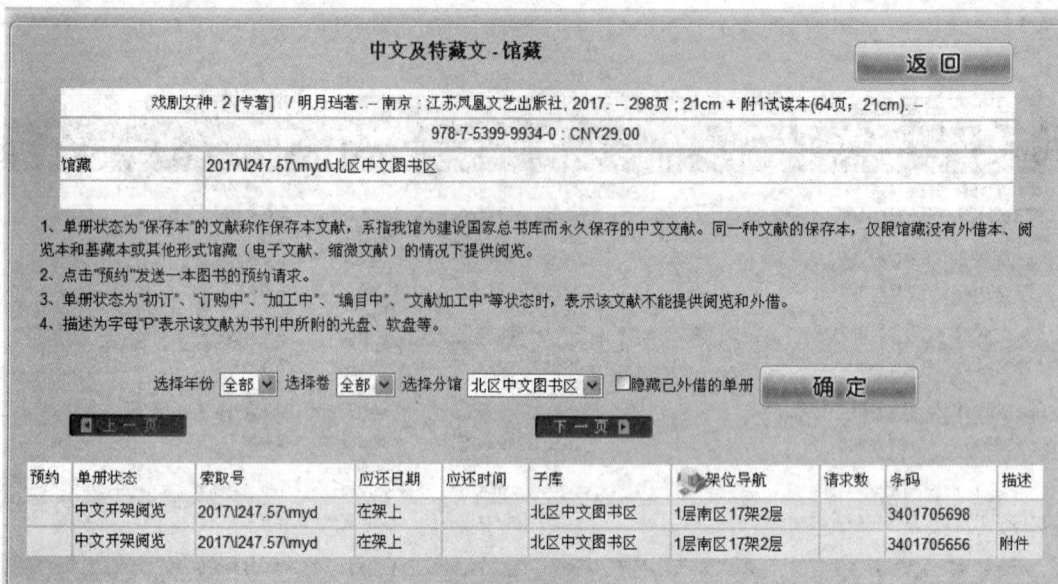

图15　附件描述说明

4　对策

4.1　改善检索平台,挖掘关联数据技术

　　检索失败的原因除了与馆藏是否存在有关,还与检索系统功能的完善性、用户检索策略的合理性有关[4]。在新一代数字图书馆发展浪潮中,要以读者需求为中心,注重与读者交互的能力,有必要对检索系统进行搜索日志分析,从读者常用的检索入口、检索词、检索习惯、检索失败处理方案等方面入手,以此改进系统算法,提升检索系统性能,更好地为读者提供服务。在文津搜索及 OPAC 系统界面增加用户反馈入口,当用户遇到检索目标文献的书目数据为错误数据时,可反馈至检索系统,ALEPH 同步收取相关反馈意见后,根据书目数据编目员口令,将错误数据自动发送至责任人,责任人及时完善书目数据记录,可有效提升书目数据质量,提高读者检索效率。

　　20 世纪 90 年代,国际图联推出《书目记录的功能需求》(FRBR),确定作品、内容表达、载体表现、单件、个人、团体、概念、实物、时间、地点这十个实体的相关属性,建立属性之间的关联关系,改变传统书目记录扁平化结构。但在一定程度上依然存在实体资源揭示粒度不足、网络环境下语义层度的局限,难以满足用户个性化、深层次的需求。馆藏资源元数据的关联网络构建不是一蹴而就、一劳永逸的短暂工作,而是需要一个不断发现、不断更新、不断建立、不断维护的持续性工作[5]。以下为 OPAC 搜索改善案例:

　　2017 年出版的《苏州手册》(叶正亭著),在编目过程中,编目员误录"苏州"为正题名,拼音子字段 $9 为"su zhou shou ce",ALEPH 系统显示正题名汉字与拼音著录未对应,用户通过正题名检索"苏州手册",结果显示为《苏州大学文正学院本科教学手册》,未检索到目标文献。汉语拼音作为汉字的一种普通话音标,现代技术可实现汉字与汉语拼音之间的自动转换。假设 OPAC 具备汉字与汉语拼音自动匹配的功能,系统自动将"苏州手册"调整为"su zhou shou ce"即可检索到,此次检索将实现有效检索。

<pre>
200 1 a 苏州
        g su zhou shou ce
        b 专著
        d Suzhou manual
        f 叶正亭著
        g 苏雁译
        z eng
210 — a 苏州
        c 苏州大学出版社
        d 2017
</pre>

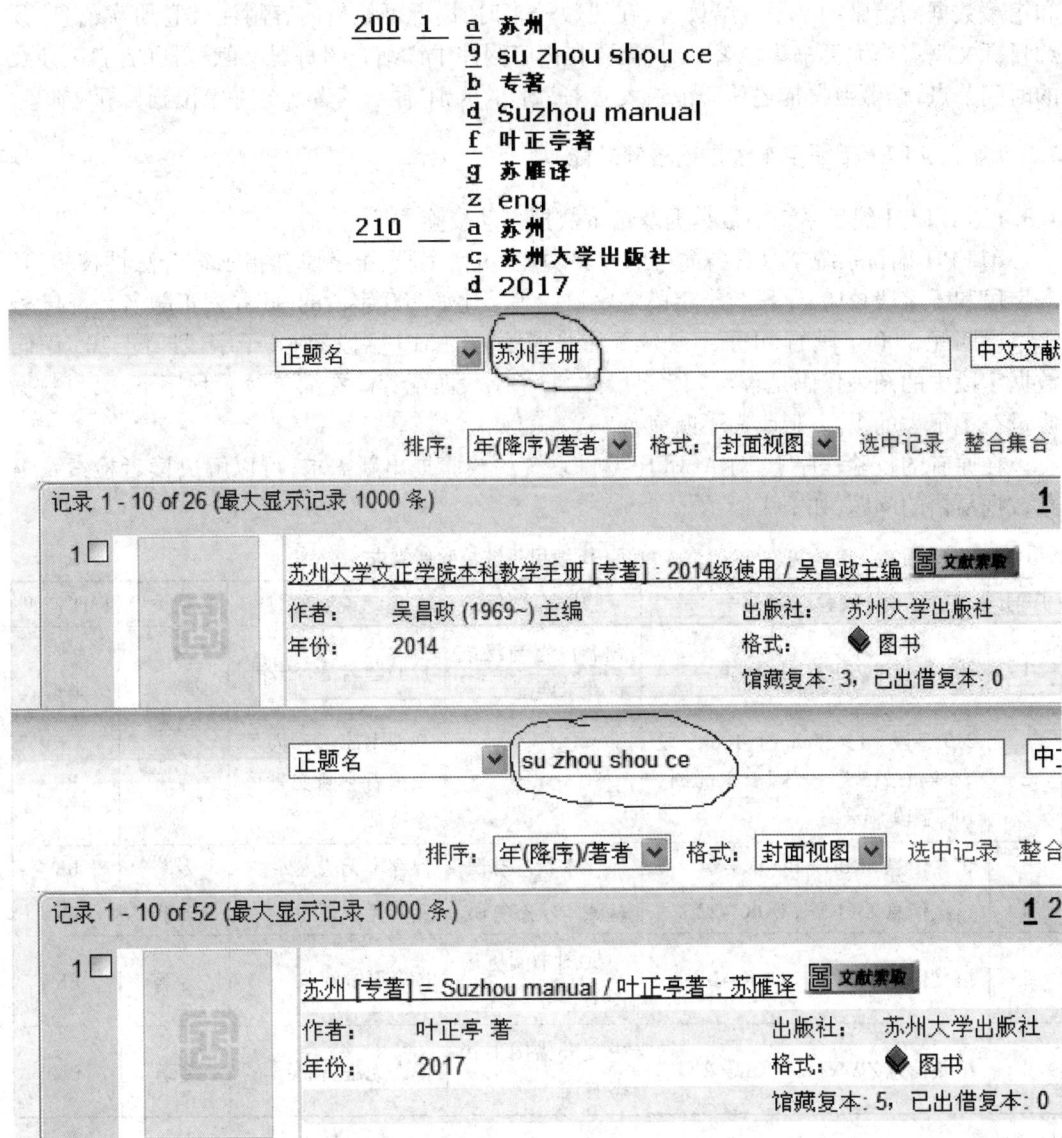

图 16　OPAC 汉字转换拼音检索路径

4.2　完善编目与加工规则

目前,国家图书馆执行的编目加工规则是 2002 年机读目录格式实施初期建立的,伴随着不同载体、形状各异的文献入藏,编目规则应实时更新,针对涌现出的新形式、新载体的文献,需完善分流、编目、加工、流通等相关规则。新出现的载体文献包括:有声读物、图书附带的玩具、U 盘、益智类游戏卡片等。需要细化加工规则,如特殊文献书标的粘贴位置、电子产品中所含电池的处理方法、大型异形文献的排架、系列出版物丛书的加工、多样性载体描述细则等。

针对国家图书馆大套书或专题系列文献描述不完整、不详细等问题,可采取书目数据分散著录,排架号中的种次号依次递进集中排架。当大套书按照分散著录的形式,分册的内容和馆藏数据需清晰明了呈现给读者,在册数较多时,读者可凭借内容附注及卷册次信息,预约目标文献。当大套书集中著录时,需要在内容附注中详细介绍每册文献包括的内容、涉及的时间节点,馆藏数据描述项需记录大套书每册的区别,便于读者区分并定位到目标文献。

4.3 加强 ALEPH 编目系统自动校验功能

4.3.1 ALEPH 编目系统书目数据及馆藏数据自动校验

ALEPH 编目系统本身具备简单的校验功能,包括字段、子字段和指示符合法性校验,必备字段和子字段校验,字段与子字段整序校验等。比如 200 字段的 $d 并列正题名是否与 $z 子字段匹配,200 字段的 $d 子字段是否和并列题名的 510 字段的 $a 子字段匹配,105 编码数据字段中的图表代码是否与 215 字段的 $c 子字段匹配等。在简单校验程序下,书目数据质量有了很大的提高,但仍需不断完善。

在原有的校验程序下,对 ALEPH 编目系统的校验提出新需求,可以解决读者检索及馆藏数据易错的问题,如下表所示。

表 ALEPH 编目系统校验新需求

序号	校验内容	生成表单名称	说明	文献类型	FMT 类型
1	200 字段 $a 与 $9 是否匹配	题名汉字与汉语拼音未匹配	校验题名是否出错	所有文献类型	所有类型
2	215 字段 $d > 35cm 时,106 字段 $a ≠ d;215 字段 $d < 5cm 时,106 字段 $a ≠ g	载体形态特征有误	方便书库工作人员及读者判断文献形态特征	专著	BK
3	馆藏信息 SKBC = BOOK ≠ 14	保存本状态有误	保存本无法入库	专著	BK
4	馆藏信息 ZWJC = BOOK ≠ 22	基藏本状态有误	读者无法预约	专著	BK
5	馆藏信息 ZWTS = BOOK ≠ 01	中文图书阅览区图书状态有误	读者影响阅览	专著	BK
6	馆藏信息 ZWWJ = BOOK ≠ 21	中文外借图书状态有误	读者无法借阅	专著	BK

4.3.2 分类号自动检测功能

分类号采用汉语拼音字母与阿拉伯数字相结合的混合制号码。拼音字母表示二十二大类,“T 工业技术”类采用双字母,其他类均为单字母,字母后用数字表示大类下类目的划分,数字符号超过三位时,规定在第四位数字前加上一个小圆点“.”,主要是为了醒目和易读,是作为分隔符号标志[6]。根据分类号的构成规则,ALEPH 编目系统对 690 字段和 090 字段分类号的对错进行判断,检验编排架分类 090 字段与中图法 690 字段的关联性,即 090 字段是否依据 690 字段自动生成的简编本分类号,两者是否为同一大类。改进馆藏记录 852 字段中 $h 子字段分类号的检验功能,检测 $h 子字段是否与书目数据 090 字段的 $a 子字段保持一致。

读者获取文献失败的原因复杂多样,只有对其现象进行深度挖掘,找出流程中存在的弊端,才能解决好服务问题。随着国家文献信息资源总库建设日益扩大,文献保存保护水平不断提升,需要图书馆员提高文献信息资源整合揭示能力,探索交互式、个性化、多媒体等多种服务方式,提升服务效能。做好跨部门、多学科人才交流活动,让图书馆幕后工作的编目员走上服务台,了解读者的需求,让图书馆前台的咨询馆员走进书目数据的字段行间,学习文献揭示与整合,打造综合型人才,力争为读者提供优质高效的服务。

参考文献:

[1]张学宏.北京大学图书馆的主页日志分析[J].现代图书情报技术,2005(5).

[2]杨东波,邢军.国家图书馆"文津搜索"的设计与实现[J].国家图书馆学刊,2014(3).

[3]中国机读书目格式(GB/T 33286—2016)[M].北京:中国标准出版社,2017.

[4]王凯飞,黄嵩,陈佳琦等.高校图书馆用户OPAC检索失败应对方式及启示[J].图书情报工作,2016(7).

[5]成全,许爽,钟晶晶.馆藏资源元数据语义描述及关联网络构建模型研究[J].情报理论与实践,2015(4).

[6]国家图书馆《中国图书馆分类法》编辑委员会.中国图书馆分类法简本(第五版)[M].北京:国家图书馆出版社,2012.

RDA 的研究及本土化应用

张潇雨　袁轶男(南通市图书馆)

随着信息技术、语义网络、WEB3.0 的发展,为了适应当今社会信息资源整合和资源开放获取的需求,《英美编目规则》第二版(AACR2)已经难以满足数字环境下各种内容和媒体资源的编目要求,于是 RDA(Resource Description and Access,资源描述与检索)这种新的文献著录规则应运而生。RDA 建立在《英美编目规则》第二版(AACR2)的基础上,以国际编目原则声明(ICP)为原则,以书目记录功能需求(FRBR)和规范数据功能需求(FRAD)模型为框架,其目的是为各种不同文献类型的资源提供著录与检索的统一使用指南和方法。图书馆作为信息文化集散中心,其规范化的书目数据应当作为优质数据源被参考引用,RDA 能够描述组织各种类型、各种语言的信息资源,其灵活性与扩展性、兼容与独立性,为这一目标的实现提供了可能。

1　国内外 RDA 研究与应用的状况

RDA 起源于 1997 年英美编目条例修订联合指导委员会(Joint Steering Committee for Revision ofThe Anglo-American Cataloging Rules,JSC)举办的"AACR 原则与未来发展"的国际会

议,会议提议依据新的"国际编目原则"编制新版的 AACR,使其更加国际化,能扩展到更广的范围使用。2005 年 4 月,JSC 和 AACR 原则委员会在芝加哥举行 CoP 会议,会议决定将新版的 AACR3 命名为 RDA,"资源描述与检索"的概念由此产生。2010 年 6 月,RDA 工具套件(RDA Toolkit)发布,标志着 RDA 正式诞生。

1.1 国外 RDA 的研究情况

RDA 是世界编目发展进程中的突破,自 RDA 概念诞生以来,各国学者一直进行追踪研究,并在图书馆得到迅速的推广和应用。由于 RDA 的英文缩写还有雷达数据扫描等其他与本主题无关的含义,所以笔者以 TI、KY、AB = 'RDA' and FT = 'Resource Description and Access' 为检索式提高检准率,在 Elsevier、OCLC、LISTA、Web of Science、百链云外文电子期刊数据库中进行文献调研,从 2005 年 RDA 概念诞生起检索至 2016 年年底。每个外文数据库收录文献具有重复性,所以按照收录文献的平均数进行统计分析,研究论文的年度分布,如图 1 所示。

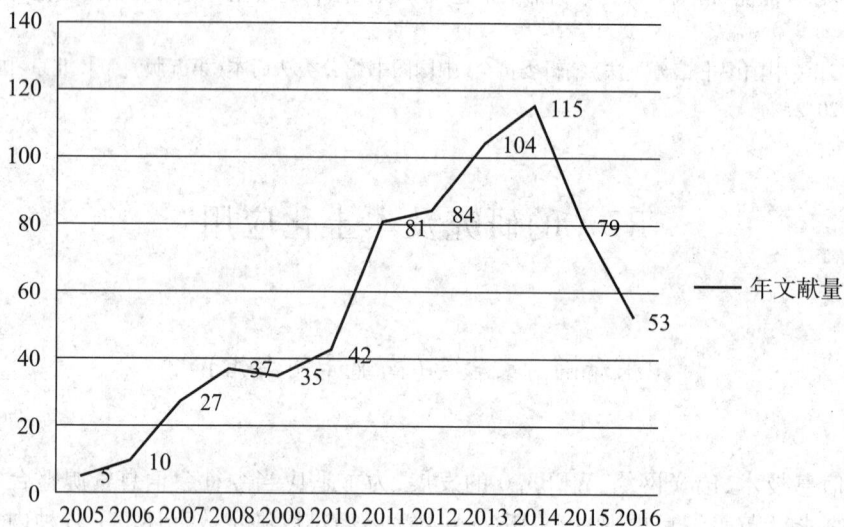

图 1　国外 RDA 论文研究数量年度分布

由图 1 可以发现 2005—2014 年有关 RDA 的研究呈现上升状态,2010 年 6 月,RDA 工具套件(RDA Toolkit)的发布将 RDA 研究热潮从理论研究上升到实践研究,在 2014 年到达峰值。国家社科基金项目"基于国际编目新规则的我国编目工作变革研究"研究成果表明 2013 年和 2014 年是世界上许多国家实施的高峰年,美国、澳大利亚、加拿大等地都在这两年进行 RDA 切换。2014 年之后,RDA 的研究数量下降,有关 RDA 的理论研究已经趋向成熟,关注热点转向 RDA 的培训和推广。关于 RDA 的研究主题经历"论述 AACR2 的不足""FRBR 的概念模型研究""RDA 的结构内容说明""RDA 与 AACR2、FRBR 的比较分析""RDA 的测试和语义网下的应用""RDA 培训与推广"几个阶段,理论与实践同步进行。

1.2 国内 RDA 的研究情况

国内学者也对 RDA 进行理论和应用方面的研究与探索,为图书馆工作者认识和应用

RDA 奠定基础。2006 年,我国参加《国际编目原则声明》的制定,有 7 位代表参加"第四届国际编目规则专家会议",就此我国开始有关 RDA 的研究。笔者对 CNKI 中有关 RDA 的文章进行调研,检索式类比上文西文检索,共检索记录 182 条,有关论文在研究论文以及核心论文年度分布如下图:

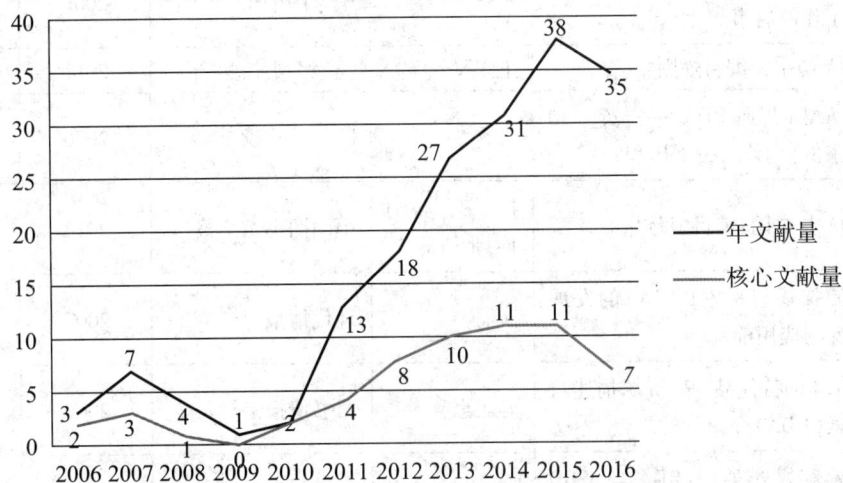

图 2　国内 RDA 论文研究数量及核心论文年度分布

由表 1 可以看出,有关 RDA 的研究论文在影响力强、专业水平高的核心期刊上发表的占比很高,发表集中于《图书馆建设》《图书馆杂志》和《图书馆论坛》这三本核心期刊,一定程度上反应 RDA 研究论文的整体水平和层级代表国内高层次的水准。但同时也可以看出,国内的 RDA 研究主要集中在图书情报领域,缺乏跨领域研究。

表 1　核心期刊上表发的关于 RDA 研究的分布统计

期刊名称	篇数	期刊名称	篇数
图书情报工作	7	图书馆学研究	1
图书馆建设	16	图书馆杂志	13
图书馆论坛	12	情报理论与实践	2
图书馆工作与研究	5	图书馆学研究	3

文献被引用次数一定程度上可以反映出研究热点和潮流,是评价论文质量和论文影响力的重要指标,通过被引用量查找出 RDA 研究领域的经典论文,从中可以看出目前学术界对 RDA 的关注重点。其中被引用量最高的《RDA 与关联数据》一文主要论述的是 AACR2 与 RDA 的分析比较,利用 RDA 编目方式便于发布成关联数据,RDA 的应用为语义技术的成熟打下了基础。《RDA 标准及理念对我国文献编目工作的启示》一文主要论述的是 RDA 产生的背景,RDA 的内容特点和 RDA 对我国文献编目工作以及规范修订的启示。从这些文章中可以发现我国关于 RDA 的研究侧重于理论研究,普及介绍性文章较多,着力于了解 RDA 的内容和对编目工作产生的影响。2010 年之前的文章主要梳理 RDA 的发展进程、目标原则、内容结构和修订特色。2011 年之后的文章开始 RDA 实施以及应用的研究,并提供了一些实例和具体指导。

表2　高被引 RDA 研究论文

序号	题名	作者	期刊	发表时间	引用量
1	RDA 与关联数据	刘炜等	中国图书馆学报	2011	39
2	RDA 标准及理念对我国文献编目工作的启事	高红	国家图书馆学刊	2008	38
3	RDA 与中文编目规则	王绍平	国家图书馆学刊	2011	25
4	从 AACR1 到 RDA——《英美编目条例》的修订发展历程	张秀兰	图书馆建设	2006	20
5	RDA 与中国:编目国际化	拉·B·蒂利特,张钰羚	中国图书馆学报	2012	18
6	资源描述与检索(RDA)的发展概况与应用前景	徐涌	现代情报	2007	17
7	AACR 的替代品——资源描述与检索(RDA)介绍	冯亚惠	图书情报工作	2007	16
8	内容和媒介类型:RDA 与 ISBD 对比分析	胡小菁	中国图书馆学报	2011	15
9	RDA 的国际化设计与本地化实施	胡小菁	大学图书馆学报	2013	15
10	书目描述与检索的最新内容标准——RDA	张秀兰	图书馆建设	2006	14

1.3　国内外 RDA 研究和应用比较

通过国内外论文的分析比较,可以发现国外关于 RDA 的研究比较全面深入,既有宏观性研究,也有具体的微观研究,涵盖领域广,尤其在 RDA 的应用研究上比国内深入具体。我国的 RDA 研究取得一定的成功,发表了若干水平较高的文章,但相比国外,研究仍显不足。我国普及介绍性文章较多,本土化编目实践研究偏少,RDA 集中于图书情报领域,档案、博物馆等跨领域研究几近于无。RDA 由美国图书馆协会(ALA)、英国国家图书馆、澳大利亚编目委员会(ACOC)、加拿大编目委员会(CCC)、皇家特许图书馆和情报专业学院(CILIP)、美国国会图书馆组成 JSC 成员直接参与制定,中国并没有参与其中。国内图书馆系统 RDA 研究以上海图书馆最早,2012 年成立 RDA 小组,组织 RDA 培训,编写 RDA 编目试行细则,但 RDA 在我国还没全面正式开始推广和应用,关于实践方面研究主要来自挖掘外文文献,提炼他们的经验总结。

2　RDA 本土化策略

2012 年,上海图书馆成立 RDA 研究组,国家图书馆举办"RDA 在中国的实践和挑战"研讨会和"RDA 理论与实践"培训班,自此中国开始 RDA 本土化应用,这是 RDA 在我国真正实施和开展的基础。

2.1 建立领导机构

RDA 的推广实践需要一个强有力的领导机构来推进工作,这也是 RDA 本土化能够成功的前提。目前,我国的 RDA 推广工作比较零散,以小规模的讲座为主,参与人员也相对单一,主要是图书馆内从事编目工作的人员。如果想要在各个领域、各个系统中全面推广和实施 RDA,需要成立一个统一的、专业的、权威的领导机构统筹开展工作。该领导机构的组成成员应来自于全国各类型图书馆的代表,以及跨领域的专家。该机构的主要任务有:一是制定统一的编目标准和推行政策声明,改变编目规则施行过程中不规范的情况;二是争取国家专项研究基金,这也是各项工作得以顺利开展的保障;三是组织开展 RDA 培训,并发布 RDA 最新研究成果,体现其开放获取性;四是确定 RDA 实行试点单位,收集分析 RDA 应用测试结果,及时调整和完善 RDA 实行规则;五是在测试达标之后,使 RDA 在全国范围内推广实现。

2.2 制定本土化规则

制定 RDA 本土化规则,要将"对用户需求的响应性"作为前提,即书目数据应该能响应用户检索获取文献的需求,这也体现《国际编目原则声明》所列举的"用户便利性"最高原则。

由于我国的编目环境复杂,我国公共图书馆普遍套录使用国家图书馆的全国联合编目中心数据,而高校图书馆套录的是 CALIS 的数据,全国联合编目中心的数据与 CALIS 的数据存在差异,最突出的问题表现在著录规则上。CALIS 的数据偏重科研类图书,认为中文图书编目也应该严格执行国际标准,与国际交流共享,而全国联合编目中心的数据以社科普及类图书为主,很多社科类图书都具有中国特色。不同的机构之间各自为政,使用自己著录标准。

此外,我国采用分立式目录,中西文编目方式也不统一。西文图书采用 MARC21 格式,中日文图书采用 CNMARC 格式。目前,上海图书馆、国家图书馆以及 CALIS 均已经开始实施西文图书 RDA 编目,再由西文带动中文,逐步实现中西文编目规则的统一。RDA 的出现,正是一个破除公共图书馆与高校图书馆之间、中西文献之间编目差异,使国内编目领域统一的大好机遇。

2.3 RDA 工具套件的本土化

2010 年 6 月 22 日,RDA 以工具套件的形式在互联网上进行发布,2012 年 2 月 14 日发布最新版本,为 RDA 的应用提供新的技术支持。RDA Toolkit 是一个集成、动态并给予浏览器的在线文件集,允许用户交互使用与编目相关的资源。RDA Toolkit 主要功能体现在:强大的检索功能,既提供快速搜索的方式,也提供集中方式组合的精确检索,后又增加同义词检索功能;个性化服务即用户根据自己的需求进行个性化设置,允许个人在 RDA Toolkit 内创建、共享和修改用户内容,体现了软件的兼容性,为个人和机构独立创建编目工作流程,开展编目工作提供了方便。RDA Toolkit 在国内的应用,首先要解决 RDA Toolkit 的购买问题,

RDA Toolkit 的购买价格比较高,中国大面积的推行,经济上难以支持,其次通过解决语言障碍,创建适合中国编目员使用的工具包,进行本土化改造。

3 学习国际 RDA 培训经验,建立国内 RDA 培训体系

面对国内 RDA 研究深度和广度都不足的情况,需要全国信息与文献标准化委员会、中国图书馆学会、大型联合编目机构等尽快成立专门机构,综合考虑 RDA 应用于实践的现实问题,加大对 RDA 的宣传力度,介绍国外成功施行案例,设立培训计划,培养 RDA 实践应用型人才,跟上国际步伐,争取未来在 RDA 规则制定和修改中拥有话语权。

3.1 国际 RDA 培训情况

根据教育部人文社会科学研究青年基金项目"RDA 与中国编目变革及推广研究"研究成果,可以看出美国、澳大利亚、日本、英国等国在 2012 年已经开始 RDA 培训,培训对象主要针对的是专业的编目人员,并取得一定的成效。美国的 RDA 培训项目有 LC 主办,分为 LC 课堂培训计划和 LC 在线培训计划,培训内容主要针对 FRBR 和 RDA 的概念和应用实践,并有专门的课程考察机制;澳大利亚的 RDA 培训项目由澳大利亚图书馆与澳大利亚编目委员会联合主办,培训内容包括 RDA 的基本情况、与 FRBR 的关系以及 RDA 模块训练;日本 RDA 培训由大学图书馆支援机构和日本图书馆研究情报组织化研究小组联合主办,培训内容理论与实践结合;英国的 RDA 培训由牛津大学主办,培训内容以资源描述方法的介绍为主,实践课相对较少,作为理论课的补充。

可以看出,一是在培训中各国的国家图书馆和具有专业研究的高校图书馆发挥重要作用,让培训工作能有条不紊的开展。二是课程内容全面,包含理论研究和实践操作,让接受培训的人员能切实掌握相关的技能。三是培训方式多样,没有拘泥课堂培训,还通过网络授课、月例会讲座等形式进行,扩大了授课面。四是设置相应的考核机制,并有课程的实时反馈系统,考察培训的内容是否能被学员切实掌握,保证培训质量。

3.2 国内 RDA 培训体系建立方式

要建立国内的培训体系,首先要有一个既权威又有号召力的主办方来统筹安排,制定学习计划。其次要成立合适的教师团,在主办方的组织下可以选派国内高水平编目员和编目研究专家出国进行交流学习和实际工作操作,或者聘请国外具有 RDA 培训经验的优秀讲师。许多国家的 RDA 培训资源都通过网络实现了世界共享,中国的专家学者可以通过登录 RDA 的咨询主页和研究培训视频来设置培训课程,编制培训教材。枯燥的理论学习往往难以达到较好地培训效果,培训课程的设置应当以实践为主,并有课程结束的考核机制。此外,我国还应该提高资源的开放获取程度,学习外国经验将培训内容在网络上共享,让更多的人及时接收到先进的理念。

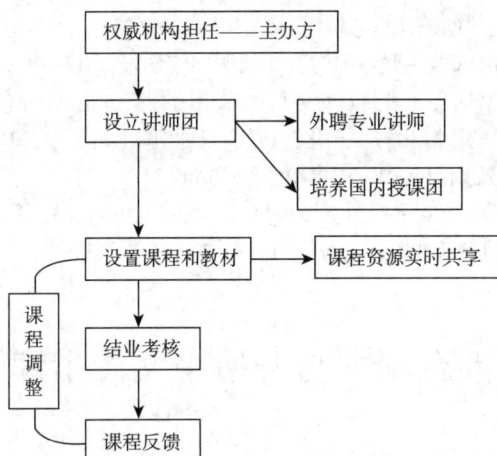

图3 培训体系图

近年来,由于图书馆经费的不断增加和服务范围的不断扩大,采编业务外包逐渐成为高校图书馆和公共图书馆的普遍做法,从事编目工作越来越多的是非图书馆人员,尤其是书商自行组建的编目团队。此外,RDA还适用于博物馆、档案馆、美术馆以及其他信息管理组织的数据库建设与维护。所以针对不同性质的学员,应该制定不同的培训方式和授课计划,体现一定区分度。

3.3 国内 RDA 培训体系推广方式

我国幅员辽阔,图书馆众多,不同地域的图书馆发展程度也不尽相同,光靠主办方集中进行培训,很难达到 RDA 的推广效果,所以应当采取以点带面的推广方式,将推广体系分为三个层次。第一层次的授课可以采用预约培训、小班教学的方式,针对进行过 RDA 研究的专业人员和 CALIS 进行资源整合的相关工作人员,因为这部分学员基数不大,可以采用预约培训方式,选择多数人能到课的时间,且这部分学员自身信息素养比较高,可以根据他们接受程度和反馈意见来进行课程的调整。第二层次的授课针对的是各个地区的中心图书馆和开设信息情报专业的高校研究人员,采用集中授课的方式。将第一层次和第二层次的人员作为 RDA 推广工作带头人向第三层人员即各级各类图书馆以及其他从事编目工作的人员进行培训。由于各地图书馆发展程度差异大,由本地区的带头人形成授课团队,开设符合地区的要求相关课程,更符合实际需求。

RDA 在我国的推行和发展是我国编目工作进程中的必经之路,学习外国建设经验,结合本国实际情况,找准自身定位,各机构之间密切配合,才能加快我国 RDA 实施的步伐,让我国的编目实现统一,接轨国际。

参考文献:

[1]张秀兰,鲁月.国外 RDA 研究综述[J].图书馆学刊,2016(10).

[2]艾雾.我国 RDA 研究现状与进展[J].信息管理与信息学,2014(9).

[3]翁畅平.国内图书馆 RDA 应用研究[J].河南图书馆学刊,2016(1).

[4]曾伟忠,胡建敏.国内外 RDA 的研究情况及其深入研究思考[J].图书馆理论与实践,2013(3).

[5]付婉秋.我国RDA研究现状的统计与分析[J].学理论,2015(5).

[6]刘炜,胡小菁,钱国富等.RDA与关联数据[J].中国图书馆学报,2012(1).

[7]姜化林,梁红.国外RDA培训实证研究及对中国的启示[J].新世纪图书馆,2016(3).

[8]吴文光.新编目标准RDA的国际化与本土化探析[J].四川图书馆学报,2015(4).

[9]王绍平.RDA与中文编目规则[J].国家图书馆学刊,2011(2).

[10]李瑜,戚红梅,贾宇群.RDA背景下的图书馆编目工作变革与创新研究[J].当代图书馆,2017(1).

[11]姜化林.RDA Toolkit的功能及使用方法解析[J].图书馆建设,2012(9).

国家图书馆港台图书与普通中文图书编目差异分析

周建清(国家图书馆)

近年来,港台图书(注:此港台图书包括香港、澳门、台湾图书)作为特色馆藏逐渐成为各大图书馆信息资源的重要组成部分。由于地域文化等差异,港台地区图书的出版环境与大陆普通中文图书有很大不同,出版自由且多元化,出版社数量众多、变更频繁,没有规范统一的出版市场。各个出版商出版的图书形式各异,外观到内容都极具个性化,从而导致图书馆在编目时受到一定影响,主要体现在图书的著录信息源很不规范,影响标准化著录,在编目中时常会出现一些新的问题。总结分析港台图书的出版特点,采取措施更好地揭示图书内容,确保书目数据的准确性、完整性以及可利用性一直为编目人员所关注。

在国家图书馆,编目人员遵照2005年出版的《中国文献编目规则(第二版)》编目港台图书。《中国文献编目规则(第二版)》的制定是针对大陆图书的出版特点,非常适合出版情况整齐规范的普通中文图书,对于港台图书特殊的出版形式及其信息承载特点,其规则不能涵盖所有,因此国家图书馆在港台图书编目时,是以遵守《中国文献编目规则(第二版)》为前提,针对港台图书普遍出现的不同于普通中文图书的特殊情况,适时采取相应方法揭示其特殊性,这就形成港台图书和普通中文图书在编目中的差异。本文试对此差异进行对比分析,探讨以促进港台图书的编目工作。

1 港台图书与普通中文图书的编目差异

1.1 并列题名的著录差异

并列题名是正题名的另一种语言或文字的题名。港台图书的并列题名散布在图书的各个角落,形式极不规范,为了不失去有价值的信息及检索点,港台图书在并列题名的著录上与普通中文图书存有差异,主要体现在以下三点:

(1)在版编目CIP数据的使用

普通中文图书,规定信息源中没有出现的外文题名都是可以忽略的。普通中文图书编目时通常不使用在版编目CIP数据,而港台图书的在版编目CIP数据,其中的信息往往不宜忽略。在版编目 CIP 数据,台湾地区称之为"出版品预行编目资料"。

有些台版图书的外文题名存在这种情况:外文正题名在书名页,全部外文题名(外文正题名＋外文副题名)出现在"出版品预行编目资料"中,这种情况普通中文图书几乎是没有的,但在台版图书中却很常见,如美商麦格罗·希尔国际股份有限公司台湾分公司、新苗文化事业有限公司等出版公司,都存在着这种情况,而且为数不少。这类现象如果按照正常的编目规则,可以这样著录:在200$d 著录外文正题名,然后记入 510 字段,忽略 CIP 数据中的外文副题名。然而这样势必会损失很多有价值的信息,为了最大限度地保留信息,国家图书馆在编目这类台版图书时,采用了 312 附注项说明。

例如:《从 0 岁开始:让宝宝一觉安睡到天明》一书的英文正题名"On becoming baby wise"出现在书名页,"出版品预行编目资料"中的英文为:On becoming baby wise:giving your infant the gift of nighttime sleep,全部英文题名(英文正题名＋英文副题名)出现于在版编目。此时放弃200@d 子字段英文正题名的著录,改为在 312 字段描述全部英文题名并记入 510 字段。

200 1#$a 从 0 岁开始 $b 海外中文图书 $e 让宝宝一觉安睡到天明 $f 艾盖瑞(Gary Ezzo),罗勃·贝南(Robert Bucknam)著 $g 温嘉珍译

312 ##$a 英文题名:On becoming baby wise:giving your infant the gift of nighttime sleep

510 1#$a On becoming baby wise$egiving your infant the gift of night time sleep$zeng

此著录方法完整地保留了图书的外文题名。

(2)书中英文题名

普通中文图书著录时凡不在规定信息源出现的外文题名均可忽略。

台湾地区出版的一些专题报告,其中外文题名位于规定信息源之外,有的在目录页或外文摘要页上,有的甚至是在文献的正文页中。所以在图书著录时,既要兼顾图书编目规则,同时也要参看文献特点。例如,台湾地区交通主管部门运输研究所出版的关于陆路和水路交通方面的图书,全部在书中提供了英文题名,但都不是在规定信息源,在著录时如将这部分信息忽略,势必造成检索点缺失。因此国家图书馆在著录港台报告类图书时规定:外文题名无论出现在书中任何位置,都给予著录,并根据需要添加附注项描述:"312##$a 书中英(或其他语种)文题名:……",并记入 510 字段。

例:200 1#$a 港区工程基本资料管理系统开发研究 $b 海外中文图书 $f 张道光[等]著

312 ##$a 书中英文题名:Harbor engineering basic database and consulting management system

510 1#$aHarbor engineering basic database and consulting management system$zeng

(3)题名页有多个并列题名

当题名页上有多个并列题名时,有两种方式供选择。其一,重复 $d 子字段和 $z 子字段,$z 子字段按照并列题名的顺序,著录于 200 字段末尾;其二,将首先出现的并列题名著录在 $d 子字段中,并著录相应的 $z 子字段,将其余的并列题名在 304 字段中注明。

普通中文图书著录选择第二种方式。

例:200 1#$a 汉英法知识产权词典 $b 专著 $e 普及本 $dChinese-English-French intellectual property dictionary$epopular edition$f 卢龙编著 $zeng

304 ##$a 法文并列题名:Dictionnaire Chinois-Anglais-Francais de la propriete intellec-

tuelle：edition populaire

510 1#$aChinese-English-French intellectual property dictionary$epopular edition$zeng

510 1#$aDictionnaire Chinois-Anglais-Francais de la propriete intellectuelle$eedition populaire$zfre

港台图书著录采取第一种方式。

例：200 1#$a 澳门特别行政区政府采购法律制度研究论文集 $b 海外中文图书 $d Colectânea de estudos sobre o regime juris de la propriete intellectuelle$eedition populaire$zfre National Library of China of articles on the legal system of government procurement in Macao special administrative region $f 邓达荣 (Tang, Tat Weng) 著 $zpor$zeng

510 1#$aColectânea de estudos sobre o regime jurídico da contratação pública na região administrativa especial de Macau$zpor

510 1#$aCollection of articles on the legal system of government procurement in Macao special administrative region$zeng

为简洁起见，凡是汉语、英语和葡萄牙语同时出现在书名页上，港台图书编目时在 200 字段采取顺序著录的方式，没有主次之分。同样的，只要是出现在题名页上的外文题名，不管其有多少语种，按先后顺序依次著录在 200 字段，并在 510 分别做检索点。

1.2 关于"作者"或"作"的著录问题

《中国文献编目规则（第二版）》中规定：责任者的责任方式未载明可根据著作类型选定，置于方括号内。在普通中文图书著录时，如书中没有明确责任方式，编目员判断的责任方式均需要置于"［ ］"内，严格执行著录规则以示客观。例如：

200 1#$a 信息管理科学导论 $b 专著 $f 胡昌平 [著]

没有载明责任方式在普通中文图书中是少数的，属于不规范的情况，但在港台图书中却非常典型，诸多港台图书在书名页不直接载明责任者的责任方式，甚至全书都找不到责任方式，只有在版权页中注明"作者：XXX 任"，责任方式需要编目员自行判断。根据笔者经验，这里的"作者"在大多数情况下都是"著"，在"出版品预行编目资料"也采用"著"作为责任方式，因此在著录中，凡是出现"作者"或者"作"而全书没有责任方式的时候，以"著"作为默认的责任方式，不加"［ ］"。

例如：《世界病时我亦病》一书，所有信息源均没有注明责任方式，在正文后的版权页中这样描述，作者/唐捐，著录时以"著"作为责任方式。

2001 #$a 世界病时我亦病 $b 海外中文图书 $f 唐捐著

长期接触港台图书的编目员都会发现，在这一类图书中，只有"著"不给出责任方式，而同一本书中其他的责任方式都会标注得非常清楚，例如《蟑螂》一书，责任者为尤·奈斯博和谢孟蓉，尤·奈斯博没有载明责任方式，只在版权页描述为："作者：尤·奈斯博（Jo Nesbo）"，而谢孟蓉从书名页到版权页乃至封面书脊等地都明确标注为"译"，同样的，在著录时默认尤·奈斯博为"著"。

200 1#$a 蟑螂 $b 海外中文图书 $dKakerlakkene$f 尤 · 奈斯博（Jo Nesbo）著 $g 谢孟蓉 译 $znor

1.3　关于出版项的著录问题

1.3.1　出版地的著录

图书出版地或发行地是指规定信息源所载出版者或发行者所在的城市名称。其后不著录"市"字。台版图书同普通中文图书著录,著录市名,去掉"市"字。

例:200 1#\$a 房地产理论与实务 \$b 海外中文图书 \$dReal property theory and practical\$f 吴家德著 \$zeng

210 ##\$a 台北 \$c 五南图书出版股份有限公司 \$d2016

1.3.2　出版年"公元年"与"民国年"的问题

《中国文献编目规则(第二版)》中关于年代著录的规定为:"出版年一律按阿拉伯数字著录,非公元纪年,依原样照录,在其后注明相应的公元纪年,并置于方括号内。"

普通中文图书著录时,若非公元纪年,则依原样照录,在其后注明相应的公元纪年,并置于方括号内。

例:210 ##\$a 上海 \$c 生活书店 \$d 民国 37 年[1948]

民国年在现当代普通中文图书中已经极少出现了,新书基本上不会出现民国年的情况,民国年大部分出现在 1949 年前出版的图书中。

港台图书,特别是台版图书,民国年的出现是极其普遍的现象,情况也很复杂。对于台版图书,《中国文献编目规则(第二版)》关于民国年这一点上的描述不够明确。台版图书的出版年可以分为:只有公元年、既有公元年也有民国年、只有民国年三种情况。针对这三种情况,国家图书馆港台图书编目是在《中国文献编目规则(第二版)》基础上进行微调和细化,只有公元年时同普通中文图书著录。出版年既有公元年也有民国年时,在 210\$d 中先著录公元年,后著录民国年,将民国年置于"( )"内。出版年为民国年且只有民国年时,需将民国年换算公元年,且同时著录公元年和民国年,在 210\$d 中先著录公元年并将其置入"[ ]"内,后著录民国年,将民国年置于"( )"内。换算公式为:民国年 + 1911 = 公元年。

1.4　ISBN 与价格问题

1.4.1　整套 ISBN 和单册 ISBN

港台图书套书有时会同时出现整套的 ISBN 号和单册的 ISBN 号,这种情况是普通中文图书少有的,港台书著录时,同时著录两个 ISBN 号,采用 \$b 子字段来限定 \$a 子字段的范围,"\$b 套",著录时整套 ISBN 号在前。

例:010 ##\$a978 – 957 – 13 – 4006 – 7\$b 套

010 ##\$a978 – 957 – 13 – 4004 – 3\$dTWD160.00

1.4.2　基价或基本定价

部分台版图书在价格后标注"基价"或者"基本定价",出现此种情况在著录时,价格后加(基价)说明。

例 1:基本定价,4.20 台币。著录为:010##\$dTWD4.20(基价)

例 2:平装一册 基价十元,著录为:010##\$dTWD10.00(基价)

基价的数额往往很小。有时候图书本身没有标注基价或者基本定价,如数额过小,编目员可以自行判断为基价,加"[ ]"。

例:定价:2.60 台币。著录为:010 ##$dTWD2.60[基价]

2 港台图书与普通中文图书编目差异分析

通过上述实例可以看出国家图书馆在编目港台图书和普通中文图书时存在的主要差异,这些差异是在长期编目工作中形成的,同时这些差异也是港台图书不同于普通中文图书的编目特点,主要体现在以下方面。

2.1 适当扩大信息源的选取范围

港台图书与普通中文图书的编目差异最突出的体现就是在信息源的选取上,港台图书编目时信息源选取稍有扩大,尤其是并列题名的著录多属于这种情况。并列题名的著录也是港台图书与普通中文图书编目差异的重点所在。不论是书中外文题名,还是在版编目的外文题名,鉴于港台图书出版的自由性和灵活性,严格按照普通中文图书所规定的信息源选取方式,会丢失部分信息,影响数据的完整性,为避免信息遗漏,利于读者检索,港台图书在编目时适当地扩大信息源的选取。

2.2 减少附注说明

凡是大量反复且规律性出现的情况,如能清晰地描述图书的基本特征,港台图书编目时采取了直接著录,尽量减少附注说明,如作者的责任方式"作者"或"作"的问题、澳门版图书书名页出现的多并列题名等。减少附注项和[ ]的使用,是为了避免过多过长的冗余数据,由于港台图书出版状况繁杂,装帧形式五花八门,没有普通中文图书那样整齐,需要使用附注项的时候本身就很多,过多的"[ ]"和附注说明会增加编目员的负担,不仅使著录项目烦琐,还会影响编目员对图书大局的判断。因此在直接著录可以避免附注说明的时候,尽量减少附注说明。

2.3 制定及调整编目细则

普通中文图书很少或基本不出现的特殊情况,如基价、成套 ISBN 和单册 ISBN 同时出现,此时根据图书的特殊性,在大的规则不变的情况下,适当增加一些对应的细则。还有为数据整齐和便于检索的需要,对著录规则做适当调整,如民国年,这一点也属于普通中文图书目前基本不会出现的情况。由于出现的情况很少或基本不出现,现阶段的著录规则描述不是很全面或者根本没有涉及,但在港台图书编目中不可忽视的时候,适当增加和调整著录规则非常有必要。

2.4 尊重当地特色

由于港台地区的历史和地域原因,特殊的背景和社会经济条件造就特有的地域性文化,尊重当地特色应该贯穿于整个港台图书的编目中,例如出版地出现"县"的情况就是格式著录中当地特色的集中体现,这时候不能拘泥著录规则上的限定,要具体情况具体分析,只因这里的"县"和"市"是平级的,不可取代。而且某些著录不是一成不变的,要随着时况的变迁及时调整著录方式,还是行政区划的问题,如2010年服务于政治需要,"台北县",因"五都选举"升格为"新北市",原来著录"台北县",现在著录为"新北"(去掉"市")。由此可见,尊重当地特色也是港台图书编目时不可忽视的主要问题。

综上所述,港台图书编目与普通中文图书编目存在一定的差异,而这种差异往往是在普通中文图书极少出现而编目规则照拂不到的地方。这些差异著录每一项都经过验证和思考,是允许存在的,在遵守编目规则的前提下求同存异,是国家图书馆港台图书编目的主要特点。这种差异的存在,是为了最大限度地保留港台图书信息,多为读者提供检索点,同时简化数据,避免冗余。从事港台图书编目的工作人员不仅要充分理解编目规则制订的出发点、意义和内涵,还要对出版形式多样化、内容丰富的港台图书做出准确适度的分析和反映,只有这样才能真正做好港台图书的编目工作。

参考文献:

[1]国家图书馆《中国文献编目规则》修订组. 中国文献编目规则(第二版)[M]. 北京:北京图书馆出版社,2005.

[2]全国图书馆联合编目中心,国家图书馆中文采编部. 中文数目数据制作[M]. 北京:北京图书馆出版社,2013.

[3]百度百科[EB/OL]. [2017–10–18]. http://baike.baidu.com.

多卷书编目方式探析

朱青青   刘   伟(国家图书馆)

1 多卷书的特征与编目方式

1.1 多卷书的特征

多卷书是指同一著作分若干卷(册)出版的图书[1],可以分卷、册、辑逐次或一次性出版。其基本特点是内容上围绕一个中心主题,具有一个总题名(也称为共同题名)。各分卷之间联系紧密,构成一个有机整体,有时会存在分卷题名,总题名与分卷题名在逻辑上通常存在从属关系或分辑关系。

常见的多卷书从出版形式上可划分为以下八类:

(1)只有分卷标识,无分卷题名;

(2)有分卷题名,但分卷题名脱离总题名,且不能独立表明意义;

(3)有分卷题名,但分卷题名脱离总题名,能够独立识别;

（4）存在多层分卷关系；

（5）各分卷共用一个 ISBN 号；

（6）各分卷的 ISBN 号不相同；

（7）各分卷责任者相同；

（8）各分卷责任者不同。

上述归类标准可能存在交叉与重复，比如一套只有分卷标识且 ISBN 相同的多卷书可能同时满足（1）和（2）的归类标准。之所以忽略这样归类上的不严谨，是因为是否存在分卷题名、分卷题名是否可以独立、分卷 ISBN 相同与否、分卷责任者是否相同，这些才是直接或间接决定多卷书著录方式的因素。

1.2　多卷书的著录方式

多卷书属于多部分资源，按照《国际标准书目著录》（ISBD）的描述，可以对整个资源进行单层次著录，也可以使用多层次著录[2]。多卷书如果采取单层次著录，可分为综合著录和分散著录两种著录方式。

综合著录，也称为集中著录，是对多卷书进行整体描述，以整套书为单位进行的著录，需要记录其共同的书目信息和总卷册数，即一套书只制作一条书目数据，以各部分的共同题名作为正题名，如果存在分卷题名、分卷责任者等信息，一般将这些信息以一定的结构化形式著录于内容附注。

分散著录是对多卷书的组成部分进行独立描述，以各分卷册为对象，记录各分卷册的特定信息，即一套书制作多条书目数据。当多卷书存在分卷题名时，分散著录又分为两种著录方式：①当各分卷题名有独立识别意义时，将分卷题名著录为正题名，多卷书的总题名著录于丛编项；②无论分卷题名能否独立，都按照共同题名＋分卷题名的组合方式构成正题名。

多层次著录是将多卷书的描述信息分为两层或多层的著录方法[2]，第一层包含多卷书共同的描述信息，第二层和以下各层包含有关单卷（或其他单位）的描述信息。多卷书如果采用了多层次著录的方式，可进行分析著录。分析著录是在综合著录的基础上，再对资源的组成部分进行独立描述的著录，也就是将描述多卷书的综合著录和描述多卷书的一个或多个部分的分散著录相结合的著录。目前，国际上对多卷书普遍不采用多层次著录的方式，而国内只有国家图书馆会对少数丛书化处理的多卷书采取分析著录。

1.3　多卷书的标引方式

对多卷书的主题标引，我国的文献主题标引规则国家标准（GB/T 3860—2009）规定多卷书是采取综合标引还是分析标引，抑或两者同时采用，应与其采用的著录方式相一致[3]。在分类标引方面，《中图法》使用手册规定多卷书一般应依全书的整体内容集中归类，如分卷是按专题编辑并有分卷题名的，应按各分卷的专题再做分析分类。

综合著录对应的是综合标引，即主题标引和分类标引都是以整套书的学科属性内容进行集中。综合标引便于将多卷书进行集中排列与揭示，提供整体特征的检索途径。分散著录的标引方式主要取决于多卷书正题名的构成方式，对应的可能是分析标引，也有可能是综合标引和分析标引二者兼有。如果多卷书的正题名由共同题名和分卷题名构成，通常采用的是综合标引和分析标引二者皆有，即先以整套书学科属性内容进行综合标引，再按分卷的学科属性内容进行分析标引。如果将具有独立检索意义的分卷题名直接作为正题名处理时,对单卷记录而言,对应的就是分析标引,这时也称为分散标引。

在实践中,多卷书的标引方式除了受著录方式的影响之外,有时还受各馆标引实施细则的影响。比如,约定主题标引只采用分析标引,但要求分类标引同时采用综合标引和分析标引,也就是只给分主题,但分别给总的类号和分的类号。再比如,规定多卷书的分类标引只按照分卷册的内容进行归类。

1.4 多卷书的著录格式

在中国机读目录格式(CNMARC)中,如果采取综合著录方式,200$a 著录总题名,$f 著录总责任者。若有分卷题名、分卷责任者,可著录在内容附注327$a。当各分卷的 ISBN 号不同时,采用重复 010 字段的方式进行著录。

如果采取分散著录,分为下列三种结构:

(1)200$a 著录共同题名,$h 著录分卷标识,$i 著录分卷题名,$f 著录总责任者,$g 著录分卷责任者。在无总责任者的情况下,200$f 只著录分卷责任者。

(2)200$a 著录分卷题名,200$f 著录分卷责任者,225$a 著录多卷书的总题名。

(3)如果包含多层分卷关系,将分卷标识、分卷题名分别逐级记录在重复的 200$h、$i 子字段。

在 MARC21 中,如果采取综合著录方式,245$a 著录总题名,$c 著录总责任者,分卷题名、分卷责任者著录于 505 字段(格式化内容附注),分卷册题名著录在 740 字段(非控分析题名),提供检索。如果采取分散著录方式,分卷标识、分卷题名分别著录在 245 的 $n 和 $p。多卷书著录常用字段、子字段如下表所示:

多卷书著录常用字段、子字段

CNMARC	MARC21	备注
200$a	245$a	正题名/共同题名
200$h	245$n	分卷标识
200$i	245$p	分卷题名
200$f	245$c	第一责任说明
200$g		其他责任说明
327$a	505$a	内容附注

2 国内外多卷书编目现状调研

由于多卷书出版形式的多样性、复杂性,以及编目员对编目规则的理解存在差异,国内外图书馆对多卷书的编目实践差异较大。即使在同一图书馆范围内,对多卷书的处理也可能大相径庭。下文中笔者重点选择国内外的几家图书馆或编目机构作为代表,对多卷书的编目现状进行调研分析。

2.1　以集中著录为主的编目实践情况

对多卷书采用集中著录为主的机构,境外以美国国会图书馆为代表,包括台港澳地区的图书馆,境内以 CALIS 为代表。集中著录的原则是能集中的尽量集中,满足下列条件之一即可采用集中著录:①无分卷题名,无论各卷的 ISBN 号是否相同;②虽有分卷题名,但各分卷共用一个 ISBN 号;③分卷题名无独立识别和检索意义,各分卷的内容主题相似,且只有总的责任者;④有分卷题名,但分卷题名出现在非主要信息源上;⑤具有连续出版物特性的多卷书,如年鉴等。

在标引方面,总主题必备且置于首位,分主题则视标引的深度决定,分类号只给一个总的类号。集中著录的多卷书全部集中排架,各分卷标识位列于索书号的最后予以描述。

2.2　以分散著录为主的编目实践情况

对多卷书采用以分散著录为主的机构,境外以日本国会图书馆为代表,境内中小型图书馆多采用这种著录模式。采取分散著录,又分为两种著录方式,第一种是不判断分卷题名是否能够独立,统一采用共同题名 + 分卷题名构成正题名;另外一种是判断分卷题名若能够独立识别、独立地表达一个主题概念时,将多卷书按照丛书处理,即分卷题名著录为正题名、共同题名作为丛编题名。日本国会图书馆采取第一种分散著录方式①。

主题标引方面,当多卷书正题名由共同题名和分卷题名组成时,应同时标引整套图书和单卷书的主题,需要给总主题和分主题。分类标引方面,以多卷书全书内容的学科属性集中归类,给一个总的类号,若其分卷为全书的一个专题,并有独立题名,增加分析分类。当多卷书按丛书著录时,则参照丛书的分类方法标引。与国内做法略有不同的是,日本国会图书馆认为分散著录时,分主题是必备的,总主题是有则必备,通常情况下只给一个总的类号,但也会依具体情况判断是否只给一个分主题的类号。比如,当各分卷的主题相距甚远,总的类号无法统一时,就按照分卷的主题做分析分类;而在没有总主题或总主题缺乏实际检索意义的情况下,就只能根据分主题给一个分类号。

2.3　集中著录和分散著录并用的情况

国家图书馆对于不同语言文字或地区的多卷书采用不同的编目方式,具体如下:

对西文多卷书的编目处理方式基本与美国国会图书馆类似,以综合著录为主。因为国图的西文编目以套录为主,主要从美国国会图书馆下载数据,参照数据来源馆的做法会比较方便一些。只有少数多卷书因历史数据采用分散著录就一直延续下来,或者是多卷书的索引、目录等特殊形式,可以采用分散著录。

对中文多卷书的编目处理方式以分散著录为主,不同科组之间的处理方式存在或多或少的差异。对于大陆出版的多卷书,如果满足分卷题名不同、分卷责任者不同、分卷 ISBN 号不同三种条件之一,就采取分散著录的方式。对于只有分卷标识且各分卷的 ISBN 相同的多卷书,一般情况下采取集中著录,但在分卷册过多且有必要为各分卷做内容附注时,则可能

---

① 采用第二种分散著录方式的有国家图书馆、CALIS 等,但这些图书馆多卷书的著录在总体上并不是以分散著录为主。

采取分散著录。

对于日文多卷书、台港澳地区出版的中文多卷书,则全部采取分散著录。其做法主要有两个方面的原因:一是与其编目体量有关,因为总体编目量较少,所以多卷书会倾向采取分散著录;二是基于采访角度的考量,一套港澳台出版的多卷书可能由不同的书商提供,造成一套多卷书经常不能集中到馆,分散著录更便于单册管理。

需要指出的是,上文以集中著录为主的机构,亦可根据具体情况酌情采取分散著录。比如 CALIS 规定如果分卷题名没有独立检索意义,没有总的责任者,但各分卷有独立的 ISBN 及各自的责任者的情况下,也可以采取分散著录[4]。采用分散著录时,如果分卷题名能够独立,国内机构主要采取将多卷书丛书化的著录方式。另外,在标引方面有所不同的是,台港澳地区对于分散著录,则全部依据分卷的内容标引主题词和分类号,不集中排架。

3 多卷书编目工作改进措施

3.1 建立具有明确导向性的编目规则

纵观多卷书的编目现状,有的馆以集中著录为主,有的馆虽以分散著录为主但兼顾集中,有的则是一刀切全部分散著录。至于采用集中著录还是分散著录,笔者认为各有利弊,很难一概而论。集中著录的优点在于:一是减少编目数据量,书目记录数量与图书种数对应相对准确,书目记录结构更能节省数据库空间[5],能够保证多卷书的描述、检索、排架统一集中;二是便于提高记到分流的效率,一套多卷书只需要做一个订单、一个发票、一条数据。但集中著录的缺点是不能对分卷的内容、形式特征等做更细致的描述。分散著录的优点在于可以将分卷题名、分卷责任者、内容提要、页码等信息揭示得更清楚,适用于多层级分卷或分卷特征和出版情况比较复杂的多卷书。但分散著录又具有着效率较低,工作量较大的缺点。

分散著录和集中著录各有利弊的情况导致当前多卷书的处理分歧较大,缺乏统一的编目规则。比如,有的图书馆为了达成编目的量化指标,把没有必要拆分的多卷书全部采取分散著录;有的馆则为了保证图书不积压、快速上架,把一些有必要采用分散著录的多卷书都采用集中著录;有的甚至根据编目员的喜好,随意地采用著录方式。多卷书著录混乱、数据不一致的现象,一方面影响书目的标准化、规范化建设,另一方面造成编目人力、成本的重复投入。笔者认为,解决这一问题的措施在于从规则层面明确多卷书著录的原则及适用范围,即在什么条件下使用分散著录或集中著录。规则的制定一方面要考虑实际工作的便利性,另一方面需避免模棱两可的规则,对规则的特殊情况应该给予示例说明,即原则上以前端便于读者使用,后端便于编目员的标准化处理,建立具有实际意义有导向性的规则。

3.2 尽量不将多卷书丛书化处理

在多卷书的分卷题名与总题名都有独立检索意义时,国内目前的做法是将多卷书作为丛书进行处理。笔者认为,这种处理办法欠妥。首先,多卷书与丛书的概念不一样。多卷书只是想把作者要写的内容分开出版,各分卷在本质上共同构成一"种"图书[6]。丛书则是强调由多种单独著作汇集而成的一套图书。如果从概念上能够判断为多卷书,不管分卷题名是否能够独立,都不应该按照丛书处理。比如,多卷书《崔玉涛图解家庭育儿·直面小儿发热》《崔玉涛图解家庭育儿·母乳与配方奶喂养》《崔玉涛图解家庭育儿·直面小儿肠道健康》，再比如《收集德国好时光·认识德国骨子里的气质》《收集德国好时光·小镇生活风物记》，这两个示例中的分卷题名，从字面判断虽然都具有独立检索意义，但实质上各分卷之间存在不可分割的内在联系，理应按照多卷书而不是丛书进行处理。

但在实践操作中，由于多卷书与丛书都有总的题名，有时直接从概念角度区分两者有难度。在这种情况下，笔者建议，可以参考CALIS的做法，即同时参考出版情况，结合题名的字体大小、排列方式、在主要信息源上所处的位置等考虑，最终决定是按照多卷书还是丛书处理。CALIS规定当多卷书有共同题名与分卷题名，而且均有独立检索意义时，如果分卷题名在题名页版式上明显突出，则将分卷题名作为正题名，共同题名作为丛编题名处理；如果共同题名和分卷题名在版式上字体大小相差无几，可以由共同题名和分卷册题名共同组成正题名。

另外，由于不同编目员的认知差异导致分卷题名的独立性判断存在差别，因此在分散著录时建议不将多卷书的共同题名作为丛编题名处理，可以参考美国国会图书馆和日本国会图书馆的做法，多卷书分散著录时正题名统一由共同题名和分卷题名组成。

3.3 多卷书的归类不应一味迁就集中排架

在国内，多卷书的归类原则一直是以集中为主，即多卷书无论是采取集中著录还是分散著录，都偏重集中归类，其目的是希望一套书要尽量集中有序地排在一起。集中排架的优点是一目了然，美观方便。笔者认为多卷书的归类不应一味迁就集中排架的需要，应以方便检索与利用为出发点，具体问题具体分析。如果多卷书的各分卷内容接近，或者总主题较大较全、能够涵盖分主题，宜集中归类。但有的多卷书总题名并没有表达出实际的主题概念，或论述的重点是分主题，如《白领就业指南·我与AuoCAD一起飞翔》《白领就业指南·网页设计师之路》《白领就业指南·出版物排版制作案例教学》，建议可以按照分卷归类排架，也就是如实按照各分卷所阐述的内容来归入最符合的有关各类，便于读者从特定学科、专业角度查找图书。

另外，图书分类排架的索书号一般是先按分类号，再按种次号或者著者号排列。多卷书要做到集中排架，不仅分类号要统一，还需要各分卷的种次号或著者号相同。如果依种次号排架，有的多卷书没有集中到馆或到馆后没有集中进行统一处理，即使分类号相同，因种次号不同或种次号的编号不连续，也无法做到集中排架。如果依著者号排架，对于无总责任者且分卷责任者不同的多卷书，即使分类号相同也很难做到集中排架。

总体而言，笔者认同多卷书既可集中处理又可分散处理的原则，编目人员可结合在编多卷书的特点、综合考虑多卷书整体与各分卷之间的内在联系，建立具有指导性的编目规则，决定其编目方式。具体而言，能集中处理的尽量不要分散处理，同一种多卷书的处理方法应该保持前后一致。

参考文献：

[1]GB/T 3792.2—2006普通图书著录规则[S].北京：中国标准出版社，2006.
[2]国际图联编目组常设委员会.国际标准书目著录(2011年统一版)[M].北京：国家图书馆出版社，2012.

[3] GB/T 3860—2009 文献主题标引规则[S].北京:中国标准出版社,2010.

[4] CALIS 联合目录编目业务公告·集中著录和分散著录原则[EB/OL].[2017－07－15].http://project.
calis.edu.cn/calis/lhml/lhml.asp? fid＝FA0340&class＝2#_Toc122335649.

[5] 陈永伟.多卷书著录方法的选取原则[J].图书馆建设,2012(7).

[6] 邓福泉.多卷书著录应坚持"五化"[J].国家图书馆学刊,2012.

论编目外包的质量控制

艾　霞(江南大学图书馆)

随着图书馆管理理念的不断转变,图书馆业务外包已经成为一种普遍存在的现象。目前,采用外包形式的图书馆业务包括采访业务、编目业务、书目数据库建设、自动化业务和后勤物业管理等,其中编目业务外包是最常见的图书馆业务外包。

编目业务外包的存在和发展加快了图书馆文献建设的步伐,不仅提高图书分编的效率,而且降低工作成本,编目工作外包已成为一种新的图书馆管理理念。然而,国内外编目业务外包的实践证明,外包书目的差错率一般在 10%—15% 左右。因此,研究和探索外包环境下的书目质量控制问题,对于保障书目数据的质量,进而提高用户的文献使用保障率,具有重要的意义。

1 编目业务外包存在的问题

编目业务外包虽然提高图书馆的工作效率,但编目质量上却存在许多问题。以下是江南大学图书馆外包编目数据经常出现的一些问题。

1.1 基本信息著录不严谨

由于外包商主要以计件或计时来计算薪酬,很多编目人员只重视图书加工数量,而忽视图书编目质量,因此,很多著录细节没有仔细核对,题名、著者有时存在错字、漏字,价格错误的现象也时有发生。除了这些最基本的错误外,有些外包编目人员在著录中没有严格按照规范操作,致使编目数据质量不高,影响了读者对书目数据的检索。

1.2 数据著录标准不统一

表现在每位编目员对《中国文献编目规则》的理解与执行不同,不能按标准对数据进行修改著录,如对著录信息源的正确选定、对每本书的层次关系的反映、著录字段的选择、检索点的设置等问题存在差异。

例:200 1#$a 生物化学笔记 $f 魏保生主编 $g 傲视鼎考试与辅导高分研究组编写

225 2#$a 医学笔记系列丛书记录

从 225 字段反映,该书是丛书的一种,具有明显的层次关系,没对该 Marc 头标区的字符进行修改。

例:01180nam0_2200265___450_无层次关系(头标区错误)

01180oam2_2200265___450_有层次关系(头标区正确)

1.3 检索点的设置

对于有其他题名、分辑名的图书,必须要设置一个其他题名的检索点,并补录 517 字段,但编目外包人员往往不设置具有其他题名检索的重要检索点。

例:200 1#$a 大国策 $e 通向大国之路的中国社会保障发展战略 $f 吴鸣主编

517 1#$a 通向大国之路的中国社会保障发展战略

1.4 著录不客观

对图书题名、责任者、出版发行、载体形态其他信息等进行描述时,存在不客观现象,不能正确、全面揭示文献特征。比如 200 字段缺少 $f 责任者子字段,只是在 701 字段反映责任者。

例:200 1#$a 网格与商务智能

701 0#$a 章剑林 $4 著(错误)

200 1#$a 网格与商务智能 $f 章剑林著

701 0#$a 章剑林 $4 著(正确)

这是套录的数据,不加修改直接搬用,不符合本馆所执行的《Calis 联机合作编目手册》的要求。

1.5 分类、标引不规范

分类标引工作需要经过长时间的编目实践,具备一定的工作经验和知识积累,才能准确完成。而在这方面,外包编目人员恰恰与分类标引的要求差距甚远。外包商的编目人员一般编目资历低,且流动性大,文献分类和标引方面的知识缺乏,因此在分类标引时主要参照在版编目,而在版编目的分类标引错误率高。尤其对于一些交叉主题的文献,或一种图书涉及多个主题的情况,外包编目人员往往无法根据本馆情况选择主要分类号。如:对于食品专业的个别类目,本馆根据学校的专业特点和传统规定,分类时应参照本校的专业设置情况,按本馆的特殊规定入类。如食品安全卫生,本馆规定一般入 TS201.6,而不入 R155.5。

1.6 关于仿分复分的使用

例:200 1#$a 英汉医学辞典 $f 陈维益主编

690 ##$aZ38:R $v2(错误)

690 ##$aR－61 $v4(正确)

该类($aZ38:R $v2)本馆已停止使用,目前对辞典一律进行复分。外包编目员不仔细对照本馆编目细则,只是盲目地跟号。

1.7 多卷书或丛书的著录与分类

在处理多卷书或丛书的时候,外包编目人员往往无法准确判断采取分散著录还是集中著录。由于多卷书或丛书往往并不是同一时间出版,因而经常不能一次采购完整,外包编目人员在没有仔细查重和分析的情况下,将后到的多卷书或丛书单独著录,并另外分配索取号,致使图书馆书目数据较为混乱,不便于统一检索。有些多卷书或丛书尽管进行集中著录,但由于不熟悉中图法,将某图书的细分类号用作多卷书的分类号,而没有选取多卷书或丛书共有的上位类号。多卷书金额分配错误,不但会影响日常图书采购的经费结算,而且严重影响高校图书馆日后对图书的清产核资。

例:《故宫珍藏历代名家墨迹》这种书采用的是集中著录,而外包编目将后到的书分散著录,导致一套书有两个种次号。

分散著录:200 1#$a 明张瑞图行书前赤壁赋 $f 张瑞书

  225 2#$a20 故宫珍藏历代名家墨迹

  905 ##$aSYTU$dJ292.26/0417

集中著录:200 1#$a 故宫珍藏历代名家墨迹 $i 明张瑞图行书前赤壁赋 $f 张瑞书

  517 1#$a 明张瑞图行书前赤壁赋

  905 ##$aSYTU$d J292/0323:9

1.8 馆藏信息著录不准确

表现在查重不仔细、不认真,导致同书异号、异书同号的现象经常发生,版本、卷次、不加区分,丢项、漏项等现象较多,编目数据描述不正确、不全面,第二版的图书用第一版的数据,同一 ISBN 号的不同图书用一条数据等。

例:200 1$a 商业广场 $hⅡ$f 香港科讯国际出版有限公司编著。丢项 $hⅡ,或是种次号

  上缺卷次号。

  TU－856/0104(错误)

  TU－856/0104:2(正确)

例:200 1#$a 电力名词 $f 电力名词审定委员会审定

  205 ##$a2 版

  905 ##$aSYTU$aTM－61/015(错误)

  905 ##$aSYTU$aTM－61/015－2(正确)

从以上实例可见,外包编目给本馆提交的书目数据存在诸多问题。如果像这样长期积累,错误数据没有及时修改,那么后建数据就会错上加错,将严重影响读者书目检索速度和准确率。因此,加强对外包编目数据的质量控制是刻不容缓的事情。

2 外包编目数据的质量控制

2.1 建立长期稳定的外包合作关系

外包商的业务能力是制约书目质量的重要环节之一。因此,在决策编目业务外包之前,

必须对各外包商的编目力量、质量和资质做充分的调研,在调研的基础上选定若干诚信度高、编目质量好、实力强的公司进行投标。从中选择最优秀的、经考核合格的外包商承担编目业务工作,从而在源头上把好编目数据的质量关。

2.2　加强对外包编目人员的管理和培训

图书馆编目业务外包后,对图书馆编目人员提出更高要求,除了掌握必备的分编技能外,图书馆编目人员还要肩负起监督、管理和培训外包编目加工人员的责任。同时图书馆编目人员要深刻认识自己的职责,实现角色的转换。

2.3　加强编目数据的审核

外包编目数据监管离不开对编目数据的审核,只有审核才能发现外包编目数据的问题。审核初期可以逐个认真仔细地审核,经过一段时间,掌握外包编目人员分编数据的特点,可以有重点地进行审核。根据江南大学图书馆的审核经验,审核人员首先必须进行书名、作者、丛书查重,及时发现书名错、漏,以及多卷书、丛书分散著录的问题,并加以纠正。有的数据尽管在著录格式上不存在问题,但由于不符合本馆要求,而使新编文献与馆藏文献不一致,特别是根据馆藏特色对编目细节所做的一些要求,例如复分、分类级别、辅助区分号、交叉主题分类的选取、食品卫生的归类等。

3　编目外包的新思路

为了长期稳定地保障书目数据的质量,笔者认为对于大型图书馆及年编目 10 万册左右的图书馆,不易全部编目外包。应采取以下策略:一是可部分外包,即图书加工、Marc 著录可外包,主题标引、分类标引则由图书馆编目人员完成;二是高校图书馆可组织勤工俭学的学生进行图书加工、著录,主题标引、分类标引则由图书馆编目人员完成。后者的优点是:在校大学生年轻、接受能力强,经过培训之后,较容易掌握 Marc 著录、加工技能;而且学生群体在学校具有相对的稳定性,也容易沟通。另外,图书馆编目人员都有多年的分类标引经验,且所有编目人员都经过 CAILS 联合编目培训班的培训,持有上岗证书。笔者认为,大学生与图书馆编目人员的结合,是比较好的组合,这样不仅可以保证书目数据质量,同时也能提高图书分编的效率,高质量的书目数据就有了保障。

综上所述,编目业务外包作为目前图书馆事业发展的一种新生事物,有着广阔的发展前景。如何在外包合作中规避风险、控制编目质量、提高工作效率、构建核心竞争力,应是我们不断思考和探索的课题。

参考文献:

[1]赵伯兴,戴行德.论编目业务外包环境下的书目质量控制[J].国家图书馆学刊,2008(4).

[2]胡越慧.高校图书馆编目业务外包模式选择及质量控制——以温州大学图书馆为例[J].图书馆建设,2009(12).

[3]李先业.分编业务外包过程中数据质量的控制[J].农业网络信息,2008(5).

[4]曹秋霞.高校图书馆编目业务外包质量分析——以广东工业大学图书馆为例[J].图书馆学研究,2008
(10).

[5]张力,孙俏琳.对我国图书馆编目业务外包现状的质疑与反思[J].图书馆建设,2008(7).

[6]何榕.高校图书馆编目业务外包后的质量控制研究[J].科教文汇,2010(1).

[7]陈心荣.对高校图书馆编目业务外包的几点思考[J].江西图书馆学刊,2007(4).

新媒体时代编目员面对的挑战

崔云红　　朱庆华(国家图书馆)

随着网络、数字和通信技术日新月异的进步,以互联网、手机等为代表的新媒体已经不可阻挡地成为我们生活的一部分,已经很大程度上改变人们的生活方式。微信、微博、博客等网络社交方式改变了人们的交流方式。新媒体的出现对于传统的信息传播方式是一种巨大的冲击,这是社会科技进步带来的必然趋势和结果。传统意义上的报刊、图书、广播、电视四大媒体,加上新媒体,被称为现代五大媒体。

新媒体具有形式丰富、互动性强、渠道广泛、覆盖率高、精准到达、性价比高、推广方便等特点,被各行各业广泛应用。新媒体的出现大大改变媒体的形态,每个普通公众都能以新媒体为媒介,自由、及时地发出自己的声音,并大大提高信息传播的速度。微信的一条朋友圈或者公众号的发帖,经过一个晚上,转发次数可以突破上万,这样的"暴帖"已经屡见不鲜。

新媒体给图书馆带来的改变也是巨大的,不仅为图书馆服务提供新的渠道和方式,拉近图书馆和读者沟通的距离。图书馆服务读者的核心支撑工作——编目工作,在新媒体环境下,无疑也受到前所未有的挑战与冲击。

1　新媒体时代给编目员带来的挑战

新媒体时代,由于技术革新,图书馆各个工作环节随之变得越来越透明,读者对于图书馆数据检索的深入和细致,都达到前所未有的程度。这使得本来专业从事幕后数据工作的编目员,直接浮现到读者服务的第一线。曾经作为图书馆核心工作的编目工作,在进入网络时代以来,就逐渐被边缘化,呈日渐衰落的趋势。新媒体时代到来之际,编目工作者受到的冲击和挑战更是史无前例,在这个新时代,编目似乎已经被彻底遗忘。

然而,事实真的是如此吗? 阮冈纳赞的"图书馆五定律"说:"书是为了用的,每位读者有其书,每本书有其读者,节省读者的时间,图书馆是一个生长着的有机体。"不管图书馆的服务形式有什么变化,其根本还是依托于馆藏资源,而对这些资源进行有序化地加工整理正是编目工作者的强项。只是在新媒体时代,编目工作已经不能像传统那样局限于纸本图书一种载体形态。

从某种程度上说,新媒体的出现,让编目员的工作面临前所未有的挑战,但是任何时候都是机遇和挑战并存。在进入新媒体时代后,编目工作日渐被边缘化的颓势,或许又出现新的转机。如何在新媒体时代实现华丽的转身,关系到编目工作者在图书馆未来舞台的去留,编目员必须接受并且战胜这一新的挑战。

2　新媒体时代给编目员带来的机遇

2.1　编目工作的环境从封闭走向开放

编目工作在图书馆系统工作中,一直处于"后台"地位。编目工作是图书馆提供各项服务的基础,工作性质决定编目员的日常工作就是与一车车的待编目图书为伍,与外界交流的机会比较少。在新媒体时代到来之际,全世界的信息沟通和交流已经进入地球村时代,网络的发展、新媒体的友好界面,使得人们可以便捷地获得世界每一个角落的信息,通过网络,几个简单的屏幕"点击"操作,人们就可以实现学习、交流、购物、娱乐等多种活动。在这样的开放环境中,编目工作再也不可能是闭门造车,编目员在工作的同时,不管愿意还是不愿意,都需要开眼看世界。可以说编目工作的大环境已经自动打开大门,融入全球化、网络化的大环境之中。

2.2　编目员的工作角色从幕后走向台前

图书馆服务的宗旨是"以读者为本",注重用户的利益,为用户提供优质的服务。传统图书馆业务分为:采、编、阅、藏。只有在"阅"这个环节,直接与读者进行互动和接触,编目员的工作似乎一直都是幕后的支撑与配合。在网络时代,编目工作的理念已经从注重文献的物理形态转变到注重著作的内容以及揭示著作之间的关系,从而在资源描述中融入更多的评价性信息。编目工作不仅仅支撑具体的阅览服务,更多的也要根据读者需求拓展为参考咨询服务。新媒体的出现使得图书馆与用户间的联系更加紧密,交流与互动变得更加便捷,编目员也可以借助新媒体轻松参与其中,使得编目员的工作有机会从幕后走向台前,直接参与读者的服务。

2.3　对编目工作本身提出更高的要求

随着新媒体应用日渐深入和广泛,编目员原有的单一、固定的工作流程与模式必然随之发生变化,与外界交流更加频繁,对编目员本身的工作提出更高的要求。编目的内容也不能仅仅局限于纸本文献,需要综合体现多类型文献资源,读者对于图书馆信息的需求更为直观。如何能从简单的书名、著者、出版社、出版年、主题分类等基本信息的揭示,到将文献本身的信息进行综合、提取,进而满足读者的需要,这对编目工作也提出更高的要求。编目员不再是单纯的文献信息的提取者,更多的是多学科知识与专业业务素养相互融会贯通的整合者。从另一个角度也可以说,新媒体环境下,编目员职责以及编目工作的变化,也必将有助于增强编目员的责任感,激发其工作热情,使传统而平凡的编目岗位变得富有活力和创造性,逐步成为具有拓展性的岗位。

3 新媒体时代编目员应努力的方向

3.1 提高心理素质,以积极的心态迎接新媒体带来的冲击

在图书馆的传统业务中,编目员长期从事的是最基础的业务工作,某种程度上说是一种脑力结合体力的工作,编目员既要熟悉编目规则,同时也要具备良好体力,承担图书搬运工的任务。每一名优秀的编目员的培养都离不开常年具体编目工作的实践,也正是在不断的实践训练中,编目员对各种编目规则、理论都了如指掌,结合具体的图书出版形式运用自如。成熟的编目员也都有自己相对固定的编目习惯,编目部门也有着一套对编目员的培养模式。长期的实践培养了编目员吃苦耐劳、精益求精的优秀素质,同时编目工作也逐渐被格式化。

新媒体的出现打破这种多年形成的平衡状态,信息和需求的不断变化成唯一不变的状态。这使得编目员必须要对现有的编目工作进行相应的调整和改变。毋庸讳言,新媒体的出现在为编目工作注入新活力的同时,也给编目员带来一定的压力,要求其不断提高自身综合素质的同时,还要提高自己的心理抗压能力,接受新的社会环境变化带来的对既有工作模式的冲击和不适应。

部分编目员可能受传统图书馆观念的影响较深,对编目工作的认识有片面性,在长期工作中形成的惰性让他们不愿积极接受新事物,不能马上融入新的工作模式,对新时代编目员的职责、权利、义务等缺乏清晰的认识,造成角色定位模糊,焦虑、抵触心理突出。然而时代和技术的进步不等人,编目员应该改变传统观念,乐于接受新事物,学习新事物,结合实际,勇于改变和创新,提高心理素质,以积极的心态迎接新媒体带来的冲击。

3.2 强化新媒体意识,树立全心全意满足读者需求的服务理念

在新媒体时代,编目员需要克服图书编目工作不直接与借阅者接触、服务读者是参考咨询人员的事儿的传统思维。在进行著录编目工作时,必须树立全心全意为读者服务的理念,全面提高业务素质,在把握最新学科发展动态的同时,要正确理解和灵活运用各种编目规则,将编目规则与读者阅读习惯和检索习惯相结合。编目员除了做到著录工作认真、细致、全面,决不遗漏任何一个应著录的内容外,还要加深对编目图书内容的理解,尽量从多角度对图书进行揭示,满足读者新媒体界面下对检索结果精准度的要求。

"以读者为本"不是一句简单的口号,而是新世纪社会发展的一种科学理念。它已在当今社会各行各业中有所体现,但深度和广度还有待加强。对于编目工作来说,"以读者为本"主要是以用户为中心,注重用户需求,帮助用户更加便捷地检索与获取资源。这也是以后编目工作的方向。编目员要实现以编目的具体对象为中心到以用户为中心的服务观念的转变,关注互联网时代,通过微博、微信等新媒体显现出来的读者需求的新方向,研究读者阅读习惯的改变,研究读者对图书馆使用的新需求,不再单纯停留在为到馆读者服务的概念,而要树立为网络新媒体时代新读者主动服务的意识和理念,时刻思考如何吸引读者来使用图书馆的资源,如何把这种吸引的魅力体现在自己的具体编目工作中。

3.3 注重新技术在编目工作中的应用

在网络时代,图书馆编目工作的手段发生重大变化,除了完全依靠人工的原编数据外,共建共享的观念已经深入人心,编目工作的联机合作模式已经充分开启,"套录""下载"书目数据也已经成为编目工作的重要部分。随着计算机技术的进步,以前完全依靠人工才能实现的著录编目工作正在逐步转向计算机辅助自动著录编目。现在许多较大的图书馆都引进计算机进行自动著录编目。在与互联网连接以后,只要用扫描器扫一下图书的条形码,图书的基本信息包括书目、编著者、ISBN 信息、国别、类别等就可以自动进入到图书馆的计算机中来,操作人员只需要进行简单的设置就可以快速完成著录编目工作。

可以说,随着新技术的应用,传统的编目工作正在迅速边缘化。书目情报服务是编目工作的最终目的,反映在读者需求上,人们已经不再看重信息载体本身的揭示,而是更加注重信息的情报价值,新媒体时代对编目工作的要求是对文献的深度揭示为主,而不是对实体的描述。作为编目员不仅不能回避这一现实,还要通过借助新技术的应用,把自己从繁重的著录工作中解脱出来,投入到为读者提供"知识服务"的新业务中去。

3.4 加强对编目员的业务培训,提高在新媒体时代的适应能力

编目技术服务曾经是图书馆技术服务的核心,是图书馆服务的基础,也是图书馆学科研究的重要领域。信息时代技术发展日新月异,新媒体赋予图书馆全新的职能和作用,同时也为编目工作注入新的活力,对编目员个人综合素质提出更高的要求。编目工作如果不想被边缘和淘汰,编目人员必须提高自身的素质,实现职能转型,才能应对技术发展带来的机遇和挑战。一方面,编目员需要树立终身学习的理念,积极参加各种业务培训,刻苦钻研,不断更新知识结构,充分了解与掌握编目领域的新要求、新动态,奠定扎实的专业理论基础。掌握理论不是目的,还要善于将其应用到实际工作中去指导实践,发挥出现代编目工作所具备的优越性。另一方面,编目员还要进一步提升自身的综合素质,以提高在新媒体时代的适应能力。新媒体时代编目员需要具备的素质,包括良好的外语能力、熟练的计算机操作能力、敏锐的信息洞察能力、较强的学习交流能力等。

编目员自身素质是影响编目工作质量的主要方面,因此必须加强编目员的继续教育,可采取请进来办讲座、走出去开阔眼界、送出去进修提高素质、综合培训扎实业务、参加学术交流拓展思路等途径,让编目员扩大视野,更新和补充各学科的新知识,努力使其成为"一专多能"的多面手,并在整体上使他们成为适应图书馆现代化服务的专门人才。图书馆可以根据每个员工的专业特点和兴趣,支持和带领他们参与图书馆的各种课题研究,有计划地提升编目员的视野以及工作能力、学术研究能力。

3.5 营造环境氛围,创造编目员参与读者服务的机会

服务是图书馆永恒的主题,随着社会的进步、新媒体的出现,读者需求日益多样化,由此必然带来图书馆的转型和服务的变化。编目员应树立积极主动的参与意识,在立足目前基础工作的同时,积极追踪编目领域的新变化,使自己的本职工作跟上时代的前沿,同时还要关注新媒体时代读者对图书馆需求的新变化,拓展和丰富工作内容,注重与直接服务读者一线的阅览部门和参考咨询部门的同事进行及时沟通,拓展业务合作。由于编目员的工作就

是书目数据库的建设,对于图书馆的馆藏构成、分类、文献内容特点有着最为全面的了解,同时对于文献出版的现状有着图书馆其他工作岗位所不具备的直接感受机会。

编目员在编目的过程中,需要经常对馆藏数据、著者规范数据进行频繁检索,在此过程中培养了基本的情报信息检索素质,稍加培训就可以成为很优秀的参考咨询人员。目前,编目员所欠缺的是能够与读者进行交流的机会与主动为读者服务的意识,新媒体的出现使得图书馆服务读者的界面更为开放,可以说给所有图书馆工作者都创造了机会。图书馆各个岗位和部门都有自己既有的工作方式,不能随意进行改变,如果能营造出一种鼓励编目员积极参与读者服务的氛围,给他们创造与读者交流和服务的途径和机会,这将是编目员自身极大的发展机遇,也是图书馆服务工作的一股新生力量,或许能开拓出不同以往的新局面。

随着网络的日益普及、信息技术的飞速发展,图书馆传统编目工作不可避免地日渐远离图书馆核心业务。随着新媒体时代的到来,图书馆在运用新媒体平台开展服务的过程中,依然存在着种种问题。当然这是任何新技术诞生之初都会有的阵痛,图书馆的各个方面都面临着转型期的考验。编目工作者应把握好这一契机,积极参与学习与应用,不断探索,刻苦钻研,勇于面对各种挑战,找到新的科技进步与编目领域未来新发展方向的结合点,在新媒体时代探索出一条提升编目工作竞争力的新途径和新出路。

参考文献:

[1]陈毅晖.网络环境下编目工作的核心能力及其构建[J].大学图书馆学报,2011(4).

[2]周文宾.图书馆新媒体服务:现状、问题与对策[J].福建图书馆理论与实践,2016(3).

[3]安秀丽.新媒体环境下图书馆深化读者服务研究[J].图书馆工作与研究,2016(7).

[4]张国慧,龙净林,张丹秀.新信息环境下图书馆编目员理想素质及培养[J].农业图书情报学刊,2012(10).

[5]陈凤娟.大数据时代图书馆的新媒体营销策略[J].图书馆学刊,2014(11).

[6]马冰.浅谈新时期如何做好图书馆的编目工作[J].科技情报开放与经济,2013(12).

[7]温普玲,阎志华.大数据时代高校图书馆员信息素质教育策略[J].科技视界,2017(4).

中文图书标引工作主题分析及名称规范分析

樊京君(国家图书馆)

最近几年,我国图书馆规范控制工作进展得很快。规范控制又称权威控制,是为确保标目在检索款目及书目系统中的唯一性和稳定性而建立、维护、使用规范款目和规范文档的工作过程,类型包括名称规范、题名规范、主题规范。规范控制中的主题标引是对文献的学科内容进行分析、归纳,依据主题词表选用检索语言表达文献主题的过程。在通常情况下,主题标引中的正确性、符合性、一致性直接影响文献的查全率及查准率。另外规范名称标引是编目规范工作的重点内容,而编目数据的标准化和规范化是实现书目数据资源共建共享的前提。因此笔者结合工作实践,对中文图书主题标引和名称规范标引中存在的相关问题进行分析,同时就编目员如何提高中文图书标引质量提出一些粗浅想法。

1 主题标引中容易存在的问题分析

（1）新旧主题词同时使用。一直以来有关研究生考试题材方面的文献有很多,目前有的编目员依然沿用之前的"硕士生—入学考试"两个检索词进行主题标引。例如:《2015 考研管理类经济类联合能力 逻辑复习指南》,此时应选取"硕士生入学考试"来替代"硕士生—入学考试"。出现这种情况的原因应该是编目员参考数据库中的老数据采取机械化照搬的结果。

（2）主题词用代属分关系混乱。例如《保密管理研究》一书,原"保密—工作—研究—中国",现"保密—研究—中国",新主题词表中"保密"代替"保密—工作"。再例如:《徐梓峻艺术作品集》一书,原"艺术—作品集—中国—现代",现"艺术品—作品集—中国—现代"。新主题词表中"艺术品"代替"艺术产品";"艺术品"代替"艺术作品",编目员没有厘清主题词表的基本概念。

（3）主观臆造主题词。例如:"诗歌集",编目员因为有"小说集""诗集""散文集"等相仿文学类主题词的存在,没有查找主题词表而简单臆造使用不规范的主题词。

（4）未及时使用新增主题词。例如:①图书的内容讲述的是 PLC 技术,应使用新词"plc技术"代替原来的"可编程序控制器";②高考参考资料应用"高考—升学参考资料"代替原有的"高中—升学参考资料";③图书内容讲述的是中国传统文化,应用"中华文化—研究"替代原来的"传统文化—研究—中国";④图书讲述的是防火墙技术,应用新增词"防火墙技术"替代原来的"计算机网络—安全技术"。

（5）主题词概念模糊。例如:"黄山"和"黄山市",两个主题词在词表里虽然都有,但一个是自然地理范畴,另外一个属于行政区域划分。

（6）应选择词义更准确的主题词。例如:介绍数控加工的书,用"数控机床—生产工艺"比"数控机床—加工"更为准确。

（7）对于题名及书中已经阐明的内容,未使用相对应的主题词。例如:《家庭菜谱》一书,用"家常菜肴—菜谱"比"中式菜肴—菜谱"更好。

（8）内容揭示不完备,主题词遗漏。例如:"应用文—写作—教材",错标引为"写作—教材"。再例如:《幼儿园手工设计与制作》一书,主题词"手工课—学前教育—中等专业教育—教材",千万不能丢弃"学前教育"主题词,否则直接影响到分类号的归类,不能准确揭示文献描述的内容。

（9）主题词概念重复。例如:①"连环画—作品集—中国—现代"应该为"连环画—中国—现代",连环画本身就包含作品集的含义;②煤矿—矿山安全,在新词表中"矿山安全"替代"煤矿"安全,选用"煤矿"属于重复标引。

（10）要注意使用意义合并的主题词。例如:①"历史小说—中国—当代 长篇小说—中国—现代"合并为"长篇历史小说—中国—当代";②"物流—物资管理"合并为"物流管理";③"教育—研究"合并为"教育研究";④"文化—研究"合并为"文化研究";⑤"文学史—研究"合并为"文学史研究";⑥"大肠—肠肿瘤"合并为"大肠肿瘤";⑦"中国画—人物画—写意画"可用"意笔人物画";⑧"马恩著作—研究"可用"马恩著作研究"。

（11）主题词逻辑关系不明确。例如：用"风光摄影—摄影集—中国—现代"替换"风光摄影—中国—现代—摄影集"。

（12）主题词前后限制关系颠倒。例如：《幼儿园手工设计与制作》一书，原"学前教育—手工课—中等专业教育—教材"，应改为"手工课—学前教育—中等专业教育—教材"，因为该书讲述的内容是幼儿园手工课，主要阅读对象是具有中等专业教育的程度。

（13）主题词组配不恰当。例如：《企业社会责任感知对顾客公民行为影响机理研究》一书，编目员主题标引"企业责任—社会责任—研究—中国"，在中国分类主题词表中，分类号F272—05对应的主题词是企业文化、企业形象，企业责任/社会责任，"企业责任"属"社会责任"，两个主题词是并集概念，只有相容关系的概念词才可以组配，而且不能是字面上的组配，决定的因素是逻辑关系。

（14）主题词简洁问题。例如：《清代八旗科举述要》一书，主题标引"八旗制度—科举制度—研究—中国—清代"。搜索百度百科提示八旗制度是努尔哈赤正式创立，所以八旗有一定的专指度，主题词"中国—清代"不够简洁，可以省去。

2 名称规范标引中容易出现的问题分析

2.1 团体责任者规范标引中行政区划的问题

（1）题名页团体责任者不带"市"，直接做。例如：200 $a 湖里人口缘与梦 $f 湖里区人口与计划生育局，湖里区计划生育协会编 712$a 湖里区人口和计划生育局 $4 编 712$a 湖里区计划生育协会 $4 编（备注：湖里区归属厦门市）。

（2）题名页团体责任者不带"市"，不直接做，前冠"市"。例如：200 $a 淄川区人口与计划生育志 $e1949 –2013$f 淄川区人口和计划生育局编 712$a 淄博市淄川区人口和计划生育局 $4 编（备注：淄川区归属淄博市）。

（3）题名页团体责任者带"市"，去"市"。例如：200 $a 南京市高淳区人口和计划生育志 $f 南京市高淳区人口和计划生育局，南京市高淳区档案局（馆）编 712$a 南京市高淳区人口和计划生育局 $4 编 712$a 高淳县档案局 $4 编 712$a 高淳县档案馆 $4 编。

以上出现的前两个问题是编目员不清楚团体名称规范的相关规定，县名是行政区划中唯一可以不重名的地名，但区名则不能避免，所以县名前可以去掉前冠的市名，区名前则不可以去掉市名。第三种情况就比较复杂，它涉及行政区划的历史沿革问题、新旧规范记录挂接问题。根据百度百科检索到2013年2月，经国务院、省政府批复同意：撤销高淳县，设立南京市高淳区，以原高淳县的行政区域为南京市高淳区的行政区域。高淳经过上述县区变更，做团体名称规范时编目员首先要在高淳区前冠以南京市，规范库中可以检索到已经做过了高淳县档案局的团体规范，那么要将此规范展开后做410单纯参照根查，用以挂接曾出现过的团体不同名称，此处可以是单位名称的简称也可以是全称。接着再做510相关参照根查，挂接未曾用过的团体不同名称。

2.2 个人名称规范标引中的问题

（1）过多采用 $c 加以区分。例如：200$a 颍上人物志 $f 张勇著 701$a 张勇 $c（交通，$f 1965 ~ ）$4 著。根据互联网查找可以找到张勇的出生月是 7 月，那么采用 $f1965.7 ~ 就可以避免著者名称重复，比用 $c"交通"做区分准确得多，所以如果可以准确地区分就尽量不用推断词。类似的例子还有：200$a 现代机械制图习题集 $f 王国顺，朱静主编 701$a 朱静 $c（交通大学）$a4 主编。规范记录中 300 字段 $a 大连交通大学任教。

（2）采用 $c 区分不准确。例如：200$a 抒情中国文学的现代美国之旅 $f 李涛著 701$a 李涛 $c（女，体育英语）$4 著。该书著者介绍：李涛，上海体育学院外语系副教授，上海外国语大学博士，美国蒙特雷国际研究院翻译与口译学院访问学者。访美期间，对汉学家执笔翻译的中国现当代文学作品在美国及海外的接受情况产生强烈研究兴趣。由此看来，编目员用"体育英语"显然是狭义限定了作者的英语翻译面，缩窄了范围。

（3）采用 $c，规范库同一人名重复做。例如：规范库 200$a 蔡雯 $c（历史）810$a 记忆的伤痕 专著 日军慰安妇滇西大揭密；还有一条 200$a 蔡雯 $c（女）300$a 出版有《记忆的伤痕——日军慰安妇滇西大揭密》等。810$a 景颇秘语 专著。显然两条数据由于编目员先后分别加以不同的 $c 做区分，造成同一作者重复规范标引，浪费数据资源。

（4）团体、个人名称规范混淆。例如：规范库 200$a 立信人，应作为 210$a 立信会计图书用品社。

3 编目员规范标引素质的分析与提升

编目工作是图书馆各项工作的基础，也可以说是图书馆业务得以顺利开展的基本保障。随着现代化程度的提升，新技术对传统编目工作产生了巨大冲击，加速了编目工作的进程，其核心主体——编目员随之面临的工作理念的更新和自身素质的提升便具有刻不容缓的意义。

3.1 新技术背景下编目员容易出现的问题

传统编目环境下编目员通常依据图书上所能提供的各种信息，结合自身的专业程度，加之与周围同事探讨，并参考专业书籍等方式进行图书著录，彼时编目员专业化程度高，信息来源单一化。与传统编目工作相比，新技术背景下的数据来源更加广泛更加多元化。编目员可以多渠道查找到与图书相关的信息进行著录，编目单位时间缩短，数量叠加，效率提高。

（1）对于个人名称规范的制作，通常会出现同人多名、同名异人，如"王红"等中国人常用名，规范库中有无附加区分的款目上百条，编目员在文献资料不完整的情况下很难推理判断出准确的个人信息。

（2）对于团体名称规范的制作，通常在单位的全称、简称及缩略的处理方面，各编目员掌握的规则有分歧。

3.2 编目员出现问题的成因分析

(1)有所得必有所失。计算机编目代替手工编目后,编目员的工作任务逐渐加重,日复一日的工作量使编目员在编目数据过程中产生倦怠和急于完成的思想情绪,于是有些人会直接照搬数据库里的书目数据,抑或是不管对错照抄在版编目数据,这样做的结果是工作可以轻松完成但数据质量良莠不齐。

(2)编目员编目一本图书需要完成多项著录。一条书目数据由格式著录、分类主题标引和著者标引构成,编目员在每一个环节都可能会碰到难以处理的问题,尤其是责任者的名称在查找过程中往往根据已知信息无法判断区别无从下手做规范。

(3)编目员工作中的信息沟通存在不对称。编目员平时工作中忙于应对图书著录往往忽视业务学习及各项培训,以至于对一些新的编目细则规定不能及时了解,出现数据错误。

(4)新旧编目员传承与学习。新编目员从上岗到走向大流程差不多需要半年至一年的时间,在这个阶段夯实专业基础知识是关键,是今后完成书目数据质量好坏的保障。首先将有关著录规则等书籍介绍给新编目员,同时把相关的编目工作的 PPT 拷贝到电脑里结合起来自学,让他们对图书编目基本知识先有一个粗浅的认识,这个阶段大概需要半个月到一个月的时间。然后集中组织业务培训,采用讲课后课后解答的方式加以强化。大概需要一到两周的时间。最后新编目员进行理论和实践的结合,具体是由校对岗的老师负责讲授书目数据实操过程,边演示边讲解边解答,选取各种有代表性的图书为例效果更好。这个阶段不能操之过急,大概三个月为宜。老编目员在工作岗位时间久,编目专业能力强,但利用计算机和互联网技术方面比较薄弱,尤其需要与时俱进加强自身对新技术技能的提升。要做到不耻下问向年轻人多请教新技术方面的知识,不要居高自傲,认为这是丢脸的事情。

(5)以国家图书馆为例,其开发了中国国家图书馆办公系统,平台上提供内部邮件、公文管理、系统消息等内容,极大地方便了图书馆工作人员在业务上的沟通。对于部处下的科组还成立工作群组,平时编目员有疑难问题提交到群里大家互相讨论学习,相应地避免数据处理等方面的疑难问题。

结合规范控制的发展动态,笔者对个人著者名称规范现阶段的制作产生一些想法。例如,它不能描述丰富的责任者信息,不能揭示结构的关联。借鉴 RDA、MAR21 规范格式来看,个人著者规范除描述性别、国别等基本信息外,还可以揭示其死亡地等信息进行结构化关联,实现规范控制在互联网络上的功能,由此看来规范控制工作任重而道远。本文最后引用芭芭拉女士的一句话作为结尾:"用户完全可以用他们想使用的任何名称、题名或主题进行检索,而前提是图书馆员必须要控制检索,这样用户就不会淹没在信息的海洋中……有了检索控制,用户可以根据个人、团体。会议、丛编主题或著作的属性确定所有相关资料。"

参考文献:

[1]国家图书馆《中国文献编目规则》修订组.中国文献编目规则[M].2 版.北京:国家图书馆出版社,2005.
[2]王艳萍.中文图书主题标引工作的实践与思考[J].江西图书馆学刊,2012(3).

网络环境下的图书馆联合编目

韩佳芮(国家图书馆)

伴随当今时代网络环境与计算机技术的迅猛发展,网络及其应用已经渗透到社会的各个领域。图书馆作为文献信息交流中心、资源共享中心和社会文化服务中心,也已进入自动化和网络化的轨道。在网络环境中,图书馆的各项工作必然会面临巨大的机遇与挑战。在冲击与变化面前,如何认清现状,如何迎合时代发展,是图书馆各个方面都应意识到的重要问题,其中也包括图书馆联合编目工作。

1 图书馆联合编目的发展情况

1.1 联机联合编目的定义

联机联合编目是指以一个图书情报权威机构作为编目中心,由多个图书馆或情报机构共同编目,合作建立具有统一标准的联合目录数据库,并在此基础上实现联机共享编目。它利用计算机自动化技术和网络通信的优势,利用数据传输协议,实现书目数据的实时传输。联合编目中心拥有大量的书目数据,其他参加联合编目的各成员馆可以通过特定的网络和平台向联合编目中心上传书目数据和下载编目中心的书目数据。成员馆上传的数据,经过编目中心的校对存入中心书目数据库,供已加入中心的各成员馆共享。目前,这一编目方式已经成为国际编目发展的主要趋势,它是实现书目数据资源共建共享的一个重要途径。

联机联合编目的研究和应用始于 20 世纪 70 年代,其代表是 1967 年成立的美国俄亥俄大学图书馆中心,这便是早期的 OCLC(Online Computer Library Center)。OCLC 于 1971 年投入使用,历经 40 余年的发展,成为当今世界上最大的提供网络信息服务和进行图书馆各方面研究的国际组织。它向全世界提供在线编目与资源共享服务。

1.2 联机联合编目的优越性

联机联合编目首先避免书目数据的重复浪费。加入联合编目中心的各个成员馆都可以利用联合编目系统检索与下载数据。中心数据库中现存的数据皆可被成员馆使用。有效地对现有资源的再次利用,减少对信息资源的原始编目次数,也有大大降低书目数据的重复与浪费。

联机联合编目实现了真正意义上的书目数据共享。联机联合编目以互联网为依托,打破地域和行政机构的限制。任何成员馆都可以联机查询其他成员馆书目数据库、联机编目中心数据库等,并把需要的记录下载到本馆编目系统中。对于未检索到记录的入馆新书,按照联机编目中心的统一标准进行编目并上传。上传到联合编目中心的新数据,经审校合格后,方可供其他成员馆查询使用。

联机联合编目系统不仅具有避免重复浪费、实现数据共建共享等优点,还能够提高工作效率和编目质量,使联合编目工作实现数据标准化、规范化,从而进一步保障数据质量。各成员馆可以从中心数据库获得所需的书目数据,使编目人员从大量烦琐的输入工作中解脱出来。这样既提高编目的数量,又可以将有限的时间与精力用于保证数据质量而不是单纯的完成数量上。对于少量需要原始编目的记录,必须按照联机编目中心制订的著录规则进行编目,并经过编目中心校对合格后方可进入中心数据库。因此,联机联合编目既提高工作效率,又保证书目数据质量。

同时,联机联合编目也为开展馆际互借、文献传递等服务提供良好的平台。联合编目工作已经逐渐从单一的书目数据资源共享、编目人力资源共享延伸到文献资源服务领域,通过网络化的服务手段,为构建公共文化服务体系打下坚实的基础。因此,联机联合编目可以在各馆间互相协调藏书建设,开展联机采购、联机检索、馆际互借等。

1.3 我国联机联合编目的现状

随着国际上联机联合编目的发展,中国的联机联合编目也日益受到图书情报界的重视。目前,我国已形成几个初具规模的联机系统。例如,全国图书馆联合编目中心(Online Library Cataloging Center, OLCC)、CALIS 联机合作编目中心(CALIS Union Catalog Center, CUCC)、中国科学院联机联合编目系统(Union Catalogue of Chinese Academic Library & Information System, UNICAT)、上海市文献联合编目中心(Shanghai Information Union Catalog Center, SIUCC)和地方版文献联合采编协作网(China Regional Library Network, CRLNet)等。

就目前情况看,我国几个初具规模的联机编目系统已经开始运作,并取得一定成果。但与发达国家相比,我国联机编目还处于起步阶段,参与联机编目的图书馆数量还有待提高。距离真正实现全国性的联机编目,还存在一定的差距。其中有技术、设备、经费等问题,除此之外,也涉及组织结构问题以及相关规则协议等问题。

1.4 全国图书馆联合编目中心

全国图书馆联合编目中心成立于 1997 年 10 月,依托国家图书馆丰富的馆藏资源,拥有强大的图书馆专家队伍与高素质的编目人员。其宗旨是在全国范围内组织和管理图书馆联机联合编目工作,运用现代图书馆的理念和技术手段将各级各类图书馆丰富的书目数据资源和人力资源整合起来,以国家图书馆为中心,实现书目数据资源共建共享,降低成员馆及用户的编目成本,提高编目工作质量,避免书目数据资源的重复建设,实现书目数据资源的共建共享。

国家图书馆联合编目中心为非营利性机构,依托于国家图书馆及各成员馆。采用中心—分中心—成员馆的组织机构,实现联合编目中心的科学管理与持续发展。经过近十年的工作实践,联合编目中心书目数据的使用单位已超过 2000 家,成员馆的队伍在不断发展壮大,现已发展到 1000 多家,并且成立 32 家分中心。除了为用户提供中文普通图书书目数据以外,中心还提供了包括中、西文期刊书目数据库,台港图书书目数据库、民国图书书目数据库等 20 余个数据库。除此之外,联合编目中心还注重编目人员综合能力的提高,通过培训、业务交流、业务论坛等诸多方式为编目人员提供不断提高业务能力的平台。

在网络技术不断发展、相关行业交流不断加强的如今,全国图书馆联合编目中心面临诸多机遇与挑战,中心将以创新的思路推动联合编目事业的进一步发展,加强书目数据资源的建设力度,加强书目数据制作标准化和规范化的指导与培训,努力完善服务,推动图书馆之间、跨系统甚至跨行业的信息资源共建共享工作的发展。

2　网络环境下的联合编目存在的问题

如今,联合编目总体的服务范围在日益扩大,服务规模、服务水平显著提升,在编目共享、公共检索及馆际互借等方面都取得了突破性的进展。这些进步对于提高编目效率、规范数据管理、方便用户检索及促进馆际间交流与合作都起到积极的推动作用。但是,当前的联合编目还存在着诸多问题,总结起来有以下几点:

2.1　管理封闭,缺乏集中规划与相互合作

信息网络时代信息资源类型不断扩大,资源数量不断增加,这使得人们对信息的需求也快速增长。如何有效地合理分配馆藏资源,使资源结构更能满足社会需求,是各图书馆急需解决的问题。任何一个图书馆都不可能独自收藏全部的信息资源,这就需要各个联合编目系统、各个图书馆之间的合作。但是国内的各大联合编目系统间的管理与合作,存在如下一些问题。

首先,从宏观的国家层面来说。国内现有的几大联合编目中心分属于不同的管理机构,公共图书馆、大专院校、科研机构等系统各自为政,缺乏国家统一集中的规划与管理,没有对信息资源共享政策形成自上而下的宏观调控政策。各系统定位于国内图书馆行业的书目建设,缺乏国际化联合编目的管理理念,对内分工过细,对外合作不足。各个联合编目系统得到的指导不足,缺乏整体布局,从宏观上和政策上导致我国联合编目共享建设无法得以深入进行。这是阻碍我国联合编目系统发展的深层次的原因。

其次,从各个联合编目中心内部来说。共享工作难以真正开展的主要原因,是各个联合编目中心自身没有制定完整的政策体系。各个中心内部没有形成一套严密的组织管理制度,无法从根本上规范各个成员馆。这也导致各成员馆不能实现优势互补、互通有无。由于缺乏有效的组织制度,这使得各个中心各自为政,在资源采购和特色资源等方面出现重复建设的现象,严重影响我国图书馆联合编目的进程和发展。

2.2　编目标准不同,数据质量参差不齐

随着信息技术的飞速发展,我国各大联机联合编目系统之间的联合将成为趋势。但是数据之间的兼容程度,将会影响这一进程。国内各大联合编目系统虽然在原则上都参照《中国文献编目规则》《国际标准书目著录》等进行著录,但各系统采用的著录标准及规范不统一。其内部制订的编目细则、手册、附录等,导致各系统编目数据建库标准不同、著录格式不同、数据标引深度不同、著录项目不同以及标引质量不同。标准和规范的不一致,一方面会给用户带来不便,因为用户在从不同系统下载数据时会面临数据不兼容的问题;另一方面,

会阻碍我国联机联合编目事业的进一步发展。

数据质量也会影响联合编目的发展。我国联机联合编目系统的质量控制主要包括制订相关的标准和进行编目员资格认证两大方面。其中制订相关的标准能够确保加工数据时有据可依,编目员资格认证则能够确保数据加工人员的素质。然而,我国联机联合编目系统大多缺乏对上传后数据的监督机制与更新维护机制。虽然其中有些系统设立严格的审查小组,但人少数据量大的现实使得这种审查不能及时发现问题并及时更新。除此之外,联合编目系统纷纷采取措施保证自身加工信息的完整性和准确性,只注重于提高自身的数据质量,不考虑共享其他系统高质量的数据,以间接地提升自身的数据质量。这同样不利于整体数据质量的提高。

2.3 联合编目服务类型单一

我国几大联机联合编目系统的主要功能是为图书馆编目人员提供书目数据的下载和上传服务,为用户提供书目查询服务,为图书馆提供馆际互借服务。其服务内容局限于文献书目的索引,而馆藏文献分析、外文文献原文获取、深度参考咨询等并未涉及。国外组织,例如OCLC 在几年前就已经在其 WorldCat 上为用户提供在线的馆藏分析服务。国内几大联合编目系统在推荐馆藏图书书目下载、本馆馆藏自主统计查询、同类馆藏书目比对等多项功能上缺乏创新。

另一方面,联机联合编目无论在提供数据还是技术支持,归根结底都是在为图书馆和社会各界提供服务。随着互联网的普及和数字媒体的广泛应用,信息的传递范围与方式发生根本性变化,数字化媒介极大地改变人们获取信息、知识的方式和途径。对于数据库、互联网资源、多媒体资源等需求正在增加,对于图书馆的服务需求也在增加。国内联合编目服务的内容单一、重复且收费标准不一,增加了用户重复下载概率。同时,联机联合编目服务目前只是面向国内各图书馆馆员及用户,还没有开展面向全球的国际化服务。

3 网络环境下联合编目的发展建议

在当今网络信息时代,信息资源的共建、共享是图书馆的发展方向,实现联机联合编目是图书馆自动化的重要环节。因此,必须重视联合编目的发展与建设。建立统一的管理体制和行业标准,完善网络系统结构,建立一支技术力量雄厚的联合编目队伍,把现有的自发形成的,分属不同系统、不同区域的联机编目系统统一起来,使编目工作更加完善,从而达到真正意义上的联机联合编目。

3.1 建立健全图书馆法,促进联机联合编目合作与发展

美、英等发达国家图书馆事业拥有健全、完备的图书馆法。其图书馆立法经过长期发展和完善,形成包含图书馆专门法、相关法、自律规范和实施细则的比较完备的图书馆法律和法规体系。图书馆的各个方面工作在图书馆法中都有规定。例如图书馆的职责、经费来源和使用、图书馆资源建设、管理机构和管理方式、运营手段、服务项目和标准、管辖范围和层次等。图书馆员工的职业资格认证、培训等方面也有涉及。

我国于2001年正式启动《中华人民共和国公共图书馆法》立法工作。并于2017年4月正式提交草案。图书馆法的设立,将成为促进我国图书馆事业发展的重要原因之一。除此之外,我国于2008年开始编制《公共图书馆服务规范》,于2011年12月30日发布,2012年5月1日实施。这是我国第一部规范公共文化事业的国家级服务标准,它填补了当前我国图书馆规范体系中服务类标准规范的空白。该规范从服务资源、服务效能、服务宣传、服务监督与反馈等方面进行标准化的阐释。这将加快全社会的公共文化服务体系建设,保障社会公众的基本文化权益,大大推动我国公共图书馆事业的健康发展。

我国联机联合编目应得到相关部门的足够重视,并且应指导和管理图书馆联合编目的建设,加强整体布局。从宏观上和政策上保证资源共享的实现。我国联机联合编目系统想要取得长足发展,各大联合编目系统也必须突破自身的限制、体制的限制,真正从大局的角度和联合编目发展的角度出发,发展各自的馆藏。做到既各有特色,又互通有无,从而实现从资源到服务的真正共建与共享。

3.2　实施统一的标准与规范,提高数据质量

各大联合编目系统间的书目数据不能兼容,限制了联合编目发展的进程。为了实现最大范围的数据兼容,并提高数据质量,应做到以下几点:

首先,我国各大联机联合编目系统应采用国际标准或国家统一标准进行数据加工。并结合用户的实际需求及检索情况,编制符合用户使用习惯的主题词表、分类法及编目规则;同时,参考最新的国际标准,针对国内标准中没有涉及的特定内容制订全国统一的使用条例,并积极向国际标准制订机构反映此情况,以实现中文标准的国际化。其次,建立统一的合作开发数据加工规范。各系统之间应进行合作,在国际标准或国家标准不能适应数据加工需求时,建立相对统一的合作规范,以规范编目中的细节问题和规范标准中的非标准因素,从而使各方数据能够互相兼容,为成员馆利用不同系统的数据提供便捷条件。再次,建立广泛的监督机制。面对庞大的共享书目数据,我国联机联合编目系统大多只设立专门的审查小组对数据进行审核,这是远远不够的。应鼓励各成员馆或数据用户在发现问题数据时及时上报。开辟多种途径,为成员馆上报错误数据提供便利。

除此之外,还应该强化书目数据更新与维护。例如学习OCLC的分级更新维护制度,给予不同水平的编目员和图书馆不同级别的授权,给他们对书目记录中的特定字段进行更新和维护的权利。国内的全国联合编目中心也有这样的数据监控体系,由总审校、联编中心审校、质量监控员和具有联编中心认证资格的编目员构成。这样做能够减少数据在审查过程中重复的程序,加快数据上传的速度,在保障书目质量的同时提高数据加工与审查的速度。

3.3　提高编目人员的素质

网络信息环境下,编目环境、编目方式等各方面都将发生变化,这也会对编目人员提出新的更高的要求。图书馆建设需要更加专业的技术型人才,包括数据库建设人才、数字资源构建和维护人才、用户培训人才和客户服务人才等。这就要求联合编目系统中,上传数据的成员馆要提高编目人员的业务素质,确保数据的标准化和规范化。与此同时,使用数据的成员馆和数据用户也要加强编目人员的队伍建设。因此,编目人员除具备基本的编目业务素

质外,还应该有网络信息意识和不断学习的能力,学习互联网及其相关知识,思考当前网络与信息技术在图书馆联合编目中的应用,不断提高自身的综合素质,努力培养新形势下编目工作的能力。图书馆要重视对编目人员的继续教育工作,开展相应的选拔与培训,开展学术交流会议,促进行业人才流动和互相学习。建立起一支高水平的编目队伍,加快图书馆资源数字化进程,促进网络环境下的图书馆角色转变,以适应网络环境下的全国性图书馆联合编目工作,为读者提供更优质的服务。

3.4 开发联合编目服务功能,提高信息服务水平

作为公共文化服务体系的重要组成部分,我国公共图书馆服务应体现公益性、基本性、均等性和便利性。针对不同需求的用户群体提供分层级的个性化服务,已成为服务趋势。

我国的联机联合编目应利用现有的书目数据和馆藏数据资源,深化联机编目的服务功能,在开展书目数据加工、馆际互借的基础上建立个性化、特色化的文献服务体系。例如,开展与国内外出版商、数据库厂商的合作,签订资源使用协议,开展国际虚拟参考咨询、原文文献传递、馆藏文献分析及电子文献共享等服务。利用联机联合编目向全世界揭示中国文献信息、导引信息获取途径、为资源的收藏与共享提供依据,进而共享世界文化成果。在为各图书馆提供书目数据资源服务的同时,还应创新服务模式,开拓服务工作的新举措,例如,为图书馆提供馆藏资源的分析与评估服务。为不同的图书馆和数据用户提供不同的服务,使出版管理部门、图书馆、出版社和书商可根据自身情况,有针对性地定制服务。也可以提供多角度的资源分析与比较,实现为个性化的分析服务。

这一系列个性化、特色化的定制服务,可大大提高资源的利用率,进一步扩大联机联合编目的服务能力,进而扩大影响力;也使得书目数据资源和馆藏数据资源,能在现有的网络与计算机技术影响下,得到进一步发展。图书馆需要将社会的变化、读者需求的变化、科学技术的发展结合起来,从内部管理到服务内容、服务方式不断发展,与时俱进,履行自己的社会职能。

3.5 借鉴 OCLC 的成功经验,促进国际交流与合作

网络技术的发展与 OCLC 的成功经验为我国联机编目提供国际化服务、资源共享的理想平台。我们应广泛吸取和借鉴国外的先进经验,紧跟国际联机编目发展的新方向,适时调整业务流程、规范数据管理,加强与 OCLC 的合作,同时联合国内各信息机构协调协作,共同探索国际化联机编目发展之路,以此促进全球经济、文化的交流与发展。与此同时,积极探索 CNMARC 与 AACR2、DC 元数据、FRBR、RDA 等各种标准的数据转换技术,为未来的联合编目国际化奠定坚实的基础。尽管国内使用 CNMARC(中国机读目录)格式著录,而 OCLC使用 MARC21 格式,但二者都遵循 ISO 2709 的格式要求,有一定的共性。所以通过统一的技术手段进行格式转化,促进中国联机联合编目与国际机构的交流与合作。

网络环境下计算机和信息技术的发展,让我国联合编目工作面临诸多的问题,同时也提供难得的发展机遇。实现真正意义上的全国统一标准、统一协调、信息资源的共建、共享是我国联合编目事业发展的目标与方向。全国各大联合编目体系、各图书馆和相关机构应该同心协力,共同努力促进我国联合编目事业的新发展。

参考文献:

[1]刘华.OCLC书目数据质量控制举措及其启示[J].图书馆建设,2010(11).

[2]国家图书馆联合编目中心[EB/OL].[2017-07-20].http://olcc.nlc.cn.

[3]陈哲.国内外图书馆联盟信息资源共享模式比较研究[J].现代情报,2012(1).

[4]廖志江.云计算与图书馆联合编目[J].大学图书情报学刊,2012(2).

[5]陈力.公共服务中的图书馆服务[J].中国图书馆学报(双月刊),2006(1).

[6]徐咏梅.我国联机联合编目系统现状述要[J].法律文献信息与研究,2009(3).

[7]张桂华.网络环境下计算机编目的发展趋势——联机联合编目[J].农业图书情报学刊,2006(7).

[8]黄凯卿.网络环境下书目信息资源共享的思考[J].图书情报知识,2003(2).

[9]程华.借鉴OCLC经验探索我国联机编目的国际化建设[J].图书馆建设,2009(9).

[10]周小敏.全国图书馆联合编目中心书目数据质量控制[J].图书馆建设,2011(2).

[11]王岩.我国联机联合编目存在的问题[J].国家图书馆学刊,2000(3).

跨越资源藩篱　共享中文数据
——略述中文文献资源共建共享合作会议

胡　媛(国家图书馆)

　　"中文文献资源共建共享合作会议"是以中文文献为主轴的国际合作会议,会议的主旨是研讨跨地域的中文文献资源共建共享问题,意在通过具体的合作项目逐步实现中文文献资源共建共享,推动全球中文图书馆和中文文献资源收藏机构之间的交流与合作。

1　成立背景

　　"中文文献资源共建共享合作会议"起源于中山大学信息管理系和香港岭南大学图书馆1998年联合主办"海峡两岸第四届图书资讯学术研讨会"时成立的"华文信息资源共享联络小组"。"华文信息资源共享联络小组"成立一年后,香港中文大学为庆祝新亚书院金禧校庆,于1999年11月主办了"21世纪中文图书馆学术会议"。会议闭幕以后,为进一步加强内地与海外图书资讯界的交流与合作,周和平、孙蓓欣、谭祥金、戴龙基、庄芳荣、张鼎钟、黎民颂、冼丽环和郑炯文等人又组织一个小型会议。该会议在讨论多项可能的合作项目的基础上认为有必要发展"华文信息资源共享联络小组"的职能,提出在"华文信息资源共享联络小组"的基础上成立"中文文献资源合作发展协调委员会"的意向,并且初拟成立委员会的有关议题。由于时间有限,同时参加会议的代表面还不够广泛,许多问题尚需仔细研讨,于是,经商议确定举办"中文文献资源共建共享合作会议"。2000年6月,由中国国家图书馆主办的中文文献资源共建共享合作会议在北京召开,此次会议被确定为中文文献资源共建共享合作会议第一次会议,同时宣告中文文献资源共建共享合作会议的正式成立。

2 历次会议概览

第一次会议选定包括古籍联合目录数据库、中文名称规范数据库、孙中山数字图书馆、中文拓片数据库、图书馆学情报学术语规范数据库、中国家谱总目、中国版印图录、中国科技史数字图书馆八个合作项目及其项目负责人,并决定由中国国家图书馆牵头,中国及美国等多家单位参加,成立"中文元数据标准格式工作小组",为全球中文文献资源的共建共享研讨制订统一的标准格式。

第二次会议选定包括中文名称规范数据库、图书馆学情报学术语规范数据库、中国版印图录、中国拓片数据库、中国家谱总录、古籍联合目录资料库、孙中山数字图书馆、中国科技史数字图书馆八个合作项目,并针对中文元数据标准格式的研究与制定进行专场讨论。

第三次会议上就中国古代版印图录、中文拓片数据库、中国家谱总目、图书信息术语数据库、中国科技数字图书馆、孙中山数字图书馆、中文元数据标准格式的研究与制定、中文名称规范数据库、古籍联合目录数据库等合作项目的负责单位代表先后就合作馆、参与人员、计划进度及成果展示等方面进行报告和讨论。

第四次会议就已确定的中文名称规范数据库、古籍联合目录资料库、孙中山数字图书馆、中文拓片数据库、图书馆学情报学术语规范数据库、中国家谱总目、中国版印图书录、中国科技史这八个已经确立的合作项目及中文元数据标准格式的研究与制定的项目做阶段性进展情况报告,并就拟申请新项目展开讨论,同时针对中文文献资源共建共享的其他相关问题进行讨论。最终会议通过"西北地方文献数据库""中国近代文献图片库"两个项目的立项申请。

第五次会议的主要议题是"研讨跨地域的中文文献资源共建共享问题"。通过具体的合作项目,逐步实现中文文献资源共建共享,以推动全球中文图书馆和中文资源收藏机构之间的交流与合作,实现弘扬和提升中华文化在全球的影响力。中国国家图书馆、上海图书馆、南京图书馆、中国社会科学院、北京大学、清华大学、香港大学等合作项目的主导单位代表就中文名称规范数据库、图书信息术语规范数据库、中国古代版印图录、中文石刻拓片资源库、中国家谱总目、古籍联合目录数据库、孙中山数字图书馆、中国科技数字图书馆、中文元数据标准研究及其示范数据库、西北地区文献数据库和中国近代文献图片库、汉文史资料库建设等项目工作进行报告和研讨。

第六次会议上,参会代表指出历届会议存在定位不明确、缺乏项目准入和结案审查机制等问题,明确中文文献资源共建共享合作会议今后的办会方向和合作模式。与会代表明确会议定位为论坛形式,发展方向为研究宏观的政策问题和具体技术操作方面结合。同时在会议期间展示了14个项目的阶段性成果,诸如中国科学院国家科学图书馆(原中国科学院图书情报中心)徐引篪研究馆员所做的"图书资讯术语数据库工作汇报",这一课题的阶段性研究成果初步完成了网络版图书资讯术语对照表的设计和编制。中国国家图书馆的"中文石刻拓片资源库报告"结合了以书目数据为基础,抽取拓片元数据、以扫描的数字影像为基础,建立对象数据库和采用 XML 扩展标识语言,建立互联网平台这三大特点,有重点地对中文石刻拓片资源库收录拓片情况进行了概述。

第七次会议针对中国古籍保护计划回顾与展望、台湾善本古籍数字化的现况及展望、香港澳门古籍民国文献数字化计划、高校古文献资源库的建设与发展、上海图书馆古文献资源数字化建设探索、民国文献资源建设与数字化在台湾地区的发展现况、民国文献数字化的实践、北美古籍文献民国文献资源建设与数字化的调查这八个议题进行研讨。此外,这次会议上讨论成立大会管理机构——中文文献资源共建共享合作会议理事会,促成了新的合作项目——"中华寻根网"项目。

第八次会议共一个专题演讲,八个主题报告。与会代表就所在地区数字化的发展情况进行研讨,中国、美国、德国等的代表分别介绍各自机构在中文馆藏数字化方面所做的工作。同时就各地区数字化的发展情况进行讨论。

第九次会议的主要议题是"数字图书馆建设合作与馆藏特色资源数字化",与会代表针对各地区中文文献资源共建共享现状、各机构代表性项目及新立项目发展情况等进行交流。同时本次会议新立两个项目:"华人音乐文献集藏计划"和"中文学术机构典藏联合共享平台建构计划"。

第十次会议期间,主题为"中文文献资源共建共享合作会议的沿革及合作项目回顾"的展览在香港中央图书馆举行。展览介绍会议背景及成立目的,展示会议促成的十四个合作项目,涉及古籍目录、拓片、家谱、名称规范等多个领域。同时依据惯例,"中文文献资源共建共享合作会议"理事会第八次会议在本次大会期间举行,对《中文文献资源共建共享合作会议章程》进行修订。

第十一次中文文献资源共建共享合作会议的主要议题是"后数码时代:中文文献资源的合作、利用与推广"。来自中国、新加坡、英国、美国等国家和地区的代表探讨及分享相关工作经验,内容涉及分享与合作、资源利用、应用推广及技术等方面,以增进彼此间的了解及各地区中文文献资源整理及利用之发展。会议期间,"中文文献资源共建共享合作会议"理事会第十次会议同期举行,正式通过澳门特别行政区政府文化局公共图书馆管理厅加入成为理事会成员单位。

历次中文文献资源共享合作会议

届次	会议时间	会议地点
第一次	2000 年 6 月	北京
第二次	2001 年 4 月	台北
第三次	2002 年 9 月	澳门
第四次	2004 年 11 月	南京
第五次	2005 年 11 月	香港
第六次	2006 年 9 月	敦煌
第七次	2008 年 11 月	澳门
第八次	2010 年 11 月	台北

届次	会议时间	会议地点
第九次	2012 年 9 月	兰州
第十次	2014 年 10 月	香港
第十一次	2016 年 10 月	澳门

3　代表性建设成果

3.1　中文石刻拓片资源库

中文石刻拓片资源库项目自 2000 年 6 月在北京召开的"中文文献资源共建共享合作会议"提出,由中国国家图书馆组织建立,具体工作由中国国家图书馆古籍馆承担。

中文石刻拓片资源库阶段性建设成果包括:

(1)出版《中文拓片机读目录格式使用手册·中文拓片编目规则》;

(2)在中国国家图书馆网站上建立"碑帖菁华"栏目,可供读者免费浏览中文石刻拓片影像 23058 种 3 万幅;

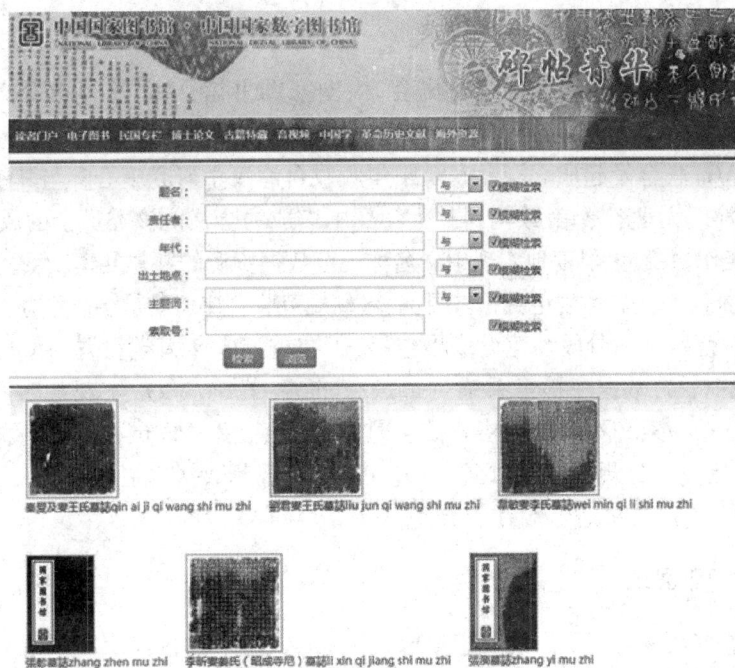

图 1　碑帖菁华

(3)在中国国家图书馆网站上建立"甲骨世界"栏目,可供读者免费浏览中文甲骨拓片影像 5200 余种 16000 余幅;

(4)完成甲骨实物和拓片书目数据 15543 条,甲骨拓片影像 8155 幅,甲骨实物影像 11725 幅,总计 19880 幅。

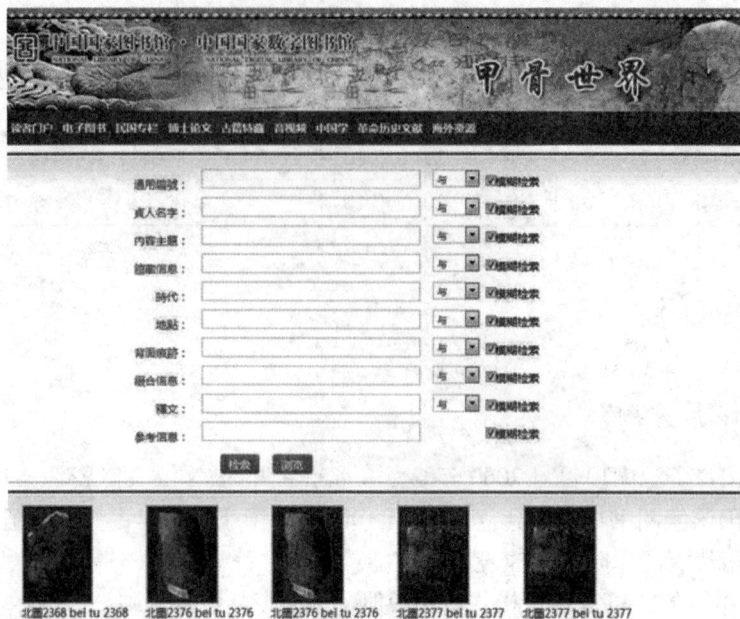

图 2　甲骨世界

3.2　中文名称规范数据库

2003 年"中文名称规范联合协调委员会"由国家图书馆、中国高等教育文献保障系统（CALIS）管理中心、香港地区大学图书馆协作咨询委员会（Joint University Librarians Advisory Committee，JULAC）联合发起成立，并于 2004 年吸收台湾汉学研究中心参与其中。2016 年澳门公共图书馆、澳门大学图书馆、澳门科技大学图书馆成为会员。该委员会的成立，旨在推动我国名称规范工作，并最大限度地实现中文名称规范数据资源的共建共享，促进各地区标准的兼容，并向世界推广中文名称规范数据。目前，名称规范联合协调委员会已举办 14 次会议。

中文名称规范数据库阶段性建设成果包括：①在香港中文大学设置由 CALIS 负责开发的"中文名称规范联合数据库检索系统"（http://cnass.cccna.org），实现共四家机构中文名称规范数据的统一检索和不同规范格式的实时自由转换；②各成员根据各自情况将名称规范记录上载至"中文名称规范联合数据库"，目前，联合规范数据库主要以个人名称为主。截至 2016 年 10 月，数据总量达 175 万余条。

3.3　中国古代版印图录

由国家图书馆发展研究院原院长李致忠先生编撰的《中国古代版印图录》于 2016 年由国家图书馆出版社出版。全书共收录古籍 700 余种、图版 1400 余幅，分为六册，前五册为图版，第六册为叙录。图版部分全部彩色印刷，选取各个时期、各种方式印刷的有代表性的古籍书影，叙录部分是对所选图版原书的介绍。

3.4　古籍联合目录数据库

"中文古籍书目数据库"提供各合作馆丰富的中文古籍书目数据，可供全球读者在互联网上查询使用。2013 年提供新的平台接口。目前计有 48 所中文古籍典藏单位提供书目,书目数据已逾 63 万笔。

3.5 中国科技史数字图书馆

由清华大学图书馆发起,联合清华大学校内和校外多家单位进行的数字图书馆建设项目,包括中国科技通史、数学史、天文学史、机械史、水利史、建筑史、造纸史、纺织史、军事科技史和陶瓷史共 10 个子系统及分学科平台。共有 96 个子栏目,70 余个数据库。

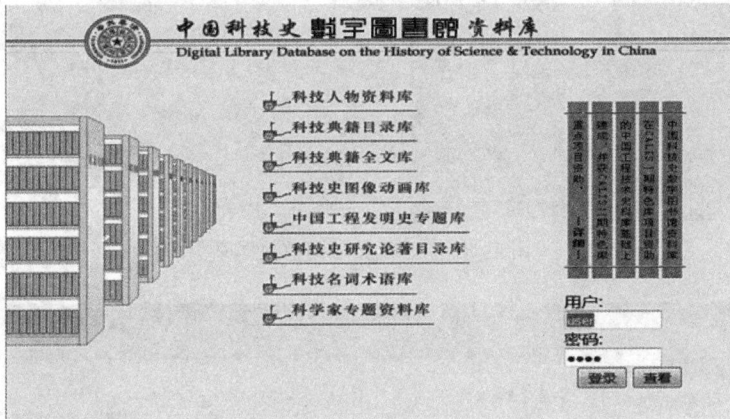

图 3　中国科技史数字图书馆资料库

3.6 中国家谱总目

由王鹤鸣担任主编的《中国家谱总目》于 2008 年由上海古籍出版社出版,它是一部集录海内外现存中国家谱的总目录。全书共 10 册,收录中国家谱 60921 种(包括复本及新修家谱),其中中国各地区共 59905 份,美、日、韩、加等国共 1016 份。计 608 个姓氏,是迄今为止收录中国家谱最多、收录姓氏最完整、著录内容最为丰富的一部带有内容提要的专题性联合目录。不仅反映了个谱的收藏、分布状况,而且对海内外华人、华侨的寻根谒祖以及增强中华民族的影响力、吸引力和凝聚力起到积极的推动和促进作用。

3.7 中国近代文献图像数据库

设有政治、经济、军事、文化、科技、教育、体育、宗教、法律、人物、民国建筑、民国风俗、民国广告、医药卫生、历史地理等 15 个栏目,每个栏目下设有多个子栏目。

3.8 中华寻根网

中华寻根网是建立在国际合作基础上的全球家谱数字化服务、教育和研究项目,以保存中华文明的共同记忆为最终目标。中华寻根网一期建设已顺利完成,建立寻根网的系统模型、数据模型和软件系统,制作姓氏数据 500 条、家谱书目数据 30000 条,完成 500 余种约 50 万叶家谱的扫描。中华寻根网网站(http://ouroots.nlc.cn/)于 2011 年 3 月 5 日正式开通并提供服务。

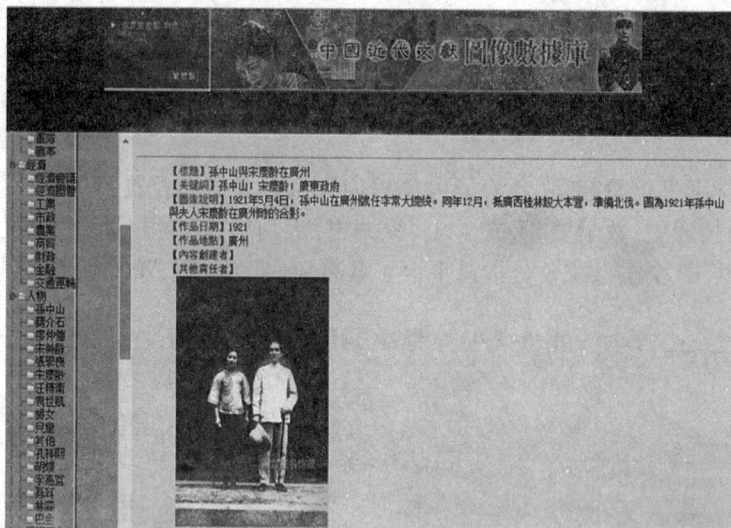

图 4   中国近代文献图像数据库

图 5   中华寻根网

4   远景展望

中文文献合作共建共享会议是在全球中文图书馆间交流与合作的基础上进行的发展与尝试。会议为中文文献资源的共建共享提供一个国际交流平台,以中文文献资源为纽带,联系世界各地收藏中文文献资源的图书馆或机构,促进彼此合作交流。

中文文献合作共建共享会议所确定的合作项目涉及图书馆学的方方面面,合作机构遍布世界各地。在各成员机构的同仁不懈努力之下,各个合作项目都取得丰硕的阶段性成果。但正如国家图书馆韩永进馆长所说:"文献信息资源共建共享是我们长期追求的目标,实现这一目标并非一蹴而就。全球中文图书馆之间文献信息资源的共建共享,依然还要克服意识上的、地域上的、技术上的诸多障碍。"如果中文图书馆界认同合作与发展理念,遵循共享共赢的道路,各成员机构的同人为了一致的远景目标共同努力,中文文献资源共建共享一定会开启新的篇章,取得新的成就,赢得中文文献在世界图书馆界的话语权。

参考文献:

[1]孙利平.有益的尝试良好的开端——记"中文文献资源共建共享合作会议第一次会议"[J].国家图书馆学刊,2000(4).

[2]辜瑞兰."第二次中文文献资源共建共享合作会议"纪实[J].图书馆论坛,2002(10).

[3]徐忆农.第四次中文文献资源共建共享合作会议综述[J].新世纪图书馆,2005(1).

[4]于川.第五次中文文献资源共建共享合作会议综述[J].新世纪图书馆,2006(1).

[5]于川.承前启后继往开来:第六次中文文献资源共建共享合作会议综述[J].新世纪图书馆,2007(1).

[6]中文文献资源共建共享合作会议[EB/OL].[2017 – 03 – 07]. http://www.nlc.cn/newgjgx/.

[7]CALIS 联机编目中心.CALIS 名称规范工作简报[Z],2016.

数字化让民国期刊的生命得以延续

江　红(国家图书馆)

1 民国期刊的现状

1.1 现状

曾任国家图书馆馆长的詹福瑞先生指出:民国文献不同于古籍,它一般只有 50—200 年的保存寿命,对它的整理修复等工作如不加以重视,若干年后,大量的古籍文献尚能为我们翻阅,而一部完好无损的民国文献却不复存在。这将是中华文明的巨大损失![1]2004 年,国家图书馆成立以周崇润老师为首的"馆藏纸质文献酸性和保存现状的调查与分析"课题组,经过深入细致的调查监测,发现馆藏的所有文献中,民国期刊纸张的 PH 值都已低于 4.5,酸化、老化、损毁状况极其严重,一般情况下,PH 值小于 5.0 就被看作严重酸化[2]。很多期刊的纸张已完全丧失机械强度,只要轻轻一碰,就会粉身碎骨。因此,民国期刊的整理、保护已成当务之急,在网络信息技术高度发展的今天,将民国期刊数字化,是对民国期刊的再生性保护的必由之路,更是数字图书馆的重要组成部分。

1.2 原因

民国期刊之所以这样脆弱不堪,这是由它与生俱来的特点决定的:

(1)酸性物质是纸张劣化的罪魁祸首。19 世纪初机械纸代替手工纸,造纸原料主要是木材纸浆,纸浆中含有大量的化学性质不稳定的木质素,木质素很容易被氧化变成酸性物质,酸性物质吸收空气中的水分后,就会与纸张内的纤维素发生化学反应,使纤维素中的氢键断裂,造成纸张强度减弱变脆,纸张的颜色褪色发黄。造纸过程中,在纸浆中加入漂白剂来增加纸浆的白度,而漂白剂中含有氯,纸张中残留的氯,使其酸性更加增强。为防止墨水在印刷过程中扩散和洇渗,常常在造纸过程中加入松香、明矾等添加剂,而这些添加剂均属酸性物质,这就更进一步增加纸张的酸性程度。

（2）装帧方式、装订材料方式。民国期刊多采用平装的装订形式,与西方的精装相差甚远,封面纸质较软容易磨损。另外,当时多采用订书钉平订的装订方式。铁质的订书钉,生锈后对纸张有腐蚀作用,再加上它的强度比纸张大,容易造成纸张破裂,这些因素造成装订结构不牢固易解体,文献不能做到长久保存与使用。

2 民国期刊的数字化

2.1 数字化是民国期刊再生性保护最常用最有效的措施

目前,将民国期刊数字化主要有两种方式:一种是将民国期刊原件拍摄成缩微胶片,然后用相关设备把这些胶片进行数字化转换,早在 20 世纪 80 年代,民国文献已经开始缩微化。通过扫描仪将民国期刊原件扫描成图像,以图像文件的方式在计算机中保存起来,图像文件不仅把文献内容保存下来,还把文献的笔迹、墨迹、批注、印章等文献的各种原始特征,原汁原味地体现出来,为人们了解认识文献提供更多的信息,为广泛深入开展科研工作提供更多的途径。

另一种是将民国文献已扫描成图像的文件,通过 OCR 字符识别软件,把图像上的内容转换成文字,以文本文件的方式保存在计算机中,通过这种方式把民国文献的内容保存下来。数字化后的民国期刊,再建立数据库,以便人们方便快捷的使用文献资源,目前已建成的大型综合性民国期刊数据库主要有四个:

（1）民国时期期刊全文数据库。上海图书馆的《全国报刊索引》编辑部,将馆藏民国期刊进行数字化,建成"民国时期期刊全文数据库",计划收录民国期刊 2 万多种,1500 多万篇文章。采取分批出版方式,逐步推出各辑产品,目前已出版 11 辑,旨在打造一个收录品种多,覆盖面广,特色期刊丰富的知识服务平台。该数据库为用户提供了多条检索途径,用户可从篇名、作者、分类号、刊名、期号及年代等入手获取自己所需的信息,用户不仅浏览还可下载全文,还可以使用期刊导航功能,直接浏览和下载期刊原文。中国境内出版的最早刊物——《东西洋考每月统计传》(1833 年在广州创刊),被该库收录。

（2）民国中文期刊资源库。国家图书馆早已将馆藏的全部民国期刊制成缩微胶片,后又对缩微胶片进行数字扫描,进行数字化转换,建立"民国中文期刊资源库",该库现共有 4351 种民国期刊的电子影像供读者全文浏览,以篇名数据、书目数据、数字对象为内容,提供简单检索、高级检索、关联检索、二次检索、条件限定检索。该库不断增加更多的内容,采取边建设边服务的原则。

（3）CADAL。高等学校中英文图书数字化国际合作计划,(China-American Digital Academic Library),后改名为大学数字图书馆国际合作计划(China Academic Digital Associative Library)[3]。共收有 236594 册民国书刊,成为"百万册书数字图书馆"。为了给读者提供更为全面、方便的学习和研究的数据环境,2015 年 CADAL 项目管理中心与北京正字典藏科技有限公司经过友好协商,将 CADAL 项目的书刊资源和正字典藏的报纸资源进行整合,建立了《民国文献大全—1949》数据库。该数据库收入民国期刊 2 万多种,15.9 万册,用户可从刊名、作者、关键字、出版机构、描述检索（即模糊检索）等检索点入口,进行全文检索。CADAL 为全球读者提供检索服务,并且为项目成员单位提供免费全文使用,读者只需要简单的注册,即可检索并全文阅读该数据库书刊。

(4)大成老旧期刊全文数据库。该库是 2010 年由北京尚品大成数据有限公司推出的,它蕴藏的信息量巨大,收入民国期刊 7000 余种,14 万余期,180 余万篇文章。用户可从题名(篇名)、作者、刊名、内容提要入手进行检索。该库按照中图法期刊分类表进行分类,共有 22 个大类,内容涉及政治、经济、军事、哲学、天文、历史地理等各大门类都有收录,具有很强的科学、历史、文学研究价值。该数据库全部采用原件高清扫描,很多国内不多见的孤本珍本都被收入其中,内容之丰富,史料之珍贵,实属难得,具有全面性和独特性,是研究近代各个学科史等学术研究不可或缺的数据库工具。

2.2 民国期刊数字化建设存在的问题

2.2.1 重复建设

各个图书馆在建设数据库时,大多依据自身的馆藏资源,而各馆的馆藏资源中,必然存在大量的重复收藏。这些重复的资源依然被扫描,收入到各馆的数据库中,造成人力、物力、财力的浪费,同时也造成对原件不必要的损毁。导致这种情况的主要原因是民国期刊收藏的分散不集中。

2.2.2 各自为政

各馆在建设数据库过程中,往往只根据自身的实际需求各自为政,没有统一的标准,缺乏整体规划,出现很多问题,如加工标准不统一、著录标准混乱、检索界面形态各异等。数据加工方面,因各馆的人力、物力、财力情况各不相同,有的直接对原文献进行扫描,有的把缩微胶卷转换为数字资源,所以图像清晰度差异较大,文件格式不统一,即使是全文 OCR 识别,其准确率也存在着较大的差异。著录标引方面,有的仅做简单标引,如刊名、出版地、馆藏号等基本项,有的则较详细,延伸至篇名信息。检索界面也是千差万别,形态各异,浏览方式纷繁复杂,缺乏整体规划和统一标准。

2.2.3 版权问题

我国现行《著作权法》第二十一条规定:公民的作品,其发表权、本法第十条第一款第(五)项至第(十七)项规定的权利的保护期为作者终生及其死亡后五十年,截止于作者死亡后第五十年的 12 月 31 日;如果是合作作品,截止于最后死亡的作者死亡后第五十年的 12 月 31 日。按此规定,民国时期的作品,其作者凡是在 1967 年以后去世的,仍处于著作权保护期内,受到著作权法的保护,其权利由著作权人的继承人享有。对这部分的文献进行数字化,应先获得相应权利人的授权,但由于年代久远等诸多因素,很多著作权人已无法查明,使这些作品沦为孤儿作品。民国期刊的数字化尤其是全文的数字化,版权问题是不容忽视的,四大最有影响力的数据库,均在各自的网站上发表了免责声明,足见它的重要性。

2.3 民国期刊数字化建设的发展方向

2.3.1 资源共享,联合共建

从收入的资源范围看,CADAL 建设的"民国文献大全—1949"数据库收入的民国期刊仅仅局限在高校图书馆范围内,而缺乏对公共图书馆民国期刊的合作与采集。从使用范围看,CADAL 的数据库也仅限其成员馆内部,收录内容、受众都很有限。国家图书馆的民国中文期刊资源库与 CADAL 正好相反,它以公共图书馆为合作对象,对高校图书馆缺乏组织合作。因此,如何将分布在全国各地各种类型图书馆馆藏的民国期刊资源进行整合,剔除重复期刊,合作共享联合共建,是未来民国期刊数字化的首要问题。

2.3.2 整体规划,统一运作

目前,提供数字化资源内容的商业公司,其运作模式非常成熟,各大图书馆可将其吸引进来,参与民国期刊的资源建设,制定统一标准规范运作,从而减少重复性劳动,提高对民国期刊资源的保护。

2.3.3 成立版权委员会

妥善解决版权问题,是吸引商业公司的前提。民国期刊的大部分作者已无从查考,版权归属不明,目前国内对此尚无较好的解决方法,国际上谷歌公司的方法很值得借鉴——成立版权登记处。版权享有者从机构订户、广告收益、图书销售中得到补偿,而谷歌的收益来自广告、全文浏览收费,谷歌并不是把收入全部据为己有,而是分为两部分:谷歌保留37%,版权登记处得到63%。

对于处于版权保护期而版权归属不明的民国期刊,商业公司运作时可以参照谷歌模式,成立版权委员会,将商业收入的一部分保存到版权委员会中,作为预支付版权费用,维护运行版权登记、收集分配版权费等功能。

民国期刊数字化,使民国期刊的生命得以延长,同时也是图书馆数字化建设的重要组成部分,是数字图书馆建设的一个缩影。它不仅对民国期刊信息资源的现代化转变具有决定性作用,对图书馆现代化转型也起着重要作用。

参考文献:

[1]民国图书酸化残破严重 67万件民国文献亟待保护[EB/OL].[2005-02-08].http://news.sohu.com/20050208/n224277969.shtml.

[2]周崇润.中国古籍文献的酸化与防酸化[J].国家图书馆学报.2002,28(5).

[3]高等学校中英文图书数字化国际合作计划(CADAL)项目门户网站[EB/OL].[2005-11-21].http://blog.csdn.net/walkfarer/article/details/534227.

新媒体时代编目员面对的挑战

李 恬(北京工业大学图书馆)

自古以来,编目理论与实践都是围绕不同的资源类型发展起来的,从纸本资源到电子资源、数字资源、网络资源,加上技术进步和读者需求的驱动作用,编目事业始终不断变革与发展。近年来,社会环境发生了很大变化,编目工作的内容和方法也随之改变,新媒体时代的到来使资源形态和知识传递方式呈现出新的面貌,同时改变了人们的阅读习惯,这些变化促使我们思考,编目员又一次面临着怎样的挑战?

1 什么是新媒体

1967年,美国哥伦比亚广播电视网(CBS)技术研究所所长戈尔德马克(P. Goldmark)提出了"新媒体"(New Media)这个概念。所谓"新"总是相对于旧或传统而言的,因此关于新媒体的界定目前尚无定论,但可以肯定的是,它是一个宽泛和相对的概念,在不同的时代有不同的内涵。正如清华大学熊澄宇教授所言:"新媒体是一个不断变化的概念。在今天网络基础上又有延伸,无线移动的问题,还有出现其他新的媒体形态,跟计算机相关的,都可以说是新媒体。"

在现阶段,新媒体主要是指"利用数字技术、网络技术、移动技术,通过互联网、无线通信网、卫星等渠道以及电脑、手机、数字电视机等终端,向用户提供信息和娱乐服务的传播形态和媒体形态"[1]。相对于报纸、杂志、广播、电视这四大传统意义上的媒体,新媒体被形象地称为"第五媒体",其具有传播与更新速度快、成本低、信息量大、内容丰富、检索便捷、多媒体传播、超文本、互动性强等优势。从内涵上讲,新媒体不仅是技术和形式的革新,更是理念的革新,必须满足价值(Value)、原创性(Originality)、效应(Effect)、生命力(Life)四个条件,因此又被称为"VOEL媒体"。

2 新媒体时代阅读行为的发展趋势及用户需求

2.1 阅读移动化——知识获取终端一体化需求

移动互联网和手机技术的飞速发展让人们的社交、沟通、阅读以及分享等行为都逐渐走向移动化。中国互联网络信息中心(CNNIC)发布的第36次《中国互联网络发展状况统计报告》显示,截至2015年6月,我国网民规模达6.68亿人,手机网民的规模达到了5.94亿[2]。其中,新媒体支撑下的移动阅读发展尤为显著,据腾讯统计的数据显示,70%以上的网民会通过移动终端来浏览新闻资讯,其中80%的用户愿意在社交平台上分享资讯,在微信平台上,用户每天平均都会阅读5篇左右的文章或者新闻资讯[3]。移动阅读因其"含量巨大、内容丰富、地域限制性较弱、携带阅读方便"[4]等特点满足了人们随时随地获取知识信息的需求。读书活动也由线下转为线上,并呈现网络化、移动化的特点,各类移动阅读的应用层出不穷,类似咪咕阅读、微信读书等手机阅读软件多达164种。根据2016年4月份发布的《第十三次全国国民阅读调查》显示,我国成年国民手机阅读率达到60.0%,人均每天手机阅读时长为62.21分钟,比2014年增加28.39分钟,电子阅读器阅读、Pad阅读及光盘阅读等都呈增长态势[5]。由此可见,移动阅读逐渐成为一种国民阅读趋势。

阅读移动化体现了用户对知识获取终端一体化的需求,即知识信息发布须适用于移动终端和新媒体形态,图书馆的书目查询和阅读服务能与之无缝对接,知识获取方式和路径便捷、直观、友好、交互,内容要求更丰富更全面,同时能满足用户多样性和个性化需求。

2.2 阅读音频视频化——阅读类型多元化需求

移动新媒体也导致了传统媒体广播电台的变革,满足人们不同需求的音频、视频应运而生。移动音频,是指"利用智能手机、平板电脑、车载音响、可穿戴设备等移动终端作为载体,通过在线下载等方式,提供语音收听等服务"[6]。经过近几年的快速发展,移动音频市场逐渐稳定为由移动电台和有声阅读为主的市场构成。其中,有声阅读成为面向"没有时间静下来读书"人群的一种新的接受知识的方式,并逐渐呈现快速增长的趋势。《中国有声阅读市场专题研究报告2016》显示:2015年有声阅读市场规模达16.6亿元,同比增长29.0%,2016年全国有声阅读市场规模为22亿元,预计到2018年将达到42亿元[7],增长速度甚至超过了看书市场。

与此同时,视频媒体也展示了其独特的优势——更直观、更生动形象,还能加深人们对知识信息的认知和记忆,如《国家地理频道(NGC)》《罗辑思维》《知识视界》等。各种以视频形式展现的知识平台成为轻松愉快获取知识的另一种方式,而且还能引发一系列的阅读效应,甚至由小说改编的影视剧都会引发相关图书的阅读热潮。这种媒体展现形式可以更广泛、更深刻地影响用户,这也就促进了移动视频的飞速发展。

阅读音频化和视频化反映了人们对阅读形式多元化的需求,包括视觉、听觉、触觉等全方位的体验,阅读不仅限于"看书",只要是能获取知识信息的方式就是人们需要的;另一方面,多元化也体现在个人偏好差异上。有研究表明,在阅读目的、阅读内容、阅读方式等方面,不同性别、年龄、身份以及文化程度的用户存在显著差异[8],例如有人喜欢手机阅读,也有人偏爱阅读纸质书,即使电子书唾手可得,他们也需要获取纸质书的途径。

2.3 碎片化阅读程度加剧——高质量知识获取及知识组织的需求

碎片化阅读包括阅读时间碎片化和阅读内容碎片化。在阅读时间上,由于工作与生活节奏的加快、互联网的发展和智能手机的不断普及,用户的上网时间越来越多地被手机占据,人们可以不用再专门抽出固定的时间来阅读,而是充分利用等车、就餐、睡前等一些碎片化的时间进行。随着移动新媒体的出现,用户注意力的切换速度也在不断加快。有数据显示,三分之二的用户平均每天浏览40个网站,每小时能切换36次应用[9],这也就意味着用户几乎每2分钟就会切换一次应用。注意力的极大分散导致阅读内容也相应碎片化,主要为零散简短的文字、图像、音频、视频等。因此,微博、微信及各种视频网站凭借这一点成为广大用户获取信息以及互动的主要渠道。

碎片化阅读对于传统意义上的阅读是一种巨大的冲击,注意力的分散和零碎的阅读内容使许多用户变成了浅层阅读者,对于大量信息内容往往是一带而过,还使人形成了一种惰性依赖,习惯于通过搜索、提问或者交互来获得知识碎片,不容易形成深度的、批判的、理性的、系统的知识体系,对人们的思维方式以及理性思考能力、逻辑思维能力和判断能力都构成了挑战。甚至有观点认为,这种浅层次的浏览和交互根本算不上阅读,但从另一个层面上说,碎片化阅读有快速、及时、交互以及充分利用零碎时间的特点,也是传统阅读所不具备的优势,其作用不可小觑,代表着一种阅读趋势和时代特征。

在这种形势下,高质量的知识信息便成为一种潜在需求,人们需要利用碎片化的时间高效地获取有用的知识信息,即理性的、客观的、严谨的优质知识内容。如今,知识付费成为趋势恰好充分反映了这种需求。2016 年,有知识付费意愿的用户暴涨了 3 倍。截至 2017 年 3 月,用户知识付费(不包括在线教育)可估算总体经济规模为 100 亿到 150 亿元[10]。此外,碎片化阅读对知识关联、知识细化、知识重组等知识组织服务也提出了较高的要求。

3 新媒体时代编目员面对的挑战及应对

3.1 编目对象多元化的挑战及应对

阅读对象的多元化致使图书馆的工作对象也随之发生了改变,编目员不再只是在封闭的环境中对馆藏文献信息进行编目、加工,而是"在动态的、数字化环境中对复杂的信息进行揭示、规范和有效整合"[11]。编目对象的类型也日益丰富,除图书、期刊、电子资源等传统文献外,还包括各种数字资源、网络资源等,音频视频资源也从曾经的录像带、唱片、光盘等实物载体发展到多媒体数据库。在新媒体时代将会出现更多的资源形态,给传统的以纸本为主体的编目工作带来了挑战,增加了编目工作的复杂性与困难度。

对此,编目员应做到:①了解、熟悉各种新兴媒体,在现有的编目规则体系下以最合适的方式处理;②根据新媒体特性,对现有的规则及标准进行修订、增补,必要时制定新的规则,需要编目员关注并积极探索和研究相关问题;③熟悉新的数据格式和其他各种知识信息组织的方法,运用多种编目标准对各种形式载体的资源进行编目,把不同格式的资源整合到一个系统之内并解决互操作的问题。

3.2 来自用户的挑战及应对

3.2.1 用户检索的挑战

由于传统编目过于看重规则和格式,很少考虑到用户的需求,致使图书馆用户大量流失。早在 2005 年,联机计算机图书馆中心(OCLC)的调查报告中就显示,只有 1% 的人从图书馆网页开始信息检索。随着网络环境的进一步完善,用户的检索行为发生了更多改变,"他们希望一步到位地、无缝地、个性化地获取所需信息,不仅利用信息,还希望增值、评价、创造、与他人互动和分享信息"[12],目前的图书馆检索系统很难满足这些要求,亟待一场基于编目的变革,包括编目理念、规则、格式等一系列的改变。

3.2.2 用户贡献编目的挑战

UGC(User Generated Content,用户贡献内容)是伴随着以提倡个性化为主要特点的 Web2.0 概念而兴起的,也是新媒体时代的重要特点之一,即用户既是内容的浏览者,又是内容的贡献者。在编目领域,由用户贡献的编目方式——社会编目(Social Cataloging)也越来越受欢迎,"用户可在线搜索书目信息,也可以补充、修正现有书目信息,还可以对图书进行点评、评级、加标签、提供书评、作者信息、上传图书封面等"[13],更重要的是还可以根据自己的兴趣爱好创建小组,小组成员之间相互讨论、交流、分享。在这个群体智慧备受推崇的时代,用户贡献编目将成为一种趋势,而随着用户的参与,这类书目数据也将会越来越丰富,这对曾经以编目员为主导的编目模式将是一个挑战。

3.2.3 应对用户挑战的策略

首先,坚持以"用户便利性"为工作指导原则。一方面编目员需要多关注和了解社会变化和用户需求,根据用户环境、行为特征等在编目方法上做出相应的改进;另一方面要有意识地提高主观能动性和灵活性,如编目大师卡特所说:"虽然对编目员而言完全硬性依照规则编目是比较简便的办法,但有时为了迁就读者的习惯,编目员必须牺牲编目的条例和逻辑。"[14]

其次,转变观念,充分利用用户的智慧和积极性,丰富和补充图书馆编目数据。这不仅能减轻专业编目员的工作负担,还能为用户呈现更丰富完善的书目信息,提高检索的精准性,达到事半功倍的效果。

最后,思考编目员的优势在哪里? 如何把专业编目和用户编目更好地融合起来? 妥善管理用户编目数据,以尽可能地确保书目数据的规范性和准确性。

3.3 内容揭示与知识关联的挑战及应对

在过去,编目主要是对文献进行描述性的著录,如书名、著者、出版信息、尺寸、类型等。在著录项中,只有主题分析和内容附注项与文献内容有关,编目过程中,编目员更关注字段、标点的正确使用等格式问题,书目数据是为了有序、规范、有效地反映馆藏。但在新时代环境下,这种著录方式愈发显出局限和不足。当今读者并不关注一本书的著录是否全面规范,他们只关心书的内容是什么,如何方便快捷地获取,相关文献有哪些,同一著者有没有其他作品等。甚至,在碎片化阅读的需求下,他们更期望直接获取具体知识。传统的"描述性"的编目理念已经越来越无法满足海量资源的组织管理和多元化的用户需求。《书目记录的功能需求》(简称 FRBR)中定义了 4 项基本的"用户任务":查找、识别、选择、获取。其中"识别"和"选择"是指用户能根据编目数据对文献内容做出基本判断,因而编目数据是否能帮助用户快速准确地选择所需文献是编目工作的重要价值体现。

知识关联在编目领域主要体现为书目关联,包括书目记录的关联和书目数据的关联。前者是从一条书目记录链接到其他书目记录,在有相似或相关特征的书目或不同载体形态的资源之间建立关联;后者则是首先将书目记录分解为书目数据,再将书目数据作为独立资源建立链接[15]。不过,在新媒体时代阅读环境下,用户需要的知识关联不仅限于书目关联,还包括知识节点之间的关联。总的来说,编目数据不仅要提供更丰富的信息,还要揭示书目甚至知识之间的关系,为用户提供最优的阅读体验。在相关研究方面,国外目前尚在实验研究阶段,国内的发展更加滞后,而技术的飞速发展和用户需求的不断提升使图书馆面临的形势愈发严峻。

在这样的形势下,编目员首先要保证所提供书目数据的质量。在数据关联的环境中,数据质量的优劣至关重要,尤其在当前编目工作大量外包的环境下,要需要加强质量控制,严格进行数据审核,并做好规范控制工作。其次,做好从文献形式到文献内容的精准和深度揭示工作,除了按传统方法进行分类和主题标引外,还可以利用标签、评论等新技术手段充分进行内容揭示。除了做好书目数据的基础著录外,还要提供图像、音频、视频等信息,为数据提供尽可能多的相关资源链接,用关联数据方法和技术将本馆资源和外部资源组织成为一个有效的知识网络,方便用户进行知识挖掘和知识发现。最后,加强对 FRBR、编目规则及新编目格式的理论和实践研究,争取早日实现书目数据从机器可读到机器可理解的转变,使图书馆真正成为知识网络的中心并普遍关联。

"需求驱动是编目进化的内部动因"[16],社会环境和用户需求的变化虽然给编目员带来了挑战,但也提供了进步的动力和发展机遇。编目员需要紧跟时代的发展,勇于突破旧的思维方式的束缚,开阔视野,做好日常编目工作的同时也要跟踪和学习最新理论技术知识,并不断探索创新,把按部就班的目录编制提升到知识信息组织的层面,才能持续不断地保持自己的竞争力。

参考文献:

[1]百度百科·新媒体(媒体形态的一种)[EB/OL].[2017 – 06 – 20].http://baike. baidu. com/item/新媒体/6206.

[2]CNNIC 发布第 36 次《中国互联网络发展状况统计报告》[EB/OL].[2017 – 06 – 20].http://www. cnnic. cn/gywm/xwzx/rdxw/2015/201507/t20150723_52626. htm.

[3]刘小华,黄洪.互联网 + 新媒体:全方位解读新媒体运营模式[M].北京:中国经济出版社,2016.

[4]廖玲,左小伟.新媒体与移动阅读[J].中国战略新兴产业,2017(16).

[5]易观国际:2016 中国移动阅读市场年度综合报告[EB/OL].[2017 – 06 – 20].http://www. 199it. com/archives/496403. html.

[6]百度百科·移动音频[EB/OL].[2017 – 06 – 20].http://baike. baidu. com/item/移动音频.

[7]易观智库:2016 中国有声阅读市场预测分析[EB/OL].[2017 – 06 – 20].http://www. chinaidr. com/tradenews/2016-04/94987. html.

[8]高春玲,卢小君,郑永宝.基于个体特征的用户移动阅读行为的差异分析——以辽宁师范大学师生为例[J].图书情报工作,2013(9).

[9]应用邮报 Appspost.注意力碎片化已经不是什么稀奇事了……[EB/OL].[2017 – 06 – 20].http://weibo. com/1996570874/BwlnDqvVc? type = comment#_rnd1497428583898.

[10]崔书馨.知识付费"超市"里的知识 值钱不能只是够新鲜[EB/OL].[2017 – 06 – 20].http://www. donews. com/article/detail/4834/9948. html.

[11]乔燕萍.大数据环境下图书馆的编目工作及对编目员的素质要求[J].图书情报导刊,2016(6).

[12]吴淑娟.编目员的未来—元数据编目员[J].图书情报工作,2009(19).

[13]胡小菁.编目的未来[J].大学图书馆学报,2008(3).

[14]吕艺,刘三陵.文献著录与内容揭示分析[J].图书馆建设,2011(7).

[15]李恬.大数据理念与图书馆大数据[J].新世纪图书馆,2014(6).

[16]翟晓娟.编目的过去、现在和未来[J].大学图书馆学报,2012(2).

中文图书名称规范问题分析

李雪梅　衣　芳(国家图书馆)

规范控制(Authority Control)又称权威控制,是文献编目工作的重要组成部分。它在文献标准书目著录基础上,为书目记录确定规范检索点,提供各类名称标目(包括个人名称、团体/会议名称)、题名标目、主题标目的规范形式,以产生完整的书目记录,其目的在于通过规范控制实现书目的检索功能与汇集功能,保证书目记录的查全率和查准率。

  我国对规范控制工作的研究始于 20 世纪 70 年代末。国家图书馆作为图书馆界的领军者,于 20 世纪 80 年代开始中文名称规范的研究工作,直至 1995 年中文名称规范组的成立,中文名称规范制作才得以系统性、连续性地发展起来。2002 年,国家图书馆启用 Aleph500 集成管理系统后,中文名称规范工作正式纳入了编目主流程,实现了中文名称规范数据与中文书目数据的挂接,该项业务工作于 2003 年并入中文图书书目数据组。经过二十年的发展,截至 2015 年 6 月 30 日,国家图书馆中文名称规范数据库的总量已达 1396486 条,包含个人名称规范、团体名称规范和统一题名规范,这其中以中文名称规范数量最多,团体名称规范数量次之。随着规范控制工作的发展以及名称规范数据库的迅猛增长,同时在工作实践中暴露出了规范数据制作的一些问题,反映出编目人员对规范还缺乏深入细致的了解,对规范控制的重要性缺乏认识,尚未将规范控制作为文献编目工作的核心内容对待。本文从国家图书馆名称规范库(包括个人名称和团体名称)数据中选取一些实例,主要针对编目技术操作上出现的著录问题进行介绍和分析。

1 个人名称规范库中存在的问题

  (1)个人名称标目在进行规范控制时由于查找不到主要成分和附加成分的信息,也没有其他的说明款项或相关标目的参照,这样的记录被称之为“空白记录”或“白版记录”。在对同名同姓不同责任者进行名称规范控制时,采用了在空白记录中使用参考数据来源 810 字段、编码数据字段 120 字段和编目员注释字段 830 子段“本标目暂无确切信息区分,日后需进一步维护”这一模式,解决了同名同姓不同责任者附加成分冗杂的问题。但也由此造成了规范数据库中出现了个人名称规范记录中有多个 810 字段的现象。

  例 1:200 #0$a 陈军

   810 ##$a 农村美术宣传手册 专著 字体

   810 ##$a 优素福·卡什

   810 ##$a 大中型拖拉机

   810 ##$a 滇西兰坪 – 思茅盆地 TSM 分析 专著

   810 ##$a 电子技术基础实验 专著 上 模拟电子电路

   810 ##$a 民生至上 合肥民生报告

   810 ##$a 测试技术与实验方法 专著

   810 ##$a 数控铣床编程与操作 专著

   810 ##$a 热平衡与节能技术 专著

   810 ##$a GPS 惯性导航组合 专著

   810 ##$a 速成汉语基础教程 专著 听力课本 2

   810 ##$a 高速传感器辅助导航 专著

   810 ##$a 上帝的金子 专著 洛克菲勒和他那个时代的故事

   810 ##$a 舰船工程制图

   810 ##$a GNSS 与无线通信中的扩频系统 专著

810 ##$a 突发事件应对与人权保障研究

810 ##$a 巧学二胡　专著

810 ##$a 实用临床检验诊断手册　专著

810 ##$a 发酵工程实验指导　专著

810 ##$a MATLAB & Multisim 电工电子技术仿真应用

810 ##$a 普通话口语交际教程　专著

810 ##$a 机载探测与电子对抗原理

810 ##$a 新编计算机应用基础

810 ##$a 计算机组装与维护项目化教程　专著

810 ##$a 演讲与口才教程

810 ##$a 在路上　专著"阳光 e 驾"成就驾培时代的江苏范本

810 ##$a 静中观造化专著　清代宫廷玉雕艺术展

810 ##$a 高速公路常见诉讼案件判解研究　专著

810 ##$a Access 2010 数据库应用教程　专著

810 ##$a 金阳年鉴　专著　2012

810 ##$a 永川教育志　专著

随着规范数据库规模的逐渐扩大,在实际工作中对于同名同姓不同责任者的查找越来越麻烦。对于重名较多的责任者,编目员要在几十甚至上百条规范数据中确定查重结果,极容易造成漏查的结果,这项工作耗费了编目人员大量的时间和精力,结果也未必能找到正确的规范数据进行挂接。有时责任者也无法查找到相关信息,所以有些编目员认为与其费时耗力的查找还不如直接采用在空白记录中添加 810 字段的著录方式来得省力,因此也就产生了以下问题:

200 #0$a 马春晖

810 ##$a 牧草工 专著 初级 中级

810 ##$a 太极六合针法

120 #0$a ub

830 ##$a 本标目暂无确切信息区分,日后需进一步维护

而实际上,根据《安徽农业科学》杂志 2007 年 35 卷 5 期论文《不同生境对结缕草种子产量的影响》提供的信息,此"空白记录"应为一个完整的规范记录:

200 #0$a 马春晖 $f(1966 ~)

300 0#$a 塔里木大学副校长,塔里木大学动物科技学院新疆生产建设兵团塔里木畜牧科技重点实验室教授、博士。陕西合阳人。

810 ##$a 牧草工　专著　初级　中级

由于编目员疏于对个人名称规范信息的查找,造成了规范标目的缺失,而无法对该责任者进行规范控制,极大地影响了个人名称规范数据质量,长此以往将会失去规范控制的意义。因此强化编目员对规范控制重要性的认识、加强质量监控是势在必行的。

(2)目前国家图书馆对于同名同姓标目进行区分的方法是添加附加成分,由于同名标目众多,编目员在使用标目附加成分进行区分时对著录内容和形式没有统一的规定,不可避免地会带有随意性,这势必会造成区分差异太大,同时也给名称规范工作带来较大的困扰,失

去了规范控制的实际意义。例如:陈军 $c(翻译)、陈军 $c(英语)、陈军 $c(机械)、陈军 $c(机械工程)、陈军 $c(教育)、陈军 $c(教师)、陈军 $c(技术教育)、陈军 $c(心理学)、陈军 $c(成功学)、陈军 $c(兽医)、陈军 $c(动物科学)、陈军 $c(职业教育)等,这些使用的标目附加成分很不规范,针对这一问题国家图书馆制订了个人名称附加成分选取表,依据《中国图书馆分类法(第五版)》类名及其《中国分类主题词表》的对应主题词,供编目员在建立个人名称规范标目时,以学科领域词或规范词为附加成分区分同名标目。这在很大程度上制约了附加成分选取的随意性,使编目员在规范控制工作中有所依循,但这也未能从根本上解决差异化的问题,因此还需要制订出更为完善的细则。另外笔者认为附加成分中生卒年信息不应该只到年,还应该揭示到月,这样也可以减少对附加成分的使用。例如:陈军 $f(1967~)、陈军 $c(高级教师,$f1967~)、陈军 $f(1967.3~)、陈军 $f(1962~)、陈军 $c(建筑学,$f1962~)、陈军 $f(1962.5~)。如果将陈军 $c(高级教师,$f1967~)、陈军 $c(建筑学,$f1962~)的出生年细化到月,就可以避免使用附加成分,为后续的规范检索减轻负担,也为以后的同名责任者规范数据的建立提供方便。

(3)编目员权限问题导致的维护数据滞后。

例2:200 #0$a 杨明

      810 ##$a 中国历代文论选新编　专著　先秦至唐五代卷[杨明(1942~):复旦大学中文系教授]

      810 ##$a 冰淇淋配方设计与加工技术[杨明(食品科学):扬州大学旅游烹饪学院食品科学与工程专业副教授]

      810 ##$a 中外文学鉴赏　专著[杨明(1962~):青岛科技大学传播学院常务副院长、副教授]

      810 ##$a 赢在庭外　专著　诉讼策略的案例实证分析[杨明(企业管理):北京国华电力有限责任公司任职]

      810 ##$a 造物主的地图[杨明(西班牙语):上海外国语大学西方语系西班牙语讲师]

      810 ##$a 唐君毅新儒学论集[杨明(1968~):南京大学哲学系党委书记、教授]

      810 ##$a 大学体育与健康[杨明(女,职业教育):济南职业学院院长]

      810 ##$a 成功走向职场　专著　职业发展与就业指导[杨明(女,职业教育):济南职业学院院长]

      120 ##$a ub

      830 ##$a 本标目暂无确切信息区分,日后需进一步维护

此例中记录了8个810字段,从笔者在每个"[ ]"内给出的信息判断,这些书目文献不都属同一著者的作品,若对原始规范记录进行数据维护即进行完整著录,则其他7个810字段记载的书目文献责任者原始规范记录标目没有用,应予以删除;然而,若删除了这7个810子段,该字段记载的书目著作的书目记录责任者检索字段7字段就无规范标目指引挂接。现在,书目数据组进行规范控制工作,当建立一条新的完整规范记录时,发现在同名著者"空白记录"的多个810字段反映的文献中有新标目著者的作品时,编目员无权限整合"空白记录",出现了多文献同一著者具有多向标目指引现象。

以上实例表明,国家图书馆中文图书个人名称规范数据库的问题在于:

(1)确实无法找到区分各文献名称标目的信息源,无法判定其明确性、唯一性和一致性;

（2）编目员有着随意著录、简单著录、不查找信息源等现象；

（3）编目员著录水平有限，包括缺乏著录规则使用基本常识、不会查找信息源、识别与区分能力较差等。

建立中文名称规范控制是对技术性要求很高的工作，排查的准确率对于书目检索可以起到非常重要的作用，简单编目和810字段模式的不慎重使用，会严重影响规范文档与书目文档的直接挂接，简单排查或排查错误将对文献使用者的检索路径产生误导或识别困难，也给数据维护带来极大的麻烦。

2 团体名称规范库中存在的问题

团体名称是指政党组织、政府机关、军队警察、学术机构、群众团体、宗教会社、企事业单位等群体及其隶属部门的名称。团体名称的选取应遵循简短、明确、唯一和一致的原则。

（1）团体名称规范标目的原则中规定，非常设（或非重复）的临时性团体不做名称规范控制款目。然而在实际工作中会遇到一些虽是存在的实体，但指向不明确的情况，例如：上海市公安局课题组、云南省社科院课题组等；或虽是具有识别意义，但确又无法明确的组织，例如：公务员考试课题组、临床医师应试习题集专家编写组、高职高专英语专业系列教材编写组等，给团体名称规范的标目的确立带来困扰。这些组织团体从标目法确定标目形式的角度来讲，都不具备常用、惯用、通用的原则，因此不做规范标目。

（2）对于同一团体不同职能所使用的不同名称，应分别建立规范标目，并作相关参照。

例3：安徽省档案局（馆）是安徽省档案局与安徽省档案馆系一个机构、两块牌子，为安徽省委、省政府直属单位，正厅级建制，应分别建立规范标目为：

    210 02$a 安徽省档案局

    210 02$a 安徽省档案馆

例4：杭州市萧山区史志办是中共杭州市萧山区委党史研究室和杭州市萧山区地方志编纂委员会办公室合署办公，一套班子，两块牌子，应分别建立规范标目为：

    210 02$a 中共杭州市萧山区委 $b 党史研究室

    210 02$a 杭州市萧山区地方志编委会 $b 办公室

（3）编目员对规则的理解和运用存在差异，导致国家图书馆名称规范库中使用全称、简称、惯称作标目的规范数据并存。

例5：取书目记录题名与责任者字段：

    200 1#$a 北方交通大学年鉴 $h2000 – 2001$f 李士群主编 $g《北方交通大学年鉴》
       编委会编

数据库中对应团体名称规范记录标目字段为：

    210 02$a 北方交通大学 $b 年鉴编委会

编目员在团体名称标目的构成和形式上出现了错误，团体名称标目的选取，只遵循了上下级区分原则，而"北方交通大学年鉴"为文献题名中带有团体名称的完整题名，应对"《北方交通大学年鉴》编委会"全称进行规范标目：

    210 02$a 北方交通大学年鉴编委会

例6：团体名称规范记录标目字段：

    210 02$a 通州区党史区志办公室

    210 02$a 北京市通州区党史区志办公室

两条标目为重复标目，实为同一团体机构，编目员对建立团体机构名称规范标目的著录规则不十分清楚。

例7：团体名称规范记录标目字段：

    210 02$a 海洋二所 $b 遥感室

书目记录遵循客观著录原则，未记录责任者——团体名称的全称，为完整记录团体名称，根据查找有关信息资料获知"海洋二所"为"国家海洋局"隶属机构，全称为"国家海洋局第二海洋研究所"，其下属机构"遥感室"全称为"海洋遥感技术研究室"。正确的规范标目字段著录应为：

    210 02$a 国家海洋局 $b 第二海洋研究所 $b 海洋遥感技术研究室

从以上实例可以看出，《标目法》已明确指出了确定标目形式的基本原则，而数据库中多有重复数据，来源于编目员对这一原则理解的不准确。目前在国家图书馆名称规范数据库中，标目的唯一性和一致性问题比较突出，需要引起编目员的高度重视。

综上实例分析说明，规范控制工作对于编目人员来说具有系统性、复杂性、技术性，不能正确地进行规范控制，势必造成数据质量下降，影响规范数据的正确挂接和书目检索功能，解决名称规范控制质量问题及规范数据库整合工作迫在眉睫，国家图书馆应有一个被完全认可的、完整的、可行性强的中文图书名称规范数据款目著录规则细则，有关管理部门应加强对编目人员理论和业务技术的学习和培训，搞好制定编目规则、数据质量控制、机读数据维护等工作，从部门业务管理上减少条条框框，大胆创新，在业务培训、技术操作方法、编目工作流程、人员合理使用上要有一定的组织创意和管理水平。虽然目前我国规范控制工作取得了长足的进步，但就整体而言，我国书目规范控制工作与西方国家相比无论从理论上还是实践上仍有较大的差距。各文献编目机构关于规范控制的理论研究尚显薄弱，建立科学严密的中文文献规范控制理论体系仍然任重道远。

参考文献：

[1]刘伟.国家图书馆中文名称规范控制问题分析与对策[C]//编目：核心能力与挑战：第四届全国文献编目工作研讨会论文集.北京：国家图书馆出版社,2015.

[2]国家图书馆《中国文献编目规则》修订组.中国文献编目规则：第二版[M].北京：北京图书馆出版社,2005.

[3]国家图书馆图书采编部.中文图书名称规范款目著录规则[内部资料].北京：国家图书馆,2011.

浅析图书编目工作中 330 字段著录存在的问题

李　颖(国家图书馆)

编目工作是一项看似简单实则复杂的工作。不了解的人看到的就是一些字段,一些著录的工作,而从事这项工作的人看到的却是各字段之间的联系,并由此形成的一本书的内在体系。那么,编目工作到底是什么? 编目工作即"信息资源的描述与组织"过程,主要包括书目著录、名称规范、主题规范及数据库维护四项基本操作,根据书目资源的形态特征和内容特征,按照一定的规则,编制书目记录和规范记录,建立和维护书目与规范数据库[1]。经过以上四项基本操作,一本书的前世今生就展现在读者面前。读者可以通过图书馆的检索系统,知道这本书的过去(著者、出版者、出版时间等)、现在(内容、分类等)以及未来(索书号、排架等)。而读者最想知道的是什么呢? 当然是内容。内容往往是读者是否选择一本书的主要因素,而一本书内容提要的撰写质量,则会直接影响读者的判断。因此,作为一名图书编目员,应该重视 330 字段的撰写。

1　330 字段的定义及作用

330 字段记录图书的简单内容提要或文摘[2]。换而言之,330 字段就是说明在编图书主要写了什么,包括哪些内容。它的作用包括:

(1)揭示在编图书内容,方便读者查找。这是 330 字段的主要作用。当读者利用图书馆检索系统查找一本书的时候,除了会看题名、出版者等信息,还会重点关注内容提要,以此确定这本书是不是自己想找的那本。这是一种简单的、直观的、节省时间的方式。

(2)有助于主题标引以及分类号的选取。如果一本书的内容提要写得好,会有助于编目员准确把握该书内容,进而选取恰当的主题词、分类号。

2　330 字段著录存在的主要问题

(1)字数过多,占据篇幅较大,影响读者的检索效率

一般来说,每一位来图书馆的读者都是带有目的性的,他们对自己想要借阅的书会有个大致了解,而通过查询检索,就是为了能够用最少的时间找到自己想要的书。如果一本书内容提要过长,势必增加读者的阅读时间,违背了节省时间、提高效率的初衷。

(2)内容提要过于简短,书中内容揭示不够全面

例如 Jerry Lee Ford 所著《Scratch 2.0 趣味编程指南》一书。原 330 字段提要:本书为初

学者量身打造,采用动手实践的学习方法,强调编程逻辑的设计和开发。此提要内容过于简单,无法揭示书中主旨。修改后330字段提要:本书的主要目的是通过开发一系列生动有趣的编程项目,帮助读者掌握使用Scratch 2.0进行计算机编程的基础知识。全书分为14章,介绍了Scratch 2.0及其开发环境、如何使用各种不同类型的Scratch 2.0功能模块、碰撞检测的概念等内容。

(3)介绍性、广告语类词汇过多

如《跨国管理:教程、案例和阅读材料》一书。原330字段提要:本书是公认的教科书,是跨国公司总裁案头上的必备书籍。本书的特色在于内容紧贴当代跨国管理的理论和实践前沿,且在体例安排上也与众不同。全书共分为8章,每章由教程和案例组成,但后者在篇幅和内容上远远超过教程本身。在书中,作者没有企图向读者灌输一种标准化的、放之四海而皆准的理论,也没有倾向性地选择有利于作者观点的案例,而是将读者置身于各种复杂的跨国管理实践和丛林般的理论及观点之中,启发读者自己建立起实践和理论之间的桥梁。该提要介绍性、广告语类词汇过多,不仅没能揭示书中重点内容,而且还显得十分拖沓冗长。

(4)不选取书中的内容提要,直接抄目录

如薛峰编著《短线抓牛股》一书。原330内容提要:本书内容包括:短线操盘基础、从盘面信息寻找机会、从K线组合观察买卖点、从均线捕捉短线交易良机、从成交量把握短线机会、根据技术指标进行短线操作、分时图买点与卖点、抄底与追涨战法。采用书中自带提要,修改为:本书主要针对有一定投资基础的投资者,从各种技术层面来讲解如何把握短线操作机会,内容涉及短线操盘基础、从盘面信息寻找机会、从K线组合寻找买卖点、从均线捕捉短线交易良机、从成交量把握短线机会、根据技术指标进行短线操作、分时图买点与卖点以及抄底与追涨战法等。相比之下,书中自带提要表述更加顺畅清晰。

(5)330字段有错别字、少字、多字以及标点符号使用不规范等现象

内容提要中出现这样的问题,一方面会影响读者的阅读理解,另一方面会让读者对编目员的工作产生怀疑,降低读者对编目工作的信任度。因此,作为一名图书编目员,要养成编目回看的习惯,尽量避免编目中出现此类硬伤。

3 330字段问题分析

(1)编目员对于编目规则的掌握不一致

由于现阶段图书数据的来源比较广泛,有自编数据、联编数据、书商数据等,这就造成了参与编目工作的人员构成比较复杂,接受培训的程度也就有所不同。加之,编目工作本身有其灵活性,也就出现了编目员对各项规则掌握的不同,从而造成了330字段撰写的不规范。

(2)编目员受自身文化水平、业务水平的制约

编目员接触的图书种类繁多,内容庞杂,涉及生活中的方方面面。尤其很多图书具有一定的专业性,更是增加了编目工作的难度。俗话说:术业有专攻。编目员作为一个个体,能够掌握的知识和技能有限,在编目工作中自然会受到一定的制约。

(3)个别编目员不重视330字段的撰写

编目工作需要著录的字段很多,大多数人认为主题标引和分类号的选取是比较重要的

工作,客观著录的工作比较简单,因此对 330 等字段的著录不那么重视。尤其是在目前联编数据、书商数据较多的情况下,个别编目员对 330 字段的撰写看得比较简单,套录数据之后,不再进行必要的检查和修改。

4 提升编目员 330 字段著录水平的对策

(1)加深编目员对于 330 字段著录重要性的认识

330 字段著录看似简单,但是却考验编目员的综合能力,包括文字归纳能力、写作能力、计算机检索能力等。同时,330 字段著录的好与坏,直接影响着读者对编目人员的印象,它就像一个对外的窗口,是读者看得见、看得明白的东西。所以,重视 330 字段的著录,不仅是编目水平的展现,也是对外宣传的一种手段。

(2)明确 330 字段的著录规则

在《中文书目数据制作》一书中,对 330 字段的著录提供了明确的填写说明。说明主要包括 4 点,前 3 点对 330 字段的著录进行了解释说明,包括:①当题名(包括其他题名信息和丛编名)、内容附注等均为充分反映图书内容,而又有必要说明时,均需填写内容提要;②本字段可含有各种类型的提要或文摘,无论是信息性的、指示性的、评论性的或评价性的均可;③提要文字要简练、尽量少用修饰性词语。第 4 点提供了撰写内容提要的范围、要求、方法等。

(3)加强培训,尽量统一著录规则

不定期开展培训,包括上下游流程编目人员、书商等,尽量做到著录的统一。

(4)编目员应该加强学习,掌握更多的技术能力,如计算机应用能力等

在信息技术不断发展的今天,掌握一定的计算机知识,能够帮助编目员通过多渠道查询内容提要,提高编目工作效率。

(5)完善数据的校验流程

由于现阶段数据来源广泛,人员素质不一,使得 330 字段的著录水平参差不齐。因此,完善数据的校验流程,把好 330 字段著录关就显得尤为重要。

(6)提高编目员的沟通能力

编目员应与上下游流程以及书商建立良好的沟通方式,及时反馈编目工作中出现的问题,保持信息对称,促进编目工作的顺利进行。

图书编目工作一直以来给人的印象都是刻板的、一板一眼的、甚至是无趣的,但是在信息技术不断发展、信息共享越来越普遍的背景下,编目工作也更加重视读者服务,重视读者体验,越来越展现出它的生机。330 字段作为一个窗口,不仅为读者提供图书查找服务,也让读者通过它更加了解图书编目工作。因此,做好 330 字段的著录,不仅是图书编目工作的要求,也是做好读者服务的要求。作为图书编目员,应该本着认真负责的态度,踏踏实实地做好这项工作,撰写出语言精练、内容完整、逻辑清晰的内容提要,展现出编目员优秀的业务水平。

参考文献：

[1]全国图书馆联合编目中心,国家图书馆中文采编部.中文书目数据制作[M].北京:国家图书馆出版社,2013.

[2]全国图书馆联合编目中心,国家图书馆图书采选编目部.中文图书机读目录格式使用手册[M].北京:华艺出版社.2000.

我国书目标准化发展历程及文献编目工作的发展趋势

刘文先(郯城县图书馆)

　　文献编目是指以一定的目的和使用对象,按照特定的方法及规则为各类型文献编制目录的工作,包括编制各类出版发行的目录、读书目录、藏书目录、书目数据库等。文献编目工作是社会发展到一定阶段的产物,社会进步、文化与科技发展使文献的数量日益增长。据不完全统计,自20世纪70年代以来,全世界每年出版的图书总量计50万种以上,平均每一分钟就有一种新书问世。当今人类面临着两方面的挑战,一是无限膨胀的文献数量对有限阅读时间的挑战;二是几何级数增长的文献信息与知识对人类接受能力的挑战。作为社会文献信息的中心,图书馆的首要任务就是对社会文献信息流进行整序,通过编制目录对文献信息进行书目控制,达到利用馆藏资源、交流书目信息和实现资源共享的目的。

　　我国文献编目工作标准化起步较晚,20世纪30年代刘国钧先生编制的《中文图书编目条例草案》及60年代由他主编的《图书馆目录》都对文献编目具体规则的发展做出了贡献。1958年,由中国人民大学图书馆、北京图书馆和中国科学院图书馆联合编目组共同编制的《中文图书提要铅印卡片著录条例》对当时统一我国中文图书著录工作起到了推动作用。1979年,由北京图书馆编制的《中文普通图书统一著录条例》,经书目文献出版社正式出版后,也被国内外各类型图书馆广泛采用,为实现我国中文图书著录规则的统一创造了有利条件。

1　文献著录国家标准的制定

　　1979年由北京图书馆编制的著录条例与当时国际图联已经颁布的《国际标准书目著录》(ISBD)相比,仍有一定的差距,它还不能用于国际的文献信息交流,不能适用未来机读目录的发展。1979年年底,经国家标准局批准,我国正式成立了"全国情报文献工作标准化技术委员会"。该委员会下设一个目录著录分委员会,专门开展有关文献著录标准的研究和制定工作。在十年左右的时间里,我国已经正式颁布并实施了七项专门用于中文文献著录的国家标准,从而大大地缩短了与西方国家的差距,使我国文献著录标准化工作实现了一个飞跃。

参考国内外文献著录的发展历史与现状,以及今后的发展趋势,我国文献著录标准化的指导思想是在著录项目的设置、著录项目的排列顺序及著录用标识三个方面,实行中外文目录的统一、图书馆与文献情报部门目录的统一、各类型文献目录的统一和不同载体目录的统一。在编写体例上,它也保持与 ISBD 一致,划分为总则和分则:

(1)GB 3792.1—84《文献著录总则》,1984 年 4 月实施;

(2)GB 3792.2—85《普通图书著录规则》,1985 年 10 月实施;

(3)GB 3792.3—85《连续出版物著录规则》,1985 年 10 月实施;

(4)GB 3792.4—85《非书资料著录规则》,1985 年 10 月实施;

(5)GB 3792.5—85《档案著录规则》,1986 年 1 月实施;

(6)GB 3792.6—86《地图资料著录规则》,1987 年 1 月实施;

(7)GB 3792.7—86《古籍著录规则》,1987 年 10 月实施。

与 ISBD 编制有所不同的是,我国吸收了 ISBD 先编分则再编总则所造成的不能统驭全局的教训,从编制总则着手,然后再一一编制各类文献的具体著录规则。由于《文献著录总则》是概括各类型文献共同特点而制定的有关文献著录的原则、内容、标识符号、格式等的统一规定,并不直接用来著录某一类型文献,因此可以说它不是一部具体的著录规则,而是一部指导性文献。但以它作为依据可以使各类型文献的著录规则统一起来,因此它的作用相当于《国际标准书目著录(总则)》〔ISBD(G)〕。

2 《中国文献编目规则》的制定及文献著录国家标准"四个统一"原则

我国文献著录标准化的指导思想是在著录项目的设置、著录项目的排列顺序及著录用标识符号三方面,实行中外文目录的统一、图书馆与情报部门目录的统一、各类型文献目录的统一、不同载体目录的统一。在这四个统一中,起主导作用的是前两个原则统一,即向国际标准靠拢,实行中外文目录的统一和图书馆与情报部门目录的统一,因为它们旨在解决国际标准化与本国标准化关系问题,以及在我国建立统一的文献检索系统问题。可以说,它们是文献著录标准化的前提。而后两个统一,则是前两个统一的体现。

关于中文目录的统一方面,我国在 1979 年成立的文献工作标准化技术委员会已经加入了国际标准化组织,并力求做到:在组织上,国内与国际接口;在工作上,两者密切配合。实践证明,向国际文献著录标准靠拢,中外文目录统一的原则是可行的,因为 ISBD 作为国际标准,它对于不同地区、不同语言、不同规模的文献机构以及各国各馆的编目技术具有通用性。文献著录作为一门技术和方法,只要科学、合理,就应该积极引进,发挥其应有的作用,以便我国文献著录工作与国际标准顺利接轨。

关于图书馆与文献部门目录的统一方面,随着电子计算机等新技术、新设备在图书馆和文献情报部门的广泛应用,以及图书、情报部门一体化及全国统一的检索体系的建立,这个问题已经解决。现在的问题是,图书馆与文献情报部门目录的统一还应包括出版发行部门、档案工作部门等所编目录的统一。而这方面的情况却远远不尽人意,现今我国出版发行部门、档案工作部门编制的目录各行其是。虽然出版发行部门、档案工作部门的工作性质与图书馆等部门有所不同,但其整理、报道文献的工作任务应该是完全一致的,它们属于图书馆与文献情报工作体系的一个重要方面。解决出版发行部门及档案部门目录与其他文献工作机构目录的统一问题,直接关系到我国能否建立一个统一的文献检索体系,必须给予高度的重视。

3 西文文献编目规则的制订

我国的西文文献编目工作始于 20 世纪的 20、30 年代。1949 年前,我国的西文文献编目工作十分落后,主要表现在:一、全国各馆的外文藏书在数量和品种都很有限,导致图书馆对外文藏书在编目、组织和利用等方面的忽视;二、西文文献编目工作几乎没有一部较规范的编目条例,导致在全国各类型图书馆之间,甚至在一个地区或一个图书馆范围内的西文文献编目缺乏一致性;三、没有一个全国性的编目组织,再加上当时的编目技术落后,使得统一编目的工作无法展开。

1983 年 8 月,在国内外文献著录标准化发展形势的影响下,全国高校图书馆工作委员会和全国文献工作标准化技术委员会第六分委会在镇江共同举办了一次“西文编目标准化和自动化研讨会”。与会同志经过认真的讨论和协商,一致认为遵循我国文献工作标准化的原则,在西文文献著录工作中应积极采用英美编目条例(第二版)(AACR Ⅱ)和相关的国际标准,以尽快编制出具有我国特色的西文文献著录条例。经过两年的努力,与国际接轨的《西文文献著录条例》于 1985 年正式出版。

由于 AACR Ⅱ 在著录部分以 ISBD 为基础,继续与《国际编目原则声明》保持一致,并能兼顾到机读目录的发展,我国的《西文文献著录条例》遂以其为蓝本。《西文文献著录条例》是结合我国实际情况编写的,与以往的西文编目条例相比,是我国目前一部简便而实用的西文文献著录条例。

4 我国文献编目工作的发展趋势

《国际标准书目著录》已在全球推行,计算机编目及数据库技术逐步普及,特别是在网络环境下联机编目的实现使文献编目工作发生了很大的变化。

4.1 编目工作重点从著录法发展到标目法

由于各文种、各类型文献在文献实体的描述、著录项目设置及其排列顺序、著录项目标识符号等方面都完全相同,只是在著录细则上存在差别。因此,编目工作的重点主要在于检索项目的规范化。也就是说,著录方法的原则性问题已经解决,从书目控制的角度而论,编目工作应该实现从描述控制到规范控制的转移。

4.2 编目工作任务从组织文献转移到组织知识

传统编目工作的任务是对文献进行目录整序、技术加工,使藏书排架、目录组织有序化。

其编目对象着重于对文献实体进行外表特征的描述,一般满足于文献的目录学知识。而当今面临信息与知识时代,编目工作的对象不仅是文献,更重要的是著作,当文献的题名及责任者变异时,必须立足于读者利用著作,进行名称规范;同时还应加大对著作揭示开发的力度,将文献编目工作与书目型、主题信息型、全文型、图像型等数据库联系起来,向读者更加全面、深入地展示著作的知识与信息。

4.3 款目性质、目录类型及体系逐步淡化,向电子计算机编目发展

由于印刷技术,特别是计算机技术的发展,目前不论是卡片目录、书本目录还是机读目录,同一著作的每一条款目的内容都是相同的,没有必要区分主要款目、附加款目。由于计算机编目建立集中式数据库,也无须区别读者目录与公务目录,不同文种、不同文献型书目,全文数据都可以包容于同一数据库中。目前,我国图书馆计算机编目正迅速发展,使得机读目录趋向主导地位,反映了图书馆目录的未来发展方向。

4.4 向工作分散化、专业化、电子计算机编目网络化发展

电子计算机编目网络是现代化的合作编目。目前,我国编目网络发展迅速,地区性、全国性的合作编目已经展开,向着综合性、通用性的方向发展。由于计算机技术和通信技术的发展,自动化编目网络逐步普及,使繁重的编目工作逐渐分散于许多图书馆,而不是集中于一个图书馆或某一中心机构。随着科学技术发展与社会进步,编目工作分散化的趋势将越来越明显。

4.5 编目人员的知识结构发生变化

机读目录和电子计算机编目网络的发展,给传统的编目人员提出了新的要求,即掌握电子计算机知识,理解机读目录,改革传统的目录工作。建立电子计算机编目网络所面临的主要问题之一是要提高图书馆工作人员适应社会发展的能力,主要包括掌握机器可读目录格式(MARC)的使用和计算机文献检索。随着信息时代的发展,要求编目人员对文献信息进行整理加工,完成对著作重要知识的揭示和文献信息开发,编写出高质量的内容附注或提要。为此,编目人员必须掌握其他专业知识,提高外语水平,以适应服务社会的需要。

参考文献:

[1]北京图书馆自动化发展部. 中国机读目录通讯格式[M]. 北京:书目文献出版社,1991.

[2]北京图书馆中文图书名称规范组. 中国机读规范格式使用手册[M]. 北京:北京图书馆出版社,1997.

[3]王松林. 现代文献编目[M]. 北京:书目文献出版社,1996.

[4]林庆云. 图书馆目录基础[M]. 广州:华南理工大学出版社,1993.

[5]刘国华. 书目控制与书目学[M]. 北京:中国物价出版社,1997.

[6]黄俊贵. 中国文献编目规则的路向[J]. 现代图书情报技术,1995(4).

[7]沈宝顺. 中文文献数据库中的规范档建设[C]//中文文献数据库国际研讨会论文集,1994.

[8]黄俊贵. 关于中文书目规范控制[J]. 图书馆论坛,1995(5).

新媒体时代编目员素质的提升

刘永梅(国家图书馆)

编目工作是图书馆最基础、最核心的业务之一,也是图书馆最能体现专业素质的工作。然而随着图书馆进入全面数字化转型时期,图书馆的资源建设也从纸质资源为主转向以数字资源为主;图书馆的业务从过去以印刷品为主要对象,到现在兼有印刷品和数字资源,到未来以数据为主要对象的方向发展。面对图书馆资源建设的转型,编目员传统的观念、思想和素质都面临挑战。编目员应在哪些方面提升自己,下面就编目员工作现状和素质提升途径进行探讨。

1 编目员面临的困境与工作现状

1.1 缺乏挑战精神

随着文献出版量及入藏量的激增,编目工作日益繁重。编目员每天重复机械化的劳动,给人以古板、守旧的印象。由于疲于应付当前的工作量,编目员对新知识新领域的发展变化,无暇顾及,容易安于现状,工作动力不足。

1.2 知识底蕴薄弱

新媒体时代科学技术飞速发展,新学科交叉日益加剧,学科分类也不断细化,面对纷繁的文献内容,传统编目员以前的知识结构和知识储备略显不足。而面对近代及古代文献,青年编目员因接受或接触中华传统文化教育较少,工作时明显底蕴不足。例如,编目古籍和民国文献时,有些新人对繁体字识别困难,加之古代文化历史知识匮乏,编目质量大打折扣。而对于新接触元数据的资深编目者,也会因知识结构的老化,而困难重重。

1.3 知识迁移能力不强

尽管编目员在处理文献的过程中,积累了一些著录及分类、主题标引的经验,但随着非书资源发展为编目的对象增多(例如:声像、磁介质、元数据等),需要编目员在互联网(而不是在本地)海量的信息中查找,敏锐地判断,获取有用的信息,才能做好编目。刚接触的编目员往往表现不适应:束手无策、思维不发散、查找困难及判断不准确,严重影响编目质量。

1.4 劳动密集型向知识密集型转变

随着图书馆事业的不断发展,基础的业务工作都进行了外包。联编中心的数据共享发展迅速,可套路数据增多。图书加工基本已达到了全部外包,编目员可以从简单重复的劳动中解放出来。编目工作由劳动密集型向知识密集型转变。

2 编目员素质提升途径

综上所述,编目资源逐渐丰富,编目业务向纵深方向发展,若编目员故步自封,必然被社会所淘汰。这就需要编目员必须改变原来的思维,勇于挑战,从多角度提升自己,来应对编目的未来发展。

2.1 加强中华传统文化的学习,提升内驱力

中华传统文化中的人文底蕴源远流长,孔子、老子和墨子的学说当中都表现出深厚的人文关怀,传统国学的人本精神为我们积极弘扬图书馆精神提供了深厚的思想根基和强大的动力之源[1]。编目员在新的社会环境下,适当加强学习国学,从而具备强大的文化内驱力,怀揣一颗仁爱之心,擎着为读者引路的神圣使命,必定不畏挑战,不惧冷板凳。定能在新媒体时代探索出属于编目员自己的读者服务路径。这对于我们平等关爱读者尊重读者权利、弘扬图书馆精神有着深远的意义。

2.2 将自己培养成研究型、专家型编目员

编目业内专家如何培养? 有专家说,在编目行业里五年真正入门,十年成为行家,二十年成为业内专家[2]。其实仅仅用时间标准衡量是不够的,有些人到了退休也仅限于完成手头工作而已,并不能称其为专家。当一天和尚撞一天钟,仅仅完成眼前的工作量,知其然不知其所以然。

(1)注重积累,总结提高。编目员只有在工作中主动承担难题,随时总结,不断提高。熟练使用知识组织体系,平时生活和工作中注意锻炼归纳总结的能力,才能真正地提升自己。尽管目前编目员处理的大部分是实体文献,但就在一条一条编制数据过程中拓宽了视野,提高了编目水平,熟悉了所编文献的不同时代呈现出的特征,有利于应对将来更多的虚拟文献的整合(数字化资源、开放图书、网络资源、特色数据资源等)。例如在接触大量的民国文献编制工作之后,再承担数字、缩微民国数据整合任务,就很容易把握整体方向、辨别政治倾向,准确揭示资源内容。

(2)拓展业务范围,参与职业转型。图书馆正处于数字化转型期,编目业务除了常规的文献编目外,元数据整合等新工作会以临时任务的方式部署下来。这是编目员转型、学习提高的好机会。编目员不仅要将文献编目的规范化、结构化的经验继承下来,还要把握住机遇,把自己置身于资源建设新标准的研究大潮中,转变为精准揭示资源的编审专家,整合专家。成为资源主题揭示、关联揭示、名称揭示等完善数据的生产者,成为资源分类、主题、名称知识库的生产者,知识组织系统的设计者、参与者,成为新技术应用的桥梁及设计者[3]。编目员应加强国际编目领域和现代信息组织规则制定的参与度并增强话语权。编目员只有拓展新的工作、提升自己的综合能力,才能在新环境下继续生存并取得好的发展[2]。

2.3 树立新型学习理念,利用新媒体提升自己

随着数字出版业繁荣,在线教育、翻转课堂、MOOCs、SPOCs、数字教材、电子书包、微客

等教学教育的服务模式的出现,为编目员自主学习提升素质提供良好机会。有声读物方面,国内已经先后出现200多个带有听书功能的移动平台,喜马拉雅、蜻蜓、懒人听书等听书平台正在兴起,我们完全可以在零散的时间里学习,如跑步、乘车、做饭的时间。社交媒体方面,近年来,从微博到微信,社交媒体在人们的生活中扮演着越来越重要的角色,广泛存在于虚拟社区,即时通信、移动直播、微博微信、音视频等互联网应用的各个方面。这些都是提升素质,学习知识的便捷的平台;网络直播方面,随着人们对实用性、个性化的内容需求的日趋旺盛,知识型直播成为网络直播发展的新方向,网络直播有望成为实现知识变现的新手段。

未来的元数据工作需要编目员掌握语义网与关联数据知识,熟悉各种本体词表;了解数据的互操作,复用现有词表,为不同类型资源建立合适的元数据方案[4]。而这些知识与技术的获取,在新媒体时代网络教育成为一种新常态。编目员应利用好这些平台,树立终身学习的理念。通过多元化地学习,使自己成为多面手。保持终身学习的能力与愿望,以确保其职业生涯能够持续进步[5]。再加上一定的自律性和学习意志,网络学习会成为快速提升自己的捷径。笔者尝试下载中国MOOC进行学习尝试,发现慕课集合了138所大学的优质资源,是一个随时都可以学习的软件,还可预约、复听。这里不仅有一流的教授的视频讲解,还有配套的练习作业,和相应的同学讨论专区。学习完成后,还能获得结业证书。通过学习,深刻感受到在这个网络时代,时间和空间的隔阂,都无法再成为阻止你去学习的原因。无论你哪方面的知识欠缺,在这里都能满足你学习的欲望。终身学习将变得越来越容易和便捷,爱学习和会学习的人将能更好地进行自我培训提高业务素能。

2.4 完善人事制度,激励员工进步

《中华人民共和国公共图书馆法(草案)》第十九条中强调了要健全管理制度。笔者以为,对于编目员的管理,要充分发挥员工最大的自主权。充分信任,充分发挥每个人的特长,尊重个人发展目标,不搞盲目的比较,要把个人成长与图书馆事业发展紧密结合起来。为什么管理者工作起来比员工更主动呢?除个人因素外,我认为管理者有总体任务和目标,而员工缺之。这是造成员工工作被动,积极性不高的原因。如果充分信任员工,主动与员工沟通,将总体任务与个人职业发展紧密结合起来,督促或引导员工提升自己,相信会有所改观。

图书馆的继续教育,不能流于形式,要重视实际效果。编目人员平时工作任务紧张,无闲聆听馆里组织的专家讲座。为了应付考核,有些人仅在继续教育考核本上盖章而没真正去吸收内容,这表面的形式是没有用的,这并不能从根本上起到继续教育的目的。目前随着新媒体的发展,图书馆应采取多样化手段,通过大家乐于接受的形式,鼓励员工充分利用业余时间学习。图书馆不仅应当制作出具有特色的与时俱进的学习课程,还应当制定合理的考核模式,激励员工主动进行继续教育。例如请馆里或馆外的专家授课,并制作成视频,以便大家随时可以学习。目前国家图书馆的公开课就是很好的学习模式。典籍博物馆举办以文化、艺术、党史、国家历史、民俗等诸多方面的展览讲座,很受社会欢迎,也是编目员继续教育,获取各方面知识的有效途径。在美国,几乎所有图书馆员都拥有至少一个信息学相关硕士学位,且不断在信息学、教育、科技的学术界有所建树或至少保持学习新技术、新知识的状态。德国职业学校设立"媒体与信息行业专业技师"职称,并开展专业技师进修培训和国家考试[6]。我国也应当借鉴,逐步完善继续教育制度,逐步细

化、法律化和规范化。

　　完善考核制度。对于员工一年一度的测评，既紧张、浪费时间，又不利于同事之间关系融洽。评鉴员工，不应仅限于年终总结的简单数字，而应把平时暴露的问题及时解决。年终考评，不是根据与其他员工的比较，而是对照员工年初的个人成长与工作计划是否实现来权衡，以此督促员工进步，帮助员工制定合理的职业发展规划。编目员的发展、提升，最大受益者是图书馆，他们所做的一切都是践行一个编目员的职业道德，而不是功利地谋求个人成果。

　　新媒体环境下图书馆资源逐渐转型，编目工作要求越来越高。图书馆和编目员应合力探索有效的方法来应对，尤其是编目员，自身应利用新媒体技术终身学习，紧跟时代步伐，以满足图书馆多样化的知识信息服务需求。编目员不仅应在岗位上注重工作的总结提升自己，向纵深方向发展，还要通过业余时间学习提高专业知识水平，使相关学科知识不断丰富、文化基础和底蕴不断加厚，从而使自身具有更加优化、先进和合理的知识结构，以满足图书馆飞速发展的需要。

参考文献：

[1]国敬华.问鼎教育[M].北京:中国文化出版社,2017.

[2]顾葬.十字路口的图书馆编目工作[J].国家图书馆学刊,2015(6).

[3]卜书庆.与图书馆共存亡的元数据编制工作[J].国家图书馆学刊,2015(6).

[4]胡小菁.图书馆编目的衰落与转型[J].国家图书馆学刊,2015(6).

[5]鲍翠梅.论MOOC时代的高校图书馆员继续教育[J].山东理工大学学报:社会科学版,2017(3).

[6]何文波.德国职员继续教育概况与改革——以图书馆行业为例[J].继续教育,2015(7).

二元对比排序法在图书馆名称规范库检索中的应用

齐　杰(国家图书馆)

　　信息化工程大力发展所取得的研究成果为图书馆的发展提供了新的检索技术和便利服务。大多数图书馆已经构建了书目编辑存储数据库，使海量图书信息资源通过编目存储在有序的信息空间。人名规范控制是信息资源编目工作的重要组成部分，也是书目检索的核心内容。个人名称标目由主要成分与附加成分组成，主要成分可选择姓名、字号、别名、笔名、法名、艺名、封号等名称；附加成分用于区分和修饰主要成分，包括民族、朝代、国别、原文名称、性别、学科职称、生卒年、籍贯等[1]。编目员怎样高效地从海量人名规范数据库中找到匹配的检索信息是图书馆数字化建设的发展目标之一。

1 名称规范数据库在查找和检索方面的主要问题

虽然《中文图书名称规范款目著录规则》规定了名称规范数据的著录要求,但不同的编目员对名称规范有自己的理解。有些编目员在信息的辨识与判断方面比较教条,文献上出现的人名信息与数据库中名称规范记录的人名信息保证高度一致,甚至一字不差时,才将其判断为同一个人进行数据挂接,否则就另外制作一条规范记录。例如:《点石斋画报故事集》的主编吴友如,在名称规范库中有两条重复数据。分析之所以重复著录是其中之一的编目员认为责任者卒年信息不一致,而且籍贯元和在今天作为地名的说法不一致。中国自古以来计算年龄就有公历和农历的区分,差一岁两岁只是算法不同,并不能武断认为不是同一著者。元和是古代地名称谓,清雍正二年(1724 年)分长洲县东南部置,先是武则天万岁通天元年(696)分吴县东部置长洲县,至此三县同城而治。民国在 1912 年时元和县并入吴县,东部划入昆山县[2]。而吴县现在隶属于江苏省苏州市。综合判断这两条吴友如的个人名称记录是指向同一个人。

| 1 | (清) 吴友如 (1840?~1893)
公共注释 UNIMARC
原名吴猷。元和 (今江苏苏州) 人。精于绘画,绘有《申江胜景图》。 | 中文名称规范 ,
200 0, , UPD=N |
| 1 | (清) 吴友如 (?~1894)
公共注释 UNIMARC
画家。初名嘉猷,别署猷。元和(今江苏吴县)人。 | 中文名称规范 ,
200 0, , UPD=N |

图 1 Aleph 名称规范库中重复数据

2 二元对比排序法可精准锁定规范库中的人名规范

编目员在做人名规范的时候到规范库中检索经常会碰到上百条同名的信息检索点而无法判断选取。例如:在国家图书馆 Aleph 编目系统的名称规范库中检索《中小企业发展与金融支持研究》的主编李伟,在人名规范库中检索出有 190 多条同名记录。怎样区分哪个是本书真正的作者,通常需要花费编目员大量的时间人工逐条阅览、分析、理解、判断,错误率很高而且费时费力。摒弃传统的人工方式,用智能化解放劳动生产力是本文的研究目的。

2.1 传统人工检索方法

编目员做一本书的人名规范首先要翻阅本书的前言、后记、封底、封面了解责任者基本信息,如果书内找寻不到相关信息就只能根据本书内容判断责任者研究方向,然后到 Aleph 编目系统中的人名规范库,从中逐条查阅比对筛选相匹配的人名规范记录。如果责任者是重复率很高的名字,并且每一个名字记录的相关信息比较接近,就很难快速、准确判断匹配者。

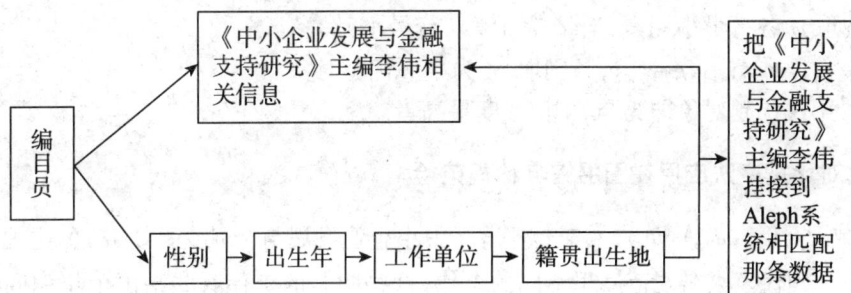

图2　人工匹配人名规范信息步骤

2.2　二元对比排序法

二元对比排序法是通过两两对比,并综合评比得到需要评价的一组研究对象的重要性排序[3]。

(1)设给定论域 $U=(u_1,u_2,\cdots u_n)$,对于 U 中任意的两个元素 u_i 和 u_j,定义二元相对比较级 $g_j(u_i)$ 表示 u_j 相对于 u_i 而言与 u_0 更相似,另外规定 $g_i(u_j)=1$。下表给出一种二元相对比较级 $g_j(u_i)$、$g_i(u_j)$ 的确定方法[4][5]。

表　二元相对比较级的确定方案

元素 u_j、u_i 与 u_0 相比较	说明	$g_i(u_j)$	$g_j(u_i)$
u_i 和 u_j 都不相似 u_0	同名作者 u_i 和 u_j 与 u_0 判断都不是同一人	1	1
u_i 比 u_j 稍相似 u_0	同名作者 u_i 的相似水平稍大于 u_j,但不明显	1	3
u_i 比 u_j 相似 u_0	同名作者 u_i 的相似水平大于 u_j,比较明显	1	5
u_i 比 u_j 相似 u_0 得多	同名作者 u_i 的相似水平明显大于 u_j	1	7
u_i 比 u_j 绝对相似 u_0	同名作者 u_i 的相似水平绝对大于 u_j(最高等级)	1	9
u_i 比 u_j 相似 u_0 处于两相邻判断之间	需要两个判断的折中	1	2.4.6.8 之一

二元相对比较矩阵为:

$$\phi=\begin{bmatrix} 1 & g_2(u_1) & \cdots & g_n(u_1) \\ g_1(u_2) & 1 & \cdots & g_n(u_2) \\ \vdots & \vdots & \vdots & \vdots \\ g_1(u_n) & g_2(u_n) & \cdots & 1 \end{bmatrix}$$

(2)构造书名作者与 ALEPH 编目系统的名称规范库中人名的相似度"模糊相及矩阵":

$$\psi=\begin{bmatrix} 1 & g(u_1/u_2) & \cdots & g(u_1/u_n) \\ g(u_2/u_1) & 1 & \cdots & g(u_2/u_n) \\ \vdots & \vdots & \vdots & \vdots \\ g(u_n/u_1) & g(u_n/u_2) & \cdots & 1 \end{bmatrix}$$

其中,$g(u_i/u_j)$ 称为"相对函数",定义为:$g(u_i/u_j)=\dfrac{g(u_j/u_i)}{\max(g(u_i/u_j),g(u_j/u_i))}$

（3）选取 ψ 各行最小元素，记 g_i 表示第 i 行最小元素。

（4）令 $g_k = \max(g_1, g_2, \cdots g_n)$，则取 u_k 为第一优越对象。

（5）u_k 第一优越对象即为与 u_0 相似度最高者。

2.3 二元对比排序法应用在图书馆名称规范检索

设论域 $U = (u_1, u_2, \cdots u_n)$，元素 u_0 代表《中小企业发展与金融支持研究》的主编李伟，而 $u_1, u_2, u_3 \cdots \cdots$ 则代表人名规范库里不同的李伟，这些同名的李伟有些是出生年相同，有些是籍贯相同，有些是工作单位相似，有些是从事的工作相似。但中国人年龄有按虚岁计算、有按周岁计算，所以不能单纯凭库存数字简单定论。从事的工作变数更大，也不能只看到该作者从事某一领域就确定该作者即彼作者。但这些信息之间是有关联性的，若考虑到他们这些特征上的相似性这样一个模糊概念，可用相对比较法确定隶属度函数步骤。通过对不同李伟进行调查，两两对比各个李伟的每个大指标的分项指标与《中小企业发展与金融支持研究》的主编李伟的相似度，可得到两两之间的各指标二元比较级。

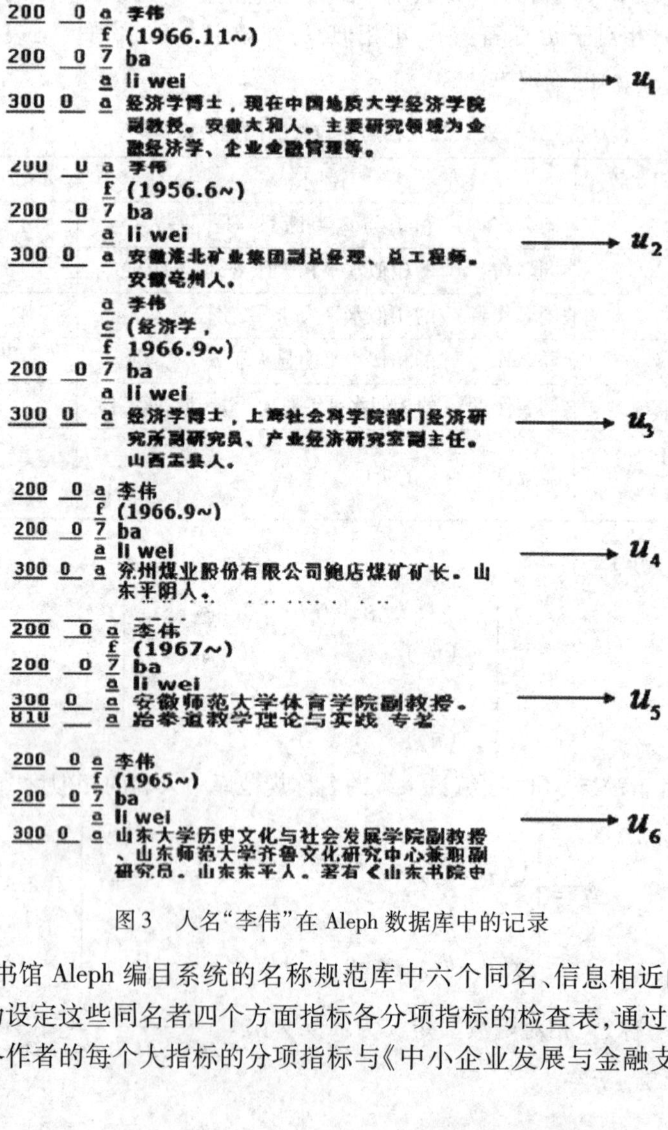

图3 人名"李伟"在 Aleph 数据库中的记录

截取国家图书馆 Aleph 编目系统的名称规范库中六个同名、信息相近的李伟进行对比排序，凭经验人为设定这些同名者四个方面指标各分项指标的检查表，通过对不同作者进行调查，两两对比各作者的每个大指标的分项指标与《中小企业发展与金融支持研究》的主编李伟相似指数,可得到两两之间的各项指标二元比较级。出生年、籍贯出生地、工作单位和从事的行业这四个方面分项指标,设论域 $U = (u_1, u_2, \cdots u_n)$,表示名称规范库里的六个刘伟,经两两比较得二元比较级矩阵如下:

$$\phi_{出生年} = \begin{bmatrix} 1 & 3 & 8 & 8 & 7 & 6 \\ 3 & 1 & 3 & 3 & 2 & 2 \\ 8 & 4 & 1 & 8 & 7 & 6 \\ 7 & 3 & 8 & 1 & 7 & 7 \\ 6 & 2 & 7 & 7 & 1 & 6 \\ 6 & 2 & 6 & 6 & 5 & 1 \end{bmatrix} \qquad \phi_{从事行业} = \begin{bmatrix} 1 & 5 & 7 & 5 & 3 & 2 \\ 3 & 1 & 4 & 8 & 3 & 2 \\ 7 & 6 & 1 & 5 & 4 & 3 \\ 3 & 8 & 5 & 1 & 3 & 2 \\ 2 & 2 & 2 & 2 & 1 & 2 \\ 2 & 2 & 2 & 2 & 2 & 1 \end{bmatrix}$$

$$\phi_{工作单位} = \begin{bmatrix} 1 & 2 & 6 & 2 & 2 & 2 \\ 2 & 1 & 7 & 3 & 2 & 2 \\ 7 & 4 & 1 & 4 & 2 & 2 \\ 2 & 7 & 2 & 1 & 2 & 2 \\ 2 & 2 & 2 & 2 & 1 & 2 \\ 2 & 2 & 2 & 2 & 2 & 1 \end{bmatrix} \qquad \phi_{籍贯出生地} = \begin{bmatrix} 1 & 8 & 2 & 2 & 8 & 2 \\ 8 & 1 & 2 & 2 & 7 & 2 \\ 2 & 2 & 1 & 2 & 2 & 2 \\ 2 & 2 & 2 & 1 & 2 & 8 \\ 8 & 8 & 2 & 2 & 1 & 2 \\ 2 & 2 & 2 & 7 & 2 & 1 \end{bmatrix}$$

$$\phi_{综合对比} = (\phi_{出生年} + \phi_{从事行业} + \phi_{工作单位} + \phi_{籍贯出生地})/4 = \begin{bmatrix} 1 & 4.5 & 5.75 & 4.25 & 5 & 3 \\ 4 & 1 & 4 & 4 & 3.5 & 2 \\ 6 & 4 & 1 & 4.75 & 3.75 & 3.25 \\ 3.5 & 5 & 4.25 & 1 & 3.5 & 4.75 \\ 4.5 & 3.5 & 3.25 & 3.25 & 1 & 3 \\ 3 & 2 & 3 & 5.67 & 2.75 & 1 \end{bmatrix}$$

由 $g(u_i/u_j) = \dfrac{g(u_j/u_i)}{\max(g(u_i/u_j), g(u_j/u_i))}$ 得模糊相及矩阵:

$$\psi = \begin{bmatrix} 1 & g(u_1/u_2) & \cdots & g(u_1/u_n) \\ g(u_2/u_1) & 1 & \cdots & g(u_2/u_n) \\ \vdots & \vdots & \vdots & \vdots \\ g(u_n/u_1) & g(u_n/u_2) & \cdots & 1 \end{bmatrix} = \begin{bmatrix} 1 & 1 & 0.96 & 1 & 1 & 1 \\ 0.89 & 1 & 1 & 0.8 & 1 & 1 \\ 1 & 1 & 1 & 1 & 1 & 1 \\ 0.82 & 1 & 0.89 & 1 & 1 & 0.84 \\ 0.9 & 1 & 0.87 & 0.93 & 1 & 1 \\ 1 & 1 & 0.92 & 1 & 0.92 & 1 \end{bmatrix}$$

ψ 中国各行最小元素的最大者为第 3 行的 1,它对应的是人名规范库里的 u_3,也是与 u_0 相似度最高的,由此即可确定《中小企业发展与金融支持研究》的主编李伟对应挂接于人名规范库 u_3 李伟。

通过对比,二元对比排序法比传统人工逐条检索方法更科学、有效、精准性高。应用二元对比排序法对比的样本量庞大,虽能节省人力但比较耗时,最好是能将人工检索与二元对比排序法结合应用,可即提高检索效率又能保证检索结果的准确性。

参考文献:

[1]国家图书馆图书采编部.中文图书名称规范款目著录规则[S].[内部资料]北京:国家图书馆,2001.

[2]百度百科.元和(古代地名)[EB/OL].[2017 – 08 – 01]. http://baike.baidu.com/view/623059.htm.

[3]蒋泽军.模糊数学教程[M].北京:国防工业出版社,2004.

[4]诸静.模糊控制原理与应用[M].北京:机械工业出版社,2005.

[5]卜荣珍.基于模糊二元对比排序法的图书馆综合质量评价[J].科技信息,2009(2).

"互联网 +"时代图书编目审校人员职业素养提升探究

乔燕萍　　王广平(国家图书馆)

1　"互联网 +"时代对图书馆编目工作的挑战

图书是人类文明的载体,也是成型的知识产品,它是人类最重要的和历史最悠久的文化传播媒介之一。作为一种人类文明的承载体,图书记录了世界上各个国家、民族和各个不同历史时期的政治、经济、科技、文化和生活习俗,它对于传播人类文明,推动人类社会的经济、科学和文化向前发展具有极为重要的作用。图书馆作为图书的集聚地,它通过编目工作进行图书知识的再创造,图书功能得以成倍地传播。图书功能最大化的关键在于编目审校人员的工作,编目审校是编目工作流程中的一个关键环节,编目审校人员的业务能力和职业素养直接关系到书目数据库质量的高低。

1.1　图书编目工作的性质

图书馆的宗旨是传承文明、服务社会。图书编目工作是一项社会文化活动,自实体图书出现之后,编目工作应运而生。随着历史的发展和图书馆馆藏数量的增加,编目工作逐渐科学化、规范化、制度化,编目工作日显重要。编目工作的基本性质就是搜寻、筛选、组织和编排图书信息,对图书进行收集、加工、存储、管理、检索、利用并提供相应服务。正是依赖于科学化、规范化的图书编目工作,图书馆数量浩繁的图书得以有序地集聚在图书馆,使用者可以依据主题、题名、著者、分类等检索途径进行图书搜索,获取自己所需要的图书或相关资料。

1.2　"互联网 +"对图书馆编目工作的影响

图书馆自有其运行规律,但是互联网的出现影响了获取信息的方式,人们不再仅仅依靠图书馆获取信息,互联网信息的海量和便捷使获取信息的渠道和利用方式发生了重大变化。同时,文献信息的载体趋向多元性,种类越来越多,内容也越加丰富,图书馆的馆藏已不再是单纯的传统印刷型文献,而是传统馆藏、数字馆藏等多种类并存。如何利用互联网对文献信息资源进行存储、整理、加工和利用,如何检索筛选互联网海量的信息资源,如何利用互联网信息资源整合、规范数据库,是编目审校人员在"互联网 +"时代所面临的挑战。

国家图书馆馆长韩永进做客人民网文化频道《"互联网＋"时代的全民阅读》系列访谈时谈道："我们应该为大家提供更多的公共产品，而且是有思想性、有文化性，又有可读性、可听性、可视性的产品，这是我们图书馆人要努力做的。"国家图书馆在"互联网＋"时代面临着诸多挑战，韩永进馆长对此进一步解释到，其中一个挑战是"如何把网上的信息资源存储、整理、加工和利用"，这涉及了四道难题：一是网上海量的信息资源如何选取；二是网页上的重要信息如何实时、完整保存；三是用什么介质去存储这些信息；四是将信息存储下来后，如何制作成编目和索引。这不仅是国家图书馆面临的问题，也是众多图书馆所急需解决的问题。"互联网＋"是"互联网＋各个传统行业"，它是利用信息通信技术以及互联网平台，让互联网与传统行业进行深度融合，创造新的发展生态，是依托互联网信息技术实现互联网与传统产业的联合。因此，互联网最有价值的不是自己生产很多新东西，而是对已有行业的潜力再次挖掘，它是用互联网的思维去重新提升传统行业的价值。编目审校人员如何实现业务转型，跳出实体文献审校思维，转向互联网审校思维，在"互联网＋"时代具备全球视野，是问题的关键。

2 "互联网＋"时代图书编目审校人员应具备的职业素养

职业素养是一个大的概念，它是指人类在社会活动中需要遵守的行为规范。个体行为的总和构成了自身的职业素养，职业素养是内涵，个体行为是外在表象。专业是第一位的，但是除了专业，敬业和道德也是必备的，体现在职场上的就是职业素养，体现在生活中的就是个人素质或者道德修养。中国知网中将职业素养定义为职业内在的规范和要求，是在职业过程中表现出来的综合品质，包含职业道德、职业技能、职业行为、职业作风和职业意识等方面。职业素养与所从事的职业的规范性密切相关，其构成要素包括对待工作的态度，对职业的认知，职业操守的践行，职业能力的完备等。

2.1 编目审校人员的综合素养

技术性、专业性、创造性是图书编目工作的基本特征。编目审校人员自身的思想品质、业务能力、知识素养和文化程度，直接影响着书目数据的质量，在某种程度上甚至直接影响了图书馆业务功能的实现。因此，合格的编目审校人员的素养不是单一的，而是综合的。图书馆是社会公益性事业，编目审校人员要有高度的社会责任感，热爱编目工作，以对读者、对著者、对社会负责的精神对待所从事的图书编目审校工作，要认识到图书编目审校工作的目的是为社会和读者提供更好、更准确的图书信息。此外，编目审校人员应本着对工作的极大热情和责任感，注意收集各种文献信息，关注图书馆学学术研究的最新发展动态和文献信息存贮、处理前沿信息，应有渊博的知识和丰富的编目实践经验。

2.2 编目审校人员的信息素养

科学技术的迅猛发展、互联网的深入影响、多元化的社交网络、信息爆炸的碎片化，无不深深影响着我们的生活。信息素养是时代的产物，是指"在信息社会理解以及和外界做有意义沟通所需要的能力，即有效发现自己的信息需求，并据此检验、判断和组织信息，以及使用信息的能力"。现代信息技术为图书馆的资源整合与服务提供了得天独厚的条件,信息技术的存在形式呈多元化与多载体,光磁载体与纸质载体并存,虚拟资源与馆藏信息互补的势态,这就要求图书馆编目人员有的放矢地对繁杂的各类文献载体进行筛选、收集、整理,剔除无关文献、冗余信息,建立与图书馆馆藏所需、相适应的文献资源体系,并在此基础上对文献进行整合,建立图书分类、主题与规范等多角度文献检索系统,全方位地揭示文献信息内涵。

图书是信息传播的工具,也是知识的载体,信息效应贯穿于整个图书编目工作过程。人们获取知识和信息的手段也日益多样化,一条信息是否被准确地引用直接关系到图书编目的正确率。在图书编目实践中,这意味着要求图书编目审校人员要具有信息识别能力、信息检索能力、信息获取能力、信息利用能力。如何检索信息、如何累积并组织信息、如何评估利用信息等的知识和技巧则是图书编目审校人员应具备的信息素养。

2.3 编目审校人员的知识结构及职业素养

知识的普及性使自然学科和社会学科的发展日趋细致,同时却又向深度发展,其专业性越来越强,使得文献信息的提供面临着巨大的压力。而"互联网+"时代网络信息的快速发展又使编目审校人员的工作面临着巨大的挑战,他们要比以往任何时候都更要具有主动性和创造性,不仅要具备对传统纸质、文献数字信息资源的分类整理能力,以及熟练运用信息检索工具的能力,还需要根据自身对文献信息知识整合的专业技巧,向使用者推荐关联资源。

熟练掌握《中图法》《主题词表》《文献编目规则》《中国机读目录格式使用手册》、MARC格式、名称规范、主题规范等规定细则,则是编目审校人员的基本功,是他们应具备的基本专业素养。在编目审校过程中,对图书中显性信息的揭示,不能完全适应"互联网+"时代读者对信息日益增长的需求,对显性信息和隐性信息的搜集、整理、加工、存储,使信息资源得到最大程度利用的过程,也是图书馆编目审校人员自身专业素养提高的过程。编目审校人员不仅要有雄厚的学科理论知识、熟练的专业技术和前沿的知识结构,还要在广博的知识基础上,在专业领域内不断开拓创新,同时具备专业管理、自学和操作能力。

2.4 编目审校人员的语言文字素养

对于表述各领域、各学科知识的语言文字的运用是否得当,直接关系到能否为读者提供准确、便捷的查询途径。例如,330字段是直接揭示文献内容特征的主要信息项,具有指导阅读、参考和咨询的作用。不同类型的图书,内容特征也各异,形式特点也各不相同,编目员对330字段内容提要的描述,应根据不同类型、不同内容的图书特点,运用恰当的语言文字撰写,其语言表达应简洁生动、通俗易懂,逻辑语法表达准确清晰,既要突出图书的内容信息,又要将图书的可读性、趣味性、实用性揭示给读者,不仅为读者提供鉴别和选择图书的依据,同时也对指导读者阅读和宣传图书起着十分重要的作用。

3 "互联网+"时代编目审校职业素养的提升

高素质的编目队伍,决定了图书编目的实施效果。现阶段的图书馆编目队伍,在年龄、教育程度、技术水平岗位要求和发展趋势等方面具有多样性的特点。工作人员的素质关系到工作的成效,要做好图书馆编目工作,必须培养和练就一支业务能力强、工作作风正的高素质的专业技术人才队伍。专业技术队伍素质由个人素质构成,编目审校个人素养的高低,不仅直接影响着图书编目的质量和效果,同时也决定着数据库的数据质量。

3.1 编目审校职业发展的内涵

职业发展是指编目专业人员在职业道德、职业思想、知识、能力、品质等方面由不成熟到成熟,由一名职业新手发展成为专家的过程。专家型编目员在编目领域中具有高尚的职业道德、丰富的专业知识,能高效率地解决编目中各种问题,具有敏锐的洞察力和创造力。从一名新手发展成为专家型编目审校人员,必须提高编目员职业素养。

3.2 编目审校个人职业素养的养成

综合来看,素养是指平素的修养、训练和实践而获得的技巧或能力。个人素养即是通过自己的学习、训练和实践而获得的技巧或能力,也是通过平素的修养使自己的理论、思想、知识或专业等达到一定的水平,即编目审校人员要学会时时学习、处处反省、不断提高。编目审校人员的职业养成绝非一日之功,正如《中庸》中所云"博学之,慎思之,明辨之,笃行之",意思是人要广泛地学习,仔细地询问,谨慎地思考,清晰地分辨,专注地实行。

图书馆编目审校的职业素养是一点一滴积累起来的,在当下浮躁的社会氛围中,"四勤"是职业素养养成的关键:一是勤记,常言道:"好脑筋不如烂笔头",要勤于记学习笔记、体会和业务培训要点;二是勤思,要经常审视自己:处理问题的正确率如何,工作中排疑解难如何,工作任务完成如何,学术成果和业绩如何,政治和业务方向如何;三是勤于工作,图书编目工作虽是常规业务工作,但也有临时任务,工作有缓有急,应养成乐于加班加点完成工作任务的习惯;四是勤于学术研究,身在图书馆,要充分利用图书馆资源,关注编目业务的前沿动态,加强应用研究,做到每年的工作有新业绩,学术有新成果。

3.3 编目审校应塑造阳光心态,远离职业倦怠

图书编目审校是年复一年、日复一日的较为烦琐、枯燥、单调的工作,长期从事此项工作容易产生职业厌烦心理。《汉书·司马相如传》中说:"倦,疲也"。倦是指对某种活动失去兴趣。美国临床心理学家弗登伯格在《职业心理学》中提出职业倦怠一词,指的是人们在工作中长期处于情绪紧张、人际关系紧张的状况,必然会引起一系列心理、生理上的问题,这些问题由于不能及时化解,日积月累就会使"身体疲劳、耗竭状态"。在具体工作中表现为,每天身体疲劳、工作能力下降,工作热情衰退,对他人、对事业逐渐冷淡,自我成就感降低等。心理学家马斯洛将职业倦怠表现概况为:情感衰竭、玩世不恭(人格解体)、成就感降低。

心态是一个人对待和处理周围事物内心的想法和表现,一般分为积极心态和消极心态两种。阳光心态即是积极心态,其最大特点是自信和希望,消极心态则是悲观和失望。成功学大师拿破仑·希尔说:"积极的心态就是心灵的健康和营养,能吸引财富、成功、快乐和健康;消极的心态是心灵的疾病和垃圾,不仅排斥财富、成功、快乐和健康,甚至会夺走生活中已有的一切。"编目审校人员在长期工作中,要注重调整好自己的心态,克服职业厌烦心理,以阳光积极的心态正确对待编目工作,树立严格把关书目数据质量的理念,把规范整序书目

数据、提高数据质量作为己任,并将编目的理念、实践经验传授给新的编目人员,使图书馆编目业务发扬光大。

　　总之,图书编目工作是图书馆重要的基础工作,是文献编目标准化、规范化、图书馆服务质量的重要保证。在"互联网+"时代,编目审校人员应该是书目数据的管理者,只有不断加强学习,提升职业素养,才能保证书目数据库的质量,才能更好地为读者提供优质的服务。

参考文献:

[1]赵丽.信息时代高校图书馆编目员素质提升探析[J].卷宗,2016(6).

[2]孙露.高职院校图书馆编目人员素质重在建设[J].山东广播电视大学学报,2010(1).

[3]杨新娥.网络环境下图书馆编目人员的职业素质[J].中国成人教育,2008(6).

[4]李明子.编目馆员在数字化图书馆中的职能与素质的研究[J].农业图书情报学刊,2009(11).

[5]贾延霞,赵秀君.编目员的未来:编目员的职责拓展研究[J].图书馆建设,2011(7).

[6]瞿玲玲.网络环境下西文编目人员素质新论[J].黑龙江史志,2010(9).

[7]袁美君.浅论媒体资产编目人员的素质[J].视听,2014(12).

[8]梅婷.高校图书馆编目员职业素养的自我养成之道[J].通化师范学院学报:自然科学,2014(6).

[9]徐胤嫣.书籍的触觉艺术[J].编辑之友,2009(4).

CJK 数字图书馆建设现状调查与思考
——基于与 Europeana 和 WDL 的比较、分析

王　薇(国家图书馆)

　　随着网络信息技术的发展以及用户需求的提高和多样化,图书馆作为文化资源保存和服务机构的功能受到了挑战,如何有效地整合海量数字资源,使资源从数据层的揭示与展现转向信息层、知识层的深度服务,从而提升资源的整体价值和利用率,已成为数字图书馆资源建设需要重点关注的问题。

　　跨国界、跨领域的国际合作共建共享已成为数字文化资源建设的发展趋势,其中以欧盟文化遗产门户 Europeana 以及全球性的世界数字图书馆(World Digital Library,简称 WDL)项目最见成效,通过汇集图书馆、博物馆、档案馆等公共文化典藏的人类历史文化遗产,以数字手段对资源进行重组、整合,向全世界公众提供规模化的文化开放资源服务。借鉴 WDL 和 Europeana 的成功建设经验,中日韩三国国家图书馆共同建设了 CJK 数字图书馆(China-Japan-Korea Digital Library)项目,以东亚地区文化和学术信息资源为对象的门户网站计划将于2017 年 9 月正式上线。同 Europeana 和 WDL 一样,CJK 数字图书馆应用关联数据和语义网,整合数字文化资源,通过跨领域、跨国界的统一网络平台,为用户提供一站式浏览和检索服务,实现数字文化资源的共享,在保护普及世界文化遗产、缩小国家之间的文化差异和数字鸿沟方面具有独特意义。

1 Europeana 与 WDL 概要

1.1 欧盟文化遗产门户 Europeana

Europeana 是对欧洲图书馆、博物馆、档案馆、视听中心等机构典藏的数字资源提供统一访问的平台,面向学术群体、创新群体和最终用户提供服务,最初名为"欧洲数字图书馆网络"(European Digital Library Network,简称 EDLnet),随着越来越多的博物馆、档案馆和视听中心的加入,而更名为 Europeana(意为"things European")。

2005 年 4 月 27 日,欧洲 19 家图书馆联合宣布抵制 Google 公司发动的创建全球网络图书馆的计划。同年 9 月,欧盟委员会(European Commission)发布了《i2010:数字图书馆》,计划依托欧洲丰富的文化资源以及先进的技术和商业模式,构建欧洲虚拟图书馆,实现欧洲科学文化资源的共享。2006 年 9 月,欧洲数字图书馆项目(EuropeanDigital Library,简称 EDL)正式启动。2006 年完成 6 万册图书的数字化处理,2007 年完成 10 万余册图书的处理工作。2008 年 11 月 20 日,Europeana 测试版网站上线,提供 1000 多家图书馆、美术馆、博物馆等机构贡献的 450 万件数字档案。网站开通后,因访问量过大多次陷入瘫痪。2009 年 2 月,Europeana version 1.0 正式上线。

截至目前,Europeana 聚合的元数据数量超过 5326 多万条,涵盖了多种资料类型。在各类资源中,图像资源(包括绘画、版画、照片、图片、设计图等)所占比重最大,超过 50%;文本资源(包括书籍、信件、档案、论文、诗歌、手稿等)约占四成;而音频、视频和 3D 资源所占比例甚小。Europeana 网站主页设有历史、艺术、音乐、时尚、地理、摄影、体育等多个专题,资源导航系统可根据资源的机构来源、颜色、主题、缩略图来查找资源,应用了基于内容的图像检索技术,点击颜色图片即可浏览相应的各种数字资源,为人们了解欧洲历史文化提供了便捷的渠道和窗口。

1.2 世界数字图书馆 WDL

WDL 由联合国教科文组织与美国国会图书馆合作运营。2005 年 6 月,美国国会图书馆馆长詹姆斯·比林顿(James Billington)向联合国教科文组织(UNESCO)提议创建世界数字图书馆,收集世界各国的珍贵书籍、手稿、海报、邮票、电影、工艺品等资源,向全球用户提供分享和利用。2006 年 12 月,在联合国教科文组织和美国国会图书馆共同主办的专家会议上,决定建立工作组负责制定相关标准和内容选择准则。2007 年 10 月,美国国会图书馆及五个伙伴机构共同推出 WDL 样板。2009 年 4 月 21 日,作为世界各国文化资源交流的共享平台的 WDL 正式开通,共有 19 个国家的 26 家机构向网站贡献了内容。WDL 还与联合国教科文组织的"世界记忆名录"开展紧密合作,以数字化形式保存与传播"世界记忆名录"所涉及的资料文化艺术珍品。

截至目前,WDL 收录的条目已达到 16000 多条,档案数量超过 87 万件,内容涵盖了联合国教科文组织的 193 个成员国。向 WDL 贡献内容的 146 家机构分别来自 60 个国家和地区,其中图书馆 116 家、博物馆 10 家、档案馆 4 家、其他机构 16 家。WDL 共有 199 个合作伙伴,除了图书馆、档案馆、博物馆、大学等资源典藏和贡献机构外,还包括提供财力支持的基金会、公司等。NLC、NDL 和 NLK 均为 WDL 合作伙伴。目前,中国国家图书馆(NLC)已向 WDL 贡献了 201 个条目,甲骨文、《四库全书》《赵城金藏》《永乐大典》《升平署脸谱》等珍贵文献展示了中国历史文化的精华。

WDL 的建设目的在于:通过互联网上以多语种形式免费提供世界各国的珍贵文化资源,增加互联网上文化内容的数量和种类;为教育工作者、研究学者和普通读者提供资源;促进国际和文化间相互理解;加强伙伴机构的能力建设,缩小国家内部和国家之间的数码技术鸿沟。Europeana 的建设目的是实现欧洲文化和科学资源的资源共享,进而激发创意产业与创新。

可以看出,WDL 着眼于在世界范围内实现信息贡献,促进多文化交流和融合,而 Europeana 的重点在于保护并传播本土的历史文化资源。

2 CJK 数字图书馆的建设目的

作为亚洲的区域性数字资源整合项目,CJK 数字图书馆项目的基本宗旨是"突出亚洲对世界文明的贡献,弘扬东方文化,增强认同感,传承优秀传统文化",建设目标是让用户可以简单、便捷地访问和利用中日韩三国的数字化文化、学术资源,促进东亚传统文化、新科技信息的数字化建设及保存、发布,满足用户需求,进而促进与本国其他图书馆、博物馆、美术馆、档案馆等机构之间的数字化合作。

3 CJK 数字图书馆项目的发展历程

3.1 起步阶段

2007 年 8 月,在南非德班市召开的第 73 届国际图联大会(IFLA)会议上,日本国立国会图书馆(NDL)馆长长尾真向中韩两国的国家图书馆提出了《数字存档方面的国际合作》提案,倡议中日韩合作建设数字图书馆项目,通过东亚圈国家图书馆层面的通力合作解决在数字存档事业方面所面临的共同课题,从而促进数字存档构建方面的合作、数字资源及相关技术方面的信息共享,并将合作成果提供给包括亚洲其他地域在内的全世界使用。2008 年 4 月,确立了以中日韩合作为目的的联络体制。

3.2 中期发展阶段

2008 年 10 月,中日韩三国就数字图书馆合作在 NDL 召开专门会议,主要围绕建立沟通协作机制、元数据、整合的信息服务、长期保存和今后的合作方向进行讨论。

2009 年 10 月,韩国国立中央图书馆(NLK)起草了《"亚洲之睛"项目计划书》并向中日两馆征求意见。2010 年 2 月,NLC 起草了《中日韩数字图书馆计划》,并向日韩两馆征求意见。

2010 年 3 月至 6 月上旬,中日韩三方就《中日韩数字图书馆计划》的框架内容多次交换意见并进行修改,形成了《中日韩数字图书馆计划协议草案》。同年 6 月 18 日,在韩国举行的会议上,通过了该协议草案,并确定了项目名称为"CJKDLI"以及项目内容。

3.3 项目实施阶段

2010 年 8 月,在第 76 届国际图联大会期间,中日韩三方共同签署了《中日韩数字图书馆计划协议》(China-Japan-Korea Digital Library Initiative,简称 CJKDLI),该项目正式进入实施阶段。2013 年,第 3 次 CJKDLI 项目会议决定由韩方负责"CJKDLI 门户网站"测试版的开发工作。

2014 年,在第 4 次 CJKDLI 项目会议上,三方共同讨论了 CJKDLI 门户网站的运营机制、技术架构以及元数据标准等。中方还提出了《中日韩数字图书馆资源库建设方案》,建议改项目分多期进行,逐步完善。根据该方案,三方开展元数据交换实验,运用元数据收割等技术手段实现分散的、不同系统之间的元数据交换共享。中日韩三国图书馆从各自的馆藏中,分别甄选出 20 种经典著作的 200 多种珍贵古籍版本的数字化产品,注入 CJKDLI 门户试点网站。NLC 注入的经典古籍文献包括四书五经(《论语》《孟子》《大学》《中庸》《诗》《书》《礼》《易》《春秋》)、前四史(《史记》《汉书》《后汉书》《三国志》)、诸子经典(《老子》《庄子》《孙子》《荀子》)和历代诗文(《楚辞》《李太白集》《杜甫诗文集》)等。

2015 年 12 月,第 5 次 CJKDL 项目会议对 CJKDLI 门户网站测试版进行了评价并交换意见。2016 年 12 月,第 6 次 CJKDL 项目会议决定,"CJKDLI 门户网站"改名为"CJK 数字图书馆",并于 2017 年 9 月正式上线。

4 CJK 数字图书馆项目的建设现状

4.1 数字资源内容

4.1.1 内容选择

WDL 为世界数字图书馆作为全球性合作的门户网站,致力于收集联合国教科文组织各成员国具有重要文化价值和意义的原始资料,所收录的资源类型主要包括手稿、地图、珍贵书籍、乐谱、录音、电影、印刷品、照片、建筑图纸等,以年代较为久远的文化遗产资源作为重点采集对象,大多已超出版权保护有效期,一般为公共领域作品,可以自由下载利用。

CJK 数字图书馆首要选择能够展示中日韩三国经典传统文化以及民族、民俗、文化艺术、非物质文化遗产的内容,对于共同感兴趣的主题,联合建设专题资源库,各自注入等量的相关专题的文献。资源类型包括文本、图片、音频、视频等。以中国传统文化作为切入点,中日韩三馆首批分别向网站注入 1000 种左右的古籍文献。

4.1.2 内容组织

各合作机构向 WDL 提供条目相关的元数据时,为了保证条目的可读性,WDL 还会对元数据进行必要的补充。WDL 网站页面顶端设置了按地点、时间、专题、条目类型、语言和典藏机构 6 种方式进行信息浏览的导航菜单,主题标引采用的是杜威十进分类法(Dewey Decimal Classification)。对于条目的内容,WDL 保留原文,只对元数据进行翻译,每个条目的元数据、导航及支持内容被翻译成阿拉伯文、中文、英文、法文、葡萄牙文、俄文和西班牙文 7 种语言。

Europeana 不收集内容本身,只采集作品元数据、图像以及参与机构的网站链接等相关信息,而资源对象仍存储在资源贡献服务器上,用户搜索到自己所需的资源后,点击进入原始站点来获得作品的所有信息,系统支持英语、法语、德语、西班牙语、希腊语、意大利语等欧盟 23 种官方语言。

CJK 数字图书馆利用 SPARQL 终点,以关联数据的形式提供书目信息等,向用户提供统一的数字资源元数据搜索服务。系统支持中文、英文、日文和韩文,支持关键词检索以及题名、责任者和主题检索。NLC、NDL 和 NLK 提供元数据并进行发布,可在发布服务系统上检索、在线阅读资源的全文。用户可在 CJK 数字图书馆获取资源元数据信息并下载,若需获取全文信息,可跳转到发布服务系统,在线浏览原文数字化影像。此外,CJK 数字图书馆还建设了专题库,其中收录的资源可提供全文影像浏览。CJK 数字图书馆的这两种服务方式兼具了 WDL 与 Europeana 的特点。

4.2 技术标准

图书馆、博物馆、档案室和视听中心的资源组织方式和标准存有极大差异,而且每个国家之间所依据的标准也各不相同。为了使得用户可以有效地搜索到资源,Europeana 制定了基于都柏林核心的"Europeana 语义元素"(Europeana Semantic Elements,简称 ESE),将来自不同机构的元数据加以简化,确保了元数据的一致性和互操作性,但在资源描述过程中会出现语义损失。为了改变这种状况,Europeana 设计了开放、跨领域的"Europeana 数据模型"(Europeana Data Model,简称 EDM)。EDM 基于语义网框架,在保留原有 ESE 核心元素的基础上,定义了许多 EMD 类与属性,还可与 LIDO、EAD、MARC 等数据模型建立关联,实现语义层面的互操作,自 2013 年开始应用。Europeana 的项目组负责制定元数据规范,除了对出版年、语种、内容等作出规定之外,还要求合作方提供资源的版权信息。

由于都柏林核心元数据具有可扩展性、兼容性,适用于各类资源。为满足相互间元数据交换,达到数据共享的目的,中日韩三方共同认可以 DC 核心元数据作为数据交换标准。中日韩三国图书馆相互间提供书目数据、文摘数据和原文影像数据,同时向 CJK 数字图书馆网站提供元数据,元数据由三国图书馆各自翻译为本国语言,供三方共享。CJK 数字图书馆网站的系统开发由韩方负责。三馆各自拥有不同的检索门户系统,通过 WebOPAC 检索进行互联与对接。

4.3 项目管理模式

WDL 的项目管理模式是由美国国会图书馆、联合国教科文组织以及亚历山大图书馆、巴西国家图书馆、埃及国家图书馆和档案馆、俄罗斯国立图书馆和俄罗斯国家图书馆 5 个合作伙伴进行开发并提供用于 WDL 原型的内容。在合作伙伴的共同协作下,美国国会图书馆的一个工作小组具体负责 WDL 日常运营工作,下设内容选择工作组和技术架构工作组。

Europeana 基金会设在荷兰皇家图书馆内,负责项目的管理运营,下设图书馆工作组、Europeana Pro 工作组、#AllezCulture 工作组、版权政策工作组、国际权利声明工作组、Europeana 艺术咨询委员会和 Europeana 国际时尚协会。

通过借鉴 Europeana 的项目管理模式,CJK 数字图书馆项目设立了项目委员会、综合工作组、技术工作组、资源工作组分别负责资源建设整体规划、方案制定与实施,资源库建设的管理、监督、审核和成果评估,以及资源库主题和入选内容等各项工作。

5　对于 CJK 数字图书馆项目的思考

5.1　对推动亚洲数字图书馆建设具有重要意义

目前我国数字图书馆建设已经形成了相当规模,国家数字图书馆工程、文化部文化信息共享工程、中国高等教育文献保障系统(CALIS)、大学数字图书馆国际合作计划(CADAL)、中国高校人文社会科学文献中心(CASHL)、国家科技图书文献中心(NSTL)、中国科学院国家科学数字图书馆(CSDL)等各种项目已具相当规模,但跨国界的亚洲区域性数字资源整合方面的合作却没有大的成效。在亚洲数字图书馆建设方面,CJK 数字图书馆项目可以实现各国间资源、技术和资金方面的优势互补,为亚洲区域性数字资源整合提供新平台、开拓新思路,对于展示东亚优秀历史传统文化成果,推动亚洲文化交流与合作的进一步发展,提升中日韩三国在国际上的文化影响力具有重要意义。

5.2　应用开放关联数据实现文化资源共享

随着大数据时代的来临,开放关联数据已成为互联网发展的趋势,公众对于一站式获取公共数字文化资源的需求日益强烈,而图书馆拥有的海量书目数据只存储在本地数据库中,未能与网络上其他数据资源有机整合。

Europeana 通过与欧洲各大型公共文化机构建立广泛的合作关系,从而对欧洲图书馆、博物馆、档案馆、美术馆和视听中心的海量文化历史资源进行整合,构建了跨领域、跨国界的统一网络平台,为用户提供一站式浏览和检索服务,实现欧洲文化和科学资源的共享,为图书馆利用关联数据技术,与其他机构提供的各种资源实现互连、共享提供了典范。

中国图书馆应关注世界范围内的文化资源保障问题,立足于"不求所有、但求所用"的资源共享理念,借助 IT 技术,通过提供数字化文献开放服务,真正实现资源共享。

5.3　促使图书馆门户向平台转型

应用关联数据化,促使图书馆门户向平台转型,并与外部各种类型的相关资源实现互联。在这方面,NDL 已做出了卓有成效的尝试,其检索系统 NDL Search 能为用户提供日本全部图书馆资源的一站式检索和信息获取服务,是日本国内各图书馆、档案馆、博物馆、美术馆、学术研究机构的目录数据库和数字资源以及残疾人视听资料的资源整合和统一检索平台,能够为用户提供日本全部图书馆资源的一站式检索和信息获取服务。

图书馆、档案馆和博物馆是人类文化遗产的共同守护者,但由于政策、管理等各方面的限制,我国也还未有整合图书馆、档案馆、博物馆等各类公共文化资源的跨行业数字化项目。做好国内的公共数字文化资源整合建设,汇集各类文化机构的信息资源,拓展用户可利用资源的广度,才能更好地促进 CJK 数字图书馆发展,将其真正建设成为聚合东亚文化遗产资源的一站式服务平台。

参考文献:

[1]田蓉,唐义.国外公共数字文化资源整合中的资源组织方式研究[J].情报资料工作,2016(6).

[2]肖希明,刘巧园.国外公共数字文化资源整合研究进展[J].中国图书馆学报,2015(5).

[3]夏翠娟,吴建中.从门户到平台:图书馆目录的转型[J].图书馆论坛,2015(7).

[4]孙健波.WDL 和 Europeana 对我国公共数字图书馆建设的启示[J].连云港师范高等专科学校学报,2016(4).

[5]汪静.Europeana 发展现状及启示[J].数字图书馆论坛,2017(3).

[6]常唯.i2010:数字图书馆[J].图书情报工作动态,2006(4).

[7]古山俊介.Europeana の動向:「欧州アイデンティティ」および「創造性」の観点から[J].カレントアウェアネス,2012(314).

[8]World Digital Library[EB/OL].[2017－07－30].https://www.wdl.org/en/.

[9]Europeana[EB/OL].[2017－07－30].http://www.europeana.eu/portal/.

[10]福山樹里.Europeana のメタデータ:デジタルアーカイブの連携の基盤[J].情報の科学と技術,2017(2).

[11]The 6th China-Japan-Korea Digital Library Initiative(CJKDLI)Meeting[EB/OL].[2017－07－30].http://www.ndl.go.jp/en/publication/ndl_newsletter/210/21003.html.

浅析数字环境下联合目录建设中的查重

王艳萍(国家图书馆)

所谓查重,就是查看在编图书是否已有馆藏记录,即在编图书与某一馆藏记录的题名、责任者、出版项、ISBN 等著录信息完全相同,如完全相同,则为重书,也称复本[1]。查重是联合目录建设中非常重要的一个环节。全国图书馆联合编目中心的书目数据库是由多个成员馆的多位编目员共同编制的,为了让成员馆有效地利用联合目录数据库中数量巨大书目数据资源,让用户在众多书目数据中找到自己所需要的那一条,数据查重是关键。在联合目录建设中,高质量的查重一方面能保证同一主题文献归入相同的类目,文献的不同版本、不同卷册能够集中,避免出现同书异号现象,使同种图书的分类标引前后一致,还可以对有关联的文献进行辅助区分,并能及时发现并纠正数据库中的问题著录;另一方面可以避免重复劳动,利用已有书目数据成果,提高编目速度。

1　常用查重途径

在建设联合目录数据库的过程中,由于各馆的编目员对著录规则的理解有所不同,对书目数据的著录要求也有所差异,书目数据难免会出现不一致的现象,导致联合目录数据库中存在记录混乱、重复等情况。在进行联机查重时,可选的检索点很多,如从 ISBN、题名、责任者、丛书名、主题词等检索点进行查重。事实上,运用何种检索点需要根据待编图书具体情况而定,有时还可从多个检索点入手,以保证查重结果的准确性。

1.1 ISBN 查重

ISBN 是国际标准书号(International Standard Book Number)的简称,我国于 1987 年 1 月 1 日开始采用 ISBN 国际标准书号。规定国际标准书号的目的,是保证每一种图书在世界范围内具有一个唯一的标识,ISBN 号与图书之间应该是一一对应的关系[2]。通过 ISBN 查重馆藏数据,可操作性强,是最为简单易行的途径。由于目前图书出版的状况比较复杂,时常出现一号多书和一书多号现象,在利用 ISBN 查重时,应注意以下情况:

1.1.1 一号多书

一号多书即一个 ISBN 对应多种图书,或者一套书用一个 ISBN。例如:ISBN 978 – 7 – 5174 – 0350 – 0 对应《孝德诠解》《忠德诠解》《信德诠解》《悌德诠解》《礼德诠解》《耻德诠解》《义德诠解》《廉德诠解》等 8 本不同的书。这类图书用 ISBN 检索不能查到准确的唯一记录,需要用题名或责任者进行二次查重,将题名或责任者作为限定条件,才能得到唯一的检索结果。

1.1.2 不同装帧形式同书多号

图书的常见装帧形式有平装、精装、线装、简装、软精装、压膜装等。一种图书的装帧形式不同,经常会有不同的 ISBN。例如:《莎士比亚喜剧全集》的精装、平装版本分别有 978 – 7 – 5063 – 8794 – 1 和 978 – 7 – 5063 – 8989 – 1 两个不同的 ISBN。这类图书仅用 ISBN 查重,无法找到另一条记录,需要用题名或责任者再进行一次查重。

1.1.3 不同版本一书多号

版本不同主要包括以下几种情形:即同一著作的再版及修订版,不同出版社的同一著作和同一著作的不同注译本。

同一种图书的不同版本,ISBN 不同。如:2004 年版的人民文学出版社出版的《平凡的世界》,ISBN 为 7 – 02 – 004804 – 8,而 2006 年出版的《平凡的世界》修订版,其 ISBN 为 7 – 02 – 005659 – 8。

同种书不同出版社出版,ISBN 不同。如:《白鹿原》,长江文艺出版社出版时,其 ISBN 为 978 – 7 – 5354 – 5433 – 1;而作家出版社出版的《白鹿原》,其 ISBN 为 978 – 7 – 5063 – 6183 – 5。

同一著作的不同注译本,其 ISBN 不同。如:欧内斯特·海明威著的《老人与海》,2016 年化学工业出版社出版的张炽恒译本,其 ISBN 为 978 – 7 – 122 – 27433 – 5,而 2016 年译林出版社出版的黄源深译本,其 ISBN 为 978 – 7 – 5447 – 6168 – 0。

诸如以上情形的不同版本,通常 ISBN 不同,用 ISBN 查重必然造成漏检。此时,应以题名作为主要检索点,并辅以责任者进行查重。

1.1.4 重印图书的查重

我国从 1987 年以后开始采用 ISBN,1987 年之前出版的图书均没有 ISBN。而这类图书在 1987 年后重印时,通常都会增加 ISBN。此时通过 ISBN 检索,在数据库中可能无法找到命中记录。如:周国平著《尼采:在世纪的转折点上》,1986 年由上海人民出版社出版时无 ISBN,而 2001 年上海人民出版社重印时有 ISBN 为 7 – 208 – 00467 – 6。对于这类重印图书,如果以 ISBN 为检索点在联合编目库中查重,就无法找到该条记录,从题名或者责任者补充检索,就可以找到命中记录。因此,在对重印书用 ISBN 查重时,若没有命中记录,一定要从其他检索点补充查重。

1.2 题名查重

题名是图书文献形式特征和内容特征的综合标识。与 ISBN 相同,题名也是书目数据的重要查重渠道。当所编图书没有 ISBN 或者 ISBN 不详,可以选择题名作为查重的首要途径。相比较其他检索点而言,一般情况下用题名查重的查全率和查准率最高。但是,有许多图书拥有相同的题名,如《大学语文》《高等数学》等。用题名"高等数学"在联合目录中检索,发现同时出现 6000 多种题名相同的图书。由于需要比较的记录太多,查重操作起来很费时。对于这种大量重复的题名,可用题名加上作者,组配查重。在联机合作编目中,用题名作为检索点进行查重时,还要注意以下几点:

1.2.1 正题名

联合目录是由多个成员馆共同建设的,由于各成员馆对中文图书的著录规则理解不同,可能导致记录中正题名的选择不同。仅仅利用正题名查重可能会造成一定程度上的漏检。例如《绣像全本红楼梦》,有的成员馆将"绣像全本"当作正题名一部分著录在 200 字段的 $a,有的成员馆则将"绣像全本"作为正题名的补充,著录在 200 字段的 $e。不同的做法导致联合目录数据库中同时存在这两种记录,在用题名检索时应该注意对检索结果进行区分和选择。

1.2.2 译著

对于翻译的国外著作,可能有几种不同的译名,比如:鲍姆(Baum,Lyman Frank)著 *The Wizard of Oz*,就有诸如《绿野仙踪》《仙境魔法师》《奥兹国的巫师》《奥兹仙境》《奥兹国的魔法师》《OZ 国历险记》《魔法师》等多种中译名,在利用正题名查重时就要格外注意。

1.2.3 连续出版物

对于某些含有年代的正题名,著录时对正题名中所含逐期变更的日期或编号予以省略,如《全国职业院校学生实习风险管理 2013 年度报告》,查重时须用"全国职业院校学生实习风险管理年度报告",要予以注意。

1.2.4 一些题名中含有表外汉字

有些题名中含有特殊符号或者特殊的表示方法,无法用计算机输出。在这种情况下,检索时可以忽略这些特殊之处,也可以采取截断式的检索方法。例:《H$_2$O 娃娃的终极幻想曲》图书中题名中的"2"是"H"的右下角码。这时可以用"H$_2$O 娃娃的终极幻想曲"的形式检索,即忽略其特殊的位置表示形式,也可以用"娃娃的终极幻想曲"检索。

1.3 责任者名称查重

责任者名称也是查重的重要检索点之一,当所编图书没有 ISBN 或者 ISBN 不详,所编图书题名过简、过繁或者难于确定,用 ISBN、题名检索不便时,可以选择责任者作为检索点进行查重。使用责任者查重时要注意:

1.3.1 译名的复杂性

对于翻译作品,不同的译者可能将原著译成不同的题名,例如:法国凡尔纳(Verne,Jules)著《八十天环游地球》,杨晓峒译作《80 天环游世界》,伍心铭等译为《环球世界八十天》,还有译为《八十天周游世界》《八十天环球旅行记》等的。此时用原著作者作为检索点,该书的各种译本都能查全。对于这类书,不仅从题名或者 ISBN 查重,可以用原著者查重。

1.3.2　个人名称复杂性

中国著者有姓名、别名、字、号、笔名、法名、艺名等,中译著作中的外国著者也有姓名、笔名、别名、称号、简称、原文名以及不同形式的中译名。同一著者在不同的著作中有时使用不同的人名,同一姓名却可能是不同的著者。这种一人多名、一名多人的情况,在联合编目数据中普遍存在。在用责任者名称查重时,需要考虑到其复杂性,仔细判断。

1.4　丛书及多卷书查重

为了确保著录的统一及分类标引的前后一致,需要利用丛书名查找数据库中是否有类似的记录。如当我们拿到《2016～2017 公务员录用考试 15 天快速突破》时,看到其标有"最给力的公考丛书",这时,我们就用此丛编名,查到本库已有《2015～2016 公务员录用考试 15 天快速突破》《2014～2015 公务员录用考试 15 天快速突破》等其他分册,通过丛书名,可以查找到相同或相近书目数据并加以利用。由于一套丛书的各分册到馆可能有先后,或者编目由不同的编目员处理,有的集中著录,有的分散著录,有的集中标引,有的分散标引,所以除了要用丛书名查重外,还要查分册书名,否则会造成同一套书标引著录的混乱状况。通过查丛书名,可以及时发现问题,保证丛书分类著录的前后一致性。

对于分为多卷的图书,我们可以通过题名进行简便的查重,但会查询到全部卷册的所有图书,如《21 世纪中国纪实文学大系》共 12 卷,编目人员如果以"21 世纪中国纪实文学大系"为题名进行查重,就会找到"21 世纪中国纪实文学大系"有 12 种,若配合不同卷册的索书号进行统一查询,能够快捷地锁定图书,有效地提高图书查重效率。

1.5　面向主题的查重

面向主题的查重就是基于文献主题内容进行检索。传统检索形式有:分类检索、主题检索等。分类检索实质是基于文献内容的检索。分类检索的前提是分类标引,分类标引实际上是对文献的内容主题进行分析,并分配一个特定的类目标识符即分类号。主题检索是指采取规范化的主题词进行检索。主题法是一种以字顺序列组织与揭示信息的方法,由于能直接以事物为中心集中文献信息,以直观的语词表达信息检索要求,采用字顺方式组织信息,符合用户在获取信息时的方便性和易用性要求,很好地满足了用户特性检索的需要,能有效提高查全率和查准率。

通过同一主题确定其分类号,通过同一分类号确定文献主题词,可以大大提高编目人员的标引效率,也能帮助用户提供所需图书的准确类目。面对一本书,分编时如不好确定分类号,此时可用主题词查重。具有相同主题词的图书一般有相同的分类号,如《零基础养多肉》这本书,根据其"多浆植物""观赏园艺"主题词,查到相同主题的题名为《玩转多肉植物》的一本书,其分类号为 S682.33,据此可确定《零基础养多肉》的分类号为 S682.33。

2　查重质量的控制

2.1　多渠道检索

对于比较简单的专著,一般建议首先用 ISBN 进行查重,没有命中记录的情况下辅以题名或责任者检索,在 ISBN 无法查到记录时,必须用题名再次检索,否则有可能漏检。对于比较复杂的文献,如多卷书、连续出版物、会议记录、配套书等,建议首先用题名或题名加责任者等进行多渠道检索,这样不但能比较准确地查到文献,还能把相关文献查出,保持编目的前后一致性。

2.2 做好名称规范控制工作

近年来,我国图书馆界加强了规范控制的理论和应用研究,随着规范控制工作的逐步开展,书目数据之间有了更多的联系渠道和检索点。例如,在已经实现规范控制的书目数据库中,在责任者项通过"鲁迅"检索,将能够一次查全以"周树人""隋洛文""树人"等鲁迅其他署名的数据。规范控制在联合目录数据中实现了多种语言的跨库检索,读者的检索将不再受到语言的限制。因为在规范控制中对于有多个不同题名或不同译本、版本的同一著作,为了集中排检一律引入统一题名字段[3]。例如:在已经实现规范控制的书目数据库的题名检索项中输入中文"绿野仙踪"(统一题名),就可以同时检索到各种中文、英文、法文、日文、德文等各种语言版本的书目信息。随着规范控制工作的开展,联合编目数据检索查重的准确率将会大幅度提升。在没有进行规范控制以前,存在大量同名异书、同名异人、同书异名、同人异名的情况,极大地影响了检索的准确率。做好规范控制工作,同名异书、同名异人、同书异名、同人异名都能准确区分开来,检索时一目了然,可以准确快捷地查找到相关书目,极大提高检索查重的效率。

2.3 利用计算机系统查重

数字环境下馆藏联合目录建设工作中,可以利用计算机系统查重。计算机查重是把每个著录项目作为检索点,有时用组配的方式进行,它与手工查重相比要简单易行得多,查重的速度效率也显著提高。目前,全国联合编目中心的计算机系统基本能实现以下字段、子字段进行书目查重:010 字段 $a 国际标准书号(ISBN);200 字段的 $a 正题名、$c 其他责任者的正题名、$h 分辑(册)号、$i 分辑(册)名和 $e 其他题名信息;205 字段的 $a 版本说明和 $b 版本附加说明;210 字段的 $a 出版、发行地、$c 出版、发行者名称、$d 出版、发行时间、$e 制作地、$g 制作者名称和 $h 制作时间;215 字段的 $a 特定文献类型标识和文献数量等。

总之,联合目录建设中,编目数据的质量是馆藏数据质量的保证,而查重工作的全面性、准确率又是编目质量的先决条件。严格遵循编目规则,多途径、多方位检索查重,做好名称规范控制工作,才能保证查重的查准率和查全率,才能使联合目录中的数据资源整合更加有序。

参考文献:

[1]周爱莲.计算机编目查重探讨[J].图书馆学研究,2004(1).

[2]喻乒乒.联机合作编目中文图书的查重方法[J].图书情报工作,2003(12).

[3]王洋.规范控制与国家图书馆书目数据的可持续发展[J].国家图书馆学刊,2004(2).

国家图书馆中文现报"一号多版"收藏情况分析与建议

杨金奇(国家图书馆)

报纸是连续出版物中出版周期最短的一种,其中最常见的是日报,其特点是时效性强、篇幅小、内容丰富、受众群体多、影响面广,涉及政治、经济、文化、军事、生活等各个方面,是茶余饭后广大读者了解国内外信息最常见的一种形式。报纸可根据形势发展和广大读者的需求设立专版,如:国内外重大新闻版块、房地产版块、财经版块、科技版块、教育版块、体育版块、生活常识版块等,同时报纸也是各级图书馆收藏的重要文献信息资源和馆藏文献类型。国家图书馆作为国家总书库,中文报纸是重要馆藏之一,截止到 2017 年 7 月,国家图书馆共收藏现报 1441 种。

近年来,在国家体制机制改革的大形势下,除国家层面的几个报纸出版单位外,绝大多数报纸出版单位(以下简称"报社")也进行了体制机制改革,逐步由事业单位向独立运作、自负盈亏的企业化方向转变。企业化、市场化运作加剧了报社之间的竞争,为了增加报纸的吸引力和扩大发行量,追逐经济效益,各报社使出浑身解数捕捉新闻热点,增加版面来满足读者的需求,诸多因素的影响造成了报社在出版过程中出现一些违规出版现象,有的报社打政策的擦边球,有的报社无视国家相关规定,在主报的基础上违规出版其他副题名的报纸。这些现象的发生,既有政策不完善、监管不力的一面,也有报社领导思想认识不够、片面追求读者数量和经济效益的一面。本文重点探讨"一号多版"现象产生的原因及解决思路,供国家报纸管理部门和各报社参考。

"一号多版"是指同一名称的正式报纸的不同版别、文种的报纸。针对"一号多版"的出版情况国家新闻出版广电总局在 1990 年《报纸管理暂行规定》第十四条规定:同一名称的正式报纸的不同版别、文种,一般按不同报纸对待,须分别申请"国内统一刊号"。明确规定了用同一连续出版物号出版不同版本的出版方式属违规出版行为,但在实际出版过程中这种出版现象比较普遍。为进一步规范报纸出版秩序,加强报纸出版管理,有效遏制"一号多版"的违规行为,国家新闻出版广电总局对《报纸出版管理规定》进行了重新修订,新规定第三十二条第一款规定:"一个国内统一连续出版物号只能对应出版一种报纸,不得用同一国内统一连续出版物号出版不同版本的报纸。"这一条款明确了"一号一报"的原则,明确了"一号多版"属违规出版行为。

新规定出台后"一号多版"现象并未根除,有的出版社还是无视国家规定违规出版,而且现象比较普遍。国家图书馆收藏的现报都是各省市的主流报纸,从国家图书馆收藏的现报看规定执行情况不容乐观,还没有统计不在收藏范围的一些地方报社。在国家图书馆收藏的 1441 种现报中,多版本馆藏报纸共计 80 余种 186 个版本,占比近 13%,由此可见报纸多版本出版情况比较普遍。

1 国家图书馆多版本报纸收藏情况

1.1 同一名称不同版本

例如:

报名	版本名称	邮发号	统一刊号
甘肃科技报	健康周刊	53 – 4	62 – 0071
甘肃科技报	消费报道	53 – 6	62 – 0071
甘肃科技报	新农村报道	53 – 5	62 – 0071
甘肃科技报		53 – 3	62 – 0071

甘肃科技报包括主报在内,共出版 4 个版本,各个版本有各自的邮发号,统一刊号都是相同的。

报名	版本名称	邮发号	统一刊号
辽沈晚报		7 – 126	21 – 0027
辽沈晚报	铁岭版	7 – 253	21 – 0037
辽沈晚报	鞍山版	7 – 2	21 – 0044

辽沈晚报作为主报,又分别按地区出版了铁岭版和鞍山版。

上述两种报纸作为主报出版是符合《报纸出版管理规定》的,但是其他几个版本违反了"一个国内统一连续出版物号只能对应出版一种报纸,不得用同一国内统一连续出版物号出版不同版本的报纸。"

1.2 名称相同但出版地不同

例如:环球游报

报名	版本名称	邮发号	统一刊号
环球游报		63 – 19	53 – 0031
环球游报		1 – 339	53 – 0031

邮发代号为 63 – 19 的"环球游报"出版地为云南昆明,其前名为《环球游报·旅行文萃》,是北京编辑出版的《环球游报》的一个子报,出版发行两年后,也以《环球游报》的题名出版,且与在北京编辑出版的《环球游报》使用同一期号,但内容及印刷纸质都不同。邮发代号为 1 – 339 的"环球游报"出版地为北京,与在云南昆明编辑出版的《环球游报》使用同一刊号,但内容及印刷纸质都不同,总局网站上只能查到在云南昆明出版的环球游报。

2 出现"一号多版"的原因

通过对部分报社调查分析,出现"一号多版"现象主要有以下几个原因:

2.1 思想认识不够

许多报社负责人明知"一个国内统一连续出版物号只能对应出版一种报纸,不得用同一国内统一连续出版物号出版不同版本的报纸"的规定,但面对市场竞争激烈局面和企业经济利益时,报社不得不及时调整出版思路,用增加版本的形式吸引更多读者,以追逐出版社排名和经济利益。由于新增出版物需申请国内统一连续出版物号,但审批程序烦琐、周期较长,为不影响报社排名和经济效益,忽视政策规定采取"一号多版"的方式违规出版,还有的报社在申请未获批的情况下违规出版,打时间差,打政策擦边球。

2.2 监管措施不力

出版社机制体制改革还不完善,出版市场无序竞争和追逐经济效益是产生"一号多版"现象的重要因素,新闻出版广电总局只负责政策制定,没有配套的监管体系和监管措施,造成了政策规定层与执行层脱节,出版社为了名和利采取"上有政策下有对策"的策略,而监管不力和奖惩不严是"一号多版"现象滋生蔓延的主要原因。

2.3 政策调整滞后

新闻出版广电总局不能及时根据报社机制体制改革现状和报纸出版在新形势出现的新情况和新问题修订相关政策规定,造成了政策调整滞后于形势发展和报社机构改革的需要,审批流程烦琐、周期过长在一定程度上制约了报社的发展和读者的需要。

2.4 追逐经济效益

报社经过机构改革,由过去的国家财政拨款到现在的独立运作,自负盈亏,报社的生存问题成了所有报社负责人考虑的第一要务,为了生存或更好地生存,报社要迎合社会需求,吸引读者,增加受众群体,以此来追求经济利益最大化。及时调整报纸出版类型是许多报社采取的增加经济效益的重要策略之一,申请新的统一刊号手续多、周期长是造成违规采取用同一个统一刊号,不同的邮发代号,甚至同一个统一刊号、同一个邮发代号等形式出版不同版本报纸的主要原因之一。

3 根除"一号多版"现象的建议

出现"一号多版"现象有诸多原因,要从根本上杜绝"一号多版"现象,净化出版市场秩序,需要政府、报社和读者的共同努力。

（1）提高思想认识

在当今信息公开和言论自由时代，媒体作为重要的宣传工具，其受众群体和影响面越来越大，在一定程度上直接影响到国民的意识形态和行为举止，特别是互联网的快速发展，信息传播速度之快、范围之广超出人们的想象，有时媒体一条失实的信息会引起广大读者剧烈的思想波动，甚至会造成社会的不稳定。因此，报社负责人要深刻认识按政策规定出版报刊不仅是规范报刊出版秩序的需要，更是保障国家文化发展、社会稳定的需要。在执行国家政策规定和出版管理过程中，要增强法制观念和大局观念，正确对待经济效益，及时做好广大员工的思想工作，提高思想认识，自觉地把出版行为统一到国家规定上来，在报纸内容和质量上下功夫，以实际行动净化出版秩序。

（2）完善政策规定

报纸宣传的根本目的是为了广大读者了解国家政策和社会热点、增长知识、提高素养、规范言行、自我充实，也是报纸出版政策制定的出发点和落脚点。随着体制机制改革的不断深入和社会形势的发展需要，新闻出版广电总局要及时听取报社和读者的意见，加强报纸出版的市场调研和政策研究，及时修订和完善政策规定，既要考虑规范出版秩序，也要充分考虑报社运营机制和读者的需求，从政策制定层面力求做到该"管"的一定要"管"到位，该"放"的一定要"放"到位，该调整的及时调整，该废止的及时废止，"管"要有措施保证，"放"要加强监管。根据形势发展和市场需求，及时梳理审批流程，缩减审批环节，加快审批速度，提高办事效率，做到政策规定科学、"接地气"，为报纸出版的不断发展保驾护航。

（3）加大监管力度

新闻出版广电总局不仅只负责制定政策，还要有配套的监督措施和奖惩措施，应设立专门的政策监管机构，每年组织督查小组赴全国进行督查，发现问题及时纠正。设立读者举报反馈制度，自觉接受读者监督。政府部门坚持普查和重点检查相结合，对违规行为经查实的必须严肃处理，追究报社负责人的领导责任，对造成恶劣影响或严重后果的要追究刑事责任，视情节轻重责令报社休刊整顿甚至停刊，对执行政策规定坚决的予以表彰，以强有力的监管维护政策规定的权威性，震慑"上有政策、下有对策"的违规出版行为，打消少数报社负责人存有的侥幸心理，杜绝无视相关政策规定、我行我素的违规行为发生。

（4）加强舆论监督

国家图书馆作为全国中文报纸馆藏量最多的图书馆，与各报社有着密切的业务关系，因此，有责任和义务配合新闻出版广电总局规范报纸出版秩序，应充分利用国家图书馆的地位和优势，采取各种方式加大对出版单位《报纸出版管理规定》的宣传力度，比如：在国家图书馆网站的主页上设立新闻出版广电总局文件的"宣传专栏"，及时向社会宣传国家关于报纸出版的政策规定。设立报纸出版"建议专栏"，鼓励广大读者和出版社工作人员对报纸出版出谋划策，为新闻出版广电总局及时修改政策规定提供依据，敦促报社及时修改出版内容和形式以满足广大读者的需求，对采纳的建议给予一定的奖励。设立"举报专栏"，加大社会舆论导向和舆论监督，鼓励广大读者及时举报报社违规出版行为，促使报社严格遵守国家规定，自觉维护出版秩序，读者举报经查实的给予一定奖励，充分调动广大读者的主人翁意识和参与意识。设立"通报专栏"，及时通报报社违规出版情况并上报新闻出版广电总局，为新闻出版广电总局查处提供依据，也让违规出版的报社付出沉重的社会及经济代价，并受到社会和舆论的谴责。

报纸从出版到阅读涉及政府、报社、读者三方,只要三方共同努力,就会形成良好的出版秩序。政府及时制定和完善政策规定,加大监管力度,规范出版秩序。报社遵章守法,加强自律,在报纸特色和质量上下功夫,不断满足社会发展和广大读者的需求,提高经济效益。广大读者提高监督意识和主人翁意识,多提宝贵意见,以实际行动抵制违规出版行为。通过三方共同努力,"一号多版"现象就会杜绝。

参考文献:

[1]孙保珍."一号多刊"出版乱象下的采编工作——以国家图书馆期刊采编工作为例[J].图书馆论坛, 2014(9).

[2]何媛钦."一号多刊"期刊的 CNMARC 著录问题[J].大学图书情报学刊,2008(6).

[3]杨宝青.中文报纸编目规范化探讨[J].农业图书情报学刊,2014(3).

试论数字时代图书馆编目员必备的素养

杨　静(国家图书馆)

在当今数字时代,图书馆编目对象的类型日益丰富,文献数量呈几何级快速增长,除了传统的图书、期刊等印本出版物,还有各种音像数据、数字资源等,特别是数字资源的快速发展,给传统的编目工作带来严峻的挑战。在此环境下,以往的编目标准和规则对数字化资源的揭示不充分,我们要完成信息组织的职能,实现编目的目的,就要编目员熟悉新的数据格式和其他各种信息组织的方法,需要有多方面的综合素养,特别需要有与数字时代相适应的知识结构。本文就此问题作了粗浅的梳理与探索,希望对同行有所启迪,并就教于方家。

1 现代编目工作编目员必备的基本素养

要想成为一名优秀的现代图书馆编目员,图书馆学专业知识必不可少,除此还要具备一些基本的知识素养和理论素养。

一是要有广博的知识面。图书馆会接触多学科的信息源,面对交叉、边缘以及新型学科的不断出现,面对庞杂的信息资源,编目员需要具备三个层次的知识结构,即以图书馆学、文献学、版本学、目录学、主题法、分类法等图书馆学基础知识为核心,以计算机科学、编辑出版学、语言学、逻辑学、信息科学等相关学科知识为辅助,以地理、历史、社会科学、法律、文学等一般性科学知识为延伸。三个层次的知识相辅相成,基础知识是业务能力构成的基本要素,是胜任日常工作的前提,而掌握相关学科知识和一般性科学知识,才能准确理解把握文献信息。

二是要具备一定的语言文字水平。编目员要有熟练驾驭汉语的能力,编目时能用简洁、概括的语言准确地表达文献主题,能编写出质量较高的文摘提要,能从浩如烟海的信息资源中筛选出所需信息并用概括的语言将其转化、整合为知识和情报。

三是要有参考咨询服务能力。编目员对图书馆集成管理系统及书目数据有全面深入的了解与认知,在查找利用信息资源等方面具有明显经验优势,利用这些经验编目员可培养自己从事参考咨询服务的能力。从国内的图书馆实践来看,已有一些编目员涉足咨询服务工作,为科研人员、读者解答信息检索方面的问题,从而为不同层次的读者提供更为优质的服务,这也应成为现代图书馆编目员职业发展的方向之一。

四是要树立"以人为本"的编目理念。"以人为本"是当今社会发展所需的一种科学理念,已体现在社会各行各业中。对于图书馆编目工作来说,"以人为本"就是要以用户、读者为中心,注重用户、读者的需求,帮助用户、读者更加便捷地检索与获取信息资源。

五要有编目基础理论研究能力。编目员在从事编目实践之余,应积极参与相关理论研究工作,提高自己的科研能力。而从事图书馆编目理论研究,需要有扎实的图书情报学理论知识,需要有收集利用文献资料、开发和处理信息的能力,以及较好的文字表达能力。编目员应结合编目实践,加强学习研究,提高科研能力。而科研水平的提高,有助于提升工作水平、工作效率,改进工作方法,有助于我国编目理论建设。

2 现代编目工作编目员应具备与数字时代相适应的相关素养

作为现代图书馆编目工作者,仅仅具备以上基本素养还很不够,在数字技术日新月异的现代社会,在图书馆领域编目员还应具备一些与数字时代相适应的相关素养。

2.1 熟练掌握 RDA 编目标准

在网络和计算机技术高速发展的今天,数字资源的大量出现,改变了传统纸质资源独霸天下的局面,呈现出勃勃生机。作为反映图书馆传统核心理论内容之一的著录规则也依据实际发展需要不断修订。英美编目规则修订联合指导委员会修订发布的 RDA 对编目界产生了很大的影响。RDA,即 ResourceDescriptionandAccess(资源描述与检索),由美国、英国、加拿大和澳大利亚四国编制,它是以《英美编目规则》(第 2 版)为基础,适用于图书馆目录用户和其他信息机构用户进行资源描述与检索的内容标准,此标准已取代《英美编目规则》(第 2 版),成为新的编目标准,它超越了过去的编目规则,提供关于数字资源编目的指南,更强调帮助用户查找、标识、选择并获得他们所需要的信息。RDA 还支持书目记录的聚类,显示作品及其创建者之间的关系。这个新特点能帮助用户更清楚地了解作品的不同版本、翻译或物理格式。RDA 是 21 世纪的编目标准,它将图书馆推向了数字时代。

与《英美编目规则》(第 2 版)相比,RDA 的优点非常明显:一是 RDA 是一个为数字世界设计的新的资源描述和检索的标准;二是 RDA 的结构基于 FRBR 和 FRAD 概念模型,可以帮助目录用户更容易地查找他们所需要的信息;三是 RDA 提供了更灵活的数字资源内容描述框架,并且还满足图书馆组织传统资源的需要;四是 RDA 更适合新兴的数据库技术,使得机构能在数据抓取和存储检索中提高效率;五是 RDA 可以大大提高编目效率。

目前,全世界已有许多国家图书馆开始使用 RDA 编目,其中还包括众多非英语国家。

在中国,我们对 RDA 的认识也在不断提高,相关准备工作也在积极推进。目前,一些给国外图书馆配书的公司在进行 RDA 编目;国家图书馆已牵头翻译并出版了 RDA,2015 年 RDA 中文版解读式专著《RDA 全视角解读》也已出版;2015 年起,国家图书馆举办了多次 RDA 理论与实践相结合的培训班;国家图书馆、上海图书馆均已经开始实施西文图书的 RDA 编目。这些相关实践将为中文图书实施 RDA 编目积累经验。中文图书是否要用 RDA 编目、何时实施尚未确定,"先外文后中文,先实践后改造"是目前比较适宜的做法。

由此可见,在中国实施 RDA 编目应是迟早的事,作为编目员要积极转变思想观念,面对编目标准的新变化尽快学习并熟练掌握 RDA。同时,注意开展中文图书实施 RDA 编目的应用研究,撰写论文,与同行交流,思考改进《中国文献编目规则》,解决中文图书编目面临的国际化与民族性兼容问题。除此之外,国家图书馆、图书馆学会等相关机构也应注意对编目员开展 RDA 培训,举办有关研究会,让更多的编目员了解、认识 RDA,为将我国的编目工作融入世界编目体系中,进一步提升我国编目工作的整体水平积极工作。

2.2　具有良好的外语水平

现代图书馆编目工作对编目员的外语水平要求越来越高,这主要体现在两个方面:

一是联网编目需要编目员具有一定的外语水平。随着互联网技术、数字技术的快速发展,全球信息高速公路的建设和实施,为文献信息资源的共享提供了良好的环境和技术保障。信息资源的网络化交流、信息交换安全已不存在任何技术问题,这为联机编目提供了良好的国内国际网络环境。联机编目可大大减少编目员的重复劳动,提高编目工作的效率和数据的质量,并可实现编目资源的共享。由于互联网上的信息资源百分之九十以上是用英文表述的,因此,需要编目员有一定的外语(主要是英语)阅读和沟通交流能力,才能适应这一需要。

二是馆藏外文文献编目需要编目员具有一定的外语水平。随着全球一体化发展步伐加快,学术研究也日益走向国际,需要借鉴国外文献资料越来越多,很多读者渴望查阅外文文献。目前,国内稍大一点的图书馆,其馆藏外文文献都占有一定的比重,很多图书馆每年都会购置大量的外文文献。这也要求编目员具备一定的外语特别是英语水平,在编目工作中要能揭示外文文献特征,能读懂出版物原文名称,能通过互联网考证出版物作者,能对原著出版者进行鉴定,能套录国外编目数据等。

2.3　具备电子数据整合处理能力

随着信息技术的快速发展,图书馆电子资源数量也不断增加,电子资源编目成为图书馆编目工作的重要业务之一。在此情形下,编目员既要面对文献资源类型的变化,还要面对工作模式的变化。电子资源数据库提供商一般免费提供 MARC 数据,但各数据库提供商提供的数据模型不一样,质量也参差不齐,这就要求编目员利用批处理工具对数据库提供商提供的 MARC 数据进行整合处理。因而,编目员就需要具备制订和创新编目方法、流程及本馆细则,利用技术手段批量整合、处理书目数据的能力。

当前,有关电子资源编目工作,我国尚没有定型的理论与标准,没有提出相关明确的规范,一些图书馆往往凭借经验或根据各馆的具体情况自行制定编目流程和标准,导致各图书馆之间难以沟通并开展交流与合作。因此,编目员在掌握自己所在图书馆电子资源编目实际情况的前提下,也要尽可能了解它馆情况,积极开展比较研究,加强电子资源共享处理能力,为电子资源编目标准的研究与制定做好理论和实践准备。

2.4 具有元数据编目能力

元数据编目是编目员未来的发展方向之一。近年来,"目录和元数据服务""元数据图书馆员""元数据编目馆员"等职位在国外图书馆已普遍出现,需求呈上升趋势,这些职位一般要求编目员熟悉机读编目格式标准、电子设计自动化、都柏林核心等元数据格式。而拥有传统编目工作经验的编目员转型从事元数据编目工作具有一定的基础,只要具备一定的计算机网络运用能力,同时加强对相关知识、相关软件的学习,是能够很快掌握。上述这些元数据编目职位也已经出现在国内的图书馆界。可以预见,未来元数据编目或基于元数据的信息组织模式将占据图书馆编目的重要位置,图书馆编目员要把握这一形势,有意识地加强这方面能力的学习与训练,适应未来图书馆发展需要。

3 数字时代图书馆编目员素质养成的主要途径

要成为一个优秀的图书馆编目员,需要具备综合素养,这些素质的养成途径很多,主要有三:

一是依靠适应图书馆形势发展需要的学校教育。图书馆编目员首先要具备图书馆情报学专业知识,这些知识的取得一般来自学校教育。要培养适应现代图书馆需要的编目员,高等学校在学科规划、课程设置上要充分考虑互联网环境下对图书馆员能力结构的要求,及时调整、改革课程规划与设置,调整教学方案,让图书馆专业学生在大学阶段受到专业系统的训练,而不是给学生灌输过时的知识,从而为学生未来从事相关工作打下扎实的专业基础。

二是依靠自我学习、终身学习,紧跟时代发展步伐。学校获取的知识终究具有局限性,每个从事图书馆编目工作人员都要学会自我学习,不断学习图书馆学新知识、新技术,并养成终身学习的习惯,同时注意培养自己的科研能力,以适应数字时代图书馆发展形势。

三是依靠专业培训。图书馆及图书馆行业要经常性地开展有关图书馆工作,包括编目工作的专业培训。通过举办各种形式的专业培训班、研修班,学习文献著录规则和《中国文献编目规则》等一系列国家标准和行业标准、新的编目趋势如 RDA、图书馆领域的各种新知识、数字技术在图书馆领域的应用等等,帮助图书馆编目员及时更新知识,应对图书馆发展需要。

参考文献:

[1]李瑜,戚红梅,贾宇群.RDA 背景下的图书馆编目工作变革与创新研究[J].当代图书馆,2017(1).

[2]张国慧,龙净林,张秀丹.新信息环境下图书馆编目员理想素质及培养[J].农业图书情报学刊,2012(10).

[3]贾延霞,赵秀君.编目员的未来:编目员的职责拓展研究[J].图书馆建设,2011(7).

[4]吴淑娟.编目员的未来—元数据编目员[J].图书馆工作研究,2009(19).

[5]蔡子聪.数字图书馆时代编目员核心竞争力研究[J].公共图书馆,2011(3).

联机编目中心成员馆账号体系的构建
——以全国图书馆联合编目中心为例

张　茜(国家图书馆)

　　随着信息时代到来,互联网的高速发展为图书馆编目人员提供了一种新的工作方式——联机编目。联机编目是将各自独立的多个图书馆或情报单位的书目资源通过计算机自动化系统和网络联合起来,合作建立具有统一标准的联合书目数据库,在此基础上实现联机编目[1]。简单来说就是"一家输入,多家使用"。实现书目数据资源共建共享,可以降低图书馆及有关机构用户的编目成本,提高编目工作质量,避免书目数据资源的重复建设。我国联机编目工作起步于 20 世纪末,相较于发展了近四十多年已进入成熟实用阶段的 OCLC,我国的联机编目工作现正处于成长阶段。在这一阶段,除了需要技术上不断革新,书目数据的共建共享更需要有序的组织使丰富的文献资源和人力资源有效整合,最大化地发挥其社会效益和经济效益。

　　目前除了全国图书馆联合编目中心外,国内已相继成立了几大联机编目中心系统,如上海文献联合编目中心等。联机编目中心不仅可以在某地理区域内建立,也可以在专业领域内建立,如中科院数字图书馆联合编目系统、中国高等教育文献保障中心(简称 CALIS)。国内联机编目多采用集中式的工作模式,即在联机编目体系中,编目中心充当组织者和管理者的角色,而各成员馆作为联机编目网络的有效节点或终端[2]。例如:全国图书馆联合编目中心(以下简称"联编中心")在层次结构上基本采用三级体系"联编中心—地方编目分中心—成员馆"的发散式联网。各个编目中心的成员馆用户数目从几百到上千不等,面对数量如此庞大的用户群体,高效而严谨的管理是必不可少的。因此各编目中心都设有自己的成员馆账号体系,每个成员馆都需要在中心的网络系统中建档,并设置该馆的唯一标识符——成员馆账号。通过成员馆账号体系可将用户分级管理,这对编目中心组织协调、指导资源建设和提供数据服务都是极有帮助的。

1　账号体系构建原则

1.1　唯一性

　　拥有成员馆账号是用户在联机编目中心获取服务的前提。因此,加入成员馆首先应向联机编目中心提出注册账户的申请。中心为其分配账号,保证该账户的用户名在系统数据库中是唯一的,且一般情况下不允许更名。

　　需要注意的是提出申请时需要提交成员馆的基本信息,方便后期管理,比如用户找回密码时的信息复核。

1.2 控制性

从数据共建的角度,账号的主要功能是权限级别限制。一般赋予用户的权利有检索、查看、下载、上传书目数据或馆藏数据、修改数据、删除数据等,可根据用户的具体情况赋予不同的权限。数据共享是联机编目中每一个用户的基本权利,因此普通等级用户账号都具有检索查看数据和上传馆藏数据的权限。为了保证联机编目中心的数据质量,上传数据权限应只对具有上传资质的成员馆才赋予。修改和删除数据为最高权限,一般情况下较低级编目员不能更改已被高级编目员修改审校过的数据。

1.3 功能性

从服务的角度,账号体系的建设主要是围绕联机编目的功能。除了共享数据外,联机编目中心可根据服务对象提供个性化服务。比如上传和下载数据量统计,对用户进行下载量控制等。同时,为了便于管理,账号需能直观体现出用户的特质和所需的服务。

2 全国图书馆联合编目中心账号体系

全国图书馆联合编目中心成立于1997年,旨在全国范围内组织和管理图书馆联机编目工作,以国家图书馆为中心实现书目数据资源的共建共享。截至2016年年底,联编中心成员馆已发展到2000多家,服务对象有国内外的公益性图书馆、出版社和图书供应商。用户覆盖全国各省市,海外用户来自美国、英国、德国、新加坡等国家和地区。

联机编目是一种非营利性公益事业,联编中心对其下属成员馆在数据建设方面并没有硬性要求,且各馆的编目水平差异,一般能严格按照中心要求下载并上传书目数据的图书馆一般都是省级分中心。仅有少量的市级图书馆能按要求上传个别图书的书目数据或有馆藏特色的书目数据,大部分的市区县级图书馆和营利性图书机构只是单纯下载数据。

综合考虑数量多、地域分布广、编目水平差异等客观因素,并结合账号体系构建原则,联编中心账号体系为每个成员馆分别设立了一个成员馆账号和一个(或多个)编目员账号。其中成员馆账号主要具有查询数据的功能,编目员账号具有上传和编辑数据的功能。这样设置的意义是:在满足用户下载数据的需求前提下,最大限度地保证数据质量。

2.1 成员馆账号

通过成员馆账号实现数据共享,其权限只有查询和下载数据,对于单纯下载数据的成员馆只分配一个成员馆账号即可。账号分为三部分:馆类型、行政区划、机构缩写。

具体规则为:馆类型(1位)+行政区划(6位)+机构缩写(3位)。

(1)馆类型代码为1位大写英文字母,用于表示成员馆的基本类型。下表中列举了部分成员馆类型。

成员馆主要类型

馆类别	说明
A	公立图书馆
D	高校、教育机构所属图书馆
H	其他事业类单位所属图书馆、医院
K	市、县、镇、区内各类小型社区图书馆
L	幼、初、中级学校等单位所属图书馆
M	收藏型图书馆,纪念馆类附设图书馆
N	少年儿童图书馆
O	书商
P	出版社

(2)行政区划为六位阿拉伯数字,按国家统计局发布的最新行政区划代码表设置,代码细化到县。

(3)最后三位的机构缩写是用三位大写英文字母。

例如:某市图书馆的成员馆代码是 A100000ABC

第一位"A"表示该图书馆为公立图书馆

"100000"为该图书馆的行政区划代码

最后三位"ABC"为该图书馆的名称缩写

(4)境外的成员馆代码目前数量较少,目前的命名规则为:国家代码(3 位)+ 机构缩写(7 位)。

2.2 编目员账号

通过编目员账号实现数据共建,其权限有上传、编辑和删除书目数据。同一成员馆内如有多个编目员,可赋予多个编目员账号。账号分为四部分:用户机构代码、校验位、编目级别、顺序号。

具体命名规则为:用户机构代码(3 位)+ 校验位(1 位)+ 编目级别(2 位)+ 顺序号(2 位)。

(1)用户机构代码缩写为 3 位大写英文字母,与该机构成员馆账号的后三位相同。

(2)如果有不同机构的机构代码重复,则在用户机构代码后添加一位校验位表示。

例:当机构代码都为 ABC 时,机构 1 的编目员代码可写作 ABC01001,机构 2 的编目代码可以写作 ABC11001,以此类推。

(3)编目级别为两位阿拉伯数字,每种类型的用户有对应的编目级别。联编中心通过设置编目级别来控制成员馆编目权限,编目权限取决于各馆的实际情况和编目水平。同一成员馆中的各个编目员也可以通过编目级别设置为不同的权限。

(4)顺序号是编目员代码,为两位阿拉伯位数字的组合,从 01 开始依次递增。

3 国家图书馆联合编目中心账号体系现状分析

国家图书馆联合编目中心最初为了将各成员馆纳入管理范畴,并从根本上加强中心的可管理性和安全性,所以建设了一个基础性的账号体系。随着成员馆队伍的不断壮大,成员馆账号体系的优势及问题也慢慢显现出来。

3.1 当前账号体系的优势

(1)便于集中管理,统筹规划

联编中心统一分配成员馆账号可以宏观规划联机编目建设方向,有效地开展组织协调。通过成员馆账号内所包含的行政区划代码,可以直接统计出各地区图书馆参加联编工作的情况,得出各地区每年新增馆数量的环比增长率及已加入联编中心的成员馆占所在地区内图书馆总数的比率。这一分析结果反映了全国各区域图书馆联合编目工作开展情况,便于联编中心下一年工作的统筹规划。

(2)便于书目数据共建共享

联机数据共建共享实现的基础是多馆共同建立的储存数据信息的联合目录数据库。如果该数据库没有账号的限制可随意访问和编辑,联编中心的硬件及软件都无法承受这样的访问量,同时也不能保证数据库安全及数据的质量。因此建立成员馆账号体系对于数据共建共享是十分必要的。

(3)便于书目质量监控

从联编中心的角度来说,只有联编中心质量控制组审核通过的账号才有权限对数据库中的书目数据进行删改,且每一条数据都具有编目员删改记录,便于编目中心管理人员进行书目质量监控。

(4)利于馆藏揭示

成员馆可向联编中心上传本馆馆藏书目数据,在中心数据库中的书目数据中添加馆藏记录,馆藏记录通常显示为该馆的成员馆代码。各图书馆可以通过联编中心的馆藏情况,进行馆际协调工作,可以在某区域内确立各馆的藏书范围进行分工与合作,联合采购图书避免重复浪费[3]。

(5)对其他账号体系建设有指导意义

省级或是一定区域内联编中心的账号体系建设可参照联编中心的账号体系。但是此规则不适用于某专业领域内的联编中心账号体系,此类联编中心可根据其专业特色构建账号体系。

图书馆体系内的编目员账号也可以参照该体系建设,但是一般馆内的编目人员数量有限,为方便记忆,代码位数不用设置过长。设立原则为能体现出编目级别即可。常见的命名规则为:编目级别(2-3位) + 员工编号(2-3位)。

3.2 当前账号体系的问题及对策

(1)近年来随着国家对公众文化事业投入加大,区县级图书馆、甚至一些文化站和公益性图书室也都加入联编中心,联编中心每年新加成员馆数量都在增加。由于账号的位数有限,管理人员在分配账号时又需保证账号唯一性。长此以往,现有的账号体系势必不能满足这一要求。联编中心应定期整理已有账号,必要时可通过增加账号位数解决这一问题。

(2)随着联编中心为用户提供的服务功能不断增多,现有的账号体系中的权限设置已渐渐不能满足用户需求。特别对于有上传权限的图书馆,通常一个馆会分配多个账号。账号的数量越多其管理的复杂程度也会相应增加,这不但加重联编中心的工作人员的负担,同时也不利于各成员馆的编目人员辨别各账号的功能,更容易造成密码混淆,记不清的情况出现。联编中心可尽量合理分配账号,控制账号数量并做好登记工作。

(3)基层图书馆加入联编中心代表我国图书馆业发展进入了更高层级[4],但是由于基层图书馆馆员的编目水平相对较低,大部分图书馆的编目工作都外包给图书公司,常有一家图书公司同时为多家图书馆提供服务的情况出现。因此造成成员馆账号泄露、被乱用;或者有的软件公司为多个馆配置同一账号,导致某个账号因下载量超量被停用。以上这些现象对联编中心或下属分中心的管理工作造成很多不便。解决这类问题可以从技术方面入手,通过控制账号 IP 地址等方式确保"专号专用"。联编中心的工作人员有限,数据共享这种公益性的服务只是从中心角度管理是不够的,需要从上到下的支持与保护才能长久的发展下去。

成员馆账号体系是各联机编目中心开展工作的基础,是连接成员馆与中心的重要纽带。因此建立健全成员馆账号体系是每个联机编目中心成立之初工作的重中之重。本文所述的账号体系是目前实践的成果,还需要在已有的基础上进一步完善。在数字信息时代,我国联合编目工作不会只停留在对传统资源的共建共享上,成员馆账号体系也将随之发展,不断开拓与挖掘新的功能,更好地服务于社会。

参考文献:

[1]李育嫦.论我国联机编目的现状、障碍及对策[J].河北科技图苑,2003(3).

[2]吴俊锋.从联机编目中心与成员馆关系引发的思考[J].图书馆界,2009(2).

[3]徐珂玮.我国图书馆联合编目工作的思考[J].河南图书馆学刊,2012(2).

[4]叶忆文.全国图书馆联合编目中心服务体系的建设和发展思考[J].四川图书馆学报,2013(2).

联机合作下编目员的职业思考

张　群(国家图书馆)

随着互联网技术应用于图书馆,联机合作编目已成现实,相继出现了全国图书馆联合编目中心、CALIS 联机编目中心、中国社会科学院联合编目中心等。因此,编目环境较之传统编目有了很大变化,开始向自动化、网络化、集中化方向发展,已从单机操作,发展到国内网上异地联机操作,这种编目模式给图书馆注入了新的活力,拓展了新的发展空间,也给编目人员不小的压力,促使编目员不得不思考当下所从事的编目职业。

1 联机合作编目,编目规则和用户应放在首位

1.1 编目工作的规范化使得编目文献数据有章可循,有据可查

编目工作的规范化是实现联机合作编目下的文献信息资源共享的基础。传统编目员所熟知利用的编目标准和规则,不能充分揭示网络数字化信息资源,且编目源来自出版商、数据制作公司、个人等,在此背景下,以不同的书目数据格式及各种新的信息组织方法呈现的源数据,给本馆编目员增加不小的压力,令编目员在本就疲惫的编目工作中,更是无所适从。每天面对不同载体不同内容类型的信息文献资源,由于编目员个人能力水平的差异,掌握理解的不同,容易导致文献著录和标引方面的分歧。在此情形下,编目员应排除各种外界干扰,依据《中国机读目录格式使用手册》《中国图书馆分类法》(第五版)《中国分类主题词表》《文献主题标引规则》《中国文献编目规则》等规则著录文献,它们是实现网络联机编目下文献共享的有力保障。

针对外包数据出现的编目格式不规范、著录细节不严谨等问题,只有严格依据著录标准进行改正。

例如,外包数据字段:312##$a 书中英文题名:Art,myth and ritual。本字段前置导词"书中英文题名"虽然只做附注显示,不作检索点,但用词不规范。可依据著录规则改为"版权页英文题名"作为前置导词。

再如,215##$c 子字段,不是书中只要有图就著录 215##$c 图,有的编目员将图书中出现得毫无意义、表达不出文献内容含义的插图都著录在子字段 215##$c,比如每篇散文末尾附上的一朵钢笔花,数据交互效应分析图、电机控制电路图、逻辑电路图等;还有将不带图例、注记的地图、山川地理图等都著录为 215##$c 地图,这些都是不符合规则的。

再比如,博士专著方面的文献,105 字段要著录 v,阅读对象著录 kem,很多编目员只要一看到学科交叉、非常专业、题名很长的图书或是带有博士文库的信息就都著录 v 和 kem 等。

所以,编目人员还是应该下功夫掌握著录规则,真正理解每个字段、子字段的内在含义。这样,编目员在制作书目数据时才能保持一致性。像这些数据中出现的细小问题虽不是什么原则问题,不影响读者检索,但不规范,书目数据制作混乱。作为有经验、负责任的编目员应把好关,积极主动的对不符合编目规则的错误数据进行删除、修改和更新,不断完善本馆书目数据库。

1.2 编目的最终用户是读者

网络环境下的联机编目不同于传统编目"闭门造车"。作为书目数据的制作者,编目数据不再只面对本馆读者和本馆同行服务,在网络技术的帮助下,这些书目数据将超越地域,代表着图书馆接受各方读者和同行的评判[1]。读者关心的只是利用编目数据的检索功能去

使用数据,用字段来查找自己所要索取的文献。因此,编目员理应依据著录规则为读者提供最有价值最有意义的检索项,真正为读者着想,尽可能最大化地为读者服务[2]。作为国家图书馆书目数据库,作为同行领头羊,更应把较高的业务水准,强烈的责任心放在首位,经得起同行对书目数据的推敲。

2 联机合作编目,编目工作分工细化

2.1 按照工作性质设置岗位,层层把控数据质量关

网络环境下集中编目,编目员不再是垄断职业,由于书目数据加工市场化,大量编目工作实行外包,部分出版商、企业甚至个人都可参与编目,为图书馆提供书目数据。因此,现在图书馆原始编目数据份额越来越少,书目数据大多可通过套录获得。编目员每天只是刻板的录入数据,大多是为了完成工作量而做,工作没有创新性,缺乏探究新事物兴趣,很容易形成职业倦怠[3]。另外,编目工作的外包给数据制作带来诸多问题,如著录规则的统一性、检索点的规范性、主题分类标引的深浅适度性、规范制作的合理性问题。鉴于此,传统编目按流程设置工作岗位的原则,改为原编、套录、初审、审校、总校,一条完整的书目数据需要几个人完成,这种分工模式减少了错误率的发生,提高了编目工作效率和数据质量,将高级编目人员从技术含量低的重复劳动中解脱出来。这种分工模式的转变对不同岗位编目员的知识结构、计算机检索能力、文献信息利用和组织能力有不同的要求,编目员必须思考网络环境下如何开展编目工作。

2.2 强调岗位责任意识,克服职业倦怠感

无论在文献编目的原编岗,还是校对岗,岗位职责就要求按照编目规则和标准校对著录项目、机读格式、检索点选取、分类号、主题词等书目记录和规范记录的科学性、准确性、规范性,最终目的是把高质量的文献书目数据呈现给读者。但是不同岗位的编目员有不同的工作定额,人非机器,日复一日从事着同一单调、机械化、程式化的低创造性工作,且外包数据由于各种原因出现各式各样的错误,编目人员每天处于高度集中的工作精神状态,腰痛背痛,眼睛干涩,难免由烦躁情绪带来职业倦怠。每到这时,编目员应及时调整心情,克服负面影响,不断培养自己从事文献编目工作的获得感和成就感。同时,岗位的职责要求编目员管理和维护好日常书目数据。因此,编目人员在工作中要及时修正错误,保障数据的完整性、准确性、实用性是很重要的。

3 联机合作编目,编目对象和内容不断扩大

3.1 编目对象的增加,丰富特色馆藏文献

网络环境下,文献信息资源的主流从传统的图书期刊等印刷型、固定型资料发展为数字化、多媒体、网络化等电子信息资源形式。例如国家图书馆每年有超过 20 万种的中文图书文献,除普通图书外,还增加了盲文文献、乐谱文献、少儿文献、标准文献等,编目员将参与分

编规则的制定,不同的知识载体也应有其编目格式和编目计划,以建立本馆自己的特色书目数据库。

3.2 编目内容的深化和拓展,是对编目员文献信息解读能力的考量

国家图书馆是综合学科的信息资源收集地,尤其在各学科知识相互渗透、融合、交叉的今天,所编文献信息内容更加丰富,也更加复杂。这就要求编目员不仅要掌握编目理论,有熟练的编目操作技能,还必须拥有广博的综合知识。文献编目中最重要的主题编目环节,它是通过对文献的分析而选用确切的检索标识用以反映文献内容的过程,也是对编目员文献信息解读能力的考量。

如《不当督导对强制性公民行为影响机制及权变因素研究》一书,单从书名很难理解该书讲的是什么内容。外包数据主题标引为:企业管理 – 组织行为学 – 研究;分类标引为F272.90。而从该书的前言论述中提炼与图书内容相关的信息:不当督导(学界统称),就是不当行为,反映在组织结构中分为领导和员工两个层级,主要论述了不当督导与CCB(非自愿公民行为)的关系。由此本文献主题标引:领导学 – 组织行为学 – 研究;分类标引为C933。这样更合理、准确,也体现了文献的标引深度及分类的正确性。因此,编目员在进行文献解读时要善于捕捉实际内容,概括出文献主题要素。在联机合作编目下,编目工作不仅要描述文献的外部特征,更要深入文献内容,将其所隐含的内容、知识单元、条目、要素揭示出来。通过主题标引、学科分类、类型划分,将这些信息单元组织成不同的知识板块,以多途径方式方法提供给读者,满足多层次、多元化、多类型的读者需求[4]。

4 联机合作编目,编目员提升自身素质重要性的体现

4.1 体现在编目员专业技能要不断加强

编目业务的大量外包,采用的工作人员管理体制导致编目人员流动性大,而编目工作需长期实践才会有些经验。因此,编目外包和联机编目在书目数据制作过程中出现各式各样的问题。作为有经验、负责任的编目员要去分析每一条编目数据的著录是否符合规则、对主题标引和分类标引是否正确、揭示文献内容及标引深浅恰当、规范文档是否完整合理、内容提要的书写要求是否能揭示文献内容,这对专业技能的要求不是削弱,而是加强。以主题编目为例,它的依据标准就是《中图法》和《主题词表》。《中图法》已更新至五版,但编目员有的仍在使用四版分类标引,比如商业计划文书写作方面的文献,分类标引仍然沿用四版的H152.3,但五版关于H152.3应用文的注释为"总论入此,专论入有关各类",所以分类标引应改为F712.1。再比如关于VR与AR开发教程,百度百科解释VR和AR是"虚拟世界和真实世界的信息集成",那么主题标引为6060#\$a 虚拟现实##\$x 研究,分类标引为TP391.98是合理的。若主题标引为6060#\$a 计算机仿真 \$x 研究、6060#\$a 虚拟现实 \$x 研究、分类标引为TP391.9则不妥。前者违反了文献专指性标引的原则,文献分类类目的范围大于文献实际内容,后者犯了主题标目字段和分类号字段都是用来揭示文献内容主题的,标引要统一的错误。

4.2　体现在编目员要训练独立思考和质疑的能力

网络化使得文献编目从传统分散走向联机联合编目,实现了联网编目和编目成果共享。比如利用共享标引数据,通过查重,提高主题标引、分类标引效率,从而保证书目数据质量。然而事物都是一分为二的,利用编目共享成果不能盲从,也不能照搬,应时刻以所编文献为出发点进行客观著录。在版编目数据存在各种各样的问题,主题词用词不规范、分类号归类不正确、错标和漏标等,编目员应仔细查询,正确使用,避免照搬在版编目数据;还有如文献《一代天骄:成吉思汗》,这样的文学作品可以理解为凡涉及古代人物有对话内容的,应将主题标引为6060#$a 长篇历史小说 $y 中国 $z 当代;6060#$a 章回小说 $y 中国 $z 当代;分类标引为 I247.43。因为谁也不可能了解当时对话内容的真实性。不应标引为 6060#$a 传记文学 $y 中国 $z 当代。关于传记文学的特点,百度百科解释为"以历史上或现实生活中的人物为描写对象",所写的主要人物和事件必须符合史实,不允许虚构,有别于普通的人物传记。因此,在标引文献时,可以通过查重参考再版数据和书目数据,但要保留编目员独立思考的空间,以期获得文献标引的客观性和正确性。

4.3　体现在编目员要不断提高计算机检索能力和外语能力

编目员每天必须面对不同学科不同主题、不同出版背景的各种图书进行著录、分类、规范编目,既要熟悉本馆编目软件系统的功能、用法和检索途径,更要把对文献图书的认识提高到对信息资源的认识层面上,将经过提炼的二次文献、书目、提要、主题词、名称规范等编目内容准确提供给读者[5]。这些工作得以顺利完成除了掌握文献的编目规则外,计算机软件系统知识、利用网络搜索技能解决问题的能力要不断提高。

近几年来,在编文献中包括目录、提要、正文全英文版内容的图书不断出现,给编目人员尤其是老编目员很大冲击和压力。像题名页正题名《Market research report on Chinese outbound tourist(city)consumption》这样的文献,只有文献的在版编目中出现有书名的中文译名,提供的信息源太少,书名不能充分揭示文献主题,更不能简要介绍图书内容。这时就要利用好网络,提高自己的信息检索能力,做好这部分文献的编目工作,像这类文献要及时补充完整的中文题名 541 字段。这样的著录也才算是完善的,真正地为读者着想,才是尽可能地、最大化地为读者服务,也为图书馆书目数据库的质量建设提供保障。因为读者关心的只是利用编目数据的检索功能去使用数据,用它们来查找自己所要索取的文献,如果编目员没有著录这个字段,那么这本书便失去了从该字段出发检索相关文献的检索途径。所以,编目员熟悉网络环境,提高信息识别能力和分析能力,树立主动信息服务意识,提高计算机检索能力和外语能力,这也是提高文献检准率和检全率的保障。

4.4　体现在编目员读者服务意识的增强

现在,编目业务和套录数据通常都是交给外包公司来做的。编目外包,利弊参半,如数据质量问题、联合目录的数据来源问题等都很难避免。外包公司承接数据制作是为了取得订单,其服务对象不是读者,而是图书馆,编目员只求量不求质;外包公司常常服务于多家客户,编目规则标准存在多重性[6]。因此,作为本馆编目人员,应对编目所遵循的各项规则了如指掌,烂熟于心,这样才能及时准确纠正错误数据,无论从事编目哪个岗位的工作,都要求编目员有深厚的专业编目知识,丰富的实践经验,同时还要耐得住性子不断克服编目工作的倦怠感,培养强烈的责任意识。如:制作个人名称规范数据"李娜"时,名称规范库有百余多条李娜,这时候编目员就要耐着性子,逐一核对规范库数据是否与所编文献信息相符,避免挂错、重建,尽量少做白板记录,按照文献所述信息利用网络检索工具做好规范数据。编目员所做的每一条数据都是图书馆馆藏的体现,而再丰富的馆藏如果不能向读者提供他们所需信息及信息来源,就不能称为有价值的馆藏,更不能体现"一切为了读者"这一宗旨。因此,编目员在从事编目工作时为读者服务意识这根弦始终不能松懈。

联机合作文献编目工作是一项复杂细致的脑力劳动,既要遵循编目规则,又要灵活变通,从方便读者的角度去揭示文献的内容和形式。在这一工作过程中,编目员要不断更新自我,学习新知识新技能,积极应对来自编目行业的新挑战。

参考文献:

[1]杨鸣放.现代化编目工作对编目员素质要求与能力培养[J].图书馆建设,2001(3).

[2]姜新年.编目社会化与编目员角色的新定位[J].科技情报开发与经济,2005(5).

[3]武英杰.社会化环境下图书馆编目员的职业发展[J].图书情报导刊,2017(1).

[4]温泉.数字环境下图书馆编目工作的变革[J].农业图书情报学刊,2012(4).

[5]贡喜萍.信息时代如何提高编目员素质之我见[J].科技情报开发与经济,2010(14).

[6]徐咏梅.编目外包与编目员角色转换[J].图书情报工作,2008(52).

浅谈国内出版西文图书的归属

赵秀君(北京科技大学图书馆)

随着我国与其他国家出版界合作、国际学术成果交流的增多,以及我国科学工作者国际地位的提高,我国国内出版的西文图书的类型有越来越复杂的趋势,这使国内出版西文书种类愈加多样。也正是由于这些复杂情况的出现,使国内出版的西文图书归属成为困扰图书编目员的问题之一。同时,CALIS 的各个成员馆之间并没有统一的细分原则,使得有些出版物在 CALIS 联合目录中可能同时存在 USMARC 和 CNMARC 两种形式。可以说,国内出版西文图书的归属是一个老生常谈的问题,对它进行明确规定会减少编目人员困扰。

1 国内出版西文图书的归属原则

1.1 内容特征优先原则

国内出版的西文图书以授权影印图书为多数,内容以财经、计算机、法律、工程类居多。

此类图书与原版书在内容上几乎没有差别。应该采用 USMARC,按照 MARC21 格式对其进行编目。编目人员可以套录美国国会图书馆或合作编目成员馆编制的编目数据,再针对授权影印书的内容及形式特征进行修改。这样既可以提高图书的编目质量,也可以在很大程度上加快编目速度,减轻编目员的负担,使图书尽快与读者见面。

1.2　面向读者原则

提到西文图书,读者多会以语种进行区分,而很少考虑这种书到底是在国内出版还在国外出版的。因此,就读者的阅读习惯而言,应将国内出版的西文图书主要按西文图书进行编目。只有这样,才能让读者在外文书库找到他们所需文献,做到物尽其用。

1.3 方便管理原则

建立西文书库,把西文语种的图书集中在一起,特别是原版书与授权影印书统一排架,方便书库管理,做到目录形式与馆藏地点集中统一。

2　国内出版西文图书的类型及其归属

国内出版的西文书大致可分为以下几类:

2.1　授权影印西文图书

授权影印西文图书是国内出版西文书的主要类型。它由国内出版机构同国外出版机构合作或国内出版社直接购买国外版权,从而取得外文图书在国内的出版和发行权。一般有明确的授权说明或著作权合同登记号,说明原版的出版地、出版者、出版年及影印版的销售范围。授权影印版图书的正文内容、序跋、文后索引以及版式与原版书基本相同。除原文信息,授权影印图书在题名页、版权页、封面、封底、书脊、书末出版说明等处往往都含有中文信息。除授权图书馆的出版年外,往往含有原版图书的出版年和/或版权年。授权图书除了有它自身的 ISBN 号外,还经常带有原版图书的一个或多个 ISBN 号。一些授权图书保留了原版图书的在版编目(CIP)数据,而大多数授权图书则含有中国版本图书馆的中文在版编目(CIP)数据。有些授权书还含有中文前言、出版说明、内容简介、脚注等。

依据授权影印西文书的上述特点,并且在内容上与原版书几乎没有差别,所以应该归属西文图书,采用 MARC21 格式编制书目记录。

2.2　西文的会议文集

随着我国科研水平的提高,我的科研人员参与国际学术交流及主办国际会议的机会也大幅增加,许多在国内召开的国际会议都将会议论文结集成会议文集出版。它们多数是用英文发表,出版机构多为国内出版社或国内外出版社联合出版。会议文集为团体创作,一般来说由多人多篇的创作汇编到一起,有多人组成的编委会,或者有个人主编者。主编者可能是中国人,也有可能是外国人。

由于会议文集都是某一学科领域的专业文献,从方便读者利用的角度出发,应该归属西文图书,采用 MARC21 格式著录。

2.3 中国人或中国机构写的西文书

著者为中国人并且在中国发行的英文图书。此类图书的正文为英文,在题名页、版权页、封面、封底、书脊、书末出版说明等处往往都含有中文信息。外观上看,酷似授权影印版西文图书。著者以外文语种创作,著作由国内出版社负责出版。

在这类图书中,一部分是作为高校的双语教学教材使用的。教育部于 2001 年下发《关于加强高等学校本科教学工作提高教学质量的若干意见》,指出:"为适应经济全球化和科技革命的挑战,本科教育要创造条件使用英语等外语进行公共课和专业课教学。"为了适用这一需要,在我国高校教学中,除了采用英文原版、授权影印图书进行教学,教师也根据我国国情用英文编写教材,或将中文教材译为西文教材。这类作为双语教材的由中国出版社出版的中国人著作,类似于专业英语,一般归属于中文图书,用 CNMARC 著录。

除了以上用于教学的西文图书以外,还有一些中国人或中国机构以西文形式在国内出版的图书,如一些学科领域的年度报告等。这类图书作为学术研究使用,多有中英文两个版本,面向不同语种的读者群。因此,一般来说此类西文书采用 USMARC,按照 MARC21 的格式著录。

2.4 外国人写的专著

它是指外国人编写的、由中国出版社出版的图书。这类图书分两种情况,一是文学类书籍,即以小说、散文等文学作品的形式出版,内容相对简单,多是以提高外语学习者阅读能力为目的。一般来说,读者把它当语言读物使用。这类图书归属中文图书,按 CNMARC 著录,入藏中文书库,归类至 H3 相关类目下的外语读物类。

除以上文学作品类以外的图书,对读者提高外语水平没有多大帮助,如按中文书著录,很难充分发挥作用,因此,这类图书按西文图书处理。采用 USMARC,按照 MARC21 的格式著录。

对图书进行组织的第一步就是决定它的中西文归属问题。国内出版的西文图书越来越多、类型越来越复杂,图书的中西文划分困扰着编目人员。为了不使同一类型的图书及同一套图书分至不同书库,明晰中西文图书的归属至关重要,希望本文能解决同行们的困惑,期待与同行们进一步探讨。

参考文献:

[1]CALIS 联机编目中心. CALIS 外文图刊 RDA 编目培训教材[Z].北京:CALIS 联机编目中心,2016.

[2]骆冬燕,王慧秋.授权影印版西文图书的编目探讨[J].图书馆学研究,2006(10).

[3]王斌.基于 USMARC 格式著录西文授权重印版图书[J].图书馆杂志,2006(12).

IFLA-LRM 模型中的实体

钟　翔(四川省图书馆)

1　IFLA-LRM 模型的产生背景

在当今信息化社会,各种虚拟资源、网络资源层出不穷。时代的发展使得编目环境产生了巨大的变化,为了适应社会发展,国际图书馆协会联合会(International Federation of Library Association and Institution,简称 IFLA)研发了新的编目模型——FR 家族。它们分别为 1998 年出版的《书目数据功能需求》(Functional Requirements for Bibliographic Records,简称 FRBR)、2009 年出版的《规范数据的功能需求》(Functional Requirements for Authority Data,简称 FRAD)以及 2011 年出版的《主题规范数据的功能需求》(Functional Requirements for Subject Authority Data,简称 FRSAD)。

FR 家族的出现,奠定了新时代编目规则的思想基础,形成了以用户任务为目的的"实体—关系"模型即"E-R"模型。虽然 FRAD 和 FRSAD 是对 FRBR 的拓展和补充,但三个模型是单独存在的,每个模型对用户任务的定义不同,对实体、属性以及关系的描述和表达也不尽相同。由于编目员在编目实践中需要同时参考三个模型,编目工作变得异常复杂。因此,怎样将 FR 家族的三组模型更和谐地运用到编目实践中,成为亟待解决的问题。为此,2010 年 FRBR 评估组启动了编制新模型的工作,并于 2013 年成立了 FRBR 统一版编辑组(Consolidation Editorial Group,简称 CEG),负责新模型的草拟工作,统一版暂时命名为 FRBR 图书馆参考模型(FRBR-Library Reference Model,简称 FRBR-LRM)。经过三年的时间,CEG 于 2016 年 2 月完成统一版初稿的编制,在全球范围内广泛征求意见。2016 年 5 月,FRBR-LRM 的全球评审工作顺利完成,进入到完善修改阶段。同年 8 月,IFLA 召开年会期间,FRBR 评估组将 FRBR-LRM 更名为 IFLA-LRM,继续进行完善及审核等工作。

2　IFLA-LRM 模型主要内容

IFLA-LRM 模型是对 FR 家族三个模型的融合和改进,其实质仍是"实体—关系"模型,即"E-R"模型。其主要内容仍然包括四大部分:用户任务、实体、属性、关系。其中实体、属性及关系均以用户任务为前提,这有利于实现用户任务的保留、合并或新增,不利于表达用户任务的则去掉、取消或替代。

2.1 用户任务

用户任务是 IFLA-LRM 模型的编制基础,后面三大部分内容的确定都以用户任务为前提。与 FR 家族模型不同的是,IFLA-LRM 模型更重视终端用户即数据直接使用和接受者的需求,而将图书馆等机构的管理需求排除在外。正是基于这一原因,新模型将 FR 家族 3 个模型原有的 7 个用户任务缩减为 5 个,分别是查找(Find)、识别(Identify)、选择(Select)、获取(Obtain)和探索(Explore),而 FRAD 中"阐明关系"和"提供依据"两个用户任务则被取消,因为这些用户任务更多的是与图书馆管理相关,不属于信息用户的需求。在上述 5 个用户任务中,"探索"是新定义的用户任务。与 FRSAD 中的"探究"相比,"探索"更具开放性,它不再拘泥于主题和它们的名称之间的关系,而是"将资源放置在特定的情境中,并发现他们之间的关系"。新模型认为,用户在进行浏览的过程中可能会从一个资源关联到另一个资源,通过资源之间的联系获得意想不到的收获。

2.2 实体

IFLA-LRM 模型中确定实体的标准为"至少在一个关键关系(或属性)中是必要的"。因此,新模型将原 FR 家族模型的 18 个实体精炼为 11 个。这 11 个实体中,有些为新增,有些是名称保留而意义不同,有些则完全保留。这些实体不再是平面的,而是分为了三个层级,表达更立体。IFLA-LRM 编制的原则是以 5 个用户任务为出发点,删除和替代对用户任务帮助不大的实体。新模型与 FR 家族模型在实体方面的不同之处还在于前者定义了超类和子类的关系。顶层的 Res(拉丁语,意为东西)是所有实体的超类,其他所有实体是它的子类,其属性适用于所有子类但反之不成立。同理,代理的属性适用于个人和集体代理两个子类。

2.3 属性

对于属性,IFLA-LRM 规定,属性是描述实体实例的数据。任何属性都不是某一实体必需的,只有当需要或确定时才需要记录属性。同时,模型中定义的属性列表并非穷尽一切,不能反映实体的所有特征,只是根据具体情境的需要来确定。该模型给 10 个实体定义了 37 项属性。只有"集体代理"这一实体没有任何定义的属性。由于它是实体"代理"的子类,所以为"代理"所定义的属性同样适用于"集体代理"。新模型对属性的重新定义,使编目员在编目过程中可根据实体的具体情况对属性进行调整,这样增加了编目员的主观能动性,增强了编目的灵活性。

2.4 关系

IFLA-LRM 模型中共定义了 34 种关系。最普遍、最核心的关系(作品、内容表达、载体表现、单件之间的关系)必须予以记录,其他实体之间的关系鼓励尽量记录。新模型中的关系分为正向关系和反向关系,是两个实体间相互作用的体现。新模型还根据范围、领域、名称之间的不同特征定义了"循环关系"和"对称关系"。

3 IFLA-LRM 模型中的实体

IFLA-LRM 模型中实体的来源和属性

层级	实体	来源	属性
顶层	Res	新增	类别、注释
二级	作品（Work）	保留	类别、有代表性的内容表达属性
	内容表达（Expression）		类别、数量、读者对象、使用权力、比例尺、语言、调、表演媒介
	载体表现（Manifestation）		载体类别、数量、读者对象、载体表现说明、获取条件、使用权利
	单件（Item）		馆藏地、使用权利
	代理	新增	联系信息、活动领域、语言
	Nomen	保留	类别、体系、读者对象、使用背景、参考源、语言、文字、文字转换
	地点（Place）	新增	类别、位置
	时间跨度	新增	开始、结束
三级	个人（Person）	保留	职业、工作
	集体代理	新增	无

3.1 来源

由上表可知，新模型中的实体有两种来源，即新增和保留。新增的实体包括：Res，代理（Agent），集体代理（Collective Agent），地点（Place），时间跨度（Time-span）。保留的实体包括：作品（Work），内容表达（Expression），载体表现（Manifestation），单件（Item），个人（Person），名称（Nomen）。

FRBR 中的第一组实体（作品，内容表达，载体表现，单件）是实现用户任务所需要的核心实体，因此得以完整保留。

代理是集体代理和个人的超类，这三个实体的存在是为了描述作品的责任关系。代理和集体代理的出现，简化了此前 FR 家族模型中的责任关系实体。个人实体取消了 FRAD 中对人格和身份的定义部分，使其专指性更强。这些变化提高了用户查找、识别的效率，有利于用户任务的实现。

Res 由 FRSAD 的"Thema"重命名而来，其所指范围扩大，地点指示的边界也可以模糊、变化，时间跨度不是代表一个点而是代表一段时间概念的实体。不管是范围的扩大还是边界的扩展，都是新模型中对"探索"这一用户任务的体现，使用户能够在特定的情境中尽可能多的发现有联系的资源。

名称（Nomen）是 FRSAD 中的"Nomen"和 FRAD 中"名称"实体的结合。两者的结合使得 Nomen 的指向越发具体、形象,编目人员在运用时更容易理解,更得心应手,为用户任务的实现打下了坚实的基础。

3.2　定义

Res 对应着 FRSAD 中的"Thema",其在 FRSAD 中被定义为"用作一个作品的主题的任何实体",而新模型中的 Res 是指"讨论范围内的任何实体"。由定义可见,Res 不仅限于主题范围内的实体,其包含范围更广,是真正意义上的最高等级实体。

FRBR 中的第一组实体(WEMI)在新模型中并没有很大改变,虽然定义的表述同 FR 家族模型有所不同,但其实质没有明显变化。

代理(Agent)是指"能够采取主动行为、赋予权力并对其自身行为负责的实体"。集体代理是"有特定名称并作为一个单位的个人的集合或组织"。根据定义,不难看出 FRBR 中的"团体"和 FRAD 中的"家族"被包含在了集体代理这一实体当中。与 FR 家族模型相比,新模型中的责任关系实体数量明显减少。

个人(Person)这一实体在 FRBR 和 FRAD 中都有出现,但两个模型对其取值范围的规定不同。在 FRBR 中它是指一个个体的人(包括健在和已故的个人)。在 FRAD 中其范围有所扩大,指代一个个人或人格,或是某个体或团体建立或采用的身份。对于该实体在 FR 家族模型中的定义差别,IFLA-LRM 决定采用 FRBR 中的定义,这一做法与新增代理和集体代理实体意义一致,简化了责任关系。

Nomen 在 FRSAD 中被定义为"任何一个已知、被引用、被标记的主题的符号或符号序列(字母数字符号、符号、声音等)",是 FRAD 实体名称(name)、标识符(identifier)、受控检索点(controlled access point)的超类。而在新模型中,Nomen 是 FRSAD 中的"Nomen"和 FRAD 中"名称"的结合,指"一个实体为人所熟知的名称"。一串符号只有用于命名事物时才是 Nomen。

地点(Place)在 FRBR 中将之定义为一处场所,其涵盖了范围广泛的场所:地球的与外星的;历史的与当代的;地理特征与地理政治管辖区。而在 IFLA-LRM 中,地点是指特定的空间范围,是一种文化概念,其所指示的边界区域可以是模糊的,也可以随着时间改变。新模型中的地点不再仅限于空间坐标,其边界的取值更加灵活广泛。

时间跨度(Time-span)意为"存在开始、结束和持续时间的时间范围"。即使是短暂的时间间隔也应鼓励记录(比如一天、一小时甚至一秒)。它呈现的是时间过程,而不是一个时间点。

3.3　属性

属性即实体的特征,IFLA-LRM 模型中属性的最大特点就是开放性,它并没有像 FR 家族模型一样将属性具体化,而是给出了每个实体最具代表性的属性,编目人员在具体操作过程中可根据具体情况对属性进行增减。

对新增实体 Res 来说,其属性定义了两项——"类别(Category)"和"注释(Note)"。类别是指 Res 的类型,注释是除属性和关系以外的对 Res 的描述信息。由于 Res 是顶层实体,其属性适用于其他所有实体,所以新模型中虽没有具体呈现,但所有实体其实都包含了这两项属性。

WEMI 4 个实体的属性总计 18 项,相比于 FRBR 中的 84 项,数量大大减少。值得一提的是,虽然数量减少了,但 IFLA-LRM 模型中增加了 3 项新的属性,分别是"类别""有代表性的内容表达属性(Representative expression attribute)"和"载体表现说明(Manifestation statement)"。除了"单件",其他 3 个实体均含有"类别"这一属性。"有代表性的内容表达属性"出现在作品中,被定义为"描述作品所必需的属性,取值来自作品具有代表性或者典型的内容表达"。正是这两项新属性的出现,使得作品的属性从 12 个锐减为 2 个,比如"计划终止"决定了作品的类型,就被归入"类别"中;"坐标""二分点"等属性则被归入"有代表性的内容表达属性"。也是因为这一新属性,使得原来属于作品的属性"读者对象""演出媒介""调"被移动到内容表达的属性中。"载体表现说明"是载体表现中的新属性,也是非常重要的特性,包括了题名、责任说明、版本等。WEMI 属性之所以减少,原因除了具有概括性的新属性出现外,另外就是将原来的一部分属性转换为了关系。比如,作品和内容表达之前都有的题名、日期、地点等属性就转换为了与 Nomen、时间跨度、地点的关系,而载体表现中的出版者/发行者、制作者/生产者则转换成了与代理的关系。

代理的属性包括联系信息、活动领域及语言,个人的属性则包含职位和工作,这些都是区别责任者所必需的特征。由于代理是集体代理的超类,所以其属性也适用于集体代理,集体代理因此成为唯一没有定义属性的实体。

Nomen 的属性共有 9 个,涵盖面很广。Nomen 所指的名称不仅包括作品、单件的名称,还包括地点、代理的名称,其属性"使用背景"就是代理的名称通过其他不同的名称参照时所使用的信息,而其另一属性"参考源"则是指使用 Nomen 的依据的来源。

相比于 Nomen 属性的抽象来说,地点和时间跨度的属性就很好理解了。地点的"类别"就是地点的类型,比如"street""city"等,"位置"就是地点物理区域的界定,时间跨度包含"开始"和"结束"两个属性,其含义相对简单。

IFLA-LRM 模型还在进一步的更新中,其对编目理念的改变势必会给 RDA 等编目规则带来新的变化。新模型中的含义和变化还需要我们进一步的理解和研究,这样才能做到在具体的编目工作中游刃有余,更好地为编目工作的发展以及终端用户服务。

参考文献:

[1]罗翀. RDA 全视角解读[M]. 北京:国家图书馆出版社,2015.

[2]书目记录的功能需求[EB/OL]. [2017 - 07 - 26]. https://www.ifla.org/files/assets/cataloguing/frbr/frbr-zh.pdf.

[3]主题规范数据的功能需求(FRSAD)概念模型[EB/OL]. [2017 - 07 - 26]. http://www.ifla.org/files/assets/cataloguing/frsad/frsad-final-report-zh.pdf.

[4]规范数据的功能需求概念模型[EB/OL]. [2017 - 07 - 26]. https://www.ifla.org/files/assets/cataloguing/frad/frad_2009-zh.pdf.

人工智能浪潮下编目工作的发展趋势

周保昌(国家图书馆)

在国家"互联网 +"的战略背景下互联网和信息技术飞速发展,社会进入数字时代,信息资源的快速膨胀让人们获取信息的途径越来越方便,也让信息分析的成本越来越高。互联网是信息资源的集散地,充斥着杂乱无章的知识,如何在广袤的互联网中获取有序知识成了信息管理的难题。图书馆作为传统的信息中介,储存着成千上万的纸本信息,集成了各种知识精华的馆藏目录,为广大读者发现、获取信息提供了指引;但在互联网背景下,各种媒介的资源,如磁盘、缩微资料、音视频等多媒体信息以及虚拟的网上资源,让图书馆面临的信息资源量大增,图书馆如何整理这些资源是极大的挑战。新世纪以来,图书馆的战略发生了极大的改变,数字图书馆的建设提高到重要的地位,像国家图书馆等大型图书馆开始了广泛的文献数字化工程,纸质文献和数字文献共同发展,更有数字文献大超纸质文献的趋势,这增加了图书馆处理文献的工作量,编目作为图书入藏的基础业务,既要面对巨大的工作量,又要面对不同信息资源的编目创新。编目的目的是为了读者能够在查找、识别、选择、获取文献方面提供帮助,在互联网背景下,编目工作为了适应增加的信息资源类型,对编目规则、编目方式做了很大的改变,编目形式从传统的手工目录卡片到现在的计算机目录,编目格式MARC从适应中文文献的CNMARC到与全球接轨的RDA,编目方式也采取外包、联合编目形式等,编目工作变得更有效率。但随着人工智能浪潮的出现,如Google的AlphaGo机器人击败了世界排名第一围棋选手柯洁,从不相信机器人会在高深莫测的围棋领域打败人类到对人工智能的恐慌臣服,还有百度的无人驾驶汽车上路,都让人工智能颠覆许多领域成为可能。人工智能的很多技术,如语音识别、图像识别、自然语言处理,尤其是云计算、大数据、神经网络和深度学习的发展,让人工智能的应用领域越来越广泛,编目工作如何在人工智能环境下提高价值值得我们深入研究。

1 互联网环境下编目工作的特点

1.1 编目规则从 MARC 到 RDA

MARC 产生于 20 世纪 60 年代,是图书馆界的元数据标准,它描述了馆藏的属性字段、结构和编码方式等,使馆藏数据更加有序和结构化,为读者查找和获取文献提供方便。此标准能够描述图书、期刊、缩微品、音像资料等馆藏信息,揭示文献的物理特征和内容属性,使图书馆的业务流程更加规范和高效。通过 MARC 数据库,我们可以了解社会知识的有序体系,书目控制可以让我们进行知识组织[1]。

但到了数字时代,纸质文献开始数字化工程,网络资源也纳入图书馆馆藏范围,MARC规则越来越不适应各种电子资源用。图书馆界在《英美编目条例》(第三版)的基础上提出RDA,它是数字时代的编目规则,可以描述和检索各种资源,适应互联网的背景;具备全球化的特征,适应各国编目规则;提出 FRBR,建立适应电子资源的概念模型;提供了更方便的检索功能;可以与不同数据格式兼容;吸收了 DC 元数据的研究成果,为书目数据共享提供连接。RDA 真正实现了知识整序、书目控制的目的,并具有兼容性和共享性,实现了编目的效果。

1.2 编目方式向协作型发展

在互联网环境下,文献的极大丰富意味着编目工作不可能由编目员单独完成,需要社会

力量和图书馆界的共同协作,一来可以提高编目效率,二来可以提高编目质量。编目协作方式由以下几种方式:

第一,编目外包。随着文献数量的暴增,图书馆编目工作日益繁重,为业务外包提供了动力。竞争激烈的图书市场也使图书提供商愿意通过提供书目数据服务,以获得图书馆用户的青睐,他们除了提供图书订购服务,还随书附带书目数据以及提供图书加工服务。如国家图书馆在图书采购招标过程中,就会注重书商提供书目数据的资质,由书商派编目人员进驻馆内提供书目的著录服务,既可以减少图书馆编目人员的工作负担,也可以监督外包人员的工作质量。

第二,社会编目[2]。随着 Web2.0 的发展,出现很多社会编目网站,这些网站提供了图书简介、图书评论、添加标签、RSS 等信息。互联网用户成为编目数据的提供者,为编目工作提供了方便。吴江在《OPAC 与豆瓣融合改进体现 FRBR 的编目模式研究》中提出豆瓣数据与 OPAC 结合减少编目工作,利用豆瓣用户的自由分类优化来揭示图书的主题分类。还有创办于 2005 年的 LibraryThing. com 网站,用户可以自行添加书目数据[3]。

第三,联合编目。在网络技术和数字技术的发展下,联机编目成为可能。联机合作编目是以一个权威机构的编目数据为主,其他成员馆共享编目数据的合作编目方式。美国的OCLC 是拥有最大联机编目数据库的机构,中国的中国高等教育文献保障系统(CALIS)和全国图书馆联合编目中心也是重要的联机编目项目。联合编目是由有资质的成员馆编目员提供原始编目数据并上传到联编中心,其他成员馆下载套录书目数据,形成自己的馆藏书目数据库。联合编目促进了编目数据的共建共享,保证编目数据的质量,减少了成员馆编目成本。

2 人工智能浪潮下编目工作的发展趋势

2.1 云计算技术为联合编目助力

人工智能的发展是在拥有大数据的前提下实现的,而云计算技术以互联网为中心,能够提供安全可靠的数据存储和网络计算服务,云计算不需要图书馆拥有庞大的机房设施,便可以利用互联网上的大规模服务器集群存储海量数据,云计算中心管理团队利用权限管理来帮助用户与他人共享数据。联合编目是各个图书馆以及书商一起联合编目数据,在云计算模式下,各机构可以通过协议共享彼此的书目数据,每个用户可以像用本馆资源一样取用他馆资源。美国 OCLC 公司提供的"OCLCWeb 级协作型管理服务"让图书馆可以在其平台上实现联合编目、检索等功能,让所有图书馆使用同样的硬件和数据。CALIS 云战略打算成立的数字图书馆公共服务平台也是让图书馆可以进行元数据联合编目,同时可以提供 Open API 接口。云计算技术让所有图书馆编目数据只在网上存取一份各图书馆就可以共享,这样可以实现全国的联合编目,全世界也可以在不远的将来实现[4]。

2.2 人工智能让编目工作自动化

人工智能是在计算机视觉和自然语言识别技术的发展中逐渐成熟的,在纸质文献的物理属性著录中,可以利用图像识别技术自动记录尺寸、附件等信息,利用自然语言识别技术自动记录题名、责任者、出版信息。在主题和分类标引中,编目员通常会根据题名相同、题名相似、内容相似、相同作者等方面来判断文献的主题,并进而给出分类号,在不能通过其他文献给出主题时,会通过阅读文献的序言、摘要、目录等判断文献的主题。根据这些规则,可以制定人工智能的深度学习方法,从而快速判断文献的主题和分类号。参照的书目数据越多人工智能就会越聪明,在深度学习足够的大数据后,主题和分类标引会越来越准确。在电子资源中,人工智能通过全文索引可以更容易分析文献的主题和分类号。

在人工智能的帮助下,纸质文献通过扫描可以快速确定编目系统中的字段,电子文献通过网络资源搜索和全文索引也可以进行快速编目,而编目员只要审校书目数据就可以完成编目工作,大大减少了编目员的人数,也提高了编目的效率。

3　人工智能浪潮下编目员的角色

李开复认为,人与人工智能的最大区别是感性、思考和跨领域的能力。人类只有在所在领域学得特别深才能不被人工智能取代。编目员应该在目录学和学科分类学有足够积累;应该成为跨领域人才,编目中往往会遇到交叉学科的分类,只有在多学科都有积累才能具有准确的分类能力;应该加强写作能力,创作才是人类核心的生活技能。具体到编目员应该担任的角色包括:

(1)书目数据的管理者

要对联合编目的书目数据和人工智能填入的数据进行审校,保证入藏数据的质量,还要承担原始书目数据的维护、更新和修改,监督外包人员的书目数据制作。

(2)知识的组织者

利用自己的主题编目技能,把相同主题的文献聚合并进行知识的组织,为读者开放深度揭示的书目系统并提供检索平台,从而提高读者利用文献的效率。

(3)学科的引导者

编目馆员一般具有多学科的专业知识,长期从事文献资源分编工作对学科的馆藏资源非常熟悉,可以跟相关学科的专业人员、学术带头人建立长期联系,为他们提供学科最新的科研成果促进该学科的发展。

编目技术随着互联网的发展也在不断进步,电子资源的丰富让编目规则和编目方式不断改进,MARC 格式向 RDA 转变,编目规则更具普适性和规范性,联合编目的发展提高了编目效率。人工智能的浪潮让编目工作中的机械重复劳动逐渐被替代,云计算技术让联合编目全国化甚至全球化变得可能,人工智能编目的自动化和学习性让编目员倍感压力,编目员要向书目数据的管理者、知识的组织者、学科的指导者方面努力,以提高自己的核心竞争力。

参考文献:

[1]刘炜.知识组织:图书馆职业的核心能力[J].国家图书馆学刊,2010(2).

[2]唐武京,钱京娅.开放环境下图书馆编目工作的创新[J].上海高校图书情报工作研究,2008(1).

[3]吴江.OPAC 与豆瓣融合改进体现 FRBR 的编目模式研究[J].图书情报工作,2009(7).

[4]廖志江.云计算与图书馆联合编目[J].大学图书情报学刊,2012(2).

台湾地区中文期刊 MARC21 格式与 CNMARC 格式若干常用字段著录对比分析

朱　武(国家图书馆)

我国台湾地区图书馆界已于 2011 年开始启动 MARC21 文献编目工作,台湾地区中文期刊作为台湾地区出版的一种文献资源,其编目工作亦采用 MARC21 格式。现阶段,尽管在实际工作中,我们对于台湾地区中文期刊的编目仍采用 CNMARC(中国机读目录)格式,但对 MARC21 格式著录有更多的了解是很有必要的。针对期刊实际编目工作中运用到的一些常用字段在两种 MARC 中的使用情况进行比对分析,使编目人员能够掌握两种格式著录的细节和差异,从而能更好地理解台湾地区有关中文期刊书目信息著录的情况,以便在实际的期刊信息著录工作中能更好地借鉴台湾地区中文期刊书目数据,为我所用。下面以《台湾林业科学》一刊为例,就台湾地区中文期刊 MARC21 格式若干常用字段的著录做以分析,并分别列出与之对应的 CNMARC 格式中的相关字段,对台湾地区中文期刊两种格式下的著录情况进行对比,希望与同行共同探讨,共同提高。

1 MARC21 和 CNMARC 概况

MARC21 是在 CANMARC(加拿大机读编目格式)和 USMARC(美国机读编目格式)两种相似格式的基础上,由美国国会图书馆和加拿大国家图书馆一起完成对两国 MARC 格式的修改,于 1999 年两国共同颁布的一个 MARC 格式版本。它是一种面向 21 世纪网络环境的新 MARC 格式,可用于描述、检索各种类型的文献;也是一种重要的交换格式,能与 UNIMARC 等标准格式兼容,可以与各种语音文字相结合,适应各文种的不同特点,旨在建立一种全球化的整合性通用资料格式,现为世界许多国家和地区所使用,包括中国的台湾地区。

CNMARC 是参照国际图联 UNIMARC(国际通用机读目录格式)中译本以及我国已有的机读目录格式使用研究成果,结合中国语言文字特点和出版物具体情况及用户需求制定的一种符合中国特色的标准格式,于 1992 年 2 月正式出版,迄今已成为中国图书馆业内中文文献资源管理中最具权威的一种标准化数据处理格式,广泛应用于各图书馆的中文文献编目工作中。

2 台湾地区中文期刊 MARC21 和 CNMARC 若干常用字段著录对比分析

2.1 头标区

两种 MARC 格式的头标区的固定长度都为 24 个字符位置(00 - 23),而且字符位置和数据元素名称大部分相同,其中各字符代码也只是少数不同。具体数据元素说明如下:

MARC21 和 CNMRAC 格式的记录头标区 00 - 04 字符位置包含 5 个数字字符,表示整个记录长度,由计算机自动生成。05 字符位置包含 1 个字符位置的字母代码,反映书目记录的维护状态,其中用“n”表示新编制的记录、“c”表示修改过的记录。06 字符位置包含 1 个字符位置的字母代码,用以区分不同内容和资料类型的 MARC 记录,其中用“a”表示文字资料。07 字符位置包含 1 个字符位置的字母代码,以表示书目级别,其中用“s”表示连续出版物。08 字符位置 MARC21 定义为控制类型代码,其中用“#”表示无特定的控制类型;而 08 字符位 CNMARC 则定义为层次等级代码,用“0”表示无层次,“1”表示最高层,用于丛刊总记录或正刊,“2”表示低层次,用于丛刊的分辑或补编等。09 字符位置 MARC21 格式中用以标识记录中的字符编码体系,用“#”表示记录中字符编码采用多 8 位编码字符集,用“a”表示记录中的字符编码采用国际标准 Universal Coded Character Set;而 09 字符位 CNMARC 未定义,为空格。字符位置 10 和 11 说明可变长数据字段中指示符和子字段代码的数目,均为“2”。12 - 16 字符位置由 5 个字符位置的数字组成,定义为数据基地址,说明 MARC 记录中第一个可变控制字段开始的字符位置,数据基地址元素由系统自动生成。17 字符位说明书目记录中书目信息或内容标识的完整程度,定义为编目等级,MARC21 用“#”表示完全级,即编制记录时与编目实体核对过,对于连续性资源,必须核对过其中至少一期;CNMARC 用“空格”表示详细著录。18 字符位定义为著录标准,说明编制记录所依据的标准和规则,MARC21 用“a”表示书目记录依据英美编目条例第 2 版编制、用“i”表示书目记录依据 ISBD 标准编制;而 CNMARC 设“空格”表示完全符合 ISBD 规定。19 字符位 MRAC21 定义为连接记录要求,说明在不检索相关记录情况下,是否能根据连接款目字段(76X - 78X)生成包含相关记录的基本识别信息的附注,用“#”表示不要求相关记录,CNMARC 对 19 字符位则未定义,为空格。20 - 22 字符位分别定义为字段长度的长度、起始字符位置的长度、执行定义部分的长度,MARC21 和 CNMARC 格式均依次取值“4”、“5”、“0”。23 字符位 MARC21 和 CNMARC 均未定义,MARC21 格式取值为“0”,CNMARC 格式为空。

例如:《台湾林业科学》一刊用 MARC21 格式著录时记录头标区应为:

LDR　00000cas^a2200325^i^4500

该刊用 CNMARC 格式著录时记录头标区应为:

LDR　01069nas0^2200337^^^450^

2.2 定长字段

在 MARC21 格式中,008 字段是以代码的形式反映数据整体以及编目文献特殊书目特征信息的定长数据字段,包含 40 个字符位(00 - 39),其中 00 - 17 及 35 - 39 字符位的数据元素适用于所有资料类型,18 - 34 字符位则根据不同的资料类型分别定义。

00 – 05 字符位表示记录第一次的入档时间。06 字符位可表示连续出版物的出版状态，用"c"表示现刊、"d"表示绝刊。07 – 14 字符位可表示连续出版物起止日期。15 – 17 字符位为出版地代码，代码为 2 位时，左对齐，第 3 位为"#"。35 – 37 字符位代码表示语种。38 字符位代码表示书目记录中的数据是否经过修改，用"#"表示未修改。39 字符位表示建立书目数据的原始编目机构，用"#"代表国家级编目机构、"c"代表合作编目机构、"d"代表其他。

18 字符位由相应的字母代码表示连续出版物的出版频率。19 字符位表示发行规律性，其中用"r"表示定期。20 字符位未定义。21 字符位表示连续性资源类型，其中用"P"表示期刊杂志。22 字符位和 23 字符位分别表示原始文献载体形态和载体形态，期刊代码用"#"。24 字符位表示整体内容特征。25 – 27 字符位表示内容特征，当内容特征超过一个，则 24 字符位用"#"表示，内容特征著录在 25 – 27 字符位，若代码不足 3 个，用"#"补足。28 字符位为政府出版物，其中用"s"表示州、省、区等独立管辖机构。29 字符位为会议出版物，用"0"表示非会议出版物、用"1"表示会议出版物。30 – 32 字符位未定义。33 字符位表示原文题名的字母或文字，其中用"e"表示汉语。34 字符位表示款目原则，用"0"表示按后续款目原则编制，用"1"表示按最新款目原则编制。在 CNMARC 格式中，期刊著录定长字段用 100（通用数据处理）字段和 110（连续出版物编码数据）字段，具体字段内容在此不再赘述。

例如：《台湾林业科学》一刊在 MARC21 格式中定长字段著录为：

008　970415c19869999ch^qr^p^^^ab^s0^^^e0chi^d

该刊在 CNMARC 格式中定长字段著录为：

100##$a20021005a19869999ekmy0chiy50^^^^^ea

110##$aahaz^^0yy0

2.3　国际标准连续出版物号字段

在 MARC21 格式中，分配给连续性资源题名的唯一识别号码——ISSN 号著录于 022 字段，第 1 指示符用"#"表示未说明级别，第 2 指示符未定义，有效的 ISSN 号置于 $a 子字段中。在 CNMARC 格式中，该信息著录于 011 字段。

例如：《台湾林业科学》一刊 ISSN 号为 1026 – 4469，则在 MARC21 格式中该信息应著录为：

022##$a1026 – 4469

在 CNMARC 格式中，该信息应著录为：

011##$a1026 – 4469

2.4　语种代码字段

在 MARC21 格式中，编目文献的 MARC 语种代码著录于 041 字段，第 1 指示符表示译著说明，用"0"代表文献不是译著或者文献中不包含译著，用"1"代表文献是译著或者文献中包含译著；第 2 指示符表示代码来源，用"#"代表为 MARC 语种代码，041 字段包含有若干子字段，其中正文语种代码著录于 $a，文摘语种代码著录于 $b，目次语种代码著录于 $f。在 CNMARC 格式中，作品语种代码著录于 101 字段。

例如:《台湾林业科学》一刊正文语种有中文和英文两种,文摘语种也有中文、英文两种,则该刊语种信息在 MARC21 中应著录为:

    0410#$achi$aeng$bchi$beng

在 CNMARC 格式中,该信息应著录为:

    1010#$achi$aeng$deng

2.5 题名说明字段

在 MARC21 格式中,题名和责任说明著录于 245 字段,题名说明包括正题名、一般资料标识、题名其余部分、其他题名信息等,第 1 指示符用“0”表示不提供题名附加款目,用“1”表示提供题名附加款目,用于书目记录中提供 1XX 标目字段的题名说明字段;第 2 指示符用“0 - 9”表示题名中不排档的字符数。题名信息著录于子字段 $a、其他题名信息著录于子字段 $b、责任说明著录于子字段 $c。在 CNMARC 格式中,题名与责任者信息著录于 200 字段,题名信息著录于子字段 $a、并列题名信息著录于子字段 $d、副题名信息著录于子字段 $e、责任者信息著录于子字段 $f、$g。

例如:《台湾林业科学》一刊题名在 MARC21 格式中著录为:

    24500$a 台湾林业科学

在 CNMARC 格式中,该刊题名著录为:

    2001#$a 台湾林业科学

2.6 与编目文献相关的各种不同的题名形式字段

在 MARC21 格式中,称之为变异题名,著录于 246 字段,第 1 指示符用“0”表示有附注、无附加款目、用“1”表示有附注,有附加款目、用“2”表示无附注,无附加款目、用“3”表示无附注,有附加款目;第 2 指示符为题名类型,用“1”表示并列题名、“3”表示其他题名、“4”表示封面题名、“5”表示附加题名页题名、“6”表示卷端题名、“7”表示逐页题名、“8”表示书脊题名。在 CNMARC 格式中,称之为相关题名,并列题名著录于 510 字段、封面题名著录于 512 字段、附加题名页题名著录于 513 字段、卷端题名著录于 514 字段、逐页题名著录于 515 字段、书脊题名著录于 516 字段。

例如:《台湾林业科学》一刊在封底处印有英文题名“Taiwan journal of forest science”,在 MARC21 格式中,不适宜在 245 字段中著录的并列题名算作其他题名,具有检索功能,著录于 246 字段中,第 2 指示符值取“3”,因此该刊并列题名应著录为:

    24613$aTaiwan journal of forest science

在 CNMARC 格式中,该英文题名信息由于出现在封底,故不需要在 200 字段中著录,只需著录于 510 字段即可,因此该刊并列题名应著录为:

    5101#$aTaiwan journal of forest science$zeng

2.7 出版发行项

在 MARC21 格式中,文献出版、发行、印刷或生产等相关的信息著录于 260 字段,第 1 指示符表示出版说明顺序,用“#”表示不使用/无信息提供/最早出版者、用“2”表示中期出版者、用“3”表示当前/最近出版者;第 2 指示符未定义。出版发行地著录于子字段 $a,如紧随

其后的是 $b,$a 之后标记冒号":";如紧随其后的是 $c,$a 之后标记逗号",";出版发行者信息著录于子字段 $b,当紧随其后的是 $c,标记逗号",";出版、发行日期著录于子字段 $c。在 CNMARC 格式中,出版发行相关信息著录于 210 字段。

例如:《台湾林业科学》一刊,由台湾省林业试验所于 1996 年在台北出版,则相关出版信息在 MARC21 格式中应著录为:

260##$a 台北市:$b 台湾省林业试验所,$c1996 –

在 CNMARC 格式中,该刊出版信息著录为:

210##$a 台北 $c 台湾省林业试验所 $d1996 –

2.8　载体形态项

在 MARC21 格式中,文献的载体形态信息著录于 300 字段,该字段指示符处未定义。文献篇幅数量信息著录于子字段 $a,对于连续出版物,记录其卷期标识,单位类型标识前空三格;文献其他形态信息著录于子字段 $b,$b 后标点符号为";";文献尺寸信息著录于子字段 $c。在 CNMARC 格式中,载体形态相关信息著录于 215 字段,文献数量仅在被著录期刊停止出版时使用;其他形态细节著录于子字段 $c;尺寸著录于 $d,统一用 cm 标识。

例如:《台湾林业科学》一刊,单位类型标识为册,尚在出刊,以部分彩图为主要特征,尺寸为 26 厘米,则相关载体形态信息在 MARC21 格式中应著录为:

300##$a 册:$b 部分彩图;$c26 厘米

在 CNMARC 格式中,该刊载体形态信息著录为:

215##$c 部分彩图 $d26cm

2.9　当前出版频率字段

在 MARC21 格式中,连续性资源的当前出版周期信息著录于 310 字段,该字段指示符处未定义,当前出版日期与出版物起始日期不一致时,应在 $b 记录当前出版频率的日期。文献当前出版频率著录于子字段 $a 中,当前出版频率日期著录于子字段 $b。在 CNMARC 格式中,期刊出版周期及变化情况和年月在内的时间范围著录于 326 字段,出版周期著录于子字段 $a,时间范围著录于子字段 $b。

例如:《台湾林业科学》一刊,从出刊至今出版频率一直为季刊,则相关出版周期信息在 MARC21 格式中应著录为:

310##$a 季刊

在 CNMARC 格式中,该刊出版周期信息著录为:

326##$a 季刊

2.10　卷期标识字段

在 MARC21 格式中,文献的起止日期和/或卷期标识著录于 362 字段,著录信息方式有格式化和非格式化两种,若出版日期等信息不能从首末卷获得,通常用非格式化附注方式著录信息,并说明信息来源。该字段第 1 指示符用"0"表示格式化形式,用"1"表示非格式化附注;第 2 指示符未定义。期刊出版日期和/或卷期标识著录于子字段 $a,日期标识按文献上出现的形式著录。在 CNMARC 格式中,期刊卷期年月或其他标识著录于 207 字段 $a 子字段,该字段指示符 1 未定义,指示符 2 用"0"或"1"表示卷期号是否经过格式化处理。

例如:《林业试验所研究报告季刊》一刊,从 1996 年 9 月出版第 11 卷第 1 期起更名为《台湾林业科学》,则《台湾林业科学》卷期标识信息在 MARC21 格式中应著录为:

3620#$a 第 11 卷第 1 期(1996 年 9 月) –

在 CNMARC 格式中,该刊卷期标识信息著录为:

207#0$aV. 11, no. 1(1996,9) –

2.11 一般性附注字段

在 MARC21 格式中,未定义在 5XX 专指性附注字段内的一般性附注信息著录于 500 字段,该字段两位指示符均未定义。在 CNMARC 格式中,期刊一般性附注信息则著录于 300 字段。

例如:《台湾林业科学》一刊封底印有英文题名:Taiwan journal of forest science,则该信息在 MARC21 格式中可著录为:

500##$a 封底英文题名:Taiwan journal of forest science

在 CNMARC 格式中,该刊此附注信息著录为:

300##$a 封底英文题名:Taiwan journal of forest science

2.12 主题词字段

在 MARC21 格式中,用作主题附加款目的论题性主题著录于 650 字段,该字段第 1 指示符说明主题款目的级别,其中用"#"表示没有提供关于主题词级别的信息;第 2 指示符说明构成主题标目的主题标引体系或叙词表,其中用"7"表示主题附加款目的形式遵照某一部主题标引体系,并在子字段 $2 中说明。期刊论题性主题著录于子字段 $a;通用复分是对主标目做进一步限定的概括性、论题性的主题复分,著录于子字段 $x;子字段 $2 说明主题标目或术语的来源,仅在第 2 指示符值为 7 时使用。在 CNMARC 格式中,以关键词形式揭示期刊的主题,并著录于 610 非控主题词字段。

例如:《台湾林业科学》一刊的主题词信息在 MARC21 格式中著录为:

650#7$a 林业 $x 期刊 $2csht

在 CNMARC 格式中,该刊主题词信息著录为:

6100#$a 林业

2.13 先前款目字段

在 MARC21 格式中,与目标文献有关的先前出版物的信息著录于 780 字段,该字段第 1 指示符用"0"表示显示附注、用"1"表示不显示附注;第 2 指示符的代码值用以描述目标文献与先前款目之间的关系,不同的指示符值将生成相应的附注导语,用"0"表示继承关系、"1"表示部分继承、"2"表示替代关系、"3"表示部分替代、"4"表示由…与…合并而成、"5"表示吸收关系、"6"表示部分吸收、"7"表示分自关系。该字段包含若干子字段,其中先前出版物题名著录于子字段 $t、先前出版物国际标准连续出版物号著录于 $x。在 CNMARC 格式中,与目标文献有关的先前出版物的信息著录于 4XX 字段,其中 430 字段揭示期刊的继承关系、431 字段揭示期刊的部分继承关系、432 字段揭示期刊替代关系、433 字段揭示期刊部分替代关系、436 字段揭示期刊由…与…合并而成、434 字段揭示期刊吸收关系、435 字段揭示期刊部分吸收关系、437 字段揭示期刊分自关系。

例如:《林业试验所研究报告季刊》自 1996 年 9 月出版第 11 卷第 1 期起,更名为《台湾林业季刊》,则《台湾林业季刊》有关的先前出版物信息在 MARC21 格式中应著录为:

78000$t 林业试验所研究报告季刊

在 CNMARC 格式中该刊先前出版物信息应著录为:

430#1$12001#$a 林业试验所研究报告季刊

2.14　电子资源定位与访问字段

在 MARC21 和 CNMARC 两种格式中,定位与访问电子资源所需的信息均著录于 856 字段,既可用于电子资源的定位与访问,也可用于编目文献的电子版或相关电子资源的定位与访问。该字段第 1 指示符说明电子资源的访问方法,其中用"4"表示超文本传输协议。MARC21 格式中该字段第 2 指示符用于揭示 856 字段所描述的电子资源与编目文献整体之间的关系,其中用"#"表示没有指出两者间的关系;CNMARC 格式中该字段第 2 指示符未定义。该字段包含若干子字段,其中较常用的子字段为 $u 统一资源标识符,该子字段著录以标准句法提供电子访问的数据。

例如:《台湾林业季刊》一刊内容可在 http://www.tfri.gov.tw 进行检索,则该刊定位与访问电子资源所需的信息在两种格式中应著录为:

8564#$uhttp://www.tfri.gov.tw

通过对台湾地区中文期刊 MARC21 和 CNMARC 两种格式若干常用字段著录情况进行比较,可以了解到台湾地区应用 MARC21 进行中文期刊编目的情况,发现期刊信息采用两种格式著录的差异,在实际工作中,期刊编目人员可参考台湾地区期刊相关编目信息为我所用,有利于做好台湾中文期刊编目工作。

参考文献:

[1]国家图书馆 MARC21 格式使用手册课题组. MARC21 书目数据格式使用手册[M].北京:北京图书馆出版社,2005.
[2]陈源蒸,富平.中文连续出版物机读目录著录细则[M].北京:华艺出版社,2001.
[3]张爱优. CNMARC 和 MARC21 常用项目的比较分析[J].图书馆论坛,2005(5).